zum Jahreswechsel 97/98
von Herrn Haep
Behindertensportverb. erhalten
(Anregung Hess. ? B Sportverband
(Holzav.)

REHABILITATION
durch SPORT

1. Internationaler Kongreß des
Deutschen Behinderten-Sportbundes 1995

KILIAN

Die Deutsche Bibliothek - CIP-Einheitsaufnahme

Deutscher Behinderten-Sportverband:
... Internationaler Kongress des Deutschen Behinderten-
Sportverbandes ... - Marburg : Kilian
NE: HST
1. 1995. Rehabilitation durch Sport. - 1997
Rehabilitation durch Sport / M. Weiss/H. Liesen (Hrsg.).-
Marburg : Kilian, 1997
   (... Internationaler Kongress des Deutschen Behinderten-Sportverbandes
   ... ; 1. 1995)
   ISBN 3-932091-07-8
NE: Weiss, Michael [Hrsg.]

Rehabilitation durch Sport - 1. Internationaler Kongreß des
Deutschen Behinderten-Sportverbandes 1995
Hrsg.: M. Weiß/ H. Liesen
Redaktion: Ch. Berger-Rottmann,
Sportmedizinisches Institut der Universität GH Paderborn
Umschlaggestaltung, Layout: medialog Marburg
Verlag: VERLAG im KILIAN, Schuhmarkt 4, 35037 Marburg
Druck: Media-Print GmbH, Grube Juno 5, 35580 Wetzlar
1. Auflage 1997
ISBN 3-932091-07-8

Inhaltsverzeichnis

Vorwort 13

Mehrfachbehinderung

Einführung in das Schwerpunktthema
V. Scheid, L. Worms 15

Vom Gesundsein des mehrfachbehinderten Menschen –
Möglichkeiten – Grenzen – gesunde Lebensgestaltung
H. Krebs 19

„Ganzheitliche" bewegungsaktivierende Förderung
geistig schwer-und mehrfachbehinderter Erwachsener – dargestellt
und ausgewertet an einem Beispiel aus der Praxis
G. Theunissen 29

Bewegungserziehung mit Schwerstbehinderten
unter anthropologisch-pädagogischen Aspekten
P. Kapustin 40

Mehrfachbehinderte und Sport
J. Innenmoser 51

Epilepsie, Mehrfachbehinderung und Bewegung
M. Holzgraefe 59

Konstruktion und Erprobung eines Beobachtungsverfahrens
für das Bewegungsverhalten schwer- und schwerstbehinderter Menschen
R. Kuckuck, V. Scheid 67

Grundzüge einer funktionell orientierten Bewegungserziehung bei Kindern mit spastischem Syndrom
K. Erler, Ch. Anders, N. P. Schumann, L. Brückner, H.-Ch. Scholle 74

Forschungsperspektive Einzelfall –
Zeitreihenstudie einer behinderten Schwimmerin
M. Wegner 81

Zur Entwicklung eines Mobilitätstests für Hochbetagte
in einer stationären Einrichtung
M. Brach, A. Wissemann, H. Schulz, O. Dierbach, H. Heck 86

Holistische Ansätze der Diagnostik bei mehrfachbehinderten Menschen –
Alles Leben ist Wahrnehmen
I. Flehmig 90

MOVE: Verbesserung in der Motorik bei Kindern mit Mehrfachbehinderungen durch Ausführung funktionaler Aktivitäten und
sportlicher Betätigung
D. L. Bidabe 96

Reiten als Rehabilitationssport – neu oder altbewährt?
C. Heipertz-Hengst 106

Basale Aktivierung durch Bewegung
M. Michalke-Haffke 111

Erweitertes Sportangebot für mehrfach behinderte Kinder und Jugendliche
H.-J. Schmitt, C. G. Lipinski 115

Judotraining mit Mehrfachbehinderten zur Förderung der Koordination,
der Standfestigkeit, der Reaktion und der Feinmotorik
C. Baumann, W. Koring, T. May, L. Worms, R. Aring 121

Judo mit Mehrfachbehinderten
C. Baumann, W. Koring, L. Worms, R. Aring 126

Snoezelen – Rehabilitation durch Sinneserfahrung und Tiefenentspannung
Ch. Brehmer 130

Landesjugendspiele für Behinderte –
Ein Höhepunkt im Thüringer Behindertensport
K. Erler 137

Wasser in der Förderung von Menschen
mit schwersten mehrfachen Behinderungen
R. Mayr 144

Angebote zur Bewegungsförderung in der Schule für blinde
und sehbehinderte Kinder mit schwerer Mehrfachbehinderung
Th. Viereck 154

Tauchen mit körperlich Behinderten
G. Schuerman 158

Spiel- und Bewegungsfeste für Menschen
mit schwersten Behinderungen
N. Fehst 165

**Sporttherapie bei der Rehabilitation psychisch Kranker
im allgemeinen und bei Abhängigkeitskranken im besonderen**

Einführung in das Schwerpunktthema
K. A. Jochheim 171

Suchterkrankungen – Diagnose und Therapie
K.-L. Täschner 173

Bewegungs- und sporttherapeutische
Aspekte der Rehabilitation Suchtkranker
H. Deimel 180

Therapeutisches Reiten in einer Fachklinik für suchtkranke Frauen
P. Strausfeld 190

Zur Bedeutung des Sports in Therapie und
Nachsorge aus der Sicht abhängigkeitserkrankter Menschen
V. Scheid, J. Simen 195

Sporttherapie als integraler Bestandteil der
stationären Entwöhnungstherapie für Alkoholabhängige
M. Koch 201

Beeinflussung der psychophysischen Leistungsfähigkeit
und der Rückfallquote
chronisch Alkoholkranker durch Sporttherapie
E. J. Seidel, Ch. Wick 206

Die Sporttherapie im soziotherapeutischen Heim „Haus Remscheid"
B. Edelmeyer 215

Sporttherapie in der Psychiatrie
F. Böcker, B. Kaluza 218

Bewegung-, Spiel- und Sportangebote für psychisch kranke
Menschen in der teilstationären und ambulanten Betreuung
Angebote zwischen Therapie und Normalität
S. Schreckling 227

Osteoporose

Einführung in das Schwerpunktthema
H. Rieder 235

Osteoporose – Eine chronische Erkrankung im
höheren Lebensalter – Ansätze zur Prävention und Therapie
G. Leidig-Bruckner, R. Ziegler 239

Die Rehabilitation von Patienten mit Osteoporose
im Spannungsfeld zwischen Physikalischer Medzin und Sport
E. Senn 250

Bewegung ist mehr – pädagogische Aspekte in der
Prävention und Rehabilitation einer Osteoporose
J. Werle 258

Leben mit Osteoporose
B. Asche, A. Kögel 267

Erfahrungen in der Psychotherapie mit Osteoporosepatientinnen
und -patienten – Überlegungen zur Psychologie des
Knochens, Aspekte der Krankheitsverarbeitung und Prävention
M. Polewka 276

Individualisierte Sporttherapie bei Osteoporosepatientinnen –
eine Evaluierung eines 12-monatigen Trainingsprogrammes
W. Kemmler, H. Riedel 286

Die ambulante Sturzvermeidungsschulung
bei Osteoporose ist ein wirksames Konzept
S. Dannbeck, C. Auer, J. Hinzmann 294

Medizinische Trainingstherapie als eine
tragende Säule der Osteoporose-Therapie
Wieviel muß, wieviel darf sein ?
H. Riedel, W. Kemmler 300

Die Behandlung der Osteoporose –
eine Trias aus medikamentöser Therapie / Ernährung /
medizinischer Trainingstherapie
H. Riedel, W. Kemmler 309

Tertiäre Prävention durch Sport
am Beispiel der Osteoporose-Selbsthilfegruppen
H. Seelbach, Ch. Heringhaus, H. Franck, J. Kugler 316

Risikofaktor Bewegungsmangel bei Patienten
in Osteoporoseselbsthilfegruppen
J. Kugler, L. von Kobyletzki, H. Seelbach, G. M. Krüskemper ... 321

Schlaganfall

Einführung in das Schwerpunktthema
M. Weiß 327

Neue Ansätze in der Therapie
hemiparetischer Gangstörungen
S. Hesse 337

Möglichkeiten des Sportes in der
motorischen und psychischen Rehabilitation
des Schlaganfallbetroffenen
E. Conradi, M.-L. Conradi 342

Erfassung koordinativ-motorischer Leistungsdispositionen
bei Schlaganfallpatienten
F. Merten 348

Die Stabilisierung und Verbesserung
der koordinativen Fähigkeiten und Fertigkeiten
bei Apoplexpatienten in der
motorisch-koordinativen Bewegungstherapie
F. Lehmann 354

Objektivierung der Bewegungstherapie nach Apoplexie
J. Hübscher, M. Zahn, St. Haschke, H.-Ch. Scholle, U. Bradel, Ch. Anders 359

Möglichkeiten des Einsatzes eines
Hand- und Fingerdynamometers in der Rehabilitation
M. Lippert-Grüner, Ch. Mucha 365

Praxisdemonstration – Sport in
der Rehabilitation nach Schlaganfall
M. Weiß, U. Rehm, L. Düchting 368

Kardiologie

Einführung in das Schwerpunktthema
M. Weiß 373

Sport – eine Hilfe für das kranke Herz
L. Benesch 377

Klinische Anschlußheilverfahren
G. Blümchen 381

Die Heilgymnastik als Element der Kinäsitherapie bei
Herzinfarktpatienten während einer klinischen Rehabilitation
N. Ivanov 385

Dosieren der Trainingsintensität bei Herzinfarktpatienten
unter den Bedingungen der klinischen Rehabilitation
N. Ivanov 391

Veränderungen der regionalen Myokardperfusion bei
Patienten mit Myokardinfarkt in der frühen Phase der Rehabilitation
K. Goranov, N. Ivanov, E. Arnaudov, H. Hadjiolov 398

Immunologie

Einführung in das Schwerpunktthema
M. Weiß 405

Die Rolle des Immunsystems in der Rehabilitation durch Sport
G. Uhlenbruck, I. Ledvina 407

Immunologische Aspekte
eines Ausdauertrainings mit Krebspatientinnen
C. Peters, H. Lötzerich, K. Schüle, B. Niemeier, G. Uhlenbruck 417

Blinde und Sehbehinderte

Einführung in das Schwerpunktthema
M. Weiß 423

Blinde und Sehbehinderte und Sportaktivitäten
N. T. Tijmes 426

MoBIC –
ein satellitengestütztes Mobilitätssystem für Blinde
J. Bornschein 434

Zugang zu graphischen
Benutzungsoberflächen im TIDE Projekt GUIB
G. Weber 438

Recht

Einführung in das Schwerpunktthema
M. Weiß 445

Die Förderung des Leistungssport der
Behinderten durch die Bundesregierung
W. Weyer 447

Rehabilitationssport – Organisation und Recht
H. Grigoleit 452

Verschiedenes

Einführung in das Schwerpunktthema
M. Weiß 457

Untersuchung zur Effektivität ambulanter
Sportangebote bei Kindern mit Atemwegserkrankungen
B. Schaar 461

Sportstimulation von Behinderten:
Resultate eines 4-jährigen Modellversuches in den Niederlanden
W. H. van Harten, J. de Vries 469

Filmwettbewerb

Filmwettbewerb „Sport mit Behinderten"
H. Rieder 475

Sachwortverzeichnis 481

Autorenverzeichnis 484

Vorwort

Der 1. Internationale Kongreß „Rehabilitation durch Sport" wurde getragen von dem Ziel, alle Wissenschaftsgebiete, die sich mit der Rehabilitation des behinderten Menschen durch Sport auseinandersetzen, zu aktuellen Themen zusammenzuführen. Auf Initiative des Deutschen Behinderten-Sportverbandes und der Stiftung Behindertensport wählte der Wissenschaftliche Beirat die Schwerpunktthemen Mehrfachbehinderte, Sucht/Psychisch Kranke, Osteoporose und Schlaganfall. Sie wurden abgehandelt durch einführende medizinische und sportpädagogische Übersichten, durch die Vorstellung der Ergebnisse neuester wissenschaftlicher Untersuchungen, praxisbezogene Erfahrungsberichte, durch Praxisdemonstrationen, Teamgespräche und in Videobeiträgen. Ergänzend wurde in Übersichtsreferaten der aktuelle Wissensstand und neue Entwicklungen auf den Gebieten Immunologie, Kardiologie, Blinde und Sehbehinderte und Organisation und Recht dargestellt.

Die zur Veröffentlichung eingereichten und in diesem Kongreßband abgedruckten Beiträge haben gemäß der Intention des Kongresses unterschiedliche Ausrichtungen: Sie reichen von wissenschaftlichen Originalarbeiten und Forschungsberichten bis zu Erfahrungsberichten und Praxisanleitungen. Damit sie nicht isoliert dastehen, die Einordnung in den Kontext erleichtert wird und Gemeinsamkeiten und zentrale Aspekte zusammengeführt und die Zukunftsaspekte abgeleitet werden können, führen die jeweiligen wissenschaftlichen Leiter der einzelnen Schwerpunkte als verantwortliche Koordinatoren ein, kommentieren, ordnen zu und fassen zusammmen. Dies soll dem Leser helfen, eine eigene Einordnung vorzunehmen und die Bedeutung selbst zu interpretieren.

Der vorliegende Band richtet sich an Wissenschaftler und Praktiker, an Ärzte und Sportwissenschaftler, an Therapeuten und Rehabilitanten, an Betroffene und Personen in ihrem Umfeld, an alle, die Sport, Behinderung und Rehabilitation miteinander sehen und verknüpfen können und wollen. Auch an Außenstehende, die lernen wollen und interessiert sind. Er dient als interdisziplinäre Übersicht und Nachschlagewerk, soll Kenntnisse vermitteln und Anregungen geben, nicht zuletzt auch um eine fächerübergreifende wissenschaftliche und praktische Weiterentwicklung der

„Rehabilitation durch Sport" anzuregen. Nur so können die Möglichkeiten und Chancen, die der Sport für den Behinderten bieten kann, zur Wiederherstellung oder zum Erhalt der Gesundheit und zur Verbesserung der Lebensqualität detaillierter erkannt und gefördert werden.

Die wissenschaftlichen Koordinatoren und Herausgeber danken allen, die den Kongreß und diesen Band ermöglichten, insbesondere dem Bundesminister für Arbeit und Sozialordnung, dem Bundesminister des Innern, der Stiftung Westfalen, der Europäischen Union, der Düsseldorfer Messegesellschaft mbH Nowea und der Stiftung Behindertensport.

Michael Weiß *Heinz Liesen*

Mehrfachbehinderung

Einführung in das Schwerpunktthema

V. Scheid, L. Worms

Der 1. Internationale Kongreß des Deutschen Behindertensportverbandes „Rehabilitation durch Sport" hat in einem Schwerpunktthema Menschen mit Mehrfachbehinderungen in den Mittelpunkt der Fachdiskussion gerückt.
Wiewohl in der über 30-jährigen Geschichte der Psychomotorik zu einem neuen Verständnis im Umgang mit mehrfachbehinderten Menschen viele Ansätze entwickelt werden konnten, wird doch insbesondere die Assoziation eines rehabilitativen Effektes durch Sport eher skeptisch gesehen. Dies mag nicht zuletzt am Begriff des Sports selbst liegen, dessen ursprüngliche Bedeutung des „sich Zerstreuens, sich Vergnügens" heute durch Überbietung um objektive Vergleichbarkeit gekennzeichnet ist. Immerhin ist die Bedeutung rehabilitativer Maßnahmen schon für viele chronische Erkrankungen und Behinderungen, nicht zuletzt durch jahrzehntelange sportmedizinische Forschung, gesichert und gesellschaftlich anerkannt. Dies gilt aber auch nur unter Vorbehalt bei mehrfacher, vor allem geistiger Behinderung. Nicht zuletzt die inhaltliche Konsequenz von H. Haep, Ehrenpräsident des Deutschen Behindertensportverbandes, hat dem Thema „Rehabilitation durch Sport" auch als ambulanten Rehabilitationssport im Verein eine Basis geschaffen.
Um so beeindruckender war es für die Verantwortlichen in der Kongreßleitung, daß zu allen relevanten Bereichen der universitären Forschung, institutionellen und vereinsgetragenen Praxis Referenten gefunden werden konnten. Für die Konzeption des Kongreßberichts lag es nahe, neben den drei Hauptbeiträgen die dargebotenen Inhalte zum Thema „Mehrfachbehinderte" in zwei Gruppen einzuteilen: Einerseits wissenschaftliche Beiträge und Forschungsberichte, andererseits Konzepte und Praxisberichte. Ziel dieser Einteilung ist es, interessierten Lesern zu beiden Bereichen aktuelle Ergebnisse und Inhalte zu vermitteln und zugleich Perspektiven für weitere Aktivitäten in Forschung und Praxis aufzuzeigen.

Hauptbeiträge

Die drei Hauptbeiträge bieten einen Einstieg in das Schwerpunktthema aus medizinischer, sonderpädagogischer wie sportpädagogischer Sicht.
Die Gesundheitserwartungen in der Gesellschaft sind perfektionistisch und damit in-

human. Scheinbar bricht die Lebensqualität mit Krankheit und Behinderung ein und wird für mehrfachbehinderte Menschen zu einem unerreichbaren Ziel. Zentrale Ausgangsposition, so die These von *H. Krebs*, sollte demgegenüber die individuelle Befindlichkeit des behinderten Menschen sein, Verschiedenheit muß als Normalität erfahren werden.

Über die Befindlichkeit des behinderten Menschen selbst erfahren wir nur etwas, wenn wir uns auf eine dialogisch-kommunikative Ebene einlassen (s. Beitrag von *G. Theunissen*). Wenn Behinderung das Ziel der Rehabilitation impliziert, dann bedeutet dies gegenseitiges Ernstnehmen, Integration und Normalität im wahren Sinne.

Besonders problematisch scheint die Begrifflichkeit „Behinderung", sie wird je nach medizinischer, pädagogischer oder sozialer Relevanz umschrieben und zeigt gerade da ihre Fragwürdigkeit, wo sie es nicht schafft, aus Defizit- oder Qualitätsformulierung ein ganzheitliches rehabilitatives Förderkonzept zu entwickeln. *P. Kapustin* favorisiert eine basale, körpernahe Bewegungsförderung, die leibliche und zugleich soziale Erfahrungen vermittelt. Individualisierung und Entwicklungsgemäßheit sind dabei wesentliche didaktische Prinzipien.

Gemeinsam ist den drei Hauptbeiträgen die Aussage, daß die bewegungsbezogene Förderung und Erziehung mehrfachbehinderter Menschen nicht länger von Defizitmodellen und therapeutischen Verpflichtungen ausgehen sollte, sondern als Entwicklungshilfe an den Potentialen und Chancen der Betroffenen ansetzen muß.

Wissenschaftliche Beiträge und Forschungsberichte

Die wissenschaftlichen Beiträge vermitteln einen Einblick in aktuelle Forschungsarbeiten, die sich um eine systematische Entwicklung und Erforschung der Wirkungen von Förderkonzepten bemühen; einige Studien befassen sich mit der Konzeption diagnostischer Verfahren.

So zeigt *I. Flehmig*, seit Jahrzehnten mit kindlicher neurophysiologischer Diagnostik beschäftigt, den engen Zusammenhang zwischen Sensorik und Motorik auf, der auch in der Arbeitsgruppe um *K. Erler* (Kinder mit spastischem Syndrom) sowie bei *M. Holzgraefe* (Epilepsie) die Basis funktioneller Bewegungsschulung bildet. Als Kontrapunkt kann das MOVE-Konzept (Mobility Opportunities Via Education) gesehen werden, vorgestellt von *L. Bidabe*, das der Entwicklungsdiagnostik das avisierte Mobilitätsziel entgegensetzt. Als „upside down Methode" ist dies sowohl für Kinder wie auch alte Menschen (s. Beitrag von *Brach et al.* zur Entwicklung einer adaptierten Testversion für Hochbetagte) ein innovativer Ansatz mit sehr detaillierter Begleitdiagnostik. Aus der Analyse ist eine nicht defizitär, sondern fähigkeitsbezogene, bedarfsorientiert modifizierte Bewegungsaktiviät zu entwickeln; *J. Innenmoser* betont dabei die simultane Wirkungsweise von Bewegung, Spiel und Sport im körperlichen wie psychosozialen Bereich. Beispielhaft zeigen *C. Baumann et al.* (Judo) und *C. Heipertz-Hengst* (Reiten) die holistischen Effekte des Rehabilitationssports gerade bei Menschen mit Mehrfachbehinderung auf.

Die Entwicklung eines motoskopischen Diagnoseverfahrens für schwer- und schwerstbehinderte Menschen wird im Beitrag von *R. Kuckuck* und *V. Scheid* vorgestellt; die Vorzüge der Einzelfallanalyse gegenüber gruppenanalytischen Verfahren im Behinderten- und Rehabilitationssport thematisiert *M. Wegner*.

Konzepte und Praxisberichte

Die praxisorientierten Beiträge zum Schwerpunktthema präsentierten erprobte Förderkonzepte und Bewegungsangebote.
R. Mayr zeigt Möglichkeiten einer Förderung schwerstmehrfachbehinderter Menschen im Wasser auf; individuelles Handling sowie vor- und nachbereitende Angebote sind Gestaltungsmerkmale des Konzeptes. Neben dem Medium Wasser bieten sich weitere Formen der Wahrnehmungs- und Bewegungsförderung an, um eigene Bewegungsaktivitäten zu induzieren und damit die Kommunikation mehrfachbehinderter Menschen aus sich heraus zu unterstützen (s. Beiträge von *M. Michalke-Haffke*: Basale Aktivierung; *C. Brehmer*: Snoezelen; *T. Viereck*: Bewegungsangebote für blinde mehrfachbehinderte Menschen). Unterschiedliche Konzepte für Sport-, Spiel- und Bewegungsfeste mit mehrfachbehinderten Menschen haben sich in der Vergangenheit bewährt (s. Beiträge von *N. Fehst* und *K. Erler*). Die Möglichkeiten zur Ausübung sportbezogener Angebote mit mehrfachbehinderten Heranwachsenden wird sowohl im Rehabilitationszentrum Neckargemünd (*H. J. Schmitt* und *C. G. Lipinski*) als auch in den v. Bodelschwinghschen Anstalten Bethel (*C. Baumann et al.*) erfolgreich erprobt.
Im Überblick beeindruckt die Vielfalt der praxisorientierten Ansätze. Bedingt durch die Heterogenität der Zielgruppe, sind die Konzepte insgesamt um eine behindertengerechte Gestaltung bzw. Modifikation ihrer Bewegungsangebote bemüht.

Perspektiven

Der Kongreß hat das Thema Mehrfachbehinderungen zurecht in den Mittelpunkt sporttherapeutischer Überlegungen gerückt. Viele schwerbehinderte Menschen „er"-leben gesellschaftliche Randsituationen. Der deutsche Behinderten-Sportverband

dokumentiert in eindrucksvoller Weise die Sinnhaftigkeit gemeinsamen Umdenkens. Verschiedenheit als Normalität zu begreifen, ist dabei eine wichtige Maxime.
Aus der Vielfalt der Themen und Ansätze wurde die zukunftsweisende Bedeutung der „Rehabilitation durch Sport" für mehrfachbehinderte Menschen deutlich. Ein besonderes Problem stellt dabei die Heterogenität der Zielgruppe dar. Die vorgestellten konzeptionellen Entwürfe zur bewegungsbezogenen Entwicklungsförderung fordern zu einer verstärkten Evaluation der Maßnahmen und wissenschaftlichen Begleitforschung heraus.
Ein besonderer Augenmerk sollte zukünftig mehrfachbehinderten älteren Menschen gelten, für deren Einbeziehung noch viele Fragen zu klären sind. Die Altersstruktur zahlreicher Einrichtungen (bspw. in den von Bodelschwinghschen Anstalten Bethel) läßt eine stetige Zunahme älterer behinderter Menschen erkennen. Gegenwärtig liegen weder praxiserprobte Konzepte noch zufriedenstellende Forschungsbeiträge vor.
Die anthropologisch-pädagogische Begründung einerseits und der empirische Nachweis beabsichtigter Wirkung andererseits markieren das Aufgabenfeld der Sportwissenschaft im Rehabilitations- und Behindertensport. Bewährte Konzepte und Forschungsergebnisse müssen in die Aus- und Fortbildung von Fachkräften Eingang finden. Die betroffenen Institutionen und Organisationen sind aufgefordert, entsprechende Inhalte in ihre Lehrpläne aufzunehmen.
So ist für die Zukunft auf eine enge Kooperation zwischen universitärer Forschung, Ausbildungsträgern und praktischer Erprobung und Umsetzung „vor Ort" zu hoffen. Den Verbänden und Vereinen des Behindertensports wie auch den allgemeinen Sportvereinen kommt eine hohe Bedeutung in rehabilitativer und integrativer Sicht zu.

Vom Gesundsein des mehrfachbehinderten Menschen – Möglichkeiten – Grenzen – gesunde Lebensgestaltung

H. Krebs, Bonn

About the Health of the Multiple Handicapped man - Possibilities - Limits - Healthy Ways of Living

Health is a high human good. Sports and health prove as a narrow intellectual and pragmatic combination. Nevertheless, it will be shown that health and hindrance aren't any contrasts.
Key words: multiple handicapped, health, sports

Einleitung

Gesundheit ist ein hohes menschliches Gut. Sport und Gesundheit erweisen sich als enge gedankliche und pragmatische Verknüpfungen. Dennoch wird zu zeigen sein, daß Gesundheit kein eindeutiger Begriff ist und Gesundsein und Behinderung keine Gegensätze sind.

Gesundheitserwartungen

Unsere gängigen Erwartungen an die Gesundheit sind vielfältig und hoch angesetzt. Jedoch ist Gesundheit direkt nicht feststellbar. Aussagen dazu können nur über jene Parameter erfolgen, die auch untersucht wurden. „Schlummernden" Krankheiten gegenüber sind wir machtlos.

- umfassend (somatisch, psychisch, sozial: mehrdimensional)
- normgerecht
- permanent
- ohne Leiden
- ohne Behinderung
- ohne Therapie
- präventiv gesichert
- kostenfrei
- abgesichertes Wohlergehen („Vollkaskomentalität", v. Weizäcker)
- größtmögliches Glück(lichsein) (utilitaristische Perspektive)

Drei Kategorien lassen sich aus diesen Punkten ableiten: Das weit verbreitete Gesundheitsverständnis erweist sich als idealtypisch, perfektionistisch und zugleich als egalistisch.

Der idealtypische Ansatz

Gesundheitsideale, die Menschen haben, sind uralt. *Guthsmuths* schreibt 1793: „Die Hauptabsicht der Erziehung ist schon seit Jahrhunderten, daß eine gesunde Seele im starken gesunden Körper sey." Die Formulierung geht offensichtlich auf ein bis in die heutige Zeit hinein sinnentstellt wiedergegebenes Zitat des römischen Satirikers Juvenal (ca. 55-127 n. Chr.) zurück: „Mens sana in corpore sano" - Nur in einem gesunden Körper könne ein gesunder Geist leben. Tatsächlich schrieb Juvenal: „Damit Du was hast, worum du betest, ... sollst um (ut sit!) gesunden Geist in gesundem Körper du beten" (Juvenal, Satiren 10, 356, b. Reclam 1969).
Eine Briefmarke, signiert vom NOK der DDR (Vossen) aus den siebziger Jahren, überhöhte den Anspruch nochmals: „Mens fervida in corpore lacertoso" - „Ein glühender Geist in einem muskulösen Körper".
Die Betrachtung heutiger Gesundheitsideale ergibt nun zu diesen tradierten Sprüchen kaum einen Unterschied: Jugendlich ist der mediengerechte Mensch, durchtrainiert (welch' ein Wort!), leistungs- und erfolgsorientiert, von „stabiler" Gesundheit und schön dank intensiver Körperpflege, einfach „fit": Ein idealtypischer gesellschaftlicher Wettlauf - behinderte Menschen „natürlich" ausgeschlossen.

Der perfektionistische Ansatz

Die genannten Ansprüche sind zugleich perfektionistisch. Als „normal" gilt, was man gewohnt ist, was man täglich sieht, was nicht besonders stört, was die meisten für gut, richtig und für sich nützlich halten. Normal wird mit gesund gleichgesetzt. Krankheit und Behinderung gelten als das Gegenteil von Gesundheit. Wer diesen Vorgaben nicht entspricht, wie Menschen mit einer Behinderung, wird alsbald zum sozialen Problem: Sein Anderssein irritiert, macht ratlos, ängstigt sogar. Ungewollt gerät die Begegnung mit dem behinderten Menschen in die Schwierigkeit, sich auf ganz andere Kommunikationsweisen umstellen zu müssen, als man üblicherweise gewohnt ist. Außerdem macht der Anblick leiden und bei manchen entstehen ästhetische Probleme. Am besten ist es, man „umgeht" den Kontakt.
Perfektionistisch sind z.B. die Zielsetzungen der Genomanalyse: Die genetische Entschlüsselung von Krankheitsanlagen und vor allem von Krankheits-Dispositionen,

wird künftig Versicherungsgesellschaften, Krankenkassen, Arbeitgeber, Ordnungsbehörden u.a.m. in die Lage versetzen, „belastete" Personen von der billigen Mitnutzung der von den Tüchtigen erarbeiteten Ressourcen zur gesundheitlichen Absicherung auszuschließen, zumindest, die Ansprüche zu begrenzen. Wer wird wohl in Zukunft noch ausreichend gesund sein können? *Labisch* (7), sagt es sehr direkt: „Der Gesundheitsbegriff der Moderne eröffnet der Medizin eine Deutungsmacht, die weit über die medizinische Versorgung hinausgeht."

Behinderung und Krankheit sind, objektiv betrachtet, abnorm. Norm aber ist ein statistischer Konsensbegriff. Normen sind unverzichtbar (12), jedoch zwingen sie stets dazu, zu sortieren und damit auch auszugrenzen.

Vor allem gibt es keine naturgegebene Normalität. Abweichungen, wie etwa genetisch bedingte Behinderungen, gelten als Pannen, als Irrtümer der Natur: Fachbezeichnungen lauten z.B. „inborn error of metabolism" oder Chromosomenaberration. Der Philosoph *Löw* (10) deckte diese Auffassung jedoch als ein prinzipielles Mißverständnis auf: „Naturwissenschaft kann von sich her niemals feststellen, was sein soll; sie nimmt lediglich zur Kenntnis, was ist." ... „Fazit: Von sich selber her kann der Naturwissenschaftler (auch der Mediziner, insoweit er sich nur als spezialisierter Naturwissenschaftler versteht) weder Kriterien für „gesund" und „krank" noch für „lebenswert" oder „lebensunwert" bestimmen." Wir selbst sind es, die Normen setzen, nicht die Natur.

Perfektionistisch sind auch die an Therapien geknüpften Erwartungen: Vollständige Heilung wird eingefordert. Therapieangebote beinhalten immer ein Versprechen und Hoffnungen. „Gesundheit für alle bis zum Jahr 2000" (später nur mehr „Gesundheit 2000"; Hervorhebung vom Verfasser) propagiert die Weltgesundheitsorganisation. Je diffuser die Angebote methodisch angelegt sind, desto eher wecken sie illusionäre Heilungserwartungen. Damit wird der Therapiebegriff geradezu inflationär verwendet. Auch der Sportwissenschaft ist die Diskussion über „Sport als Therapie" ja nicht unbekannt (u.a. 3, 11). Gesundheitliche und therapeutische Utopien sind aber niemals dauerhaft.

Oft genug führen sie in eine tiefe Enttäuschung. Therapie sollte also möglichst konkret gefaßt werden, und mein Vorschlag lautet: „Therapie ist die Anwendung einer bestimmten Methode gegen konkret festgestellte - behandlungsbedürftige - Störungen" (6).

Gleichermaßen unrealistisch wird von Rehabilitation eine perfekte Wiederherstellung erwartet. So fordern Kostenträger stets den Nachweis von Fortschritten und Therapieerfolgen. Hier wird der oftmals fatale Rechtfertigungszwang für soziale Hilfen über Leistungskategorien erkennbar: Fortschritt um Fortschritt muß zur Mittelbewilligung nachgewiesen werden. Pädagogik und ebenso Sport lassen sich so jedoch nicht rechnen.

Der egalistische Ansatz

Perfektionistische Trends, wie beschrieben, sind fast immer zugleich egalistisch angelegt. Das ist auch erwünscht: Gleichgemachte lassen sich leichter regieren und verwalten (A. Huxley: „Schöne neue Welt"). Ein Beispiel dazu: Unsere Bemühungen um die verschiedenen Ebenen (relativ) gesunderhaltender Prävention (primär, sekundär, tertiär) sind notwendig. Prävention wird jedoch zu einem Zwangsinstrument der Gesundheitspolitik, wenn sie eine generelle Pflicht zur Gesundheit einfordert, statt von einem Recht auf Gesundheit auszugehen. Dann nämlich kann öffentliche Gesundheitsnorm leicht in einen „kollektiven Verhaltenszwang" (*Baier*, s. (7)) umschlagen. Die Krankheitssprache, sagt der Sozialmediziner *Baier* (a.a.O.), wird zunehmend in eine Gesundheitssprache umkodiert: Wir hören von einer „öffentlichen Gesundheit" und haben schon lange ein „öffentliches Gesundheitswesen". Immer mehr Krankenkassen nennen sich „Gesundheitskassen". Damit wird in der Öffentlichkeit zunehmend der irreführende Eindruck erweckt, es gäbe eine für alle gleiche und gleich erreichbare Gesundheit.
Solche Meinungsbildungen erweisen sich als stark utilitaristisch beeinflußt: Nachdrücklich werden „Qualitätsmerkmale für Menschsein" (*Stolk* 1989 in einer Kritik an *Singer*, s. (7)) aufgestellt. Wer sie nicht erfüllt, und das sind weitgehend alle erheblich und mehrfach behinderten Personen, lasse die Kriterien für „richtiges" Menschsein, so *Singer* (in Anlehnung an Fletcher, 1984), vermissen.
Dieser Nützlichkeits- und Gleichheitstrend auf dem Wege zum allgemeinen, utilitaristischen Glück hat längst bei unseren Nachbarn und hierzulande Einzug gehalten: Gesetzlich sanktionierte Euthanasielösungen in den Niederlanden, Möglichkeiten der Abtreibung nach pränataler Diagnostik als eugenische Auswahlmöglichkeit (vielleicht versteckt hinter einer medizinischen Indikation), ethische Probleme um die Organspende oder die Forderung, Forschung (z.B. bei Alzheimerscher Krankheit) an nicht einwilligungsfähigen Personen vornehmen zu dürfen (Europäische Ethikkommission). Diese Positionen sind idealtypisch, perfektionistisch, egalistisch und indoktrinär zugleich. Ich befürchte, uns droht eine gewaltige „Herrschaft der Prävention" (6).

Begriffserklärungen

Gesundheit

Weil utopisch überzogen, wird die Gesundheitsdefinition der WHO (1948) bekanntlich abgelehnt. Dennoch enthält sie wichtige Aussagen:

1. Gesundheit wird mehrdimensional (somatisch, psychisch, sozial), d.h. ganzheitlich verstanden und
2. Gesundheit als Wohlbefinden bezieht sich auf eine - nichtmedizinische - subjektiv-qualitative Kategorie.

Realitätsbezogen läßt sich die WHO-Definition jedoch wie folgt modifizieren: „Gesundheit ist körperliches, psychisches und soziales Wohlbefinden innerhalb der Grenzen des individuellen So-Seins" (7).
Gesundheit ist Seinsweise (15) oder nach *Kapustin* (3): „Erlebnisqualität".
Es ist also präziser, vom Gesundsein zu sprechen.

Krankheit

Auch Krankheit vermögen wir generell nicht zu fassen. Behandlungsbedürftigkeit und/oder Arbeitsunfähigkeit heißt es in der RVO. Das ist pragmatisch, versicherungsrechtlich gefaßt.

Behinderung

Schließlich läßt sich zwar über strukturelle Defekte und funktionale Defizite beschreiben und etikettieren, z.B. als klinische Syndrome oder formal als Einfach- bzw. Mehrfachbehinderung und nach Schwere- wie Schwierigkeitsgraden abstufen. Doch über die Befindlichkeiten des Menschen mit einer Behinderung erfahren wir daraus kaum etwas.
Behinderung ist bekanntlich stets ein Sekundärphänomen, die Folge krankhaft-schädigender Ereignisse, nie diese selbst (Abbildung 1). Das gilt auch für chronische Krankheiten, wobei der Krankheitsprozeß einen eigenen Ablauf aufweist und auch hier die Behinderungen stets Folgen davon sind.
Eine dritte Problemebene entsteht im sozialen Interaktionsfeld: Aus der Beeinträchtigung wird unter ablehnenden Bedingungen alsbald Benachteiligung. Schließlich wird Behinderung in der Regel pauschal auch noch mit dem Stigma des schwerwiegenden Leidens behaftet.

Lebensqualität

In einer Sozialstudie (1) wird Lebensqualität als Wohlbefinden (well beeing) definiert

(Abbildung 2). Vorausgesetzt dazu wird die Entwicklung von Autonomie, von Zielsetzungen und soziale Integration. Dann können „hohe Zufriedenheit und die Wahrnehmung von Defiziten ... [können] durchaus nebeneinander bestehen". Dabei

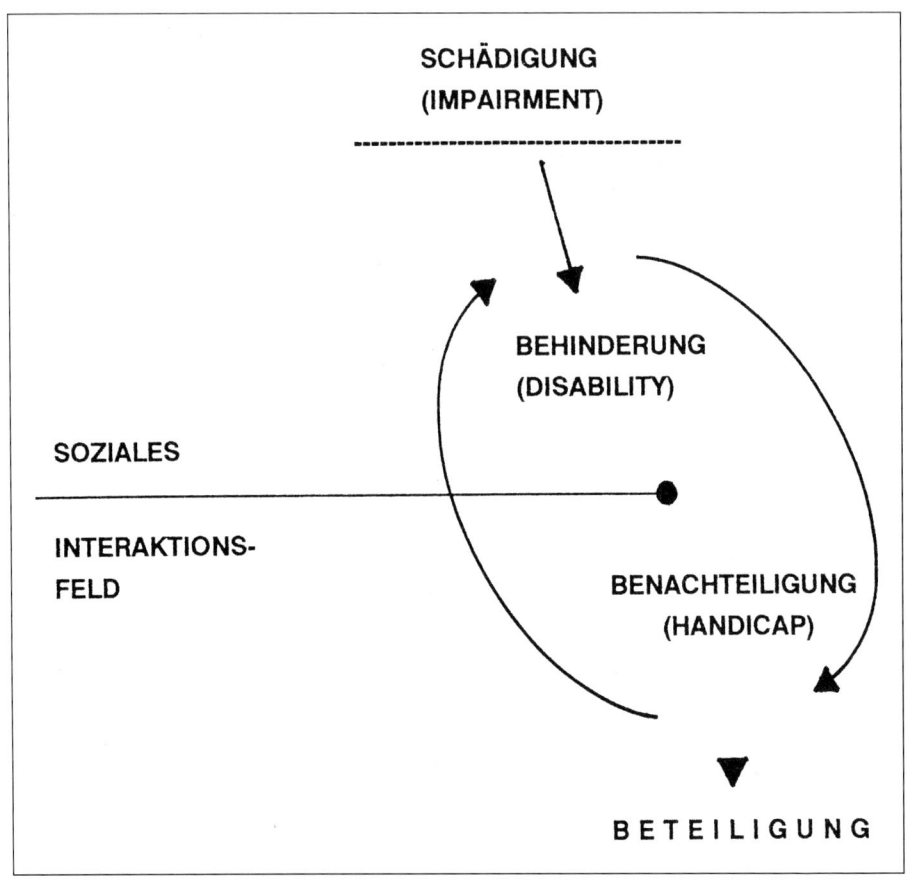

Abbildung 1. Behinderung als Sekundärphänomen.

liegt „... gesundheitliches Befinden ... innerhalb eines Kontinuums von völliger Beschwerdefreiheit bis zu massiven Gesundheitsproblemen", sagen die Verfasser. Sie leiten zwei mögliche Verarbeitungsweisen von belastenden Lebenskonstellationen daraus ab: Ein „Unzufriedenheitsdilemma" oder ein „Zufriedenheitsparadox". Letzteres besagt: Unzufriedenheit und Verzweiflung sind nicht zwangsläufig.

OBJEKTIVE LEBENSBEDINGUNGEN	SUBJEKTIVES WOHLBEFINDEN	KORRELATION
gut	gut	Wellbeing
schlecht	schlecht	Deprivation
gut	schlecht	* Dissonanz
schlecht	gut	** ▸ Adaptation ◂

* UNZUFRIEDENHEITS - DILEMMA
** ZUFRIEDENHEITS - PARADOX

n. Glatzer und Zapf 1984; grafisch modifiziert

Abbildung 2. Wohlfahrtspositionen.

Fazit

Es gibt weder eine gesicherte Gesundheit, noch perfekte Normalität und ebensowenig die totale Krankheit oder komplette Behinderung. Stets sind gesunde Anteile trotz Behinderung zu erkennen. Deshalb wird auch von „bedingt gesund" bzw. „gelingendem, bedingtem Gesundsein" (*Hartmann*, s. (7)) gesprochen.

Behindertensport

Hierzu nur wenige Aspekte, weil dies nicht vorrangiger Inhalt meines Referates ist. Etymologisch bedeutet Sport (von disportare) bekanntlich sich zerstreuen. Anders formuliert: Gerade der Behindertensport kann der Zufriedenheit des behinderten Menschen dienen. Das ist neben der gesundheitlichen Bedeutung des Sports in den Fachkreisen längst erkannt und auch von einem sportlichen Hochleistungsstreben nach dem Motto, Altius, Citius, Fortius — Höher, Schneller, Mutiger, abgegrenzt worden (Übersicht b. (5), (4)). Sport hat eine besondere Chance, mehrdimensiona-

le Aspekte integrativ umzusetzen, sofern sie in interdisziplinär-partnerschaftlicher Kooperation realisiert werden können.
Allerdings ist derzeit zu fragen: Wird Sport für Menschen mit einer Behinderung künftig noch zu jenen Notwendigkeiten im Rahmen sozialrehabilitativer Angebote gehören dürfen? Die knappen Ressourcen und geplanten gravierenden Kürzungen bei Sozialhilfeleistungen, besonders bei der Eingliederungshilfe, drohen qualitative Einbußen aufzuerlegen. Die derzeitigen Warnrufe der Behindertenverbände lassen nichts Gutes ahnen (s. Proteste und Kritiken der Behindertenverbände zur beabsichtigten Novellierung des BSHG und zur Reform des Gesundheitswesens). Der Behindertensport dürfte mitgefährdet sein.

Umdenken (Paradigmenwechsel) tut not

Sozialrecht und Sozialleistungen regeln sich über formale Kriterien. Dem Menschenbild, den Lebensperspektiven, den dennoch verbliebenen Fähigkeiten und Entwicklungschancen behinderter Menschen, der Lebensfreude, einfach dem Gesundsein, können sie kaum gerecht werden. Für den Menschen mit einer Behinderung gilt vor allem das Subjektiv-qualitative seines Befindens. Es ist meistens viel genauer als jeglicher pauschalierender Normvergleich. Was ist zu tun?

Begegnung und Menschenbild

Ein Goethezitat lautet: „Man sieht nur, was man kennt". Es berührt ein Kernproblem bestehender gesellschaftlicher Bedingungen: Der Mensch mit einer Behinderung ist weitgehend ein unbekanntes Wesen. Man kennt ihn allenfalls als „Diagnose" (ein Down-Syndrom oder sogar als Morbus Down, ein Spastiker, ein Gelähmter, der Epileptiker usf.), d.h. wir beschreiben eine Persönlichkeit über ihre Defizite. Als in erster Linie Mensch und dann erst als jemand mit etwas Besonderem, kennen ihn nur wenige. Da entlarvt unsere diagnosebesetzte Sprache unsere Einstellungen. Wie soll dabei die so oft beschworene Solidarität gelingen?
Solidarität erfordert nämlich Konkretes: Annehmende Nähe, sinngebende Begleitung, Hilfe zur Selbsthilfe. Für *Spaemann* (FAZ v. 31.10.1990) bedeutet Solidarität, sich der Verläßlichkeit der Mitmenschen und damit auch des eigenen Lebens sicher sein zu können. So betrachtet, sind utilitaristische Positionen rigoros antisolidarisch.
Abschließend noch einige Vorschläge:
1. Der Mensch mit einer Behinderung muß aus ihn lähmenden und deklassierenden Fremdbestimmungen, z.B. durch Diagnose-Etiketten, durch eine lebensbestim-

mende Dominanz von Therapieverpflichtungen ohne Ende, aus sozialer Isolation durch falsch verstandene Rücksichtnahme und Überbehütung befreit werden. Unabhängig werden im Sinne des Normalisierungsprinzips sind Weg und Ziel („independent living"; selbstbestimmt leben).
2. Menschen mit einer Behinderung müssen in und damit von der Gesellschaft als Mitmenschen und Mitbürger wahrgenommen und erlebt werden können familiär, nachbarschaftlich, auf der Straße, im Kino, im Lokal, in den Ferien usf.. Das ist eine große, bisher aber noch vernachlässigte Aufgabe. Vor allem steht dem Sport selbst hierfür im wahrsten Sinne des Wortes ein besonders weites Feld zur Verfügung.
3. Die Ausbildungsgänge verschiedener helfender und sozialer Berufe, Medizin und Psychologie eingeschlossen, müssen über die Lehre von den Mängeln, ihrer Diagnostik und den Therapiemöglichkeiten zu einem ganzheitlich orientierten Ausbildungskonzept finden, das die individuellen Befindlichkeiten des behinderten Menschen als zentrale Ausgangsposition erkennt. Die Normalität der Verschiedenheiten zu erfahren und verarbeiten zu lernen, sollte Bestandteil der Ausbildungen, nicht erst der späteren Praxis sein.
4. Alle Beratungen und Hilfen müssen sinngebend lebensperspektivisch ausgerichtet sein. Das gilt nicht zuletzt auch für humangenetische Beratungen. Wie sonst sollten Angehörige, die Laien sind, Entscheidungen finden und verantwortungsbewußt treffen können?

In den „Ethischen Grundaussagen der Lebenshilfe" (9) heißt es: „Behinderung ist nur eine unter vielen möglichen Daseinsformen eines Menschen. Behinderung allein prägt nicht das Wesen eines Menschen. Menschen mit einer Behinderung können ebenso sinnerfüllt und glücklich leben wie es nichtbehinderte Menschen können." Die konsequente Schlußfolgerung (9) daraus lautet: ... „Es ist normal, verschieden zu sein".

Ausblick

In tief beeindruckender Weise hat uns *Saal* (13, 14), ein schwer mehrfach behinderter Mann, vom Selbstverständnis seines Gesundseins berichtet:
„Und dennoch: Ich vermochte meinen Zustand nie so negativ zu sehen, wie er mit den Attributen „schwer, schrecklich, grausam" charakterisiert werden soll. Mit meinem Verstand weiß ich zwar, da ich im Sinne meiner körperlichen Einschränkungen behindert bin. Aber was sagt das schon, wenn ich mir in meinem Lebensgefühl ganz und gar nicht behindert vorkomme? Schon gar nicht erlebe ich meine Behinderung

als etwas, das mich als Menschen disqualifiziert. Wie sollte ich auch!? Ich müßte ja jemand anderes sein wollen! Das empfinde ich als eine absurde Idee. Zu meiner Existenz gehört notwendigerweise meine Behinderung. Ich wäre ohne sie nicht dieser Mensch, der ich bin, sondern ein x-beliebiger anderer. Könnten Sie sich vorstellen, ein anderer zu sein?"

Literatur

1. Glatzer W, Zapf W: Lebensqualität in der Bundesrepublik. Frankfurt-New York: Campus-Verlag, 1984.
2. Guthsmuths J C F: Gymnastik für die Jugend. Schnepfenthal, 1793.
3. Kapustin P: Sportpädagogik als Gesundheitspädagogik, in Denk H, Hecker G (eds): Texte zur Sportpädagogik Teil II. Schorndorf: Hofmann, 1985, pp 100-110.
4. Kapustin P, Ebert N, Scheid V: Sport für Erwachsene mit geistiger Behinderung. Aachen: Meyer & Meyer Verlag, 1992.
5. Kleine W, Hautzinger M: Sport und psychisches Wohlbefinden. Edition Sport & Wissenschaft (1990).
6. Krebs H: Sozialmedizinische und sozialethische Aspekte zur Situation des sehr schwer behinderten Menschen, in Fröhlich: Pädagogik bei schwerster Behinderung, Handbuch der Sonderpädagogik 12. Berlin: H. Bach, Edition Marhold, 1991, pp 417-446.
7. Krebs H: Gesundheit, Krankheit, Behinderung - Kritische Anfragen an das gängige Normalitätskonzept, in Zwierlein E (ed): Handbuch Integration und Ausgrenzung - zur Lage der behinderten Menschen in der Gegenwart. Neuwied: Luchterhand Verlag, 1995 (im Druck).
8. Lebenshilfe, Bundesvereinigung ... für geistig Behinderte e.V. (ed): Grundsatzprogramm. Marburg/Lahn: 1990.
9. Lebenshilfe, Bundesvereinigung ... für geistig Behinderte e.V. (ed): Ethische Grundaussagen. Marburg/Lahn: 1993.
10. Löw R: Philosophische Aspekte der Behindertenproblematik, in Bastian T (ed): Denken - Schreiben - Töten. Stuttgart: 1990.
11. Rieder H: Sporttherapie im Jahre 2000, in Deutscher Sportbund (ed): Die Zukunft des Sports. Schorndorf: Hofmann, 1986, pp 222-229.
12. Scharfetter C: Allgemeine Psychopathologie. Stuttgart-New York: 1991.
13. Saal F: Warum sollte ich jemand anderes sein wollen? Gütersloh: Verlag Jakob van Hoddis, 1992.
14. Saal F: Leben kann man nur sich selber, in Tarneden R (ed): Texte 1960-1994. Düsseldorf: Verlag Selbstbestimmtes Leben, 1994.
15. Singer P: Praktische Ethik. Stuttgart: 1984 (Reclam, Univ Bibliothek 8033).
16. von Uexküll Th, Wesiack W: Theorie der Humanmedizin. München-Wien-Baltimore: 1988.
17. Vossen C: Latein - Muttersprache Europas. Abbildung (zw S 80/81). Düsseldorf: Verlag Hubert Hoch, 1979.

Der Verfasser:
Prof. Dr. med. Heinz Krebs
Kiefernweg 10 A
53127 Bonn

„Ganzheitliche" bewegungsaktivierende Förderung geistig schwer- und mehrfachbehinderter Erwachsener – dargestellt und ausgewertet an einem Beispiel aus der Praxis

G. Theunissen
Martin-Luther-Universität, Halle-Wittenberg

Integral Support of Mentally Seriously and Multiple Handicapped Adults by Sports - Represented and Evaluated at an Example from the Practice

Essential features of the educational work with mentally seriously and multiple handicapped man in the rehabilitation under special consideration of movement aspects is represented. This concept was developed in the eighties in a hospital with formerly psychiatrically accomodated mentally seriously handicapped and multiple handicapped men.

Key words: multiple handicapped, sports, mentally handicapped

Einleitende Bemerkungen

Das von mir gewählte Thema beabsichtigt, Grundzüge einer rehabilitationspädagogischen Arbeit unter besonderer Berücksichtigung bewegungsaktivierender Interventionen darzustellen, die ich in den 80er Jahren mit hospitalisierten, ehemals psychiatrisch untergebrachten, geistig schwer- und mehrfachbehinderten Erwachsenen entwickelt und durchgeführt habe (vgl. Theunissen 1986; 1994a; b). Beginnen möchte ich mit einem Beispiel aus der Praxis, welches sich für die Entwicklung eines Förderkonzepts als äußerst nützlich erwiesen hat (vgl. auch Bächthold 1990; Lingg/Theunissen 1994). Freilich lassen sich in dem begrenzten Rahmen dieses Beitrags nur einige Aspekte rehabilitationspädagogischen Arbeitens aufzeigen. Insofern war auch eine Einebnung disziplinübergreifender Fragestellungen unumgänglich.

Geschichte einer pädagogischen Förderung – das Beispiel Herr Baum

Im Jahre 1980 übernahm ich die pädagogische Leitung einer Abteilung für geistig schwer- und mehrfachbehinderte Menschen eines Heilpädagogischen Heims, das im Rahmen einer großangelegten Reform in Nordrhein-Westfalen aus einer psychiatrischen Anstalt herausgelöst und verselbständigt wurde (vgl. Theunissen 1994a; b; Wedekind et al. 1994). Der damalige sog. Schwerstbehindertenbereich umfaßte zwei „geschlossene" Stationen mit 24 Frauen und 26 Männern im Durchschnittsalter von 40 Jahren. Die große Mehrheit dieser Behinderten hatte man damals im Bett gehalten. Gutachterlichen Aussagen zufolge galten fast alle als „hoffnungslose Pflegefälle", bei denen man „nichts mehr machen könne". „Fehlende Eingliederungsfähigkeit", „lästige Klebrigkeit", „dranghafte Unruhe", „stereotype Tics", „ausgeprägte Antriebsarmut", „Zerstörungsdrang", Fremdaggressionen sowie selbstverletzende Verhaltensweisen zählten zu den am häufigsten genannten Auffälligkeiten, die zumeist als „wesensbedingt", d.h. als unmittelbarer Ausdruck einer „Oligophrenie schweren Grades" interpretiert und als krankenhaus- und psychopharmakabehandlungsbedürftig ausgewiesen wurden. Alles in allem wurde ein ausgesprochen negatives, biologistisch-nihilistisches Bild vom geistig behinderten Menschen gezeichnet (vgl. Theunissen 1994a), worunter insbesondere der Personenkreis der geistig Schwer- und Mehrfachbehinderten zu leiden hatte. Denn bei ihnen wurden aktivierende Interventionen als sinnlos, ja zeitvergeudend betrachtet.

Einer dieser Bewohner war Herr Baum, geboren gegen Ende der 40er Jahre. Bis zu seinem 5. Lebensjahr lebte er zuhause bei seinen Eltern. Bereits gegen Ende des 1. Lebensjahres war ein geistiger Rückstand festgestellt worden. In seinem 2. und 4. Lebensjahr mußte er wegen beidseitiger Hüftgelenkserkrankung für einige Wochen stationär behandelt werden. Da sich seine Eltern bei der täglichen Pflege in starkem Maße überfordert fühlten, folgten sie Anfang der 50er Jahre dem ärztlichen Rat, Herrn Baum, der nie stehen oder laufen gelernt hatte, in einem psychiatrischen Krankenhaus unterzubringen. Dort wurde eine sogenannte Little`sche Krankheit festgestellt. Ferner diagnostizierte man multiple Kontrakturen beider Knie- und Hüftgelenke, außerdem waren die Füße in Fehlstellung fixiert. Da orthopädische Versuche, eine gewisse Steh- und Gehfähigkeit zu erreichen, fehlschlugen, wurde er seit jener Zeit nur noch im Bett gehalten. Psychisch galt er als "schwachsinnig vom Grade der Idiotie" und "bildungsunfähig". Insgesamt gesehen bot er das Bild eines "schwierigen Pflegefalls", da er völlig geregelt werden mußte. Überdies fiel er immer wieder durch lautes, unartikuliertes Schreien auf, welches eine medikamentöse Sedierung erforderlich machte.

Im Jahre 1981 kam es zur Umgestaltung der bisherigen Heimstation zu einer Wohngruppe mit zunächst 14, später 8 Behinderten. Diese verbesserten Rahmenbedingungen sowie die damit verknüpfte Erhöhung des Personalschlüssels (1: 1,5) trugen dazu bei, daß erstmalig bei einigen Behinderten, so auch bei Herrn Baum, eine gezielte pädagogische Förderung ins Auge gefaßt werden konnte. Auf dem Hintergrund von Verhaltensbeobachtungen und "fallbezogenen" Reflexionen im Mitarbeiterteam unter Berücksichtigung des S/P=P-A-C (Günzburg), des sensomotorischen

Entwicklungsgitters nach Kiphard (1976) sowie der bisherigen Lebensgeschichte wurde zunächst eine sogenannte Ausgangslage erstellt (stichwortartige Angaben):

- Psychosozialer Bereich:
  Reagiert mit tiefgreifenden Ängsten, wenn Mitarbeiter oder Mitbewohner auf ihn zukommen, ihn berühren oder pflegen; schreit laut, hält sich mit den Händen die Ohren und mit den Ellbogen die Augen zu und verspannt sich; zeigt nur äußerst selten Ausdruck von Freude, wirkt apathisch, ist isoliert von den Mitbewohnern; versucht durch Echolalie Aufmerksamkeit auf sich zu lenken;
- Motorik und körperlicher Bereich:
  Ist völlig unbeweglich, liegt ständig in Rückenlage im Bett, Beugekontrakturen an den Hüften und Knien; greift mit zwei oder drei Fingern; im Bereich der oberen Extremitäten besteht eine leichte Athetose; dreht sich nicht von Rücken auf Bauch oder von Bauch auf Rücken; bewegt seine Beine nicht; sitzt nicht;
- Selbständigkeit:
  Braucht bei allen Verrichtungen des täglichen Lebens Hilfe, benötigt zwei Mitarbeiter beim Heben aus dem Bett;
- Kognitives Verhalten:
  Nimmt Ereignisse aus der Umgebung wahr, wirkt interessiert an Geschehnissen des Alltags, spricht Zwei-Wort-Sätze in Form von Echolalie.

Ausgangspunkt der Förderung, welche in der Regel viermal wöchentlich für 30-45 Minuten stattfand, war zunächst eine Phase der Kontaktaufnahme, indem eine pädagogische Fachkraft über Formen basaler Kommunikation und körperorientierten Arbeitens eine dialogisch-kommunikative Beziehung herzustellen versuchte. Dieser einfühlende „leiborientierte" Zugang führte zum Abbau von Ängsten und zu einer „Offenheit" für weitere pädagogische Angebote. Sodann wurde das regelmäßige Ballspielen zu dem wichtigsten Bestandteil der fast täglichen Förderung. Ziel der Ballspiele war es, nicht nur psychisches Wohlbefinden zu verbessern, sondern auch eine verbesserte Mobilität im Oberkörperbereich zu erreichen. So mußte Herr Baum beispielsweise seine beiden Arme immer seitwärts, hinterrücks oder nach vorne strecken, um überhaupt an einen Ball zu gelangen. Das Zuwerfen der Bälle wurde so manipuliert, daß er stets aufgefordert war, sich immer mehr beim Erreichen eines Balles zu strecken. Dies führte dazu, daß er im Oberkörperbereich beweglicher wurde sowie in seinen Armen und Händen Kraft entwickelte.

Aufgrund seiner verbesserten Handgeschicklichkeit versuchte man im August des Jahres 1982 ihm das eigenständige Essen beizubringen. Innerhalb weniger Tage war er schon in der Lage, selbständig mit dem Löffel zu essen. Ebenso brauchte er zu den Frühstücks- und Abendbrotmahlzeiten nicht mehr gefüttert zu werden.

Die bisherige Entwicklung führte dazu, daß Herr Baum im November 1982 erstmalig in Bauchlage gedreht werden konnte, ohne dabei massive Ängste zu zeigen oder zu klammern. Damit war ein ganz entscheidender Schritt für seine weitere Entwicklung erreicht, denn von nun an fanden sämtlich Ballspiele in Bauchlage statt. Das Spiel mit den Bällen wurde wieder behutsam im Niveau gesteigert, so daß schließlich die Bälle nicht mehr durch Strecken der Arme, sondern nur noch durch ein geringes selbständiges Vorwärtsrutschen erreicht werden konnten. Da diese Spiele mit großer Anstrengung verbunden waren, war es wichtig, ihn hierbei nicht zu überfordern und zu entmutigen. So wurde er zunächst veranlaßt, sich nur für 5-10 Zentimeter fortzubewegen. Gegen Ende des Jahres 1982 war er dann in der Lage, über einen halben Meter selbständig zu robben und sich beidseitig umzudrehen.

Etwa zur gleichen Zeit wurde er erstmalig von den Mitarbeitern auch an den Essenstisch zu den anderen Bewohnern gesetzt. Ferner machte er weitere Fortschritte in seinem Sprachverhalten, indem er bemüht war, kurze Sätze mit situationsadäquatem Inhalt zu sprechen. Neben den Ballspielen wurden ihm zum selbständigen Robben noch weitere Anreize geschaffen. Dies alles führte dazu, daß er im Mai 1983 erstmalig in der Lage war, vom Badezimmer in den Tagesraum zu seinen anderen Mitbewohnern zu robben; seit jener Zeit gilt er in seiner Gruppe voll integriert.

Darüber hinaus führten die Mitarbeiter der Gruppe auch ein Selbständigkeitstraining durch, was dazu führte, daß Herr Baum gegen Ende des Jahres in der Lage war, sich selbst zu regeln sowie Unterhemd und Pullover alleine an- und auszuziehen. Dadurch, daß Herr Baum auf die alltäglichen Pflegeprozesse durch Mittun und einer entkrampften Bereitschaftshaltung stärker einging, wurde er zusehends beliebter beim Personal, das sich nun immer mehr für seine Potentiale interessierte. Damit hatte sich die intensive Einzelförderung letztlich überflüssig gemacht.

Bemerkenswert ist, daß Herr Baum im August 1983 erstmalig einen Rollstuhl erhielt so daß nun auch eine „Öffnung nach außen" ins Auge gefaßt werden konnte (durch Ausflugsfahrten, Zoobesuche, Teilnahme an Ferienfreizeiten).In seiner Wohngruppe zählt Herr Baum heute zu den aktivsten Bewohnern. Inzwischen verbalisiert er auch eigene Wünsche, spricht ganze Sätze und gibt adäquate Antworten auf Fragen. Bezüglich seiner Selbständigkeit hat es in den letzten Jahren noch weitere enorme Fortschritte gegeben, so ist er beispielsweise in der Lage, sein Bett eigenständig zu verlassen oder sich alleine - ohne fremde Hilfe - auf einen Stuhl zu setzen. Zum Schluß ist noch erwähnenswert, daß er seit einiger Zeit regelmäßig von einer Laienhelferin besucht wird, wodurch sich der Kontakt nach außen verdichtet hat. Für Beide bedeuten diese Besuche ein wichtiges Stück an Lebensfreude und Lebenssinn.

Grundzüge des Konzepts und Reflexion

Das hier vorgestellte Praxisbeispiel bezieht sich auf einen Personenkreis, der jahr-

zehntelang kaum im Blickpunkt fachlichen Interesses stand. Dies hing mit der Fehleinschätzung geistig schwer- und mehrfachbehinderter Menschen zusammen, die vor dem Hintergrund des der medizinischen Nosologie entstammenden Labels „Idiotie" erhebliche Stigmatisierungs-, Diskriminierungs- und Segregationstendenzen hatte. Erst die aus der Normalisierungsdebatte (Nirje 1974; 1994) hervorgegangene Abkehr vom „psychiatrischen Modell" (Theunissen 1994a) durch „integrationspädagogisches", praktisches und sozialpolitisches Engagement sowie die implizite Überwindung des engen Paradigmas der (außerschulischen) Heilpädagogik, die sich ganz der psychiatrischen Orthodoxie verschrieben hatte, hat in den letzten Jahren Erkenntnisse hervorgebracht, die dazu herausfordern, im Hinblick auf Theoriebildung und Praxis ein neues fachliches Selbstverständnis zu entwickeln. So betrachten wir heute geistig schwer- und mehrfachbehinderte Erwachsene nicht mehr als „versorgungsbedürftige Mängel- oder Defizitwesen", und ebensowenig wird von einer endgültigen Entwicklungsbeschränkung im Erwachsenenalter oder „ewigen Kindheit" ausgegangen (vgl. Goll 1993; Theunissen 1993). Vielmehr tut die Behinderten- oder Rehabilitationspädagogik gut daran, der psychologischen Altersforschung (Lehr 1977; Lehr/Thomae 1987; Baltes 1990) zu folgen und menschliche Entwicklung als einen lebenslangen Prozeß zu betrachten (vgl. auch Speck 1983; Hofmann 1985; Rapp/Strubel 1992; Theunissen/Plaute 1995). Insofern bildet der „life span developmental approach" (Baltes et al. 1980; Baltes 1984; 1990; Baltes/Baltes 1989) den Bezugsrahmen für Fördermaßnahmen, die den geistig behinderten Menschen unabhängig von Alter, Pflegebedürftigkeit oder Schwere der Beeinträchtigung in seinem Personsein, in seiner Würde, in seinen Möglichkeiten, in seiner Befindlichkeit und mit seinen Bedürfnissen als ein auf Autonomie hin angelegtes, aktives und kompetentes Wesen ernst nehmen und der anthropologischen Prämisse Rechnung tragen, daß der Mensch nicht nur danach strebt, seine Lebensumstände zu kontrollieren und zu bewältigen, sondern auch sich selbst darzustellen, d.h. im „zweckfreien Spiel", im ästhetischen Erleben und der ästhetischen Erfahrung (Schiller) zu verwirklichen (vgl. Portmann 1970; 1973; Theunissen 1993). Diese Verwirklichung eines „sinnerfüllten Lebens" oder - wie es Portmann formuliert - des „vollen Menschseins", ist unabhängig von Alter oder Schwere der Behinderung nur auf dem Hintergrund der Du-Bezogenheit des Individuums zu denken, und da sie durch Sozialisations- und Lebensbedingungen nachhaltig reziprok beeinflußt wird, muß der Mensch stets auch als ein auf mitmenschliche Kommunikation hin angelegtes Gesellschaftswesen in einem sozioökologischen Umfeld begriffen werden.
Moderne Auslegungen von „geistiger Behinderung" greifen diese „ganzheitliche" Sicht auf, indem sie Wechselbeziehungen und Zusammenhänge zwischen einer zumeist genetisch-organisch bedingten, komplexen (d.h. kognitiven, sensorischen,

motorischen, emotionalen und sozialen) Entwicklungsbeeinträchtigung, den Sozialisationsprozessen und den gesellschaftlichen Verhältnissen fokussieren, um sowohl stigmatisierende, diskriminierende, benachteiligende, isolierende, lernhemmende und identitätsschädigende Bedingungen als auch individuelle Kompetenzen, (Lern-) bedürfnisse und soziale Ressourcen im „environment" sowie lern- und autonomiefördernde Interventionen zu eruieren (vgl. St. Claire 1989; Schalock et al. 1994; Speck 1990; AAMR 1992).

Dieser Perspektivwechsel, der Transaktionen des betreffenden Individuums mit seiner Umwelt in den Mittelpunkt der Betrachtung rückt, führt zu einem Förderverständnis, das sich augenfällig von herkömmlichen Interpretationen einer heilpädagogischen Förderung, die den behinderten Menschen einbahnig zu beeinflussen sucht und vor dem Hintergrund einer sozial erwünschten Norm etwas aus ihm „herausholen", ja „machen" will, unterscheidet: Durch Förderung oder Interventionen soll der behinderte Mensch in die Lage versetzt werden, aus sich selber etwas zu machen, d.h. zu einem kompetenten Verhalten angeregt werden, so daß eine gegebene Situation möglichst autonom bewältigt und ein soziales sowie sinnerfülltes Leben aufrechterhalten und weiterentwickelt werden kann (vgl. Theunissen 1993, 32, 130, 148; Theunissen/Plaute 199, 66; Theunissen 1995b).

Vor dem Hintergrund dieser grundsätzlichen Positionsbestimmung möchte ich nun zentrale Leitprinzipien nennen, die unser Praxisbeispiel fühlbar durchdrungen und die bis heute nichts an Aktualität eingebüßt haben (vgl. Lingg/Theunissen 1994).

Kommunikationszentriertes Prinzip

Ausgangspunkt und Grundlage unseres Ansatzes ist zunächst einmal die Herstellung einer tragfähigen, verläßlichen Beziehung (Bezugsassistenz), die die gesamte Förderung fühlbar zu durchdringen hat. Theoretischer Bezugspunkt der Beziehungsgestaltung ist der philosophisch-anthropologische Grundgedanke M. Bubers (1962, 79, 97), daß sich der Mensch nur in der Beziehung zum Du verwirklichen kann. Eine solche (pädagogische) Aufgabe kann nur gedeihen, wenn sich die assistierende Person weder von Alltagstheorien, Typisierungen, Störungsbildern oder einem statischen Behinderungsbegriff noch von Leidenschaften, Machtwillen, Geltungsstreben oder festen Maximen (Normen) einer Förderung leiten läßt. Vielmehr geht es darum, sich als „ganze" Person auf den Anderen „unmittelbar" einzulassen (ebd., 167). Diese identitätsunterstützende Haltung muß verbunden sein mit Echtheit und Kongruenz (Rogers 1974) sowie einem empathisch-teilnehmenden Beobachten, Wahrnehmen, Verstehen und Antworten (vgl. Bodenheimer 1987; Brennecke/Klein 1992), das auch zunächst unverständliche Verhaltens- und Erlebensweisen eines Menschen mit geistiger Behinderung positiv konnotiert, d.h. als zweckmäßige, sinngebende Ausdrucksformen betrachtet (vgl. Theunissen 1995a; b; Lingg/Theunissen 1994). Je nach Grad und Ausprägung der Beeinträchtigung (Hospitalisierung) muß die Art des einfühlenden Zugangs zu einer „kompetenzfördernden Begegnung" subjektzentriert variiert werden. In der Arbeit mit geistig schwer- und mehrfachbehinderten Menschen haben wir uns hierbei häufiger weniger an der kognitiven Logik und motorischen Handlungsebene denn an Emotionen, der non-verbalen Ausdrucks-, Empfindungs- und Erlebenssphäre zu orientieren. Verfahren wie „basale Kommunikation" (Mall 1984; 1990) oder auch körperzentrierte therapeutische Arbeitsformen (vgl. Petzold 1985; 1988; Fikar/Fikar/Thumm 1992) setzen an dieser Ebene an, indem sie den „Leib" als „totales Sinnesorgan" (Merleau/Ponty) fokussieren. Derlei Verfahren bezwecken die Herstellung einer basal-dialogisch strukturierten kommunikativen Situation „auf vorsprachlicher, emotionaler Ebene, (die) Vermittlung von Erfahrung wie 'Verständnis', 'Angenommensein', 'Zuneigung', 'Interesse', (das) Erspüren der Stimmungslage des Partners, seiner Bedürfnisse und Wünsche, mit Betonung auf den gefühlsmäßigen Bereich, (den) Abbau von Angst, Unverständnis, Verspannung, Panik - auf beiden Seiten, (und die) Öffnung für Beziehung, für neue Erfahrungen in der sozialen und dinglichen Umwelt" (Mall 1984, 6).

Subjektzentrierung

Im Rahmen einer solchen tiefgreifenden Beziehungsgestaltung, die freilich nicht zum Selbstzweck oder zu einem Rückzug in die Innerlichkeit gerinnen darf, gilt es, mit den Augen des behinderten Partners zu schauen (Rogers 1974, 51), d.h. von ihm aus zu denken, ihm mit "divinatorischem Vermögen" (Schleiermacher) und Vertrauen in seine Ressourcen (Verwirklichungsmöglichkeiten) empathisch-teilnehmend zu begegnen, um eine Freisetzung von noch vorhandenen Kräften und Stärken zu ermöglichen, die womöglich vormals durch Pflege, heilpädagogische Behandlung, Therapie und Hospitalisierung blockiert oder verkannt worden sind.
Überdies sollten in diesem „Umfassungsakt" (Buber 1969) unbedingt Kenntnisse der Biographie des behinderten Menschen eingehen, da gerade früh erworbene womöglich versandete Fähigkeiten und Erinnerungen (Langzeitgedächtnis) wichtige Zugangsmöglichkeiten für eine „ganzheitliche Förderung" darstellen. Alles in allem stellen wir fest, daß der geistig schwer- und mehrfachbehinderte Mensch nicht Objekt einer Förderung sein darf, sondern in seiner Subjektivität erschlossen werden muß. Das bloße Feststellen von Defiziten, Mängeln, Auffälligkeiten oder Defekten reicht in diesem Zusammenhang keineswegs aus, der Subjektivität des Einzelnen gerecht zu werden. Die Orientierung an den Bedürfnissen, Interessen und Entwick-

lungsmöglichkeiten des Subjekts hat in der pädagogischen Förderung geistig schwer- und mehrfachbehinderter Menschen zur Folge, daß „reguläre" Trainingsprogramme oder heilpädagogische Übungsbehandlungen, von denen man eine „therapeutische" Wirkung erwartet, so verändert werden müssen, daß sie den „special needs", der subjektiven Befindlichkeit, den individuellen Interessen und Potentialen des Betroffenen gerecht werden können (vgl. hierzu Merkens 1983; 1984; Schumacher 1985). Grundsätzlich gilt zu bedenken, daß es in der pädagogischen Förderung geistig schwer- und mehrfachbehinderter Menschen weder ein „Idealkonzept" gibt, noch pädagogische Rezepte, die sich generalisieren lassen.

Ganzheitlich-integratives Prinzip

Betrachtet man den Menschen in der Einheit von „Körper, Seele, Geist" als ein soziales, weltoffenes und weltverbundenes Wesen (vgl. Portmann 1970; 1973) so hat dies Konsequenzen für die pädagogische Förderung:
Sie hat dieser „Ganzheitlichkeit" Rechnung zu tragen, indem emotionale, physische und kognitive Aspekte wie auch soziale, mitmenschliche Beziehungen und lebensweltliche Systeme für die Konzeptentwicklung reflektiert und berücksichtigt werden müssen.
So genügt es nicht, mit einem geistig schwer- und mehrfachbehinderten Menschen ein stringentes Verhaltenstraining durchzuführen, wenn dies seine physische und psychische Befindlichkeit nicht zuläßt. Unsere Kasuistik ist ein ausgezeichnetes Beispiel dafür, wie über einen „ganzheitlichen" Ansatz Lern- und Entwicklungsprozesse in Gang gesetzt und entfaltet werden können. Aus der Lebensgeschichte von Herrn Baum war zu entnehmen, daß er während seines langen Psychiatrieaufenthaltes äußerst unangenehme Erfahrungen bei der alltäglichen Pflege gemacht hatte, bei denen er Schmerz und Bedrohung verspürte, die er durch Verklammerung der Arme, muskuläre Panzerung und Ängste abzuwehren versuchte. Durch die sich ständig wiederholenden Negativerfahrungen war es zwischenzeitlich schon zu einer Generalisierung der Abwehrhaltungen gekommen, indem er bereits bei Ansprache, Annäherung oder leichter körperlicher Berührung Vermeidungsreaktionen zeigte sowie mit Ängsten reagierte. Insofern war es für unsere pädagogische Förderung ganz entscheidend, zunächst an diesen „Mustern der Sicherung" (Petzold) durch körperbezogene, beziehungsstiftende Arbeitsformen anzuknüpfen, bevor „interaktionale" bewegungsaktivierende Interventionen als „stringentes" Kernstück der Förderung ins Auge gefaßt werden konnten.
Fühlbarer Hintergrund der bewegungsaktivierenden Entwicklungshilfe war die Idee des „ästhetischen Spiels" (Schiller), welches sensorische, emotionale, motorische,

kognitive und soziale Entwicklungsdimensionen „harmonisch" miteinander vereint, so daß das betreffende Individuum mit sich selbst identisch werden kann. Unter ästhetischem Spiel verstehen wir somit in Orientierung an Schiller (1795) eine philosophisch-anthropologische Handlungskategorie, die auf Selbstverwirklichung zielt und nicht nur eine lust- oder phantasiebetonte Tätigkeit, sondern auch geistvolles, erkenntnisvermittelndes Tun impliziert, an dem ein Übungswert (vgl. Piaget 1974, 128 ff.; 1975, 151 ff.) festgemacht werden kann. So kam es uns darauf an, im Rahmen des alltäglichen Ballspielens das "therapeutische Potential" zu nutzen, indem eine Verbesserung bzw. Ausbildung der Mobilität im Oberkörperbereich, der Auge-Hand-Koordination, der Handgeschicklichkeit sowie des Bewegungsvermögens angestrebt und angebahnt wurde. Zugleich entsprachen vor allem auch die Ballspiele in Bauchlage einer organ- und muskelbeanspruchenden Konditionsübung. Sowohl durch Unterstützung des eigenständigen Robbens als auch durch Gestaltung des unmittelbaren Lebensraumes (ökologische Perspektive), durch Bereitstellen von Situationen mit stark motivationalem und aktionalem Aufforderungscharakter (z.B. veränderbare Spielregale an der Wand; niedriges Holzbett) wurde Herr Baum zur Bewegung und zum Umgang mit seinem Körper veranlaßt, wodurch nicht nur verbesserte Beziehungen seines Körpers zu Raum und Zeit hergestellt, sondern zugleich auch ein wichtiges Stück an Sicherheit in seinen Bewegungsabläufen und mehr Handlungsautonomie gefördert werden konnten. Indem die bewegungsaktivierenden Interventionen als „interplay" (Petzold) im Rahmen eines autonomieanregenden, entwicklungsfördernden Lern- und Erfahrungsfeldes konzipiert waren, vollzog sich dieser stringente Part der Förderung weder als eine medizinisch-reparative, korrigierend-verhaltenssteuernde Übungsbehandlung, noch als ein einseitiges Leistungstraining; vielmehr wurde sie von Herrn Baum als zweckfreie, lustvolle Betätigung erlebt, weil sie sich an seinen Bedürfnissen und Interessen sowie an seiner subjektiven Befindlichkeit orientierte und dem Leitziel der „allseitigen Persönlichkeitsentfaltung" verpflichtet war. Herr Baum konnte somit in „ganzheitlich-spielerischer Weise" seinen Körper und dessen Bewegungsmöglichkeiten erfahren:
Unzulässig wäre es, ein solches Förderkonzept, das Aspekte oder Modellrudimente aus der neueren Psychomotorik, Motopädagogik, heilpädagogischen Bewegungserziehung, Rhythmik und Spieltherapie in sich vereint (vgl. Kiphard 1984; Köckenberger 1992; Eggert 1994; Sommer 1987), als bloße Spielerei abzutun. Zum einen wurde pädagogisch-therapeutisch reflektiert, was durch das alltägliche Ballspielen erreicht bzw. welchen funktionellen Wert die Förderung haben sollte (Wofür sollte Herr Baum lernen, seinen Arm hochzuheben? Um sich vielleicht später das Unterhemd besser über den Kopf ziehen zu können.); zum anderen ging es uns stets um „ganzheitliches Lernen". So ist zum Beispiel unserer Kasuistik zu entnehmen, daß die bewegungsaktivierenden Interventionen nicht nur zur Verbesserung der Motorik bei-

trugen, sondern zugleich auch kognitive, psychische und soziale Prozesse förderten (z.B. Erfolgserlebnisse, Selbstvertrauen, Kompetenz, Effektanz, Verbesserung und Differenzierung der Sprache, Äußerung von Wünschen, Zunahme von Interaktionen).
Zusammengefaßt macht somit der philosophisch-anthropologische und systemisch-ökologische Bezugsrahmen klar: Bewegungsaktivierende Interventionen sollten stets auf die „ganze" Person in ihrer Lebenswelt ausgerichtet sein, wenn mehr Autonomie und Handlungskompetenz zur Realisierung eines sinnerfüllten Lebens Ziel sein soll.

Entwicklungsgemäße Vorgehensweise

Eng verknüpft mit den vorausgegangenen drei Prinzipien ist die entwicklungsgemäße Vorgehensweise. Hierunter verstehen wir eine Förderung von Lernprozessen, die sich an Gesetzmäßigkeiten und am Verlauf der menschlichen Entwicklung orientiert.
Der einschlägigen Literatur zufolge ist davon auszugehen, daß sich geistig schwer- und mehrfachbehinderte Menschen in der Regel auf dem frühen sog. sensomotorischen Entwicklungsniveau befinden. Allerdings wäre es unzulässig, eine „analoge" Entwicklung zwischen nichtbehinderten und geistig behinderten Personen anzunehmen (vgl. Theunissen 1994a). Gerade bei hospitalisierten, schwer geistigbehinderten Erwachsenen ist festzustellen, daß die Entwicklung in weitaus stärkerem Maße als bei nichtbehinderten Kindern oder nicht hospitalisierten geistig Behinderten in bezug auf einzelne Entwicklungsdimensionen erhebliche Diskrepanzen aufweist. Deshalb sollte vor dem Hintergrund der individuellen Lebensgeschichte eine Analyse des aktuellen Entwicklungs- oder Handlungsniveaus erfolgen. Die pädagogische Förderung sollte so konzipiert sein, daß ein „Lernen in der Zone der nächsten Entwicklung" (Wygotski) stattfinden kann. Was damit gemeint ist, macht Wygotski (1972, 236) an folgendem Beispiel deutlich: „Wie ein Gärtner, der den Zustand seines Gartens feststellen will, falsch handeln würde, wenn er ihn lediglich nach den Apfelbäumen beurteilte, die ausgereift sind und Früchte gebracht haben, anstatt auch die heranreifenden Bäume in Rechnung zu stellen, so muß der Psychologe bei der Beurteilung des Entwicklungsstandes nicht nur die herangereiften, sondern auch die heranreifenden Funktionen, nicht nur das gegenwärtige Niveau, sondern auch den Bereich der kommenden Entwicklung berücksichtigen". Die pädagogische Bezugsperson sollte sich darüber im klaren sein, welche Aufgaben ein behinderter Mensch selbständig und mit Hilfe eines Assistenten lösen kann. „Die Differenz zwischen beiden Ergebnissen (und keineswegs das absolute Urteil) kann dann die 'Zone der nächstfolgenden Entwicklung' bestimmen" (ebd., 49).
Unsere Kasuistik macht sichtbar, wie bei Herrn Baum Lernen in den Zonen der näch-

sten Entwicklung stattgefunden hat, wie Schritt für Schritt neues Verhalten aufgebaut und ein Entwicklungsprozeß eingeleitet wurde, der bis zum heutigen Tag anhält. Ein wichtiges Moment der Entwicklungsförderung war zweifelsohne die Auswahl „geeigneter" (subjektiv bedeutsamer) Materialien, die zu eigenständigem Handeln veranlassen sollten. Solche Angebote sollten „gemäßigt neu" sein (Ginsburg/Opper 1975), d.h. weder allzu bekannt, um den Handelnden nicht zu langweilen, noch allzu neu, um ihn nicht zu überfordern (die Auswahl verschiedener Bälle spielten dabei eine wesentliche Rolle).

Zusammenfassung

Unsere Absicht war es aufzuzeigen, wie geistig schwer- und mehrfachbehinderte Erwachsene, die jahrelang hospitalisiert wurden, durch bewegungsaktivierende Interventionen in ihrer Entwicklung sinnvoll gefördert werden können. Wichtigster Anknüpfungspunkt der pädagogischen Förderung waren die Potentiale des Betroffenen. Damit wurde einer medizinisch-reparativen, defizitorientierten heilpädagogischen Praxis eine deutliche Absage erteilt.

Literatur
beim Verfasser

Der Verfasser:
Prof. Dr. Georg Theunissen
Martin-Luther-Universität
FB Erziehungswissenschaften
Institut für Rehabilitationspädagogik
06099 Halle (Saale)

Bewegungserziehung mit Schwerstbehinderten unter anthropologisch-pädagogischen Aspekten

P. Kapustin

Institut für Sportwissenschaft der Universität Würzburg

Education and Moving in Highly Disabled Humans under Anthropological-Pedagocic Aspects

Numerous definitions of humans disability exist based on different views like physiological, mental, emotional, social, pedagogical or anthropological aspects. Some inside is given in this paper. Many questions arise with worthy living, performance, normality and society. Most answers are not able to explain the disabled humans the possibilities to be integrated in the society as an individuum. The body is our being, but being is more than our body. Learning, reacting to and acting into the surrounding world depend primarily on ones ability to contact the world i.e. by moving. Nevertheless communication is more than motion. There exist interactions between the turning towards, moving and feeling/sensation and steps from basal stimulation (being moved) to basal activation (intended moving) and finally elementary communication (expression moving). Pedagogic-didactic recommendations are: idividuality and respect to emotional state; no mechanistic but more total requirements (motoric-kinestethic, psychosocial and cognitive); from partnership to social group and stimulating pleasing environment; opening perceptual traces; having a look on own impulses and actual situations in life; no restlessness but patience. Do not have the idea to do anything better, faster, more effective or more intensive.

Key words: definition, learning by moving, basal pedagogic, anthropologic pedagogic aspects, recommendations

Je tiefer ein Wissenschaftler, ein Pädagoge, ein Sportpädagoge im Praxisfeld der Bewegungserziehung für Menschen mit schwersten Behinderungen verwurzelt ist, um so mehr ist er verunsichert, wenn er über die Menschen sogenannte „gesicherte" Aussagen machen soll, für sie Entscheidungen treffen und Bewegungsangebote schaffen soll, wo sie sich doch selbst uns gegenüber nur schwer verständigen können, für die unsere „Welt" eine jeweils sehr spezifische individuelle, von uns nur zu erahnende Bedeutung hat. Die emotionale Nähe der Mutter, eines Vaters oder einer sonstigen engen Bezugsperson können den Blick in eine wesentliche Dimension der besonderen zwischenmenschlichen Beziehung eröffnen und zugleich durch die Distanznähe in anderen Dimensionen auch verengen.

Zwei Beispiele sollen als Einstiegshilfe in die Thematik dienen:
- Thorsten, ein etwa 20-jähriger Mann mit schwerster geistiger Behinderung, die sich u.a. in einer fast fehlenden Sprachentwicklung mit einer erheblich gestörten Motorik ausdrückt, hat kürzlich nach vielen Jahren der geduldigen Zuwendung und Förderung aus eigenem Antrieb und nach Vorbild versucht, sich in Bauchlage über die Langbank zu ziehen. In unserer Familiensportgruppe mit behinderten Kindern in Würzburg ein Ereignis, das im Kalender einen Stern verdient.
- Judith kam mit ihrer Mutter und mit ihrer Schwester vor etwa 10 Jahren zu uns, als sie 7 Jahre alt war und eingeschult werden sollte. Nachdem oder obwohl die Mutter wegen Judith von einem Therapeuten zum nächsten geschickt wurde, gelang es nicht, die Schulfähigkeit zu diagnostizieren und das Kind zu befähigen, sich wenigstens in Ansätzen vom „Rockzipfel" der Mutter im wörtlichen Sinn zu lösen. Mit sehr viel Geduld und ohne besondere Therapieansprüche ist die Integration der zunächst stark „behinderten" Familie gelungen. Heute ist das „Kind" - die Jugendliche mit 17 Jahren - zwar an einer Schule für geistig Behinderte, aber sehr selbständig in unserer Gruppe und sehr losgelöst vom „Rockzipfel" der Mutter. Unser wöchentlicher Treff und unsere gemeinsamen Erlebnisferien im Sommer und im Winter werden von allen Teilnehmern (Eltern, behinderte und nichtbehinderte „Kinder") als gelungene Freizeitgestaltung mit einem hohen Integrationswert beurteilt. Eine entsprechende empirische Untersuchung (1988) liegt vor. In Einzelfällen - individuums- und/oder familienbezogen sind therapeutische Erfolge im motorischen Profil, im Sozialverhalten, in der Ausdrucksfähigkeit und in der gesundheitlichen Verfassung deutlich erkennbar, obwohl oder auch weil keine besonderen Therapieansprüche unsere Gemeinschaftsarbeit mit zu hohen Erwartungen belasten und die inhaltliche Gestaltung diktieren.

Menschen mit schwersten und mehrfachen Behinderungen

Der Wissenschaftler stößt an Grenzen, hat Probleme mit der Definition oder gar mit der Abgrenzung. Der Praktiker, der Pädagoge im sozialen Feld erkennt die Individualität als Prinzip, weiß um die Vielfalt an Behinderungsarten und -kombinationen, an objektiv gegebenen Einschränkungen und an gesellschaftlich bedingten Behinderungen. *Begemann* (1) versteht unter schwerstbehinderten Personen Kinder, Jugendliche und Erwachsene,
- „die aus medizinischer Sicht als schwere Folgezustände prae-, peri- und postnataler multipler, massiver Schädigungen des Zentralnervensystems charakterisiert werden können;
- deren Funktionstüchtigkeit dadurch in den Verhaltensbereichen der Motorik, Per-

zeption, Kommunikation usw. so eingeschränkt ist, daß spontane oder durch übliche Erziehungsbedingungen herausgeforderte Eigenaktivität nicht oder kaum gezeigt wird und daher der Aufbau und die interdependente Entwicklung in diesen Verhaltensbereichen extrem verzögert oder gar verhindert wird;
- so daß bisherige an der Normalentwicklung orientierte Konzepte auch der Früh-, Elementar- und Primärerziehung Behinderter nicht mehr greifen, obwohl die Schwerstkörperbehinderten durch eine ihnen angemessenen Förderung Ziele dieser oder gar höherer Bildungsstufen erreichen können."

Auf Schwerstkörperbehinderte bezogen sind nach Meinung von *Begemann* Kinder, Jugendliche und Erwachsene zu betrachten, „für die die tradierten Bildungsinstitutionen unserer Gesellschaft bisher keine angemessenen Konzepte, außer einer vorwiegend pflegerischen Betreuung haben, und die deshalb meist als bildungsunfähig oder in den entsprechenden Institutionen als nicht zureichend förderbar angesehen wurden."

Fröhlich (4) hebt auf die Leistungsfähigkeit ab und meint: „Schwerstbehindert nennen wir ein Kind, wenn es absehbar nicht in der Lage sein wird, die vergleichbaren Leistungen eines gesunden Säuglings von 6 Monaten zu erreichen."

Pfeffer schließlich nähert sich dem Begriff „schwerste geistige Behinderung" mit den von ihm ausgewählten pädagogischen Dimensionen; dabei betont er interaktionale und lebensgeschichtliche Gesichtspunkte (6):
- „die Fixierung auf wenige Objekte der Umwelt verlangt nach Erschließung von Welt in ihrer Vielfalt;
- die durch räumliche Einschränkung bedingte Reduktion des Erlebens postuliert die Ermöglichung von Fortbewegung in die Umwelt;
- die dominante oder primär biotische Binnenorientiertheit (Speck) signalisiert die Notwendigkeit, im gemeinsamen Erleben Interesse für die Dinge um uns herum zu wecken;
- autistisch erscheinende Kontaktverweigerung fordert behutsame und geduldige Interaktionsangebote;
- das Ausgeliefertsein an überschießende, nicht mehr von der Person kontrollierbare, reiz-determinierte motorische Aktivitäten (Hyperaktivität) weist auf die Notwendigkeit affektiver Beziehungen hin, die eine wichtige Grundlage kontrollierter Umweltbegegnungen darstellen;
- die apathische Distanz zur Umwelt und die damit gegebene Reduktion der Aktivität deuten auf die Aufgabe hin, über affektiv-emotional positive Beziehungen Interesse für die Welt der Menschen und der Sachen zu wecken;
- die „Sympathie für den Augenblick" bedarf der Erweiterung der erlebten Zeit in die Zukunft;
- Sprachlosigkeit, minimales Sprachverständnis und nur schwer eindeutig dekodier-

bares Ausdrucksverhalten postulieren kreatives Bemühen um geeignete Kommunikationsformen und um Verstehen des oft so Mißverständlichen;
- Auto-Aggression signalisiert tiefe Verlassenheit und postuliert geduldige Interaktionsangebote;
- Stereotypien und Tics weisen auf extreme Fixierung psycho-motorischer Aktivität hin und erweisen die Notwendigkeit, im gemeinsamen Erleben die Vielfalt von Welt zu erfahren;
- die häufig unbeeinflußbar erscheinenden Verhaltensweisen wie Aggression, Auto-Aggression, Stereotypien, Einkoten, etc. sind gerade als solche Hilferufe an die Umwelt, den Bezug nicht resigniert abzubrechen, sondern beharrlich aufrechtzuerhalten, zu verstehen."

Beschränken wir uns also auf einen „Negativkatalog" an Unterschieden zu den Menschen ohne (?) Behinderungen, oder sind bei der Begriffserklärung „schwerstbehindert" auch die Chancen zu bedenken und zu formulieren, die neben den Behinderungen und den behindernden Lebensbedingungen gegeben, zu erwarten oder zu schaffen sind? Gibt es verschiedene Kategorien von Menschen bis hin zur untersten Stufe, in der der Status „Person" von sogenannten Fachleuten abgesprochen wird? Ist nicht die Realität menschlicher Existenz auf einem Kontinuum einer mehrdimensionalen Merkmals-, Eigenschafts- und Fähigkeitsskala besser zu fassen, wobei sich für jeden Menschen ein individuelles Gesamtprofil ergibt, das sich prozeßartig im Verlauf eines Lebens weiter entwickelt und damit verändert? Wer beurteilt, ob ein Leben lebenswert ist? Die Beurteilung aus Außensicht unter Nützlichkeitserwägungen hat eine sehr leidvolle „Geschichte". Maßgeblich ist der interne Lebenswert, der zugegebenermaßen kaum beurteilt werden kann, aber zumindest müssen die Chancen zur Qualitätssteigerung genutzt werden. Die dominierenden oder die augen-(ge)-fälligeren gesellschaftlichen Normen, die auf Leistungsfähigkeit, Schönheit, Jugendlichkeit, Körper- und Muskelkult, Mobilität und Raffinesse bezogen sind, eignen sich nicht für eine menschenwürdige Beurteilung schwerster Behinderung.

Anthropologische Fragen

Brauchen wir zum Verständnis des Wissens behinderter, insbesondere schwerstbehinderter Menschen ein separates Menschenbild, oder genügt ein integriertes Menschenbild, das die Vielfalt menschlicher Existenz der Bedürfnisse der Erlebnis- und Lernmöglichkeiten sowie der Lebensgestaltungs- und der Lebensbewältigungsmöglichkeiten einschließt? Kann der Mensch nicht so begriffen werden, wie er in seinen basalen Merkmalen, Funktionen und Fähigkeiten angelegt ist? Was ist allen Menschen gemeinsam? Zum Beispiel (siehe auch *Gruppe* (5)):

- Der Mensch existiert in der und durch seine Leiblichkeit - Leib-Sein und Leib-Haben.
- Der Mensch ist auf Bewegung angelegt - in sich, auf sich gerichtet und von sich weg nach außen gerichtet. ➤ Be-Greifen, Be-Fühlen, Be-Denken, Be-Leben ... .
- Im Menschen ist eine Gefühlswelt angelegt - sich erleben, Umwelt erfahren und Lernsteuerung.
- Der Mensch ist auf Mitmenschen angelegt - Bindung, Zuwendung, Zuneigung, Kommunikation, Behauptung, Integration.

Ein Menschenbild greift zu kurz, wenn es nur auf die herausragenden intelektuellen Fähigkeiten des Menschen - gegenüber den Tieren - abhebt, ein integriertes Menschenbild muß den Menschen in ihrer Gesamtheit „auf den Leib geschnitten" sein. Der Leib bedeutet für den einzelnen Menschen Bedingung und Begründung seiner Existenz (3), er ist der „Halt von unten" (*Teilhard de Chardin*, zitiert bei (2)).

„Dasein heißt Leib-Sein. Nur aufgrund unserer leiblichen Wirklichkeit sind wir überhaupt auf der Welt" (7). So ist „seelisches Sein ganz und gar identisch mit Leiblichkeit".

Weiter meint *Fischer* (3): „Der Körper ist unsere Daseinsweise in der Welt. Er ist Ausgangspunkt für Handlungen und Haltungen ebenso für Fühlen und Denken. Er ist aber auch Empfänger und Reservoir für Eindrücke, Reize, Erfahrungen, für Zuwendung und Zuneigung aus der den Menschen umgebenden Welt. So gesehen wird der Körper zum Leib (H. Plügge, 1967) als Kennzeichnung der konkreten menschlichen Existenz.

Dieser Leib wird durchpulst von Energien und durchströmt von Befindlichkeit. Dieser Leib spiegelt das Individuelle der jeweiligen Person. Dieser Leib durchlebt Schwankungen und Kräftigung, Wachsen und Großwerden, Abschiednehmen und Begrenzung, Schwachheit und Endlichkeit.

Die Wechselwirkungen und -beziehungen von Bewegung, Empfindung und Zuwendung sind von basaler Bedeutung für alle Menschen - auch für Kinder, Jugendliche und Erwachsene bis in das hohe Alter mit schwersten Behinderungen.

Im Hinblick auf die Lebenswelt - oder besser: Erlebniswelt - lassen sich für alle Menschen gemeinsame Bezüge formulieren, die allerdings in ihrer graduellen Ausdifferenzierung eine erhebliche Steuerbreite aufweisen.

- Der Mensch ist in die Naturgesetze dieser Welt eingebunden, in die Eigenwelt unterschiedlicher Weite, Vielfalt und Bewußtheit zurückgezogen, gefangen mit unterschiedlichen Möglichkeiten, sich zu öffnen, den offenen Weg zur Mitwelt zu suchen, zu finden, zu gehen ... .
- Der Mensch empfindet sein Leben und äußert sich über diese Empfindungen auf jeweils seine Weise mit jeweils unterschiedlichen Möglichkeiten und „Erfolgen".
- Der Mensch kann Reize, Signale aufnehmen, nach Lebenserfahrung qualifizieren, deuten, verstehen und verstärken.

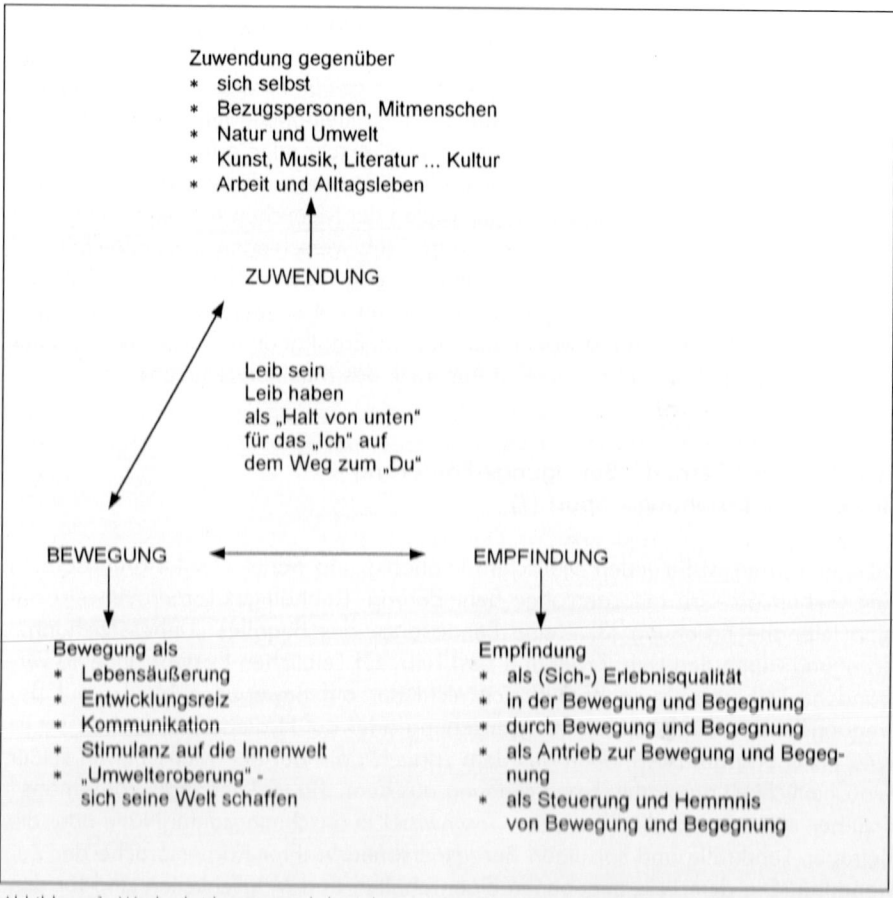

```
                    Zuwendung gegenüber
                    *  sich selbst
                    *  Bezugspersonen, Mitmenschen
                    *  Natur und Umwelt
                    *  Kunst, Musik, Literatur ... Kultur
                    *  Arbeit und Alltagsleben
                                ↑
                                |
                         ZUWENDUNG
                          ↗
                         ↙         Leib sein
                                   Leib haben
                                   als „Halt von unten"
                                   für das „Ich" auf
                                   dem Weg zum „Du"
                         ↙
                        ↗
        BEWEGUNG  ←——————→  EMPFINDUNG
            ↓                    ↓

  Bewegung als              Empfindung
  *  Lebensäußerung         *  als (Sich-) Erlebnisqualität
  *  Entwicklungsreiz          in der Bewegung und Begegnung
  *  Kommunikation          *  durch Bewegung und Begegnung
  *  Stimulanz auf die Innenwelt   *  als Antrieb zur Bewegung und Begeg-
  *  „Umwelteroberung" -       nung
     sich seine Welt schaffen  *  als Steuerung und Hemmnis
                                  von Bewegung und Begegnung
```

Abbildung 1. Wechselwirkungen und -beziehungen von Bewegung, Empfindung und Zuwendung.

In einer leistungsorientierten, auf Wettbewerb ausgerichteten, hedonistisch und individualistisch geprägten Gesellschaft, in der noch weitere, zum Teil gegensätzliche Trends ihre unüberschaubare Komplexität bestimmen, ist die Integrationsproblematik sowohl für den Einzelnen als auch für gesellschaftliche Gruppen von teilweise existenzieller Bedeutung. Für schwerstbehinderte Menschen, für ihre Familien, für ihr soziales Umfeld (z.B. Betreuungspersonal, Bezugspersonen), für Institutionen zur Betreuung und Förderung (Frühförderung, Schulen, Tagesstätten, Wohnheime, Werkstätten, u.ä.) war und bleibt die gesellschaftliche Integration ein ständiger Prozeß der Annäherung und zugleich eine Erlebnisqualität, denn letztlich kann nicht formal von außen Integration bestimmt werden, sie muß vielmehr von den einzelnen Menschen selbst empfunden, gewichtet und auch gewährt werden. Begegnung, angenommen sein und annehmen, nebeneinander, miteinander, füreinander oder gar gegeneinander leben sind gegenläufige, in sich verschränkte oder gar auslaufende Prozesse. Integration ist stets ein „Aufeinanderzu", wenn auch nicht ein Treffpunkt in der Mitte, da die Fähigkeiten und Möglichkeiten der Menschen zur Begegnung, zum Suchen und Finden des Weges zur Integration sehr verschieden sind in Vielfalt und Qualität. Menschen ohne hemmende Behinderung müssen sicher einen größeren Weg zum Miteinander zurücklegen als Menschen mit schwersten Behinderungen. Die integrative Begegnung ist wohl kaum frei von Emotionen und stets mehr als nur eine Versorgungsstrategie, sondern ist Ausdruck des Miteinanderlebens.

„Leibhaftiges" Lernen - Bewegungs-Förderung - Bewegungs-Erziehung - Sport (?)

Basales Lernen ist für jeden Menschen leibhaftig und damit absolut grundsätzlich von Geburt an - ob mit oder ohne Behinderung. Leibhaftiges Lernen verweist auf eine leibnahe Erziehung (3) - eine Renaissance des Begriffes „Leibeserziehung": Erziehung durch den Leib, Erziehung zum Leib, zur Leiblichen Existenz. Eine so verstandene Leibeserziehung bezieht sich nicht nur auf Bewegungsabläufe, auf Bewegungslernen, auf Wahrnehmungserziehung oder auf Hygiene und Fitness, sie ist eine Erziehung gewissermaßen aus dem „Bauch", die auf den Menschen in seiner Ganzheitlichkeit ausstrahlt. Eine Erziehung aus dem „Bauch" verlangt „körpernahe" Erzieher, seien es z.B. die Eltern, die Geschwister in anschmiegsamer Nähe oder die Betreuer, Lehrkräfte und sonstigen Bezugspersonen in ihrer Körpersprache der Zuwendung. Die dem Leib gegebenen Eigenschaften und Möglichkeiten sind für den einzelnen Menschen der Weg zum „Ich", zum „Du", zum „Es", Anlaß und Mittel zur Wahrnehmung, zum Fühlen und zum Denken, zum Fragen, zum Antworten, zum Reagieren und Agieren, zum Entdecken, Wiedererkennen und zum Handeln. Bewegungs-Behinderungen müssen zwangsläufig die Entwicklung eines Menschen beeinträchtigen, da Erfahrungen und Reizsetzungen fehlen, die zur körperlichen Entwicklung, zum Wachstum, zur Entfaltung der Gefühlswelt, zur Begriffs- und Sprachbildung, zum Denken und Handeln notwendig sind. Bewegungs-Behinderungen ergeben sich nicht nur aus den angeborenen und/oder erworbenen körperlichen/geistigen Behinderungen, sondern auch aus einem bewegungshemmenden, -armen oder gar -feindlichen Lebensalltag. Die Lebenswelt der Kinder in unserem Kulturkreis ist weitgehend keine bewegungsreiche Spielwelt mehr, sondern eine stark

individualistisch geprägte, audio-visuelle Erlebenswelt aus zweiter Hand; „Abenteuer" werden über die Medien „an"-erlebt, aber nicht unmittelbar - leibhaftig - erlebt, bzw. „durch"-lebt.
Bewegungsförderung soll die Bewegungsmöglichkeiten eines Menschen in doppelter Hinsicht erweitern: die individuellen Bewegungsfähigkeiten und die dazu notwendigen Bewegungsgelegenheiten. In der Bewegungserziehung gilt es den Antrieb zur Eigenbewegung zu wecken und zu fördern, durch Bewegung die Leib- und Ich-Entdeckung, die Hinwendung zu Mitmenschen und zur Umwelt anzubahnen, zu ermöglichen, zu vertiefen.
Sport lernen und treiben setzt komplexere Fähigkeiten voraus, verlangt Regelverständnis und bündelt motorische, kognitive, soziale und affektive Komponenten zu einer spezifischen Handlungsfähigkeit.
Menschen mit schwersten Behinderungen bedürfen einer basalen Bewegungsförderung, die eng an eine Bewegungserziehung zu binden ist. Ob eine sportliche Handlungsfähigkeit angestrebt oder erreicht werden kann, läßt sich nur sehr individuell vermuten, selten beurteilen und nur mit viel Geduld versuchen.
Ob schwerstbehinderte Menschen durch spezielle Bewegungsförderangebote und Bewegungserziehung sozial ausgegrenzt werden oder doch auch eine soziale Integration erfahren, ist für einen Außenstehenden kaum zu beurteilen. Integration ist zu allererst eine Erlebnisqualität, die nur der Betroffene selbst empfinden und beurteilen kann. Im Sportbereich sind spezielle Sportangebote für Menschen mit Behinderungen als die erste Integrationsstufe zu bewerten und nicht als Segregation. Wenn kein Bewegungs- und Sportangebot für eine gesellschaftliche Gruppe zur Verfügung steht, muß dies als Aussonderung, als Ausschluß gewertet werden.
Bewegung, Spiel und Sport für Kinder, Jugendliche und Erwachsene mit schwersten Behinderungen lassen sich mit unterschiedlichen Zielrichtungen begründen:
- die therapeutische, rehabilitative Orientierung,
- auf zukünftige Lebenssituationen orientiert (► Freizeiterziehung)
- gegenwartsbetont (► Prozeßorientierung, erlebnisbetonte Freizeitgestaltung „jetzt"!).

Im Hinblick auf Menschen mit schwersten Behinderungen soll die Bedeutung einer basalen Bewegungsförderung und -erziehung zusamenfassend betont werden:
- Bewegung aktiviert die Lebensinnenwelt des Menschen, macht sie erfahrbar und für Außenstehende zumindest zum Teil beobachtbar.
- Über Bewegung und in Bewegung wird der Mensch erreichbar und in Verbindung mit einer positiven emotionalen „Färbung" auch offen für den „Bewegungs"-Partner.
- Durch Bewegung erschließt sich auch dem schwerstbehinderten Menschen der Zugang zu seiner Außenwelt.

Basale Pädagogik

Die Fundierung menschlichen Lebens „von unten", d.h. basal vom Körper her, ist der Ansatz zu einer basalen Pädagogik - einer körpernahen Pädagogik - wie sie von *Dreher, Fröhlich, Fischer u.a.* diskutiert wird. Mit der Aussage von *Fröhlich* „Wenn wir ´Nichts´ voraussetzen, dann erst können wir ´Alles´ gewinnen. Dann ist jede Regung, jedes Dasein von Wichtigkeit." Die basale Ebene des pädagogischen Feldes wird deutlich.

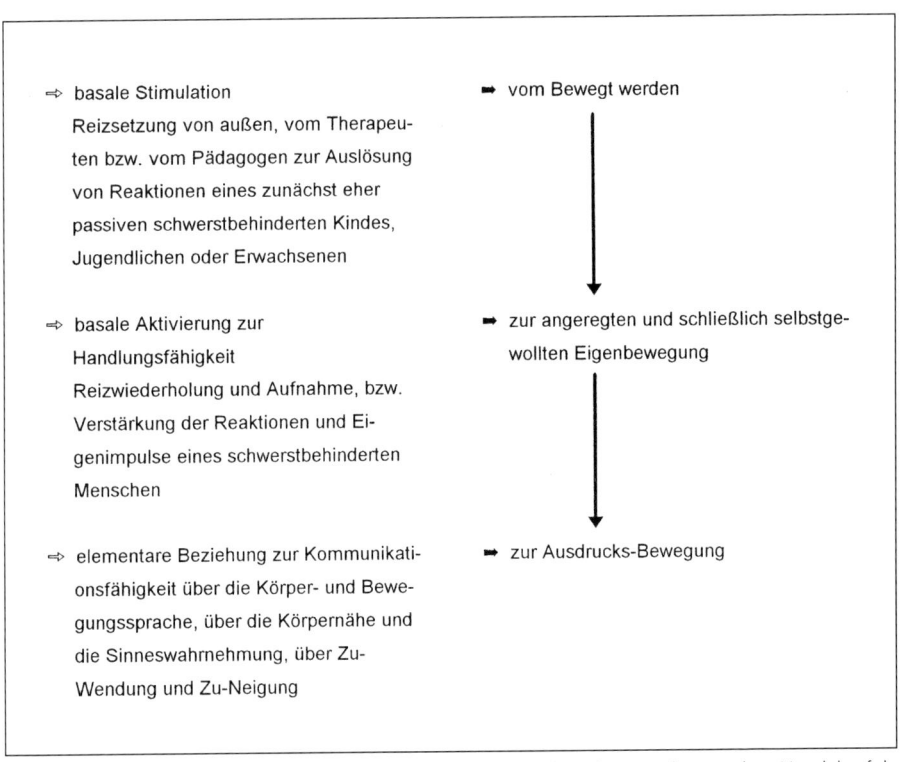

⇨ basale Stimulation
Reizsetzung von außen, vom Therapeuten bzw. vom Pädagogen zur Auslösung von Reaktionen eines zunächst eher passiven schwerstbehinderten Kindes, Jugendlichen oder Erwachsenen

➡ vom Bewegt werden

↓

⇨ basale Aktivierung zur Handlungsfähigkeit
Reizwiederholung und Aufnahme, bzw. Verstärkung der Reaktionen und Eigenimpulse eines schwerstbehinderten Menschen

➡ zur angeregten und schließlich selbstgewollten Eigenbewegung

↓

⇨ elementare Beziehung zur Kommunikationsfähigkeit über die Körper- und Bewegungssprache, über die Körpernähe und die Sinneswahrnehmung, über Zu-Wendung und Zu-Neigung

➡ zur Ausdrucks-Bewegung

Abbildung 2. In Anlehnung an Fröhlich lassen sich auf der basalen Ebene pädagogischen Handelns folgende Schritte unterscheiden.

Pädagogisch-didaktische Anregungen

Für die Praxis der täglichen Förderung und Erziehung schwerstbehinderter Menschen

in, durch und zur Bewegung lassen sich folgende Prinzipien und Orientierungslinien empfehlen:
(1) Individualisierung und Entwicklungsgemäßheit
Jeder schwerstbehinderte Mensch „braucht" ein höchst individuelles Bewegungs- und Zuwendungspaket, denn Voraussetzungen und Entwicklungsfortschritte ergeben ein sehr persönliches, aber doch weiter entwicklungsfähiges Profil.
(2) Kein mechanistisches, z.B. nur auf muskuläres Reiz-Reaktionsschema abgestimmtes Bewegungsprogramm, sondern stets ein auf eine ganzheitliche Inanspruchnahme des schwerstbehinderten Menschen ausgerichtetes Bewegungsmenue. (➤ motorisch-kinästhetisch, psychisch, psycho-sozial und kognitiv fordernd und fördernd)
(3) Von der Partnerbeziehung behutsam zur Kleingruppenerziehung in einem stimulierenden sozialen und materialen Umfeld. (Wärme, Farbe, die Sinne wohlig ansprechend, Sicherheit gebend, körpernah, usw.)
(4) Dadurch Wahrnehmungskanäle erschließen - auch in Kombinationen. (Hören, Sehen, Fühlen, Riechen, Schmecken, kinästhetisches Empfinden, Rhythmus, Raumlage, Bewegungsrichtung und Geschwindigkeitsveränderungen usw., Temperatur, Klima, Materialbeschaffenheit, Bewegungslandschaft ...)
(5) Auf Eigenimpulse achten, diese deuten und ggf. verstärken.
(6) Keine Hektik - viel Geduld auf einem niedrigen Erwartungshorizont.
Wichtig: Nicht nur der schwerstbehinderte Mensch „profitiert" von Geduld und einer angemessenen Erwartungshaltung, sondern auch der Therapeut und Pädagoge, vor allem aber die Eltern und die Familie!
(7) Familien- und Lebenssituationen in der Gegenwart beachten!
Nicht nur auf die Zukunft hin „therapieren", sondern das kommunikative Bewegungsgeschehen auch zu einem Erlebnis im Augenblick werden lassen.
Bedenkenswert und handlungsleitend für den Therapeuten und Pädagogen, somit auch für die Eltern und sonstigen Bezugspersonen ist der folgende Gedanke von *Fischer*:
„Wie überall in der Pädagogik und Didaktik der letzten Jahre haben sich unsere Aktivitäten zum Machen hin entwickelt. Wir wollen alles besser oder noch richtiger machen, noch schneller und noch wirksamer, noch intensiver und noch verwendbarer. Selbst die Psychomotorik und die therapeutische Arbeit mit dem Körper sind dieser Gefahr nicht entgangen. Die Aufgabe, die vor uns liegt, heißt, wieder mehr zur Innerlichkeit, mehr zum Zentrum zurückfinden, mehr nach dem Sinn aller Aktivitäten, nach dem 'Sinn der Sinne'(2) zu fragen."
Anzumerken ist, daß uns die Begegnung mit schwerstbehinderten Menschen zu einem pädagogischen Handeln führt (zwingt), das für alle pädagogischen Handlungsfelder Freiräume schafft.

Literatur

1 Begemann E: Schwerstkörperbehinderte als Herausforderung. Sonderheft der Zeitschrift für Heilerziehung und Rehabilitationshilfen „Dokumentation zur Situation Schwerstbehinderter" (1978), 90.
2 Dreher W: Überlegungen im Vorfeld einer sonderpädagogischen Theoriebildung der Erziehung schwer geistigbehinderter Menschen, in: Hofmann T (Hrsg): Beiträge zur Geistigbehindertenpädagogik. Rheinstett, 1981, 198-212.
3 Fischer D: Körpernahes Lernen - Lernen mit dem Körper als Weg der Erziehung und Bildung von Menschen mit schwerer geistiger Behinderung. 1982, 103 ff.
4 Fröhlich A: Ansätze zur ganzheitlichen Frühförderung schwer geistig Behinderter unter sensomotorischem Aspekt. Schriftreihen der Lebenshilfe 3 (1978), 42-59.
5 Grupe O: Anthropologische Grundfragen der Sportpädagogik, in Denk H, Hecker G (Hrsg): Texte zur Sportpädagogik, Teil II. Schorndorf: Hofmann ,1985, 35-61.
6 Pfeffer W: Die pädagogische Dimension des Begriffes „schwerste geistige Behinderung". Zeitschrift „Behindertenpädagogik" 2 (1982), 122-133.
7 von Uslar D: Ornitologische Voraussetzungen der Psychologie, Psychologische Anthropologie. 1973, 386-413.

Der Verfasser:
Prof. Dr. Peter Kapustin
Institut für Sportwissenschaft
Universität Würzburg
Judenbühlweg 11
97082 Würzburg

Mehrfachbehinderte und Sport

J. Innenmoser

Institut für Rehabilitationssport, Sporttherapie und Behindertensport,
Sportwissenschaftlichen Fakultät, Universität Leipzig

Multiple Handicapped and Sports

The concept of WHO definition is based on the terms impairment, disability and handicap. The term „multiple handicap" in the german language is not introduced without problems. It means that multiple disorders and/or impairments are leading to multiple disfunctions. Thereby, these people are handicapped in a multiple manner. A better approach for understanding how to handle sports activities with these people is given by changing the concept of the hierarchy of disturbed functions into the concept of maintained functions. This means not to eliminate or compensate deficits but use or improve possibility. This is explained by examples.

Key words: multiple handicapped, sports, definition, whole person, effectivity, hierarchy, disturbed functions, maintained functions

Definition des Begriffs „Mehrfachbehinderte"

Im Rahmen des kurzen Referats soll versucht werden, auf diejenigen sportpädagogischen Ansätze einzugehen, die sich aus der jahrelangen Beschäftigung mit „Mehrfachbehinderten" und deren sportlicher Angebote ergeben haben.

Zunächst muß noch einmal auf die Problematik der Definition des Begriffs „Mehrfachbehinderung" eingegangen werden. Abbildung 1 bietet hierzu einen Diskussionsansatz. Wie ersichtlich wird, haben Menschen, die in unserer Gesellschaft als „Mehrfachbehinderte" bezeichnet werden, in der Regel mehrfache Schädigungen. Aus biologischer Sicht sind mehrere Teilfunktionen dieser Personen beeinträchtigt; oft sind diese auch schwer geschädigt, so daß die daraus resultierenden funktionellen Einschränkungen ein erhebliches Ausmaß annehmen.

Folgen wir dem allgemeinen Modell der Weltgesundheitsorganisation, ergibt sich unschwer, daß sich auf der Basis mehrfacher biologischer Schädigungen und den daraus entstandenen mehrfachen funktionellen Einschränkungen in Verbindung mit einem hohen Ausmaß solcher Störungen ein individuelles Behinderungsbild ergibt, das im Sinne der „sozialen Beeinträchtigung" eine hohe Störung des „normalen" Lebens in der Gesellschaft mit sich bringt.

Setzen wir „Behinderung" gleich mit „sozialer Beeinträchtigung", dann ist allerdings der Begriff des Mehrfachbehinderten nicht angemessen. Vielmehr handelt es sich um Behinderte oder sozial beeinträchtigte Menschen, deren mehrfache funktionelle Einschränkungen zu einem erheblichen Maß an Störungen führen und ihnen deshalb ein freies, ungestörtes Leben in der Gesellschaft in der Regel nicht gestatten. Ist man einverstanden damit, daß besser von „mehrfach geschädigten" und „schwerst geschädigten" Menschen gesprochen wird und nicht von Mehrfachbehinderten, so ergibt sich relativ schnell ein Zugang zu dem Problem sportlicher Aktivität für diese Menschen.

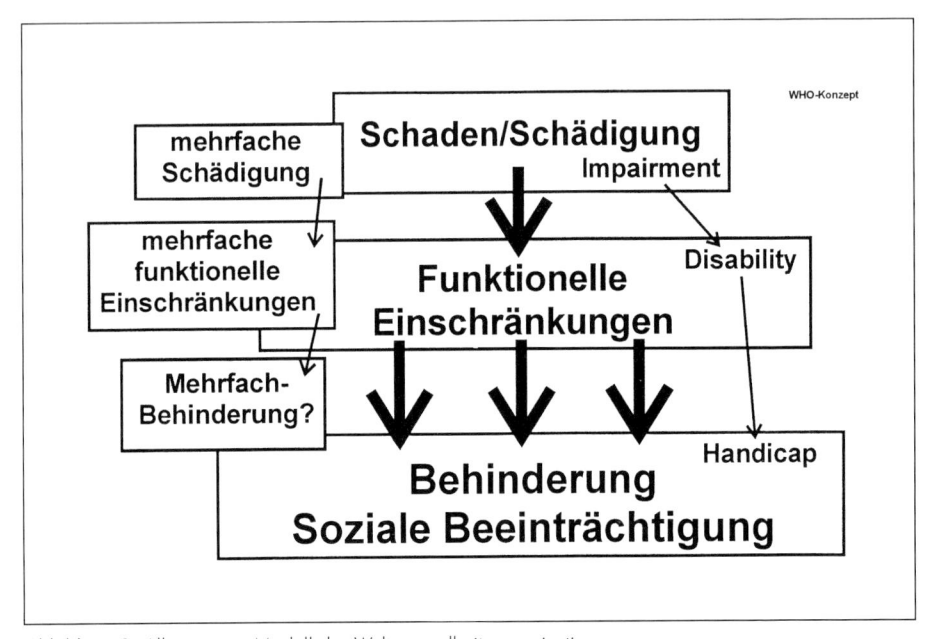

Abbildung 1. Allgemeines Modell der Weltgesundheitsorganisation.

Das Konzept der Hierarchie gestörter und erhaltener Funktionen

Die allgemeine Therapie von Krankheiten bzw. die Therapie im Rehabilitationsprozeß geht in der Regel vom Konzept der „Hierarchie der Defizite" aus. In Zuordnung zur Notwendigkeit, therapeutische Maßnahmen durchführen zu müssen, d.h. helfen zu wollen, und durch Therapie Defizite zu minimieren oder zu beseitigen, wendet sich die Therapie mit einer gewissen Berechtigung zuerst und schwerpunktmäßig

denjenigen Defiziten zu, welche den behinderten Menschen am stärksten beeinträchtigen.
Sein Leben wird durch die schwersten Defizite, d.h. durch die in der Hierarchie gefährdendsten Defizite mehr behindert als durch die geringeren. Beispiele mögen dies verdeutlichen.
- Bei Schädigungen der Herzfunktion wird wegen der lebensbedrohenden Einschränkungen die kardiologische Therapie im Vordergrund stehen und irgendwann einmal um eine psychologische oder bewegungstherapeutische Therapie ergänzt werden.
- Bei Schädigungen des Rückenmarks, wie z.B. der Querschnittslähmung, wird wegen der Gefahr fortlaufender und weiterführender Schädigungen die neurologische Therapie und die Pflege der körperlichen Fehlfunktionen im Vordergrund stehen, während sich die psychologischen Beratungen und sozialpsychologischen Therapiemaßnahmen daran anschließen.
- Bei Schädigungen des Cortex im Sinne eines Schlaganfalles werden neurologische, internistische und krankengymnastische Therapiemaßnahmen im Vordergrund stehen und mit der Fortentwicklung der Funktionstüchtigkeit der Person werden Sprachtherapie, Psychotherapie und auch Sporttherapie sinnvolle Ergänzungen sein.

In der hier zu besprechenden Behinderungsgruppe kommen wir mit dem Konzept der Hierarchie der Defizite in große Schwierigkeiten. Was ist, wenn mehrere Funktionsbereiche auf Dauer gleich geschädigt bleiben?
Auch hier mögen Beispiele verdeutlichen, was gemeint ist. Wenn die koordinativen Funktionen, z.B. durch eine Hirnschädigung (Spastik und/oder Ataxie) und die energetisch-konditionellen Funktionen, z.B. durch organische Erkrankungen der Muskulatur (Kraftmangel, mangelnde Ausdauer) und die kognitiven Funktionen, z.B. durch hirnorganische Störungen (Beeinträchtigung der Wahrnehmung und des Gedächtnisses) und die emotional-motivationalen Funktionen, z.B. durch frühe und anhaltende Mißerfolgserlebnisse (Störungen der Leistungsmotivation, Angst, Agression, Depression) geschädigt sind und bleiben, wird es außerordentlich schwer fallen zu entscheiden, welche der Funktionen man als in der Hierarchie übergeordnet ansieht und demgemäß therapeutisch zunächst und zuerst angehen muß.
Die Frage, welche gestörte Funktion man zuerst behandelt soll, kann kaum beantwortet werden! Des Weiteren ist prinzipiell zu fragen: Kann man überhaupt eine der Funktionen zuerst behandeln?
Was also tun? Das Konzept der Behandlung nach dem Prinzip der Hierarchie der Defizite kann nicht hilfreich sein. Deshalb führt uns der Gedanke, daß eine solche mehrfachgeschädigte Person ja auch „ungestörte", nicht beeinträchtigte Funktionen hat, weiter.

Wir fragen also nach der Hierarchie der erhaltenen Funktionen? Auch hier möge ein Beispiel, das mir aus meiner langjährigen Praxis vor Augen steht, beweisen, daß es in der Tat eine Hierarchie erhaltener Funktionen bei solchen mehrfach geschädigten Menschen gibt.

Es fiel besonders im Bereich der Schwimmtherapie immer wieder auf, mit welcher wachen Aufmerksamkeit, mit welcher guten, jedoch nur kurz dauernden Konzentrationsfähigkeit und mit welcher guten sensorischen Beobachtungsfähigkeit die Kinder und Jugendlichen begabt sind. Darüber hinaus entwickeln sie eine Begeisterungsfähigkeit, die uns oft von den Eltern mitgeteilt wird. (Diese bestätigen, daß ihr mehrfach geschädigtes Kind sich eigentlich schon zwei bis drei Tage vor der Schwimmtherapie auf diese Maßnahme freut.). Viele der Betroffenen verfügen über ausreichende Haltekraft in den Händen und können aufgrund ihrer körperlichen Funktionszustände im Wasser sehr gut schweben, d.h. einen entspannten körperlichen Zustand einnehmen. Manche der Betroffenen verfügen über eine gute Rumpfkraft, und, was für den Sporttherapeuten sehr wichtig ist, ein geringes Körpergewicht.

Alle aber zeigten uns in den vergangenen 15 bis 20 Jahren, daß sie über eine Trainierbarkeit sowohl des motorischen Systems als auch ihres Gesamtsystems verfügen!

Bleibt man bei der Grundauffassung, die für den gesamten Behindertensport und die Sporttherapie Gültigkeit hat, daß nämlich die Person als Ganzes, einschließlich ihrer mehrfachen Schädigungen zu betrachten ist, dann ergeben sich rasch die Vorteile eines solchen Ansatzes der Hierarchie erhaltener Funktionen.

Trotzdem bleibt selbstverständlich die Frage, ob eine oder mehrere der erhaltenen Funktionen ausreichen, um Bewegung, Spiel und Sport selbständig machen zu können. Da wir alle wissen, daß mehrfach Geschädigte für das Erlernen vieler Tätigkeiten sehr lange Zeit benötigen und nur in seltensten Fällen zu einer wirklichen Selbständigkeit kommen, ist diese Frage zunächst nicht relevant! Dagegen ergibt sich ganz praktisch gesehen, die Frage, welche Anleitung notwendig ist und mit welcher Einstellung wir uns dem mehrfach geschädigten Menschen zuwenden sollten?

An dieser Stelle möchte ich hervorheben, daß gerade bei „mehrfach behinderten" Menschen das Prinzip gelten muß, die Person dort „abzuholen", wo sie als Persönlichkeit im Moment steht. Aus pädagogischer Sicht muß versucht werden, diesen Menschen Spaß und Freude an der sportlichen Tätigkeit zu vermitteln und sie dadurch dem therapeutischen Ziel anzunähern. Über soziale Kontakte zwischen den betreuenden Lehrkräften und den mehrfach geschädigten Personen, aber auch den anderen Teilnehmern kann es zur langfristigen Teilnahme und letztlich auch zu gesundheitlichen Wirkungen kommen.

Schließlich bleibt als wichtigste pädagogische Aufgabe bestehen, daß eine wohldosierte Aktivität garantiert wird, die zu einem individuellen Zustand des „Wohlbefindens" führt. Fast möchte man sagen, daß das „individuelle Wohlbefinden" an sich als Ziel von Bewegung, Spiel und Sport völlig ausreicht ...!

„Mehrfachbehinderte" und Sport - ein Gegensatz?

Nach allem bisher Gesagten könnte man meinen, daß in den Behindertensportangeboten der „Mehrfachbehinderte" nicht angemessen betreut werden kann. Daß dies aber durchaus anders ist, möchte ich exemplarisch aufzeigen.
Gestatten Sie mir hierzu noch einmal kurz die Beschreibung einer aktuellen Situation eines „fiktiven", mehrfach geschädigten Menschen. Nehmen wir als erstes Beispiel das Aufgabenfeld „Psychomotorisches Spielen in der Halle".
Wie fühlt sich ein mehrfach geschädigtes Kind, welche Gedanken können wohl im Kopf dieses Kindes umgehen, und welchen Ansatz können wir finden, um uns auf solche Kinder einzustellen?
Die Gedanken und Beobachtungen des Kindes werden sich zunächst der Halle zuwenden: „Sie ist groß... Es ist etwas kalt in der Halle... Es ist alles so hell... Viele Kinder sind da...". Aber dann gibt es einen zusätzlichen Anreiz in der Halle: „Da liegen so viele Dinge... Diese Dinge sind bunt... Sie bewegen sich... Sie sind weich... Man kann reinbeißen...". Und natürlich kommt als weiteres dazu, daß bei solchen psychomotorischen Spielen die Beobachtung sich den anderen Kindern zuwendet: „Die anderen Kinder machen immer etwas... Das könnte ich eigentlich auch machen... Dieses Kind hat aber den Ball, den ich haben wollte... Kann ich nicht mit dem Kind und dem Ball etwas zusammen machen...?"
So etwa könnten sich sachliche Anreize entwickeln, die anfänglich durchaus negativ eingetrübt waren, das mehrfach geschädigte Kind aber zu positiven Wünschen hinführen: „Ich will jetzt etwas alleine machen... Ich will jetzt noch mehr ausprobieren... Wenn ich das machen könnte, fände ich das schön... Endlich steht mal niemand hinter mir und führt mir die Hand...".
Nicht ohne Einfluß bleibt hierbei auch der dem Kind bewußte Kommentar und die Einstellung, welche die Eltern dazu haben: „Mama hat gesagt, da kannst Du alleine spielen... Mama hat gesagt, das wäre gut für mich... Mama hat gesagt, dann hätte sie auch einmal Pause ...". Es wäre sicher unangemessen, mehrfach geschädigten Kindern eine solche Gedankenfolge nicht zuzutrauen. Besonders auch im Hinblick auf die „Spielsituation im Wasser" haben wir dies in der Praxis mehrfach erlebt.
Wie ist die Gedanken- und Gefühlswelt der Kinder hier? Vollziehen wir sie nach,

im Bewußtsein, nicht präzise zu wissen, wie diese im einzelnen aussieht. Dennoch könnte dieses Nachvollziehen der gedanklichen Welt des Kindes dazu helfen, als Sportlehrer/Übungsleiter eine neue Einstellung zur Betreuung im Sport zu finden.
Zunächst zur Umgebungssituation: „Wasser ist naß... Wasser ist kalt... Wasser ist „feucht"... Wasser bewegt sich dauernd... Am Wasser kann man sich nicht festhalten... Im Wasser ist man leicht...!" Und wenn das Kind die Gegenstände im Wasser betrachtet, könnte eine Gedankenfolge etwa so aussehen: „Ich will wie die anderen mit dem Ball spielen... Ich will das blaue Ding haben... Ich will auch mit Wasser spritzen... Warum kann ich nicht mit dem Kind spielen...?"
Im Hinblick darauf, daß in unserem Konzept die schwierige psychische Situation vor allem durch die Betreuer und Sportlehrer geleitet und geführt wird, könnte sich bei den Kindern sehr schnell die Überzeugung ergeben: „Mein Betreuer (meine Sportlehrerln) ist aber stark... Mein(e) SportlehrerIn kann gut schwimmen... Mein(e) SportlehrerIn hält mich immer ganz fest... Mein(e) SportlehrerIn ist nett... Er (sie) lacht immer mit mir ...!" Und wenn dann die Kinder noch wissen, daß Mama dazu auch eine entsprechende Einstellung hat, etwa dergestalt: „Mama hat gesagt, das wäre schön... Mama sagt, das würde Spaß machen und das wäre lustig...". Dann gibt es eigentlich nur noch wenige Probleme für mehrfachgeschädigte Kinder, sich einer solchen Spielsituation zuzuwenden.
Neben dem Versuch, sich in die Gedankenwelt mehrfach geschädigter Menschen hineinzuversetzen, soll mit den obigen Aussagen auch unsere Einstellung, welche wir zur behindertensportlichen Betreuung bei mehrfach geschädigten Menschen entwickelt haben, deutlich geworden sein.

Zusammenfassung

Mehrfachbehinderte leben in einer schwierigen motorischen, psychischen und sozialen Situation. Alles, was die anderen Behinderten relativ leicht erlernen können, wird bei ihnen zusätzlich erschwert. Auch wenn sie bereits eine Beziehung zu Bewegung, Spiel und Sport entwickelt haben, d.h. bestimmte sportliche Dinge gerne tun wollen (also motiviert sind), brauchen sie immer noch die Hilfe einer adaptierten Umwelt und von verständigen, gut ausgebildeten Mitmenschen.
Vor allem aber brauchen sie viel mehr Zeit, viel mehr Gelegenheiten und, um in der sportlichen Terminologie zu bleiben, viel mehr Gelegenheiten zur Wiederholung der Übungen. Sie brauchen viel mehr Aufsicht, um sich nicht zu gefährden.
Bewegung, Spiel und Sport erfordert von diesen Menschen viel mehr Konzentration und eine vermehrte Anstrengung. Dies alles aber unter der Vorgabe, daß ihr Alltag

schon durch die mehrfachen Defizite erheblich belastet ist. Trotz größerer Probleme in der alltäglichen Lebenssituation müssen mehrfach geschädigte Menschen mehr lernen und stehen vor schwierigen Lernaufgaben.

Es kann deshalb die Frage durchaus gestellt werden, ob die allgemeinen Konzepte von Bewegung, Spiel und Sport, die vor allem die spielerischen Belastungen als Adaptionsreiz und Trainingsreiz pflegen, sich auf die Gesamtsituation der Person wirklich auswirken kann? Sollte man nicht dem gesamten Umfeld und vor allem dem Betroffenen selbst vermitteln, daß Bewegung, Spiel und Sport für sie vor allem zum Ausgleich ihrer intensiven Belastungen im Alltag genutzt werden können?!

Für die Lernprozesse, die „Mehrfachbehinderte" in Bewegung, Spiel und Sport machen, gelten folgende Prinzipien:

- Mehrfach geschädigte Menschen sollten schon von Anfang an den richtigen Lernweg angeboten bekommen und nicht Umwege im Lernen gehen müssen.
- Zeitdruck und Zeitnot können bei der Verfolgung des richtigen Lernweges die größten Lernhemmnisse erbringen.
- Mehrfach geschädigte Menschen brauchen ihr individuell richtiges Maß an Anleitung und Hilfe; sehr wichtig ist, daß sie rechtzeitig zu der ihnen möglichen Selbstständigkeit geführt werden.
- Die methodischen Lernschritte müssen sehr stark differenziert werden; diese Differenzierung geht weit über das hinaus, das wir im allgemeinen Sportangebot gewohnt sind und erfordert ein sehr sensibles Hineindenken in die Lernsituation des mehrfach geschädigten Menschen. Kleinste, zusätzliche Lernaufgaben sind vom Sportlehrer vorher zu suchen, zu identifizieren und dem Behinderten als neue Lernaufgabe anzubieten. Demgemäß muß man sich hüten vor festgelegten Lernwegen und Lernprogrammen. Viel wichtiger erscheint ein planmäßiger, fortlaufend kontrollierter sportpädagogischer Lernprozeß, der genügend Flexibilität bietet, um situativ oder nach bestimmten Zeiten die Entscheidung zu erlauben, ob der eine oder der andere Weg gegangen werden kann.

Abschließend soll festgestellt werden, daß nach allen Erfahrungen, die wir in diesem Arbeitsfeld machen konnten, Bewegung, Spiel und Sport/Behindertensport ein sehr lohnendes und sinnvolles Angebot für mehrfach geschädigte Menschen ist. Sie kommen dort nicht nur zur Erfüllung basaler Lebensbedürfnisse, sondern erfahren auch soziale Kontakte und letztlich können Bewegung, Spiel und Sport zu einem der wichtigen Lebensinhalte dieser Menschen werden. In der, in Abbildung 2 dargestellten Wirkungsweise, nämlich in der simultanen Wirkung auf die körperlichen, die psychischen und die sozialen Funktionen liegt letztlich der Nutzen von Bewegung, Spiel und Sport. Gerade bei mehrfachgeschädigten Menschen hat der Behindertensport deshalb kaum eine Konkurrenz.

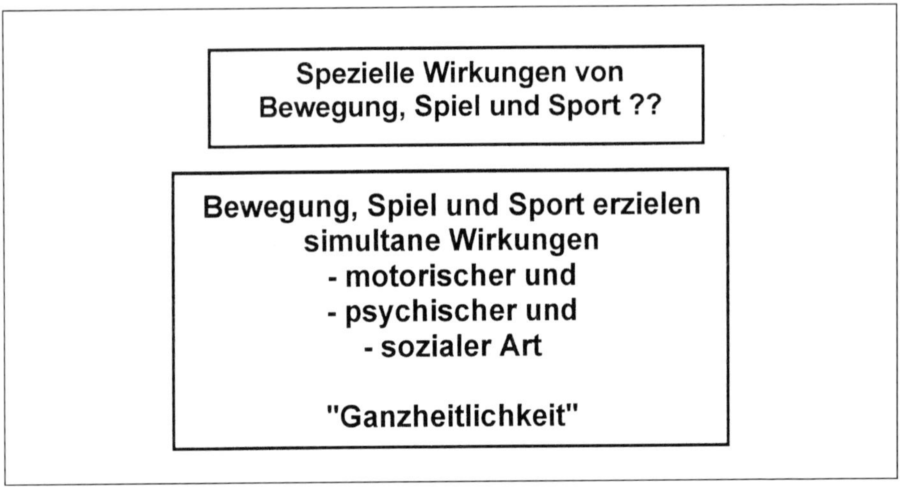

```
┌─────────────────────────────────────────────┐
│         ┌───────────────────────────┐       │
│         │   Spezielle Wirkungen von │       │
│         │  Bewegung, Spiel und Sport ?? │   │
│         └───────────────────────────┘       │
│   ┌─────────────────────────────────────┐   │
│   │  Bewegung, Spiel und Sport erzielen │   │
│   │         simultane Wirkungen         │   │
│   │          - motorischer und          │   │
│   │          - psychischer und          │   │
│   │             - sozialer Art          │   │
│   │                                     │   │
│   │           "Ganzheitlichkeit"        │   │
│   └─────────────────────────────────────┘   │
└─────────────────────────────────────────────┘
```

Abbildung 2. Wirkungsweise von Bewegung, Spiel und Sport.

Es darf allerdings nicht vergessen werden, daß die heutigen Finanzierungs- und Organisationsmöglichkeiten nur sehr wenige Chancen für mehrfach geschädigte Menschen zu sportlicher Betreuung lassen. Hier müssen neue Konzepte her; hier müssen auch neue Erprobungen stattfinden, die dann letztlich die Kostenträger dazu führen werden, über ein modifiziertes Modell sportlicher Betreuung nachzudenken.

Literatur
beim Verfasser

Der Verfasser:
Prof. Dr. Jürgen Innenmoser
Institut für Rehabilitation, Sporttherapie und Behindertensport,
Universität Leipzig
Friedrich-Ludwig-Jahn-Allee 59
04109 Leipzig

Epilepsie, Mehrfachbehinderung und Bewegung

M. Holzgraefe

Klinik für Neurologische Rehabilitation, Seesen

Epilepsy, Multiple Handicaps and Sport

Special attention for certain problems is necessary in evaluating the possibilities and limitations of sporting activities of handicapped athletes with neurological illness. The following groups can be differentiated:
1. Diseases accompanied by intermittent involuntary disturbances of consciousness (epilepsy)
2. Monophasic neurological diseases (stroke)
3. Diseases with chronic remitting forms and variable remaining deficits (MS)
4. Involuntary movement disorders (dystonia)
5. Diseases with continuous progression (motor neuron disease)

Many CNS illnesses are accompanied by functional deficits (visual disturbances, attentional deficits) in addition to the primary disease which should be taken into consideration when judging athletic abilities.

Key words: sports, epilepsy, neurological disease

Einleitung

Bei der Frage nach einer sportlichen Betätigung muß bei Patienten mit neurologischen Erkrankungen zunächst von drei Eckpunkten ausgegangen werden:
1. Neurologische Erkrankungen sind häufig, z.B. Hirninfarktpatienten mit ca. 300000 Neuerkrankungen pro Jahr in Deutschland mit zunehmend auch jungen Patienten.
2. Der Wunsch nach sportlicher Betätigung ist bei diesen Patienten ähnlich hoch einzuschätzen, wie in der Normalbevölkerung.
3. Neurologische Erkrankungen gehen häufig mit erheblichen Defiziten einher, die Einschätzung zur Durchführung von bestimmtem Sportarten erschweren.

Die genaue Kenntnis der neurologischen Störungen hat maßgeblichen Einfluß auf die Beurteilung der sportlichen Möglichkeiten, Grenzen und auch möglichen Gefahren. Da bestimmte neurologische Erkrankungen nicht nur ein System (z.B. die Motorik) betreffen und der Verlauf der Erkrankungen sehr unterschiedlich sein kann, muß die Beratung der Patienten sehr sorgfältig und in Abstimmung mit Fachärzten

durchgeführt werden, wenn die Frage nach einer sportlichen Betätigung im Raume steht. Im allgemeinen sollten vor der Empfehlung zur Durchführung einer bestimmten Sportart folgende Punkte abgeklärt sein:
- Herzkreislaufsituation, einschließlich der Atmung;
- Reaktionsvermögen und
- Ausmaß der Behinderung.

Auf dem Fachgebiet der Neurologie müssen folgende Krankheitsgruppen unterschieden werden:
1. Erkrankungen, die mit phasenweisen nicht kontrollierbaren Bewußtseinsstörungen einhergehen (Epilepsie);
2. monophasische, neurologische Erkrankungen (z.B. Hirninfarkt);
3. schubförmige Erkrankungen mit unterschiedlicher Remission (z.B. Multiple Sklerose);
4. Erkrankungen mit unwillkürlichen Bewegungen (M. Parkinson, Dystonien);
5. prozeßhafte Erkrankungen (z.B. amyotrophe Lateralsklerose).

Erkrankungen, die mit Bewußtseinsstörungen einhergehen (Epilepsie)

Als Epilepsie wird eine Krankheit bezeichnet, die oft mit anfallsweise auftretenden Bewußtseinsstörungen einhergeht. Häufig finden sich dabei zusätzlich unwillkürliche motorische Phänomene. Als Ursache liegt eine Funktionsstörung (genuin, symptomatisch) der Neuronen im zentralen Nervensystem vor (1).
Die Epilepsie ist eine relativ häufige Erkrankung. In der Bundesrepublik rechnet man mit rund 600000 Anfallskranken (2). In der Mehrzahl werden diese Patienten von ihrem Hausarzt diagnostiziert sowie therapiert. Nur die Hälfte dieser Erkrankten wird einem Facharzt vorgestellt. Das bedeutet, daß neben der Therapie dieser Erkrankung, das Umgehen sowie die Beratung, das gilt auch für den Sport, vorwiegend beim Hausarzt liegt. Durch die Entwicklung der Pharmakotherapie ist es inzwischen möglich geworden, 70-80% der Anfallskranken so zu therapieren, daß kein Anfall mehr auftritt. Wird die Diagnose Epilepsie gestellt, so stellen sich dem Patienten zwei besondere Probleme dar: einmal die Ungewißheit, wann es zu dem nächsten Anfall kommt, zum anderen die Einstellung der Gesellschaft gegenüber dieser Krankheit. Trotz ständiger Aufklärung der Gesellschaft bestehen gegenüber den Anfallskranken, auch was die sportliche Aktivität betrifft, Vorurteile. Die Einschätzung, inwieweit ein Anfallskranker Sport treiben darf, wird häufig bei Ärzten und Erziehern mehr durch Gefühl bestimmt, als daß sie auf einer sachlichen Überlegung beruht. Hierbei hat die Angst der Eltern und Betreuer vor der Krankheit Epilepsie einen besonderen Stellenwert. Grundsätzlich stehen zwei extreme Stand-

punkte bei der Frage, ob ein Anfallskranker Sport treiben soll oder nicht im Vordergrund:
1. ein generelles Verbot zur Ausübung von sportlichen Tätigkeiten;
2. eine weitgehende Liberalität besonders vor dem Hintergrund der besonderen Stellung der Anfallskranken in der Gesellschaft.

Ca. 30 Millionen Bürger in der Bundesrepublik treiben aktiv Sport. Das bedeutet, daß dem Sport im Leben des Kindes, eines Jugendlichen oder eines Erwachsenen eine große Bedeutung zukommt. Aus einer kürzlich durchgeführten Meinungsumfrage geht hervor, daß der Sport in der Freizeitbeschäftigung der Jugend die erste Stelle einnimmt. Sport begünstigt eine harmonische physische und psychische Entwicklung. Dem Anfallskranken Sport zu verbieten bedeutet, ihn zwangsweise zu isolieren. Ein normales Leben mit seinen Altersgefährten wird erschwert. Im Rahmen einer Studie (3) wurden 118 Patienten mit einer behandlungsbedürftigen Epilepsie bezüglich ihrer sportlichen Aktivitäten befragt. Bei dieser Erhebung wurden Unfallhäufigkeit, Art und Zahl der Anfälle, anfallprovozierende Momente, die Frage nach Sportverbot bei bestimmten Sportarten untersucht. Unter den Befragten war die Zahl der aktiven Sportler mit fast 50% überraschend hoch. Bemerkenswert war die Tatsache, daß unter den Epilepsiekranken nicht weniger, sondern eher mehr Sportler zu finden waren als in der gesunden Erwachsenenbevölkerung. Die Altersverteilung der Befragten ergab, daß der Sport vorwiegend zwischen dem 21. und 30. Lebensjahr, ähnlich wie in der Gesamtbevölkerung angegeben wurde. 68% hatten keinen Anfall während des Sports, bei einem Drittel der Sportler traten Anfälle auf, es kam aber nur zu einer Verletzung (Nasenbeinbruch). Bei den 50%, die keinen Sport betrieben, wurden folgende Gründe dafür gegeben: Angst vor Anfällen wurde nur in 4% als Ursache genannt. Die häufigste Antwort war 15x kein Interesse, daneben wurde 7x ein Sportverbot als Grund erwähnt. Allerdings hielten sich nur wenige an dieses Verbot. Die größte Zahl der Befragten wies der körperlichen Belastung keine anfallsauslösende Wirkung zu. 3x wurde diese Frage bejaht. Zu bemerken ist, daß 41x psychischer Streß für das Auftreten von Anfällen genannt wurde.

Sportärztliche Beratung bei Epilepsie

Bei der Beratung eines Sportlers mit Epilepsie müssen verschiedene krankheitsspezifische Faktoren berücksichtigt werden. Zum ersten der Anfallstyp: Liegt eine Epilepsie mit Bewußtseinsstörungen vor (Grand Mal Epilepsie, psychomotorisches Anfallsleiden, Absencen), bei diesen klinischen Bildern kommt es zu phasenweisem Bewußtseinsverlust bzw. Bewußtseinstrübung, ist der Sportler nicht in der Lage, sich zu kontrollieren, d.h. es liegt eine Eigengefährdung vor. Es ist zu empfehlen, einen An-

fallskalender anzulegen, bei dem die Häufigkeit und eventuelle zeitliche Gebundenheit von Anfällen dokumentiert wird. Gleichzeitig muß sichergestellt werden, daß eine regelmäßige medikamentöse Behandlung erfolgt. Weiterhin ist der psychomotorische Entwicklungszustand des Sportlers bei der Beratung zu berücksichtigen. Welche Empfehlungen sind nun für den Patienten mit Epilepsie bezüglich bestimmter Sportarten zu geben:
Man muß unterscheiden zwischen Sportarten, die im Falle eines Anfalls zu einer erheblichen Eigengefährdung führen. Dazu gehören Sportarten wie Bergsteigen, Geräteturnen, Fahrradrennen usw.. Sportarten, die mit Supervision und Kenntnis der Anfallsart durchgeführt werden können, dazu gehören Schwimmen, verschiedene Wassersportarten, Reiten, Schlittschuhlaufen usw.. Weiterhin ist zu beachten, daß Überhitzung, Unterzuckerung, emotionale Faktoren sowie die Entspannungsphasen nach der körperlichen Anstrengung zur Auslösung von Anfällen führen können, das bedeutet, daß auf diese Faktoren besonders geachtet werden sollte. Eine umfassende Übersicht, auch mit der Darstellung der rechtlichen Probleme bei Wassersportarten finden sich bei Worms (4).
Zusammengefaßt: Körperliche Betätigung trägt nicht zur Verschlimmerung der Epilepsie bei. Unfälle von Anfallskranken, die sich bei einer sportlichen Aktivität ereignen, sind sehr selten auf einen Anfall zurückzuführen. Der Gewinn, den der Sportler für seine Persönlichkeitsentwicklung aus dem Sport zieht, ist von großer Bedeutung. Ein generelles Sportverbot bedeutet eine ungerechtfertigte Benachteiligung gegenüber dem Gesunden. Bestimmte Sportarten, bei denen eine ausreichende Betreuung nicht möglich ist oder bei denen eine hohe Gefährdung durch den Sport selbst besteht, sollten ausgeschlossen werden. Eine exakte Analyse von Anfallscharakter, Anfallshäufigkeit und medikamentöse Einstellung erleichtern die Beurteilung der sportärztlichen Beratung bei Epilepsie.

Monophasische Erkrankung (z.B. Hirninfarkt)

Zu den häufigsten Erkrankungen des zentralen Nervensystems gehören die Hirninfarkte. Man rechnet mit ca. 300000 Erkrankungen pro Jahr in Deutschland, zunehmend auch mit jüngeren Patienten. Diese Erkrankung ist ein tiefer Einschnitt in die persönliche Integrität des Patienten. Je nach Lokalisation der Durchblutungsstörung, treten die unterschiedlichsten neurologischen Begleitsymptome auf. Im Vordergrund steht die Halbseitenlähmung mit 70-80%. Diese Störung der Motorik bleibt im Großfall der Patienten auch über längere Zeit konstant. Zu berücksichtigen ist aber, daß neben dieser reinen motorischen Störung häufig auch begleitend andere Funktionsstörungen des Nervensystems auftreten, die bei der Beratung zu einer sportlich-

en Tätigkeit berücksichtigt werden müssen. Dazu gehören Sehstörungen, Sprachstörungen und Gedächtnisstörungen.
Eine endgültige sportmedizinische Beratung sollte nach Abschluß von Rehabilitationsmaßnahmen erfolgen und ist etwa nach einem Jahr sicher zu beurteilen.

Schubförmige Erkrankungen mit unterschiedlichen Remissionen (z.B. Multiple Sklerose)

Die Multiple Sklerose ist eine entzündliche Erkrankung des Nervensystems von bislang ungeklärter Genese. Es werden immunpathologische Ursachen diskutiert. Da die Entzündungen im zentralen Nervensystem an den unterschiedlichsten Stellen auftreten können, sind die neurologischen Bilder auch sehr unterschiedlich. Als häufigstes Symptom finden sich motorische Störungen, Sehstörungen in Form von Skotomen oder Doppelbildern, desweiteren Gefühlsstörungen und Blasenstörungen. Diese Erkrankung betrifft vornehmlich junge Patienten, so daß in einem besonderen Maße sich hier das Problem der sportärztlichen Beratung stellt. Diese ist auf Grund der Eigenart der Krankheit besonders schwierig und muß immer in einer Zusammenarbeit mit einem Neurologen geschehen. Es ist zu bedenken, daß diese Krankheit schubförmig verläuft, d.h. es treten nach Phasen der Stabilität wieder Verschlechterungen auf, die zu sehr unterschiedlichen zusätzlichen Symptomen führen können. Es kann auch sein, daß sich die Symptome wieder zurückbilden. Ein anderes Krankheitsbild der M.S. ist der sogenannte progrediente Verlauf, d.h. zu vorhandenen neurologischen Störungen stellen sich über unterschiedliche Zeiträume weitere Funktionsstörungen ein.

Morbus Parkinson

Der Morbus Parkinson ist eine Erkrankung vorwiegend des höheren Lebensalters. Jedoch finden sich sporadisch auch Patienten im mittleren Lebensalter. Die Erkrankung beruht auf einer Degeneration bestimmter Neuronensysteme in der Substantia nigra. Daraus folgt, daß bei diesen Patienten eine Störung der Motorik vorliegt, die eine Verarmung der Motorik beinhaltet, hinzu kommt auch ein sogenannter Ruhetremor mit unwillkürlichem Zittern der Hand. Durch die Einführung bestimmter Medikamente, die den fehlenden Transmitter Dopamin ersetzen können, gelingt es, diese Patienten in ihrer Motorik zu verbessern. Bewegungstherapie ist eine entscheidende Säule in der Behandlung dieser Patienten. Neben der regelmäßigen krankengymnastischen und ergotherapeutischen Betreuung wäre die sportliche Betätigung im

Rahmen der Möglichkeiten bei diesen Patienten eine sinnvolle Ergänzung der Therapie und könnte den Krankheitsverlauf aufhalten.

Dystone Erkrankungen

Dystone Erkrankungen sind durch zwei Symptome charakterisiert. Langsam einsetzende, viele Sekunden dauernde und träge wieder erschlaffende Tonussteigerung in einzelnen Muskeln und Muskelgruppen; zweitens zähflüssig ablaufende Drehbewegungen des Kopfes und des Rumpfes vor allem im Schulter- und Beckengürtel (5). Diese Bewegungen laufen häufig stereotyp ab. Durch Zuwendung, effektive Erregung, Bewegungsintension aber auch passive Bewegung werden sie verstärkt. Bei der sportärztlichen Beratung muß auch in diesem Falle unbedingt ein Neurologe hinzugezogen werden. Es ist wichtig, Ausmaß und Häufigkeit der Bewegungsstörung zu kennen und in die Beratung einzubeziehen. Da die Bewegungsstörung deutlich affektabhängig ist, ist ein behutsames Vorgehen angezeigt.

Prozeßhafte Erkrankungen (amyotrophe Lateralsklerose, Myopathien)

Bestimmte neurologische Erkrankungen wie die amyotrophe Lateralsklerose sind in ihrem klinischen Bild progredient, d.h. es kommt über die Zeit zu einer zunehmenden Funktionsstörung. Bei der ALS äußert sich dies in einer zunehmenden Spastik mit Lähmungen und Atrophien der Muskulatur. Der Sport kann bei diesen Erkrankungen auf dem Gebiet der sozialen Integration, aber auch in der Therapie, sinnvoll sein. Zu bedenken ist, daß der Grad der Belastung an die motorischen Funktionsanfälle gekoppelt sein muß und es nicht zu einer Überbelastung kommen kann. Dosierte Belastung kann zu einer Verstärkung der noch nicht betroffenen Muskulatur führen. Diese Maßnahmen müssen sehr individuell angepaßt sein und auch vom Ausmaß der Krankheit und vom Verlauf abhängig sein. Eine kausale Therapie ist nicht möglich, der zeitliche Verlauf ist individuell unterschiedlich.
Die Myopathien werden unterschieden in Dystrophien und Myotonien entzündlicher Genese, congenitaler Genese, stoffwechselbedingt sowie in einer Störung der neuromuskulären Transmission. Der Verlauf und das Ausmaß der muskulären Beteiligung ist sehr unterschiedlich und erfordert eine konsilarische Mitbetreuung durch einen Neurologen, insbesondere mit der Frage der Belastbarkeit. Bei der Frage der sportlichen Betätigung muß von folgenden Punkten ausgegangen werden:
1. daß sportliche Betätigung beaufsichtigt werden muß und von einem Krafttraining mit Belastung bis zur Erschöpfung abzuraten ist,

2. daß durch den Sport limitierter temporärer Kraftzuwachs möglich ist und
3. daß durch einen kontrollierten Sport bei dosierter Aktivität der Spontanverlauf sich nicht verschlechtert.

Psychische Veränderungen als Begleitsymptom

Zahlreiche neurologische Erkrankungen zeigen sich durch motorische Ausfälle, jedoch ist bei vielen dieser Erkrankungen auch eine Veränderung der psychischen Situation zu beobachten. Im Vordergrund stehen hier die Begleitdepressionen, die z.B. beim Schlaganfall bis zu 60% ausmachen können. Um die Akzeptanz des Sports bei diesen Erkrankten zu erhöhen, muß in diesem Falle eine Therapie der Depression erfolgen. Zahlreiche klinische Studien haben gezeigt, daß es durch die Behandlung der Depression zu einer wesentlichen Besserung der Motorik gekommen ist. Weiterhin ist bei bestimmten Erkrankungen wie Epilepsie und Dystonie aber auch Morbus Parkinson zu berücksichtigen, daß es bei psychischen Belastungen, sei es Anspannung oder auch Entspannung nach sportlicher Tätigkeit zu einer Verschlechterung der motorischen Symptome kommen kann. Neben diesen psychischen Störungen müssen auch kognitive Veränderungen im Rahmen von neurologischen Erkrankungen bedacht werden. Hierzu gehören Gedächtnisstörungen, Störungen der Orientierung und der Konzentration. Gelingt es nicht, diese Funktionsstörungen rechtzeitig zu erkennen, wird die Akzeptanz aber auch die Durchführung des Sportes bei diesen Erkrankten erschwert.

Schlußfolgerung

Dem Sport kommt bei Patienten mit Epilepsie und Mehrfachbehinderung eine große Bedeutung zu. Der Behinderte hat im gleichen Maß Anrecht auf den Sport wie der Gesunde. Um dieses Anrecht zu sichern, ist es vor der Beratung für eine bestimmte Sportart notwendig, eine genaue Analyse der Behinderung und des Krankenbildes zu erheben. Hierzu bedarf es einer guten Abstimmung zwischen Sportvereinen, dem Arzt sowie den Angehörigen.

Literatur
beim Verfasser

Der Verfasser:
Prof. Dr. Manfred Holzgraefe
Klinik für Neurologische Rehabilitation
Karl-Herold-Straße 1
38723 Seesen

Konstruktion und Erprobung eines Beobachtungsverfahrens für das Bewegungsverhalten schwer- und schwerstbehinderter Menschen

R. Kuckuck, V. Scheid

Institut für Sportwissenschaft, Universität Würzburg
Institut für Sport und Sportwissenschaft, Universität Freiburg

Construction and Prooftesting of an Observation Procedure for the Motion Pattern of Severe and very Severe Multiple Handicapped

The construction of an observation sheet for diagnosis of the motion pattern of severe and very severe multiple handicapped people counteract the deficits in the area of applied diagnostic methods. The method makes possible to win an impression of the pattern of motion without direct intervention in the lesson and the necessary intensive support. The systematic use of the observation procedure can contribute information more objectively and give a meaningful support to the planning of lesson and therapy.

Key words: observation procedure, diagnosis of motion pattern, multiple handicapped

Einleitung

Die Förderung und Erziehung schwer- und schwerstbehinderter Menschen ist seit Jahren ein Themenbereich, der vorwiegend in der Sonderpädagogik diskutiert wird (3). Sowohl die Motopädagogik als auch die Sportpädagogik haben sich bisher nur in wenigen Beiträgen zumeist mit einer allgemeinen Veranschaulichung des Problemfeldes befaßt. Konkrete Arbeits- und Lösungsansätze finden sich bspw. in funktionsorientierten Therapieansätzen der Krankengymnastik (2).

Ausgehend von den Ergebnissen einer Erkundungsstudie aus den Jahren 1990/91 (7) befaßt sich das Institut für Sportwissenschaft der Universität Würzburg seit 1993 im Rahmen eines Forschungsprojektes mit der „Bewegungsförderung und -erziehung schwer- und schwerstbehinderter Menschen" (Projektleitung: Prof. Dr. Kapustin). Im Mittelpunkt der Forschungsarbeit stehen drei Zielsetzungen:

1. Theoretische Begründung und didaktische Konzeption einer körper- und bewegungsbezogenen Förderung schwer- und schwerstbehinderter Menschen.

2. Ermittlung wesentlicher Bedingungen und methodischer Maßnahmen sowie geeigneter Inhalte für eine Bewegungsförderung.
3. Entwicklung und Erprobung eines Beobachtungsverfahrens zur systematischen Erfassung motorischer und psycho-sozialer Verhaltensmerkmale.

Im Vordergrund steht die Absicht, Schwer- und Schwerstbehinderte mit einem Bewegungsangebot zu konfrontieren, welches sie nach Möglichkeit aus ihrer oftmals vorhandenen Passivität und Lethargie herausführt. Dieses Bewegungsangebot soll sich von anderen funktionsorientierten Behandlungsmaßnahmen abheben (9) und eine Vermittlung von Bewegungs- und Spielerlebnissen in den Vordergrund stellen.

Der vorliegende Beitrag thematisiert die Entwicklung und Erprobung eines Beobachtungsverfahrens für das Bewegungsverhalten schwer- und schwerstbehinderter Menschen.

Fragestellung und Methode

Das Bestreben, motorische und psycho-soziale Verhaltensmerkmale über die Bewegung zu erfassen, begründet sich in der besonderen Ausgangssituation schwer- und schwerstbehinderter Menschen. Der Personenkreis ist durch Beeinträchigungen der gesamten Entwicklung gekennzeichnet. *Thalhammer* (10) verweist auf die motorische und funktionelle Defizienz, die Einschränkung der Sinnestätigkeit mit erheblichen Beeinträchtigungen kognitiver Strukturen sowie auf das behinderte sprachliche Verhalten mit verbalen und zum Teil nonverbalen Kommunikationsstörungen (12).

Pfeffer (5), der einen leibnahen, körperorientierten Ansatz vertritt, sieht die Möglichkeit der Erfahrung von Mit- und Umwelt über den unmittelbaren Kontakt mit anderen Menschen. Die Frage nach Kommunikationsformen, nach Ausdrucks- und Mitteilungsmöglichkeiten schwer- und schwerstbehinderter Menschen bzw. nach deren Interpretation, ist ein zentraler Aspekt der therapeutischen Arbeit. Der schwer- und schwerstbehinderte Mensch bildet keine Ausnahme, wenn es darum geht, seine persönlichen Bedürfnisse mitzuteilen (11). Dies geschieht oftmals nur über gering ausgeprägte Gesten, Laute und Bewegungen, u.U. stereotype Ausdrucksformen, die erkannt und interpretiert werden müssen. Helfer, Betreuer und Pädagogen sind in der Auswahl ihrer Methoden, der Dosierung ihrer Angebote auf Reaktionen und Antworten angewiesen.

Mitarbeiter der am Forschungsprojekt beteiligten Einrichtungen (Zentrum für Körperbehinderte Würzburg, Schule für Blinde und Sehgeschädigte Würzburg) wurden in einer ersten Phase nach der Notwendigkeit einer einheitlichen, systematischen Erfassung des Bewegungsverhaltens befragt. Unabhängig von dem individuellen beruflichen Hintergrund (z.B. Krankengymnastik, Massage, Logopädie, Musiktherapie,

Schule) bestand Einigkeit darüber, daß die wenigen Reaktionen und Bewegungsäußerungen als Kommunikationsformen respektiert werden müssen. Ein einheitliches Verfahren zur systematischen Beobachtung und Erfassung der motorischen und psycho-sozialen Reaktionen wurde allgemein begrüßt. Es soll das Bestreben nach teamorientierter und berufsübergreifender Arbeit in der Förderung und Erziehung Schwer- und Schwerstbehinderter nach Möglichkeit unterstützen und Informationen für die Unterrichtsplanung und -gestaltung liefern.

Die Ermittlung von Entwicklungsdaten, die Erfassung von Befindlichkeit und Anteilnahme bei Schwer- und Schwerstbehinderten ist grundsätzlich problematisch. Tests und Entwicklungsskalen können in der Regel in den vorliegenden Formen nicht zur Anwendung kommen (Quantifizierung einzelner Bewegungs- bzw. Testleistungen). Ein geeignetes Beobachtungs- und Beurteilungsverfahren stellt die Motoskopie dar (1, 8). Der eindruckanalytische Ansatz ermöglicht es, sowohl motorische Erscheinungsformen als auch psycho-soziale Verhaltensmerkmale zu berücksichtigen. Dabei wird weder in das Unterrichtsgeschehen eingegriffen, noch die oftmals vorhandene enge, persönliche Betreuungsform gestört.

Im Rahmen der Entwicklung eines Eindrucksdifferentials zur Beurteilung des Bewegungsverhaltens wurden verschiedene Konstruktionsschritte durchgeführt (6, 4):

1. Aufgabenkonstruktion: Auswahl relevanter Adjektive und geeigneter Antonyme für ein konzeptspezifisches Differential.
2. Aufgaben- und Verteilungsanalyse: Itemselektion anhand der Aufgabenkennwerte „Schwierigkeit" und „Trennschärfe" sowie der „Häufigkeitsverteilung"(Schiefe und Exzeß).
3. Kriterienkontrolle: Bestimmung von Objektivität (interpersonelle Übereinstimmung) und Zuverlässigkeit (Retest-Reliabilität) des Rating-Verfahrens.

Das Instrumentarium wurde zuletzt in verschiedenen Beobachtungssituationen eingesetzt. Erste Ergebnisse dieser Phase können vorgestellt werden, wenngleich die Erprobungsphase im Rahmen des Forschungsprojektes noch nicht abgeschlossen ist.

Ergebnisse und Diskussion

Der erste Arbeitsschritt zur Konstruktion eines Eindrucksdifferentials bestand in der Auswahl relevanter Eigenschaftsworte und geeigneter Antonyme durch erfahrene Fachkräfte, die mit schwer- und schwerstbehinderten Personen arbeiten (N=19).

Aus einer Primärliste zu den Wortfeldern „Bewegung", „Emotion" und „Sozialverhalten" wurden geeignete Adjektive ausgewählt und entsprechende Antonyme benannt. Die Forderung an die Fachkräfte war hierbei, sich auf den Personenkreis Schwer- und Schwerstbehinderter zu beschränken. Im Rahmen der Erkundungsstudie wurde nämlich deutlich, daß die Ausprägung und Beurteilung des Bewegungsverhalten schwer- und schwerstbehinderter Menschen nicht sinnvoll mit anderen Behinderungsgruppen verglichen werden kann und somit einer gesonderten Analyse bedarf (7).

Adjektiv - Antonym (30%)		x	s	Schiefe	Exzeß	Schwierigkeit	Trennschärfe
schnell - langsam	(63.1-52.6)	3.79	1.65	.14	-.87	.54	.78
verkrampft - locker	(68.4-89.4)	2.94	1.68	.72	-.74	.71	.89
kontrolliert - unkontrolliert	(42.1-47.3)	3.16	1.61	.65	-.17	.61	.74
schwach - stark	(36.8-36.8)	4.01	1.10	.23	1.27	.50	.60
sicher - unsicher	(68.4-52.6)	3.26	1.81	.48	-.97	.60	.98
unruhig - ruhig	(31.7-36.8)	3.37	1.62	.36	-.99	.60	.86
ängstlich - furchtlos	(73.6-36.8)	2.95	1.67	.46	-1.05	.64	.89
unmotiviert - motiviert	(47.3-42.1)	2.77	1.58	.66	-.52	.65	.77
geduldig - ungeduldig	(31.7-31.7)	2.92	1.45	.42	-.66	.61	.93
teilnahmslos - interessiert	(31.7-47.3)	2.52	1.44	1.03	.33	.76	.78
zugänglich - abweisend	(78.9-31.7)	2.73	1.42	.47	-.90	.67	.87
passiv - aktiv	(78.9-73.6)	3.24	2.00	.54	-1.03	.62	.88
selbstsicher - unsicher	(31.7-31.7)	3.11	1.71	.47	-.84	.61	.86
unaufmerksam - aufmerksam	(31.7-31.7)	2.32	1.09	1.22	2.07	.90	.72
müde - wach	(31.7-31.7)	2.29	1.61	1.42	1.35	.85	.83

Tabelle 1. Itemselektion.

Als Auswahlkriterium für die Aufnahme der Adjektive in die Experimentalfassung wurde festgelegt, daß ein Adjektiv bzw. ein Antonym von mindestens 30% der Fachkräfte genannt werden muß. Tabelle 1 enthält jene 15 Wortpaare, die diesem Kriterium genügen und damit in die Experimentalfassung des Beobachtungsbogens eingegangen sind (siebenstufige Rating-Skalen).
Zur Durchführung der Aufgaben- und Verteilungsanalyse sowie der Kriterienkontrolle wurde das Differential an den beiden Würzburger Einrichtungen in drei Beobachtungssituationen (Schaukel, Trampolin, Langbank) eingesetzt. Der Analyse liegen 92 Einzelbeobachtungen an 10 Schwer- und Schwerstbehinderten zugrunde, wobei insgesamt 10 Beobachter teilgenommen haben. Als Auswahlkriterien für die Aufgaben-

analyse dienten folgende Index-Werte: Schwierigkeit .40 - .80 und Trennschärfe >.60. Die Prüfung der Häufigkeitsverteilung erfolgte anhand der Kennwerte „Schiefe" und „Exzess".

Tabelle 1 zeigt die ermittelten Werte der Aufgaben- und Verteilungsanalyse. Die Skalen „unaufmerksam - aufmerksam" und „müde - wach" genügen den Selektionskriterien der Aufgabenanalyse bzw. der Normalverteilung nicht und wurden aus dem Beobachtungsbogen entfernt.

Zur Objektivitäts- und Reliabilitätsbestimmung wurden die beteiligten Fachkräfte in 2er-Gruppen zur parallelen bzw. wiederholten Datenaufnahme (Zeitraum von 1 bis 2 Wochen) eingesetzt. Der Kriterienkontrolle liegen zwischen 5 und 8 Beobachtungen zugrunde. Die Koeffizienten wurden getrennt nach Einrichtung und Beobachtungssituation ermittelt.

Die Werte zur Inter-Rater-Übereinstimmung liegen zwischen $r=.74$ und .95 und lassen auf eine hohe Durchführungsobjektivität schließen. Die Koeffizienten zur Retest-Reliabilität liegen zwischen $r=.70$ und .89, so daß man von relativ zuverlässigen Meßwiederholungen ausgehen kann.

Im weiteren Verlauf der Projektarbeit soll das Beobachtungsdifferential in unterschiedlichen Situationen zur personen- und situationsspezifischen sowie zur gruppenspezifischen Analyse eingesetzt werden. Bislang können nur erste Befunde aus der Erprobungsphase des Instrumentariums vorgestellt werden.

Der Beobachtungsbogen wurde bei 4 schwer- und 5 schwerstbehinderten Personen eingesetzt. Die Daten beziehen sich auf zwei Untersuchungssituatioen bzw. 65 Einzelbeobachtungen (Trampolin und Schaukel).

Im personenspezifischen Vergleich ergeben sich individuelle Verlaufskurven, wobei in der Gruppe der Schwerstbehinderten im psycho-sozialen Bereich besondere Streubreiten auftreten (motiviert - unmotiviert, interessiert - teilnahmlos, aktiv - passiv, selbstsicher - unsicher).

Mittelwertvergleiche zwischen den beiden Gruppen führen bei 6 der 13 Skalen zu signifikanten Unterschieden. Abbildung 1 zeigt die gruppenbezogenen Mittelwertverläufe.

Demzufolge ergeben sich für die schwerbehinderte Personengruppe positivere Beobachtungswerte im psycho-sozialen Bereich (motiviert, interessiert, aktiv), was auch in der motorischen Aktivität zum Ausdruck kommt. Auffallende situations- und geschlechtsspezifische Unterschiede im Bewegungsverhalten konnten bislang nicht beobachtet werden.

Zusammenfassend kann gesagt werden, daß die spezielle Behinderungsproblematik der Schwer- (Leitbehinderung: Blind- und Sehgeschädigt) und Schwerstbehinderten (Leitbehinderung: Körperbehindert) offensichtlich Auswirkungen auf das motorische und psycho-soziale Verhalten hat, die anhand des Beobachtungsinstrumentariums signifikant nachgewiesen werden können. Es bleibt abzuwarten, inwieweit gruppen-, personen- und situationsspezifische Unterscheidungen anhand weiterer Beobachtungen diagnostizierbar sind. Sollte dieser Nachweis gelingen, könnte das motoskopische Verfahren bedeutsame Hilfestellungen bei der Planung, Durchführung und Bewertung von bewegungsbezogenen Angeboten für schwer- und schwerstbehinderte Menschen geben.

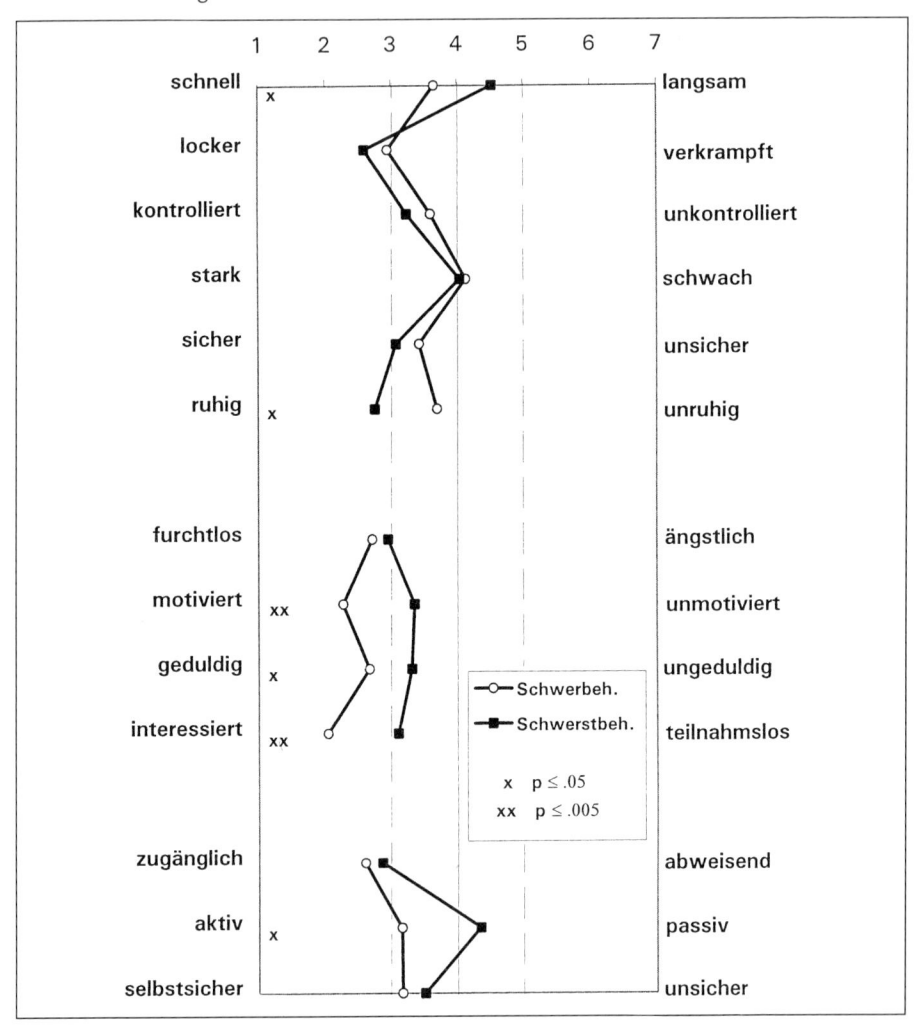

Abbildung 1. Mittelwertverläufe.

Literatur

1. Bielefeld J: Theoretisch-wissenschaftliche Aspekte der Motodiagnostik, in Clauss H (ed): Förderung entwicklungsgefährdeter und behinderter Heranwachsender. Erlangen: Perimed, 1981, 219 - 233.
2. Feldkamp M, Danielcik J: Krankengymnastische Behandlung der zerebralen Bewegungsstörung im Kindesalter. München: Pflaum, 1976.
3. Fröhlich A: Pädagogik bei schwerster Behinderung.
4. Handbuch der Sonderpädagogik. Bd 12. Berlin: Ed Marhold im Wiss-Verl Spiess, 1991.
5. Lienert G A: Testaufbau und Testanalyse. München: Psychologie Verlags Union, 1989 (4. Aufl).
6. Pfeffer W: Förderung schwer geistig Behinderter - Eine Grundlegung. Würzburg: Edition Bentheim, 1988.
7. Schäfer B: Semantische Differential Technik, in Feger H et al (eds): Enzyklopädie der Psychologie (Serie I, Bd 2). Göttingen: Hogrefe, 1983, 153-221.
8. Scheid V, Mayr R: Körper- und bewegungsbezogene Förderung schwerstbehinderter Menschen. Motorik 15 (1992) 2, 59-68.
9. Schilling F: Motodiagnostik und Mototherapie, in Irmischer T, Fischer K (Red): Psychomotorik in der Entwicklung. Schorndorf: Hofmann 1993 (2. Aufl), 55-60.
10. Straßmeier W: Frühe Förderung schwerstbehinderter Kleinkinder, in Fröhlich A (ed): Pädagogik bei schwerster Behinderung. Handbuch der Sonderpädagogik. Bd 12. Berlin: Ed Marhold im Wiss-Verl Spiess, 1991, 261-269.
11. Thalhammer M: Fragmente zur Erziehungswirklichkeit schwer körperlich und geistig behinderter Kinder. ZfH 31 (1980), 547-556.
12. Wachsmuth S: Mehrdimensionaler Ansatz zur Förderung kommunikativer Fähigkeiten geistig Behinderter, in Bachmann W (ed): Studientexte Heil- und Sonderpädagogik. Giessen: Institut für Heil- und Sonderpädagogik, Universität Giessen, 1986.
13. Wenz K: Überlegungen zum pädagogischen Auftrag bei Kindern mit körperlichen und geistigen Beeinträchtigungen aus der Sicht der Körperbehindertenpädagogik, in Fröhlich A (ed): Dokumentation zu Situation Schwerstbehinderter. Breisgau: Kemper Verlag, 1978, 71-82.

Die Verfasser:
Dipl.-Sportl. Ralf Kuckuck
Institut für Sportwissenschaft der Universität Würzburg
Judenbühlweg 11
97082 Würzburg

Prof. Dr. Volker Scheid
Institut für Sport und Sportwissenschaft der Universität Freiburg
Schwarzwaldstr. 175
79117 Freiburg

Grundzüge einer funktionell orientierten Bewegungserziehung bei Kindern mit spastischem Syndrom

K. Erler[a], Ch. Anders[b], N. P. Schumann[b], L. Brückner[a], H.-Ch. Scholle[b]

[a]Moritz-Klinik GmbH & Co. Bad Klosterlausnitz
[b]Klinikum der FSU Jena, Institut für Pathologische Physiologie

Basics of a Functional Guided Motor Training in Children with Spastic Syndromes

An objective characterization and quantification of motor dysfunctions in brain damaged children with spastic syndroms is the basis for the selection of therapeutic programs. The combination of EMG-Mapping, EMG-Polygraphy, a pursuit tracking method, a standardised interview and a video supported movement analysis shows new aspects in the functional view of spastic syndromes, new aspects for the goal-directed application of therapeutic methods and the arrangement of training programs of movement therapy and the verification of their efficiency. The variety of symptoms of motor dysfunctions in brain damaged children requires a whole concept of motor training with a childlike design of movement, games and sports.
Key words: motor training, spastic syndrome, motor diagnostics, efficiency of therapeutic programs

Einleitung

Bewegungstherapeutische Verfahren nehmen heute im Gesamtkonzept der Behandlung vieler motorischer Störungen und Krankheitsbilder einen wichtigen Platz ein. Im Rahmen interdisziplinärer Forschung gilt es, diese Konzepte zu evaluieren und zu optimieren.
Grundlage unserer Untersuchungen ist ein psychomotorisches Mehr-Ebenen-Modell der Bewegungsregulation (4), da jede Störung, Schädigung oder Entwicklungsverzögerung zu deren Beeinträchtigung führen kann und sich die Symptome frühkindlicher Hirnschäden auch im psychosozialen Verhalten und Erleben zeigen. Den einzelnen Funktionssystemen des Modells (psychomotorisches, sensomotorisches und sensorisches Funktionssystem) können spezifische motodiagnostische Verfahren zugeordnet werden, die eine objektiv-quantitative Beschreibung im Sinne der hierarchisch strukturierten Funktionsanalyse (8) erlauben. Eine möglichst umfassende und objektive Beschreibung der (psycho)motorischen Symptomatik bei frühkindlichen

Hirnschäden ist Voraussetzung für deren erfolgversprechende therapeutische Beeinflußung (2, 7).

Methode

Für die Studie standen uns 8 Kinder mit spastischem Syndrom (frühkindliche Hirnschädigung; Alter 10,2 ±1,3 Jahre) und eine Vergleichsgruppe gleichaltriger gesunder Kinder zur Verfügung. Der Schädigungsgrad reichte von diskreten Veränderungen bis zu einer schweren spastischen Tetraparese. In einem Prä-/Posttest-Design wurden die Verfahren EMG-Mapping, EMG-Polygraphie, Nachfolgetracking, ein standardisiertes Interview und ein Videotest eingesetzt (5). Diese Verfahren sind für die Auswahl therapeutischer Methoden bzw. praktischer Übungen für die Bewegungstherapie von unterschiedlicher Relevanz.

Ergebnisse und Diskussion

Durch das EMG-Mapping wurden Aktivierungsgrad und -muster des M.rectus femoris, M.vastus lateralis und M.vastus medialis sowie deren Zusammenspiel bei verschiedenen kraftkonstanten Kontraktionen bei unterschiedlichen Kniegelenkwinkeln und Ruheableitungen unter Wirken der Gravitationskräfte erfaßt (vgl. 4). Trotz z.T. großer individueller Unterschiede zeigen sich einige typische Veränderungen, die für das klinische Bild des spastischen Syndroms grundsätzliche Bedeutung haben. So tritt bei den Kindern mit Hemisymptomatik auf der symptomarmen Seite ein ähnliches Aktivierungsmuster wie bei gesunden Kindern und auf der Seite mit Symptomatik ein Aktivierungsmuster auf, bei dem die Aktivität stärker in den Bereich des M.vastus medialis verlagert und auch die Spektralleistung niedriger ist (Abbildung 1). Ebenso ist gegenüber gleichaltrigen gesunden Kindern in den meisten Fällen eine geringere EMG-Spektralleistung festzustellen, die mit dem Grad der Kraftminderung der Spastiker korreliert.
Bei der EMG-Polygraphie wurden 16 unipolar abgeleitete Oberflächenelektromyogramme während der definierten Ausführung von Muskelfunktionstests registriert und spektrale EMG-Parameter berechnet, die den prozentualen Anteil wichtiger Muskelgruppen der Ober- und Unterschenkelmuskulatur an der Gesamtaktivierung (= Summe der EMG-Aktivitäten aller untersuchten Muskeln) kennzeichnen (1). Bei allen Patienten zeigen die Ergebnisse eine für den jeweiligen Muskelfunktionstest wenig spezifische Aktivierung der einzelnen Muskelgruppen als Ausdruck der gestörten intermuskulären Koordination, d.h. die für den jeweiligen Muskelfunktionstest

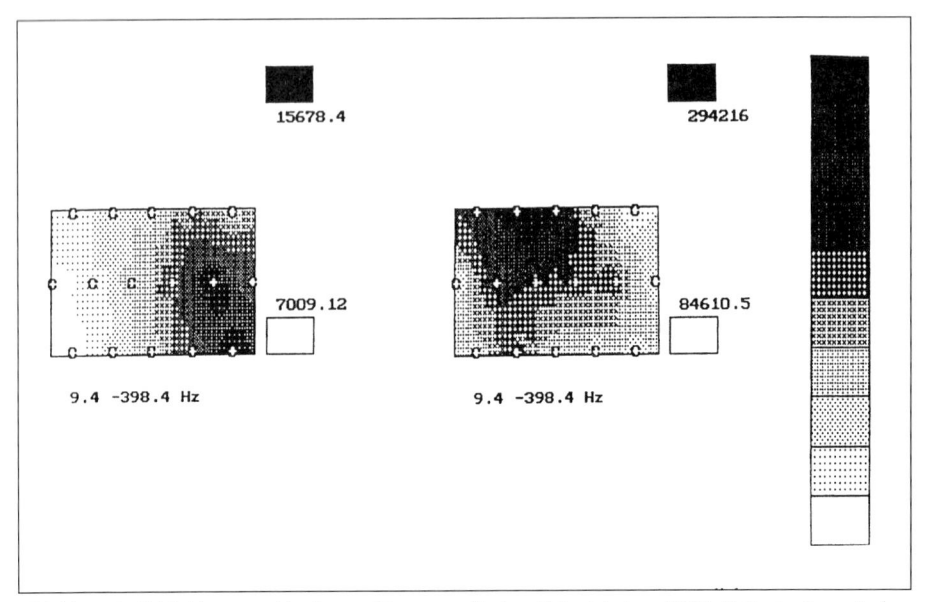

Abbildung 1. EMG-Mapping: Kniebeuge (Fersen am Boden, Kniewinkel ca. 135°), Patient mit spastischer Hemiparese, links: Seite mit Symptomatik, rechts: symptomarme Seite.

relevanten Muskelgruppen werden zwar aktiviert, aber im Vergleich zu Referenzdaten mit einem geringeren prozentualen Anteil. Auffallend ist eine sehr starke Aktivierung der Adduktoren (ca. 10-20 % der EMG-Aktivität aller untersuchten Muskelgruppen) in allen Untersuchungssituationen und eine deutliche Fußheberschwäche, die u.a. das für Spastiker typische Gangbild (3) auslösen. Die Korrelation zwischen klinischem und EMG-Befund zeigt sich unter anderem darin, daß mit zunehmender klinischer Symptomatik auch ein zunehmend unspezifischeres Aktivierungsmuster nachweisbar ist (Abbildung 2). Die Ergebnisse weisen eine hohe Korrelation mit den erhobenen klinischen Befunden auf. Durch die Kombination von EMG-Mapping und EMG-Polygraphie ergeben sich qualitativ neue Möglichkeiten zur Objektivierung und Quantifizierung muskulärer Aktivierungsprozesse, die ebenso Ansätze zur weiteren Aufklärung der Pathogenese des spastischen Syndroms bieten. Anhand der vorliegenden Ergebnisse können individuelle Übungsprogramme zur Dehnung oder Kräftigung entsprechender Muskelgruppen erstellt werden. Dabei sollten aufgrund der ausgeprägten Koordinationsstörung eine dynamische Arbeitsweise der Muskulatur und die Schulung der inter- und intramuskulären Koordination im Mittelpunkt stehen.

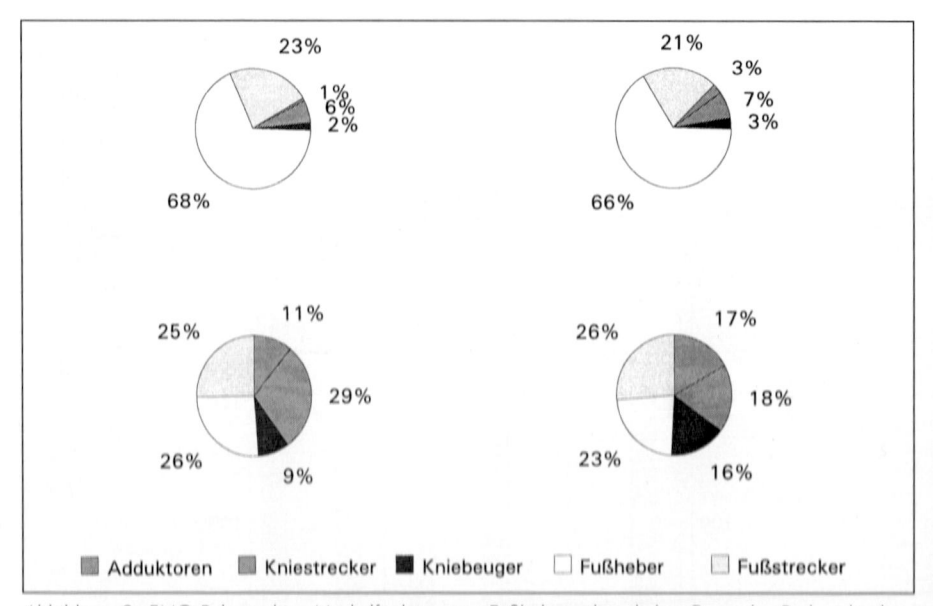

Abbildung 2. EMG-Polygraphie: Muskelfunktionstest Fußheber, oben links: Gesunder Proband, oben rechts: Patient mit spastischer Hemiparese (symptomarme Seite), unten links: Patient mit spastischer Hemiparese (Seite mit Symptomatik), unten rechts: Patient mit spastischer Tetraparese.

Beim Nachfolgetracking wurden die psychomotorischen Fähigkeiten Koordination und komplexe Reaktion durch den ein- und beidhändigen Nachvollzug sprung- und sinusförmiger Vorgaben über eine Lenkradsteuerung untersucht. Leistungsunterschiede zu gesunden Kindern sind in allen Parametern zu verzeichnen. Bei der Schnelligkeit der Reaktion (Reaktionszeit) und beim beidhändigen Nachvollzug erreichen die Spastiker besonders schlechte Leistungen. Die Leistungsunterschiede zwischen symptomarmer Seite und Seite mit Symptomatik (Abbildung 3) beziehen sich jedoch auf Parameter zur Schnelligkeit und Genauigkeit der Reaktion (Reaktionszeit und Integral der Flächenabweichung). Letzterer Parameter sowie die großen Abweichungen hinsichtlich der Amplitude beim Nachvollzug von Sinusfunktionen mit kleiner Amplitude verweisen auf die gestörte Feinkoordination, die durch eine Pyramidenbahnschädigung bedingt ist. Die großen Abweichungen hinsichtlich der Phase werden durch den erhöhten Muskeltonus hervorgerufen. Die vielen hochfrequenten, aber kleinräumigen Korrekturbewegungen sind von nur geringer Effektivität. Schlußfolgerungen für die Bewegungstherapie ergeben sich in bezug auf die Schulung bestimmter psychomotorischer Fähigkeitsbereiche, in denen die Leistungsfähigkeit besonders gestört ist (Koordination und Reaktion), und die Festlegung spezifischer Übungsbedingungen (z.B. synchrone und simultane Koordination von Arm- und Beinbewegungen).

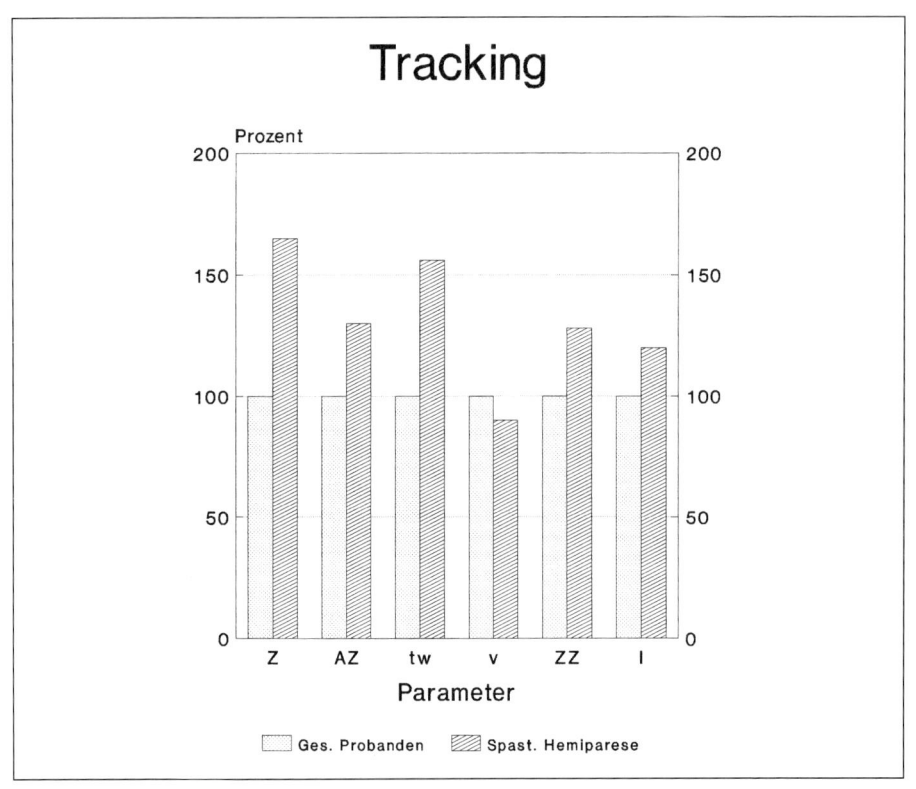

Tracking

[Balkendiagramm: Prozent-Werte für die Parameter Z, AZ, tw, v, ZZ, I; Vergleich Ges. Probanden (jeweils 100%) und Spast. Hemiparese (ca. 165, 130, 155, 90, 128, 120).]

Abbildung 3. Tracking: Beidhändiger Nachvollzug einer Sprungfunktion (Mittelwerte: RZ-Reaktionszeit; AZ-Anstiegszeit, tw-Wendepunkt; v-Geschwindigkeit, ZZ-Zielzeit, I-Integralwert der Flächenabweichung).

Das standardisierte Interview wurde unter dem Aspekt der systematischen Evaluierung psychologischer Effekte der Bewegungstherapie zur Erfassung von Wirkfaktoren der Bewegungstherapie verwendet (6). Dabei sollten 25 Items einer 3-stufigen Skala zugeordnet werden. Hohe Wirkung wird den Faktoren „Wohlbefinden" und „Motivation" (Abbildung 4) beigemessen; also Faktoren, die den psychosozialen Aspekt betonen. Interessanterweise wird der Bereich „Lernen" als am wenigsten wichtig eingeschätzt, weil mit dem „Neu-Lernen" meist negative Erfahrungen verknüpft sind.

Daher sollten im Rahmen einer ganzheitlichen, kindgemäßen Bewegungstherapie in der Gruppe leistungsfördernde und leistungsfordernde Situationen bewußt mit offenen Angeboten zur Selbstgestaltung von Bewegungen kombiniert werden.

Interview
Wirkfaktoren der Bewegungstherapie (Mittelwerte)

Wirkfaktor	Mittelwert
Bewußtheit/Erleben	2,1
Sozialverhalten	2,1
Motivation	2,15
Wohlbefinden	2,25
Lernen	1,8

Abbildung 4. Interview: Wirkfaktoren der Bewegungstherapie (Mittelwerte).

Im Videotest wurde der Istzustand definierter Bewegungen der Alltagsmotorik, wie z.B. das Gangbild, als Grundlage für Veränderungsmessungen durch eine standardisierte Beobachtung erfaßt.
Auf der Grundlage der mit den eingesetzten diagnostischen Verfahren erzielten Ergebnisse ergeben sich folgende Schwerpunkte einer therapeutisch orientierten Bewegungserziehung:
- Koordinationsschulung,
- Dehnung und Kräftigung bestimmter Muskelgruppen,
- Schulung von Körpererfahrung, Selbstwertgefühl und sozialer Kompetenz.

Die Vielfalt der Symptomatik bei frühkindlichen Hirnschäden erfordert ein ganzheitliches Herangehen im Rahmen eines psychomotorischen Konzeptes der Bewegungserziehung. Kindgemäße, handlungs- und erlebnisorientierte Formen von Bewegung, Spiel und Sport (die ebenso funktionsorientierte Aspekte berücksichtigen) sollen die gesamte Persönlichkeit behinderter Kinder fördern. Die soziale Rehabilitation spielt dabei eine besondere Rolle, da sie die Integration Behinderter in die Gesellschaft erleichtert.

Die Ergebnisse der Wiederholungsuntersuchung nach 1 Jahr funktionell orientierter Bewegungserziehung zeigen Verbesserungen in allen untersuchten Bereichen und verweisen auf Notwendigkeit und Sinn einer solchen Intervention. Unsere Erfahrungen mit dem Konzept einer therapeutisch orientierten Bewegungserziehung unter psychomotorischem Aspekt zeigen, daß Bewegungsfreude, Aufgeschlossenheit und Übungsintensität und damit auch die therapeutischen Erfolgsaussichten wesentlich steigen. Durch die Kombination unterschiedlicher diagnostischer Verfahren ergeben sich erste Ansätze zu einer funktionell-ganzheitlichen Betrachtung des spastischen Syndroms. Auf dieser Grundlage ist die Auswahl der einzusetzenden therapeutischen Verfahren und Methoden sowie deren Effizienzüberprüfung möglich. Die Überprüfung der Wirksamkeit, der in der Praxis eingesetzten Übungen und Übungsprogramme mit Hilfe geeigneter, objektiver Meßmethoden ist dringend erforderlich, um Wirksamkeit in allen Bereichen therapeutischer Intervention zu sichern.

Literatur

1. Becker G, Erler K, Anders Ch, Schumann N P, Mey E, Scholle H-Ch: Untersuchung muskulärer Dysbalancen mittels EMG-Polygraphie bei Kindern mit spastischem Syndrom, in: Scholle H-Ch (eds): Motodiagnostik - Mototherapie II. Jena: Univ Verlag, 1994, pp 231-236.
2. Conradi E, Brenke R: Bewegungstherapie. Berlin: Ullstein Mosby, 1993.
3. Emre M, Benecke R: Spasticity: The current status of research and treatment. Canforth: Parthenon Publishing, 1989.
4. Erler K, Scholle H-Ch, Becker G, Schumann N P, Anders Ch: Motodiagnostik und Bewegungstherapie-Untersuchungen zur Bewegungsregulation, in: Alfermann D, Scheid V: Psychologische Aspekte von Sport und Bewegung in Therapie und Rehabilitation. Köln: bps, 1994, pp 163-168.
5. Erler K, Becker G, Anders Ch, Schumann N P, Mey E, Scholle H-Ch: Die Relevanz unterschiedlicher diagnostischer Verfahren für die Bewegungstherapie bei Kindern mit spastischem Syndrom, in: Scholle H-Ch (ed): Motodiagnostik - Mototherapie II. Jena: Univ Verlag, 1994, pp 285-292.
6. Hölter G: Wirkfaktoren der Bewegungstherapie, in: Alfermann D, Scheid V: Psychologische Aspekte von Sport und Bewegung in Therapie und Rehabilitation. Köln: bps,1994, pp 155-162.
7. Huber G: Sport und Bewegung in Therapie und Rehabilitation, in: Ungerer-Röhrich U (ed): Sport und Bewegung in Therapie und Rehabilitation. Darmstadt: 1991.
8. Scholle H-Ch, Bradl U, Schumann N P, Anders Ch, Mey E: Systemanalytische Ansätze zur weiteren pathogenetischen Kennzeichnung motorischer Dysfunktionen, in: Scholle H-Ch (ed): Motodiagnostik-Mototherapie II. Jena: Univ Verlag, 1994, pp 51-58.

Für die Verfasser:
Dr. Kerstin Erler
Moritz-Klinik GmbH & Co. Bad Klosterlausnitz
Hermann-Sachse-Str. 46
07639 Bad Klosterlausnitz

Forschungsperspektive Einzelfall –
Zeitreihenstudie einer behinderten Schwimmerin

M. Wegner

Institut für Sportwissenschaft, Universität Kiel

Single Case Studies as a Research Perspective for the Handicapped - Time-Series-Analysis with a Disabled Female Swimming Athlete

In applied research of the handicapped an individualized perspective can better meet the special needs of the disabled than the group comparison approach. Two different research perspectives for single case studies are presented. The biographic method is used for analyzing retrospective data, the time-series-analysis for analysing prospective data. In a single case experimental ABA-design (regular vs. irregular practice) with a female swimming athlete some procedures of the recording and evaluation of data are demonstrated. It was hypothesised that regular practice has a positive impact on the psychological state. The time-series-analysis of 93 measures show a significant higher level of self concept and mood state in the phase of regular practice.

Key words: single case experimental design, time-series analysis, disability, swimming, elite sport

Einleitung

Im Behindertensport fällt es häufig schwer, wissenschaftlich fundierte Aussagen über die Merkmalsausprägung behinderter Personen oder Aussagen über die Effektivität therapeutischer Programme im zeitlichen Verlauf zu treffen. Aufgrund der Ausprägung der Behinderungen wie bspw. bei Mehrfachbehinderten ist eine Vergleichbarkeit der Personen schwierig. Die gängigen gruppenanalytischen Verfahren beschreiben letztlich nur eine fiktive, statistisch erzeugte Durchschnittsperson und berücksichtigen damit nur unzureichend die speziellen Bedingungen einer individuellen Behinderung (5). Stellt man die Einzigartigkeit des Individuums und die Erfassung intraindividueller Regelmäßigkeit im Verhalten und Erleben in den Vordergrund, dann bietet sich die Betrachtung und Analyse des Einzelfalls an.

In der psychologischen Forschung nimmt der individuum-zentrierte Ansatz eher eine Minderheitsposition ein. Im folgenden sollen zwei methodische Ansätze aufgegriffen werden, die biographische Methode und die Einzelfallanalyse (3, 6, 7). Die biographische Methode rekonstruiert mit Hilfe retrospektiver Daten, Tages-, Entwicklungs- oder Lebensverläufe, um subjektiv bedeutsame Dimensionen des Einzelfalls zu erfassen. Neben „persönlichen Dokumenten" wie Tagebücher, Briefe oder Autobiographien bietet besonders das halbstrukturierte Interview die Möglichkeit, unter standardisierten Bedingungen Informationen über die psychologische Biographie eines Individuums zu gewinnen. Dabei steht die Exploration im Mittelpunkt, d.h. über das Herstellen einer spezifischen sozialen Beziehung zwischen Person und Interviewer soll das subjektiv Bedeutsame im Erleben einer Einzelperson berücksichtigt werden.

Vergleicht man die biographische Methode mit der Einzelfallanalyse, so ist beiden gemeinsam, daß zunächst von der Analyse eines Falles ausgegangen wird. Beide Methoden sind primär an Aussagen über Verläufe interessiert. Ein wesentlicher Unterschied zwischen beiden Methoden zeigt sich darin, daß die Einzelfallstudie ($N=1$-Studie, kontrollierte Fallstudie) weitgehend an quantitative Erhebungstechniken und an die wiederholte, prospektive Betrachtung des Einzelfalls über eingegrenzte Zeiträume (= wenige Monate) gebunden ist. Aussagen über die Variabilität oder Stabilität eines Merkmals können in Einzelfall- oder Zeitreihenanalysen über eine Vielzahl von Erhebungen (50-100) gewonnen werden.

Neben der exploratorischen Einzelfallanalyse, die qualitativ beschreibend einen Problemgegenstand erkundet wie z.B. von Brackhane und Gürtler [1] im Rahmen eines Schwimmtrainings mit einem spastischen Hemiparetiker, hat sich in der Sportwissenschaft der Ansatz der statistisch kontrollierten Einzelfallanalyse bewährt [2, 4, 5, 8, 9].

Neben der einfachen Deskription, d.h. der Beschreibung der Veränderung eines Merkmals in der Zeit, können darüber hinaus Einzelfallexperimente genutzt werden, um die Wirksamkeit einer bestimmten Interventions-, Lern,- oder Entspannungsmethode zu prüfen. Der einfachste Plan wird als AB-Plan bezeichnet. Die Phase A oder „Baseline" kennzeichnet die interventionsfreie Phase, auf welche die Behandlungsphase als Phase B folgt. Ein zentrales Problem der Einzelfallanalyse ist die sehr aufwendige Methode der Datenauswertung [5, 9].

Im Rahmen einer Studie mit einer behinderten Leistungsschwimmerin soll exemplarisch demonstriert werden, wie die Methode der statistisch kontrollierten Einzelfallanalyse im Behindertensport umgesetzt werden kann.

Methode

Versuchsperson: Die Schwimmerin ist Auszubildende, 16 Jahre alt und seit ihrem 3. Lebensmonat körperlich behindert. Krankheitsbedingt wurden beide Vorderfüße amputiert. Sie trainiert in einem leistungssportlich ausgerichteten Schwimmverein zwei bis dreimal wöchentlich jeweils zwei Stunden. Sie ist mehrfache Deutsche Jugendmeisterin und Mitglied der Jugend-Nationalmannschaft.

Untersuchungsplan: Die Schwimmerin füllt jeweils vor und nach dem Training oder Wettkampf ein standardisiertes Trainingsprotokoll aus. Die quasi-experimentelle Einzelfallanalyse folgt einem ABA-Plan. Wir unterscheiden die Trainingsphasen „regelmäßiges Training" (A-Phase) und „unregelmäßiges Training" (B-Phase) in der Sommerpause (siehe Abbildung 1).

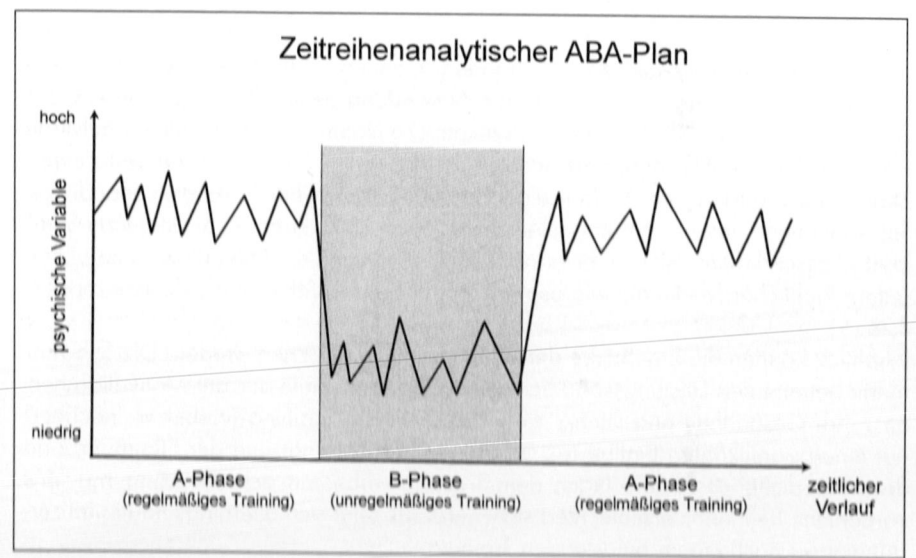

Abbildung 1. Zeitreihenanalytischer ABA-Plan für die psychischen Variablen Selbstkonzept, Stimmung und körperliches Befinden.

Variablen: Der Protokollbogen umfaßt u.a. Fragen zum Selbstkonzept, zum psychischen Befinden und zur Belastungsverarbeitung und teilt sich in sechs Bereiche:
(1) Einstellungsfragen (z.B. „Ich gehe heute zum Training" - um Freunde zu treffen/ meine Behinderung zu vergessen, etc.).
(2) Fragen zum Selbstkonzept wie bspw. „Ich akzeptiere mich heute, so wie ich bin".
(3) Fragen zum Anstrengungserleben („Ich werde mich heute anstrengen" mit der Bewertung von „sehr, sehr leicht" bis „sehr, sehr hart".
(4) Eigenschaftspaare zum psychischen Befinden als körperliche Aktivität und Stimmung (z.B. „fit vs. zerschlagen", „gereizt vs. ruhig").

(5) Protokollierung belastender Ereignisse mit der Bewertung von „eher positiv" bis „eher negativ".
(6) Soziale Unterstützung bei einem als belastend erlebten Ereignis.

Wir formulieren folgende Erwartungen: Das Selbstkonzept und das psychische Befinden der behinderten Schwimmerin wird durch das regelmäßige sportliche Training positiv beeinflußt.

Exemplarische Auswertung

Die Einzelfalldaten werden zu aufeinanderfolgenden Zeitpunkten gesammelt und in ihrer zeitlichen Folge geordnet. In die Auswertung gehen 93 Zeitpunkte ein, die sich über den Verlauf eines Jahres erstrecken. Die Daten werden zeitreihenanalytisch mit Hilfe des Statistikprogramms SPSS-PC ausgewertet. Mit der univariaten Zeitreihenanalyse werden die Verlaufseigenschaften (Mittelwerte, Trends, periodische Schwankungen, interne Abhängigkeitsstruktur) eines Merkmals (z.B. steigende Stimmung) beschrieben, mit der bivariaten oder multivariaten Analyse die Interaktion unterschiedlicher Merkmale wie bspw. körperliches Befinden und Selbstkonzept (2, 4, 5, 9).

Inhaltlich können die Ergebnisse der Athletin wie folgt skizziert werden: Die Schwimmerin betreibt den Leistungssport Schwimmen in erster Linie aus der Motivation heraus, ihre Gesundheit und Fitness zu verbessern. Das Training (vorher vs. nachher) hat einen signifikanten Einfluß ($p \leq 0.000$) auf die Einschätzung der Stimmung und des körperlichen Befinden. Nach dem Training verbessert sich die Stimmung, das körperliche Befinden verschlechtert sich. Letzteres zeigt sich allerdings häufig im Leistungssport nach einem belastenden Training.

Im zeitlichen Verlauf sind die jeweiligen Merkmale Selbstkonzept, körperliches Befinden oder Stimmung schwach stationär, d.h. die Zeitreihe schwankt gleichförmig um ein konstantes Grundniveau und weist keinen Trend auf. Bei der Prüfung der internen Abhängigkeit zeigt sich nur für die Variable „Körperliches Befinden vor dem Training" eine serielle Abhängigkeit. In der Modellanpassung läßt sich ein sog. AR1-Modell spezifizieren, d.h. der jeweilige Wert für das körperliche Befinden ist von dem unmittelbar vorangehenden Zustand abhängig.

Für die weitere Prüfung der Erwartungen bezogen auf die Phasen des regelmäßigen und unregelmäßigen Trainings ist die serielle Abhängigkeit mittels entsprechender Verfahren zu eliminieren (2, 4, 5, 9). In der nachfolgenden varianzanalytischen Auswertung zeigen sich signifikante Unterschiede ($p \leq 0.05$) für die vor dem Training erhobenen psychischen Merkmale. Selbstkonzept, Stimmung und körperliches Befinden werden in den Phasen des regelmäßigen Trainings höher bewertet als in der

Phase des unregelmäßigen Trainings. Die Regelmäßigkeit im Training hat sich bei dieser Sportlerin positiv auf das subjektive Befinden ausgewirkt.

Diskussion

In der vorliegenden Studie wurde exemplarisch dargestellt, wie sich eine behinderte Leistungsschwimmerin in unterschiedlichen Trainingsphasen erlebt. Der regelmäßige Leistungssport nimmt eine sehr zentrale Rolle im Leben der Athletin ein.
Mit dieser Darstellung sollte aufgezeigt werden, wie über die rein beschreibende Darstellung von Fallstudien hinaus, die statistisch kontrollierte Einzelfallstudie als Verfahren zur Veränderungs- und Prozeßdiagnostik sportwissenschaftlich genutzt werden kann (2, 4, 5, 8, 9). Die biographische Methode (3, 6, 7) kann darüber hinaus als methodischer Weg bezeichnet werden, spezifische Episoden, Tages- oder Lebensabläufe von Personen retrospektiv zu analysieren. Eine Verbindung beider methodischer Vorgehensweisen wäre denkbar und wünschenswert.

Literatur
1. Brackhane R, Gürtler K: Schwimmen bei spastischer Hemiparese. Sportwissenschaft 17 (1987), 294-306.
2. Lames M: Zeitreihenanalyse in der Trainingswissenschaft. Spectrum der Sportwissenschaft 6 (1994), 27-50.
3. Petermann F: Biographische Methode und Einzelfallanalyse, in Kruse A, Schmitz-Scherzer R (eds): Psychologie der Lebensalter. Darmstadt: Steinkopf, 1995, pp 25-32.
4. Schlicht W: Einzelfallanalysen im Hochleistungssport. Schorndorf: Hofmann, 1988.
5. Schlicht W, Janssen J P: Der Einzelfall in der empirischen Forschung der Sportwissenschaft: Begründung und Demonstration zeitreihen-analytischer Methoden. Sportwissenschaft 20 (1990), 263-280.
6. Thomae H: Das Individuum und seine Welt. Göttingen: Hogrefe, 1988.
7. Thomae H, Petermann F: Biographische Methode und Einzelfallanalyse, in Feger H, Bredenkamp J (eds): Datenerhebung. Göttingen: Hogrefe, 1983, pp 362-400.
8. Wegner M: Beanspruchungserleben in Training und Wettkampf - Zeitreihenstudien zur Befindlichkeit und Leistung im Handball, in Krug J, Minow H J (eds): Sportliche Leistung und Training. Sankt Augustin: Academia, 1995, pp 77-82.
9. Wilhelm A: Zeitreihenanalysen, in Strauß B, Haag H (eds): Techniken der Datenbearbeitung in der Sportwissenschaft. Schorndorf: Hofmann (in Druck).

Der Verfasser:
Dr. Manfred Wegner, M.S.
Abteilung Sportpsychologie
Institut für Sport und Sportwissenschaften
der Christian-Albrechts-Universität Kiel
Olshausenstr. 74
24098 Kiel

Zur Entwicklung eines Mobilitätstests für Hochbetagte in einer stationären Einrichtung

M. Brach, A. Wissemann, H. Schulz, O. Dierbach, H. Heck

Lehrstuhl für Sportmedizin, Ruhr-Universität Bochum, Haus Ruhrgarten, Mülheim an der Ruhr

Development of a Mobility Test for Aged People in Institutional Care

The Top Down Motor Milestone Test from the M.O.V.E conception, objected to handicapped youths, ist transferred to very aged people. There were useful results in most items. Goals for therapeutic exercise were determined using the test scores. Members of a geronto-psychiatric care unit reached maximal scores. They cannot, however, walk around without any care.
Several modifications of the test items are discussed. The new test after scientific examination may serve to document the quality of care and therapy.
Key words: Top Down Motor Milestone Test, therapeutic exercise, multiple handicapped

Einleitung

Für viele alte Menschen steht die selbständige Fortbewegung in engem Zusammenhang mit der persönlichen Lebensqualität. Der Erhalt und die Förderung der Mobilität entspricht auch dem Grundsatz „Rehabilitation vor Pflege" (1). Jedoch fehlen bisher entsprechende Testinstrumente für Hochbetagte. Darum wurde bei Eingangstests für die Bewegungstherapie im Rahmen der Gesundheits- und Sozialassistenz für alte Menschen probeweise der „Top Down Motor Milestone Test" aus dem zunächst für Kinder und schwerbehinderte Jugendliche entwickelten M.O.V.E.-Konzept (2) angewendet. Für 16 Items wird dabei festgestellt, wieviel Hilfe bei der Ausübung der entsprechenden Funktion erforderlich ist. Jede funktionelle Ausprägung ist einem sog. „Meilenstein" (Abbildung 1) zugeordnet.
Beim Gehen zum Beispiel gilt eine Strecke von 6 m ohne Hilfe (G.1) oder von 300 m mit Handfassung (G.2) als „unabhängig mobil in Haus und Umgebung". Bei den anderen Ausprägungen dieses Items kommt immer mehr Hilfe hinzu, z.B. durch Benutzung eines Gehwagens oder Personenhilfe mit Gleichgewichts- oder Körpertrageunterstützung.
In der Pilotstudie zeigte sich, daß der Milestone Test prinzipiell für Hochbetagte ver-

wendbar ist. Die meisten Beobachtungen konnten von ihrer Spannweite her in die vorgegebenen Ausprägungen eingeordnet werden. Das Ziel der vorliegenden Studie war es, problematische Items zu identifizieren und geeignete Modifikationen vorzuschlagen. Zusätzlich sollte die Verwendbarkeit des Milestone Tests für gerontopsychiatrisch veränderte Menschen erprobt werden.

Material und Methode

Der Milestone Test wurde an einer zufälligen, bzgl. Geschlecht und Pflegestufe kontrollierten Stichprobe (Gruppe I: 12 Frauen und 3 Männer, mittleres Alter 88 Jahre) und in einer gerontopsychiatrischen Tagesgruppe (Gruppe II: 5 Frauen, mittleres Alter 87 Jahre) im Rahmen des geriatrischen Assessments durchgeführt. Dabei wurden aus Gründen der Durchführbarkeit die Fertigkeitsstufen, die das Sitzen auf dem Boden betreffen, ausgelassen (A.1, B.1, D.1, D.3, D.5, E.1, E.3, E.5). Einige Testelemente konnten nicht durchgeführt werden, weil die vom MOVE-Konzept vorgesehenen speziellen Hilfsmittel nicht zur Verfügung standen (C.4, G.6, J.4).

Ergebnisse

In Abbildung 1 sind die Häufigkeiten der zunächst erreichten Fertigkeitsstufen für Gruppe I eingetragen. Die Ergebnisse konzentrieren sich auf die beiden Erfolgsstufen I (unabhängig in Haus und Umgebung) und II (mit Personenhilfe mobil im Haus), während Stufe III (mit Hilfe mobil im Zimmer) nicht vorkommt. Die Frauen aus Gruppe II erreichten alle in 13 Items die bestmögliche Ausprägung und wurden anhand der Testkriterien auch in den restlichen drei Items in Erfolgsstufe I eingruppiert.

Diskussion

Auf Tests der Kopfkontrolle und des Tolerierens von Sitz- oder Stehpositionen (B.9-11, C.6-5) könnte verzichtet werden, da dies für die alten Menschen kein Problem darstellte. Das Hinauf- und Hinuntergehen von Schrägen (O, P) brachte wenig Zusatzinformation, weil die Menschen, die auf ebenem Boden gehen konnten, auch in der Lage waren, die Schrägen, die in der Umgebung des Hauses vorkamen, zu überwinden.
Bei anderen Items wurden nur wenige, bestimmte der vorgegebenen Merkmalsausprägungen erreicht. Beim Gehen sollte beispielsweise die Verwendung der ver-

schiedenen Hilfsmittel (bisher nur G.3) feiner differenziert werden. Dagegen kann die Ausprägung mit der maximalen Hilfestellung und den passiv tolerierten Bewegungen (G.6) entfallen.

Bei der Untersuchung zeigte sich auch, daß es sinnvoll ist, einige neue Items hinzuzufügen. Greifen nach oben oder das Aufheben eines Gegenstands vom Boden sind Fertigkeiten, von denen die Unabhängigkeit Hochbetagter mit abhängt.

In der Gesundheits- und Sozialassistenz wird heute die Lebensqualität alter Menschen durch Aktivierung und Kompetenzförderung unterstützt. Der vergleichbare Ansatz des M.O.V.E.-Konzeptes und die Erfahrung in der Therapiepraxis zeigt, daß der

Zusammenfassung	Abschlußstufe		Stufe I				Stufe II				Stufe III	
	unabhängig mobil im Haus und Umgebung		mit Personenhilfe mobil im Haus				mit Hilfe mobil im Zimmer					
A. Eine Sitzposition halten	A.1 ( )		A.2 13	A.3 2			A.4 0	A.5 0	A.6 0		A.7 0	
B. Bewegung beim Sitzen	B.1 ( )	B.2 8	B.3 6	B.4 0	B.5 1	B.6 0	B.7 0	B.8 0	B.9 0	B.10 0	B.11 0	A.7
C. Stehen	C.1 8		C.2 5				C.3 2	C.4 0			C.5 0	C.6 0
D. Transfer Sitzen - Stehen	D.1 ( )	D.2 7	D.3 ( )	D.4 2			D.5 ( )	D.6 6			C.5	C.6	A.7
E. Transfer Stehen - Sitzen	E.1 ( )	E.2 7	E.3 ( )	E.4 5			E.5 ( )	E.6 3			C.5	C.6	A.7
F. Drehen beim Stehen*	F.1 8		F.2 6				F.3 1				C.5	C.6
G. Vorwärts gehen	G.1 5	G.2 1	G.3 3				G.4 2	G.5 4			G.6 0	C.5	C.6
H. Transfer Stehen - Gehen	H.1 7		H.2 5				H.3 3				G.6	C.5	C.6
I. Transfer Gehen - Stehen	I.1 7		I.2 5				I.3 3				G.6	C.5	C.6
J. Rückwärts Gehen	J.1 7		J.2 5				J.3 3				J.4 0	C.5	C.6
K. Drehen beim Gehen	K.1 6	K.2 1	K.3 1	K.4 7			F.3				C.5	C.6
L. Treppen hinaufgehen	L.1 7		L.2 1				L.3 0	G.4	C.3			
M. Treppen hinuntersteigen	M.1 7		M.2 1				M.3 0	G.4	C.3			
N. Gehen auf unebenem Boden	N.1 4		N.2 1				N.3 0	G.4	C.3			
O. Schrägen hinaufgehen	O.1 4		O.2 1				O.3 0	G.4	C.3			
P. Schrägen hinunteregehen	P.1 5		P.2 0				P.3 0	G.4	C.3			

Abbildung 1. Der Top Down Motor Milestone Test. Überblick der Testaufgaben und der Erfolgsstufen. Häufigkeiten der einzelnen Ausprägungen für Gruppe I (5).

Milestone Test überaus brauchbar für die Bewegungstherapie ist. Er kann in seiner modifizierten, auf die neue Zielgruppe angepaßten Form sowohl für das geriatrische Assessment als auch für die Therapieplanung und -dokumentation verwendet werden.

Die Teilnehmerinnen der gerontopsychiatrischen Tagesgruppe wären nach den Testergebnissen als „unabhängig mobil im Haus und der Umgebung" zu betrachten. Dies trifft jedoch offensichtlich nicht zu, weil sie aufgrund ihrer Orientierungsprobleme Fertigkeiten nur teilweise zielgerichtet einsetzen können. Zur Erfassung der Handlungs- und Orientierungsfähigkeit, sowie des Einsatzes von Einzelfertigkeiten muß der Milestone Test erweitert werden. Desweiteren zeigen diese Ergebnisse, daß die Werte eines Mobilitätstests nicht ohne weiteres im Sinne eines Indikators der Selbständigkeit zur Ermittlung des Betreuungsaufwandes herangezogen werden können.

Die modifizierten Testelemente wurden an der Gruppe I mit zufriedenstellenden Ergebnissen wiederholt (5). Zur Zeit findet die testtheoretische Prüfung des modifizierten Milestone Tests statt (3). Als nächster Schritt kann probeweise das M.O.V.E.-Therapiekonzept (1) übertragen werden. Es ist darüberhinaus nötig, Qualitätsstandards in der Betreuung alter Menschen zu entwickeln. Die Sozialassistenz kann nicht über die Pflegeversicherung finanziert werden (4). Hier ist es notwendig, Überzeugungsarbeit bei Entscheidungsträgern zu leisten, da ein Finanzierungskonzept für diesen Bereich in der stationären Versorgung bisher fehlt. Dabei kann möglicherweise der vorgestellte Test im Sinne eines Qualitätsstandards eine Hilfe sein.

Literatur

1. Bidabe L, Lollar J M: M.O.V.E.-Mobility Opportunities Via Education. Mobilitätstraining für Kinder und Erwachsene mit Behinderung. Dortmund: Borgmann, 1993.
2. Jekosch S: Überprüfung der Objektivität und Reliabilität bei einem neuen Mobilitätstest für Hochbetagte. Diplomarbeit (Fakultät für Sportwissenschaft). Ruhr-Universität Bochum: in Vorbereitung.
3. Richtlinien zur Pflegebedürftigkeit: Erlaß der Spitzenverbände der Kranken- und Pflegekassen und der Medizinischen Dienste vom 7.11.1994. Altenheim 34 (1995), 32-37.
4. Wissemann A: Entwicklung eines Mobilitätstests für Bewohner eines Altenpflegeheims. Studienarbeit im Zusatzstudiengang „Prävention und Rehabilitation durch Sport" (Fakultät für Sportwissenschaft). Ruhr-Universität Bochum: 1995, unpubliziert.

Für die Verfasser:
Michael Brach
Ruhr-Universität Bochum
Lehrstuhl für Sportmedizin
44780 Bochum

Holistische Ansätze der Diagnostik bei mehrfach-behinderten Menschen – Alles Leben ist Wahrnehmen

I. Flehmig

Hamburg

Diagnosis of Handicapped Patients with a Holistic Approach

Diagnosis of handicapped patients from a holistic point of view should always include an assessment of the functional status of whatever sensory systems are available. This holds true particulary with regard to multiple handicaps, a patient's personality development being decisively influenced by the fact that the harmonious integration of all close-range senses forms the basis of long-range perception, which mainly serves to map the environment.

Multiple handicaps are always accompanied by sensory defects or losses, so that the perception range of such patients is completely different in scope. The impairment of one or more sensory systems causes compensatory reactions in other systems which may have been less severely affected by the original cause of the damage.

As virtually all multiple handicaps entail perception changes which must be corrected if therapy is to be effective, the entire personality of a patient must be considered in a holistic approach.

Only by obtaining precise information about the performance limitations of a person's sensory systems may we find a therapeutic approach to encourage the integration of all sensory systems and promote the interaction between close-range and long-range senses which eventually leads to an adequate perception of a person's self and his environment.

Key words: multiple handicapped, perception disorders, sensory integration treatment

Um mit behinderten Menschen therapeutisch arbeiten zu können, wobei es gleichgültig ist, um welchen Therapieansatz es sich handelt, muß man als Grundvoraussetzung ein Wissen von der normalen Entwicklung des Menschen erwerben.
Dieser Tatsache ist man sich seit etwa einem Jahrhundert bewußt. Das führte zur Aufstellung von Entwicklungsparametern der kindlichen Entwicklung auf der Basis statistisch erarbeiteter Beobachtungen, die meist zur Ausarbeitung und Etablierung eines bestimmten Tests führte.

Frankenburg und *Dodds* konnten unter Zugrundelegung von Daten, die *Gesell* einige Jahrzehnte zuvor erarbeitet hatte, eindringlich zeigen, daß es eine deutliche Variation der Norm gibt. Der Test - die Denver-Entwicklungsskalen -, den sie aus diesen Beobachtungen entwickelten, mußte für jede Kulturgruppe neu standardisiert werden, wobei jeweils zum Teil erhebliche Abweichungen festzustellen waren. Diese Tests wurden unbrauchbar, wenn man ein von der normalen Entwicklung abweichendes, klinisch auffälliges Kind behandeln mußte, gleichgültig, um welche Art der Abweichung es sich dabei handelte. Es mußte eine Deutung und damit vielleicht auch ein Weg gefunden werden, um sich mit Hilfe der entsprechenden Behandlungsschritte dem Zustand einer normalen Entwicklung zu nähern.

Es stellte sich als erstes die Frage: wie kommt ein menschliches Lebewesen von der Befruchtung der Eizelle zur Menschwerdung, zur aufrechten Position, zu der menschlichen Fähigkeit, sich mit Gleichgewicht im Raum harmonisch zu bewegen, geschickt zu handeln, sich sprachlich gut ausdrücken zu können, zu schreiben und sich psychisch-geistig voll zu entwickeln?

Unser Verhalten als Mensch basiert maßgeblich auf der Wahrnehmung unseres Körpers und unserer Umwelt. Diese Wahrnehmungserfahrung setzt intakte Sinnesorgane voraus. Die Entwicklung dieser Sinnesorgane beginnt bereits im Mutterleib, so daß sie bereits bei Geburt einsatzfähig sind.

Neben den sogenannte „Fernsinnen" wie Sehen, Hören, Schmecken und Riechen spielen die „Nahsinne" eine entscheidende Rolle. Wir verstehen unter den Nahsinnen die Oberflächensensibilität (taktile Hautinformation), die Tiefensensibilität (propriozeptive Informationen der Muskeln, Sehnen und Gelenke des eigenen Körpers) und das Gleichgewichtssystem (vestibuläre Informationen über die Stellung des Körpers im Raum).

Die Bedeutung des Einflusses der Nahsinne auf die kindliche Entwicklung und die Menschwerdung wird immer noch sehr unterschätzt. Ohne Übertreibung kann man sagen, daß es zum optimalen Gebrauch der Fernsinne des Einsatzes der Nahsinne bedarf. Diese Basissinne sind Bestandteile eines sensomotorischen Systems, welches den werdenden Menschen in die Lage versetzen soll, entgegen dem Schwerefeld der Erde in die aufrechte Position zu kommen, in dieser zu verharren und sich in aufrechter Position mit Gleichgewicht frei zu bewegen und psychisch ausgeglichen, sich selbst zu regulieren.

Schon in utero bewirkt das Zusammenspiel dieser Nahsinne die „Tonusregulierung" des Muskelapparates, die ihrerseits einen wichtigen Einfluß auf die Differenzierung des kindlichen Gehirns hat. Dies geschieht nach den biologischen Gesetzen der Selbstregulierung durch Interaktion, ausgelöst durch das genetische Programm und die Informationen aus dem eigenen Körper und der Umwelt.

Entwicklungsgeschichtlich entstehen die Haut und die Schleimhaut und damit unsere Oberflächensensibilität aus dem gleichen Keimblatt wie das Gehirn. So kann man mit einigen Einschränkungen sagen: Haut ist Gehirn. Sie ist deshalb so wichtig für die geistige und psychische Entwicklung des Kindes.

Tiefensensible Erfahrungen und Wahrnehmungen erwirbt der Fetus schon während der Schwangerschaft frühzeitig durch Bewegungen, die er selbst in utero macht und durch den Körperkontakt mit der Mutter durch Erreichen der Wandungen des Uterus beim Strampeln. Und trotz der Beschränkung der Bewegung im Uteruscavum und dem auftriebvermittelnden Einfluß des Fruchtwassers macht er vestibuläre Erfahrungen mit einer, wenn auch etwas reduzierten Auseinandersetzung mit dem Schwerefeld der Erde.

Ziel und Zweck dieser nahezu automatisch und spontan ablaufenden Vorgänge ist die Tonusregulierung. Der etwas größer gewordene Fetus bewegt sich fühlbar für die Mutter und schon pränatal haben diese Bewegungen für die Mutter Aufforderungscharakter. Sie reagiert darauf in geeigneter Weise.

Das Kind kann sich in utero drehen und wird seinerseits durch die Bewegungen der Mutter bewegt und gedreht. Diese Eigenbewegungen in Kombination mit den Bewegungen durch die Mutter stimulieren kindliche Rezeptoren der Oberflächen- und Tiefensensibilität sowie des vestibulären Organs und bewirken dadurch die Reifung der Systeme.

Stoffwechsel und hormonelle Vorgänge sowie Umwelteinflüsse wie Atemrhythmus, Herztöne der Mutter und Stimmen oder Geräusche von innen und außen bewirken zusammen mit der sensorischen Integration im Nervensystem die eigentliche Hirnreifung. Schon in dieser frühen Periode ist somit die Interaktion zahlreicher Organsysteme die Ursache für eine intakte Entwicklung des genetischen Programms. Und schon in utero kann es durch Deprivation zur Beeinträchtigung dieser für die Hirnentwicklung wichtigen Organe kommen, wenn beispielsweise die Mutter durch Blutungen während der Schwangerschaft oder anderweitige Erkrankungen gezwungen wird, längere Zeit ruhig zu liegen.

Zur Oberflächensensibilität gehört auch das Gefühl für die Tiefensensibilität im Körper. Schon das in utero gegen die Uteruswandungen strampelnde Kind empfindet sich selbst in seinen Muskeln, Sehnen und Gelenken propriozeptiv und die Mutter mit Hilfe seiner Oberflächensensibilität als „Außenwelt" und erlebt dadurch die Grenzen seines „Selbst".

Bei der Geburt und in unmittelbarem Anschluß daran müssen sich nicht nur die inneren Organe wie Lunge, Kreislauf und Herz, an die neue Situation adaptieren, sondern die veränderten Umweltbedingungen der nunmehr auf das Kind einwirkenden Erdschwere, die in utero durch Fruchtwasserauftrieb und die Spannung der Uteruswandung gemildert war, bedürfen eines besonders subtilen Anpassungsprozesses durch die Sensomotorik des Kindes.

Meiner Meinung nach wird dieser Prozeß durch lebhafte propriozeptive Erfahrungen erleichtert, die das Kind durch Wehenkontraktionen und die Kontraktionen des Geburtskanals bei seiner Passage durch ihn hindurch macht und die zu einer maximalen Aufmerksamkeitshaltung führen. Dies mag auch der Grund sein, warum durch Kaiserschnitt entbundene Kinder Risikokinder sind, auch wenn die Sectio nicht aus kindlicher Indikation veranlaßt wurde.

Wenn wir davon ausgehen, daß beispielsweise der Prozeß des Laufens in aufrechter Position mit Gleichgewicht ein komplex aufgebauter Vorgang ist, dann wird klar, daß es Vorstufen geben muß, um zu dieser Fähigkeit zu gelangen. Das gleiche gilt natürlich auch für die Sprache und die Koordination des Mundbereiches. Welchen Stellenwert das Erreichen komplexer Funktionen in der Gesellschaft hat, kann man bei den Müttern erleben, die Laufen, Essen, Schlucken und Sprechen ihrer Kinder mit Ungeduld erwarten und unruhig werden, wenn diese Entwicklungsschritte nicht zum ihrer Meinung nach rechten Zeitpunkt erfolgen.

Alle diese Vorgänge sind Fähigkeiten des Zentralnervensystems, das Informationen, die dem Gehirn zur Verarbeitung zugeleitet werden, ordnet und den Körper und das Denken mittels dieser Informationen zu entsprechenden Reaktionen veranlaßt.

Wichtig ist, daß die Sinnesinformation eindeutig erfolgt, so daß ihre Aufnahme im Gehirn gewährleistet ist. Das bedeutet, daß keine Aufnahmestörungen aufgrund leistungsschwacher Sinnesorgane bestehen dürfen. Darüber hinaus muß die Information, nachdem sie das Gehirn in einwandfreiem Zustand erreicht hat, in geeigneter Weise verarbeitet werden können, um für die Umwelt des Kindes adäquat verwertbare Reaktionen auszulösen. Es genügt für die sensomotorischen Systeme der Extero- und Propriozeption sowie des vestibulären Organs nicht, daß ab und zu Informationen aufgenommen werden, um es dem Gehirn zu ermöglichen, sich an bestimmte Situationen zu adaptieren, sondern diese Systeme müssen ein Leben lang ständig gebraucht werden, um sie in Aktion zu halten.

Wichtig ist, zu realisieren, daß für geordnete komplexere Reaktionen immer das gesamte Gehirn in Aktion tritt und nicht nur einzelne Hirnabschnitte. Wir wissen heute, daß die Motorik in vielen Hirnarealen repräsentiert ist und bei Schädigungen im Gehirn andere Hirnareale in Aktion treten können, vor allem, wenn die Schädigungen lokalisiert auftreten.

Selbstverständlich ist dieses auch immer eine Frage der „Qualität" der Bewegung, die natürlich immer dann am besten gewährleistet ist, wenn die angeborenen Strukturen hierfür vollständig zusammenarbeiten.

Schon bei der Geburt wird sichtbar, welche enormen Entwicklungsschritte ein Kind in utero durchgemacht hat. Es ist nicht nur gewachsen, um nach 9 Monaten exakt die genetisch vorprogrammierte Größe aufzuweisen, die noch möglich ist, um den Geburtskanal zu passieren. Es hat auch schon Bewegungen machen können, um ein, wenn auch wahrscheinlich noch nicht bewußtes, Ziel zu erreichen. Die Beugelage des Kindes in utero ist optimal an die Form des Uterus angepaßt. Bevor das Kind aber kurz vor der Geburt in diese Zwangshaltung gerät, hat es zuvor im Fruchtwasser schon oft eine Streckung erlebt und zwar nicht nur durch das Medium Fruchtwasser oder äußere Kräfte, die auf es einwirken, sondern schon durch eigenes „Handeln". Mit Hilfe der „Schreitreaktion" kann es solche Streckungen gegen das Schwerefeld der Erde erreichen. Das Kind kann seine Hände an den Mund bringen, es kann die Nabelschnur anfassen, sich zur Seite bewegen und sich drehen. Wenn nach der Geburt die Schwerkraft voll auf das Kind einwirkt, muß dieses manche dieser vorgeburtlichen Fähigkeiten durch Reifung und mit fördernder Hilfe der Umwelt neu erlernen.

Für die geistige und psychische Entwicklung des Kindes ist das taktile System, die Haut, von großer Bedeutung. Das Neugeborene und das sich entwickelnde Kind verlangen Haut- bzw. Körperkontakt mit der Mutter und der Umwelt. Über das Hautsystem erfährt das Kind seine eigene Existenz. Körperkontakt ist ein vitales Bedürfnis des Menschen und zahlreicher tierischer Lebewesen. Wird dieses Bedürfnis langfristig nicht befriedigt, können beim Kinde Störungen auftreten, die sich später in vielen Fällen als Verhaltensstörungen oder auch kognitive Störungen manifestieren. Gestalterfassung, Entwicklung des Körperschemas, Feinempfindungen und Koordination im Mundbereich, visuelle und auditive Reizverarbeitung sind abhängig von der sensorischen Wahrnehmung der Nahsinne.

Ich will damit sagen, daß nicht nur eine Hirnschädigung die kognitiven bzw. Verhaltensmöglichkeiten eines Kindes reduziert, sondern auch Deprivation durch die Umwelt Störungen bewirken kann oder durch Schwierigkeiten im Umfeld des Kindes organische Störungen verstärkt werden können.

Gelingt es dem Kind nicht, der deprivierenden Situation durch Zuwendung einer anderen Bezugsperson zu entgehen, die diese Bedürfnisse nach taktiler, propriozeptiver und vestibulärer Information befriedigt, können wir damit rechnen, daß in vielen Fällen beim Kind Entwicklungs- und/oder Verhaltensstörungen resultieren.

Nach der Geburt kann man oft beobachten, daß Kinder, wenn sie gebadet werden, in einer zu großen Wanne in Panik geraten, da sie beim Strampeln keinen Widerstand mehr fühlen. Es werden ihnen so die Eigenempfindungen durch Druck auf die Propriozeptoren genommen, die sie benötigen, um das Gefühl ihrer eigenen Existenz zu haben. Durch Tragen des Kindes und andere Hantierungen gelingt es der Mutter, dem Kind das Gefühl für seine eigene Tiefensensibilität zu vermitteln.

Durch diese Wechselwirkungen des Menschen mit seiner Umwelt ergibt sich die Möglichkeit zur Kommunikation in Abhängigkeit von Wahrnehmungsprozessen. Diese Prozesse unterliegen vielfältigen Kriterien, die sich ständig ändern: Tages-/Nachtrhythmen, Klimaeinwirkungen, Umweltgifte, Personen, Situationen etc., die dem

Menschen aber eine Weiterentwicklung ermöglichen. Was wir als Beobachter sehen, sind immer Endprodukte von Entwicklungsprozessen, die sich in ihrer Entstehung unserem Blick entziehen. Sie haben ihre Grundlage aber in der Fähigkeit des Kindes, sich sensorisch zu integrieren, d.h. die Information der Fern- und Nahsinne miteinander zu verbinden. Wir als Beobachter sind nur in der Lage, auf der Erscheinungsebene zu analysieren und zu kategorisieren.

In unserer Sprache kommt der Stellenwert motorischer Funktionen gut zum Ausdruck, wenn wir Wörter gebrauchen wie „sich ausdrücken, etwas verstehen, etwas erfassen, etwas begreifen und behalten" etc..

Zusammenfassend möchte ich sagen: Das Zusammenspiel der Sinne - die sensorische Integration der Fern- und Nahsinne - ist die Basis für die menschliche Fähigkeit zu lernen, sich mit Gleichgewicht und Harmonie zu bewegen, zu schreiben und psychosozial mit der Umwelt zu kommunizieren. In diesem Zusammenhang haben die Nahsinne ihre besondere Bedeutung. Ihr Funktionieren ermöglicht das Zusammenspiel mit den Fernsinnen, so daß die Sinnesmodalitäten „Hören" und „Sehen" z.B. nicht nur die Möglichkeit haben, Reize aus der Umwelt zu erfahren, sondern sie auch zu verarbeiten und entsprechend zu gebrauchen, damit sie für die Umwelt zu erkennen sind, um in den Regelkreis einer unmißverständlichen Kommunikation einzumünden.

Das Erkennen der normalen Entwicklungsschritte im Kindesalter ist auf der Erscheinungsebene nicht möglich. Alle Kinderentwicklungstests zeigen lediglich Quantität und nicht die Qualität einer Fähigkeit. Bei guter sensorischer Integration ist das Kind in der Lage, jeden Entwicklungsschritt harmonisch zu vollziehen und es wird keine Entwicklungsverzögerung oder Pathologie aufweisen.

Auf der anderen Seite gibt eine Desintegration der Sinne Hinweise auf die Notwendigkeit einer entsprechenden Intervention, wenn man die Signale des Kindes versteht. Alles beeinflußt sich gegenseitig, immer handelt es sich um ein ganzheitliches Phänomen, und so muß auch die Umwelt aussehen.

Die Verfasserin:
Dr. Inge Flehmig
Rümkerstr. 15
22307 Hamburg

MOVE: Verbesserung in der Motorik bei Kindern mit Mehrfachbehinderungen durch Ausführung funktionaler Aktivitäten und sportlicher Betätigung

D. L. Bidabe

Centre for Educational Development, University of Wolverhampton, Walsall/England

MOVE

The MOVE program is an educational program designed to teach people with severe disabilities to sit, stand and walk. The program was developed as a result of evidence of the non-effectiveness of common developmental models of learning in teaching students with severe disabilities the skills for adult life. The Program looks at skills 'top-down', teaching those most desired and needed by the students and their families. It provides the framework for a team approach and opens up opportunities for participation in sport by those with the most severe disabilities. Research has found the MOVE approach to be more beneficial than traditional methods for teaching sitting, standing and walking skills to these students.

Key words: disability, special education, mobility, independence, MOVE

Introduction

The MOVE Program (Mobility Opportunities Via Education) was written by myself in 1986 because the students in our programs at the Kern County Superintendent of Schools Office in Bakersfield, California, were failing to make progress. I believed that the fault was with our teaching and not with the children.

MOVE is an educational program designed to teach people with severe motor disabilities to sit, stand, and walk. The targeted population is all people who are non-ambulatory regardless of the multiplicity or degree of handicapping conditions.

In this program, motor skills are addressed as educational goals which provide the foundation for other skills such as expressive communication, self-care and work opportunities. The skills are taught to the students through a collaborative effort of parents, educators, physical therapists, and adapted physical education teachers when appropriate. The skills are practised while the children participate in other activities such as moving from classroom to classroom, eating and drinking, working on academics, toileting, and being involved in sports. Because this program is different from other programs, I thought I would answer some of the most commonly asked questions from around the world and add other information that seems pertinent to your understanding of MOVE.

Why was there a need to develop the MOVE Program, and how does it differ from other programs?

Traditionally, education has used a „bottom-up" or developmental model for selecting the next skills to be taught. These programs were developed by analyzing the learning sequence of typical infants. Students were tested and then taught the next skill that a non-handicapped infant would learn.
Even though all learning is sequential, the developmental model did not give the desired results for people with severe motor disabilities who were past the infant years.
My staff and I tried following developmental models. The students progressed slowly when they were young, but by the time they reached approximately seven years of age, the majority who were not walking independently began to decline. We were failing to make a difference in the lives of our students by the time they became adults. For example, if developmental programs were followed, the educational staff predicted that one seventeen-year-old student (given her rate of learning and multiple disabilities) would graduate from the public school system at 22 years of age with the following skills:
1. Holds rattle
2. Props self on elbows while prone
3. Waves bye-bye
4. Turns to sound
5. Inspects fingers

Obviously, these skills would not enhance the prospects of her adult life.
I decided to construct another hierarchy that would help educators and therapists select skills that were meaningful to the students and their families both now and in the future. Using the „top-down" MOVE hierarchy, the same seventeen-year-old student would graduate with the following skills:
1. Stands for three minutes with help to maintain balance.
2. Walks 10 feet with help to maintain balance.
3. Sits on a conventional chair for 30 minutes without support.
4. Nods head „yes" or „no" to posed question.
5. Sits on conventional toilet without support.

Before the MOVE Program, gravity became the enemy as the students grew larger. Already weak muscles were unable to hold growing bodies in alignment against gravity. Deformities increased and students began to lose skills they previously had acquired. As adults they were lying prone, trying to push up with their elbows or with their hands to get their heads in upright positions.

I took a hard look at everything being done with these students and knew there had to be something besides developmental models.

In 1982, the Blair Learning Center had approximately 100 students from the ages of 3 to 22 years who were classified as profoundly, multiply handicapped. After 19 years of very expensive public education, people with severe physical disabilities were leaving the school with fewer skills than when they entered at age three.

Additionally, the students had severe health problems. Many of these problems revolved around chronic upper respiratory distress. Their breathing difficulties often resulted in poor eating and drinking and increased seizure activities.

Therapy had been provided by using a „pull-out" program where children were removed from their peers and exercised in a therapy room. At best, the students were offered therapy three times a week. At the worst, they were put on a consultative model which often meant that programs were left up to individual teachers and parents without much guidance. Gradually children were dropped from therapy services because the services were too expensive. The schools could not justify paying high prices when no improvement was noted. I knew that the children would not have any chance to succeed without physical therapy but we had to find a better way of providing services.

By 1984, the problems were overwhelming enough for me to consider leaving the profession. At that time, I had worked for the Kern County Superintendent of Schools system for about 15 years. I knew I could walk out at any time; but I also knew the children couldn't ever walk out unless I did something.

In a last ditch effort, I decided to take a cold, hard look at the problems faced by the staff. I knew that solutions could be found until the problems are defined.

Materials and Methods

How do you change a system?
We began by using the sound principles founded in special education. We needed to look at the problem, task analyze the situation, and then offer solutions.
Some major problems faced by the staff were:
- Time: This was the first major problem. A time survey was done; we found that most of the time was spent:

1. Moving children from the bus to the classroom, and from the classroom to the toilet.
2. Feeding the children and giving liquids.
3. Toileting children or changing their diapers.

On a good day, we had 10 minutes of instructional time left for each child.

- Rate of Learning: This was the second major issue. This refers to the number of times an individual needs to practise using new information before it is learned. I went back through individual education plans and found that children required as many as 2000 trials in order to learn one new skill. It was obvious that the staff needed to put a great deal of thought into selecting the skills that needed to be taught.
- Generalization of skills: This was the third major area of concern. This had to do with the children's inability to take what they had learned in one situation and apply that knowledge in another situation.

We came to the conclusion that we needed to:

1. Teach while we were moving children, helping them eat, while they were preparing to toilet, while they were working on academic skills, and while they were playing because if we did not teach then, there would be no other time available (Time).
2. Carefully select the skills we were going to teach because the children learned slowly and would be very limited in the number of skills that they learned (Rate of Learning).
3. Teach the children in the same environments where they would use the skills. They were not able to transfer their new skills to real life situations (Generalize).

Results

What are the basic components of MOVE?
We use the „top-down" model as mentioned earlier. The Top-Down model begins by selecting a specific target or ultimate goal the student needs to achieve as an adult and teaching the skills needed to reach that goal. Parents play an important role in selecting these target goals. They are the experts on their children. No one will love or care for the children as much as their parents and long-term care givers. The foundation for MOVE was laid by interviewing parents to determine the needs of their children and by analyzing the basic minimal activities necessary for a functioning adult in the home and community.

There are six steps we use in the MOVE Curriculum.

- Step One: is testing the student or client using the „Top-Down" Motor Milestone

Test. There are sixteen categories of skills addressing all phases of sitting, standing and walking. They are divided into four levels of success, Level III being the lowest level of success, through the Grad Level, the highest level of success.

a) Level III-This level addresses medical issues that interfere with skill acquisition. If the child is functioning at this level, a medical person needs to be included on the educational team. If the child's medical needs supercede the need to sit, stand or walk, the medical issues need to be addressed first. Once these needs are met, (for example, surgical intervention or orthopedic appliances may be a prerequisite to training), the student can start working on gaining new skills.

b) Level II-Upon completion of this level, the child can remain motionless on a chair for 30 seconds, and a person can safely attach straps or supports without requiring two or three people. The child can stand for a minimum of 3 minutes to prepare for toileting or have a diaper changed while in a standing position. We have no facilities in our public restrooms for changing diapers of people past infancy. He can be walked with support a minimum of 10 feet. The wheelchair can be left outside toilet stall area, or around the corner in a crowded restaurant.

c) Level 1-At this level the child can sit on a conventional classroom chair of the correct size for 30 minutes without prompts. He can walk a minimum of 300 feet with a walker or with a hand or shoulder held. This allows parents to leave the wheelchair home for many trips into the community. The child can now stand for extended periods of time with help in maintaining balance. This means he can wait for a bus to arrive or an elevator door to open.

d) Grad Level-Upon completion of this level, the child can walk safely and independently for at least 20 feet. This allows him to be an independent household walker. He can also walk at least 1000 feet with a walker or with one hand held, thus eliminating the wheelchair for almost all trips into the community. He can also sit on a flat surface for at least 30 minutes without fear of falling over.

- Step Two: We sit down with the student or client, along with those who know this person best. Together, we determine the functional activities most important to the student or client.

The following types of questions often help people become more specific about their choices of activities. We ask:

1. What activities are important to the student or client? If the student cannot communicate, please tell us what makes the student happy? What would he like to do more often?
2. What activities are important to the family or support group? What are the family's preferred sports? What are the family's hobbies? As a parent or care

provider, what do you find difficult to do for your child or client? In other words, what breaks your back? What breaks your heart?
3. How will the activities be used by the student or client when he is an adult and living as independently as possible?

As a team, we then select a few activities that are important to the student and his family both now and in the future.

The MOVE Curriculum gives the example of John Masters. His father wanted him to be able to walk into a restaurant without a wheelchair and sit in the chairs provided. His mother wanted him to be able to start sitting on a toilet at home. His teacher wanted him to be able to feed himself lunch while sitting at a table with his peer group. And his physical therapist want to help him learn to walk backward to help seat himself without being lifted.

- Step Three: Involves a task analysis of the functional activities selected.
  We then determine which MOVE goals will help the person become more independent in performing these identified activities. In John's case, we see that improving his sitting, walking forward and walking backward skills would help him and his family in the selected activities.
- Step Four: We chart the amount of physical assistance needed by the person to perform the selected activities at the present time. We call this measuring the prompts. The MOVE Curriculum includes a section on the different types of prompts and how to reduce them. The term „PROMPTS" refers to the amount and type of physical prompting necessary for a student to perform a specific task. The prompting needed for a student to perform a task can be provided by another person and/or by a mechanical device. Examples of prompts include: the instructors' hand, arm, feet, legs, etc. and wheelchair, gait trainer, walker, table etc.
- Step Five: We form a plan to allow a systematic reduction of assistance using the prompt reductions, while the student participates in the selected activities. A Prompt Reduction Plan is the method of measuring the physical assistance or prompts needed for a student to perform a particular task/goal and then determining which prompts need to be reduced or eliminated so the student can accomplish the desired task or goal.
  Prompt Reduction Plans provide:
  1. a systematic approach to categorize and define the necessary prompts,
  2. a system for reducing those prompts,
  3 a system for measuring progress, and
  4. a system that can show levels of progress that can not be identified on the Summary of Test Results form.
- Step Six: We teach the skills. We work with the student on the MOVE goals selected and start reducing the prompts as he grows stronger and gains skills.

MOVE equipment alone does not lead to acquisition of skills. Skills such as sitting, standing and walking must still be taught. The MOVE Curriculum gives many examples of ways to teach the skills.

Discussion

Why does it work?

We like to say, „it takes a team to MOVE". The children need to use the skills throughout the day. By having a team approach, they are able to practise skills in any situation: communication activities, eating lunch, sitting on the toilet, sports and leisure activities, participating in regular educational programs, and family activities. When the student is interested and motivated by the activity, learning will willingly occur. If the student is being forced to do something, the activity will stop as soon as the adult leaves the area. Also, a team approach pools the expertise of the various professions involved, the parent, the educator, the physical therapist, the occupational therapist, the speech therapist, the physical education teacher, etc., to develop a program and techniques that are best for that person.

How do sports play a role in the MOVE Program?

Often, children will be motivated by sports when they are not motivated by anything else. They want to be part of the group rather than always doing things alone. They want to run on the playground with the rest of the children or compete in team sports. They want to go with the family and be involved with the same activities as everyone else.
In the United States, we have seen the MOVE Program and MOVE equipment being used in a variety of sports. Children use the mobile standers to play baseball and the gait trainers for soccer. In Los Angeles, little girls are taking tap dancing lessons with non-handicapped peers while in the gait trainers. Families in snow country are putting gait trainers on skis and letting children ski down gentle slopes with the rest of the family and friends. In Oregon, one family took the wheels off of a mobile stander and attached the frame to a dog sled so their son could drive his own dog team with the rest of the family.
When people with disabilities are able to compete and play with everyone else, it does not seem like they are working hard to improve their motor skills. They feel like they are just having fun but the benefits of exercise is the same for them as it is for any

human being. Circulation improves, bones grow stronger, breathing improves, and, of course, a feeling of well being and high self esteem are primary in anyone's life.

How does research back-up MOVE?

Kathleen M. *Elkin's* doctoral thesis, completed in Los Angeles in 1994, had this conclusion: „Many students with severe multiple disabilities can learn functional sitting, standing, and walking skills. The MOVE Curriculum, with sufficient support services to teachers, is more beneficial than traditional methods for teaching sitting, standing, and walking skills to students, ages three to twenty-two".
E.E. *Bleck* and D. *Nagel* (1), wrote Physically Handicapped Children: A Medical Atlas for Teachers. These doctors stated that children over the age of seven who have not gained independent motor skills are unlikely to ever do so using the traditional developmental programs based on the sequential skill acquisition of infants.
The Pilot Program: In the summer of 1986, physical therapist John Lollar and I conducted a pilot program which addressed mobility. Eleven students over age 6 with profound multiple handicaps who could not walk were selected to participate. These students were selected because of the traditional medical models such as the one just mentioned, which state that if children are not walking by age 7, most likely they will never learn that skill. I knew that few people would argue that children over age 6 might have learned to walk without a special program. I believe that if movement (walking) is important to a child, then educators and therapists should continue to teach the appropriate mobility skills, and students will learn with the assistance of specialized equipment that supports the body in an upright position. Although it was expected during this pilot that some students would bear their own weight, improve transfer skills and show improvements in health, expectations proved to be low for the significant progress we observed in only seven weeks.
More research is being conducted in several countries. Some of the research is based on individual case studies while other research is much more formal.

What is the purpose of equipment in the MOVE program?

MOVE is based on teaming the expertise of therapy and education to address the functional needs of students when they become adults. This teaming has resulted in developing equipment manufactured by Rifton which has been designed to meet the following needs:
1. The equipment places students in positions for performing activities such as mo-

ving from one place to another, self feeding, self-controlled toileting, table work and leisure activities.
2. The equipment allows the staff to physically manage the student while teaching appropriate movement patterns.
3. The equipment has been designed so that assistance can be reduced as the student gains motor skills.
4. The equipment allows the student to practice motor skills independently.

The MOVE equipment has front-leaning features, is adjustable without tools, allows for structural deformities of students, and is available in various sizes for very small children to grown adults. The equipment is designed to help people participate in desired activities immediately upon starting the program. It should not require months or years of prerequisite exercises. Any combination of equipment can be used with students who have the necessary entry-level skills. For example, a student can use a front-leaning chair to eat lunch, a mobile stander for play periods and a front-leaning walker (gait trainer) to go to the bathroom.

Exclusion from the program and use of the equipment is limited to those individuals whose medical needs contradict the need to sit, stand and walk. People with paralysis or degenerative neuromuscular diseases can participate to improve bone and joint health for as long as it is medically feasible.

I would like to conclude with a summary of those areas MOVE is designed to address:
1. Use education as a means of systematically acquiring motor skills.
2. Use therapy services for cyclic collaboration; i.e., therapists help establish an individual's functional program, help train staff to update the program and periodically (on a cycle) work with the individual and staff to update the program.
3. Provide a program whereby participants naturally practise their motor skills while engaged in educational or leisure activities.
4. Reduce the time and energy requirements for custodial care.
5. Provide a way to measure small increments of functional motor skills and, therefore, provide a way to show improvement.
6. Provide a sequence of motor skills which:
   a) are age appropriate and based on a Top-Down model of needs rather than the traditional developmental programs based on the sequential skill acquisition of infants.
   b) are valuable and usable to the participant now and in adulthood.
   c) increase the availability of environments in the community as well as in the home.
   d) range from the level zero self-management to the level of independent self-management.
7. Provide the individual with the basic motor skills needed for development of other skills such as expressive language, self-care and work opportunities.

Literature
1. Bleck E E, Nagel D: Physically Handicapped Children, a Medical Atlas for Teachers, USA, 1982.
2. Elkins K M : A comparison between the achievement of students with severe multiple disabilities using a functional mobility curriculum versus traditional programs. Unpublished dissertation for degree of Doctor of Education, School of Educational Management, University of La Verne, California, USA, 1994.

The author:
D. Linda Bidabe
Executive Director, MOVE International
Centre of Educational Development
University of Wolverhampton
Gorway Road
Walsall WS1 3BD
England UK

Reiten als Rehabilitationssport – neu oder altbewährt?

C. Heipertz-Hengst

Seminar für Therapeutisches Reiten,
Orthopädische Universitätsklinik Frankfurt/Main
Institut für Rehabilitation und Behindertensport,
Deutsche Sporthochschule Köln

Horsebackriding in the Rehabilitation of Disabled - Something New or Well Proven?

Horsebackriding for the disabled is well know in many countries. In Germany it is known as hippotherapy or pedagogic treatment of children and adults besides sports activities. Nowadays the additional term of rehabilitation sports exists and the basic question is „What does this specific sports activity offer us?". In contrast to performance sports there is no determination of good results in competitions neither the focus on individual succes but the realization of basic motivations such as fun and recreation, adventure and nature, fellowship and new experiences! These aims are almost as important as the physiological ones: muscular stabilisation and coordination, stimulus on the spine and discus intervertebralis, increase of motion and metabolic responses; realized with adapted methods as lifetime sports. To provide these possibilities, experienced trainers are necessary with special knowledge and capacities. In this way horsebackriding as rehabilitation sports can achieve „restitutio ad optimum" !

Key words: horsebackriding for the disabled, sports motivation, aims of rehabilitation sports, physiological and psychological effects of riding

Rückblick

Das Reiten behinderter oder chronisch kranker Menschen hat in vielen Ländern eine lange Tradition. Die positiven therapeutisch nutzbaren Auswirkungen auf das Stütz- und Bewegungssystem, auf innere Organe und den Stoffwechsel wurden seit jeher genutzt. Viele Anwendungen aus der Physiotherapie entstammen der Erfahrungsmedizin; ihre Heilkraft hatte sich längst bewährt, ehe wissenschaftliche Grundlagen dazu erarbeitet werden konnten (Ruge, Heipertz); so auch beim therapeutischen Reiten. Mit Gründung des Deutschen Kuratoriums für Therapeutisches Reiten (DKTHR), das zeitgleich mit unserem Kongreß sein 25. Jubiläum feiert, haben wir die

Hippotherapie als ärztlich verordnete krankengymnastische Behandlungsmethode abgegrenzt, die Indikationen und die Voraussetzungen für die Durchführung festgelegt. Als weitere Bereiche wurden das heilpädagogische Reiten und Voltigieren als erzieherische Maßnahme für verhaltensauffällige oder intelligenzgeminderte Kinder und Jugendliche und der Sport für Behinderte in allen Disziplinen des Reitens und Fahrens als Breiten-, Leistungs-, und Hochleistungssport entwickelt.

Forschung

Die Qualitätssicherung wird auf der strukturellen Ebene durchgeführt, zur Prozeß- und Erfolgskontrolle laufen derzeit umfangreiche wissenschaftliche Studien. Unsere Forschungsprojekte zur „Dokumentation der Hippotherapie" entsprechen denen in anderen Zweigen der Rehabilitationsmedizin mit Einsatz standardisierter Verfahren (wie IRES-Fragebogen, FIMS-Instrumetarium u.a.); spezifische Evaluationstechniken zur validen Erfassung des „Outcome" werden in interdisziplinärer Zusammenarbeit erarbeitet und in Multicenterstudien erprobt. Die bisherigen Ergebnisse weisen die Eigenständigkeit der Hippotherapie als neurophysiologischer Behandlungsmaßnahme ebenso nach, wie die ganzheitlichen Verhaltens- und Personalmodifikationen im Rahmen heilpädagogisch und psychiatrisch ausgerichteter Rehabilitationsmaßnahmen.

Standort

Die primär- und sekundärpräventivmedizinischen Ziele des Reitsports Behinderter im Gesundheits- und Breitensport setzen sich fort bis in die Kategorien des Leistungssportes. Dazu liegen inzwischen Untersuchungen zum Gesundheits- und Trainingszustand von behinderten Leistungsreitsportlern vor, bei denen in Zusammenarbeit mit dem Sportmedizinischen Institut der Universität Frankfurt auch die Aussagekraft der üblichen Praxis für die Ausstellung des Sportgesundheitspasses mit einer gezielten sportartspezifischen sportmedizinischen Untersuchung verglichen und die Belastungsanpassung in Feldtests untersucht wurden.
Der Begriff des „Rehabilitationssportes" in den „Gesamtvereinbarungen über den Rehabilitationssport und dasFunktionstraining" vom 1.1.1994 scheint für das Reiten neue Polaritäten zu setzen und verlangt nach aktueller Definition sowie Abgrenzung zu den benachbarten Bereichen, zu inhaltlicher und organisatorischer Revision der bisherigen Praxis.

Wirkungen

Zahlreiche Untersuchungen belegen die Eignung des Reitens als Rehabilitationssport. Biomechanische Bewegungsanalysen mit aufwendigen Druck- und Schwingungsmessungen (Heipertz-Hengst, Riede), sportorthopädische Untersuchungen (Auvinet, Dittmer, Heipertz, Hördegen, Steinbrück u.a.) belegen die positiven Auswirkungen auf das Stütz- und Bewegungssystem:

- Die reitsitztypische Ausgangsstellung begünstigt aus der Beckenposition heraus den Haltungsaufbau unter Reflex- und Tonusregulierung;
- Die rhythmisch-dynamische Bewegungsstimulation verbessert und schult die Körperstatik, sowie die Muskelfunktionen in Steuerung und Zusammenspiel, die Beweglichkeit und Koordination;
- Die vom Pferderücken ausgehenden mehrdimensionalen, axial ablaufenden Bewegungsimpulse mit ständigem Wechsel zwischen Be- und Entlastung stellen insbesondere für die knöchernen und bindegewebigen Strukturen der Wirbelsäule einen idealen physiologischen Reiz dar, der von genau dazu passenden Aktionen der Rumpfmuskulatur begleitet wird.

Sportmedizinische Belastungsuntersuchungen (Böhmer, Eltze, Heipertz-Hengst) weisen Stoffwechselanregungen und Trainingsanpassungen nach, letztere sind bei reduziertem Ausgangsniveau aufgrund der gegebenen Bewegungseinschränkung erklärbar und häufig eine der wenigen verbliebenen Möglichkeiten zu sportlicher Betätigung.

Neben diesen physiologischen Aspekten des Reitens als Rehabilitationssport sind psychologische und pädagogische von Bedeutung. Pädagogische Maßnahmen wirken im senso- und psychomotorischen Bereich und intendieren Verhaltens-, Einstellungs- und Handlungsänderungen der Person, bieten Erfahrungs- und Erlebniskonzepte. Über die Sensomotorik wird das Körperempfinden und -bewußtsein, das Raum-Lagebewußtsein, die taktile Wahrnehmung und Reaktionsfähigkeit, die Perzeption und Konzentration, die Geschicklichkeit und Fähigkeiten zur Bewegungshandlung und -planung gefordert und gefördert. Im reflektorischen Reagieren werden Haltungen korrigiert und gefestigt, bis sie in die Alltagsmotorik übertragen werden können. Diese Ziele werden auch in anderen sportlichen Maßnahmen auf deren Weise angestrebt; das Reiten zeichnet sich durch gute Dosierbarkeit aus, die Methodik ist allen Altersstufen gerecht modifizierbar und die große Motivationsausstrahlung führt meist zu einer lebenslangen Bindung an diesen Sport.

Was bietet das Reiten als Rehabilitationssport Besonderes?

Reiten bedeutet Partnerschaft mit einem anderen Lebewesen. Das Pferd bietet seinem behinderten Reiter warme, naturhafte Zuwendung, es akzeptiert ihn wie er ist und läßt ihn annehmende Nähe fühlen. Es reagiert auf Sprache und Liebkosungen; beim Putzen und Versorgen ist der Reiter trotz seiner Behinderung der Gebende, der Betreuer und endlich einmal nicht der Betreute. Und wenn das Pferd dann seinen Reiter trägt, werden dessen Funktionsdefizite weitgehend ausgeglichen; durch das Pferd kompensiert. Er kann auf dem Pferderücken neue Erlebnisräume erschließen, Erfahrungen sammeln und harmonische, schnelle Bewegungen erfahren, die ihm sonst versagt bleiben.
In diesen Überlegungen werden menschliche Grundbedürfnisse angesprochen, die zu einem weiteren wichtigen Aspekt des Rehabilitationssportes überleiten:
In unserer Gesellschaftsstruktur stellen sich dem behinderten Mitmenschen beim Versuch, seine Bedürfnisse, Lebenserwartungen und Wünsche zu artikulieren und zu realisieren, unendlich viele Hindernisse entgegen. Durchaus wohlmeinend wird er umsorgt und betreut, aber auch fremdbestimmt und verwaltet. Wie wenig Freiraum ist für Eigenständigkeit und zweckfreies Tun. Sport sollte einmal nicht zielgerichtet und zweckbestimmt sein! Im Reiten als Rehabilitationssport können neben dieser Ausrichtung auch jene Motivationen ausgelebt werden. Dieses Spannungsfeld läßt sich wissenschaftlich angehen: Die Psychologie ordnet menschliche Bedürfnisse in bestimmte Gruppierungen mit einer hierarchischen Ordnung; beispielhaft sei hier die Bedürfnispyramide nach Maslow angegeben: Wenn die Bedürfnisse einer niedrigeren Ebene gestillt sind, können jene auf höheren Handlungsebenen wirksam werden. Sportrelevante Motivthemen finden sich in allen Ebenen und häufen sich sicher bei den in dieser Ordnung obenanstehenden Selbstverwirklichungsbedürfnissen; in unvollständiger Aufzählung aneinandergereiht - Bewegungsdrang, Spaß und Freude, Gesundheit (Fitness), Leistung, Naturerleben, Spannung und Risiko, Abenteuer und etwas Neues, Entspannung und Ablenkung, Anschluß, Geselligkeit, Gruppengefühl und vieles mehr! Sind nicht auch das Inhalte des Rehabilitationssportes? - oder sollten es sein! Ein derart umfassendes Selbstverständnis des Rehabilitationssportes setzt ebenso umfassende, fundierte Kenntnisse und Ausbildung in allen Teilbereichen voraus. Dem trägt das mit dem Deutschen Behindertensportverband (DBS) erarbeitete Konzept Rechnung; ihm liegen eindeutige Indikations- und Kontraindikationsanweisungen ebenso zu Grunde wie eine ausgefeilte, modifizierte Methodik; das Curriculum für die Ausbilderfortbildung wird derzeit erarbeitet und soll in einem ersten Modellehrgang überprüft werden.

Ausblick

Zielsetzung der Therapie unter Blickrichtung auf den ganzen Menschen ist vor allem die Besserung des Schadens, die Linderung seines Leidens, die „restitituo ad integrum". Jedoch bleibt die Bewegungstherapie im Bemühen um Funktionsausgleich und -verbesserung am defizitären Organ orientiert, wenngleich die angestrebten Adaptationen sich ganzheitlich auswirken sollen. Im Sport, namentlich im Leistungssport, geht es um Leisten und Leistung, auch wenn diese unter Umständen relativiert wird. Im Rehabilitationssport kommt stattdessen der ursprüngliche Wortbegriff wieder zum Tragen: Sport als „esportare" - sich erfreuen, zweckfreies Tun. Hier wird die Frage „Was leistet der Mensch im Sport?" umgedreht in ihrer Wirkrichtung und lautet nunmehr „Was leistet der Sport für den Menschen?" Gefragt ist dabei eine möglichst umfassende, ganzheitliche Wirkung des Sportes für den einzelnen Betroffenen und gleichzeitig für seine Umwelt, - so wie ja auch der Rehabilitationsbegriff vielschichtig alle Maßnahmen zur Verringerung der behindernden und benachteiligenden Umstände erschließt. Es geht um die „restitutio ad optimum!" - hier bietet das Reiten als Rehabilitationssport einzigartige Chancen.

Literatur
bei der Verfasserin

Die Verfasserin:
Dr. Sportwiss. Christine Heipertz-Hengst
Mozartstraße 18
65779 Kelkheim

Basale Aktivierung durch Bewegung

M. Michalke-Haffke

Fachschule für Sozialpädagogik, Ulm

Basal Mobilisation by Movement

Much heavy multiple handicapped are not able to develop age group activities. The hindrance in the mental and motor area aggravates and prevents the heavily handicapped entry to the environment, so that it comes by the consequence to further prejudice and delay of the development in the spiritual, social, mental and physical area. Basal mobilisation offers these multiple handicapped men a large field of experience and learning by elementary perception and movement support and a big repertory of games and exercises with support of the spatial concrete environment.
Key words: multiple handicapped, sports

Basale Aktivierung durch Bewegung

Allgemeine Problematik: Häufig beobachtete ich, daß Förderung in Räumen stattfand, die mir ganz und gar ungeeignet erschienen - weil Förderung gar nicht zur Entfaltung/Wirkung kommen konnte. Mit einem kurzen Beispiel möchte ich erläutern, was ich unter dieser Aussage verstehe.
Beim Besuch eines großen Heimes in NRW führte man mich in einen Therapieraum. Dieser Therapieraum war so gestaltet, daß jeder Fördereinsatz eliminiert wurde. Der Raum hatte grauweiß gekachelte Wände, eine weiß gestrichene Decke, einen grau gefliesten Fußboden, ein kleines Fenster, die Türe war aus grauem Kunststoff und schattenlos ausgeleuchtet wurde der kleine Raum mit vier großen Neonlampen. An einer Wand gedübelt hing ein Metallregal, in dem stapelweise Windeln und Desinfektionsmittel untergebracht waren. Mir sei hier die polemische Frage erlaubt: Was soll sich in dieser „Persil-Welt" ereignen? Der Raum ist sauber und hygienisch - aber sonst???
Die kahl und nüchtern eingerichteten Räume werden einem schwerbehinderten Menschen weder die Sicherheit und Geborgenheit, die er benötigt, anbieten, noch werden diese Räume Anregung vermitteln, die seine Entwicklung fördern könnten. Solche Räume werden eher Verschlossenheit, ja Apathie auslösen. Jeder behinderte Mensch (ob Säugling in der Frühförderung, Kind im Kindergarten bzw. in der Schule, Erwachsener im Heim oder in der WfB) muß sich in seiner Welt wohl - und

geborgen fühlen; erst dann kann er sich entspannen, um offen zu werden für eine gezielte Förderung. Wir müssen eine abgestimmte Kontrasthaltigkeit bieten, die Neugierde wecken kann, eine Erfahrungswelt, in der auch ein schwerbehinderter Mensch seine Sinne entfalten kann. Die emotionale Zuwendung der Betreuer ist ein bedeutendes Element, durch das diese Offenheit geweckt werden kann.
Einen weiteren wichtigen Beitrag hierzu, kann eine gezielte Raumgestaltung bieten. Räume, die Geborgenheit, Sicherheit und Ruhe, aber auch konkrete Orientierung und Anregung anbieten, können ähnlich wie Spiele zu Fördermaterial werden. Fördermaterial heißt hier, Anregung wird durch den Raum an sich vermittelt; z.B. durch Farbe, Licht und Schatten, Podeste, Tastboden, Ruhematten usw..
Den schwerbehinderten Menschen, die von „sich aus" viele Erfahrungen nicht wie regelhaft entwickelte Menschen sammeln können, müssen wir Angebote machen. Was ein nichtbehinderter Mensch z.T. von sich aus erlernt, müssen wir in der basalen Aktivierung (Förderung) ganz gezielt an den schwerst-mehrfachbehinderten Menschen heranführen.
Kiphard führt hierzu aus: Ein Kind handelt, in dem es sich bewegt, durch die Bewegung ist es in der Lage von sich aus seine Umgebung zu erforschen. Es sind also zunächst Bewegungserlebnisse, über die der Mensch seine Umwelt kennenlernt, sie gestaltet und ordnet. Mit jeder neu erlernten Bewegung erweitert sich die Welt des Kindes. Große Bewegungsmöglichkeiten bieten ihm die Voraussetzung für vielfältige Erfahrungen.
Viele Schwerst-Mehrfachbehinderte sind nicht in der Lage, altersgemäß Aktivitäten zu entwickeln. Die Behinderung im geistigen/motorischen Bereich erschwert und verschließt dem Schwerstbehinderten den Zugang zur Umwelt, so daß es in der Folge zu weiteren Beeinträchtigungen und Entwicklungsverzögerungen im seelischen, sozialen, geistigen und körperlichen Bereich kommt. Während das nichtbehinderte Kind die verschiedenartigsten Umweltreize aufnimmt, verarbeitet und entsprechend darauf reagiert, somit also wieder neue Reaktion der Umwelt hervorruft, ist der schwerst-mehrfachbehinderte Mensch oft an diesem Entwicklungsprozeß entscheidend gehindert.
Aufgrund von Beeinträchtigungen der Aufnahme-, Verarbeitungs- und Ausgabefähigkeit des Gehirns, ist der Schwerst-Mehrfachbehinderte oft nicht in der Lage, die notwendigen Wahrnehmungs- und Bewegungserfahrungen zu sammeln, die für die höheren Entwicklungsprozesse (z.B. Sprache, abstraktes Denken) unbedingte Voraussetzung sind.
Basale Aktivierung bedeutet in der Praxis: Elementare/voraussetzungslose Wahrnehmungs- und Bewegungsförderung mit Unterstützung der räumlichen Umwelt.
Da wir die Anfangs beschriebene Szenerie des Öfteren vorfanden, lag der Gedanke nah, mit dem Grundsätzlicheren anzufangen - nämlich, dem „Drumherum"; mit

dem anzufangen, was uns umgibt - dem Raum. Und eben diesen „Therapie - Raum" methodisch in die Förderung miteinzubeziehen.

Ich gehe also davon aus, daß pädagogische Förderung und Therapie sich nicht überall sinnvoll durchführen lassen. Zuwenig wurden bisher die direkten Umwelteinflüsse, d.h. die uns umgebenden Räumlichkeiten berücksichtigt.

Die (Therapie-) Räume müssen Sicherheit, Geborgenheit und Anregung bieten; es muß eine Erlebnis- und Erfahrungswelt entstehen, welche mit den methodischen Inhalten der Therapie übereinstimmt.

In den letzten Jahren wurden in der Förderung Schwerst-Mehrfachbehinderter verstärkt sogenannte Körpertherapien eingesetzt. Die hier gesammelten Erfahrungen müssen außerhalb der Therapie wiederholbar - nachzuempfinden sein. Mit anderen Worten, wenn während der Therapie das Hören, Fühlen, Riechen, Tasten, Schmecken, Sehen ..., gefördert wird, so muß außerhalb dieser Therapie die Wiederholbarkeit sichergestellt sein (sonst wird der Lernerfolg von nur vorübergehender Natur sein).

Es gibt mannigfaltige Möglichkeiten den Raum hier zur „Unterstützung" einzusetzen (Fördermaterial). Verwirklichen läßt sich dies durch eine gezielte Miteinbeziehung des Raumes z.B.: Tastwände, Podeste, warmes Licht, Malboden/Wand, weiche Farben, höhlenartige Nischen, Duftwände, Klanginseln, ... Die Räume sollten mit vielfältigen Materialien ausgestattet sein, z.B. Wände aus Stein, Holz, Putz, Tapete ect.. Jeder Raum sollte seinen eigenen Charakter ausstrahlen, d.h. die Räume sollten sich in Farbe, Lichtgestaltung und Einrichtungsgegenständen unterscheiden. Wichtig ist hierbei natürlich, daß kein Durcheinander entsteht, sondern eine aufeinander abgestimmte Umwelt, deren Elemente sowohl zur Anregung als auch zur Orientierung dienen.

Nicht nur durch besondere Förderangebote wie Sprachtherapie, lebenspraktisches Training u.a., sondern auch an seiner Umwelt kann ein schwerst-mehrfachbehinderter Mensch lernen, indem er z.B. Begrifflichkeiten wie klein - groß, glatt - rauh, rund - eckig anschaulich erfährt. (*Kiphard*: Raumhindernisse)

Auch das Gegenteil zu den anfangs geschilderten reizarmen Räumen, der reizüberflutete Raum, wird nicht zu einer Vertiefung der Therapie führen. Räume in denen Musik, Wasserbett, grelles Licht, Spiegelwände, ätherische Öle nicht aufeinander abgestimmt vorhanden sind, sind ein Durcheinander und haben mit gezielter Förderung nichts zu tun; denn sie bieten weder eine gezielte Anregung noch eine Orientierungshilfe.

Basale Aktivierung bietet Schwerst-Mehrfachbehinderten ein großes Erfahrungs- und Lernfeld: Sie können ihren Körper wahrnehmen, sie haben die Möglichkeit mit anderen Menschen in Kontakt zu treten und sie können Gegenstände ihrer Umgebung kennenlernen. Dies erreicht die Basale Aktivierung durch ein großes Repertoire an

Spielen/Übungen, wie wir sie auch aus der Basalen Stimulation (*Fröhlich*) kennen und der Einbeziehung der räumlichen - gegenständlichen Umwelt.

Die Basale Aktivierung geht davon aus, daß Entwicklung/Lernen nur in einer Atmosphäre der Geborgenheit, des „Sich-wohl-fühlens"/des „Sich-öffnens" fruchtbar geschehen kann. Eine Therapie, die diese „äußeren Begebenheiten" nicht erfüllt, wird zum Scheitern verurteilt sein.

Basale Aktivierung findet also in besonderen Räumen statt: Hier werden Entspannung und Ruhe auf der einen Seite und sensomotrische Anregung auf der anderen Seite geboten (Farbe/Licht/Raumstruktur spielen eine ganz wichtige Rolle in der Förderung/Therapie).

Basale Aktivierung bietet Räume an, in denen schwerst-mehrfachbehinderte Menschen suchen und finden können, erkunden und erfahren können; Räume die neugierig machen, eine Erlebnis - Erfahrungswelt. Räume werden hier also zum konkreten Fördermaterial, und daß ist der Unterschied zu vielen anderen Konzepten.

Unsere Erfahrungen zeigen, daß diese Menschen aufmerksamer werden und aktiver am Geschehen teilnehmen; auch ist ein deutlicher Rückgang von aggressiven/autoaggressiven Verhalten und Stereotopien zu beobachten.

Der Verfasser:
M. Michalke-Haffke
Fachschule für Sozialpädagogik,
Fachrichtung Heilerziehungspflege
Saulgauer Str. 2
89079 Ulm

Erweitertes Sportangebot für mehrfach behinderte Kinder und Jugendliche

H.-J. Schmitt, C. G. Lipinski

Abteilung Pädiatrie/Neuropädiatrie der Rehabilitationsklinik Neckargemünd

Extended Sports Offer for Multiple Handicapped Children and Teenager

In the „Rehabilitationszentrum Neckargemünd" teenagers are allowed to chose sports activities. Here they can make experiences with climbing, juggling, kayaking and wheelchair-rugby. We were able to show that after some modifications these kinds of sport can also be suitable for multiple handicapped. With shorter distances of the hooks persons in a wheel-chair can also climb vertically, others master at an angle posed climbing walls for children. Juggling over cross is excellent brain-jogging particularly for brain-injured persons for the exchange between the right and left hemisphere as well as for the eye hand coordination. Kayaking with little polo kayaks can after paddling in the indoor swimming pool also be practised in the open as a life-time sports with non-handicapped persons. With special rules wheelchair-rugby can be practised by people with various handicaps and various types of wheel-chairs and needs not to remain restricted to tetraplegics.

Key words: multiple handicapped, spastics, new kinds of sport

Einleitung

In diesem Beitrag werden einzelne weniger beachtete Sportangebote vorgestellt, die von Kindern und Jugendlichen mit verschiedenen Behinderungen ausgeübt werden können.

Im Rehabilitationszentrum Neckargemünd leben und lernen etwa 400 überwiegend körperbehinderte Schülerinnen und Schüler. Das Spektrum ihrer Behinderungen umfaßt unter anderem angeborene oder erworbene Mehrfachbehinderungen. Zum Beispiel infantile Cerebralparesen, Querschnittlähmungen, Schädelhirnverletzungen, Fehlbildungssyndrome, oft in Verbindung mit einer zusätzlichen Epilepsie.

Bis einschließlich Klasse 7, im Alter von 13 bis 14 Jahren nehmen die Schülerinnen und Schüler am Sportunterricht im Klassenverband teil.

Ab Klasse 8 organisieren sich die Jugendlichen in sogenannten Sportneigungsgruppen. D.h.: die Schüler wählen sich jeweils für ein halbes Jahr ein Sportangebot ihrer Neigung aus. Neben etablierten Sportarten wie Ballspielen, Reiten, Schwimmen, Rollstuhltennis etc. liegen auch Erfahrungen mit weniger bekannten Sportarten vor.

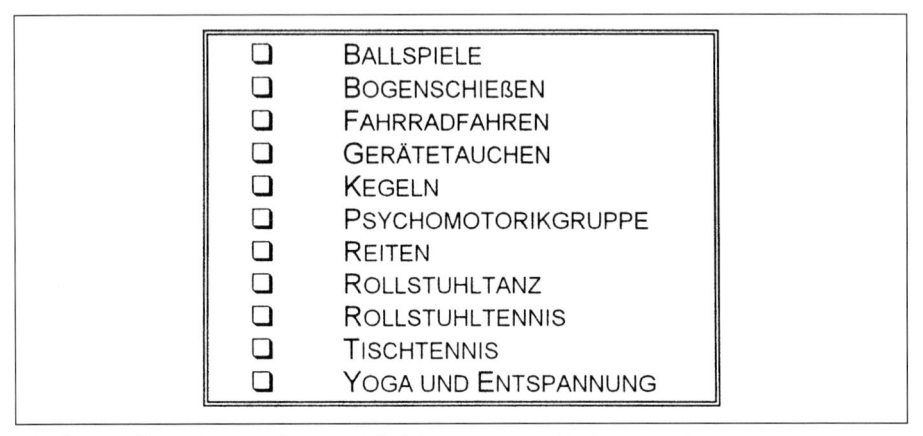

❏ BALLSPIELE
❏ BOGENSCHIEẞEN
❏ FAHRRADFAHREN
❏ GERÄTETAUCHEN
❏ KEGELN
❏ PSYCHOMOTORIKGRUPPE
❏ REITEN
❏ ROLLSTUHLTANZ
❏ ROLLSTUHLTENNIS
❏ TISCHTENNIS
❏ YOGA UND ENTSPANNUNG

Tabelle 1. Etablierte Sportangebote am Rehabilitationszentrum Neckargemünd.

❏ JONGLIEREN
❏ KAJAKFAHREN
❏ KLETTERN
❏ ROLLSTUHL-RUGBY

Tabelle 2. Erste Erfahrungen mit weniger bekannten Sportarten.

Unter welchen Voraussetzungen sich Sportangebote wie Klettern, Rollstuhl-Rugby, Kajakfahren und Jonglieren für Mehrfachbehinderte realisieren lassen, wird an Beispielen aus der Praxis aufgezeigt.

Klettern an einer Kletterwand

Wie kann es einem Rollstuhlfahrer ermöglicht werden, daß er eine 8 m hohe Kletterwand erklimmt? Wie wird das Erlebnis Klettern empfunden und welche Modifikationen bzw. Hilfestellungen sind erforderlich?
In einem gemeinsam mit dem Alpenverein durchgeführten Projekt war es zunächst notwendig, die Kletterwand eines kommerziell betriebenen Klettergartens behinder-

tengerecht umzubauen. So wurden die Abstände der Griffe zueinander verringert, da die Reichweite der Arme ohne Stütz- und Haltearbeit der Beine eingeschränkt ist. Die Seilbefestigung an den kombinierten Sitz- und Brustgurten, erfolgte nicht wie üblich vor der Brust, sondern teilweise am Rücken, weil dadurch der Körper näher an die Wand gebracht wurde. Um Verletzungen an den teils frei schwingenden Beinen zu vermeiden, trugen die Jugendlichen dicke, wattierte Hosen.
Bereits die ersten Versuche verliefen vielversprechend. Einzelne Rollstuhlfahrer schafften es, selbständig eine senkrechte Wand zu erklimmen. Andere kletterten begeistert an einer schräg gestellten Kinderkletterwand. Problematisch war jeweils das Pausieren nach jedem neuen Griff, ohne die Stützfunktion der Beine. Diese Aufgabe übernahm der sichernde Helfer am Boden, indem er das Sicherungsseil sehr straff führte oder den Jugendlichen mit anhob. Wünschenswert wäre hier ein Haltesystem, vergleichbar dem Trapezhaken beim Surfen und Segeln, der dem behinderten Kletterer selbständige Ruhepausen ermöglichen könnte.
Die Jugendlichen waren von ihren eigenen Leistungen fasziniert. Binnen kurzer Zeit hatten sie Vertrauen in das Sicherungssystem gewonnen und bauten ihre Angst vor der Höhe ab. Von vielen ist dieses Erfahren und Erleben von Höhe als ein neuartiges, einschneidendes Ereignis beschrieben worden.
Wer ähnliche Erfahrungen sammeln will: mittlerweile gibt es mobile Kletterwände, auch zur Ausleihe, und der nächste Klettergarten ist nicht weit.

Jonglieren - circensische Bewegungskünste

Die Therapeutischen Möglichkeiten des Jonglierens sind von *Kiphard* in mehreren Arbeiten beschrieben worden. Dabei reicht die Indikationsliste von Lernstörungen, geistigen und körperlichen Behinderungen, bis zu Hirnschädigungen sowie Hemiparesen. Welche therapeutischen Erfolge lassen sich durch Jonglieren bei mehrfachbehinderten Jugendlichen erzielen?
Ein Beispiel aus der Praxis: Ein Mädchen, 17 Jahre alt, ist als Folge einer Operation in der Motorik ihrer linken Körperhälfte stark eingeschränkt, auf dem linken Auge erblindet und leidet zudem an Epilepsie.
Zu Beginn ihrer Jonglierübungen kann die Schülerin ein Tuch aus ihrer rechten Vorzugshand hochwerfen und wieder fangen. Durch die Beeinträchtigung ihres linken Sehfeldes vermag sie ein Zusammenspiel mit ihrer linken Hand nicht zu koordinieren. Nach einigen Wochen des Übens verbessert sich ihre Hand-Auge Koordination deutlich. Sie setzt ihre linke Hand mit ein und es gelingen ihr erste Bewegungsmuster in der Überkreuzjonglage. Diese Erfolge führen zu einem Anstieg ihres Selbstwertgefühles und sie übt noch intensiver. Inzwischen gelingen ihr auch Säulenmuster,

d.h. sie kann die Tücher sowohl aus der linken als auch aus der rechten Hand senkrecht nach oben werfen und in der jeweiligen Wurfhand wieder fangen. Dies bedeutet eine enorme Verbesserung der koordinativ-motorischen Fähigkeiten, wenn man bedenkt, daß sie ihre linke Wurf- und Fanghand nur für kurze Momente, während einer leichten Kopfdrehung visuell wahrnehmen kann.
Nach Untersuchungen von *Lynn* aus den USA stellt das Überkreuzjonglieren insbesondere bei hirngeschädigten Personen ein exzellentes Gehirntraining dar. Dieses Wurfmuster, bei dem die Tücher oder Bälle ständig die Körpermitte überschreiten, bewirkt einen wechselseitigen Einsatz der beiden Gehirnhälften. Das führt zu einem ständigen „Informationsaustausch" zwischen der rechten und linken Hemisphäre.
Sicherlich wird nicht jeder das Jonglieren mit drei Bällen oder Keulen erlernen. Die jonglierenden Kollegen mit pädagogischen oder therapeutischen Berufen sollten ermutigt werden, weitere Erfahrungen in diesem faszinierenden Bereich zu sammeln.

Kajakfahren

Über das Kajakfahren im Sportunterricht für Körperbehinderte liegen vielfältige Erfahrungen vor. Welche Problemstellungen tauchen bei der Arbeit mit Mehrfachbehinderten oder Rollstuhlfahrern auf? Welche materiellen und situativen Bedingungen müssen gegeben sein?
Um einen mehrfach Körperbehinderten zu befähigen, ein Kajak sicher und selbständig zu manövrieren, bedarf es zunächst einer ca. halbjährigen Schulung in einem Hallen- oder Freibad, bevor an eine Wanderfahrt auf einem Fluß gedacht werden kann.
Für das Paddeln in einem Hallenbad eignen sich hervorragend kurze Polo- oder Slalomkajaks. Diese Boote sollten im Fußbereich über eine durchgehende Prallplatte verfügen, um Verklemmungen der Füße zu verhindern. Eine möglichst große Einstiegsluke erleichtert Jugendlichen mit Bewegungseinschränkungen in den unteren Extremitäten das Ein- und Aussteigen.
Bei verschiedenen Arten einer Körperbehinderung, wie Spina Bifida, Querschnittslähmung oder Niereninsuffizienz sollte auf den Gebrauch einer Spritzdecke nicht verzichtet werden. Die Spritzdecke bildet einen Schutz vor Spritzwasser und kann so verhindern, daß Jugendliche ohne Gefühl in den unteren Extremitäten nicht ungewollt über längere Zeit im Wasser sitzen.
Wenn das Ein- und Aussteigen, die Grundtechniken des Paddelns und das Manövrieren des Bootes beherrscht werden, kann man an eine Ausfahrt im Freien denken. Selbstverständlich können auch anfallskranke Jugendliche nach epileptologischer Beratung bei entsprechender Begleitung durch eine Aufsicht daran teilnehmen.

Der Kajak/Kanusport bietet mehrfach Körperbehinderten die Möglichkeit:
- der Ausübung einer Life-Time Sportart über den Schulsport hinaus,
- mit Nichtbehinderten die Freude am Sporttreiben teilen zu können,
- als Wandersport auf Flüssen und Seen die Natur zu erleben,
- über eine Fortbewegungsart im Wasser zu verfügen.

Rollstuhl-Rugby nicht nur für Tetraplegiker

Seit einigen Jahren wird in der BRD von Tetraplegikern Rollstuhl-Rugby gespielt. Der Spielgedanke des Spieles besteht darin, einen Ball auf dem Schoß liegend im Rollstuhl über eine Linie zu fahren. Dabei stehen sich 2 Mannschaften auf dem Spielfeld gegenüber. Die ballbesitzende Mannschaft versucht, durch Fahrten und Zuspiel den Ball durch die Verteidiger zu bringen und über die gegnerische Torlinie zu fahren. Dabei darf der Ball in jede Richtung geprellt, geworfen, gerollt, geschlagen, gepaßt und gefahren werden. Die verteidigende Mannschaft versucht diese Absicht zu vereiteln, wobei ihr jeglicher Körperkontakt verboten ist. Ein Rollstuhlkontakt dagegen ist unter genau definierten Regeln erlaubt (die detaillierten Spielregeln sind über den Deutschen Rollstuhl Sportverband erhältlich).

Diese noch junge Sportart wird im Demonstrationsprogramm der Paralympics 1996 gezeigt werden und es ist eine Aufnahme in das olympische Programm zu erwarten. In der Wettbewerbsform wird die Sportart ausschließlich von Tetraplegikern betrieben.

Seit einem Jahr spielt an unserer Einrichtung eine Gruppe Jugendlicher mit unterschiedlichen Behinderungsformen mit großer Begeisterung Rollstuhl-Rugby. Muskeldystrophiker im Elektrorollstuhl gemeinsam mit spastisch und Querschnittsgelähmten im Schiebe- oder Sportrollstuhl. Sie haben die Regeln des Spieles nach ihren Handicaps verändert. Elektrorollstuhlfahrer müssen nach jedem Rollstuhlkontakt drei Sekunden stehen bleiben und können so von Spielern im Schieberollstuhl umfahren werden. Schnelle Paraplegiker dürfen einen gegnerischen Tetraplegiker nicht wegschieben, diese wiederum können es versuchen usw..

Ausgehend von den Spielregeln der Wettbewerbsform gelang es der Gruppe, die Regeln so zu modifizieren, daß alle am Spiel teilnehmen konnten. Jede Rollstuhlsportgruppe kann ihre eigenen Regeln entwickeln und Rollstuhl-Rugby wird nicht auf Tetraplegiker beschränkt bleiben.

Literatur

1 Lapolla T: Internationale Regeln für Rollstuhl-Rugby. Nottwil: Schweizer Paraplegiker-Vereinigung, 1984.
2 Berbalk S, Ehrhardt W: Kajak im Sportunterricht für Körperbehinderte. Schorndorf: Motorik 13 (1990), 50-72.
3 Kiphard J: Jonglieren kann heilen. Frankfurt: Kaskade 26 (1992), 4-6.

Die Verfasser:
Dr. C. G. Lipinski
Abteilung Pädiatrie/Neuropädiatrie
Rehabilitationsklinik
69142 Neckargemünd

H.-J. Schmitt
Sportpädagoge
Steven Hawking Schule
69142 Neckargemünd

Judotraining mit Mehrfachbehinderten zur Förderung der Koordination, der Standfestigkeit, der Reaktion und der Feinmotorik

C. Baumann, W. Koring, T. May, L. Worms, R. Aring

v. Bodelschwinghsche Anstalten Bethel, mit Unterstützung der Stiftung Behindertensport

Judotraining with Multiple Handicapped for the Improvement of Coordination, Body Sway and Psychomotor Function

We performed a study to investigate the effect of judotraining (20 months/once a week) on coordination, body sway and psychomotor function. The project started in autumn 1994 with 20 handicapped young adults (mental-retardation, disability, epilepsy) at the age from 14 to 25 years. In parallel, a control group was investigated (n= 20). We present preliminary results:
The body-coordination test (KTK) carried out 5 months after the start of the project revealed a significant increase in body coordination in the training group. The control group also showed an increase, but to a less degree. Body sway was assessed by posturography, the psychomotor function by Vienna reaction test system. So far, the results of these tests show no significant improvement. Further tests will be carried out in 11/95 and 5/96.
Key words: mental retardation, epilepsy, judo, body-coordination, posturography

Einleitung

Grundlage dieser Arbeit war die Annahme, daß gerade die Sportart Judo für die Förderung behinderter Menschen besonders geeignet ist (2, 3). Das Sportprojekt „Behinderte junge Menschen trainieren Judo" mit mehrfachbehinderten jugendlichen Anfallskranken des Epilepsiezentrums Bethel versteht sich als ein Beitrag zu dieser Thematik und zu weiteren wissenschaftlichen Untersuchungen in der Auseinandersetzung mit dem Sport behinderter Menschen (4, 6, 7). Es werden Erweiterungen der Handlungskompetenzen sowohl im koordinativen als auch im psycho-sozialen Bereich erhofft (1, 4). Judo bietet sich aufgrund des großen Aufforderungscharakters, des direkten partnerschaftlichen Umganges miteinander und des hohen bewegungstherapeutischen Wertes gerade für behinderte Menschen als ideale Sportart an (2, 3). Menschen mit Epilepsie müssen sich von dieser Sportart nicht fernhalten, da sie über die Fallschule lernen können, bewußt ihren Körper durch die erlernten Techniken zu schützen. Die Längsschnittuntersuchung über 1½ Jahre soll die Auswirkungen eines gezielten Trainings unter Einbeziehung spezifischer Diagnostik erfassen.

Material und Methode

Seit Herbst 1994 findet (durch die finanzielle Unterstützung der Stiftung Behindertensport) mit 17 mehrfachbehinderten jungen Menschen im Alter von 14-25 Jahren (mentale Retardierungen, Körperbehinderungen, Epilepsie, Verhaltensauffälligkeiten) einmal in der Woche ein Judotraining statt (90 Minuten). Sämtliche Teilnehmerinnen und Teilnehmer sind Anfänger der Sportart Judo. Die 20 Probandinnen und Probanden der Kontrollgruppe stammen aus der gleichen Sonderschule für geistig- und lernbehinderte Schüler. Die Sportart Judo stellt hohe Anforderungen an die Körperkoordination und die Gleichgewichtsregulation (2, 3). Ein Hauptziel dieser Untersuchung ist die Überprüfung der Hypothese, ob ein Judotraining die Körperkoordination verbessern kann.
Die Ermittlung der Gesamtkörperkoordination geschieht mittels des Körperkoordinationstests für Kinder (KTK) von Kiphard/Schilling (5). Laut Literatur (2, 5) läßt er auch differenzierte Aussagen für behinderte Jugendliche über 14 Jahre zu. Die Standfestigkeit als Teil des Gleichgewichtsvermögens wird mit Hilfe der statischen Posturographie quantifiziert. Dabei werden Standschwankungen jeweils 20 Sekunden mit offenen und geschlossenen Augen über eine Standmeßplatte berechnet. Die Reaktionsschnelligkeit der Teilnehmerinnen und Teilnehmer wird durch das Wiener Testgerät II erfaßt. Sowohl für visuelle als auch akustische Reize werden die Reaktionszeiten gemessen. Ob sich Judo auch auf die Verbesserung der Feinmotorik auswirken kann, wird mit Hilfe der motorischen Leistungsserie (MLS; vier Subtests: Stäbe stecken rechts, Tapping rechts, Stäbe stecken links, Tapping links) untersucht.
Sämtliche Ausgangstests wurden im Oktober/November 1994 durchgeführt, der erste Wiederholungstest fand im März 1995 mit 17 Jugendlichen der Judogruppe und den 20 Schülern der Kontrollgruppe statt. Für November 1995 und Mai 1996 sind weitere Retests geplant.

Ergebnisse

Das Sportprojekt ist über 1½ Jahre geplant; diese Ergebnisse stellen einen ersten Zwischenbericht dar. Die Auswertung des Körperkoordinationstests (KTK) zeigte im

Vergleich zu nicht behinderten Jugendlichen ein deutlich schlechteres motorisches Vermögen sämtlicher TeilnehmerInnen des Sportprojektes (Normtabelle für den Gesamtwert des KTK: Lernbehinderte). Als „auffällig" oder „gestört" in ihrer Motorik werden von der Judogruppe 81%, in der Kontrollgruppe 65% der Probanden eingeordnet; bei nicht behinderten Jugendlichen würde dieser Anteil 14% [auffällig] und 2% [gestört] betragen (5). Darüber hinaus ist eine große Streuung der Gesamtmotorquotient-Werte (GMQ) als auch der einzelnen Motorquotienten der Subtests (MQ 1-4) für beide Gruppen zu verzeichnen. Die Kontrollgruppe erzielte im Mittelwertvergleich ein etwas höheres koordinatives Ausgangsniveau (nicht signifikant) als die Trainingsgruppe. Davon ausgehend zeigte sich im Wiederholungstest des KTK im März 1995 eine signifikante Mittelwertverbesserung beider Gruppen (die Judogruppe hochsignifikant) (Berechnung mit SPSS, siehe Tabelle 1).

		baseline	retest	
Judogruppe		KTK 1: 72,6 ± 16,2	KTK 2: 80 ± 20,2 (+7,4)	**
n= 17		MQ1 (1): 56,1 ± 21	MQ1 (2): 59,9 ± 20,7 (+3,3)	
		MQ2 (1): 51,1 ± 26,7	MQ2 (2): 63,3 ± 30,9 (+12,1)	**
		MQ3 (1): 55,1 ± 12,1	MQ3 (2): 64,2 ± 19,3 (+9,1)	*
		MQ4 (1): 57,3 ± 17,9	MQ4 (2): 61,3 ± 18,3 (+4,1)	*
Kontrollgruppe		KTK 1: 80,4 ± 18,5	KTK 2: 85,9 ± 21,7 (+5,5)	*
n= 20		MQ1 (1): 53,1 ± 14,9	MQ1 (2): 57,4 ± 19,9 (+4,3)	
		MQ2 (1): 55,9 ± 31,9	MQ2 (2): 66,9 ± 33,3 (+11,1)	*
		MQ3 (1): 66,6 ± 19,1	MQ3 (2): 72,7 ± 25,9 (+6,1)	*
		MQ4 (1): 73,1 ± 17,8	MQ4 (2): 72,4 ± 22,6 (- 0,7)	

Tabelle 1. KTK-Testwerte; ** = $p < 0,001$, * = $p < 0,05$.

Die Ergebnisse der Posturographie, der Reaktions- und Feinmotoriktests zeigten bisher keine signifikanten Veränderungen, so daß derzeit keine gezielte Aussage zu treffen oder ein Trend abzulesen ist.
Eine mittlere negative Korrelation ($r = -0,42$, $n = 37$) zwischen der Aufgabe 1 des

KTK's (rückwärts Balancieren) und der Posturographie wurde errechnet. Jugendliche, die einen hohen Punktewert in der Aufgabe 1 des KTK's erzielten, wiesen niedrige Werte in der Posturographiemessung auf (kleiner Weg der Körperschwankung).

Diskussion

Die großen Streuungen der GMQ-Werte beider Gruppen resultieren aus den unterschiedlichen motorischen Entwicklungsständen, die mit den verschiedenen Behinderungen, insbesondere mit der „beeinträchtigten" Motorik und der mentalen Retardierung in Zusammenhang stehen (1, 2, 4). Die durch den KTK-Gesamtmotorquotient als Maß für die Körperkoordination errechneten hochsignifikanten Verbesserungen der Trainingsgruppe werden mit der Zunahme des Gesamtkörperkoordinationsvermögens erklärt, da in allen vier Subtests Verbesserungen erzielt wurden. Insbesondere für die bereits Berufstätigen, die nicht mehr regelmäßig in Bewegungsaktivitäten (z.B. Schulsport) eingebunden sind, ist der Anstieg der GMQ-Werte beachtlich. Das unterschiedliche Ausgangsniveau der beiden Gruppen verringerte sich, dennoch stiegen auch die GMQ-Werte der Kontrollgruppe, welches mit dem regelmäßigen Schulsport und außerschulischen sportlichen Aktivitäten erklärt wird.

Korrelation KTK- Aufgabe 1 und Posturographie: Die nur mittlere negative Korrelation läßt das Gleichgewichtsvermögen während der einzelnen Anforderungen (in der Bewegung und im Stand) von unterschiedlichen Faktoren abhängig erscheinen. Die Zuverlässigkeit der Posturographiemessung kann durch die Ergebnisse bestätigt werden. Die bisherigen Ergebnisse des Reaktionstests als auch des Feinmotoriktests lassen derzeit noch keine gezielten Aussagen zu. Es wird gehofft, daß weitere Testwiederholungen in der Untersuchung hier mehr Klarheit bringen.

Literatur

1 Eggert D, Kiphard E-J: Die Bedeutung der Motorik für die Entwicklung normaler und behinderter Kinder. Schorndorf: Karl Hofmann, 1972.
2 Gößling V, Zimmer K, de Marées H: Förderung der Körperkoordination geistig behinderter Schüler durch Judo im Sportunterricht. Dt Zeitschrift f Sportmedizin 45 (1994) 3, 104-115.
3 Innenmoser J, Janko W, Vögtle H-J: Judo als Rehasport. Behindertenspezifische Aufarbeitung der Sportart Judo. Idstein: Schulz-Kirchner, 1992.
4 Rieder H, Buttendorf T, Höss H: Förderung der Motorik geistig Behinderter. Berlin: Marhold, 1981.
5 Schilling F: Körperkoordinationstest für Kinder, KTK von F Schilling u E-J Kiphard - Manual. Weinheim: Beltz-Test, 1974.
6 Werle J: Bewegung, Sport und Epilepsie, in Rieder H (ed): Heidelberger Schriftenreihe zur Sportwissenschaft. Band 4. Heidelberg: Inst für Sport und Sportwisssenschaft, 1994.

7 Worms L: Behinderte erleben Sport und Spiel - Erfahrungen und Untersuchungen. Bethel-Beiträge 43. Bielefeld: Bethel-Verlag, 1990.

Für die Verfasser:
Christoph Baumann
v. Bodelschwinghsche Anstalten Bethel
Haus Arche/Regenbogen
Mamreweg 5-7
33545 Bielefeld

Judo mit Mehrfachbehinderten

C. Baumann, W. Koring, L. Worms, R. Aring
v. Bodelschwinghsche Anstalten Bethel

Judotraining with Multiple Handicapped

Judo as kind of sport for disturbed, mentally retarded and for teenagers suffering from epilepsy proved as suitable under the following prerequisites: No competition orientation, emphasis of a general movement education during the warm-up gymnastics, inclusion of psycho-motor measures for the training of the body scheme, movement coordination and body control, clear structuring and individual help, intensive falling training and stability of the learned techniques. Especially learning how to fall is a positive experience, little achievements contribute to the emotional stabilization. Standardized grips and throwing techniques dominate. Judo permits physical contacts with respect to the special structures and the particular labels of judo. Koordinative improvements were demonstrated in the preceeding report.
Key words: judo, multiple handicapped, training adaptation, motivation

Einführung

Das Sportprojekt „Behinderte junge Menschen trainieren Judo" wurde im Oktober 1994 mit finanzieller Unterstützung der Stiftung Behindertensport begonnen. Jugendliche im Alter von 14 bis 25 Jahren, die alle Anfänger dieser Sportart waren, trainierten wöchentlich 1½ Stunden Judo. Nach einem Jahr Training beteiligten sich noch 14 Jugendliche (6 junge Frauen und 8 junge Männer). Diese legten im Sommer 1995 die erste offizielle Gürtelprüfung ab. Sämtliche Teilnehmerinnen und Teilnehmer sind mental retardiert, sie weisen Verhaltensauffälligkeiten und Koordinationsstörungen auf, der überwiegende Teil ist anfallskrank. 11 Judokas haben eine Epilepsie: 6 sind derzeit unter Medikamenten anfallsfrei, 5 haben eine derzeit aktive Epilepsie. Zwei davon weisen eine generalisierte Epilepsie mit Grand-mal Anfällen auf, drei eine komplex-fokale Epilepsie. Unter Epilepsie verstehen wir chronisch rezidivierende Anfälle, im Gegensatz zu Gelegenheitsanfällen durch Schlafentzug, Fieber oder Unterzuckerung bei Diabetes mellitus. Im Epilepsiezentrum Bethel haben wir bei dem Aufbau der Judogruppe besonders darauf geachtet, daß auch Epileptiker teilnehmen, obwohl eine solche Beteiligung lange als kontraindizierend angesehen wurde. Bisher traten durch diese sportliche Aktivierung nicht mehr Anfälle auf.

Auf psychischer Ebene hoffen wir, daß sich die Körpererfahrungen des bewußten Fallens auf das Selbstvertrauen der jugendlichen Epilepsiepatienten auswirken wird. Alle 14 Patienten weisen zerebrale Bewegungsstörungen im koordinativen Bereich auf, die innerhalb des Sportprojektes untersucht werden.

Judo als behindertenspezifisches Bewegungsangebot

Notwendige Voraussetzung ist die Modifikation durch
- die Rücknahme der einseitigen Wettkampfausrichtung im Training: Das Judotraining soll zu einer aktiven Freizeitgestaltung beitragen. Es ist als Breitensportangebot konzipiert; es wird gehofft, daß sich Judo zu einer Integrationssportart in der Zukunft der Jugendlichen entwickeln kann.
- die Betonung einer allseitigen Bewegungserziehung: Bei der Aufwärmgymnastik werden unterschiedliche sportliche Anforderungen gestellt in Bezug auf Koordination, Kraft und Ausdauer, dies wird in spielerischer Form vermittelt. Dabei können Erfolgserlebnisse erfahren werden, die zu einer emotionalen Stabilisierung beitragen können, was zu einer Verbesserung der Leistungsmotivation führen kann. Wir hoffen durch die Fallschule zum Abbau von Ängsten beizutragen. Zur allseitigen Bewegungserziehung gehört auch, daß das Training koedukativ ausgerichtet ist.
- die Veränderung der Zielsetzung: Statt Wettkampf- u. Leistungssport sehen wir im Judo ein Medium, soziales Verhalten zu beeinflussen: Hier steht das reglementierte Zweikampfverhalten und die Zusammenarbeit mit dem anderen als Partner im Vordergrund. Dadurch und aufgrund des engen Kontaktes im Judo erhoffen wir eine Verbesserung der „Kontakt"- und Kommunikationsfähigkeit. Die Jugendlichen kennen solch enge Kontakte nur aus Freundschaften oder „Schulhofprügeleien", hier werden ihnen neue Erfahrungsangebote eröffnet. Ein Ziel ist auch die langfristige Bindung der behinderten Menschen an den organisierten und regelmäßig durchgeführten Sport.
- die Einbeziehung psychomotorischer Fördermaßnahmen: Im Training werden Übungen erlebt, die das Körperschema anbahnen können, die Raum-Lage-Orientierung schulen und so zur Bewegungskoordination und Körperkontrolle beitragen. Insbesondere die Genauigkeit einer Bewegung muß im Judo trainiert werden, um z.B. einen Wurf erfolgreich ausführen zu können. Durch das Training kann so eine reale Selbsteinschätzung des eigenen Könnens erfolgen. Für den Partner bedeutet dies, daß er lernt zu antizipieren, welche Technik ausgeführt wird. Judo betont das Miteinander und Lernen durch und mit dem anderen, somit wird die soziale Komponente stark betont. Es werden die Stärken des einzelnen und nicht die Defizite/ das Nicht-Können betont. Durch Loben, Hervorheben und

Ermutigungen bei Übungen werden Erfolgserlebnisse vermittelt, welche sich positiv auf das Selbstwertgefühl der Teilnehmer auswirken. Unser stark strukturiert aufgebautes Judotraining kann dazu beitragen, den Jugendlichen an Regeln und eine „gewisse Disziplin" zu gewöhnen. Ohne deren Einhaltung ist ein gemeinsames Judotraining nicht durchführbar.

- den Einbau von behindertenspezifischen Methoden: Durch klare Strukturierungen wird versucht, die mental retardierten Jugendlichen nicht kognitiv zu überfordern. Durch individuelles Eingehen auf den Einzelnen und durch wiederholte Hilfestellungen werden auch kleinste Übungsfortschritte ermöglicht, besonders die Fallschule und die schon erlernten Techniken werden wiederholt geübt. Ein Nachfragen ist jederzeit möglich. Die Jugendlichen lernen am Modell des Judolehrers, der sehr genau die Regeln einhält, z.B. in dem er jedesmal bei einer Technikdemonstration mit einem Jugendlichen diesen an- und abgrüßt.
- die Zielkorrektur in Richtung Handlungskompetenz: Nicht das Erlernen von Fertigkeiten einer „Kampfsportart" (zu der Judo gerechnet wird) oder Selbstverteidigung ist vorrangig, sondern gemeinsam mit anderen Sport, Spiel und Bewegung erleben zu können. Die Faszination des Sports erfahren, das soziale Miteinander, das Gefühl haben, etwas zu lernen oder allgemeiner formuliert „vorangekommen zu sein" ist wichtig. Dieses Gefühl kann sich durch ein oft „dran kommen" einstellen, welches innerhalb des Judotrainings gewährt ist, da der einzelne aktiv seine Techniken übt und so Subjekt des eigenen Sporttreibens wird. Die hohe Motivation der Teilnehmer und der hohe Aufforderungscharakter resultiert u.a. aus dem positiven Bild, welches diese Sportart besitzt. Die Judoanzüge stellen praktisch eine „Verkleidung" dar, um das Besondere dieses Sportes zu betonen. Motivierend gestaltet sich auch die Gürtelprüfung, die dem Jugendlichen den Lernfortschritt am Gürtel und mit Urkunde bescheinigt. Die spezielle Fallschule ist zum Teil eine ganz neue positiv erlebte Erfahrung für die anfallskranken Jugendlichen. Um das Fallen gefahrlos zu üben und zu erfahren, bewährt sich der Mattenuntergrund, der Übungen und Spiele schmerzfrei werden läßt. Die Judogruppe erscheint so motivierender als eine Krankengymnastik- oder Sonderturngruppe in den Augen der Jugendlichen: sie ist eine Bereicherung der Freizeit!

„Judo und Gewalt" und „Judo und Distanzlosigkeit bei mental Retardierten"

Zum oft erwähnten Thema „Judo und Gewalt" und „Judo und Distanzlosigkeit bei mental Retardierten" möchten wir folgendes anführen:
Judo beinhaltet keine Tritte oder Schläge (im Gegensatz zu Karate oder Taekwon-

Do)! In dem Training für behinderte Jugendliche werden auch nicht Hebel oder „Würger", wie sie im Judo-Leistungs- und Wettkampfsport erlaubt sind, - sondern die „normierten" Haltegriffe und Wurftechniken angelernt oder geübt. Judo kann helfen, der Distanzlosigkeit entgegenzuwirken: Umarmungen sind während des Trainings „verkleidet" in der Judokleidung möglich. Nach der Anfangsverbeugung wird Judo trainiert. Umarmungen oder Würfe oder naher Körperkontakt sind reglementiert erlaubt. Nach der Endverbeugung und damit dem Ende des Judotrainings sind solche Verhaltensweisen nicht mehr zugelassen. Entsprechende Parallelen werden aufgrund von Erfahrungen aus Schulen mit verhaltensauffälligen Jugendlichen in Richtung Aggressionen und Gewalt berichtet: Judo trägt nicht zur Bereitschaft von Gewaltanwendung bei, sondern gerade durch das strukturierte Training fördert es einen Aggressionsabbau. Aufgrund der kanalisierten körperlichen Auseinandersetzung durch die Strukturen und die besondere Etikette des Judotrainings (Judoanzug = Betonung des Besonderen, Verbeugung voreinander zu Beginn einer Technikübung oder der spielerischen Auseinandersetzung/Randori) sind wir der Überzeugung, daß mit Hilfe des Judotrainings der Jugendliche lernt und trainiert, sich weniger mit Gewalt durchzusetzen oder körperliche Auseinandersetzungen zu suchen.

Resümee

Zusammenfassend ist zu sagen, daß sich durch das Judotraining bisher positive Ergebnisse in Bereichen der Körperkoordination zeigen und neben den bewegungs- auch insbesondere verhaltenstherapeutische Entwicklungen anzuführen sind. Nach der ersten Gürtelprüfung trainieren die Jugendlichen nun für den nächst höheren Gurt. Somit konnte bisher eine Bindung an den Sport für diese mehrfachbehinderten Jugendlichen erreicht werden. Aufgrund weiterer Nachfragen wird Anfang des nächsten Jahres eine zweite Judogruppe für behinderte Jugendliche, an der auch wieder epilepsiekranke Jugendliche teilnehmen werden, gegründet.

Literatur

Literatur siehe „Judotraining mit Mehrfachbehinderten zur Förderung der Koordination, der Standfestigkeit, der Reaktion und der Feinmotorik".

Für die Verfasser:
Christoph Baumann
v. Bodelschwinghsche Anstalten
Haus Arche/Regenbogen
Bethel Mamreweg 5-7
33545 Bielefeld

Snoezelen – Rehabilitation durch Sinneserfahrung und Tiefenentspannung

Ch. Brehmer

Heilpädagogische Hilfe Osnabrück

Snoezelen

Snoezelen corresponds to a basale stimulation as a nondirective way of support for handicapped persons, sick persons, but also not handicapped persons of all agegroups. The diverse offers of a Snoezelen center are introduced: the white room, the „Bällchenbad", the water-bed, the carillon for the feet. Three different ways for relaxation are offered: by way of the senses, imagination and intention. The following reactions could be established with psychiatric patients: Relaxation ability, diminution of the aggressive behavior, increase of the endurance capacity and the ability to make decisions, contact oneself and others. Other examinations too confirm positive changes of behavior for e.g. in primary pupils a decrease of heart frequency and an increase of coordination, concentration as well as higher performance.

Key words: snoezelen, basal stimulation, relaxation, therapy of behavior, handicapped, non handicapped

Einleitende Standortbestimmung

Der Besucher des 1. Internationalen Kongresses des Deutschen Behinderten-Sportverbandes „Rehabilitation durch Sport" wird mit einer Vielzahl von Förderangeboten und therapeutischen Ansätzen für Menschen mit schweren Behinderungen oder gravierenden Erkrankungen konfrontiert. Differenzierte Programme für Mehrfachbehinderte, für Suchtkranke, für Schlaganfall- und Osteoporosepatienten, und für psychisch Kranke werden vorgestellt. Oft sind solche Programme auch Bestandteil einer komplex angelegten multidimensionalen Förderung.

Im Eifer der direktiven, auf ein Ziel hin angelegten Förderung, kommt die non-direktive, auf Anregung eines „inneren Therapeuten" hin angelegte Förderung, oft zu kurz. Non-direktive Förderung will die in jedem Organismus angelegten Selbstheilungskräfte wecken. Sie geht davon aus, daß in allen Menschen eine Entwicklungstendenz anwesend ist, die von Natur aus nach Gesundheit, Wachstum und Selbstverwirklichung strebt.

Für *Maslow* (6) wurde diese „Vorwärtstendenz" zur Grundlage einer „Gesundheits-

und Wachstumspsychologie". Sie ist Ausdruck der nach Selbstverwirklichung drängenden „inneren Natur" des Menschen, und es gilt, ihr möglichst keine Steine in den Weg zu legen.

Kann es sein, daß ein überfrachtetes Programm an direktiver Förderung und Therapie der naturgebenden Selbstheilungstendenz auch Steine in den Weg legen kann? *Jung* erhebt warnend seine Stimme: „Das ist für uns eine wahre Kunst, von der unzählige Leute nichts verstehen, indem ihr Bewußtsein beständig helfend, korrigierend und negierend dazwischen springt und auf alle Fälle das einfache Werden des psychischen Prozesses nicht in Ruhe lassen kann" (4).

An dieses „einfache Werden des psychischen Prozesses", an die auf Selbstheilung ausgerichtete innere Natur des Menschen, wendet sich Snoezelen. Tun ist hier Gehenlassen - ein Nicht-Tun, aber nicht eine Nichts-tun. Snoezelen versteht sich als eine komplementäre, non-direktive Förderung, als ein Freizeitangebot mit einer therapeutischen Nebenwirkung für Behinderte und Kranke, aber auch für Nichtbehinderte und Gesunde aller Altersstufen.

Begriffsbestimmung

Snoezelen (sprich Snuzelen) wurde in den Niederlanden entwickelt als ein Freizeitangebot für Menschen mit einer schweren geistigen Behinderung oder mit einer Mehrfachbehinderung. Das Wort Snoezelen ist eine Zusammenziehung zweier niederländischer Verben, „snuffelen" = schnüffeln und „doezelen" = dösen. Die Wortkombination trifft genau das, was Snoezelen beinhaltet: Schnüffeln steht für Freiheit. Der Besucher in einem Snoezelen-Zentrum „schnüffelt" - er kann sich frei bewegen in einer Welt angenehmer Sinnesreize. Ihn erwartet kein Förderprogramm. Dösen steht für die eintretende Entspannung, aber auch für Zuwendung und emotionale Geborgenheit, steht für das Prinzip der Liebe. Und in dem für die BetreuerInnen streßfreien Rahmen fällt die Verwirklichung dieser Prinzipien leichter als sonst. Auf der Grundlage von Freiheit und emotionaler Geborgenheit bietet Snoezelen dem Besucher eine „sensorische Cafeteria", ein vielfältiges Angebot für die Sinne. Man geht von der Annahme aus, daß bei Menschen mit einer schweren geistigen Behinderung vor allem primäre körperlich-sinnliche Reize wirksam werden. Sie lösen Empfindungen aus, die, wenn das Element des Bewußtseins hinzutritt, zu Wahrnehmungen erhoben werden. Der Bewußtsein ermöglichende Horizont aber wird durch Entspannung, Wohlbefinden und Geborgenheit geschaffen. Wahrnehmungen wiederum können Reflexionen auslösen und geistige Prozesse anregen - Stufen einer naturgebenden Dynamik der Selbstverwirklichung, die letztlich in eine Verbesserung der Sozial- und Handlungskompetenz einmünden.

Snoezelen ist eingebettet im pädagogischen Hintergrund des in den Niederlanden vertretenen „acceptatie-model". Der behinderte Mitmensch wird in seiner Eigenart, mit seinen persönlichen Bedürfnissen und Möglichkeiten voll akzeptiert und als Individuum geschätzt. Da die gängige Umwelt für ihn oft undurchschaubar ist, bietet Snoezelen ihm eine auf ihn zugeschnittene Umwelt, eine Welt angenehmer sinnlicher Reize in einer Atmosphäre einfühlsamer Betreuung und körperlich-seelischer Wohlbefindlichkeit.

Das Snoezelen-Zentrum

Hier handelt es sich um die Zusammenfassung einer Anzahl von Snoezel-Räumen mit unterschiedlichem Angebot für Sinneserfahrungen - eine Einladung zum passiv genießerischen Erleben oder zum aktiv spielerischen Tun. Die Räume sind meist verdunkelt in der Art eines Partykellers. Solche Snoezelen-Zentren können beispielsweise Bestandteil einer größeren Klinik sein oder sie wurden ambulant von umliegenden heilpädagogischen Einrichtungen genutzt. Oftmals werden sie auch an private Nutzer, behindert oder nichtbehindert, vermietet.
Zu den typischen Räumen eines Snoezelen-Zentrums gehört z.B. der „Weiße Raum". Hier sind Decke und Wände weiß gehalten und Boden und Wandumrandung mit weißen Schaumstoffmatten ausgestattet. Weiß dient als Hintergrund für die Farbgebung durch variable Beleuchtung. Der Besucher soll verzaubert werden. Alle Sinne werden angeregt, aber in einer aufeinander abgestimmten, harmonisch wirkenden Spielart:
Das Auge nimmt kleine, von einer Spielkugel reflektierte, langsam im Raum kreisende Farbtupfer wahr, ferner große mit Wasser gefüllte gläserne Säulen, in denen farbige Luftblasen aufsteigen; vielleicht sieht es auch an die Wand projizierte, malerische Fließbilder oder Dias mit Stimmungsbildern. Das Ohr erfreut sich sanfter, meditativer Musik; die Nase wird von einer Duftlampe betört; der Tastsinn wird von Kuscheltieren, Decken und Kissen geschmeichelt - oder man kuschelt mit dem Betreuer; gelegentlich wird der Gaumen mit etwas Schokolade verwöhnt: man fühlt sich rundum wohl.
Typisch für ein Snoezelen-Zentrum ist auch das Bällchen-Bad, das Kinder häufig schon von Kaufhäusern her kennen. In etwa 12000 bunten Bällchen trocken baden, sie am Körper spüren und sie rasseln hören bei der Bewegung macht Spaß. Die Decke ist mit Spiegelfolie versehen und lädt ein zu verspielten Betrachtungen.
In einem anderen Raum befindet sich vielleicht ein großes Wasserbett. Da kann man sich hinlegen auf die mit warmem Wasser gefüllte Matratze und meditative Musik nicht nur hören, sondern sie auch am eigenen Körper spüren. Denn die Lautsprech-

erboxen befinden sich unter den Matratzen und übertragen ihre Schwingungen über das Wasser auf den Körper. Ein Fallschirm-Baldachin und orangenfarbenes gedämpftes Licht vermitteln zusätzlich Geborgenheit, und es fällt einem leichter als sonst, sich der ganzen Musik hinzugeben, sie im Körper zu erleben und mit ihr zu verschmelzen. Man läßt sich in der Entspannung fallen, um sich selbst zu erfahren. Oftmals gehören zu einen Snoezelen-Zentrum auch ein Fuß-Glockenspiel: Beim Betreten einer transparenten Kachel leuchtet ein farbiges Licht auf und ein zugeordneter Ton erklingt. Oder farbige Muster entstehen an einer Leuchtwand, je nach Bauart. Auch ein Bewegungsraum mit Spielsachen, Schaukel und Hängematte oder ein Bad mit Matschecke können zu einem Snoezelen-Zentrum gehören.

Das Entspannungsgeschehen

Das Snoezelen-Zentrum, die „sensorische Cafeteria", hat einen erholsamen und beruhigen Einfluß auf den Besucher. Auf Menschen mit einer schweren geistigen Behinderung wirkt die „andere Welt" unmittelbarer und unschuldiger; sie können sich schneller entspannen. Bei Nicht-Behinderten werden sinnliche Reize oft durch kognitive Prozesse überlagert; sie lassen sich nicht so schnell von der Umwelt vereinnahmen, und es fällt ihnen schwerer sich zu entspannen. Im Snoezelen-Zentrum des Montessori-Haus-Melle, wo der Verfasser tätig ist, werden deshalb drei Zugänge zur Entspannung angeboten: sensorisch, imaginativ und intentional.

- Der sensorische Zugang ist die bereits beschriebene Welt des Snoezelens. Die auf Umweltreize reagierenden fünf Sinneskanäle werden konzentriert angesprochen oder auch selektiv im Sinne basaler Stimulation, jedoch ohne therapeutischen Anspruch. Die BetreuerInnen gehen auf die Wünsche der Besucher ein, können aber auch die sanfte selektive Regie ausüben, beispielsweise in einer Frühförderung. Weniger kann manchmal mehr sein. Man orientiert sich an dem, was Freude macht, was Erholung und ein stilles Genießen auslöst; das kann sich auch in dem spielerischen Tun oder im lustvollen Bewegen ausdrücken. Die defizitäre Betrachtungsweise tritt ganz in den Hintergrund.
- Der imaginative Zugang zur Entspannung eignet sich besonders für Kinder, sowohl aus dem Regel- als auch aus dem heilpädagogischen Bereich. Kinder verlieren sich gern in Phantasiebildern oder Tagträumen, spinnen sie weiter oder schlafen darüber ein. Für sie werden im Snoezelen-Zentrum nach einer Freispielphase Traum- oder Phantasiereisen angeboten, die meist in eine Entspannungssituation einmünden. Am Ende schlafen die Kinder ein oder sie träumen mit offenen Augen weiter.
- Der intentionale Zugang zur Entspannung spricht vor allem Nicht-Behinderte an.

Das Snoezelen-Zentrum in Melle wird oft nach der regulären Nutzungszeit an externe Gruppen vermietet. Da kommen Vereine, Jugendgruppen, Studenten, Senioren oder andere Besuchergruppen. Sie suchen alle Entspannung und sind auch bereit, willentlich dazu beizutragen. Deswegen werden zusätzliche Entspannungstechniken angeboten, die sich an Elemente des Autogenen Trainings, der Progressiven Muskelentspannung oder des Yoga anlehnen. Alle Verfahren können letztlich in einen meditativen Zustand einmünden, wo der Besucher ganz bei sich selbst ist und ohne Gedanken oder Bilder in sich ruht. Es ist ein Zustand enspannter Wachheit, wie er auch vor dem Einschlafen eintreten kann. Hirnelektrisch ist er durch niederfrequente Alphawellen gekennzeichnet; es ist ein Zustand in dem der innere Therapeut optimal wirksam werden kann.

In der Praxis überschneiden sich meist der eine oder andere Zugang zur Entspannung; in jedem Fall kann Snoezelen, jene Mischung von Diskothek und Kathedrale, zur Selbsterfahrung beitragen.

Mitunter setzen nach der Tiefenentspannung auch katharsische Prozesse ein, die man dosiert zulassen sollte; seltener treten Abwehrhaltungen ein aus Mangel an psychotherapeutischem Hintergrundwissen. Empirische Untersuchungen bestätigen generell die Wirksamkeit des Snoezelens (1, 3, 5). Kinder und Erwachsene werden gegenwärtig verstärkt von der Umwelt gefordert. Leistungsdruck führt häufig zu Verspannungen und Verkrampfungen – wir werden zu „Behinderten" der Leistungsgesellschaft. Für derlei „behinderte" Nicht-Behinderte bedeutet Snoezelen, genauso wie für Behinderte, Rekonvaleszente und Senioren „Rehabilitation durch Sinneserfahrung und Tiefenentspannung".

Beobachtungen und empirische Befunde

Die MitarbeiterInnnen der Snoezeleneinrichtung der Westfälischen Einrichtung für Psychiatrie und Neurologie in Lengerich (1) konnten folgendes bei den Besuchern registrieren:
- die Fähigkeiten zu entspannen und abzuschalten ist deutlich höher als auf den Wohnstationen,
- aggressives und autoaggressives Verhalten ist deutlich seltener zu beobachten,
- die Ausdauer, bei bestimmten Aktivitäten auszuharren, ist deutlich größer,
- die Entscheidungsfähigkeit ist höher,
- die Fähigkeit zur Kontaktaufnahme zu sich selber (z.B. eigene Körpererfahrung), zu anderen Besuchern und zu anderen Betreuern ist höher,
- es hat sich gezeigt, daß die Bewohner mit allen Sachen, die beim Snoezelen angeboten werden, vorsichtiger umgehen als sonst üblich. Gründe dafür sind viel-

leicht die besondere Atmosphäre und Selbstverständlichkeit, mit der die Dinge angeboten werden,
- eine Zunahme von epileptischen Anfällen ist nicht beobachtet worden; diese ist aufgrund der vielen Lichtreflexe im Vorfeld oft befürchtet worden.

Diese Beobachtungen werden durch empirische Erhebungen gestützt, die kürzlich im Whittington Hall Hospital, Chesterfield, England, durchgeführt wurde (3). Alle 14 Probanden zeigten während des Snoezelens Anzeichen der Freude und Entspannung. Die körperlich weniger Beeinflußten machten von ihrer Wahlmöglichkeit hinsichtlich des vielseitigen Snoezelen-Angebots Gebrauch. Die Fähigkeit auszuwählen ist ein Zeichen von Selbständigkeit. Situationen die keine Wahl ermöglichen, führen oft zu einem Gefühl der Ohnmächtigkeit, das die Behinderung mitunter nur noch überlagert. Bei 11 der Probanden konnten ferner positive Verhaltensänderungen registriert werden, und bei mindestens 4 von ihnen kamen diese auch im Wohnbereich zum tragen; auf alle Versuchspersonen hatte Snoezelen jedoch einen beruhigenden Einfluß.

Die Einsatzmöglichkeiten von Snoezelen an Grundschulen war Gegenstand einer Untersuchung von *Kürsten* (5). Generell klagten Lehrer über wachsende Unruhe, Mangel an Konzentration und zunehmende Aggressivität an Schulen. Kürsten untersucht im Snoezelen-Zentrum in Melle die Wirkung von Snoezelen auf Kinder im Vorschulalter.

In der ersten Phase (Prätest) wurde die Pulsfrequenz der Kinder (n=13) gemessen (sportmedizinischer Test) und Gleichgewichtsübungen nach Maria Montessori mit Hilfe eines Beobachungskataloges bewertet (psychomotorischer Test). In der zweiten Phase entspannten sich die Kinder im weißen Raum des Snoezelen-Zentrums und lauschten gleichzeitig einer Phantasie-Geschichte. In der dritten Phase (Posttest) wurde die erste Phase für Vergleichszwecke wiederholt.

Die Auswertung der sportmedizinischen Tests ergab, daß die Pulsfrequenz nach der Entspannungsphase um durchschnittlich 7 Herzschläge pro Minute herabgesetzt wurde - ein Zeichen zugenommener körperlicher Entspannung. Die Auswertung des psychomotorischen Tests zeigte, daß bei 73% der Probanden eine Verbesserung der Koordinations- und Konzentrationsfähigkeit, sowie der Leistungsmotivation eingetreten war.

Literatur

1 Börger A, Dawecke K: Vorstellung der Snoezeleneinrichtung der Westfälischen Klinik für Psychiatrie und Neurologie. Lengerich: 1987.
2 Brehmer C: Snoezelen-Freizeitangebot mit einer therapeutischen Wirkung für Behinderte und Nichtbehinderte. Zeitschrift für Heilpädagogik 1 (1994), 28-31.
3 Hutchinson R: The Whittington Hall Snoezel Projekt. North Derbyshire Health Authority, Community Health Care Service, Whittington Hall Hospital, Old Whittington, Chesterfield, S41 9LJ England, 1991.

4 Jung C G: Das Geheimnis der goldenen Blüte. München: Domverlag, 1929.
5 Kürsten K: Einsatzmöglichkeiten alternativer Unterrichtsformen am Beispiel des Snoezelen in der Grundschule, in Rompa (ed): Sinneseindrücke und Behinderung. Graslaben: Thieme Therapie, 1994, pp 267-283.
6 Maslow A: Psychologie des Seins. München: Kindler, p 15.

Der Verfasser:
Dr. Christian Brehmer
Grönenberger Str. 57
49324 Melle

Landesjugendspiele für Behinderte – Ein Höhepunkt im Thüringer Behindertensport

K. Erler

Moritz-Klinik GmbH & Co. Bad Klosterlausnitz
Thüringer Behinderten- und Rehabilitationssport-Verband e. V. Erfurt,
Jenaer Behindertensportverein e. V.

**Thuringian Youth Games for Athletes with Disabilities -
A Highlight in the Thuringian Sports**

The Thuringian Youth Games for athletes with disabilities have been a highlight for about 1000 participants since 1991. The idea of these games is to develop the emotional value in contrast to the medical-therapeutic aspect of sports for disabled athletes. It is not only a sports day with common sports competitions but also fun and experiences for all participants, coaches and guests. All disabled athletes can select 3 tasks corresponding to their disability to reach an individual record. Ulter to team competitions and free games. The youth games are a valuable tradition in the Thuringian sports for disabled athletes.
Key words: youth games, sports

Anliegen

Die Entwicklung des Breitensports im Sinne des klassischen Behindertensports (2) als 3. Säule des Behindertensports - neben dem Rehabilitations- bzw. Leistungssport - sowie die Nachwuchsarbeit und -gewinnung erweisen sich als die aktuell wichtigsten Aufgaben in der Arbeit des DBS, der Landesverbände und jedes Behindertensportvereines.
Gerade der Breitensport zeigt den großen emotionalen Wert des Behindertensports, der gegenüber medizinisch-therapeutischen Maßnahmen wieder stärker in den Vordergrund rücken sollte.
Seit 5 Jahren sind die Thüringer Landesjugendspiele für Behinderte jährlich für ca. 1000 behinderte Kinder und Jugendliche ein sportlicher und persönlicher Höhepunkt. Im Mittelpunkt stehen dabei nicht nur das gemeinsame Sporttreiben, sondern auch Spaß und Freude an Sport, Spiel und Bewegung sowie das kooperative Erlebnis aller Teilnehmer, Betreuer und Gäste.

Das Konzept der Thüringer Landesjugendspiele für Behinderte

Seit der Erstauflage der Thüringer Landesjugendspiele für Behinderte im Jahre 1991 wird die Veranstaltung nach einem breitensportlich orientierten Konzept (1) durchgeführt. Dabei wird - im Gegensatz zu Special Olympics Deutschland - ganz bewußt auf eine Einteilung der Teilnehmer nach Behinderungsarten oder Schadensklassen verzichtet. Lediglich eine relativ grobe, 2-stufige Altersklasseneinteilung wird zur Einschätzung der erreichten Leistungen herangezogen.
Das Gesamtkonzept (Abbildung 1) besteht aus 3 wesentlichen Elementen:
1. „Dreikampf"
2. Mannschaftswettbewerb
3. Spielsportfest.

Thüringer Landes-Jugend-Spiele für Behinderte 1991-1995

Veranstalter: Thüringer Behinderten- und Rehabilitatiosssport-Verband e.V.
Ausrichter: Jenaer Behindertensportverein e.V.

KONZEPT

Eröffnung/gemeinsame Gymnastik

„Dreikampf"	Mannschaftswettbewerb	Spielsportfest
Auswahl von 3 Disziplinen aus Pool von 12 Stationen entsprechend der persönlichen Leistungsfähigkeit (Urkunden)	Wertung getrennt nach Alters- und Schadensklassen (Wanderpokale)	Spielmobile (freie sportliche Betätigung; z.T. mit Anleitung)

⇓

Siegerehrung

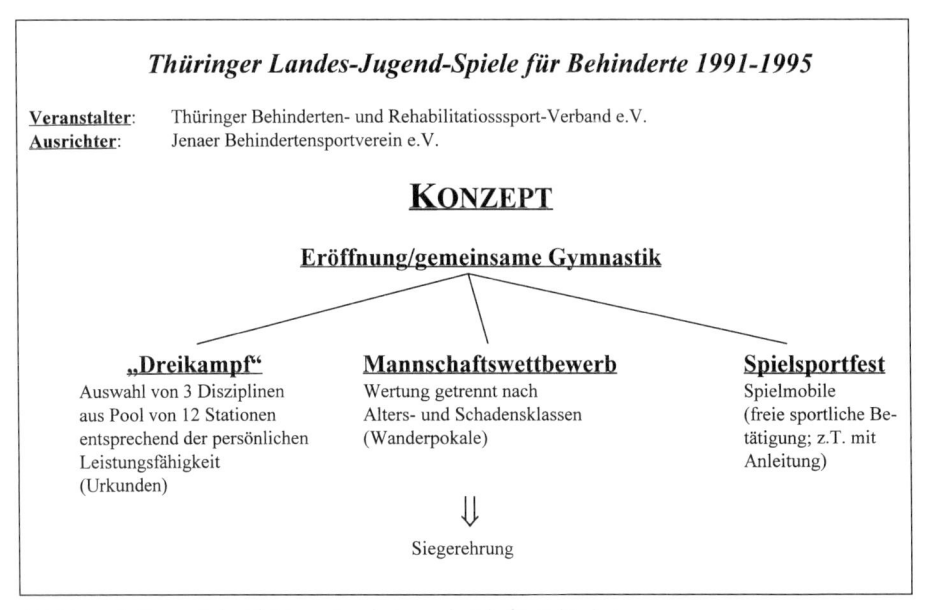

Abbildung 1. Konzept der Thüringer Landesjugendspiele für Behinderte.

Beim „Dreikampf" stellt sich jeder Teilnehmer aus einem variablen Angebot von 12 bis 15 Stationen seinen "persönlichen" Dreikampf zusammen. Die Auswahl dieser 3 Stationen erfolgt im Vorfeld mit Hilfe der Betreuer entsprechend der Art und dem Grad der individuellen Behinderung. Bei der Zusammenstellung der angebotenen Stationen wurde versucht, die Aufgaben bei Beachtung behindertenspezifischer

Aspekte, hinsichtlich ihrer motorischen Anforderungen abwechslungsreich zu gestalten. Alle Teilnehmer absolvieren ihre 3 Stationen mit den Gruppen und Betreuern ihrer Einrichtung in einem selbständigen Ablauf. Lediglich die Anfangsstation wird von uns vorgegeben, um unnötige Wartezeiten zu vermeiden. Diese Variante führt zu einer wesentlichen Vereinfachung des Gesamtablaufes und kann von uns nur empfohlen werden. An jeder Station können maximal 1200 Punkte erreicht werden, so daß die an den einzelnen Stationen erzielten Ergebnisse miteinander vergleichbar sind. Anliegen des „Dreikampfes" ist also nicht der direkte Leistungsvergleich, sondern das Erreichen einer individuellen Bestleistung. Jeder Teilnehmer erhält eine Urkunde, auf der die erreichten Leistungen dokumentiert werden.

Zusätzlich findet ein Mannschaftswettkampf statt, bei dem die 4 Sportler einer Mannschaft eine Hindernisstrecke schnellstmöglich überwinden sollen. Die Wertung erfolgt hier getrennt nach Schadens- und Altersklassen. Die bestplazierten Mannschaften erhalten Sachpreise bzw. einen Wanderpokal. Dieser Wettbewerb ist stärker leistungsorientiert und wird mit einer offiziellen Siegerehrung abgeschlossen.

Parallel zu diesen beiden „Wettkämpfen" findet ein Spielsportfest statt, zu dem mehrere Spielmobile zur Verfügung stehen. Diese können für eine selbständige oder gemeinsame sportliche Betätigung von allen Teilnehmern und Betreuern genutzt werden. Im Vordergrund stehen hier Spaß und Freude sowie das gemeinsame Spiel aller Beteiligten.

Ausgewählte Ergebnisse

Die Entwicklung der Teilnehmerzahlen seit 1991 zeigt, daß ein ständiger Zuwachs an Beteiligten bzw. Aktiven aus vielen verschiedenen Einrichtungen zu verzeichnen ist (Abbildung 2). Insbesondere ein hoher Anteil geistig Behinderter hat alljährlich an den Landesjugendspielen teilgenommen. 1995 konnte laut Ausschreibung die Gruppe der Lernbehinderten nicht berücksichtigt werden, da die jährlich ansteigenden Teilnehmerzahlen den organisatorischen Rahmen der Veranstaltung zu sprengen drohten. Trotzdem wurde annähernd die gleiche Teilnehmerzahl wie 1994 erreicht. Für lernbehinderte Kinder und Jugendliche wurde statt dessen ein leistungsbezogener Wettkampf vom Verband angeboten, der allerdings ausschließlich leistungsorientiert ist. Das Verhältnis Aktive : Betreuer beträgt ca. 3 : 1.

Die einzelnen Stationen wurden in jedem Jahr von einer unterschiedlichen Anzahl von Teilnehmern ausgewählt. Ganz oben in der Beliebtheitsskala rangieren solche Stationen wie Medizinball-Weitrollen, Hütchen sammeln, Zielwerfen und Basketball-Korbwurf, da sie aufgrund der leicht verständlichen Aufgabenstellung besonders für die Gruppe der geistig Behinderten geeignet erscheinen. Aus Abbildung 3 wird er-

Übersicht: Teilnehmerzahlen

Jahr	Gesamt	Aktive				Betreuer	Einrichtungen
		Gesamt	KB	GB	LB		
1991	♣	620	♣	♣	♣	♣	♣
1992	1087	831	♣	♣	♣	256	♣
1993	1320	1016	123	706	187	304	74
1994	1289	947	77	675	195	342	79
1995	1235	927	89	838	-	308	57

♣ Angaben liegen nicht vor — nicht teilgenommen
KB Körperbehinderte   GB Geistig Behinderte   LB Lernbehinderte

Abbildung 2. Entwicklung der Teilnehmerzahlen 1991-1995.

sichtlich, daß die gesamte Bandbreite aller Stationen von allen Behinderungsarten genutzt wird, was für unser Konzept der Auswahl geeigneter, behindertengerechter Aufgaben spricht. Es scheint folglich keine typischen Stationen bzw. Aufgaben für geistig Behinderte bzw. die anderen Behinderungsarten zu geben. Allerdings unterliegt diese Auswahl der subjektiven Einschätzung durch die Teilnehmer (bzw. Betreuer).

Die an ausgewählten Stationen erreichten Leistungen (Abbildung 4) weisen eine sehr große Streubreite innerhalb verschiedener Behinderungsarten und Altersklassen auf, die auf das individuell sehr unterschiedliche Leistungsniveau der Teilnehmer entsprechend der jeweiligen Behinderung verweist. Auffallend ist zunächst, daß die übliche Leistungszunahme im Altersgang fehlt, d.h. in einigen Fällen erzielen jüngere Teilnehmer sogar bessere Leistungen als ältere Behinderte der gleichen Behinderungsart. Die Ursachen dafür können sehr vielfältig sein und hier nicht stichhaltig begründet werden. Mögliche Ursache ist die nicht adäquate Förderung bzw. Forderung der Behinderten, die eine wachsende Differenz zwischen steigenden Umweltanforderungen und stagnierenden Realisierungsmöglichkeiten des Individuums bewirkt. Einige wenige systematische Leistungsunterschiede lassen sich zwischen verschiedenen Behinderungsgruppen erkennen. Die geistig Behinderten weisen im Ver

Auswahl der Stationen nach Behinderungsarten
Jahr: 1994

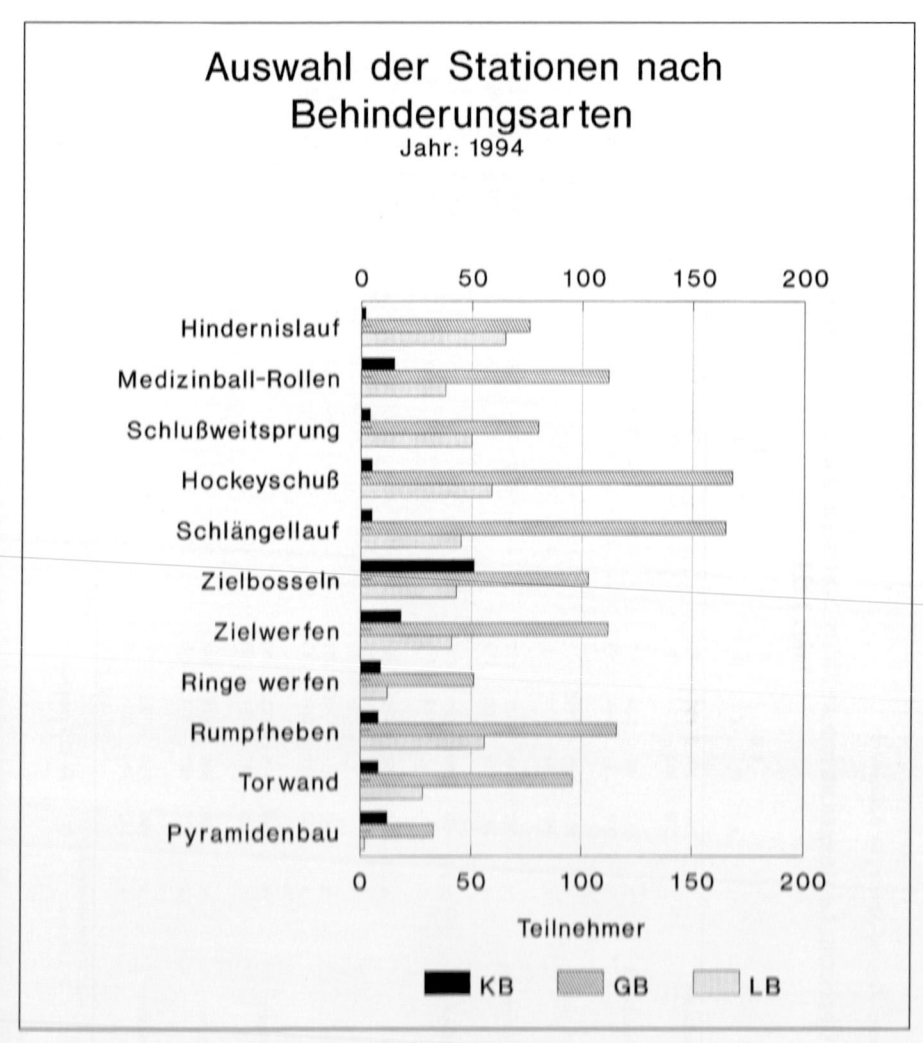

[Balkendiagramm mit Stationen: Hindernislauf, Medizinball-Rollen, Schlußweitsprung, Hockeyschuß, Schlängellauf, Zielbosseln, Zielwerfen, Ringe werfen, Rumpfheben, Torwand, Pyramidenbau. Achse: Teilnehmer (0–200). Kategorien: KB, GB, LB.]

Abbildung 3. Auswahl der Stationen nach Behinderungsarten.

gleich zu den beiden anderen Gruppen der Lern- bzw. Körperbehinderten gute Leistungen in solchen Aufgaben auf, bei denen die Aufgabenstellung relativ leicht verständlich (z.B. Hütchen sammeln) ist oder die mit höheren konditionellen Anforderungen verbunden sind (z.B. Rumpfheben, Schlußweitsprung, Medizinball-Rollen).

Mehrfachbehinderte

Thüringer Landes-Jugend-Spiele für Behinderte

Übersicht: Leistungen an ausgewählten Stationen (max.: 1200 Punkte/Station)
Jahr: 1994

Station		GB A	GB B	GB C	GB D	KB A	KB B	KB C	KB D	LB A	LB B	LB C	LB D
Station 1: Hindernisslalom	x	296	264	192	183	-	-	175	-	200	506	485	577
	s	203	192	13	14	-	-	0	-	0	298	252	218
Station 2: Medizinball-Rollen	x	653	460	524	237	318	365	760	415	1032	787	667	-
	s	293	284	308	199	220	209	0	181	182	260	126	-
Station 3: Schlußweitsprung	x	893	823	1105	-	600	1200	-	-	1200	1096	1200	-
	s	300	281	235	-	0	200	-	-	0	178	0	-
Station 5: Hütchen sammeln	x	702	643	522	527	-	1000	700	500	900	943	837	785
	s	192	159	166	112	-	0	100	143	100	120	114	86
Station 6: Schlängellauf	x	138	100	385	100	100	-	-	225	280	471	966	1077
	s	14	0	524	0	0	-	-	189	379	412	443	428
Station 7: Zielbosseln	x	620	652	671	642	640	683	600	725	450	733	822	-
	s	193	193	189	151	173	214	339	212	251	174	253	-
Station 8: Zielwerfen	x	833	857	1000	879	-	1200	900	587	960	963	1080	885
	s	264	231	264	242	-	0	256	397	114	183	123	254
Station 11: Ringe werfen	x	289	315	143	400	185	150	200	-	514	-	400	400
	s	326	285	78	200	107	50	0	-	612	-	264	200
Station 13: Rumpfheben	x	1007	680	816	544	600	980	-	-	1170	1105	1153	-
	s	525	687	373	270	180	160	-	-	78	121	136	-
Station 15: Pyramidenbau	x	696	750	700	-	-	800	800	722	-	700	650	-
	s	142	100	0	-	-	100	0	44	-	0	50	-

Behinderungsarten: KB Körperbehinderte GB Geistig Behinderte LB Lernbehinderte
Altersklassen: D 8.-10. Lebensjahr C 10.-12. Lebensjahr B 13.-15. Lebensjahr A 16.-25. Lebensjahr

Abbildung 4. Überblick: Leistungen an ausgewählten Stationen.

Das Interview der Teilnehmer bzw. Betreuer in diesem Jahr zeigt, daß alle Beteiligten mit dem Konzept und der Veranstaltung insgesamt zufrieden sind. Bestätigt wird dies durch das breite Interesse und Echo dieser Veranstaltung in Presse, Funk und Fernsehen.

Ausblick

Die Thüringer Landesjugendspiele sind jährlich ein Höhepunkt für viele Behinderte Thüringens und zu einer schönen Tradition der vielfältigen Jenaer Sportlandschaft geworden.

Literatur
1 Erler K, Thieß M: II. Thüringer Landesjugendspiele für Behinderte. Motorik 15 (1992) 3, 186-187.
2 Strohkendl H: Anmerkungen zum Beitrag von H. Haep „Gesellschaftliche Rehabilitation durch Sport". Manuskript Lehrausschuß DBS 1995.

Die Verfasserin:
Dr. Kerstin Erler
Moritz-Klinik GmbH & Co. Bad Klosterlausnitz
Hermann-Sachse-Str. 46
07639 Bad Klosterlausnitz

Wasser in der Förderung von Menschen mit schwersten mehrfachen Behinderungen

R. Mayr

Zentrum für Körperbehinderte Würzburg

Water in the Rehabilitation of People with Very Difficult Multiple Handicaps

In the context of a special educationally orientated support of people with very difficult multiple handicaps the element water is a suitable medium for the therapeutical work. In the article a concept tested in practice is introduced. This concept takes into account the physical and physiological qualities of the water and the effects on the body, the individual needs of the heavily hindered persons, their attendants and the institutional and organizational basic conditions. For the practical use an eventful orientation of the offers, cooperative, communicative partnership between the persons affected and the attendants as well as individual handling is required. Examples for the use in practice complete the article.

Key words: seriously handicapped, multiple handicapped, water, rehabilitation

Im Rahmen einer sonderpädagogisch orientierten Förderung von Menschen mit schwersten mehrfachen Behinderungen, ebenso auch in eher medizinisch-therapeutisch orientierten Konzepten wird das Element Wasser/"Schwimmen" häufig als geeignetes Medium der pädagogischen/therapeutischen Arbeit erwähnt. Im folgenden Beitrag soll ein praktisch erprobtes Konzept vorgestellt werden, das im Wesentlichen am Zentrum für Körperbehinderte in Würzburg entstanden ist. Dabei können in diesem Rahmen nur grobe Ansätze aufgezeigt werden, auf eine inhaltlich vertiefte Erörterung muß an dieser Stelle verzichtet werden.

Bedingungsfaktoren der Arbeit im Wasser

Um sich mit den Möglichkeiten des Arbeitens mit Menschen mit schwersten mehrfachen Behinderungen im Wasser auseinanderzusetzen, ist es notwendig, sich mit einigen Faktoren zu beschäftigen, welche diese Arbeit beeinflussen:

Physikalische Gegebenheiten des Wassers und ihre Auswirkungen auf den Körper

Von grundlegender Bedeutung sind die physikalischen und physiologischen Bedingungen, denen der menschliche Körper im Wasser unterliegt. Die physikalischen Gegebenheiten des Wassers setzen u.a. den Körper veränderten Druck- und Temperaturbedingungen und einem physikalisch dichteren Milieu aus. Dies wirkt sich auf das physikalische Verhalten des Körpers aus (Auftrieb, Wasserlagen, ...), ebenso wie es physiologische Bedingungen verändert und Reaktionen hervorruft (z.B. Veränderung von Kreislauf, Herzschlagvolumen). Eine detaillierte Betrachtung dieser Auswirkungen, Reaktionen kann an dieser Stelle nicht erfolgen; hier soll nur auf die grundlegende Bedeutung verwiesen werden.

Aus den physikalischen Bedingungen ergeben sich im Zusammenspiel mit physiologischen Gegebenheiten des menschlichen Körpers ganz konkrete Auswirkungen und Möglichkeiten auf die Situation und die Arbeit mit schwerstbetroffenen Menschen im Wasser und auf die Möglichkeiten, sich mit der Lebenswirklichkeit schwerstbetroffener Menschen im Element Wasser auseinanderzusetzen und auf sie - wenn auch nur in einem begrenzten Bereich - einzuwirken.

Bedingungen, Bedürfnisse des Alltags

Die Arbeit im Wasser wird in starkem Maße von dem konkreten, alltäglichen Kontext determiniert, in dem sie stattfindet. Aus diesem Kontext lassen sich drei wichtige Faktoren herausgreifen, die kurz und beispielhaft erläutert werden sollen:
a) die Person(en) mit schwersten mehrfachen Behinderungen
b) der/die BetreuerInnen
c) institutionelle/organisatorische Rahmenbedingungen

a) Die Person mit schwersten mehrfachen Behinderungen: Der Ausprägungsgrad und die Art der Behinderung wirken sich natürlich direkt auf die Situation im Wasser aus. Dies gilt nicht nur für körperliche, geistige Gegebenheiten, auch die - u.U. täglich wechselnde - emotionale Befindlichkeit ist hier von großer Bedeutung (Familiensituation, Heimsituation, ...), abhängig von der ganz individuellen Biographie. Ganz konkrete Bedingungen wie Grad der Pflegebedürftigkeit, Inkontinenz, Anfallsbereitschaft etc. beeinflussen ebenfalls die Situation im Wasser.

b) Der/die BetreuerInnen: Die Arbeit mit Menschen mit schwersten Behinderungen läßt sich nicht von der ganz persönlichen Befindlichkeit der betreuenden Personen trennen. Neben dem privaten Lebenskontext wirken sich Art und Qualität der Ausbildung, berufliche Zufriedenheit, Streß und Überlastung genauso aus wie das

Klima der kollegialen Zusammenarbeit. Auch Wertschätzung der geleisteten Arbeit und andere ähnliche Faktoren aus dem beruflichen Alltag spielen eine wichtige Rolle. Der Blickwinkel, mit dem der Umgang, das Zusammenleben und wirken mit schwerstbetroffenen Personen betrachtet wird, wird sehr intensiv von der persönlichen, aber auch der beruflichen Biographie der betreuenden Personen bestimmt. So wird z.B. eine Krankengymnastin in der Regel mit anderen Intentionen, einer anderen Betrachtungsweise an eine Situation mit behinderten Menschen herantreten als eine Sonderpädagogin und wiederum anders als eine betroffene Mutter. Diese unterschiedlichen Betrachtungsweisen, aus denen sich unterschiedliche Ansätze, Ideen, Vorhaben ergeben können, werden weiter beeinflußt von unterschiedlichen Fort- und Weiterbildungen wie auch ganz individuellen Erfahrungen, Erlebnissen in der Arbeit.

c) Institutionelle/organisatorische Rahmenbedingungen: Die institutionellen/organisatorischen Rahmenbedingungen wirken sich in starkem Maße auf die Umstände aus, unter denen Maßnahmen im Wasser stattfinden können. Dies zeigt sich an örtlichen, architektonischen Gegebenheiten wie z.B. Art und Gestaltung von Schwimmhalle und Umkleideräumen ebenso wie an Luft- und Wassertemperatur. Auch die Ausstattung der Schwimmhalle (Spielmaterialien, Hilfsmittel wie z.B. Duschliegen, etc.) spielen eine wichtige Rolle. Der organisatorische Rahmen, in dem „Schwimmen" stattfindet, verändert sich abhängig von der tragenden Institution, Organisation. So unterliegt die Arbeit im Rahmen einer Sonderschule unter Umständen völlig anderen Bedingungen als beispielsweise die Arbeit in einer Werkstatt für Behinderte oder wiederum in einem Sportverein. Die Arbeit in einer institutionseigenen Schwimmhalle kann von anderen Umständen geprägt sein als die Arbeit im „Gästestatus" in einem öffentlichen Schwimmbad. Von entscheidender Bedeutung gerade in der personalintensiven Arbeit mit schwerstbetroffenen Menschen erscheint die Personalsituation - nicht nur im Wasser. Sie entscheidet oft schon im Vorfeld pädagogischer, therapeutischer Maßnahmen über deren Umsetzbarkeit, bzw. z.B. über die Zahl der Personen, die miteinbezogen werden können. Neben der Anzahl der zur Verfügung stehenden MitarbeiterInnen prägt auch deren Ausbildungsstand die Arbeitsbedingungen im Wasser. Hier fallen neben fachlichen Kriterien besonders auch sicherheitsrelevante Aspekte ins Gewicht. Gerade in dem Aspekt „BetreuerInnen" zeigt sich die Einbettung in gesamtgesellschaftliche Zusammenhänge, in der sich auch die Arbeit im Wasser ereignet.

Konzeptionelle Gestaltung der Arbeit im Wasser

Individuell orientierte Angebotsformen für Menschen mit schwersten Behinderungen im/am Wasser

Eine Konzeption der Arbeit im Wasser muß die genannten Bedingungen, unter denen sie sich ereignet berücksichtigen. Wichtigstes und maßgebendes Kriterium dieser Arbeit ist der Mensch (mit Behinderung) in seiner individuellen Befindlichkeit. Diese ganzheitlich betrachtete Befindlichkeit bestimmt letztlich Inhalte, Methoden, Ausgangspunkt und Prozeß der Arbeit im Wasser.

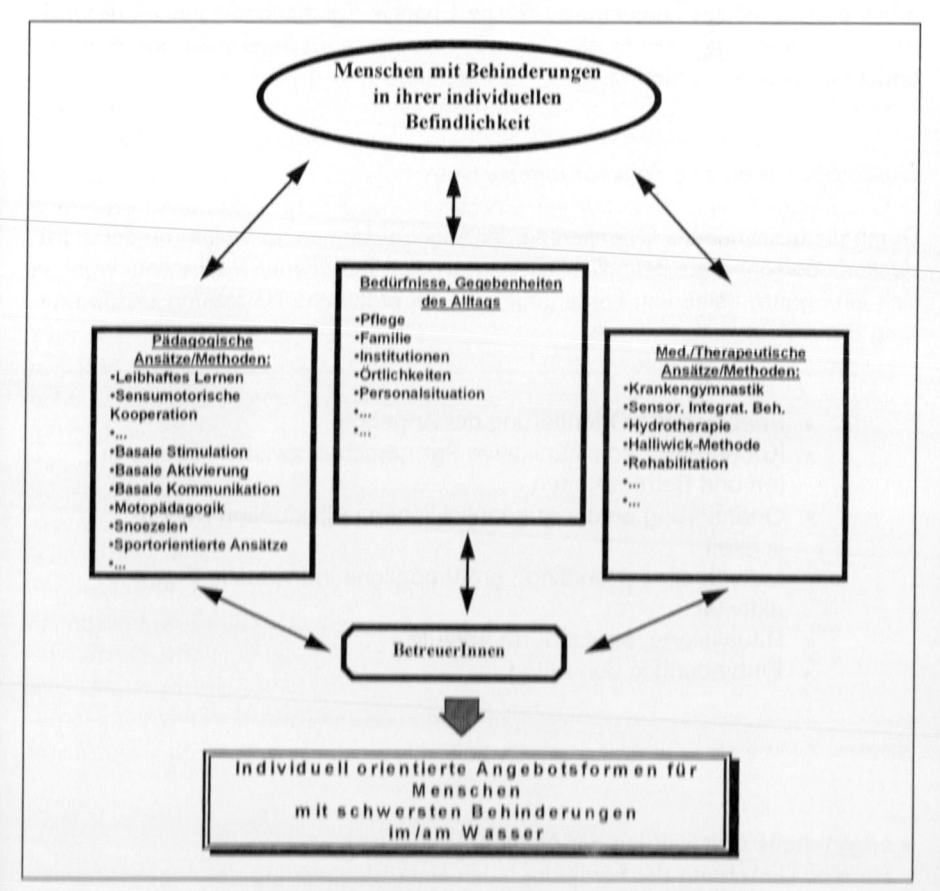

Abbildung 1. Individuell orientierte Angebotsformen.

Aufgabe der betreuenden Personen ist es, die beschriebenen bedingenden Faktoren so zu gewichten, daß sie dieser Forderung gerecht werden. Aus der Berücksichtigung von individuellen Gegebenheiten und Bedürfnissen von Betreuten und BetreuerInnen - orientiert an organisatorischen, institutionellen Bedingungen - ergeben sich dann individuell orientierte Angebotsformen für Menschen mit schwersten Behinderungen im/am Wasser.

Dabei sind ideologisierende Ausschließlichkeitsansprüche für eine bestimmte Therapieform, für einen bestimmten pädagogischen Ansatz ebenso fehl am Platz wie fach- oder berufsorientierte „Scheuklappen". Daraus ergibt sich die Forderung nach einer möglichst weitgehenden interdisziplinären Teamarbeit. In dieser solidarischen Teamarbeit besteht meines Erachtens auch eine Chance, Rahmenbedingungen abzumildern, zu modifizieren, welche eine Einzelperson nur sehr schwer oder gar nicht verändern kann (Vgl. Abbildung 1).

Ganzheitlich orientierte Angebotsformen

Durch die beschriebene Orientierung der Angebotsformen im Wasser an der individuellen, persönlichen Befindlichkeit von schwerstbetroffenen Menschen ergeben sich eine ganze Reihe von Forderungen an die praktische Umsetzung und Gestaltung dieser Angebote:

- Erlebnishafte Orientierung der Angebote
- Kooperative, kommunikative Partnerschaft zwishen Betreuten und BetreuerInnen
- Orientierung an der augenblicklichen individuellen Befindlichkeit
- Individuelles „Handling": größtmögliche individuelle Eigenaktivität
- Ritualisierte, strukturierte Abläufe
- Einbindung in den Alltag

Abbildung 2. Ganzheitlich orientierte Angebotsformen.

- Erlebnishafte Orientierung der Angebote
  Für eine Umsetzung der Forderung nach einer Orientierung der Angebotsformen an der individuellen, persönlichen Befindlichkeit erscheint es wichtig, diese Ange-

bote so zu gestalten, daß sie die beteiligten Menschen in ihrer Ganzheit ansprechen. Die Schaffung einer erlebnishaften, angenehmen Atmosphäre, in der besonders auch eine positive emotionale Beteiligung von Betroffenen und BetreuerInnen angestrebt wird, erscheint gerade für einen Personenkreis wichtig, der u.U. gerade in den Bereichen Körperlichkeit, sozialem, partnerschaftlichem Erleben wenig, bzw. wenig positive Erfahrungen gemacht hat. Solch eine positive emotionale Grundausrichtung der Angebote erst kann die Grundlage für eventuelle therapeutische, pädagogische Vorstellungen sein, die auf der Basis von gleiberechtigtem, kooperativem zwischenmenschlichem Handeln stehen.

- Kooperative, kommunikative Partnerschaft zwischen Betreuten und BetreuerInnen
Eine Orientierung an der individuellen Befindlichkeit kann nur bedeuten, daß sich die Arbeit im und mit dem Wasser in einer Weise ereignet, welche eine möglichst weitgehende aktive Teilhabe der betreuten Menschen ermöglicht, eine möglichst weitgehende Aktivierung und Selbstbestimmung. Dies kann nur geschehen, wenn Angebotsformen in einer Weise umgesetzt werden, die es den beteiligten Personen ermöglicht, ihre Emotionen, Wünsche und Vorstellungen in der ihnen individuell möglichen Form in eine gleichberechtigte Partnerschaft einzubringen und auch eine angemessene, individuell orientierte Reaktion zu erleben.

- Individuelles Handling
Der Themenbereich „Handling" hat in der pädagogischen Arbeit im Wasser, besonders in der Arbeit mit behinderten Menschen, einen großen Stellenwert. Dabei ist im Kontext der Arbeit mit schwerstbetroffenen Menschen nicht nur ein eher technisches Verständnis von Halten, Gehalten werden im Wasser angesprochen, sondern die Art und Weise der Interaktion im gesamten Aktionsfeld Schwimmhalle. Es geht also nicht nur um Techniken des Haltens, Tragens, etc., sondern auch um die Qualität des Umgangs mit dem betreuten Partner beispielsweise in den Umkleideräumen, unter der Dusche etc.. Handling orientiert sich an der individuellen Befindlichkeit des betreuten Partners, an seinen individuellen Möglichkeiten und Gegebenheiten. Dies bedeutet, daß sichere, eindeutige Hilfestellung geleistet werden muß, aber auch daß nur die Hilfestellung gegeben wird, die - abhängig von der Situation - unbedingt notwenig erscheint. Dies erscheint von zentraler Bedeutung in der Arbeit im Wasser - kann doch so eine situativ größtmögliche Eigenaktivität erreicht werden - ohne zu überfordern. Im Bestreben, den Partner diejenigen Beiträge zur jeweiligen Situation, die er selbst und aktiv leisten kann, auch wirklich eigenaktiv leisten zu lassen, drückt sich letztlich auch das Annehmen des Partners als gleichberechtigten Teilhaber aus. Die angesprochenen Eigenaktivitäten des betreuten Partners sind in diesem Zusammenhang nicht nur auf sichtbare motorische Reaktionen beschränkt, auch Wahrnehmungs-, Interaktionsaktivitäten sind hier mit einzubeziehen.

- Ritualisierte, strukturierte Abläufe eingebunden in den Alltag
  Um eine größtmögliche aktive Teilhabe, eine weitestgehende Beteiligung an den Angeboten zu erleichtern, haben sich in der Praxis ritualisierte, klar strukturierte Abläufe bewährt. Immer wiederkehrende, gleichablaufende Situationen bieten auch Menschen mit schwersten Behinderungen eine Chance, sich in ihren individuellen Möglichkeiten auf diese Situationen einzustellen und so letztlich auch daran teilhaben zu können. Eine Einbindung dieser „Rituale", Strukturen in alltägliche Abläufe bzw. deren Transfer in die Schwimmhalle erleichtert weiter die Transparenz der Situationen (gemeinsames Vorbereiten der Schwimmsachen, bekannte Lieder, Musik aus der Gruppe, ...).

Vorschlag zur Strukturierung von Angeboten für Menschen mit schwersten Behinderungen im/am Wasser

Unter Berücksichtigung der oben geforderten ganzheitlichen Orientierung der Angebote im Wasser sei nun - leicht idealisiert - eine Grobstruktur für Angebotsformen im/am Wasser für schwerstbetroffene Menschen vorgestellt, die sich im Alltag der Schule für Körperbehinderte in Würzburg bewährt hat. Diese Struktur kann natürlich nur ein Gerüst darstellen, welches hier auch nur grob dargestellt werden kann und sich im Alltag unter vielerlei Bedingungen modifiziert (Vgl. Abbildung 3).

Vorbereitende Angebote

Wie bereits erwähnt, erscheinen ritualisierte Abläufe von großer Bedeutung. Schon im Vorfeld der eigentlichen Angebote in der Schwimmhalle erscheinen solche „Rituale" geeignet, eine größere Einbeziehung der betreuten Personen zu ermöglichen und so die Chance auf ein Sich-Einstellen-Können zu bieten. Als Beispiel sei hier ein gemeinsames Herrichten der Schwimmsachen unter Einbeziehung aller Sinne (Riechen am Duschmittel, ...) erwähnt.
Der Lern-, Angebotsort Schwimmhalle gliedert sich in mehrere Bereiche, die jeder für sich, aber auch in der kombinierten Nutzung ein großes Potential zur Anwendung für ganz unterschiedliche Angebote anbieten.

Umkleideräume/Dusche als pädagogisches/therapeutisches Feld

Umkleideräume, Dusche spielen in der Arbeit am/im Wasser eine große Rolle. Oft

Mehrfachbehinderte

Vorbereitende Angebote

Ritualisierte Vorbereitung im Gruppen- / Klassenbereich

Umkleide /Dusche als päd. Feld

Individuelles, eigenaktives Umkleiden
Duschen als päd. Angebot - kommunikativ orientiert
Erlebnishafte Angebotsformen im Duschbereich

Angebote im Wasser
- Ritualisierter, gemeinsamer Beginn
- individuelle Angebote
- partner-, gruppenorientierte Angebote
- nach Möglichkeit: gemeinsamer, ritualisierter Abschluß

Angebote in der Schwimmhalle

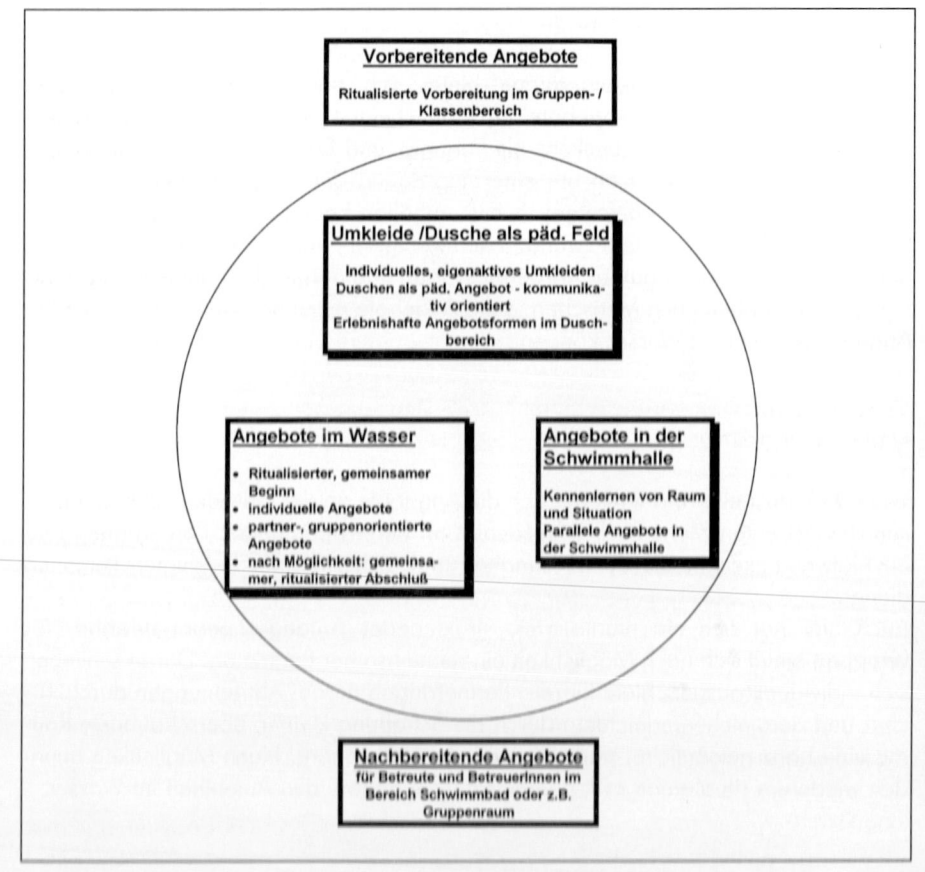

Kennenlernen von Raum und Situation
Parallele Angebote in der Schwimmhalle

Nachbereitende Angebote
für Betreute und BetreuerInnen im Bereich Schwimmbad oder z.B. Gruppenraum

Abbildung 3. Strukturierung von Angeboten.

schon entscheidet sich bereits in diesen Örtlichkeiten, ob es gelingt, eine positive emotionale Grundstimmung für weitere Angebote in der Schwimmhalle zu erreichen. So wirkt sich die Art und Weise des Umkleidens, des Duschens, der Interaktion dabei enorm auf die emotionale Befindlichkeiten aller Beteiligten aus. Dies gilt auch für Temperatur, räumliche Enge, Möglichkeiten zum Wickeln, Geräteausstattung, ...
Andererseits bietet sich in diesen Räumlichkeiten schon Anlaß und Gelegenheit für eine ganze Reihe von Angebotsformen; sei es im Verlauf, in der Vertiefung von Abläufen (Massagen beim Ankleiden, Duschen,...), sei es in speziellen Angeboten (farbige Seifen, „Feste" in den Duschräumen, ...).

Angebote in der Schwimmhalle

Wie schon Dusche, Umkleideräume bietet sich häufig auch die eigentliche Schwimmhalle als Feld für Angebote an. So erscheint es wichtig, das gesamte räumliche Umfeld des Schwimmbeckens als Erlebnis- und Erfahrungsraum in die Angebote mit einzubeziehen, auch um eine Einordnung der vielgestaltigen Sinnesreize einer Schwimmhalle zu erleichtern. Schwimmhallen haben eine hohe Lufttemperatur; es wird schon aus diesem Grund in den wenigsten Einrichtungen Räumlichkeiten geben, die sich ähnlich gut für Körpermassagen und dergleichen anbieten. So können in vielen Fällen auch Menschen in die Angebote miteinbezogen werden, die (im Augenblick) nicht ins Wasser können.

Angebote im Wasser

Wie schon ausgeführt, orientieren sich die Angebote an der individuellen Befindlichkeit der betreuten Menschen, ausgerichtet an bereits erläuterten Forderungen und an Notwendigkeiten, die der Gesundheit und Sicherheit der beteiligten Personen dienen.
Auch hier hat sich ein ritualisiertes, strukturiertes Anfangsangebot bewährt; für Gruppen bietet sich nach Möglichkeit ein gemeinsamer Beginn an. Daran schließen sich individuell ausgerichtete Einzel-, Partnerangebote an. Abtrennungen durch Tücher und dergleichen erleichtern durch die Schaffung kleiner, überschaubarer Räume eine ganz persönliche, partnerorientierte Atmosphäre. Nach Möglichkeit beenden wiederum ritualisierte evtl. gemeinsame Angebote den Aufenthalt im Wasser.

Nachbereitende Angebote

Der Aufenthalt, die Arbeit im/am Wasser kann aus unterschiedlichen Gründen für alle Beteiligten sehr anstrengend und belastend sein. Aus diesem Grund haben sich „nachbereitende" Angebote bewährt, die den Beteiligten die Möglichkeit zur gemeinsamen Entspannung, zum gemeinsamen Ausklang bieten: gemeinsames Teetrinken; gemeinsame Ruhephase, „kleine" Massagen, gemeinsames Musikhören,.. Auch hier bieten sich ritualisierte Abläufe an.
Das geschilderte Konzept konnte hier nur grob umrissen und angedeutet werden. Die Beschreibung der Konzeption möchte hier nur als eine Momentaufnahme eines andauernden Prozesses verstanden werden. Sie soll, so die Hoffnung, ermutigen, das Element Wasser weiter für den Personenkreis der Menschen mit schwersten

mehrfachen Behinderungen zu nützen und zu erschließen. Dies geschieht auch in der Überzeugung, daß sich Erkenntnisse aus dieser Arbeit auch für andere pädagogische, therapeutische Bereiche als relevant und bereichernd erweisen können.

Literatur
1. Ayres J: Bausteine der kindlichen Entwicklung. Berlin-Heidelberg: Modernes Lernen, 1984.
2. Denk S: Individuelle Förderung Schwerstbehinderter. Dortmund: 1987
3. Gillman: Physikalische Therapie. Stuttgart: 1981/5.
4. Irmischer T: Motopädagogik bei Geistigbehinderten. Schorndorf: Hofmann, 1980
5. Kiphard E J: Motopädagogik. Dortmund: Modernes Lernen, o J.
6. Lagerström: Fit durch Schwimmen. Erlangen: 1983.
7. Mertens K: Zur Interdependenz von Körperbewußtsein und intelligentem Verhalten. Krankengymnastik (1987), 535-542.
8. Mayr R: Die Halliwick-Methode - Schwimmen nicht nur mit Behinderten. Praxis der Ergotherapie 4 (1990).
9. Mayr R: Bewegen, Spüren, Erfahren i W, in Lebenshilfe, LV NRW (ed): „Annehmen und Verstehen" - Förderung v Menschen mit sehr schweren Behinderungen. Hürth: 1992.
10. McMillan J: The Role of Water in Rehabilitation. Unveröffentlichtes Arbeitspapier.
11. Pfeffer W: Förderung schwer geistig Behinderter. Würzburg: Ed Bentheim, 1988.
12. Praschak W, Schönberger F, Jetter K: Sensumotorische Kooperation mit Schwerstbehinderten, in Schönberger, Jetter, Praschak (eds): Bausteine der kooperativen Pädagogik I. Stadthagen: Bernhardt-Pätzold,1987, 199-220.
13. Scheid V, Mayr R: Körper- und bewegungsbezogene Förderung schwerstbehinderter Menschen. Motorik 15 (1992) 2, 59-68.
14. Schöning N: Bewegungstherapie im Wasser. Stuttgart-NewYork: 1988.

Der Verfasser:
Roman Mayr
Zentrum für Körperbehinderte
Berner Str. 10
97084 Würzburg

Angebote zur Bewegungsförderung in der Schule für blinde und sehbehinderte Kinder mit schwerer Mehrfachbehinderung

Th. Viereck
Graf-zu-Bentheim-Schule der Blindeninstitutstiftung Würzburg

Exercise Treatment in the School for Blind and Partially Sighted Children with a Severe Multiple Handicap

Blind and partially sighted children with a severe multiple handicap suffer also from developmental disturbances due to a lack in exercise treatment. The elimination of deficits of motion is therefore an essential aim of schools for handicapped persons. The performance of sports lessons is mostly an organizational problem. In order to solve this problem the sports hall can be prepared for a whole day so that the sports hall can be used by several classes and individual treatment is still possible. With trampoline, gyro-wheel, and swings deficits of the kinesthetic perception, in the development of the body scheme and of the vestibular organ.

Key words: multiple handicapped, visual deficits, exercise treatment

Einleitung

Vielen mehrfachbehinderten blinden und sehbehinderten Kindern fehlt bereits in der ersten Lebensphase aufgrund von Hospitalisation der erste Entwicklungsreiz durch Bewegungserleben. In der weiteren Entwicklung treten zusätzliche Defizite durch die fehlende visuelle Wahrnehmung auf, die die Motivation zum Bewegen, zum Greifen, zum Krabbeln und Aufrichten darstellt. Durch Frühförderung kann vieles kompensiert werden, Kompensationsmechanismen können bei mehr auf das Sehen beschränkten Behinderungen durch Bewegung gefördert werden. In dem Falle zusätzlicher Behinderung ist diese Kompensationsmöglichkeit weiter eingeschränkt, so daß die Förderung der verbliebenen Restfunktionen noch vordringlicher erscheint. D.h. wenn Bewegung an sich schon nur eingeschränkt und mühevoll möglich ist, so ist der fehlende Bewegungsanreiz aufgrund des visuellen Defizits um so gravierender. Der nachfolgende Beitrag schildert die Probleme und die Lösungsmöglichkeiten zur Behebung von Bewegungsdefiziten und damit zur Entwicklungsförderung der Kinder im Schulalltag in einem Erfahrungsbericht.

Ausgangssituation

Die hier vorgestellte Förderschule wird besucht von 238 mehrfachbehinderten blinden und sehbehinderten Schülern und zusätzlich von 63 Sehbehinderten, die ansonsten nahezu normalbegabte Schüler sind. Aufgrund dieses großen Leistungsspektrums von Blinden mit fehlender Körperkontrolle bis hin zu Sehbehinderten mit Entwicklungsverzögerungen bedingt eine Struktur mit einer „großen" Schule - ein separates Schulgebäude -, die von Schülern besucht wird, die Kulturtechniken zumindest ansatzweise erlernen und verbal kommunizieren können und darüber hinaus den Weg aus der Wohngruppe in die Schule selbst oder mit geringer Hilfe bewältigen können. Dies entspricht dem Prinzip, nach dem auch mehrfachbehinderte Schüler eine Unterscheidung von Arbeit - Schule, Freizeit - Tagesstätte oder Heim erleben sollen. Der Großteil der Schüler lernt in heimintegrierten Klassen innerhalb der Wohngruppe, da das Lernen dieser Schüler weitgehend auf den lebenspraktischen Bereich ausgerichtet ist.

Die gemeinsame Sportstätte wurde zunächst nach einer hierarchischen Struktur in der Stundenplangestaltung besucht: Zunächst Stundenbelegung durch die Sehbehinderten, dann die Klassen der „großen" Schule und zuletzt, die übrig gebliebenen Stunden für die heimintegrierten Klassen. Zum Ausgleich wurde am Freitag ein Air-Tramp aufgebaut als einzige Möglichkeit der Bewegung für leistungsschwache Schüler. Der Besuch der Sportstunde im Klassenverband erwies sich oft als problematisch, da auf eine Klasse von ca. 5 Schülern 2-3 Betreuer kommen, die die meist rollstuhlabhängigen Kinder schon auf dem Weg bis zur Turnhalle betreuen müssen. Fällt ein Betreuer aus oder muß ein Betreuer in der Gruppe bleiben, wird schon allein der Weg zur Turnhalle zum Problem, abgesehen von der Betreuung während der Stunde, die folglich ausfallen müßte. Im 45 min-Takt der Schulstunden ist der Weg zur Turnhalle, der Weg vom Umkleideraum in die Sportstätte, der Auf- und Abbau der Geräte sowie die Betreuung der Schüler am Gerät möglichst in einem 1:1 Verhältnis ein großes Problem, das bestimmte Organisationsformen erfordert.

Problembewältigung und Organisationsform

Die Problemlösung liegt in 2 Punkten:
1. Reservierung der Sporthalle für die leistungsschwachen Schüler für einen ganzen Tag.
2. Abschaffung der festen Zuordnung Sportstunde gleich Klasse.

Alle Geräte zur Bewegungsförderung werden am Morgen von einigen Mitarbeitern aufgebaut und am Nachmittag wieder abgebaut. Der Stundenplan für die Klassen bleibt bestehen, es werden aber mehrere Klassen für die Hallenbelegung eingeplant, so daß unabhängig von der schwankenden Schülerzahl breitere Betreuungsmöglichkeiten bestehen. Damit ergibt sich ein gleitender Übergang mit größerer Effizienz und trotzdem kann für alle Klassen und Schüler ein weitgehend gleichbleibender Organisationsablauf vorgesehen werden.

Klarer Beginn und ein Ende auf gleichbleibende Art, ähnlicher Ablauf der Sportstunde. Der Turnbeutel, die Sportkleidung und der Umkleideraum haben für die Schüler Signalfunktion. Sie werden auf das Kommende eingestimmt. Beginn und Ende der Sportstunde können trotz des fließenden Charakters in gemeinsamen Aktionen stattfinden, dazwischen wird in Einzelförderung gearbeitet, die durch das zusammen Agieren von Betreuern mehrerer Klassen und unterstützt durch weiteres Heimpersonal eine 1:1 - Besetzung ermöglicht. Zu Beginn erleben die Schüler auf der Weichbodenmatte liegend zur Musik unter dem Schwungtuch die Umgebung, den Luftzug, die Geräusche, leider auch die elektrostatische Aufladung durch das Schwungtuch. Den Abschluß der Stunde bildet eine „Zugfahrt" bestehend aus einem Rollstuhl als Lokomotive mit daran angehängtem Sprungkastenoberteil, das mittels Rollbretter fahrbar gemacht wird. Zum Lied wird jede Runde einem einzelnen Schüler gewidmet bis alle zusammen im Wagen Platz genommen haben.

Diskussion

Das gemeinsame Erleben von Bewegungserfahrungen in der Gruppe macht Organisationsformen notwendig, die nicht unbedingt mit dem normalen Schulalltag vereinbar sind, aber sich realisieren lassen. Der fehlende Bewegungsanreiz in der individuellen Entwicklung und in der Kombination des visuellen Defizits mit weiteren Behinderungen macht ein möglichst hohes Maß an Bewegungsförderung unabdingbar. Es fehlt nicht nur in der Regel die Bewegungsmotivation, viele dieser Schüler besitzen zusätzlich Negativerlebnisse, die sich in Bewegungsängsten ausdrücken, weil sie immer wieder schmerzhafte Erfahrungen machen, an Dinge zu stoßen und über Hindernisse zu stolpern, denen Sehende leicht aus dem Weg gehen können. Wahrnehmung als die Basis für Lernen kann im Sportunterricht auf unvergleichbare Art gefördert werden:

Im kinästhetischen Bereich, in der Körperschemaentwicklung, im vestibulären Bereich etc.. Schmerzfreie Möglichkeiten und psycho-motorische Förderungen sind vielfach möglich. Hilfsmittel wie das Trampolin, das Rhönrad, die an langen Seilen aufgehängte Schaukel motivieren und gehören zu den beliebtesten Sportgeräten. Bei Turnen an diesen Geräten lassen sich immer wieder verblüffende Reaktionen dieser Schüler beobachten. Sie lernen hier nicht nur, neben der Sehbeeinträchtigung auch mit der intellektuellen Beeinträchtigung oder körperlichen Behinderung besser zurecht zu kommen, sondern sie erleben auch Freude an der Bewegung, wie sie sonst im Schulalltag nur selten zu finden ist.

Der Verfasser:
Th. Viereck
Graf-zu-Bentheim-Schule der Behinderteninstitutsstiftung Würzburg
Ohmstr. 7
97076 Würzburg

Tauchen mit körperlich Behinderten

G. Schuerman

Tauchschule No Limits Wet Wheels, Sas. v. Gent, Holland

Diving with Disabled

Both of the medical and diving communities offered considerable resistance to the entrance of disabled persons into the high risk sport of scuba diving.
Fortunately, scuba diving proved to be an area where disabled persons intended to be involved regardless of opposition. The essential art is to learn how to maintain the risk within acceptable limits by modifying the techniques and restricting the tasks attemped.
Even in doing this diving training, we have attemped to deal with specific categories of disablement. However, there is a wide range of degree of disablement within each category just as there are significant differences to overcome their disability.
Everybody can learn how to scuba dive including all kinds of disabilities for example quadriplegie, blindness, multiple sclerosis, head trauma, arthritis etc.. Scuba diving gives freedom, independence, joy and beauty. Everyone must have the opportunity to share this experience.

Key words: disability, scuba diving, freedom, independence, experience

Einleitung

In Holland und Belgien können nicht nur körperlich Behinderte seit einigen Jahren tauchen lernen, sondern auch seit den letzten zwei Jahren Menschen, die MS und Muskeldystrophie haben oder gering gradig mental gestört sind. Letztere tauchen in Holland nur im Schwimmbad.
Diese Menschen haben hier die Möglichkeit, etwas Spezielles zu erleben. Tauchen ist für sie ein wahres Erlebnis (im Leben) - sie reden fortwährend davon. Alle, egal ob sie jetzt körperlich behindert, mental gestört, blind, oder ob es normale Leute sind haben Spaß an dieser Art von Sport, ob es jetzt nur im Schwimmbad ist oder draußen im Urlaub. Für körperlich Behinderte kommt noch dazu, daß es auch eine Form von Rehabilitation ist. Es ist aber nicht allein die Rehabilitation, sondern auch in der Psyche wurde etwas erreicht. Beim Tauchsport wird der Rollstuhl an die Seite gestellt, und die Behinderten fühlen sich genau wie normale Taucher - da ist dann kein Unterschied. Im Wasser sind wir alle gleich - auch im Umgang miteinander.

Hauptthema ist nachfolgend das Tauchen mit Querschnittsgelähmten, weil es mit diesen nach eigenen Erfahrungen etwas schwieriger ist als mit Menschen, die einen Arm oder ein Bein verloren haben. Auch die Menschen, die in einem Rollstuhl sitzen mit chronischer Spastizität, kann ich hierunter aufführen, da ich mit ihnen dieselben Probleme beim Tauchen erlebe wie mit Querschnittsgelähmten.

Praxisrelevante Probleme

Das im Wirbelkanal liegende Rückenmark umfaßt folgende Bahnsysteme:
- Aufsteigende Strukturen: Vom Körper werden Impulse an das Gehirn gegeben - sensorische Impulse.
- Absteigende Strukturen: Vom Gehirn aus werden Impulse an die Muskulatur gegeben - motorische Impulse.

Unterbrechungen durch Unfall, Blutungen, Entzündungen, Tumore mit Befall des Rückenmarks und durch angeborene Abweichungen resultieren in einem kompletten oder inkompletten Querschnitt. In der Praxis sieht es so aus, daß eigentlich alle Menschen, die eine Querschnittslähmung haben, rollstuhlgebunden sind.
Das Ausmaß der Folgen einer Querschnittslähmung ist von 2 Faktoren bestimmt:
- Das Niveau - die Höhe der Verletzung
- Ganz oder nicht komplette Rückenmarksbeschädigung.

Im Schwimmbad ist im eingetauchten Zustand der Auftrieb durch das Wasser in den meisten Fällen groß genug, um Verletzungsgefahren vorzubeugen. In einer minder sicheren Umgebung müssen Vorsichtsmaßnahmen getroffen werden. Dieses könnte erreicht werden durch Neopren-Schutz, z.B. Fuß-, Knieschützer.
Das Rückenmark hat auch zentrale Bedeutung z.B. für die Schweißsekretion, die Temperaturregelung, die Darmfunktion, die Blasenfunktion, die automatische Bewegung, Reflexe, den Blutdruck und Herzrhythmus. Auch hier bestehen Verbindungen von und zum Gehirn, die dies zentral steuern, i.e. das autonome oder vegetative Nervensystem. Deshalb kann die Temperaturregulation mehr oder weniger gestört sein als Folge einer Querschnittlähmung. Beim Tauchen besteht eine Gefahr in der Abkühlung, und im schwersten Fall Unterkühlung. Bei Querschnitt unter TH6 ist dies im Prinzip allein zutreffend für gelähmte Körperteile. Kalte Rillen sind nicht da bei ganzer Lähmung. Die Rillen reagieren eher mit Wärmebildung durch eine erhöhte Stoffwechselaktivität. Bei Lähmung kann Kälte zu Spastizität führen, warmes Wasser wirkt eher entspannend, auch bei chronischer Spastizität.
Die sensiblen Nerven der Hinterwurzel und die motorischen Nerven der vorderen Wurzel vereinigen sich im Wirbelkanal zum Rückenmarknervenstamm. Die vordere Wurzel von der Brust- und die obersten zwei Lendenrückenmarksnerven umfassen

auch Nervenbündel, die zum autonomen Nervensystem gehören. Die autonomen Nervenfasern verlassen den Rückenmarknervenstamm und formen einen Nervenknoten und sind damit getrennt vom motorischen Nervenssystem.
Die Grenze, die eingehalten wird für Schnorcheln und Tauchen, ist folgende:
- Hoher Querschnitt, TH6 und höher: nur Schnorcheln
- TH7 und tiefer: Schnorcheln und Preßluftaktivitäten.

Diese Einteilung ist in Hinsicht auf die mögliche vegetative Dysregulation getroffen worden. Bei einem hohen Querschnitt entwickelt sich ein kompensierter Mechanismus in Form von Spastizität und spinalen und arteriellen Reflexen. Bei einer entsprechenden Faserkonstruktion und dem Niveau des Querschnitts ist ein massiver Blutdruckanstieg die Folge.

Bei Schädigung auf der Höhe von C3, C4, also 3. und 4. Nackenwirbel, sind Nerven betroffen, die das Zwerchfell versorgen, die wichtigste Atemmuskulatur. Bei Nackenwirbelbeschädigung, unter C3, C4, fällt ein Teil der Atemmuskulatur weg, die Zwischenrippenmuskulatur (Brustatmung), aber die Zwerchfellmuskulatur (Bauchatmung) funktioniert noch. Diese Mechanismen sind zum Einatmen durch Vergrösserung des Brustraumes nach unten und nach vorn notwendig. Beim Tauchen wird das Ausatmen durch den Wasserdruck erleichtert. Das Husten ist ernsthaft gestört - Gefahr für Verschlucken. Schnorcheln ist eine sehr gute Funktion bei Schwimmern, die auf dem Bauch schwimmen wollen, aber ihren Kopf nicht oder nicht genug heben können - wie bei Schwimmern, die eine cervicale Querschnittlähmung haben. Die Atemtechnik ist nicht so schwer, wenn der Schwimmer eine gute Kontrolle über den Mund hat. Der Gebrauch eines Schnorchels trainiert die Einatmungsfunktion. Ein Schwimmer, Schnorcheltaucher mit einer Querschnittslähmung, hat fast immer Probleme mit dem Gleichgewicht um die Längsachse. Er kann schnell wieder schwimmen lernen, denn das Koordinieren von Bewegungen ist nicht gestört. Das Problem ist eigentlich das Wiederherstellen der Balance unter Wasser, weil die Beine hier nicht aktiv sind. Es besteht keine Stabilität zwischen Hüfte und Beinen. Dieser Ausfall wird meistens kompensiert durch den Armeinsatz mit evtl. speziell entwickelten Handflossen.

ICIDH = International classification of impairments DISABILITIES and Handicaps

Die Folgen von Krankheiten und Erkrankungen können in drei Bereiche unterschieden werden:
Störungen: Mit Störung bezeichnen wir jede Abweichung von einer physiologischen, psychologischen oder anatomischen Struktur oder Funktion.

Einschränkung: Eine Einschränkung bedeutet eine Störung in der normalen Aktivität eines Menschen, sowie für die Art und die Reichweite der Ausführung.
Behinderung: Diese Form ist meistens ein körperlicher Aspekt einer Störung oder Behinderung. Bezeichnend ist die Diskrepanz, der Zusammenhang zwischen der Störung und dem Zustand einer Person einerseits und eigenen Erwartungen von der sozialen Umgebung andererseits. Ein Handicap ist eine nachteilige Position einer Person, welche die normale Rollenerfüllung des Menschen, gesehen auf Lebenszeit, von Mann oder Frau, sozialem, kulturellem Hintergrund, begrenzt oder verhindert.

Tauchen mit Behinderten allgemein

Fragen, die wir uns stellen müssen, sind:
- Welche Querschnittslähmung?
- Was ist noch möglich, was nicht?
- Welche Funktionen sind optimal?

Diese Fragen werden dann beantwortet, wenn mit dem Training angefangen wird. Hier werden die körperlichen Probleme evident, die oben beschrieben sind:
- Stabilität
- Atemfunktion
- Kraft in den Armen
- vegetative Funktionen
- Spastik.

Mit Schnorchelübungen wird die Atemmuskulatur trainiert, mit Schwimmen die oberen Extremitäten, z.B.:
- Regio brachialis anterior
- Regio brachialis posterior
- Regio scapularis
- Regio deltoidea
- Regio axillaris.

Was könnte beim Tauchen erreicht werden?
Sportliches
- Bessere Atemfunktion
- Bessere Entwicklung der Muskulatur der oberen Extremitäten
- Stabilität und Balance.

Soziales
- Bessere selbständige Bewegung
- Integrierung mit nicht körperlich Behinderten (im Wasser, beim Tauchen, sind alle gleich)

- Dadurch bessere Aufnahme im täglichen Leben
- Geistig weniger Probleme durch Gefühl der Akzeptanz
- Weniger Suicid-Versuche (Selbstmord)
- Gute Stimmung.

Psychisches
- Selbstversuch, mehr aus dem Körper zu holen als vorher
- Ein befreiendes Gefühl kommt wieder
- Eigenrespekt
- Ein neuer Eintritt ins Leben.

Als Vorurteile gegenüber Behinderten werden genannt:
- Körperlich Behinderte sind auch mental gestört, sie haben ein Gebrechen in ihrem Urteilsvermögen und können die Gefahren nicht richtig einschätzen.
- Körperlich Behinderte sind hilflos und abhängig, sie sind bei ihren Verrichtungen an ihre Helfer gewöhnt.
- Körperlich Behinderte haben speziell beim Tauchen Hilfe nötig.
- Körperlich Behinderte sind krank.
- Körperlich Behinderte sind total andere Menschen.
- Körperlich Behinderte sind zerbrechlich und können keine physische Leistung geben.
- Körperlich Behinderte sind überempfindlich in ihrer Behinderung und wollen darüber nicht reden.

Warum Tauchen für Menschen, die querschnittsgelähmt sind?
Unter Wasser gibt es eine neue Mobilität für Behinderte. Die Gewichtslosigkeit im Wasser wirkt befreiend, auch wegen der neu gewonnenen Bewegungsfreiheit außerhalb der Rollstühle. Dieses kann zu einem positiven Selbstbewußtsein beitragen.
Tauchsport ist ein wichtiges Mittel zur sozialen Reintegration. Das bedeutet, daß mit Nichtbehinderten zusammengearbeitet wird. Das Unterwassererlebnis ist für alle dieselbe Initiative.
Regelmäßiges Training entwickelt die motorischen Grundeigenschaften wie Kraft, Schnelligkeit, Koordination und Durchhaltevermögen. Für das Tauchen kommt da noch das Gleichgewichtsgefühl hinzu.
Erlernen, benutzen und maximieren der verborgenen Möglichkeiten des menschlichen Gehirns.
Bei Spastizität wirkt das warme Wasser entspannend. Bei regelmäßig auftretenden Spasmen spielt die Schwerkraft eine Rolle, es gibt aber auch eine Bereicherung für die Mobilität. Unwillkürliche Muskelspannungen haben auch einen psychischen Nachteileffekt.

Erfahrungen

Körperlich Behinderte können genau so gut tauchen, wie nicht körperlich Behinderte. Alle genannten Probleme können gelöst werden durch gute Zusammmenarbeit mit dem Einzelnen, wenn wir wissen, was er möchte oder nicht. Tauchen, die Möglichkeit zum Tauchen, die Faszination des Tauchens, bedeutet für ihn:
- Die Möglichkeit, sich frei im dreidimensionalen Raum zu bewegen.
- Die Freude am Tauchen ist undenkbar ohne das Erlebnis des Sehens. Für viele liegt der Reiz des Tauchens in der Beobachtung der überwältigenden, vielfältigen Flora und Fauna der Meere, oder auch in der Erwartung aufregender Abenteuer.

Tauchen ist kein unverhältnismäßig gefährlicher Sport. Wie auch in anderen Sportarten, liegt das eigentliche Problem in der menschlichen Unzulänglichkeit.

Was wir erreicht haben?

Körperliche Probleme werden durch die Übungen verbessert, Atmungsprobleme werden gelöst. Schwimmprobleme sind nicht mehr da, selbst Rettungsschwimmen können die körperlich Behinderten ohne Probleme ausführen. Körperlich sind sie stärker geworden und haben auch eine stärkeres Durchsetzungsvermögen.
Die körperlich Behinderten sind mental stärker geworden, man könnte sagen, daß das Tauchen nebenbei einen großen Einfluß auf das Denken hat. Zu Beginn hatten mehrere Personen noch Selbstmordgedanken, das ist jetzt überwunden. Sie sind lebenslustiger, freundlicher und haben jetzt die Kraft gefunden, um weiterzuleben. Dieser Punkt ist bis jetzt für mich das Wichtigste an meiner ganzen Arbeit. Jemandem Freude geben, um weiterzuleben, das ist etwas, woran ich am Anfang überhaupt nicht gedacht hatte. Aber wenn man nachts angerufen wird und jemand sagt: Sie haben meinem Leben eine Bedeutung gegeben - dann lohnt die ganze Arbeit und keine Mühe ist zuviel. Psychisch gesehen hat Tauchen einen sehr positiven Effekt auf Menschen mit körperlicher oder geistiger Behinderung.

Diskussion

Natürlich müssen noch weitere Untersuchungen beim Tauchen mit körperlich Behinderten stattfinden (z.B. Stickstoffaufbau im Körper). Aber ich bin der Meinung, wenn wir in der sog. Nullzeit tauchen, daß wir dann völlig sicher tauchen können. Viele Menschen haben mir abgeraten, mit Behinderten zu tauchen, es wäre zu gefährlich usw.. Ich habe versucht, diese Menschen zu überzeugen, habe sie eingeladen zu einem Training. Seitdem habe ich nicht einen mehr von diesen Menschen gesehen. Ich habe mit meiner Arbeit zeigen können, daß Tauchen für jeden möglich ist, auch für Schwache, mental Behinderte, auch für krebskranke Kinder und Kinder mit Muskeldystrophie - alle erleben den schönsten Tag ihres Lebens. Wie könnte ich ihnen diesen Spaß vorenthalten ?

Ich bin der Meinung, daß durch diese Form von Sport 3 wichtige Sachen im Leben erreicht werden:
- Spaß im Sport
- Sinn im Leben
- bessere körperliche Leistung.

Literatur
beim Verfasser

Der Verfasser:
G. Schuerman
Tauchlehrer bei der Tauchschule No Limits Wet Wheels
Sas. v. Gent / Holland

Spiel- und Bewegungsfeste für Menschen mit schwersten Behinderungen

N. Fehst

Rheinische Schule für Körperbehinderte, Leichlingen
Behindertensportverband Nordrhein-Westfalen, Duisburg

Play and Movement Festival for Seriously Handicapped People

With respect to various experiences in the rehabilitation of heavy handicapped man (e.g. basal stimulation, sensory integration treatment, psycho-motoricity, snoezelen) arose the desire to organize sports festivals which corresponded to the needs and possibilities of a growing group of handicapped persons which at traditional sports events for handicapped and at school sport competitions could not take part. Targets, methods, contents as well as the special prerequisites are described by way of example.

Key words: seriously handicapped, game and movement festivals, organization, prerequisites

Vorüberlegung

Der Jugendausschuß des BSNW, dem ich seit mehreren Jahren angehöre, veranstaltete regelmäßig sogenannte Spiel- und Bewegungsfeste für behinderte Kinder und Jugendliche, die nicht in das Schema des Wettkampfsportes und des Spitzensportes paßten.
Wir fühlten uns verpflichtet, neben Wettkämpfen, Kreis- und Landesmeisterschaften solche Veranstaltungen durchzuführen, die dem Bereich Freizeitsport/Breitensport zuzurechnen sind. Als Beispiele seien hier der „Schwimmspaß" oder das „Spiel- und Bewegungsfest auf dem Eis" genannt.
Mit der Gestaltung von freizeitsportlichen Veranstaltungen im BSNW konnten wir eine Vielzahl von in Vereinen organisierten Teilnehmern ansprechen und zum teilnehmen animieren, die aufgrund ihrer Behinderung nicht an Wettkämpfen teilnehmen können.
Obwohl wir mit diesen Veranstaltungen eine große Zahl von Teilnehmern ansprachen, fiel auch hier die Gruppe der Menschen mit schwersten Behinderungen heraus.

Die Zielgruppe

Menschen mit schwersten Behinderungen sind nicht nur nach dem Schwerbehindertengesetz oder Behindertensozialgesetz zu definieren. In dem Wort „schwerstbehindert" stecken zwei Begriffe: schwer und behindert. Gemeint ist eine komplexe Beeinträchtigung des ganzen Menschen in allen seinen Erlebnis- und Ausdrucksmöglichkeiten. Fähigkeiten in den Bereichen Körpererfahrung, Bewegung, Wahrnehmung, Emotion, Kognition, Kommunikation und Sozialerfahrung sind daher erheblich eingeschränkt und verändert.

Somit ist von einer Beeinträchtigung des ganzen Menschen in allen seinen Lebensvollzügen auszugehen, welche so schwerwiegend ist, daß dieser in den meisten Bereichen an die Grenzen dessen kommt, was in unserem zwischenmenschlichen Umgang auch in einem sehr weiten Sinne noch als normal gilt.

Es gibt kein einheitliches Erscheinungsbild schwerstbehinderter Menschen. Zudem ist eine Gruppe Schwerstbehinderter niemals homogen. Ihnen gemeinsam sind jedoch die Schwierigkeiten, ihre Umwelt mit eigenen Mitteln zielgerichtet zu erkunden, zu verändern und so Strukturen aufzubauen.

Jeder der von Schwerstbehinderung spricht, hat bestimmte Menschen vor Augen, welche er als schwerstbehindert bezeichnet. So können wir zur Gruppe der Schwerstbehinderten solche zählen, bei denen die Schwere der Körperbehinderung oder Sinnesbeschädigung dominiert, bei denen die Schwere der geistigen Behinderung dominiert und wo neben einer schweren geistigen Behinderung eine massive Körperbehinderung oder eine Sinnesbeschädigung aufgetreten ist. Daneben können massive Verhaltensauffälligkeiten dominieren. Ebenso spielen chronische Erkrankungen neben anderen Mehrfachbehinderungen eine wichtige Rolle. Ähnliche Erfahrungen, nämlich daß Menschen mit schwersten Behinderungen keine oder kaum adäquate Sportfestangebote erhielten, wurden auch im schulsportlichen Wettkampfwesen in NRW gemacht.

Personale und inhaltliche Bedingungen

Ausgehend von den Beobachtungen welche Sportangebote für Menschen mit schwersten Behinderungen nicht sinnvoll sind und basierend auf den therapeutischen und pädagogischen Ansätzen zur Förderung schwerstbehinderter Menschen (z.B. Bobath, Feldenkrais, Basale Stimulation, Psychomotorik, sensorische Integrationsbehandlung, sonderpädagogische Aspekte des Sports Behinderter, Snoezelen u.a.) entstand der Wunsch adäquate Sportfeste zu veranstalten.

Adäquate Sportangebote erfordern besondere Maßmahmen personeller, materiel-

ler, organisatorischer, zeitlicher und örtlicher Art. An Hand des 1992 in Velbert durchgeführten Spiel- und Bewegungsfestes für Menschen mit schwersten Behinderungen sollen eben diese Maßnahmen beschrieben werden:
Eine besondere Maßnahme personaler Art war die Zuhilfenahme von 8-10 Studenten der Sonderpädagogik der Universität Dortmund, die als kompetente Helfer eingesetzt werden konnten und für die die Durchführung des Sportfestes der Abschluß einer einsemestrigen Vorbereitung war.
Diese Studenten halfen beim Auf- und Abbau und standen an den einzelnen Stationen als Ansprechpartner und Helfer zur Verfügung. D.h. sie waren mit den Bedingungen, Möglichkeiten und der Wirkungsweise jeder Station vertraut und konnten somit eine echte Helferfunktion erfüllen und Sicherheit geben.
Daneben stand eine gleichgroße Gruppe von Helfern aus dem Behindertensportverein zur Verfügung, die sich um die Betreuung der Cafeteria, die Essensbereitung, die Bereitstellung der Getränke und um Sauberkeit in allen Räumen kümmerte. Eine besondere Erwähnung hat der Hausmeister der Sporthalle verdient, der jederzeit ansprechbar und hilfsbereit war und die gesamte Maßnahme tatkräftig unterstützte.
Als sinnvoll erwies sich die Trennung der Leitung der Maßnahme in eine inhaltliche und eine organisatorische Komponente. Während ich für die konzeptionelle Erarbeitung, die Vorbereitung der Studenten sowie für Gestaltung und Aufbau der Stationen zuständig war, kümmerte sich Herr Reinhard Schneider (Vorsitzender des Behindertensportvereines Velbert und damaliger Landesjugendwart in NRW) um organisatorische Belange, wie z.B. Hallenanmietung, Öffentlichkeitsarbeit, Zusammenarbeit mit der Geschäftsstelle des BSNW, Beschaffung weiterer Sportgeräte aus anderen Sporthallen, Essen und Getränkeanlieferung.

Räumliche Bedingungen und Angebote

Die organisierte Sporthalle wird, um eine Größenvorstellung zu geben, zu Jugendhockeyspielen genutzt und steht dem Verein für die regelmäßigen Übungsstunden zur Verfügung. Sie läßt sich durch eine Trennwand zu einem größeren (2/3) und kleineren (1/3) Teil abtrennen. Daraus ergab sich folgende Hallennutzung: Eingang, Foyer und angrenzender Klassenraum wurden als Cafeteria und Rückzugsrefugium hergerichtet. Da wir von einer Dauer der Veranstaltung von 2-3 Stunden plus An- und Abreise ausgingen, bestand neben den im Angebot üblichen Speisen und Getränken die Möglichkeit, mitgebrachtes Essen in einer Mikrowelle zu erwärmen oder diätetisches Essen zuzubereiten.
Die vier vorhandenen Umkleideräume wurden folgendermaßen genutzt:
- ein Raum diente als Durchgang zum Flur, der zu den Hallenteilen führte;

- zwei Umkleideräume wurden so eingerichtet, daß sie als beheizte Hygieneräume, getrennt nach Geschlechtern genutzt werden konnten.
- der letzte Raum wurde verdunkelt und mit Lagerungsmöglichkeiten so ausgestattet, daß dort Angebote zur isolierten Wahrnehmungsförderung im akustischen, optischen und olfaktorischen Bereich angeboten werden konnten (Stichwort: Snoezelen).

Die eigentliche Turnhalle war, wie bereits erwähnt in einen größeren, anregenden Teil und einen kleineren, der Beruhigung dienenden Teil abgetrennt. Im großen Hallenteil befanden sich ein Air-Tramp, 2 Trampoline, mehrere verschiedene Schaukeln und weitere Angebote zur vestibulären Stimulation; im leeren Geräteraum eine „Geisterbahn", die der akustischen und besonders der haptischen Wahrnehmung diente. Hier sollte Bewegung erfahren, das Vestibulärsystem angeregt und Spannung aufgebaut werden, die im kleineren Hallenteil in ruhiger von Musik begleiteter Atmosphäre verarbeitet werden konnte. Der Aufbau der Stationen im kleineren Hallenteil war so gewählt, daß hier die zur Verfügung stehenden Geräte bewußt kleinräumig gehalten wurden, um die Privatsphäre und das „Zurückziehenkönnen" zu ermöglichen.

Würdigung

Ich möchte noch kurz auf Ablauf und Durchführung der Veranstaltung eingehen. Dank der intensiven Vorbereitung verlief das Spiel- und Bewegungsfest wie geplant störungsfrei und positiv.
Inhaltlich trug die Veranstaltung sicherlich auch zum besseren Verständnis von schwerster Behinderung und angemessenen Sportangeboten bei. Darüber hinaus zeigte sich auch multiplikative Wirkung, waren doch etliche Kollegen aus den Sonderschulen der Region gekommen.
Insgesamt haben wir mit der landesweiten Ausschreibung der Veranstaltung in der Verbandsschrift, mit dem persönlichen Anschreiben von Sonderschulen in den angrenzenden Schulamtsbezirken, der Information der lokalen Presse ca. 400-500 Personen auf dieses Spiel- und Bewegungsfest aufmerksam gemacht.
Die tatsächliche Teilnehmerzahl, ohne Begleitung und Besucher belief sich auf ganze 15 Personen. Einige mögliche Gründe für diese geringe Teilnehmerzahl sollen hier stichwortartig aufgezeigt werden:
Zum einen scheint es wirklich so zu sein, daß die eingangs beschriebenen Menschen mit schwersten Behinderungen nicht, oder nur in geringer Zahl in Behindertensportvereinen organisiert sind. Zum anderen fand die Veranstaltung an einem Samstag

statt. Für ganztägige Sonderschulen ist der Samstag unterrichtsfrei, so daß man sich außer Stande sah einen Besuch des Spiel- und Bewegungsfestes als Schulveranstaltung zu deklarieren und im Schulinteresse zu besuchen. So blieb es dem alleinigen Engagement einiger weniger Eltern überlassen, Ihre Kinder zu dieser Veranstaltung zu begleiten.

Ich erwarte nicht, daß eine derart aufwendige Veranstaltung als Ganzes in den Übungsstunden im Behindertensportverein wiederholt wird; kann mir aber aus der eigenen Praxis und aus Berichten von Kollegen und anderen Übungsleitern das lebhafte Interesse und intensive Treiben vorstellen, wenn einzelne Elemente ausprobiert und angenommen werden.

Der Verfasser:
Norbert Fehst
Herderstr. 13
40699 Erkrath

Sporttherapie bei der Rehabilitation psychisch Kranker im allgemeinen und bei Abhängigkeitskranken im besonderen

Einführung in das Schwerpunktthema

K. A. Jochheim

Während das Aufgabenfeld der Rehabilitation sich zunächst nur in kleinen Schritten von den als vorrangig angesehenen Gebieten der Körper- und Sinnesbehinderungen weiterentwickeln konnte, hat sich inzwischen seit der vom Deutschen Bundestag in Auftrag gegebenen Psychiatrie-Enquête im Jahre 1975 und den von 1981-1985 erprobten Modellprogrammen „Psychiatrie" ein sehr konkreter Maßnahmenkatalog entwickelt, der die Ziele der Enquête-Kommission, nämlich eine gemeindenahe, bedarfsgerechte, umfassende Versorgung und eine Gleichstellung von psychischen und körperlich Kranken, umzusetzen bestrebt war.

Dazu war auch eine Differenzierung stationärer psychiatrischer Dienste erforderlich. Neben den allgemeinen Abteilungen für psychisch kranke Männer und Frauen entstanden Abteilungen für psychisch kranke Kinder und Jugendliche (Jugendpsychiatrie), für psychisch kranke alte Menschen (Gerontopsychiatrie), für Alkohol- und Drogenabhängige und für geistig Behinderte.

Mit dem Ziel der Wiedereingliederung ins soziale und berufliche Leben sind darüber hinaus sowohl Übergangseinrichtungen und Wohnheime als auch medizinisch-berufliche Einrichtungen (RPK), Arbeitstrainingszentren, spezielle Eingliederungshilfen in Berufsförderungswerken sowie geschützte Arbeitsplätze entstanden.

In allen angesprochenen institutionellen Bereichen sind unterschiedliche Formen der Teamarbeit inzwischen erprobt und es hat sich vielfach gezeigt, daß sowohl bei unterschiedlichen Arten psychischer Erkrankungen im Gefolge der veränderten Antriebslage oder auch durch die Begleitmedikation ebenso wie auch bei langfristiger Gewöhnung an Alkohol oder Drogen gemeinhin deutlich erkennbare Konditionsverluste sichtbar werden, die im Therapieplan zu berücksichtigen sind.

Der sporttherapeutische Ansatz mit den speziell für die Psychiatrie entwickelten Methoden ist daher besonders fruchtbar, um auch für die Ziele der sozialen Eingliederung ausreichende körperliche Voraussetzungen zu schaffen und zugleich Ansätze für langfristige Bewegungsaktivitäten im Freizeitbereich anzubahnen.

Der auf diesem Gebiet vorgebildete Sportlehrer/-therapeut hat daher eine interessante und fruchtbare Aufgabe, in den unterschiedlichen Einrichtungen und auf der Wohnortebene in Verbindung mit ambulanten/teilstationären Diensten und Selbst-

hilfegruppen unter Berücksichtigung verständlicher Wünsche und Rahmenbedingungen zum dauerhaften Rehabilitationsergebnis maßgeblich beizutragen.
Sporttherapie in der Psychiatrie ist zwar nicht wettbewerbsbezogen, aber ein wichtiger Baustein zum sozialen Lernprozess und zur Entwicklung neuer Lebensqualität. Ausschnitte aus dieser Arbeit und einige Ergebnisse werden aus den nachfolgenden Referaten und Praxisdemonstrationen deutlich.

Literatur

1. Bundesarbeitsgemeinschaft für Rehabilitation: Rehabilitation Behinderter, Deutscher Ärzteverlag Köln 1994.
2. Deimel H et al: Dokumentation und Bericht zum Stand der Forschung, in: Jochheim K A, Schoot P: Behindertensport und Rehabilitation. Schriftenreihe des Bundesinstitutes für Sportwiss 37, Schorndorf 1981.
3. Deimel H: Movement Therapy in the aftercare of psychiatric patients, in: Doll-Tepper G et al: Adapted Physical Activity. Berlin-Heidelberg: Springer Verlag, 1990.
4. Jochheim K A: Terminologie und Instrumentarium der psychiatrischen Rehabilitation, in: Böcker F, Weig W: Aktuelle Kernfragen in der Psychiatrie. Berlin-Heidelberg: Springer Verlag, 1988.
5. Jochheim K A: Behindertensport-Rehabilitationssport, in: Schmidt K L et al: Lehrbuch physikalische Medizin und Rehabilitation. Stuttgart: Gustav Fischer Verlag, 1995.
6. Prognos: Modellprogramm Psychiatrie. Stuttgart: Schriftenreihe d Bundesministers f Jugend, Familie und Gesundheit 181, Verlag W Kohlhammer, 1986.

Suchterkrankungen - Diagnose und Therapie

K.-L. Täschner

Psychiatrische Klinik des Bürgerhospitals der Landeshauptstadt Stuttgart

Addictions, Diagnosis and Therapy

After a basic clarification of the terms addiction, dependence, acclimatization, acquisition of tolerance, high and intoxication but also abuse and self medication the single types of addiction are described from a clinical point of view. Moreover, the risk of the genesis of different forms of addiction are described, which are not dependent to a definite substance. Finally, possibilities of the therapy of addictions are demonstrated.

Key words: addiction, diagnosis, therapy

Einleitung

Die Beschäftigung mit den Problemen von Sucht und Abhängigkeit ist sicher allein schon deshalb notwendig, weil sie ein volksgesundheitliches Problem ersten Ranges darstellen. Genaue Zahlen über das Ausmaß ihrer Verbreitung gibt es unter anderem aus Datenschutzgründen ebensowenig, wie eine Registrierung Suchtkranker. Aber die Zahlen, die genannt werden, sprechen von mehreren hunderttausend Medikamentenabhängigen, etwa dergleichen Zahl von Opiatsüchtigen, etwa einer Million Cannabiskonsumenten und mehr als einer Million Alkoholkranken.

In den letzten Jahren ist die Verbreitung dieser Drogen im wesentlichen stabil geblieben. Wesentlicher Maßstab hierfür sind bei den Rauschdrogen die jährlich vom Bundeskriminalamt veröffentlichten Aufgriffszahlen. Sie stellen etwa 5-10% derjenigen Stoffmengen dar, die tatsächlich auf dem illegalem Markt umgesetzt werden. Eine Zunahme gibt es lediglich bei den sogenannten Designerdrogen, etwa MDMA (Ecstasy), die sich zunehmender Beliebtheit, vor allem bei Jugendlichen erfreuen. Als groben Hinweis auf die Größenordnung: Jährlich wird etwa eine Tonne Heroin, eine Tonne Kokain und werden etwa 10 Tonnen Cannabis sichergestellt.

Definitionen

Die Definition von Drogenabhängigkeit durch die Weltgesundheitsorganisation

(WHO) beschreibt einen Zustand psychischer oder psychischer und körperlicher Abhängigkeit von einem Stoff mit Wirkung auf das zentrale Nervensystem, der zeitweise oder fortgesetzt eingenommen wird. Die WHO unterscheidet sieben stoffspezifische Varianten, etwa einen Amphetamintyp, einen Morphin-, Kokain- oder Cannabistyp.

Von der Drogenabhängigkeit ist das Mißbrauchsverhalten zu unterscheiden. Darunter versteht man jeden Drogenkonsum und jeden medizinisch nicht angezeigten Medikamentenkonsum. Darunter fällt vor allem auch der in der letzten Zeit stärker ausufernde Tranquilizerkonsum, sicher aber auch die Einnahme von leistungssteigernden Substanzen im Sport, unabhängig von ihrer chemischen Struktur.

Der Begriff der Drogenabhängigkeit wird mit dem älteren Begriff der Sucht meist bedeutungsgleich verwendet. Die Menschen besitzen ein natürliches Bedürfnis, sich in Rauschzustände zu versetzen. Dabei streben sie Erlebnisveränderungen an, die ihnen im Alltag versperrt bleiben. Sie wollen die ihnen gesteckten Grenzen überschreiten und folgen dabei ihrer Neugier. Rauschmittel sind uralter Menschheitsbesitz und dienen seit altersher dazu Rauschzustände herbeizuführen. Dabei besteht die Gefahr, sich selbst im Drogenrausch und schließlich in der Abhängigkeit zu verlieren. Modeströmungen und Verfügbarkeit von Drogen führen zu immer neuen Ausgestaltungen des Suchtproblems.

Das Krankheitsbild

Wenn heute von Sucht gesprochen wird, so sind stoffgebundene Suchtformen gemeint, die stets von Intoxikation (also Vergiftung) begleitet sind. Daß daneben auch nichtstoffgebundene Suchtformen existieren, etwa die Spielleidenschaft oder typische Eßstörungen, wollen wir hier beiseite lassen.

Sucht ist in erster Linie ein psychisches Problem, zu dem in der Regel bald körperliche und soziale Folgen treten. Sucht ist gekennzeichnet durch einen eigengesetzlichen Ablauf und den fortschreitenden Verlust freier Handlungsfähigkeit und Kontrolle über das eigene Verhalten. Sucht liegt dann vor, wenn eine prozeßhafte Abfolge in sich gebundener Konsumhandlungen kritisch geprüfte, sorgfältig und folgerichtig gesteuerte Handlungsabläufe ersetzt.

Sucht ist Krankheit, nicht nur im juristisch-versicherungsrechtlichen Sinne. Sie engt die Freiheitsgrade der betroffenen Menschen entscheidend und fortschreitend ein. Sie ist auch die Ursache einer Vielzahl körperlicher, geistiger und sozialer Schäden und bedarf deshalb der qualifizierten Behandlung. Sucht führt unbehandelt in einer Vielzahl von Fällen zur Invalidität und verkürzt die Lebenserwartung des Erkrankten. Sucht ist von Freiheitsverzicht und Freiheitsverlust begleitet.

Zu den körperlichen Folgen kann man einiges sagen: So erkrankten Opiatabhängige häufig an infektiöser Hepatitis. In letzter Zeit ist die weite Verbreitung der Immunschwächekrankheit AIDS unter Opiatspritzern bekannt geworden. Mit bildgebenden Verfahren (CT, Kernspin) hat man Hirnveränderungen bei dieser Gruppe nachgewiesen. Bei Cannabiskonsumenten treten Erkrankungen der oberen Luftwege vermehrt auf. Die Frage, ob bei LSD-Konsumenten vermehrt Chromosomenbrüche auftreten, also Veränderungen des Erbmaterials des Menschen, wird diskutiert; sie ist derzeit nicht entschieden.
Unter den psychischen Veränderungen bei Rauschdrogenkonsum steht das Motivationsmangelsyndrom ganz im Vordergrund. Bei Haschischkonsumenten beobachtet man Denk- und Wahrnehmungsstörungen, Abweichungen der Konzentration und Aufmerksamkeit, des Durchhaltevermögens und des planenden Lerninteresses. Sozialer Abstieg läßt sich relativ früh an empfindlichen Parametern nachweisen.

Die Ursachen

Am interessantesten ist naturgemäß die Frage, wie es zur Ausbildung eines Mißbrauchverhaltens kommt, aus dem dann häufig Abhängigkeit entstehen kann. Hier findet man ganz unterschiedliche Motivationen.
Für einen Jugendlichen im Alter von 14-16 Jahren ist es eine Frage der Anpassung an die Gruppe, ob er Haschisch mitraucht oder nicht. Die Gruppe Gleichaltriger übt hier einen starken Einfluß aus, der durch pädagogische Einwirkungen aus Elternhaus und Schule allenfalls modifiziert werden kann. Vorbildverhalten von Lehrern und Eltern ist hier gefragt, nicht pseudoliberale oder gar gleichgültige Einstellungen. Am schlimmsten wäre die Negativwirkung, wenn von dieser Seite gar Suchtmittelkonsum als selbstverständliches Verhalten suggeriert oder zumindest Verharmlosungstendenzen propagiert würden, was im übrigen nicht selten geschieht.
Auf diese Weise kann der Weg in den Drogenkonsum und von da ins Mißbrauchverhalten geebnet werden. Im schlimmsten Falle kann eine Abhängigkeit daraus entstehen.
Hier spielt im Übrigen der Zeitgeist eine ganz entscheidende Rolle. Seine Eigenschaften sind überwiegend von der schlimmen Art. Er ist nämlich liberalistisch, irrational, antirestriktiv und hedonistisch. Das heißt man darf alles, man soll nicht überlegen, Verbote sind generell abzulehnen und Spaß muß das oberste Ziel sein. Die Selbstbestimmung des Einzelnen nimmt grenzenlose Formen an und gerät in den Bereich des Egozentrischen, ja Dissozialen. Gefühle sollen die wesentlichen handlungsmotivierenden Triebfedern sein, und Langzeitfolgen eigenen Verhaltens werden konsequent abgelehnt.

Von einem solchen Zeitgeist bestimmt, fällt es leicht, den eigenen Lebensplan aus dem Blickfeld zu verlieren oder gar nicht erst zu entwickeln. Hier liegen vermutlich Ursachen des Suchtmittelkonsums, auch des Alkoholkonsums. Wer ein Recht auf Rausch propagiert und die Freigabe des Rauschdrogenkonsums fordert, der ist ein Handlanger der Drogenmaffia und nicht ihr Gegner.
Daß solche Fakten wie Steßbelastung, Konflikthäufigkeit, Lebenskrisen, Arbeitslosigkeit eine Rolle beim Zustandekommen süchtiger Entwicklungen mitspielen können, ist unumstritten. Aber es bleibt bei der früheren Erkenntnis: Aus ganz normalen Familien und Lebensverhältnissen kommen ganz normale Süchtige. Es kommt offenbar stark auf den Einzelnen an, seine individuellen Strategien der Lebensbewältigung, seine Fähigkeit in der Auseinandersetzung mit alltäglichen Belastungen, zu sozialen Kontakten und persönlichem Augenmaß im Umgang mit der Realität. Im Vergleich dazu sollte man Umweltfaktoren nicht überbewerten, zumal wir alle ihnen mehr oder weniger ausgesetzt sind.

Die Behandlung der Drogenabhängigkeit

In den letzten Jahren ist starke Bewegung in die Frage hineingekommen, welchen Weg man einschlagen soll, um das Drogenproblem wirkungsvoll anzugehen. Dabei muß man von vornherein unterscheiden zwischen Maßnahmen gegen Drogen und andererseits Maßnahmen zur Behandlung der Krankheit Drogenabhängigkeit bei einem Menschen. Wer etwas gegen Drogen tun will, muß in erster Linie politisch handeln; wer Drogenabhängigen helfen will, muß sie behandeln.
Wir legen zugrunde, daß Drogenabhängigkeit eine grundsätzlich behandelbare Krankheit ist. Eine Krankheit ist sie unter anderem deshalb, weil sie unbehandelt progredient verläuft und dann zu einer Vielzahl bleibender Veränderungen führt. Und vielfach kommt es - nicht zuletzt durch Begleitkrankheiten - zu Erwerbsbeeinträchtigungen, Behinderung oder gar zum Tode.
Aus dieser Erfahrung folgt, daß jede Behandlung Drogenabhängiger zu deren freier sozialer Selbstverfügbarkeit und zu körperlicher und psychischer Intaktheit führen muß, daß zumindest dieses Ziel anzustreben ist. Die Behandlung muß Abhängigen auch die Fähigkeit zu einem dauerhaften Leben ohne Drogen vermitteln.
Bevor wir zu einer Therapie schreiten, haben wir zunächst die Diagnose zu stellen. Das ist eigentlich selbstverständlich. Abgrenzende Erwägungen schließen sich an, und beide bilden die Voraussetzung für eine therapeutische Intervention.
Welche grundlegenden therapeutischen Vorgehensweisen stehen uns zur Verfügung? Wir unterscheiden ursachenorientierte (kausale) von symptomorientierter und lindernder (palliativer) Behandlung. Eine typische kausale Behandlung führt durch

Beseitigung der Krankheitsursache zur Heilung der Krankheit. Auf diese Weise kann man beispielsweise Infektionskrankheiten beseitigen. Eine symptomatische Behandlung besteht in einer Beseitigung der Krankheitssymptome ohne Beseitigung der eigentlichen Krankheitsursache. Sie führt zur Symptomfreiheit und damit in den meisten Fällen gleichfalls zur Heilung. Die Psychiatrie hat häufig nur solche Vorgehensweisen zur Verfügung. Da die Ursachen der meisten psychischen Krankheiten nicht bekannt sind, muß sie sich hier mit Symptomreduktion bzw. im günstigsten Falle mit Symptombeseitigung zufrieden geben.

Bei einer palliativen Behandlung muß sich der Arzt sogar mit einem weiteren Fortschreiten der Krankheit abfinden, er kann wegen seiner begrenzten therapeutischen Möglichkeiten nur eine Linderung von Einzelsymptomen bewirken. Es ist klar, daß eine derartige Behandlungsform nur der allerletzte Schritt sein kann, den wir erst dann gehen dürfen, wenn alle anderen Mittel nicht mehr in Betracht kommen.

Entscheidende Kriterien für die Wahl des einzuschlagenden Therapieverfahrens sind neben dem objektiven Befund die zur Verfügung stehenden Möglichkeiten. Aber auch die tatsächlichen Erfolgsaussichten und der Wille des Patienten sind zu berücksichtigen. Zuvor muß der Patient durch seinen Arzt objektiv informiert sein.

Was bedeutet dieses alles nun für die Therapie der Drogenabhängigkeit? Es bedeutet, daß bei jedem Abhängigen zunächst der Versuch zu machen ist, ihn für eine abstinenzorientierte Therapie zu gewinnen. Denn ohne seine eigene Überzeugung, daß er ohne Drogen leben will, brauchen wir eine Therapie gar nicht zu beginnen. Dabei steht an erster Stelle die Kontaktaufnahme und Motivierung zur Therapie. Ein weiterer Schritt ist dann die Entgiftung des Drogenabhängigen. Hier gibt es viele Wege, die nach Rom führen. Mehr und mehr setzt sich in letzter Zeit das sogenannte niedrigschwellige Vorgehen durch, das heißt keine Vorbedingung für die Aufnahme in die Entgiftungseinrichtung. Entgiftung sollte wenn möglich zur Entwöhnung überleiten. Hier gibt es wieder zahlreiche Möglichkeiten, die nicht alle beschrieben werden können. In der Entwöhnungsphase stehen als Therapieziele die Fähigkeit im Vordergrund, ohne Drogen leben zu können, zu kritischer Selbsteinschätzung zu gelangen, mit eigenen und fremden Dingen verantwortlich umgehen zu können (soziale Verantwortung), sich kritisch mit der Umgebung auseinanderzusetzen und zu einer Überwindung der Kluft zu gelangen zwischen Anspruch und tatsächlicher individueller Fähigkeit.

Über diese Therapieziele besteht ein grundsätzlicher Konsens. Diese Ziele werden mit speziellen Einrichtungen erreicht, die es heute flächendeckend gibt. Sie arbeiten nach dem Prinzip der Drogenfreiheit mit starker Regelung des Tagesablaufs, Orientierung nach außen, Abkehr vom Lust-Unlust-Prinzip, Hinwendung zum Leistungsprinzip. Der Sinn der Therapie besteht in einem Ersatz des Drogenkonsums durch sinnvolle Lebensinhalte.

Wir erreichen auf diese Weise einen großen Teil der auf der Drogenszene lebenden Abhängigen, nämlich einschließlich der ambulanten Kontakte 25-30000 Abhängige pro Jahr, das entspricht einer jährlichen Erreichungsquote von etwa 30-40%. Ich denke das ist viel. Es gibt Kritiker, die sagen: das ist wenig. Es kommt auf den Blickwinkel an.
Der letzte Schritt in der Therapie ist die Nachsorgephase. Hier geht es um die Bewährung im Alltag, um Stabilisierung und um das Sich-Einfinden in die Lebensverhältnisse der Mehrheit der Menschen. In diesem Sinne arbeiten viele Wohngemeinschaften und Nachsorgegruppen.
Noch ein Wort zu den Therapieergebnissen. Sie sind in der Öffentlichkeit häufig unzutreffend dargestellt worden. Noch immer grassiert hier die Vorstellung von den 99% Rückfälligen. Die Wirklichkeit ist anders. Nachuntersuchungen zeigen, daß 3-5 Jahre nach Abschluß einer qualifizierten Therapie noch 20-40% der Patienten drogenfrei leben (2, 4, Darp, Tims, Tops). Damit kann man sicher nicht vollständig zufrieden sein. Die Ergebnisse müssen weiter verbessert werden. Andererseits zeigt sich aber, daß die Behandlungsergebnisse auch in Deutschland gar nicht so schlecht sind, wie vielfach behauptet worden ist.
Das alles kann uns nicht darüber hinwegtäuschen, daß es kleinere Gruppen von Abhängigen gibt, die mit dem Angebot der Langzeittherapie nicht zu erreichen sind, aus welchen Gründen auch immer. Für diese Gruppen wird in letzter Zeit häufiger die Methadonsubstitution propagiert. Bei ihr geht man von der Therapie ab und wendet sich der kontrollierten Vergabe eines Suchtstoffes zu. Dabei nimmt man in Kauf, daß es eine suchtverlängernde Maßnahme ist, aber unter Umständen auch eine lebensverlängernde. Man erspart den Abhängigen Beschaffungskriminalität, Beschaffungsprostitution und unwürdige Lebensbedingungen. Bei einer Substitutionsdauer von 2-4 Jahren bleiben nur wenige Patienten anschließend drogenfrei. Nahezu alle Klienten werden rückfällig (1). Es ist nach wie vor nicht bekannt, ob zusätzliche Abhängige mit der Substitution erreicht werden oder ob sich nur eine Verschiebung der Behandlungsmodalitäten ergibt. Es ist auch nicht gesichert, ob langfristig bessere Ergebnisse erzielt werden als bisher. Sichere Kriterien, nach denen die Indikation gestellt werden kann, existieren bislang nicht. Die Entscheidung Substitution oder abstinenzorientierte Therapie wird mehr und mehr dem Patienten überlassen, eine Entwicklung mit der man nicht zufrieden sein kann.
Der gegenwertige Kenntnisstand bezüglich der Auswertung von Substitution in Deutschland berechtigt uns meines Erachtens nicht, uns klar für die Substitution als ein Mittel zur Lösung des Drogenproblems zu engagieren. Im Einzelfall mag Substitution im Gesamtkonzept der Therapie einen Platz haben. Zur flächendeckenden und massenhaften Anwendung können uns die tatsächlich vorliegenden Ergebnisse aber bisher nicht ermutigen.

Schlußbemerkung

Mit diesem Beitrag wurde versucht, einen Überblick über unsere Möglichkeiten der Diagnose und Therapie der Drogenabhängigkeit zu geben und die Möglichkeit der Substitution wurde aufgezeigt. Es ist wichtig, daß wir alle informiert sind, damit wir die Entscheidungen in der Sache verstehen können und uns ein eigenes Urteil bilden können. Es soll niemand später sagen können, er habe nichts gewußt.

Literatur

1. Bühringer G: Expertise zum Einsatz von Methadon bei der Behandlung von Drogenabhängigen in Deutschland. IFT-Berichte Band 76, Institut für Therapieforschung. München: 1995.
2. Ladewig D: Die Behandlung Drogenabhängiger, in Kisker K P et al (eds): Handbuch Psychiatrie der Gegenwart, Band 3, 3. Auflage. Berlin-Heidelberg-New York-London-Paris-Tokio: Springer, 1987.
3. Sells S B: Follow-up and Treatment Outcome, in Lowinson J H, Ruiz P (eds): Substance abuse: Clinical Problems and Perspectives. Baltimore-London: Williams and Wilkins, 1981, pp 783-800.
4. Simpson D, Sells S: Effectiveness of treatment for drug abuse: An overview of the DARP research programm. Advances in Alcohol and Substance Abuse 2 (1982) 1, pp 7-29.
5. Täschner K-L: Drogen, Rausch und Sucht. Stuttgart: Trias Verlag, 1994.

Der Verfasser:
Prof. Dr. K.-L. Täschner
Ärztlicher Direktor des Psychiatrischen Klinik
des Bürgerhospitals der Landeshauptstadt Stuttgart
Tunzhofer Str. 14-16
70191 Stuttgart

Bewegungs- und sporttherapeutische Aspekte der Rehabilitation Suchtkranker

H. Deimel

Institut für Rehabilitation und Behindertensport,
Deutsche Sporthochschule Köln

Educational Aspects of Movement and Sportstherapy within the Rehabilitation of Alcohol Dependant Persons

Movement and sportstherapy play an increasing role in the rehabilitation process of alcohol dependant people during the last years. From a therapeutical point of view dependancy means a disturbed relationship to one's own body, soul and environment. In this connection there has to be mentioned that a lot of dependant people are also suffering from different functional disturbances, for example in motor behaviour and emotional, cognitive and social behaviour. Successful sportstherapy has to integrate different exercise-methods and psycho-therapeutical orientated methods. Both aspects of therapy will be explained in detail.

Special problems of the patients within the sportstherapy are discussed; relevant therapeutical principles in dealing with these patients are described.

Key words: movement, sportstherapy, rehabilitation, alcohol dependancy, exercise methods, psychotherapeutical principles

Einleitung

Eine zeitgemäße Rehabilitationskonzeption umfaßt in der Regel ein individuell abgestimmtes System verschiedener medizinischer, psychologischer und sozialtherapeutischer bzw. sozialpädagogischer Maßnahmen mit der Zielvorstellung, den Behinderten oder Erkrankten seinen verbliebenen Fähigkeiten und Möglichkeiten entsprechend zu verselbständigen und ihn zu weitestgehender Unabhängigkeit zu verhelfen. Ein wesentliches Element innerhalb solcher integrierter Behandlungsmodelle, die sich um eine mehrperspektivische Betrachtung der Problematik bemühen, stellen die aktiv ausgerichteten Angebote der Bewegungs- und Sporttherapie dar, die die Klienten zu bewußt mitarbeitenden Partnern anleiten möchten. Sportwissenschaftlich begleitende Forschung hat dabei in den vergangenen Jahrzehnten die Effektivität gerade dieser Maßnahmen für eine Vielzahl von Behinderungen und funktionellen Beeinträchtigungen in zahlreichen Untersuchungen nachgewiesen (9). Die erfaßten Parameter beziehen sich in der Mehrzahl auf physiologische Variablen wie z.B. der positive Einfluß von Übung und Training auf das Koordinationsvermögen, das Herz-Kreislauf- und das Immunsystem oder auf die Muskulatur. Darüber hinaus werden jedoch auch zunehmend mehr die Auswirkungen auf psychische und psycho-soziale Komplexe wie Motivation, psycho-physische Befindlichkeit, Wahrnehmungs- und Konzentrationsfähigkeit, Rekreations- und Entspannungsfähigkeit oder soziale Kompetenzen untersucht. Schließlich betonen die meisten Arbeiten zu dieser Thematik die Möglichkeiten des Sports als Integrationshilfe. Bewegungs- und Sporttherapie können unter diesen Gesichtspunkten mehrere, sich gegenseitig bedingende Aufgaben und Funktionen erfüllen:

- Die Wiedererlangung von Gesundheit, Handlungs- und Leistungsfähigkeit;
- die Vermittlung von Kompensationstechniken;
- die Entwicklung von Kontakt-, Kommunikations- und Interaktionsfähigkeit;
- die Entdeckung verschütteter Ressourcen wie Vitalität, Erlebnisfähigkeit und Auseinandersetzungsfähigkeit.

Entsprechend diesen Zielsetzungen definiert sich die Bewegungs- und Sporttherapie folgendermaßen:

„Sporttherapie ist definiert als eine bewegungstherapeutische Maßnahme, die mit geeigneten Mitteln des Sports gestörte körperliche, psychische und soziale Funktionen kompensiert, regeneriert, Sekundärschäden vorbeugt und gesundheitlich orientiertes Verhalten fördert. Sie beruht auf biologischen Gesetzmässigkeiten und bezieht besonders pädagogische, psychologische und sozialtherapeutische Verfahren ein und versucht, eine überdauernde Gesundheitskompetenz zu erzielen" (1).

Ein erfolgreiches Umsetzen dieser Leitgedanken setzt einige entscheidende Bedingungen voraus. Eine effektive Arbeit mit dem Patienten ist nur auf der Grundlage einer engen Zusammenarbeit zwischen Arzt oder Team und dem Sporttherapeuten wirkungsvoll, um durch ein abgestimmtes Behandlungsangebot den individuellen Bedürfnissen bzw. Voraussetzungen des Teilnehmers in bezug auf seine motorisch-funktionellen Möglichkeiten, seine kardiale Leistungsfähigkeit oder seine psycho-soziale Belastungsfähigkeit zu entsprechen. Darüber hinaus muß sich zwischen dem Bewegungs- und Sporttherapeuten und dem Klienten ein positiv ausgerichtetes, partnerschaftliches Beziehungsgefüge (Compliance) entwickeln, auf dessen Basis erst eine Motivierung zur Aktivität, eine Verhaltensmodifizierung zu mehr Eigenrealisation und Selbständigkeit und eine Neuorientierung in seinem Gesundheitsverhalten erwartet werden kann. Beeinflußt werden kann diese Compliance auf Seiten des Sporttherapeuten hauptsächlich durch zwei Faktoren: Auf der fachlichen Ebene liegt die Möglichkeit in der Gestaltung eines attraktiven, abwechslungsreichen und auf Erfolgserlebnisse ausgerichteten Bewegungsangebotes, das zugleich ein Transfer in die Freizeit bzw. für die Zeit nach der Therapie/Rehabilitation erlaubt. Auf der personalen Ebene kann ein Vertrauensverhältnis durch ein klienten-zentriertes Verhalten aufgebaut werden, das sich durch Merkmale wie Verständnis, Unterstützung, Ermutigung, Kongruenz im verbalen und non-verbalen Verhalten, Geduld und demokratischen Führungsstil auszeichnet. Darüber hinaus ist eine Wirksamkeit der Bewegungs- und Sporttherapie nur auf der Grundlage eines gleichberechtigten und gleichgewichteten Status im Gesamtbehandlungskonzept zu erwarten (4).

Bewegungs- und sporttherapeutische Zielvorstellungen bei Alkoholkranken

Bewegungs- und sporttherapeutische Maßnahmen mit Alkoholabhängigen verfolgen in einer mehr spezifizierenden Betrachtung sowohl die Beeinflussung der durch die Krankheit unmittelbar betroffenen physischen und psycho-sozialen Funktionen und Prozesse als auch die Veränderung von Erlebens-, Verhaltens- und Handlungsprozessen, die die Bewältigung der Krankheit bzw. das Leben mit dieser Krankheit unterstützen. Über Bewegung, Spiel und Sport soll dabei die Entwicklung und Förderung von Beziehungsfähigkeit zu sich und anderen, persönliches Wachstum und Reifung sowie eigenverantwortliches Handeln und Lernen ermöglicht werden. Bewegungs- und sporttherapeutische Angebote bewegen sich deshalb in der Spannbreite zwischen einem funktionellen, biologisch-sportmedizinischen Pol und einem psychologisch/psychotherapeutisch orientiertem Pol. Dies setzt einen bestimmten Qualitätsstandard seitens des Bewegungstherapeuten voraus. Beide Bereiche müssen dann nicht als konträre, sich gegenseitig ausschließende Standorte verstanden werden. Vielmehr können sie sich in Abhängigkeit zu den jeweiligen personalen, situativen, thematischen oder prozessualen Bedingungen einer Gruppe ergänzen, wobei sie mal mehr im Vordergrund, mal mehr im Hintergrund stehen. Die jeweilige inhaltliche Gestaltung und Gewichtung soll anhand der Begriffe „Vielfältigkeit" und „Vielschichtigkeit" später näher erläutert werden.

Es wird an dieser Stelle schon deutlich, daß eine Sporttherapie bei diesem Klientel nicht ausschließlich symptom- und defektorientiert gesehen wird, sondern daß in ihr Begegnungen über Spiel und Sport als Medium in Verbindung mit Raum, Zeit und Personen eröffnet werden, die derartige zuvor genannten Entwicklungsprozesse ermöglichen. Sporttherapeutische Maßnahmen sollen die bei Abhängigen beeinträchtigten, einander bedingenden Funktionsbereiche des Erlebens, Verhaltens und Handelns normalisieren, gleichzeitig aber auch vorhandene Fähigkeiten stabilisieren und fördern, um die personale, soziale und sportspezifische Kompetenz von Betroffenen - unabhängig von Alter, Dauer und Auswirkung der Suchterkrankung - zu optimieren. Die Sporttherapie mit Alkoholabhängigen kennzeichnet sich deshalb in einem erweiterten Sinne als ein Feld, in dem Lern- und (Nach-) Reifungsprozesse unter erleichterten Bedingungen stattfinden können. Bezogen auf das Krankheitsbild Alkoholabhängiger gilt es für die Sporttherapie, die multiplen Symptome von Abhängigkeit in eine spezifische sporttherapeutische Indikation zu übersetzen. In einem übergeordneten Sinne läßt sich Suchtverhalten als eine Beziehungsstörung zu sich, zu seinem Körper und zu anderen verstehen. Beziehungsstörungen treten dabei in der Regel nicht isoliert auf, sondern in gegenseitiger Abhängigkeit und nehmen zum Teil massiven Einfluß auf die subjektive Wahrnehmung, das Erleben und die Bewertung von eigenem und fremdem Handeln und Verhalten. Die zentrale Störung des suchtkranken Menschen aus bewegungstherapeutischer Sicht liegt danach nicht so sehr in einem physischen oder psycho-pathologischen Symptom, sondern in der Beziehung des Klienten zu sich und seiner Leiblichkeit und den Menschen seiner Umwelt. Für das bewegungs- und sporttherapeutische Vorgehen resultiert daraus, neue alternative Beziehungsmuster sowie Achtsamkeit seinem eigenen Körper und sich selbst gegenüber zu entwickeln bzw. wieder herzustellen und damit Regulationsmöglichkeiten hinsichtlich der eigenen Befindlichkeit und des Verhaltens zu vermitteln. Erst auf der Basis solcher erlebten Befindlichkeitsverbesserungen sind unter Umständen überdauernde Verhaltensänderungen und Handlungsänderungen zu erwarten, wenn es gelingt, beim Teilnehmer einen Einstellungswandel herbeizuführen. Untersuchungen zur Akzeptanz derartiger Bewegungs- und Sportangebote belegen, daß stationär behandelte Alkoholabhängige diese Maßnahmen neben der Einzel- und Gruppentherapie als besonders hilfreich bewerten (2).

Aspekt der Vielfältigkeit

Um den umfangreichen Zielsetzungen gerecht zu werden, lassen sich die bewegungs- und sporttherapeutischen Implikationen unter den zwei erwähnten, einander ergänzenden funktionellen und psychologisch/psychotherapeutischen Modalitäten betrachten. Aufgrund der teilweise massiven psycho-somatischen Folgen der Alkoholabhängigkeit liegen vielfach erhebliche körperliche, funktionelle Beeinträchtigungen oder Störungen vor, die vor allem durch unterschiedliche übungs- und trainingszentrierte Methoden beeinflußbar sind. Diese zielen im wesentlichen auf die vier motorischen Hauptbeanspruchungsformen der Koordination, Kraft, Ausdauer und Flexibilität ab, in denen Abhängige vielfach Schwächen haben, wohingegen die fünfte Beanspruchungsform der Schnelligkeit in diesem Kontext vernachlässigt werden kann, da sie keine grundsätzlich hohe gesundheitliche Wirkung besitzt, ihre Anwendung aufgrund der besonderen organismischen Belastungen bei Erwachsenen eher abzulehnen ist (6, 8).

Als Begründung zur Betonung der Bedeutung von Übung und Training in der Rehabilitation Alkoholkranker ist auf die biologische Grundregel zu verweisen, die besagt, daß Struktur und Leistungsfähigkeit eines Organs bestimmt werden vom Erbgut sowie von der Qualität und Quantität seiner Beanspruchung (6). Sportmedizinische Untersuchungen belegen heute eindeutig, daß beim untrainierten Menschen - unabhängig vom Alter und Geschlecht - in allen vier Hauptbeanspruchungsformen bedeutsame Verbesserungen zu erzielen sind; allerdings wird der Grad der Verbesserung in starkem Maße durch das Alter begrenzt. Dennoch gilt, daß z.B. durch eine Koordinationsschulung die Qualität der Bewegungsabläufe deutlich verbessert und bis ins höhere Alter erhalten werden kann. Dies gilt auch selbst für mehrfach geschädigt-chronisch Alkoholabhängige, so daß auch hier ressourcenorientiert gearbeitet werden kann. Intensive Übungen wirken degenerativen, krankheits- oder altersbedingten Veränderungen entgegen. Ähnliches gilt auch für die Kraft, Ausdauer und Flexibilität, die mit regelmäßigen, gut dosierten Belastungsintensitäten lange erhalten bzw. bei untrainiertem Zustand verbessert werden (10) (Abbildung 1).

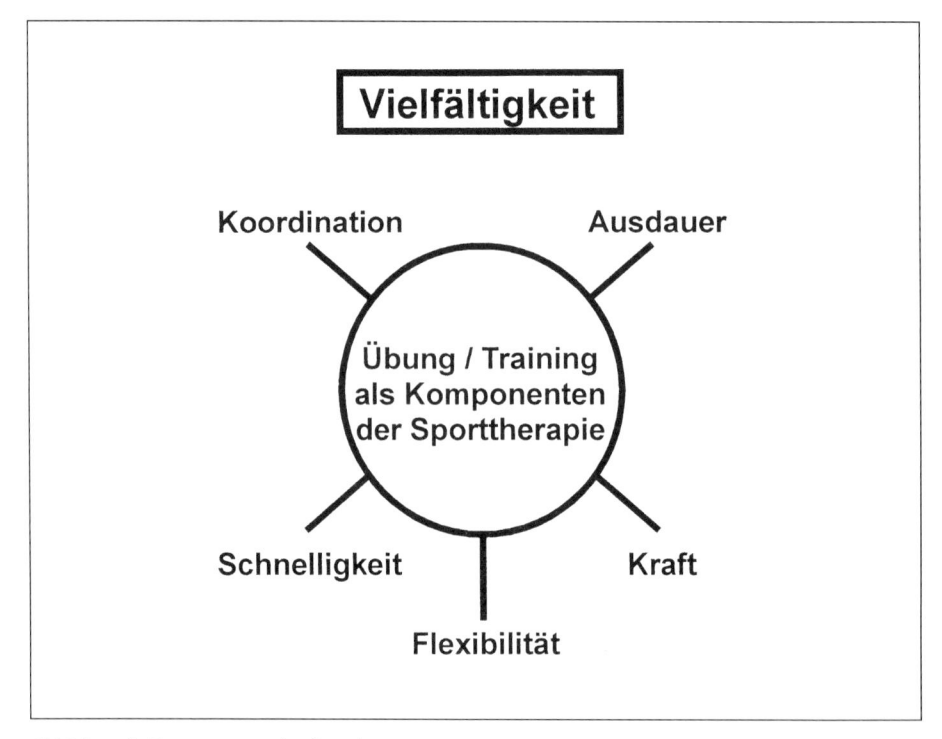

Abbildung 1. Komponenten der Sporttherapie.

Die sportpädagogische Bedeutung von Übung/Training im übertragenen Sinne ist die Anerkennung der Unvollkommenheit des Menschen, die jedoch durch Investierung von Energie und Willen stark beeinflußbar ist. Hier wird eine Beziehung zum Suchtverhalten (Omnipotenzgefühle; Ideal-Ich versus Real-Ich usw.) sichtbar. Allein die Umsetzung von Bewegungs- und Sporttherapiestunden zur Beanspruchung dieser verschiedenen Komponenten verlangt das Prinzip der Vielfältigkeit.
Alle Methoden zur Beeinflussung von Koordination, Flexibilität, Kraft und Ausdauer haben ihren festen Platz und ihre Bedeutung innerhalb bewegungs- und sporttherapeutischer Konzepte bei Alkoholabhängigen; bei regelmäßiger Anwendung führen sie zu nachweislichen Verbesserungen, wozu eigentlich genügend wissenschaftliche Belege existieren (8). Zudem lassen sich selbst bei einem funktionsorientierten Arbeiten Beziehungen zur Alltagssituation von Menschen herstellen, z.B. wie flexibel/unflexibel oder kraftvoll/kraftlos erlebe ich mich in meinen Standpunkten und in meiner Zielstrebigkeit, wie lasse ich mich aus dem Gleichgewicht bringen und wie kann ich mich unterstützen.

Aspekt der Vielschichtigkeit

Wie zuvor schon angesprochen, gilt es für die Sporttherapie jedoch auch, die personalen, sozialen und (lebenspraktischen) sportspezifischen Kompetenzen der Betroffenen als Grundlage zu weitgehend eigenverantwortlichem Handeln zu fördern. Dies umfaßt neben der Förderung der motorischen Funktionen vor allem die Einbeziehung affektiv-emotionaler, motivationaler, kognitiver und sozial-integrativer Verhaltensweisen, die im Interaktionsprozess mit den Partnern der Gruppe und dem Medium Sport zum Tragen kommen. Bezogen auf eine kommunikativ ausgerichtete Sportsituation bedeutet dies für die Teilnehmer, vor allem mit folgenden Anforderungen und Bedingungen bzw. Zielsetzungen umgehen zu lernen:
- Kontakt aufzunehmen zu anderen Teilnehmern;
- Wünsche, Gefühle, Kritik oder Erwartungen zu äußern;
- sich anzupassen, aber auch zu führen, zu gestalten und mitzubestimmen; die Erfahrung von Wahlmöglichkeiten zu machen;
- sich und andere in aktiven und ruhigen Bewegungen oder Spielsituationen wahrzunehmen und zu erleben;
- Verantwortung zu übernehmen für sich und andere;
- Verständnis für Verhalten und Leistungsfähigkeit anderer Gruppenmitglieder aufzubringen;
- Konfliktsituationen und gemeinsame Aufgabenstellungen adäquat zu lösen;
- kreativ tätig zu sein;

- behutsam mit seinen eigenen Energien umgehen zu lernen;
- einen gemeinsamen Konsens mit den anderen Teilnehmern bei teilweise sehr heterogenen motorischen und psycho-sozialen Voraussetzungen zu entwickeln.

Bewegung, Spiel und Sport stellen unter diesem Bedingungsgefüge ein Handlungsfeld dar, das schwerpunktmäßig den Fokus stärker auf Körper-, Selbst- und Sozialerfahrungsprozesse legt (vgl. Abbildung 2).

```
              Selbsterfahrung
                   /\
                  /  \
                 / Bewegung, \
                /  Spiel und  \
               /   Sport als   \
              /  Handlungsfeld  \
             /_____\
      Körper-                    Sozial-
     erfahrung                  erfahrung
```

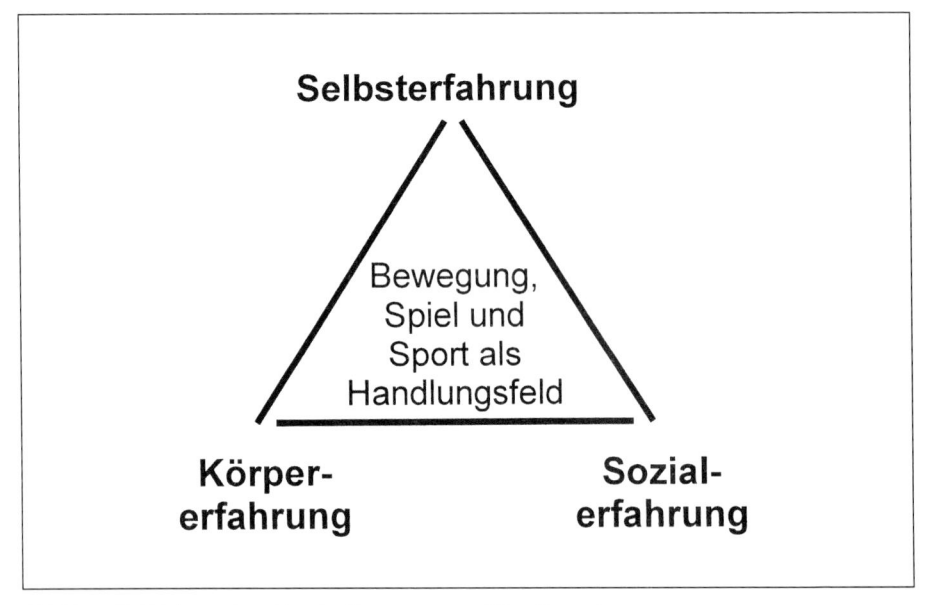

Abbildung 2. Erfahrungsbereiche der Bewegungs- und Sporttherapie.

Körper- und Selbsterfahrung als Grundlage zur Förderung personaler Kompetenz ist dabei primär auf die Entwicklung und Sensibilisierung von Körpergefühl und Körperbewußtsein ausgerichtet. Für den Alkoholabhängigen beinhaltet dies die Wahrnehmung und das Wiederentdecken von (immer noch) vorhandener Energie, Vitalität, Lebendigkeit und Leichtigkeit. Damit verbunden ist die Fähigkeit zu angemessener Anspannungs- und Entspannungsfähigkeit. In enger Abhängigkeit dazu sind Selbsterfahrungsprozesse zu werten, die die Fähigkeit zu realistischer Anspruchsniveausetzung, Selbsteinschätzung und zu realistischer Erfolgs- bzw. Mißerfolgsattribuierung unterstützen. Ergänzende Bereiche der Selbsterfahrung liegen in der Förderung von Wahrnehmungs- und Konzentrationsfähigkeit sowie der Entwicklung von Spontaneität, Expressionsfähigkeit und Problem- bzw. Konfliktlösungsfähigkeit (7).

Soziale Kompetenz umfaßt alle jene Fähigkeiten und Fertigkeiten, die ein Mensch zur Bewältigung sozialer Bedingungen benötigt; gerade in diesem Bereich gilt es, die bei vielen Klienten brachliegenden Potenzen anzusprechen. Die Förderung sozialer Kompetenz durch Bewegung und Spiel beinhaltet:
- Wiedererlangen der Fähigkeit, soziale Gegebenheiten und sportspezifische Gruppenbedingungen adäquat wahrzunehmen, zu bewerten und ihnen entsprechend zu handeln;
- Abbau von sozialen Fehlverhaltensweisen und Isolationstendenzen, verbunden mit der Hinführung bzw. dem Erlernen und dem Erwerb eines angemessenen Sozialverhaltens;
- Förderung der Kommunikations- und Interaktionsfähigkeit;
- Verbesserung der Anpassungs- und Kooperationsfähigkeit bzw. adäquaten Auseinandersetzung mit Partner und Gruppe;
- Vermittlung der Fähigkeit Beziehungen herzustellen und aufrecht zu erhalten sowie bestimmte Rollen zu übernehmen;
- Ausbildung von Verantwortungsgefühl und Verantwortungsbewußtsein sich selbst und der Gruppe gegenüber;
- Entwicklung von Gruppenbewußtsein, z.B. durch Erlernen gemeinsamer Problemlösungs- und Handlungsstrategien.

Ein stärker dialogisch-interaktional ausgerichtetes Bewegungs- und Sportangebot trägt hier zu vielschichtigen Erfahrungen bei, die den Betroffenen unterstützen,

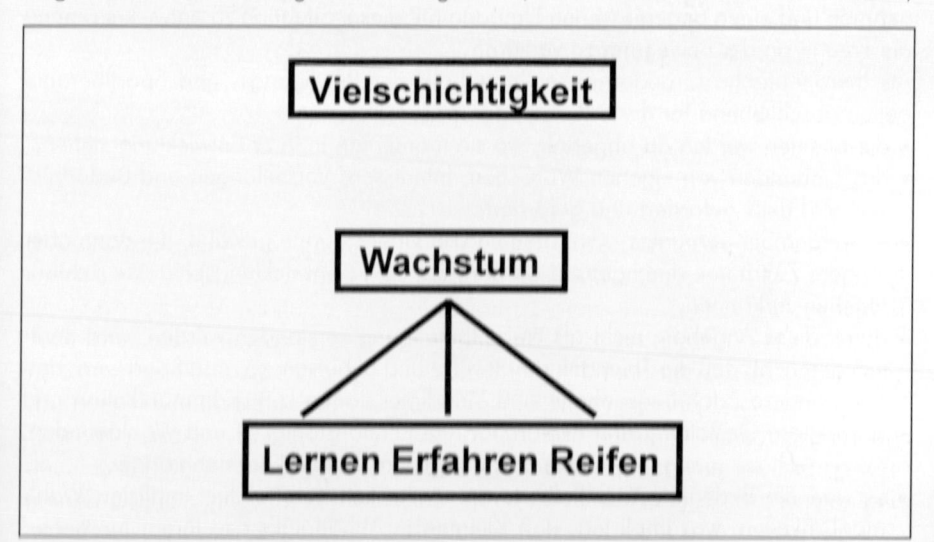

Abbildung 3. Aspekte der Vielschichtigkeit.

Neues zu erproben und zu lernen, Alternativen zu erfahren und durch Auseinandersetzung zu reifen (Abbildung 3).
In der Betreuung von Suchtpatienten treten unter den zuvor beschriebenen Konzeptionen natürlich erhebliche, jedoch überwindbare Probleme auf. So besitzen viele Teilnehmer anfänglich teilweise starre, unflexible Handlungs- und Verhaltensmuster, die eine Öffnung und Hinwendung zu neuen Erfahrungen verhindern. Zudem bringen sie ein gesellschaftlich tradiertes wettkampf- und leistungsorientiertes Verständnis von Sport mit in die Stunden, was dazu führt, daß sie entweder aufgrund negativer Vorerfahrungen, Unsicherheit und Angst die Bewegungs- und Sportangebote erst einmal vehement ablehnen oder aber sie verhalten sich so unangemessen, als ginge es um die Erfüllung einer Höchstleistung, die mit allen Mitteln erreicht werden muß. Zudem sind die motorischen, affektiv-emotionalen, kognitiven und sozialen Fähigkeiten und Fertigkeiten in vielen Fällen durch den langjährigen Alkoholmißbrauch stark beeinträchtigt, so daß in Verbindung mit unrealistischer Selbsteinschätzungsfähigkeit eine erhebliche Risikobereitschaft, Selbstüberschätzung und ein rigider Umgang mit schwächeren Klienten besteht oder aber gänzliches Selbstvertrauen fehlt. Die langjährigen Erfahrungen mit diesem Klientel weisen jedoch fast immer aus, daß es mit entsprechender Unterstützung gelingt, ängstliche, kontaktscheue oder auch depressiv verstimmte Klienten an diese Angebote heranzuführen. Die überengagierten Teilnehmer lernen dagegen, die realen Bedingungen, die durch die unterschiedlichen Voraussetzungen der Gruppenmitglieder gesetzt werden, wahrzunehmen und einen angemessenen Umgang mit dieser Situation zu entwickeln, ohne die Freude an der Bewegung zu verlieren.
Als therapeutische Grundprinzipien innerhalb der Bewegungs- und Sporttherapie gelten abschließend für diese Personengruppe:
- die Klienten werden da abgeholt, wo sie momentan in ihrer Entwicklung stehen;
- das Einbringen von eigenen Wünschen, Interessen, Vorstellungen und Bedürfnissen wird aktiv gefordert und gefördert;
- es werden Schwerpunkte oder Themen von einer Gruppe gewählt, die dann über längere Zeiträume durchgeführt werden, um Lern-, Entwicklungsprozesse sichtbar machen zu können;
- damit diese Angebote nicht als Freizeitbetätigung verstanden werden, wird deutlich gemacht, daß die Thematik schrittweise und behutsam so modifiziert wird, daß auch andere Erfahrungsgehalte und Sinndimensionen (z.B. Kommunikation und Interaktion, Gestaltung und Exploration; Regulationsfähigkeit und Wohlbefinden, Körperwahrnehmung und Körpererfahrung) zum Tragen kommen können;
- es wird die Bedeutung der Selbstverantwortlichkeit betont; dies impliziert Wahlmöglichkeiten, was impliziert, daß Klienten in Abhängigkeit zu ihrem momentanen Befindlichkeitszustand entscheiden sollen, in welcher Intensität und in wel-

chem Umfang sie an der jeweiligen Stunde teilnehmen möchten. Dennoch sollte eine prinzipielle Verpflichtung vorhanden sein, um die Klienten wieder an feste Strukturen zu gewöhnen.

Literatur

1. Deutscher Verband für Gesundheitssport und Sporttherapie (DVGS): Gesundheitssport und Sporttherapie - eine begriffliche Klärung. Gesundheitssport und Sporttherapie 6 (1990) 1, p 3.
2. Deimel H: Sporttherapeutische Gesichtspunkte in der Behandlung von Alkoholabhängigen, in Appell H-J, Mauritz K H (eds): Sport in der Rehabilitation. St Augustin: Richarz, 1988, pp 43-58.
3. Deimel H: Sport und Bewegung in der klinischen Therapie von Erwachsenen. Eine empirische Untersuchung zur Bewertung bewegungsbezogener Maßnahmen, in Hölter G (ed): Bewegung und Therapie - interdisziplinär betrachtet (Modernes Lernen). Dortmund: Modernes Lernen, 1988, pp 87-105.
4. Deimel H: Alkoholabhängige, in Rümmele E (ed): Spektrum der Bewegungspsychotherapie. Frankfurt/Main: Harri Deutsch, 1990, pp 26-40.
5. Deimel H: Sport und Bewegung in der klinischen Therapie von Erwachsenen. Eine empirische Untersuchung zur Bewertung bewegungsbezogener Maßnahmen, in Hölter G (ed): Bewegung und Therapie - interdisziplinär betrachtet. Dortmund: Modernes Lernen, 1988, pp 87-105.
6. Hollmann W, Hettinger T: Sportmedizin - Arbeits- und Trainingsgrundlagen. Stuttgart: Schattauer, 1984.
7. Hölter G: Mototherapie mit Erwachsenen. Sport, Spiel und Bewegung in Psychiatrie, Psychosomatik und Suchtbehandlung. Schorndorf: Hofmann, 1993.
8. Van der Schoot P, Deimel H: Sport in der Rehabilitation Alkoholkranker. Materialien zum Sport in NRW. Band 22. Frechen: Ritterbach, 1988.
9. Van der Schoot P, Seeck U: Bewegung, Spiel und Sport mit Behinderten und von Behinderung Bedrohten. Indikationskatalog und Methodenmanual. Bundesminister für Arbeit und Sozialordnung, Bonn, 1990.
10. Weineck J: Optimales Training. Erlangen: Perimed, 1987.

Der Verfasser:
Dr. Hubertus Deimel
Institut für Rehabilitation und Behindertensport
Deutsche Sporthochschule Köln
Carl-Diem-Weg 6
50933 Köln

Therapeutisches Reiten in einer Fachklinik für suchtkranke Frauen

P. Strausfeld

Hof Kraheck, Hennef

Therapeutic Riding in a Clinic for Drug-Addicted Women

The paper presents two different forms of remedical educational vaulting/riding as used in a therapeutic clinic specialized on female drug abusers.

Mother-and-child vaulting/riding supported the therapeutic efforts of the clinical program and animed on the improvement of the mother and child interaction. There were mainly preschool children who lived with their mothers during their treatment in the clinic.

Through a training/therapy of body awareness on the horse the mothers could develop a better awareness for their child's physical and psychic needs. Special vaulting exercises supported the (re-)learning process between mother and child and opened the chance for stress free interaction.

The self-awareness training program for female anorexia (bulimia) patients was based on the body awareness training program on the horse. In a certain body-movement dialogue between rider and horse the female patients could feel or discover balancing and relaxing movement qualities which the horse gives the impulse to, like rhythm, warmth, being moved forward or even swinging qualities. By this way they could develop an intense and lively body awareness which they did not have to fear and they revealed more trust into themselves and to people around them, even useful to their family contacts. Therapeutic riding developed into psychotherapeutic riding.

Key words: therapeutic riding, female drug abusers

In den knapp 10 Jahren Tätigkeit in einer Fachklinik für suchtkranke Frauen wurden zwei unterschiedliche Formen des heilpädagogischen Voltigierens entwickelt: Das Mutter-Kind-Reiten, das zum Ziel hat, die Mutter-Kind-Beziehung positiv zu beeinflussen und die Selbsterfahrung auf dem Pferd für eßgestörte Patientinnen, welche eine ganzheitliche Körper-Erfahrung ermöglicht.

Beiden Formen liegt der Gedanke zugrunde, daß das Sitzen und Bewegen auf dem Pferd einem Grundbedürfnis des Menschen nach Nähe und Geborgenheit entgegenkommt und so Möglichkeiten zum Nacherleben bietet.

Das Mutter-Kind-Reiten fand im Rahmen der Mutter-Kind-Therapie der Klinik statt,

deren Hauptziel neben der Entwöhnungsbehandlung der Mutter eine Verbesserung der Mutter-Kind-Beziehung war. Eingebunden in die gesamte Mutter-Kind-Arbeit bot das „Reiten" die Möglichkeit, durch das gemeinsame „Getragen werden" den Bedürfnissen von Mutter und Kind zu entsprechen. Die Mütter konnten spüren und am eigenen Leib erleben, was ihre Kinder von ihnen an Nähe und Geborgenheit brauchten. Gemeinsame Voltigierübungen, bei denen Mutter und Kind verschiedene Sitzpositionen einnahmen, boten eine Fülle von Möglichkeiten der Kommunikation und Interaktion. Dabei wurden Beziehungsmuster deutlich, die sich im Laufe der Therapie entwickeln und verändern konnten.
Die Mütter bekamen über das eigene Erleben auf dem Pferd Informationen über die Bedürfnisse des Kindes an sie. Auf dem Pferd waren sie aber erst einmal entlastet und bekamen selbst etwas, da das Pferd sie und das Kind gemeinsam trug.
Dabei spielte das gemeinsame Erlebnis eine große Rolle. Mutter und Kind machten die gleichen Erfahrungen, die sie in ähnlicher Weise berührten. Sie empfanden gemeinsam Angst, konnten sie überwinden, wobei dabei die Mütter oft von den Kindern lernten. Sie bewältigten schwierige Übungen, was bei beiden das Selbstvertrauen und das Vertrauen ineinander stärkte.
Bei diesem engen Zusammenspiel konnten die Mütter sensibler für ihre Kinder werden. Sie erlebten hautnah ihre Reaktionen, und da sie das gleiche Erlebnis hatten, konnten sie sich eher in die Empfindungen ihrer Kinder einfühlen. Dies konnte durch Interventionen des Therapeuten noch vertieft werden und die Mütter für Signale ihrer Kinder empfänglicher machen. Sie lernten ihr eigenes Befinden und daraus entstehende Reaktionen mit denen ihrer Kinder in Verbindung zu bringen und die gegenseitige Bedingtheit zu erkennen. Eigene Schwierigkeiten z.B. mit Nähe fanden sie bei ihren Kindern wieder und erlebten, wie ihr eigenes Lernen auch das der Kinder beeinflußte.
Nicht nur bei der Angstbewältigung konnten die Mütter von den Kindern lernen, sondern auch beim Zeigen ihrer Gefühle und dem Einlassen auf das gemeinsame Erleben mit dem Tier. Die Kinder konnten sich in der Regel leichter entspannen, genießen, sich freuen, ihre Mütter dabei mitreißen und immer mehr in das spielerische Tun auf dem Pferd mit einbeziehen. Die Mütter lernten Möglichkeiten und Leistungen ihrer Kinder kennen, erlebten, wo ihre Kinder noch ihre Hilfe brauchten und wo sie sie loslassen, ihnen etwas zutrauen, sie selbständiger werden lassen konnten. Während des gesamten Ablaufs des Mutter-Kind-Reitens übernahm die Mutter Verantwortung für ihr Kind. Sie war sowohl in den Wartezeiten, als auch auf dem Pferd zur Anleitung und Hilfestellung für ihr Kind verantwortlich. Parentifizierungen, die in der Sucht häufig zu finden sind, konnten so aufgelöst werden. Die Mütter konnten durch ihr Tun dem Kind vermitteln, daß sie jetzt die Verantwortung für es übernahmen, ihm Sicherheit und Halt gaben.

Dadurch, daß der Therapeut als Vermittler zwischen Pferd, Mutter und Kind fungierte und das Voltigieren meistens allen Beteiligten Spaß machte, war der Therapeut in der Regel positiv besetzt. So wurden Interventionen als Unterstützung und selten als Angriff erlebt. Die mögliche Triangulation des Therapeuten zwischen Mutter und Kind wurde indirekt durch das Pferd erschwert. Das Pferd ist gleichbleibend freundlich, sowohl zur Mutter als auch zum Kind. Eigentlich erfüllt es optimal die Kriterien eines guten Familientherapeuten, sich allparteiisch zu verhalten. So wird die Gefahr, daß der Therapeut in Konkurrenz zur Mutter als „bessere Mutter" gesehen werden könnte, durch das Pferd, das zwischengeschaltet ist, neutralisiert.

Die Selbsterfahrung auf dem Pferd wurde in der Klinik schwerpunktmäßig als zusätzliche körperorientierte Therapie für eßgestörte Frauen angeboten. Vor allem bei der Anorexie, aber auch z.T. bei der Bulimie, ist es typisch, daß die Frauen den positiven Kontakt zum eigenen Körper verloren haben. Bedürfnisse werden ignoriert, übergangen, bekämpft. Körpergefühl wird nur im Negativen, im Schmerz und sich Auspumpen gesucht. Der Kampf gegen den eigenen Körper erzeugt Machtgefühle und die Illusion von absoluter Kontrolle.

Im Vordergrund der Selbsterfahrung auf dem Pferd steht die Entspannung und Wahrnehmung des eigenen Körpers. Durch die Entspannung, die durch die Wärme und den Bewegungsrhythmus des Pferdes gefördert wird, wird die positive Wahrnehmung des eigenen Körpers ermöglicht. Festgehaltene Gefühle, Wünsche, Bedürfnisse werden spürbar und es ist möglich, sich damit auseinander zu setzen. Durch das intensive Körpergefühl werden neue Bewegungsmuster eröffnet, welche bei einfachen Voltigierübungen erprobt werden können. Dabei ist die „entspannte Ausführung" wichtiger als die „Leistung".

Das durch die Entspannung leichter erreichbare Unbewußte ist durch Anstöße zur Entwicklung neuer Problemlösestrategien zu motivieren. Die Selbsterfahrung auf dem Pferd kann auf dem geführten Pferd oder an der Longe durchgeführt werden. Weiterführend kann dann noch mit Handpferd und frei reitend gearbeitet werden. Durch das entspannte Erleben des Getragen- und Gewiegtwerdens kamen die Patientinnen an ihre Sehnsüchte heran. Ihre zum Teil fortgedrängten Bedürfnisse nach Geborgenheit wurden klarer, sie konnten auf dem Pferd nachholen, erleben und verarbeiten.

Die Angst vor Körperkontakt (z.B. Übung: Liegen auf dem Hals) war leichter dem Pferd, als anderen Menschen gegenüber zu überwinden. Die Patientinnen sprachen darüber, daß sie sich fallenlassen und ohne Bedingungen angenommen fühlen konnten.

Durch den Aufbau der Wirbelsäule zum entspannten, lockeren aber aufrechten Sitz konnte gleichzeitig eine psychische Aufrichtung bewirkt werden. Brust und Bauch wurden dabei frei zum Atmen, wodurch sich Verspannungen lösten und mit ihnen

Gefühle, z.B. festgehaltene Traurigkeit. Das Liegen auf dem Rücken war für manche Patientinnen angstauslösend, sie fühlten sich in dieser Lage schutzlos ausgeliefert. Diejenigen, die sich aber darauf einlassen konnten, erfuhren eine angenehme Rückenmassage, bei der sie die Erfahrung machen konnten, daß durch ein Loslassen ihrerseits mehr Kontakt entstehen konnte und dadurch wieder mehr Gleichgewicht und Sicherheit.

Der Galopp wirkte aktivierend, ließ Depressivität wenig Raum. Oft wurde er mit „so frei fühlen wie Fliegen" assoziiert.

Bei den verschiedenen Voltigierübungen machten die Patientinnen vielfältige Erfahrungen mit ihrem Körper, die sie zu Reflexionen anregen konnten: wie z.B. das Rückwärtsreiten für einige verunsichernd (sie meinten zu wenig Kontrolle zu haben), für andere besonders entspannend wirkte.

Durch das Insichhineinspüren auf dem Pferd kamen die Patientinnen häufig an ihre aktuellen Gefühle und Probleme heran und hatten im entspannten Zustand die Möglichkeit, neue Problemlösungsstrategien zu entwickeln. Durch die Entspannung und den damit einhergehenden leichten Trancezustand konnten sie ihr Unbewußtes besser nutzen und damit ihre eigenen inneren Kräfte zur Problemlösung (Milton Erickson). Eine Patientin sagte zum Abschluß der Therapie, daß das Reiten für sie die Therapie war, zu der sie auch, wenn sie sonst auf der Stelle trat, immer Zugang fand. Beim Reiten spürte sie etwas, fand sie zu sich, zu ihren Gefühlen, auch wenn sonst nirgendwo mehr etwas lief.

Beide Formen des heilpädagogischen Voltigierens haben sich innerhalb des stationären Rahmens bewährt. Über ambulante Möglichkeiten -als Angebot für die Patientinnen nach ihrer stationären Therapie- wurde verschiedentlich nachgedacht, da die herkömmlichen Reitställe keine adäquate Weiterführung bieten können und Angebote des Therapeutischen Reitens noch immer nicht flächendeckend vorhanden sind. Bei Angeboten heilpädagogischen Reitens im selbständigen Betrieb, stellt sich die Frage, ob sich die beiden Formen auch rein ambulant verwirklichen lassen, wer Überweiser sein könnte oder wie Klienten angesprochen werden könnten. Beide Formen müssen dabei nicht nur auf den Suchtbereich beschränkt bleiben. Auch bestehen derzeit Ideen, neben dem Mutter-Kind-System ganze Familiensysteme im Sinne der systemischen Familientherapie in das Geschehen um und auf dem Pferd mit einzubeziehen.

Literatur

1 Arenz-Greiving I (Hrsg): Elternsüchte-Kindernöte. Freiburg: Lambertus, 1994.
2 Deutsches Kuratorium für Therapeutisches Reiten e V (Hrsg): Die Arbeit mit dem Pferd in Psychiatrie und Psychotherapie, Sonderheft. Warendorf: 1994.
3 Gäng M (Hrsg): Heilpädagogisches Reiten und Voltigieren. München: Ernst Reinhard, 1990.

4 Gäng M (Hrsg): Ausbildung und Praxisfelder im Heilpädagogischen Reiten und Voltigieren. München: Ernst Reinhard, 1995.

Die Verfasserin:
Pia Strausfeld
Eichholzerstr. 17
53773 Hennef

Zur Bedeutung des Sports in Therapie und Nachsorge aus der Sicht abhängigkeitserkrankter Menschen

V. Scheid, J. Simen

Institut für Sport und Sportwissenschaft, Universität Freiburg

Therapeutic and Rehabilitational Significance of Physical Activity for Toxicomanic Patients

A sample survey of 101 male former patients of a rehabilitation clinic for alcohol addicts who had to answer 25 questions revealed the importance of a sports therapy during the clinic stay and the importance of a sport activity in the after-care. On the basis of the results a lasting effect of the sport therapy on the sport activity and the organisation of the patients´ leisure time can be stated. An increase in the sport activity after the therapy can be determined as one result of the survey. The persons asked also stressed the importance of sport activities which are body and health oriented. The positive evaluation of the effects of the sport therapy is more obvious on the personnel than on the sportspecific level.

Key words: toxicomanic patients, sports therapy

Einleitung

Der Alkoholismus erfährt eine weitaus geringere Aufmerksamkeit durch Politik, Medien und Forschung als andere Suchtbereiche, obwohl er eine hohe gesundheits- und gesellschaftspolitische Bedeutung besitzt. Aufgrund der unverändert brisanten Entwicklung im Suchtbereich „Alkoholismus" kommt der Prävention und Rehabilitation eine große Bedeutung zu (3, 7).
Innerhalb der komplexen Symptomatik der Alkoholabhängigkeit ist der Kontrollverlust, dem der Alkoholabhängige erliegt, von zentraler Bedeutung. Störungen treten im Bereich der physischen Leistungsfähigkeit, im affektiv-emotionalen Bereich sowie im Sozial- und Freizeitverhalten auf. Die Vielschichtigkeit der Störungen erfordern ein multidisziplinäres Therapiekonzept. Das übergeordnete Ziel der Abhängigkeitstherapie ist ein Leben in Abstinenz (8). In der stationären Alkoholismusbehandlung ist die Sporttherapie inzwischen ein fester Bestandteil der rehabilitativen Maßnahmen. Im ambulanten Bereich und in der Nachsorge hingegen werden die Möglichkeiten von Bewegung und Sport nach wie vor zu wenig genutzt.
Ausgehend von dem Kontrollverlust als zentraler Störung setzen die sporttherapeu-

tischen Maßnahmen an der Leiblichkeit des Patienten an. Angestrebt wird zunächst ein Abbau der Beziehungs- und Wahrnehmungsstörungen zum eigenen Körper. Darauf aufbauend soll der Patient weitere Kompetenzen erwerben, die auch über die Rehabilitationsphase hinaus für ihn von Bedeutung sind, z.B. für eine aktive und sinnvolle Freizeitgestaltung. Handlungskompetenzen, die in der Bewegungs- und Sporttherapie entwickelt und gefördert werden sollen, lassen sich in die Bereiche personale, soziale und sportspezifische Kompetenz einteilen (2, 9, 5).

Fragestellung und Methode

Bisherige Untersuchungen konnten verschiedene Einflüsse von sportlichen Aktivitäten auf den Therapieerfolg nachweisen. Der Schwerpunkt des Forschungsinteresses lag zumeist in der Ermittlung von positiven Wirkungen auf die körperliche Leistungsfähigkeit; weitere Zusammenhänge lassen sich aber auch im psychischen und im sozialen Bereich erkennen (4, 6, 1). Die hier vorgestellte Untersuchung zielt auf eine Bestimmung der Einstellungen von ehemaligen Patienten zur Sporttherapie und zum Sporttreiben. Folgende Fragenkomplexe wurden im Rahmen der Untersuchung bearbeitet:
1. Wie werden die einzelnen Therapiebereiche von den Patienten eingeschätzt?
2. Wie werden die Inhalte und Wirkungen der Sporttherapie beurteilt?
3. Welchen Stellenwert hat die sportliche Aktivität vor und nach der Therapie?
Die Befragung fand im Rahmen eines Nachtreffens von ehemaligen Patienten einer Rehabilitationsklinik statt (Frühjahr 1995). Das eingesetzte Instrumentarium umfaßte

Merkmal	Merkmalsausprägung	N	Anteil (%)
Alter	28 - 45 Jahre	51	49,5
	46 - 63 Jahre	50	50,5
Klinikaufenthalt	1 Behandlung	78	77,2
	2-4 Behandlungen	23	22,8
sportliche Aktivität	vor und nach der Therapie inaktiv	20	21.5
	vor und nach der Therapie aktiv	26	28.0
	nach der Therapie wieder aktiv	40	43.0

Tabelle 1. Verteilung der Stichprobe.

25 Fragen (Alternativ-, 4-stufige Einschätzungsfragen); die Rücklaufquote lag bei 98%, so daß 101 Fragebögen in die Auswertung einfließen konnten. Tabelle 1 zeigt die Verteilung der Stichprobe, wobei anhand der aufgeführten Merkmale „Alter", „Klinikaufenthalt" und „sportliche Aktivität" Teilstichproben gebildet wurden. Der letzte Klinikaufenthalt liegt durchschnittlich 3 Jahre zurück (zwischen 1982 und 1995); 97% der Befragten führen heute nach eigenen Angaben ein abstinentes Leben.

Ergebnisse

Die Einschätzung der Bedeutung des Klinikaufenthalts fällt eindeutig aus: 98% der Befragten bewerten die gesamte Therapie als „sehr wichtig". Die einzelnen Therapieangebote der Klinik erhalten durchgehend eine positive Bewertung; die Sporttherapie liegt nach der Wichtigkeit hinter der Gruppen- und Einzel-Psychotherapie auf dem 3. Rang. Hinsichtlich der Sporttherapie ergeben sich signifikante Beurteilungsunterschiede in Abhängigkeit von der Behandlungszahl und der sportlichen Aktivität.

Die Einschätzungen der sporttherapeutischen Inhalte sind in Abbildung 1 dargestellt. Insgesamt werden die Angebote durchgehend für positiv empfunden. Im Vergleich

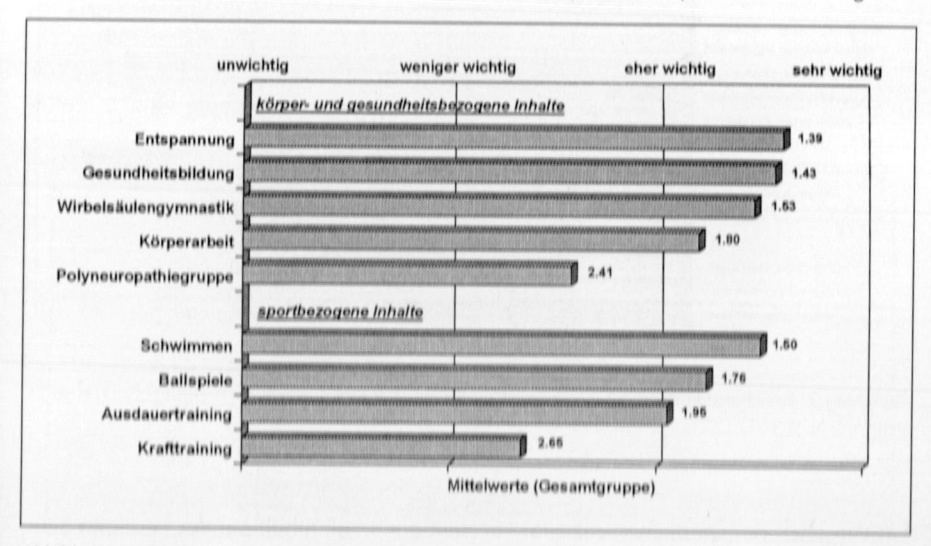

Abbildung 1. Einschätzung der sporttherapeutischen Inhalte (1 = „sehr wichtig" - 4 = „unwichtig"; N = 101).

werden die körper- und gesundheitsorientierten Inhalte jedoch positiver eingeschätzt als der sportbezogene Therapiebereich. Ein varianzanalytischer Vergleich zeigt, daß die Einschätzung der sportlichen Inhalte „Ausdauertraining" und „Krafttraining" von der sportlichen Orientierung der Befragten beeinflußt wird: Patienten, die immer aktiv waren, halten diese Inhalte für bedeutsamer als sportlich inaktive Personen. Die ermittelten Einstufungen zur Wirkung der Sporttherapie in den unterschiedlichen Kompetenzbereichen zeigt Abbildung 2. Während bei der Einschätzung des personalen und sozialen Bereichs eine hohe positive Übereinstimmung besteht, werden die Wirkungen im sportbezogenen Handlungsbereich insgesamt deutlich negativer bewertet.

Die Wirkungen der Maßnahmen werden in Abhängigkeit von der sportlichen Aktivität und dem Alter der Patienten unterschiedlich beurteilt: Bezogen auf das Merkmal „Leistungsfähigkeit steigern" und alle drei sportspezifischen Merkmale urteilen beide sportlich aktiven Teilgruppen (immer aktiv und wieder aktiv) signifikant positiver als sportlich inaktive Personen. Die Wirkung auf die Umwelt- und Naturwahrnehmung und das Gesundheitsbewußtsein wird von der älteren Teilgruppe überzufällig positiver eingeschätzt.

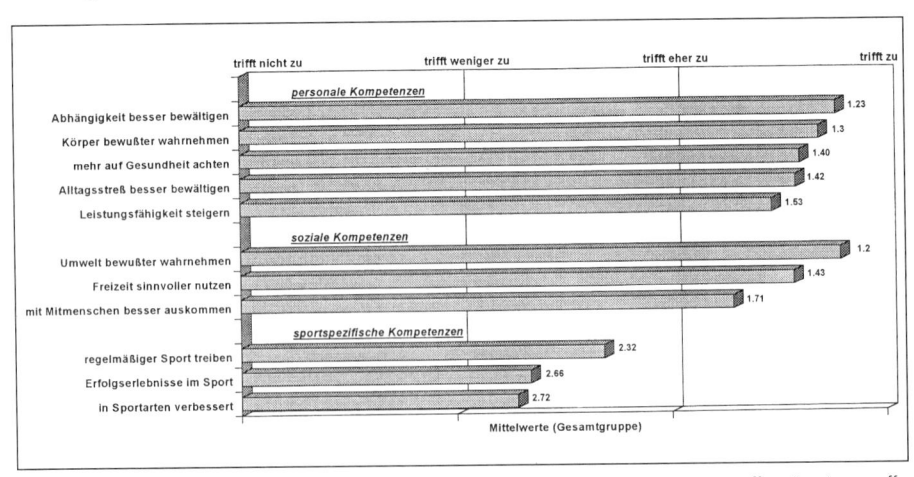

Abbildung 2. Einschätzung der Wirkungen sporttherapeutischer Maßnahmen (1 = „trifft zu" - 4 = „trifft nicht zu"; N = 101).

Ein Vergleich der sportlichen Aktivität vor dem Klinikaufenthalt mit der heutigen Situation erbringt eine beachtliche Steigerungsrate: Der Anteil der sportlich Aktiven hat sich mehr als verdoppelt, er ist von 35% auf 72% angestiegen, wobei die Sportarten

Radfahren, Schwimmen und Fußball sowohl vor als auch nach der Therapie dominieren. Insbesondere die ehemals sportlich Aktiven haben zum Sport zurück gefunden, aber auch die Hälfte der früher sportlich Inaktiven treibt heute durchschnittlich mindestens einmal pro Woche Sport.

Etwa 50% der Befragten besuchten nach dem Klinikaufenthalt eine Nachsorgeeinrichtung. Während bei der Mehrheit der stationären Nachsorgeeinrichtungen sportliche Aktivitäten stattfanden, wurde in den ambulanten Einrichtungen kein sportliches Programm angeboten. Das Bewegungs- und Sportangebot im Nachsorgebereich muß weiterhin als defizitär bezeichnet werden.

Diskussion

Zusammenfassend kann auf drei Aspekte hingewiesen werden:
1. Nach der Therapie kann eine starke Zunahme der Sportaktivität festgestellt werden. Offensichtlich besteht ein wesentlicher Effekt der Alkoholismustherapie darin, daß Betroffene die Bedeutung von Bewegung und Sport für eine gesunde und abstinente Lebensführung erkennen.
2. Der Sporttherapie wird eine hohe Bedeutung zugeschrieben, besonders die körper- und gesundheitsorientierten Angeboten werden positiv bewertet. Ausgehend von der Symptomatik der Alkoholabhängigkeit erscheinen körperbetonte Inhalte und Maßnahmen zur Gesundheitsbildung als geeignete sporttherapeutische Inhalte.
3. Die positiven Einschätzungen zur Wirkung der Sporttherapie liegen eher im personalen und sozialen als im sportspezifischen Kompetenzbereich. Hier treten jedoch Beurteilungsunterschiede auf, die von der sportlichen Aktivität der befragten Personen beeinflußt sind.

Der Sporttherapie kann auf Grundlage der Ergebnisse eine nachhaltige Wirkung auf das sportliche Engagement und die Freizeitgestaltung zugeschrieben werden. Gerade die körper- und gesundheitsorientierten Angebote werden rückblickend sehr positiv bewertet. Bei der Planung und Durchführung von therapeutischen Inhalten soll

Literatur

1 Bartmann U: Joggen als therapeutische Technik bei sogenannten deprivierten Alkoholikern, in Wiener Zeitschrift für Suchtforschung 15 (1992) 4, 47-50.
2 Deimel H: Sporttherapeutische Gesichtspunkte in der Behandlung von Alkoholabhängigen, in Appell H J, Mauritz K H (Hrsg): Sport in der Rehabilitation. Ansätze und Anwendungsfelder. St Augustin: Academia Verlag Richarz, 1988, 43-58.

3 Hüllinghorst R: Die aktuelle Sucht- und Drogensituation in der Bundesrepublik Deutschland, in Volknant S, Liebert C (Hrsg): Suchtprävention - Eine Aufgabe für den Sportverein? Frankfurt: Deutscher Sportbund, 1992, 7-31.
4 Klein T: Sporttherapie und Körperarbeit als integrierter Bestandteil einer psycho-analytisch orientieren Langzeitbehandlung alkohol- und medikamentenabhängiger Frauen und Männer (unveröff. Dissertation). Giessen, 1987.
5 Klein M: Sport- und Bewegungstherapie als integrative Arbeit in der Suchtbehandlung, in Hölter G (Hrsg): Mototherapie mit Erwachsenen. Schorndorf: Hofmann, 1993, 81-91.
6 Reuter E: Einstellung zum Sport und Persönlichkeitsentwicklung bei Abhängigkeitskranken, in Suchtgefahren 36 (1990) 6, 380-391.
7 Schmidt L: Alkoholkrankheit und Alkoholmißbrauch. Stuttgart: Kohlhammer, 1993.
8 Seitz H, Lieber C, Simanowski U (Hrsg): Handbuch Alkohol - Alkoholismus - Alkoholbedingte Organschäden. Leipzig-Heidelberg: Barth, 1995.
9 Van der Schoot P, Deimel H, Beh D: Sport und Suchtgefahren - Pilotprojekt: Sport in der Alkoholkrankenrehabilitation. Entwurf eines didaktisch-methodischen Konzepts für den Sport mit Alkoholabhängigen. Köln: Deutsche Sporthochschule, 1988.

Für die Verfasser:
Prof. Dr. Volker Scheid
Albert-Ludwigs-Universität Freiburg
Institut für Sport und Sportwissenschaft
Schwarzwaldstraße 175
79117 Freiburg i. Br.

Sporttherapie als integraler Bestandteil der stationären Entwöhnungstherapie für Alkoholabhängige

M. Koch

Psychotherapeutische Klinik, Bad Liebenwerda

Sports as an Integrated Part of an In-Patient-Program of Treatment of Alcoholism

In Eastern Germany the consumption of alcoholic beverages increased since the reunification. A comparison of East and West Germany concerning the approaching behaviour shows that alcoholic misuse in drinking spirits in East Germany is more common than in West Germany.

Therefore alcoholics in the Eastern Part of Germany suffer the more from different severe somatic, neurological and psychiatric disorders. The Psychotherapeutische Klinik Bad Liebenwerda in Brandenburg advocates an integrated model of treatment of alcoholism: The conception places emphasis upon an in-patient-program including psychotherapy, medical care, psychosocial care and training as well as gymnastics and sports.

Based on empirical results of the investigation of patient compliance, there is a low motivation for treatment in alcoholics. The author reports an own result in examining alcoholics at the end of an 4-month-in-patient-program by asking for the level of contentment with doing sports. 88% of all patients liked that special kind of therapy „MUCH" or „VERY MUCH".

Sports as a part of an integrated conception of treatment of alcoholism is an effective method to change treatment motivation, treatment readiness and treatment activity.

Key words: sports, treatment of alcoholism, motivation, readiness, activity

Einleitung

Sucht ist eine chronische Krankheit.
Sucht betrifft alle Lebensbereiche.
Sucht führt unbehandelt zum Tode.
In den neuen Bundesländern ist der Alkoholkonsum nach der politischen Wende deutlich angestiegen und hat mittlerweile das Maß der Altbundesländer erreicht, wenn nicht überschritten: Der Verbrauch von ca. 13 Liter reinen Alkohols pro Kopf pro Jahr ist ein bedenklicher Rekord. Die Alkoholkonsumgewohnheiten unterschei-

den sich in einem wesentlichen Punkt: Der Verbrauch von Spirituosen in den Neubundesländern liegt mit 16,1 l/Jahr/Person deutlich über dem der Altbundesländer (6,3 l). Dies hat insbesondere z.T. katastrophale körperliche Folgen: Hervorzuheben sind neurologische, neuromuskuläre und neuropsychiatrische Folgekrankheiten, wie die alkohol-toxische Polyneuropathie mit sensiblen und motorischen Ausfällen bis hin zu Paresen, Kleinhirnatrophie mit Stand- und Gangataxie, Störungen der Koordination und Feinmotorik, alkohol-toxische Wesensänderungen mit affektiven Störungen, Apathie, psychomotorischer Antriebshemmung und Passivität.

Hier setzt die Sporttherapie in der Rehabilitation von Suchtpatienten an: Übergeordnete Zielvorstellungen des Sports sind, dem Alkoholabhängigen zu einem möglichst störungsarmen Zustand körperlichen, psychischen und sozialen Wohlbefindens und damit zu einer möglichst ungestörten Übereinstimmung mit sich und der Umwelt zu verhelfen. Hierdurch sind Gesundung und Wiedererlangung oder Verbesserung der Leistungsfähigkeit im Sinne einer Resozialisierung, Reintegration und Rehabilitation möglich.

Seit dem 17. August 1993 werden in der Psychotherapeutischen Klinik Bad Liebenwerda Alkoholabhängige im Sinne einer Entwöhnungsbehandlung nach einem integrativen, tiefenpsychologisch orientierten und persönlichkeitszentrierten Therapiekonzept behandelt. Die Grundbehandlungsdauer beträgt vier Monate.

Die individuelle Therapie integriert die Sporttherapie neben den Schwerpunkten der Gesprächspsychotherapie, Ergotherapie, Arbeitstherapie und vielem mehr. All diese Bausteine unterstützen das letztendliche Therapieziel einer möglichst langdauernden Abstinenz.

Ein wesentliches Ziel der stationären Reha-Maßnahme im Suchtbereich ist körperliche Stabilisierung, Konditionierung und Verbesserung der psycho-physischen Befindlichkeit und Leistungsfähigkeit. Dies kann durch eine sachgerecht durchgeführte Sporttherapie erreicht werden.

Bewegungs- und Sporttherapie sind als aktive Maßnahmen gerade in der Suchttherapie sinnvoll und daher in der Psychotherapeutischen Klinik Bad Liebenwerda Bestandteil des Pflichtprogrammes. Wir veranstalten neben täglichem Frühsport ein individuelles Konditions- und Aufbautraining, Schwimmen, Mannschaftsspiele, Leichtathletikprogramme, Gymnastik, Turnen, Wanderungen, Krafttraining, Waldlauf. Daneben gibt es Interessengruppen wie Wirbelsäulengymnastik, Rückenschule, Tischtennisturniere u.v.m..

Schwerpunkte der Sporttherapie innerhalb der Rehabilitation Suchtkranker bilden die Bereiche Ganzkörperschulung mit und ohne Gerät, Konditionstraining und Sport- und Mannschaftsspiele. Sport fördert das Gemeinschaftsgefühl und bessert die körperliche und seelische Befindlichkeit. Sport als Therapie fördert Kompetenzen im psychischen, neuromotorischen und sozialen Bereich. Bewegungstherapie nach medizinischen Gesichtspunkten verbindet Sport- und Physiotherapie und kann nicht immer eindeutig abgegrenzt werden (z.B. Krankengymnastik). Auch sollten aktive und passive Anwendungen in einem individuellen Maße kombiniert werden, um der - gerade am Beginn einer Abstinenz erhöhten - Schmerzempfindlichkeit, einer vermehrten Frustrationsintoleranz und Depressionsneigung entgegenzuwirken.

Material und Methode

Suchttherapie heißt vor allem, dem Patienten die Einsicht in (s)ein Suchtproblem vermitteln helfen. Suchttherapie heißt, den Leidensdruck für den Patienten fühlbar machen und daraus immer wieder neu die Motivation zur Therapie erreichen. Die Compliance von Suchtpatienten ist jedoch oft sehr gering und eine Veränderungsmotivation zunächst nur sehr zaghaft vorhanden.
Was nun Therapeuten und Ärzte für sinnvoll halten, wird gerade von Suchtpatienten nicht immer akzeptiert! Uns interessierte daher die Frage, wie und in welchem Maße beurteilen die Patienten unser sporttherapeutisches Angebot. Wir legten jedem Patienten nach Abschluß seiner Behandlung einen Fragebogen zur freiwilligen Beantwortung vor, in welchem wir unter anderem den Zufriedenheitsgrad im Bereich Sport/Gymnastik in vier Kategorien („sehr gut", „gut", „zufrieden", „nicht zufrieden") durch die Patienten beurteilen ließen.
Suchtpatienten sind in der Regel nur sehr schwer und über einen langsam sich entwickelnden Prozeß einer Zufriedenheit bzw. einer zufriedenen Abstinenz zuzuführen. Gerade zu Beginn einer Therapie stehen Reizbarkeit, Unzufriedenheit, Stimmungsschwankungen und z.T. aggressive Ausbrüche mit Impulskontrollproblemen im Vordergrund: Für eigene Unzulänglichkeiten machen Suchtpatienten andere verantwortlich. Es ist daher besonders wichtig, therapeutische Bausteine zu finden, die Akzeptanz und erste positive Gefühle auslösen.
Wir betrachten den Zeitraum von der Eröffnung der Klinik am 17.08.1993 bis zum 31.12.1994. Die Beantwortungsquote lag bei 183 Patienten. Dies entspricht bei 280 entlassenen Patienten einem Rücklauf von 65,4 %. Von den abgegebenen Bögen wurde die Sporttherapie 50 Mal mit „sehr gut" (27,3 %), 111 Mal mit „gut" (60,7 %), 15 Mal mit „zufrieden" (8,2 %) und 4 Mal mit „nicht zufrieden" (2,2 %) beurteilt. 3 Patienten (1,6 %) machten keine Angaben.

Ergebnisse

88% der Patienten beurteilten die Durchführung und Qualität der Sporttherapie im

Rahmen der Alkoholentwöhnungstherapie an der Psychotherapeutischen Klinik mit „sehr gut" und „gut". Bezogen auf die Gesamtzahl der entlassenen Patienten von 280 reduziert sich der Prozentsatz zwar auf 57,5%, wenn man unterstellt, daß alle anderen Patienten die Sporttherapie als lediglich zufriedenstellend oder nicht zufriedenstellend beurteilen würden, was aber nicht zu erwarten ist.

Diskussion

Sporttherapie als integraler Bestandteil des therapeutischen Konzeptes für alkoholabhängige Patienten ist nicht nur in den Augen von Medizinern und Psychologen ein wichtiger Baustein, sondern findet auch die Akzeptanz der überwiegenden Anzahl der Patienten. Dies ist gerade in der Suchttherapie nicht selbstverständlich. Therapie soll auch Freude machen. Therapie muß auch sichtbare und spürbare Ergebnisse und Erfolge bringen, zum Weitermachen und Durchhalten anregen - oder auch fühlbar machen, welche körperlichen Schäden bereits eingetreten sind, um Motivation zu stärken.

Wenn ein Patient aktiv etwas tut, von der Passivität zur Aktivität gelangt, so hat gerade der Suchtpatient einen - wenn nicht den - wesentlichen Schritt in Richtung des endgültigen Zieles einer Abstinenz getan: Suchttherapie heißt, für seine Gesundheit selbst die Verantwortung übernehmen. Und Sporttherapie mit Alkoholikern heißt mehr denn anderswo: Gesundheit selber machen!

Erreicht werden dadurch physische, psychische und soziale Handlungskompetenzen, die so wichtig sind für eine erfolgreiche Therapie, welche letztendlich die Rehabilitation des gesamten Menschen zum Ziel hat.

Literatur

1 Cooper K H: Bewegungstraining. Frankfurt: Fischer, 1970.
2 Einsingbach, Klümper, Biedermann: Sportphysiotherapie und Rehabilitation. Stuttgart-New York: Thieme, 1988.
3 Findeisen G R: Grundlagen der Sportmedizin. Leipzig: Johann Ambrosius Barth, 1976.
4 Gesundheit selber machen: Ein Programm der BfA und des VDR, 1995.
5 Heipertz W: Sportmedizin. Stuttgart: Thieme, 1980.
6 Hoffmann H-D, Teske M: Sporttherapie nach sportpsychologischen, sportmedizinischen und sportmethodischen Erkenntnissen in der ambulanten Behandlung von Suchtkranken, Sucht - Zeitschrift für Wissenschaft und Praxis 33 (1993) 3, 186.
7 Hollman W, Hettinger Th: Sportmedizin - Arbeits- und Trainingsgrundlagen. Stuttgart: Schattauer, 1980.
8 Hollman W: Zentrale Themen der Sportmedizin. Heidelberg: Springer, 1972.
9 Hüllemann K O: Leistungsmedizin, Sportmedizin für Klinik und Praxis. Stuttgart: Thieme, 1976.
10 Kunz, Schneider, Spring, Tritschler, Unold: Krafttraining. Stuttgart-New York: Thieme, 1990.

11 Mellerowicz H, Meller W: Training. Berlin u a: Springer, 1980.
12 Schneider, Spring, Tritschler: Beweglichkeit. Stuttgart-New York: Thieme, 1989.
13 Spring, Illi, Kunz, Röthlin, Schneider, Tritschler: Dehn- und Kräftigungsgymnastik. Stuttgart-New York: Thieme, 1988.
14 Voigt D: Gesundheitsverhalten. Stuttgart: Kohlhammer, 1978.

Die Verfasserin:
Dr. med. Monika Koch
Ärztin für Psychiatrie - Psychotherapie
Chefärztin
Psychotherapeutische Klinik Bad Liebenwerda
Dresdenerstraße 19
04924 Bad Liebenwerda

Beeinflussung der psychophysischen Leistungsfähigkeit und der Rückfallquote chronisch Alkoholkranker durch Sporttherapie

E. J. Seidel[a], Ch. Wick[b]

[a]Abteilung Physikalische Medizin und Sporttherapie,
Hufeland Kliniken Weimar GmbH
[b]Institut für Sportwissenschaft - Sportmedizin,
Friedrich-Schiller-Universität Jena

Effects of Sports Therapy on the Psycho-Physical Strengths and Relapse Quote of the Chronically Alcohol Sick

We investigated 25 alcohol sick people with an average age of 41.44 years (24-62 years, n=25, w=20, m=5, 60% were the gamma type, 32% of the delta type and 8% of the mixed type) with regard to changes in their psycho-physical strength. We compared this test group with a control homogenous in sex and age. In addition, we investigated 21 alcohol sick with an average age of 38.22 years (21-54 years, n=21, w=16, m=5, 71% were of the gamma type, 29% of the delta type, 10% of mixed type) who underwent a three months sports therapy during their clinical treatment program. The following parameters were included: spiroergometry, motor function test according to Titov, the Jena ballboard, the Jena seesaw test, tachistocopic perception test as well as the usual laboratory parameters.

Motor strength was demonstrably reduced to a large extent in all cases. The motor balance also indicated a strong deviation from the normal standard. Motor endurance is reduced in the alcohol sick to an alarming extent.

In the evaluation of the results, the sports therapy program reduced the rate of relapses by more than 35%. Therefore, we recommend, that clinical rehabilitation programs be carried out in connection with a sports therapy program in order to improve the psycho-physical strength of the alcohol sick.

Key words: the alcohol sick, clinical rehabilitation, psychophysical strength, quota of relapses

Einleitung

In der Bundesrepublik sind ca. 1,8 Millionen Bundesbürger alkoholkrank. Der Anteil

der Frauen beträgt 30%, der Anteil der Jugendlichen und jungen Erwachsenen 10%. Vor allem in den jüngeren Altersgruppen nimmt, nach Infratest Gesundheitsforschung, der Anteil der Alkoholgefährdeten in den letzten Jahren deutlich zu.
Bei der Rehabilitation von Alkoholkranken spielt die Sporttherapie zur Wiederherstellung der psychophysischen Leistungsfähigkeit bisher eine untergeordnete Rolle. Zum wissenschaftlich begründeten Einsatz von Trainingsmethoden ist es erforderlich, Art und Ausmaß der Störung der psychophysischen Leistungsfähigkeit möglichst differenziert zu erfassen. Die Störungen der Muskelfunktionen, hier vor allem betroffen alle Teile der motorischen Handlungsreaktion, sind unter akuter Alkoholintoxikation vielfach beschrieben worden.
In unseren Untersuchungen ging es vorrangig darum, diese Funktionsstörungen im Ergebnis einer chronischen Alkoholintoxikation nachzuweisen und aus diesen Ergebnissen ein Sporttherapieprogramm aufzubauen.

Probanden

Gruppe A (ohne Sporttherapie)
Alkoholkranke
    Alter 41,44 Jahre (24-62 Jahre)
    n=25; w=20; m=5
    davon 60% Gamma-Typ,
    32% Delta-Typ, 8% Misch-Typ

Gruppe B (mit Sporttherapie)
Alkoholkranke
    Alter 38,22 Jahre (21-54 Jahre)
    n=21; w=16; m=5
    davon 71% Gamma-Typ,
    29% Delta-Typ, 10% Misch-Typ

Gruppe C
gesunde Vergleichspersonen
    Alter 40,1 Jahre (23-58 Jahre)
    n=25; w=18; m=7

Methode

1. Auge-Hand-Koordination - Jenaer Kugelbahn
Messung der Veränderung der motorischen Steuerungsfähigkeit, der Auge-Hand-Koordination, des Risikoverhaltens und der sensorischen Lernfähigkeit. Es handelt sich um eine schiefe Ebene (3%), auf welcher Hindernisse montiert sind. Durch diese Bahn muß eine Kugel so weit und so schnell als möglich dirigiert werden (10 Versuche, Auswertung: Stabilität, Variabilität).
2. vestibulomuskuläre Regulation - Balancierwippe
Die digital gemessenen Integrale des Winkelausschlages in 10 sec bei insgesamt 10 Versuchen wurden ausgewertet.
3. neuromuskulärer Funktionszustand - Test nach Titov (3)
Bestimmung der Reizschwelle des Musculus brachioradialis (Oberflächen-EMG) und des 1. Maxima o. g. Muskels.
4. Konzentrations- und Aufmerksamkeitstest - TaWaPro
Tachystoskopische Wahrnehmungsprobe
Auswertung: Einschätzung der Veränderungen der Lernfähigkeit, des Aufmerksamkeitsverhaltens und der psychophysiologischen Belastbarkeit.
5. Fahrradergometrie mit Messung oxydativer Kapazität und Messung der Ausdauerleistung

Versuchsablauf

Um alle Folgen des Alkoholentzuges, wie Tremor, Halluzinationen, motorische und autonome Hyperaktivität aus den Untersuchungsergebnissen zu eliminieren, wurden als Versuchstage der 7.-10. stationäre Tag bestimmt. Versuchszeit war stets vormittags zwischen 8.00-10.00 Uhr. Der Versuchsablauf war standardisiert. Gruppe A unterzog sich einer 3-monatigen stationären Entwöhnungsbehandlung mit ärztlicher Therapiestrategie. Gruppe B absolvierte zusätzlich zur stationären Behandlung ein Sporttherapieprogramm, welches auf die festgestellten Defizite im motorischen Bereich abgestellt war (4). Gruppe C diente als Normalgruppe zum Testwertvergleich (Majoritätsnormwerte).

Ergebnisse

Die Ergebnisse am Testgerät Kugelbahn liegen sowohl in den erreichten Streckenlängen als auch bezüglich der Stabilität in den Gruppen A und B hochsignifikant unter den Werten einer altersentsprechenden Kontrollgruppe (Abbildung 1). 4 Patienten erreichten in den Streckenlängen den Normbereich, 4 lagen 10-30% niedriger und 10 Patienten blieben um mehr als 30% unter den Normwerten.

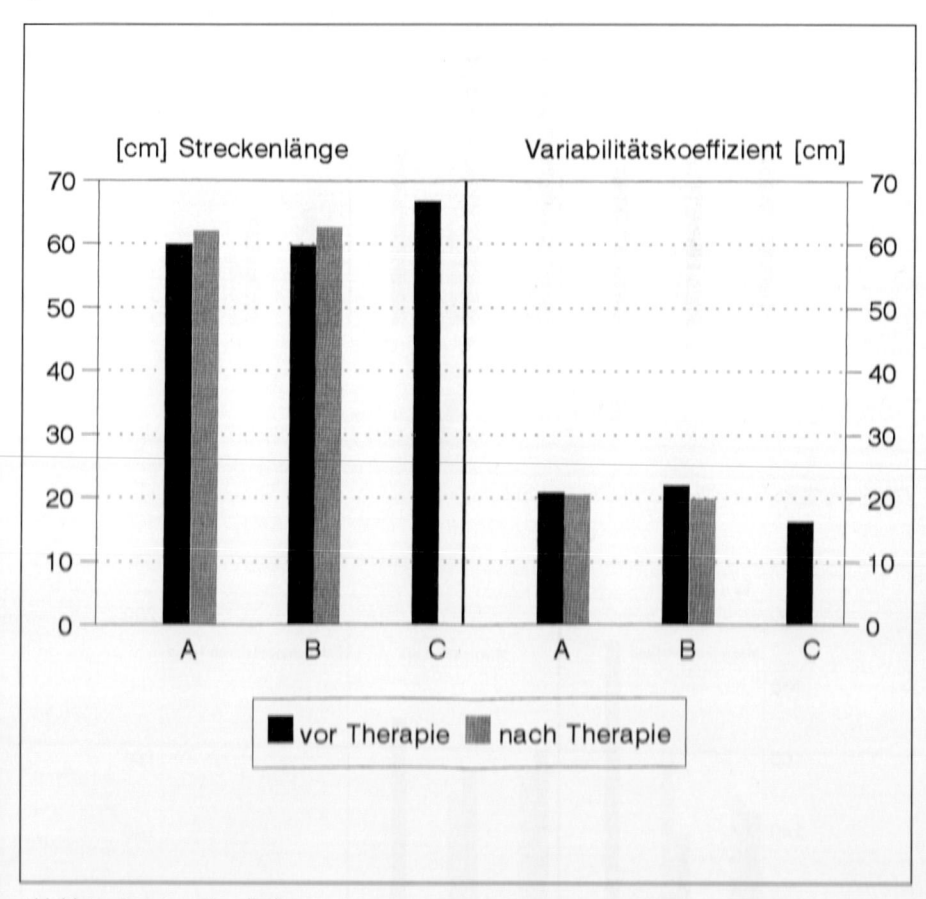

Abbildung 1. Jenaer Kugelbahn.

Bei der Bestimmung der Reizschwelle in Ruhe zeigten die Patienten bereits eine hochsignifikante Erhöhung gegenüber den Normalpersonen (Abbildung 2). Noch deutlicher wurden die Unterschiede nach einer dosierten Belastung am Fahrradergometer. Nur 3 Alkoholkranke erreichten hier die Normwerte in den Gruppen A und B (Abbildung 3).

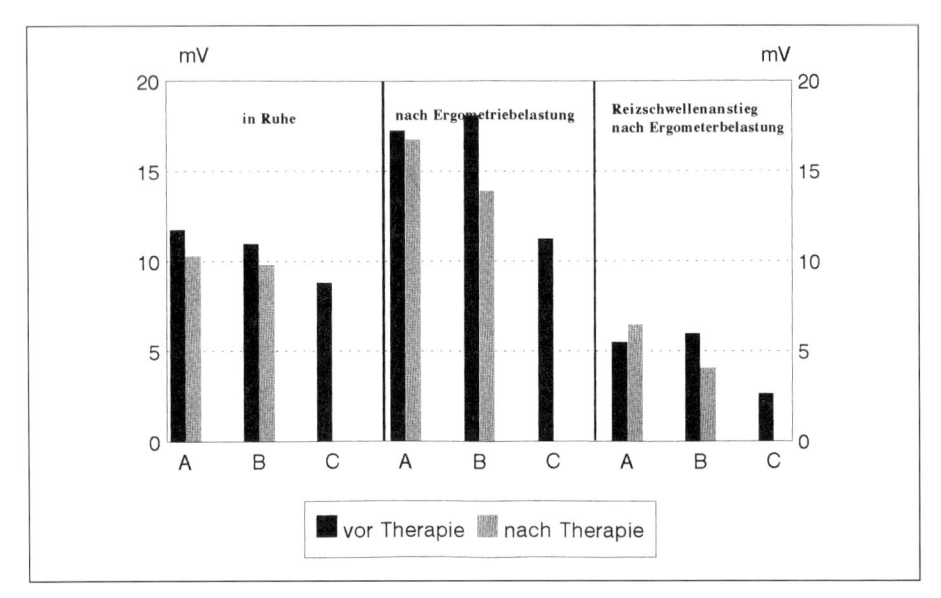

Abbildung 2. Reizschwelle Musculus brachioradialis.

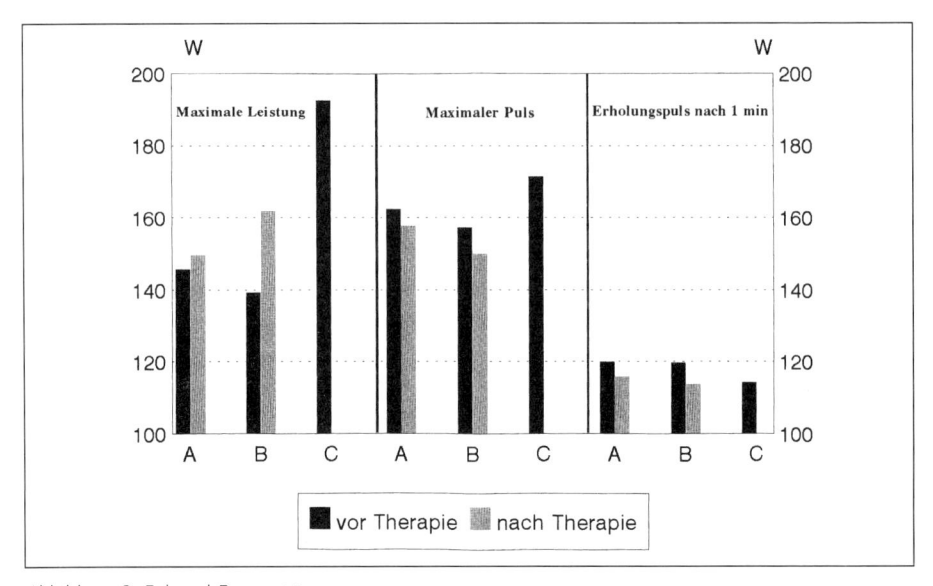

Abbildung 3. Fahrrad-Ergometrie.

Diese Ergebnisse sprechen für die rasche Ermüdbarkeit des Muskels beim Alkoholkranken. Auf der Balancierwippe bestanden die größten Abweichungen zur Norm (Abbildung 4). Alle Alkoholkranken liegen schlechter als die Normwerte, davon 12 um mehr als 30%.

Auch bei der tachystoskopischen Wahrnehmungsprobe bestanden hochsignifikante Abweichungen in allen Parametern (Abbildung 5).

Auffallend bei allen Untersuchungen ist, daß es unter einer 3-monatigen Entwöhnungsbehandlung in Gruppe A nur zu geringfügigen Verbesserungen der erzielten Werte kommt, während es bei Gruppe B durch die zusätzlich absolvierten sporttherapeutischen Maßnahmen vor allem im Bereich der Fahrradergometrie und am deutlichsten im Bereich Balancierwippe zu deutlichen Verbesserungen der psychophysischen Leistungen kommt.

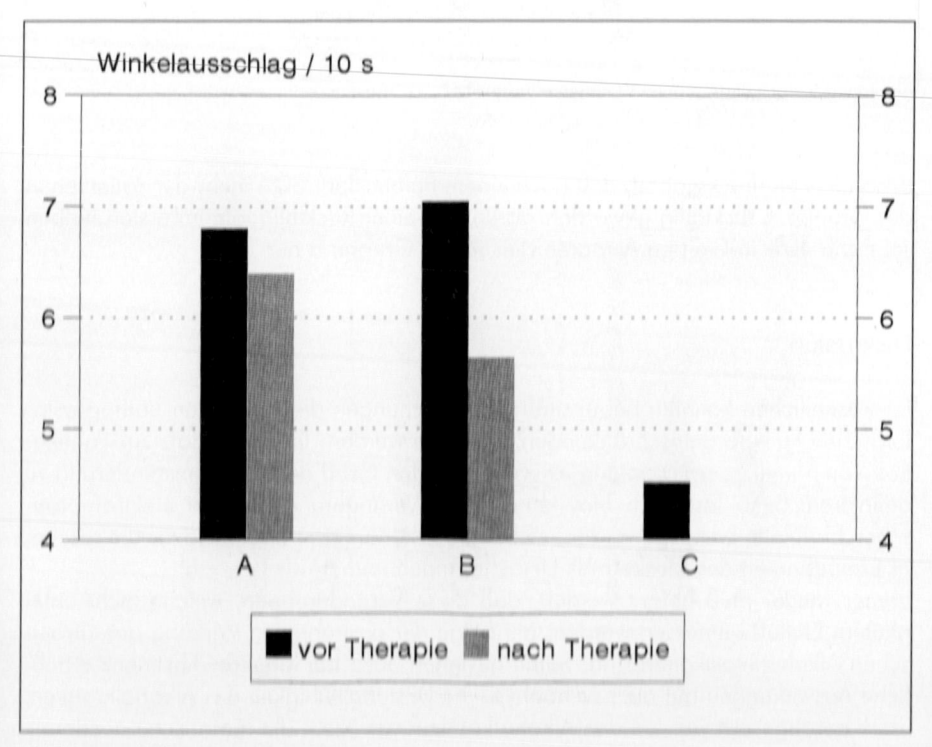

Abbildung 4. Balancierwippe.

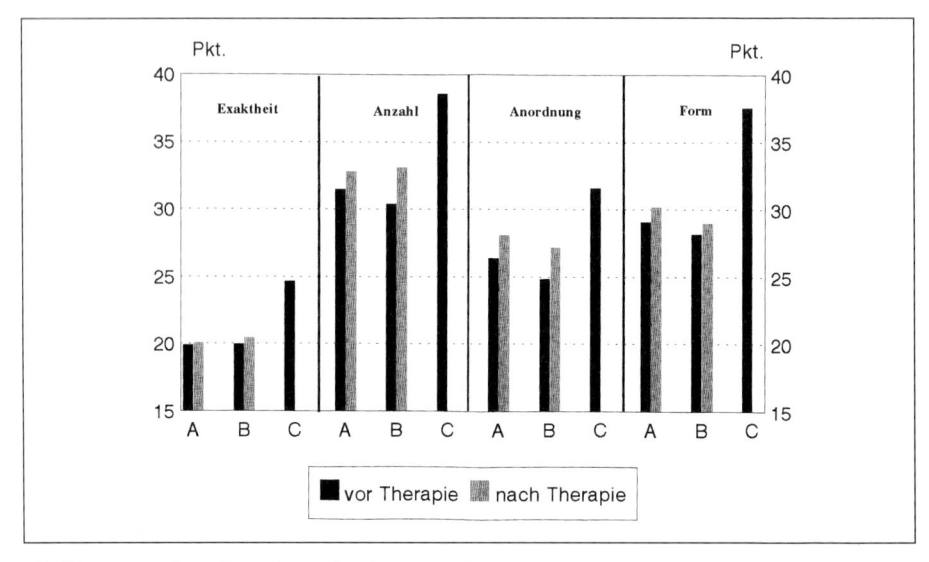

Abbildung 5. Tachystoskopische Wahrnehmungsprobe.

Besonders eindrucksvoll ist, daß nach einem halben Jahr 30% mehr der Patienten in der Gruppe A rückfällig geworden waren. Bei einer Rückfallquote im ersten halben Jahr von 40% in Gruppe A, waren dies in der Gruppe B nur 28%.

Diskussion

Im wesentlichen konnten bei unseren Untersuchungen die erwarteten pathophysiologischen Funktionseinschränkungen bewiesen werden. Im Gegensatz zur Publikation von *Mittelbauer* (1) gelang es uns, exakt den Grad der Funktionsminderung zu definieren. Beim Test nach *Titov* konnten die Veränderungen in der elektromotorischen Endplatte bestätigt werden, wobei die Erhöhung der Rheobase für die raschere Ermüdbarkeit des Muskels als Ursache angenommen wird.
Immer wieder muß betont werden, daß diese Veränderungen, welche nicht unter akutem Einfluß gemessen wurden, die Folge der protrahierten Wirkung der chronischen Alkoholintoxikation sind. Somit bestehen auch bei längerer Abstinenz erhebliche Auswirkungen auf die psychophysische Leistungsfähigkeit des Alkoholkranken. Stark herabgesetzt war bei den Alkoholkranken vor allem die motorische Ausdauer. Sie liegen bei unseren Untersuchungen noch unter den völlig untrainierten Herzin-

farktpatienten. Dies beweist auch die verminderte Leistungsfähigkeit des oxidativen Stoffwechsels. Bei der Untersuchung an der Balancierwippe muß gesagt werden, daß eine Testung mit geschlossenen Augen aufgrund der hohen Unfallgefahr nicht möglich war. Somit ist eine Beurteilung der statoakustischen Einheit nur indirekt möglich. Auffallend ist, daß die Patienten mit einem zusätzlichen Sporttherapieprogramm eine geringere Rückfallquote im ersten halben Jahr der Nachbeobachtung zeigten. Diese ist nicht nur Folge der besseren motorischen Leistungsfähigkeit am Tag der Entlassung, sondern vor allem Folge der besseren soziokulturellen Integration (Sportverein/Behindertensportverein etc.).

Schlußfolgerungen

Um die durch chronische Alkoholintoxikation hervorgerufenen protrahierten Veränderungen wesentlich zu verbessern, muß in stärkerem Maße gezielt Sporttherapie in die Rehabilitation Eingang finden. Es wird ein Sporttherapieprogramm zur stationären Rehabilitation vorgestellt.
- Die motorische Kraft ist stark im Normvergleich reduziert. Unmittelbar betroffen sind Bereiche mit motorischen Anforderungen in Beruf und Alltag.
- Das motorische Gleichgewicht zeigt eine starke Abweichung von der Norm. Es sollte durch spezielle Übungen trainiert werden.
- Der Verlust an motorischer Ausdauer nimmt bei Alkoholkranken bedrohliche Ausmaße an. Dringende Aufgabe der Rehabilitation ist die Verminderung dieses Ausdauerdefizits.

Das durchgeführte Versuchsprogramm ist mit seiner spezifischen Untersuchung des psychophysischen Leistungsvermögens auch für andere Patientengruppen (Suchterkrankungen) anwendbar.

Literatur

1. Mittelbauer G: Zum motorischen Leistungsniveau alkoholkranker Männer. Leistungsübungen - Leibeserziehung 34 (1980) 6, 122-131.
2. Scheibe J, Seidel E J: Veränderungen der Muskelfunktion bei Patienten mit chronischer Alkoholintoxikation. Wissenschaftliche Zeitung der Universität Jena 34 (1985), 298-301.
3. Ziegenfuß H J: Untersuchungen zur Methode des EMT nach TITOV. Diplomarbeit Jena 1980.
4. Seidel E J, Wick Ch: Beeinflussung der psychophysischen Leistungsfähigkeit und der Rückfallquote chronisch Alkoholkranker durch Sporttherapie. Phys Med Rehabilitationsmed Kurortmedizin I (1995), 64.

Für die Verfasser:
Dr. med. Egbert J. Seidel
Hufeland Kliniken Weimar GmbH
Abteilung Physikalische Medizin und Sporttherapie
Hans-Wahl-Straße 1
99425 Weimar

Die Sporttherapie im soziotherapeutischen Heim „Haus Remscheid"

B. Edelmeyer

Wuppertal

The Sports Therapy in the Sozio-Therapeutical Home „Haus Remscheid"

The video film „Die Sporttherapie im Haus Remscheid" gives a summary of the conceptional and practical contents of the sports therapy of this facility. The house is an open stationary long time facility for the support and care of chronically addicted men and women with a mostly long-standing course of disease and numerous pretreatments.

Key words: sports therapy, addiction

Begleittext zum Videofilm

Der Videofilm „Die Sporttherapie im Haus Remscheid" gibt einen Überblick über die konzeptionellen und praktischen Inhalte der Sporttherapie in dieser Einrichtung. Die Länge des Filmes beträgt 27 Minuten.
Haus Remscheid ist eine offene stationäre Langzeiteinrichtung zur Betreuung und Versorgung chronisch suchtkranker Männer und Frauen mit meist langjährigem Krankheitsverlauf und in der Regel zahlreichen Vorbehandlungen.
Ziel der Betreuung ist die Errichtung einer suchtmittelfreien und darüber hinaus für die Bewohner angenehmen Wohnatmosphäre. In diesem Rahmen wird den Bewohnern ermöglicht, verlorengegangene oder bisher nicht vorhandene Kompetenzen durch verschiedene therapeutische oder pädagogische Maßnahmen wiederzuerwecken oder neu zu erleben. Ausgangspunkt für die Arbeit sind dabei die noch vorhandenen Ressourcen.
Die Verweildauer in der Einrichtung ist nicht begrenzt und richtet sich nach den individuellen Besonderheiten der einzelnen Bewohner. Sie kann möglicherweise überdauernd sein.
Die 57 Bewohner der Einrichtung (2/3 männlich) sind aufgrund ihrer suchtmittelbedingten Folgeerkrankungen nicht in der Lage, aktuell oder dauerhaft abstinent und selbständig zu leben. Sie sind meist familiär, beruflich und sozial entwurzelt und den Anforderungen des Alltags nicht (mehr) gewachsen.
Deutliche Störungen treten in geistigen, sozialen und körperlichen Funktionen auf,

wobei häufig eine Kombination von zwei oder drei gestörten Bereichen vorhanden ist.

Der Betreuungsrahmen umfaßt fünf Gruppen, in die die Bewohner der Einrichtung jeweils zu zehn bis zwölf Personen aufgeteilt sind. In diesem Rahmen findet ein Großteil der therapeutischen Maßnahmen statt: Gruppentherapie, Beschäftigungstherapie, Sporttherapie, Freizeitmaßnahmen.

Alle Mitarbeiter sind ständig in die laufenden Prozesse der Therapie durch täglichen Austausch im Team mit einbezogen. Das Team umfaßt:

Leiter:	Diplom-Psychologe
stv. Leiter:	Diplom-Psychologe
Verwaltung:	Verwaltungsleiterin
	Verwaltungsangestellte
5 Gruppenbetreuer:	Diplom-PädagogInnen
	SozialarbeiterInnen
	Krankenschwester
Therapiebereiche:	Diplom-Sportlehrer
	Arbeitstherapeut
	Ergotherapeutin
medizinischer Bereich:	Krankenschwestern
	Krankenschwestern/Krankenpfleger als Nachtwache
	Konsiliararzt
hauswirtschaftlicher Bereich:	2 Hauswirtschafterinnen
	Hausmeister
Sonstige:	2 Zivildienstleistende
	Raumpflegerin

Die Sporttherapie als ein Angebot der gesamten Therapiepalette ist sowohl individuell auf das jeweilige Krankheitsbild jedes einzelnen Bewohners ausgerichtet, als auch personenübergeodnet im gruppendynamischen Sinn. Sie steht dabei nicht als isolierter Teilbereich, sondern ist stets in Verbindung mit den anderen Gruppenaktivitäten zu sehen. Dies wird schon dadurch gewährleistet, daß die Gruppenbetreuer in der Regel am Gruppensport teilnehmen.

Außer Gruppensport bietet die Sporttherapie noch folgende Aktivitäten an: Bewegungsgruppe, Walkinggruppe, verschiedene Neigungsgruppen, Einzeltherapie, Freizeitaktivitäten.

Die Ziele der Sporttherapie sind innerhalb dieses Angebotes im einzelnen:
- Situationen schaffen, in denen der einzelne Bewohner Spaß und Freude erleben kann.
- Vermitteln von Erfolgserlebnissen und Hilfestellung geben bei der angemessenen Bewältigung von Mißerfolgserlebnissen (ohne Alkohol).

- Anregen zur Wahrnehmung des eigenen Körpers.
- Vermitteln von Fertigkeiten auf dem Gebiet des Sports, die auch in die Freizeit transferiert werden können.
- Helfen bei der Entwicklung einer Strategie zur realistischen Selbsteinschätzung des eigenen Könnens. Dabei soll die momentan vorhandene Leistungsfähigkeit (Kraft, Koordination und mit Einschränkung Ausdauer) erfahren und sukzessive gefördert werden.
- Helfen beim Erlernen von sozialen Verhaltensweisen (Begreifen und Anerkennen von Regeln).
- Aufmerksamkeit erzeugen für den eigenen Körper mit seinen motorischen, insbesondere aber seinen Reaktionen im kardio-pulmonalen Bereich.
- Situationen schaffen für die (Wieder-) Entwicklung von konstruktiver Kommunikation und Interaktion innerhalb einer Gruppe.
- Sensibilisieren für Bewegungsabläufe, die bei Alltagssituationen stattfinden.
- Mithelfen bei der Lösung von gruppenrelevanten Prozessen.

Der Film kann unter folgender Anschrift erworben werden:
Haus Remscheid
Sporttherapie
Feldstr. 31
42899 Remscheid

Der Verfasser:
Bernd Edelmeyer
Sodastr. 7
42277 Wuppertal

Sporttherapie in der Psychiatrie

F. Böcker, B. Kaluza
Nervenkrankenhaus Bayreuth

Sports Therapy in Psychiatry

Modern psychiatric institutions offer patients a multi-professional approach to maximize the likelihood of successful treatment. Sport therapy is one treatment and focuses on compensating and regenerating impaired physical, psycological, and social skills. The overall goals of sport therapy are: (a) the development of perception skills to enhance body, self, and social awarenesses; (b) to increase personality and functionality in social settings; (c) the training of body oriented relaxation techniques; and (d) the enhancement of physical well being. The specific goals implemented in therapy are integrated to the specific diagnosis and needs of the respective patient. The article describes specific approaches for sport therapy with schizophrenic, depressive, and neurotic patients. It also describes the sport therapy program at Nervenkrankenhaus Bayreuth.
Key words: sports therapy, psychiatry, relaxation techniques, body awareness, social functionality, physical well being

Die Psychiatrie hat sich in den vergangenen 20 Jahren erheblich verändert, sowohl in Bezug auf die ätio-pathogenetischen Hypothesen psychischer Erkrankungen als auch in Bezug auf die daraus abgeleiteten therapeutischen Strategien. Vorausgegangen war die Entwicklung der Psychopharmaka. Diese haben entscheidend zur Verbesserung psychiatrischer Therapie beigetragen, das gilt auch heute noch. Bald zeigte sich jedoch, daß Medikamente allein häufig nicht ausreichen, sondern psychiatrische Therapie wesentlich facettenreicher gestaltet sein muß.
Mit dieser Feststellung wurde auch die vorherrschende somatische Sicht, etwa der endogenen Psychosen ein Stück in Frage gestellt. Mehr und mehr lernten wir, daß lebensgeschichtliche und situative Faktoren möglicherweise für die Pathogenese, sicher aber für den Verlauf und die Prognose der psychischen Erkrankungen von erheblicher Bedeutung sind.
Heute sehen wir einen engen psychosomatischen sowie somato-psychischen Zusammenhang und als dritte Dimension der Person ihr „in der Welt sein". In der Konsequenz haben sich neben der Pharmako-Therapie psychotherapeutische und soziotherapeutische Verfahren etabliert.
Ohne ein Zusammenspiel aller therapeutischen Maßnahmen und Methoden wäre

die stürmische Entwicklung der klinischen Psychiatrie sicher nicht vonstatten gegangen.
Unter den therapeutischen Verfahren kommt dem Sport eine gewichtige Rolle zu. Dafür sind mehrere Gründe verantwortlich. Regelmäßig gehen die psychischen Erkrankungen mit körperlichen Störungen einher, die man unter den Stichworten vegetative Funktionsstörungen und Trainingsverlust zusammenfassen kann. Darüber hinaus führen vor allem die neuroleptischen Medikamente zu Bewegungsstörungen im Sinne eines Parkinsonoid oder anderer extrapyramidaler Bewegungsstörungen. Diese organischen Syndrome müssen behandelt werden, dazu ist Sport ein vorzügliches Mittel.
Sporttherapie hat aber auch wichtige Funktionen in der Therapie der psychischen Störungen. Die psychischen Erkrankungen gehen häufig mit Isolations- und Rückzugstendenzen einher; sie führen zu Konzentrationsmangel und Störungen von Aufmerksamkeit und Initiative; depressive Verstimmungen sind außerdem durchaus häufig.
Gezielte sportliche Tätigkeit kann dieser Symptomatik entgegenwirken. Hierbei sind leistungsfördernde Trainingseffekte ebenso von Bedeutung wie die kommunikationsfördernden und gemeinschaftsbildenden Eigenschaften sportlicher Betätigung. Schließlich verweist der Sport auf die weitgehend intakte körperliche Verfügbarkeit und lenkt damit, zumindest zeitweise, von dem gestörten psychischen Seinsbereich ab. Neben allem kann Sport Spaß und Freude vermitteln.
Dieses komplexe Verständnis von Sport als therapeutischem Mittel spiegelt sich in der Definition des Deutschen Verbands für Gesundheitssport und Sporttherapie (DVGS) wieder, wonach in der Sporttherapie geeignete Mittel des Sports genutzt werden, um gestörte körperliche, psychische und soziale Funktionen zu kompensieren, zu regenerieren und gesundheitlich orientiertes Verhalten zu fördern. Dazu werden gezielt bewegungstherapeutische, pädagogische und/oder psycho-soziotherapeutische Mittel angewendet (1).
Was hier unter „geeigneten Mitteln des Sports" zu verstehen ist, läßt sich im Hinblick auf die Ziele der Sporttherapie in der Psychiatrie nachvollziehen:
(a) Entwicklung von Wahrnehmungsfähigkeit (dies beinhaltet Körperwahrnehmung, Selbstwahrnehmung und auch die Wahrnehmung sozialer Prozesse);
(b) Entwicklung von Entspannungsfähigkeit zur Korrektur, Regulation und Normalisierung psycho-physischer Anspannungsprozesse;
(c) Entwicklung von personaler und sozialer Handlungsfähigkeiten und Handlungskompetenzen zum Neuaufbau und zur Stabilisierung der Persönlichkeit sowie zur Verbesserung der Gruppenfähigkeit;
(d) Verbesserung der sportmotorischen Bewegungsfertigkeiten und der körperlichen Leistungsfähigkeit.

Entgegen der traditionellen Intention der sportlichen Betätigung steht hier die körperliche Ertüchtigung nicht im Vordergrund, sondern ist nur ein Teil der ganzheitlichen Zielvorstellungen.

Die Sporttherapie ist eingebunden in das Gesamtbehandlungskonzept der Psychiatrie und versteht sich als ein Teil desselben. Sie wird nach Absprache mit dem therapeutischen Team in den individuellen Therapieplan der Patienten aufgenommen und erfüllt eine aktivierende, aufbauende, entwickelnde und stützende Funktion.

Zur Erreichung dieser weitgesteckten Ziele bieten sich als „geeignete Mittel des Sports" in der Psychiatrie Übungen und Aufgabenstellungen aus unterschiedlichen Methoden und Techniken an: Sportspiele; Bewegungsspiele (auch Kleine Spiele genannt); Freizeitsportarten; Gymnastik; Tanz; Rhythmik; körperorientierte Entspannungsverfahren; Atemtherapie; psychomotorische Verfahren.

Diese Liste läßt sich gemäß den Fähigkeiten der Therapeuten individuell verlängern. Hier gilt es durch eine Auswahl aus den verschiedenen Methoden eine geeignete Methodenintegration zu leisten. Dabei stellt die Diagnose einen sehr wichtigen Bezugspunkt dar: die jeweilige Psychopathologie bildet die Grundlage für die Erstellung eines Behandlungsplanes. Gefüllt wird dieser Plan dann mit „geeigneten" sporttherapeutischen Maßnahmen, die, neben der Diagnose, auch auf die jeweilige Symptomatik der Patienten ausgerichtet wird.

Häufig auftretende Leitsymptome bei psychischen Erkrankungen sind Störungen in der Befindlichkeit, der Erlebnisfähigkeit sowie des Verhaltens und Handelns. Die Sporttherapie zielt auf eine Normalisierung dieser Symptome auf motorischer, emotionaler, kognitiver und sozialer Ebene ab. Um dies zu erreichen, setzt die Sporttherapie zunächst an den vorhandenen gesunden Anteilen an. Die erlebnisorientierte Arbeit mit den Stärken der Patienten ermöglicht die Entwicklung von Selbstvertrauen und Sicherheit in der Beziehung zu Therapeut und Mitpatienten sowie im Umgang mit dem Medium „Sport". Erst auf dieser Basis ist es möglich, diagnosespezifische Ziele anzugehen (2, 4). Im Folgenden werden die diagnosespezifischen Ziele und Inhalte der Sporttherapie mit unterschiedlichen psychiatrischen Patientengruppen näher beschrieben.

Die Sporttherapie mit an Schizophrenie erkrankten Menschen

Die Sporttherapie mit an Schizophrenie erkrankten Menschen konzentriert sich auf die Stabilisierung der Ich-Funktionen und der Stimmungslage, sowie auf die Beeinflussung der kognitiven Basisstörungen und auf die Verbesserung der teilweise krankheitsbedingten, teilweise pharmako-therapeutisch bedingten Beeinträchtigungen der Motorik und des Vegetativums. Die sporttherapeutischen Maßnahmen zielen auf die Beeinflussung der folgender Funktionen und Prozesse ab: Körperwahrnehmung, Aktivierung, Bewegungskoordination, Aufmerksamkeit und Konzentration, Kommunikation und soziale Interaktion, Stimmungslage, körperliche Leistungsfähigkeit (Ausdauer, Kraft, Flexibilität) (3).

Diese Auflistung stellt in etwa eine Rangfolge der Wichtigkeit der einzelnen Ziele dar. Eine individuelle Ausrichtung nach der aktuellen Symptomatik ist jedoch unumgänglich.

Um Überforderungen der Patienten aufgrund der häufig auftretenden Interferenzstörungen zu vermeiden, werden die einzelnen Sportstunden nach folgenden methodischen Gesichtspunkten konzipiert: übersichtliche, klare Strukturierung; langsame Belastungssteigerung; abwechselnd Phasen der psycho-physischen Belastung und Entlastung; Wechsel von Einzel- und Gruppenaktivitäten; Wechsel von groß- und kleinmotorischen sowie von ortsgebundenen und großräumigen Bewegungsaufgaben; direkte Rückmeldungen seitens des Therapeuten; aktionszentriertes Vorgehen (nicht erklärungszentriert).

Bewegungstherapeutische Übungen, die vor allem Prozesse der Körperwahrnehmung und der Selbsterfahrung initiieren, lassen sich von dem psychopathologischen Konzept von Scharfetter ableiten. Danach werden das Ich-Bewußtsein und die entsprechenden Störungen in fünf Inhaltsschwerpunkte unterteilt: Ich-Vitalität, -Aktivität, -Konsistenz, -Demarkation und Ich-Identität. Am Beispiel der Störungen im Bereich der Ich-Demarkation, wie sie häufig bei paranoid schizophrenen Patienten zu beobachten sind, soll die Umsetzung in leibliche Themen innerhalb der Sport- und Bewegungstherapie deutlich gemacht werden.

Störungen der Ich-Demarkation manifestieren sich in einem Verlust der Fähigkeit sich nach außen abzugrenzen, in dem Fehlen des Eigenbereiches und/oder in dem Verlust der Kontrolle über die eigenen Gedanken. Die folgenden Patientenaussagen verdeutlichen dies:

(a) „Meine Gedanken verbreiten sich überall hin."
(b) „Ich kann innen und außen nicht unterscheiden."
(c) „Was andere denken, überträgt sich auf mich."

Diese Störungen im Bereich der Ich-Demarkation lassen sich auf der körperlichen Ebene durch folgenden Bewegungsaufgaben thematisieren und bearbeiten:

(a) Eigene Bereiche durch Materialien markieren. Dazu bieten sich Matten, Seile, Reifen, Kästen und vieles mehr an.
(b) Eigene Körpergrenzen erfahren über Bodenkontakt, mittels Handgeräten (z.B. Noppenball, Stab) und durch bewußten, vorsichtigen Kontakt mit einem Partner.
(c) Nähe und Distanz innerhalb sportlich-spielerischer Aufgabenstellungen thematisieren, z.B. durch bewußtes Ausprobieren des Abstandes zwischen zwei Partnern.
(d) Durchführung von Bewegungs- und Sportspielen, in denen es darum geht, den

eigenen Bereich zu verteidigen, z.B. durch „Haltet das Feld frei" oder Platzspiele (4).
Viele Patienten können sich jedoch nur zögernd und in kleinen Schritten auf diese diagnosespezifischen Übungen einlassen. Es ist deshalb sehr wichtig immer wieder Aufgaben und Spiele anzubieten, die den Patienten vertraut sind und die ihnen Sicherheit und Freude vermitteln.

Sporttherapie mit Menschen mit depressivem Syndrom

Ein kurzfristiges Ziel in der Sporttherapie mit depressiven Patienten ist die Aktivierung. Erfahrungsgemäß zeigen jedoch viele Patienten anfänglich wenig Motivation an der Sporttherapie teilzunehmen. Diese fehlende Motivation scheint zum einen krankheitsbedingt und zum anderen durch angstbesetzte Assoziationen zum „Sport", möglicherweise durch schlechte Schulsporterfahrungen, bedingt zu sein. Diese Anlaufschwierigkeiten lösen sich jedoch meist nach den ersten Therapiestunden. Damit es dazu kommen kann, müssen die Stationsärzte und das Pflegepersonal wichtige anfängliche Motivations- und Aufklärungsarbeit leisten.
Die Aktivierung in der Sporttherapie wird durch Bewegungsangebote angestrebt, die gemäß der Symptomatik, entweder eher passiv (z.B. Selbstmassage, Atemübungen) oder eher aktiv gestaltet sind. Hier haben sich besonders die „Kleinen Spiele" bewährt. Sie lassen sich gut den Bedürfnissen der Gruppe anpassen und fokussieren nicht auf das Gewinnen sondern eher auf das Mitmachen.
Ein weiteres kurzfristiges Ziel ist die Verbesserung der Befindlichkeit. Dazu werden sport- bzw. bewegungsspezifische Angebote gemacht, die dem momentanen Fähigkeits- und Fertigkeitsniveau der Teilnehmer entsprechen. Gerade in der Anfangsphase ist ein Erreichen der gestellten sportlichen Ziele wichtig, damit Überforderungen vermieden werden und eine angstfreie, angenehme Atmosphäre entstehen kann.
Langfristige Ziele der Sporttherapie sind die Entwicklung antidepressiver Verhaltensweisen durch die Vermittlung positiv erlebter Aktivitäten, sowie der Aufbau und die Entwicklung des Körperschemas zur Erfahrung der eigenen Leiblichkeit und des Körpergefühls.
Hier hat sich vor allem der Einsatz von gymnastischen Übungen bewährt: zum einen scheinen sie den Patienten direkt das Gefühl zu vermitteln, etwas für sich selbst zu tun und zum anderen lassen sich, z.B. mit einfachen Stretching-Übungen, klar umschriebene Körperempfindungen vermitteln, die von allen Teilnehmern ähnlich erlebt werden. Dieses Körpererleben deckt sich meist mit den Erfahrungen, die die Patienten schon vor der Krankheit gemacht hatten und fokussiert weniger auf die krank-

heitsbedingten somatischen Mißempfindungen. Durch gezielte Hinweise wie z.B. „Welcher Muskel wird gerade angespannt?" oder „Spüren Sie das Ziehen im Oberschenkel?" unterstützt der Sporttherapeut die Patienten bei der Körperwahrnehmung.
Ein weiteres langfristiges Ziel ist die schrittweise Auseinandersetzung mit leistungsthematischen und sozialen Situationen im sportlichen Umfeld. Durch sportlich-spielerisches Handeln in der Gruppe, in einem klaren, geschützen Rahmen, soll es den Patienten erleichtert werden ihre soziale Handlungsfähigkeit zu erproben. Hier gilt es auch, durch gezielte Vermittlung und Bewußtmachung von Erfolgserlebnissen Einfluß zu nehmen auf das negative Selbstkonzept.
Erwähnt werden sollte hier noch die Lauftherapie, die gerade in Verbindung mit der Behandlung depressiver Patienten häufig zitiert wird. Trotz einer Fülle von Untersuchungen scheint ein direkter kausaler Zusammenhang zwischen aerober Ausdauerbelastung und Stimmungslage bisher nicht nachgewiesen zu sein. Aber auch wenn das Laufen kein Wundermittel zur Behandlung von Depressiven darstellt, ist es dennoch ein wichtiger Bestandteil des sporttherapeutischen Programmes. Die Vermittlung von aeroben Ausdauersportarten erfolgt, im wahrsten Sinne des Wortes, in „kleinen Schritten". In anschließenden Gesprächen werden vorhandene Körperwahrnehmungen, etwaige Veränderung der Stimmungslage, mögliche funktionale Beeinträchtigungen durch Medikamente und Unter- bzw. Überforderungen besprochen (5, 6).

Sporttherapie mit Menschen mit neurotischen und reaktiv psychischen Störungen

Unter neurotischen und reaktiven Störungen sollen hier unterschiedliche Krankheitsbilder zusammengefaßt werden, die alle eine Reaktion oder eine Fehlentwicklung aufgrund kurz- oder längerfristiger Belastungen oder Streß darstellen. Namentlich fallen darunter u.a. Angstsyndrome, depressive Neurosen, phobische Störungen und somatoforme Störungen.
Für diese Patientengruppe lassen sich folgende übergeordneten Therapieziele innerhalb des Sports formulieren:
(a) Verbesserung der Beziehung zum eigenen Körper durch Übungen der Körperwahrnehmung: Körperhaltungen erspüren und deren Ausdruck verbalisieren; den eigenen Körper in Bezug zum Raum oder Partner setzen; Bewegungen im Einklang mit einem Partner oder einem Rhythmus erleben.
(b) Einführung körperorientierter Entspannungsverfahren zur Regulierung psycho physischer Prozesse: bewußtes erleben von Belastung und Erholung; den Atem

als ein Mittel zur Entspannung einführen, Vermittlung von Grundzügen der pro gressiven Muskelrelaxation nach Jacobson.
(c) Ausgleich bzw. Verminderung umschriebener (z.B. organischer, sensomotorischer, psychosozialer) Defizite.
(d) Verbesserung der allgemeinen körperlichen Funktionen durch die Schulung von Ausdauer, Flexibilität und Kraft, sowie der Koordination.
(e) Verbesserung der sozialen Handlungskompetenz durch die aktive Auseinandersetzung mit der sozialen und materialen Umwelt in Form von entsprechend strukturierten Bewegungssituationen: Heranführen an erlebnisintensive Sportarten wie Trampolinspringen oder Schwimmen; Bewußtmachung der unterschiedlichen Interaktionsformen wie z.B. Kooperation oder Konkurrenz in der jeweiligen Situation; Vermittlung von Bewegungsaufgaben, die Körperkontakt und Vertrauen erfordern (7).

Zusammenfassend läßt sich sagen, alle in der Psychiatrie behandelten Krankheitsbilder zeigen in ihrer Komplexität der Symptome eine Gemeinsamkeit: die Entfremdung vom Körper. Hier setzt die Sporttherapie an.

Struktur und Organisation der Sporttherapie am NKH Bayreuth

Das Nervenkrankenhaus in Bayreuth betreut zur Zeit ca. 450 Patienten. Die sport- und bewegungstherapeutische Abteilung besteht aus 4 Fachkräften. Daneben gibt es noch eine physikalische Therapie mit 6 Krankengymnasten und 5 Masseuren. Die räumliche Gegebenheiten lassen sich wie folgt beschreiben: 1 kleine Sporthalle; 2 Gymnastikräume; 1 Mehrzweckraum; Außenanlage mit Volleyballfeld, großer Wiese und Bocciabahn.

Auf einigen Stationen gibt es zusätzlich noch Räumlichkeiten für die Vermittlung von eher ruhigeren Inhalten der Sporttherapie, wie z.B. Übungen zur Körperwahrnehmung oder zur psycho-physischen Regulation. In dem Gebäude der Forensik steht den Patienten ein Fitnessraum zur Verfügung. Darüber hinaus werden für die Durchführung der Sporttherapie auch außerklinische Räumlichkeiten genutzt: die städtischen Schwimmbäder, ein nahegelegener Fußballplatz, ein angrenzendes Waldgebiet sowie etwa 15 km entfernt liegende Kletterfelsen.

Die sporttherapeutische Behandlung erfolgt als Gruppen- und/oder Einzeltherapie und wird nach Rücksprache mit dem therapeutischen Team vom Arzt verordnet. Sie ist dann Teil des gesamten Behandlungsplanes und die Patienten sind zur Anwesenheit in der Sporttherapie angehalten. Die Teilnahme innerhalb der Sportstunden erfolgt auf freiwilliger Basis. Erfahrungsgemäß ist die Beteilgungsrate bei den Anwesenden sehr hoch. Dennoch ist es sehr wichtig, daß die Patienten sich immer wieder individuell für oder auch gegen eine Aktivität entscheiden können und somit bewußtes, eigenverantwortliches Handeln gefördet wird. Zieht sich ein Patient auffallend häufig aus dem Geschehen zurück, wird dieses Verhalten mit dem Bezugstherapeuten bzw. während eines Teamgespräches geklärt und mögliche therapeutische Vorgehensweisen besprochen.

Die sporttherapeutische Betreuung im NKH erfolgt zum einen stationsbezogen, das bedeutet, die Sporttherapiestunden sind fest in die Therapiepläne der einzelnen Stationen integriert. Die stationsbezogene Organisation ermöglicht relativ homogene Gruppenzusammenstellungen, was eine wichtige Voraussetzung für eine fruchtbare sporttherapeutische Arbeit darstellt.

Zum anderen gibt es auch stationsübergreifende, themenorientierte Sportangebote wie z.B. Volleyball, Fußball, Schwimmen oder Tanzen. An diesen Gruppen nehmen Patienten verschiedener Stationen teil. Die Zusammenstellung dieser Gruppen erfolgt so, daß eine symptomorientierte Vorgehensweise möglich bleibt. Der Vorteil dieser stationsübergreifenden Sporttherapiegruppen liegt darin, daß sich hier Menschen mit gleichen Interessen treffen, um diese gemeinsam zu erleben. Außerdem genießen es einige Patienten, auch mal neue Bekanntschaften machen zu können oder einfach mal Abstand vom Stationsalltag zu bekommen.

Die Sporttherapie findet zwischen 2 und 5 mal wöchentlich statt, wobei die Dauer der Therapieeinheiten zwischen 30 und 90 Minuten variiert. Die Größe der Gruppen beträgt zwischen 3 und 12 Teilnehmern, Gruppen mit bis zu 20 Teilnehmern sind die Ausnahme.

Neben den oben beschriebenen regelmäßigen Angeboten stehen noch weitere Aktivitäten auf dem Programm der Sporttherapie. So erfreuen sich das jährlich stattfindende Spiel- und Sportfest sowie der Wandertag großer Beliebtheit. Bei diesen Gegebenheiten besteht für Patienten und Betreuer die Möglichkeit, sich einmal außerhalb der gewohnten Umgebung zu begegnen und neue Qualitäten beim gemeinsamen Handeln zu entdecken. Ähnliche Möglichkeiten sind auch bei der Teilnahme an verschiedenen Turnieren oder bei sportlichen Freizeitaktivitäten, wie z.B. Fahrradtouren oder Schlittenfahrten gegeben.

Bei diesem breiten Spektrum an Sport- bzw. Bewegungsangeboten ist es immer wieder wichtig, den Bezug zum gesamten Behandlungskonzept herzustellen. Dazu dienen regelmäßige Kontakte mit der Station und den übrigen behandelnden Therapeuten. Außerdem hat es sich bewährt einige Gruppen gemeinsam mit einem Therapeuten eines anderen Fachgebietes durchzuführen. Um die Zusammenarbeit organisatorisch zu erleichtern, betreuen die vier Sporttherapeuten schwerpunktmäßig jeweils einen Bereich, wie z.B. den Akutbereich oder den Suchtbereich. Dennoch erweist sich die organisatorische Integration der Sporttherapie in den gesamten Behandlungsplan als nicht ganz einfach. Die Therapiezeiten der Patienten sind begrenzt und häufig bleiben für die Sporttherapie nur die „Randzeiten", wie z.B. nach der offiziellen Therapiezeit oder vor oder nach dem Essen, übrig. Dies scheint ein Zeichen zu sein, daß die Sporttherapie in der Psychiatrie noch nicht voll als gleichwertige Therapieform angenommen worden ist. Hier bedarf es noch einiger engagierter Arbeit vor Ort sowie einer Verstärkung des öffentlichen Interesses durch weitere fundierte wissenschaftliche Untersuchungen und Diskussionen.

Literatur

1 Deimel H: Bewegungs- und Sporttherapie im Aufgabenfeld der Psychiatrie. Sport und Gesundheit 2 (1984) 1, 8-11.
2 Deimel H: Schizophrene Erkrankungen, in Bewegung, Spiel und Sport mit Behinderten und von Behinderung Bedrohten. Indikationskatalog und Methodenmanual. Bundesminister für Arbeit und Sozialordnung (Hrsg) Bonn: 1990, Bd 3, 999-1032.
3 Deutscher Sporttherapeutenbund eV: Informationsschrift. Köln: 1987.
4 Hölter G: Mototherapie mit Erwachsenen: Sport, Spiel und Bewegung in Psychiatrie, Psychosomatik und Suchtbehandlung. Schorndorf: Hofmann, 1993.
5 Huber G: Sport und Depression - Ein bewegungstherapeutisches Modell. Frankfurt/M-Thun: Deutsch, 1990.
6 Rümmele E: Depression, in Rümmele E (Hrsg): Spektrum der Bewegungspsychotherapie. Frankfurt/M-Thun: Deutsch, 1990, 66-75.
7 Scharfetter C: Schizophrene Menschen: Psychopathologie, Verlauf, Forschungszugänge, Therapiegrundsätze. München-Wien-Baltimore: Urban und Schwarzberg, 1983, 31-48, 162-163.
8 Seek U: Reaktive und neurotische Störungen, in Bewegung, Spiel und Sport mit Behinderten und von Behinderung Bedrohten. Indikationskatalog und Methodenmanual. Bundesminister für Arbeit und Sozialordnung (Hrsg) Bonn, 1990, Bd 3, 1061-1118.

Für die Verfasser:
Babett Kaluza
Sport- und Bewegungstherapie
Nervenkrankenhaus des Bezirks Oberfranken
Cottenbacher Straße 23
95445 Bayreuth

Bewegung-, Spiel- und Sportangebote für psychisch kranke Menschen in der teilstationären und ambulanten Betreuung
Angebote zwischen Therapie und Normalität

S. Schreckling

Hürth

Movement, Game and Sports in Psychiatry

A psychiatric facility is introduced which provides partly stationary and out-patient care for psychological ill people in cooperation with qualified employees like social educationalists, ergotherapists, sports scientists, neurologists and layman helpers. Patients between 20-65 years of age, 2/3 men and 1/3 female with mostly middle to heavy disturbances according to the GHF-scala and increased restriction of the psycho-social competence and the basal psychic functions take part in therapeutic exercise. The sports activities include breathing exercises, body perception exercises, games and moderate endurance training. The experiences show the following influences of sports: Reduction of fear and depression, improvement in communication, interaction, self-esteem, concentration and perception ability. Therefore, sports plays an essential roll for the improvement of the body perception and the integration in the social environment.

Key words: psychiatry, out-patient net system, therapy, sports, psycho-social competence

Dargestellt an einer gemeindepsychiatrischen Einrichtung, die über ein Vernetzungssystem mit der nervenärztlichen Praxis verbunden ist (Erftkreismodell und Modellprojekt Ambulante Rehabilitation der Krankenkassenverbände). Hierdurch wird die wohnortnahe Verbindung psychosozialer Hilfen gewährleistet. Die Einrichtung wurde 1981 von engagierten Laienhelfern gegründet (Arbeitsgemeinschaft für psychisch Kranke im Erftkreis e.V.). Das vorgegebene Ziel wird angestrebt durch die Zusammenarbeit von Fachkräften (Sozial-Arbeiter/Pädagoge, Ergotherapeuten, Sportwissenschaftler, Nervenarzt) und Laienhelfern im Verbundsystem.

Aus bescheidenen Anfängen mit einem Patienten-Club in kirchlichen Räumen hat sich das heutige Modell entwickelt, in dem die Freizeitgruppen, hier insbesondere die Sportangebote, eine große Rolle spielen (Abbildung 1a und 1b).

Psychisch Kranke

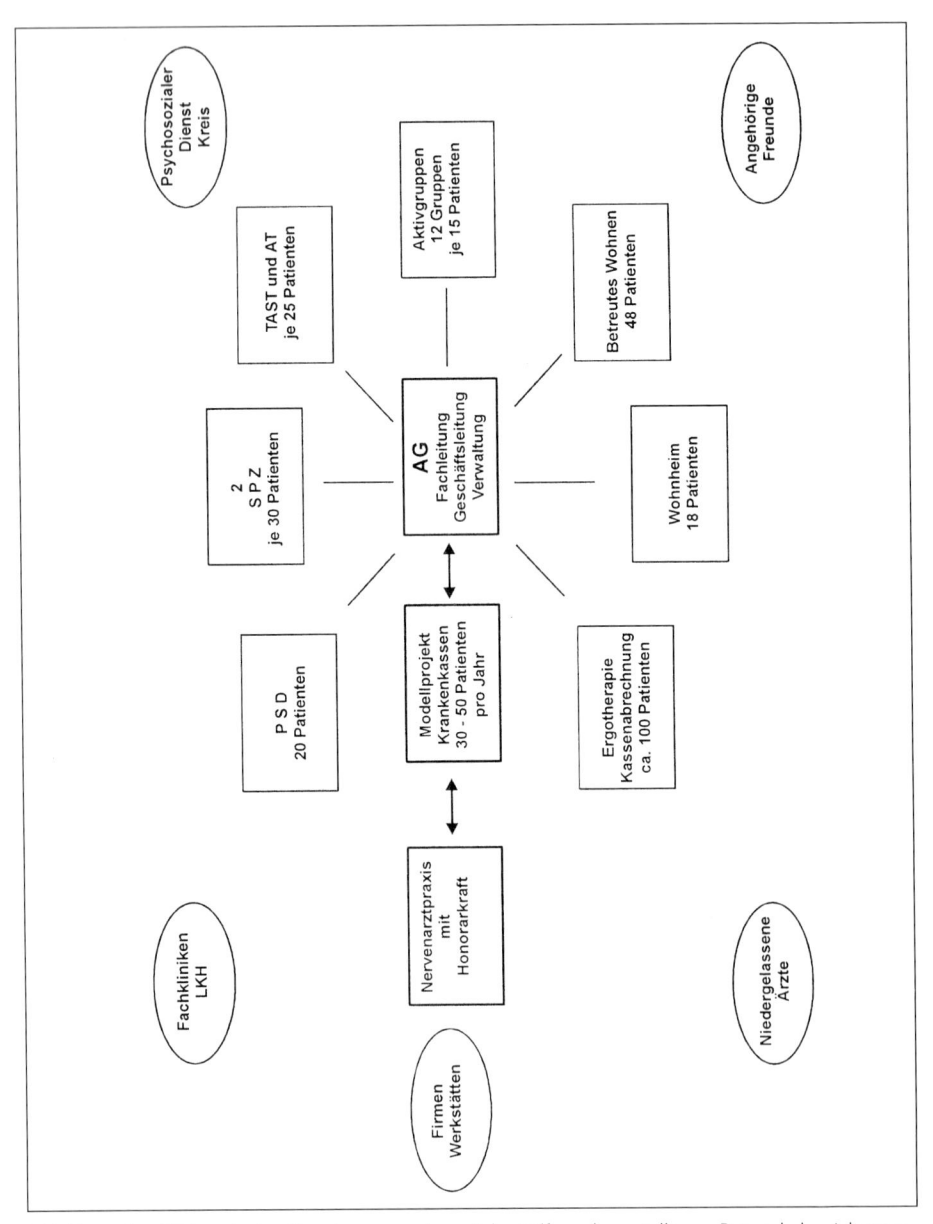

Abbildung 1a. Wohnortnahe Vernetzung psychosozialer Hilfen, dargestellt am Beispiel der Arbeitsgemeinschaft für psychisch Kranke im Erftkreis e.V..

SPZ: 2 Kontakt- und Beratungsstellen Verwaltung Geschäftsführung	2 Sozialarbeiterstellen 1 Bürokraft 1 Honorarkraft	Landschaftsverband 100% AG 85% AG 100%
Tagesstätte: ganztägige Versorgung für 15 psychiatr. Langzeit-Patienten	1 Beschäftigungstherapeutin 1 Krankenschwester 1 Erzieherin	LVR 100%
Arbeitstraining	der Tagesstätte und der Beschäftigungstherapie angeschlossen	siehe Tagesstätte
Beschäftigungstherapie	1 Beschäftigungstherapeutin selbständig, in den Räumen des SPZ	Vertrag mit den Krankenkassenverbänden
Betreutes Wohnen	4 Sozialarbeiterstellen für 48 Patienten	LVR 75% Erftkreis 25%
Psychosozialer Dienst (PSD)	1 Sozialarbeiterstelle	LVR 100%
Lebenspraktisches Training (Aktivgruppen)	20 ehrenamtliche Laienhelfer, davon 12 Gruppenleiter 6 Honorarkräfte	Sachkosten über AG und Erftkreis
Wohnheim für 18 Patienten im Rahmen der Grundversorgung	8 Fachkräfte (Sozialarbeiter, Krankenpflegekraft, Ergotherapeut)	LVR 100%
Nervenarztpraxis	niedergelassener Nervenarzt 1 Sozialarbeiter als Honorarkraft	KV-Abrechnung Abrechnung über Krankenkassenverbände

Abbildung 1b. Erftkreismodell.

Es bestehen heute 2 Sozial-Psychiatrische-Zentren mit einer Tagesstätte, Arbeitstraining und Beschäftigungstherapie, darüber hinaus Betreutes Wohnen, Psychosozialer Dienst, ein Wohnheim mit 18 Plätzen und Aktivgruppen: 2 Sportgruppen, Schwimmgruppen und Folkloretanz. Jede Gruppe mit ca. 10-20 Personen.
Zusätzlich besteht seit dem 01.01.95 durch ein Modellprojekt der Krankenkassenverbände die Mitarbeit einer nicht ärztlichen Fachkraft im Rahmen der Praxis, hier eine Sozialarbeiterin. Diese bietet in Erweiterung der bisherigen Praxismöglichkeiten, eine persönliche Begleitung für chronisch psychisch Kranke in bestehende gemeindepsychiatrische Angebote, so z.B. auch Begleitung zum Sport. Hierdurch wird eine bessere soziale Integration angestrebt oder überhaupt ermöglicht.
Die Sportgruppe besteht seit 15 Jahren, initiiert und ehrenamtlich geleitet von Herrn Dr. H. Deimel, Sporthochschule Köln. Sie ist Mitglied im Behindertensportverband Nordrhein. Die Arbeitsgemeinschaft für psychisch Kranke im Erftkreis e.V. versorgt zur Zeit mit insgesamt 20 Fachkräften und 20 Laienhelfern ca. 500 Patienten nach dem o.g. Konzept.
In diesem Konzept besteht ein ganzheitlicher Therapieansatz, wobei körperliche Bewegungsformen neben medikamentöser Therapie in das Behandlungskonzept einbezogen werden. Da bei psychischen Erkrankungen sämtliche Bereiche der Körperlichen Bewegungsformen (Ausdauer, Flexibilität, Koordination und Kraft) sowie kognitive und psychische Grundleistungsfunktionen betroffen sind, hat sich der o.g. Ansatz bewährt.

Funktion des Sports

Die Sportangebote bieten einen guten nonverbalen Einstieg in andere Gruppenaktivitäten, nehmen die Angst vor neuen sozialen Situationen und überwinden die Antriebslosigkeit.
Sport bietet alle Vorteile psychoedukativer Gruppenaktivitäten:
- Erkenntnisse werden in der Gruppe schneller erarbeitet
- Gruppenmitglieder sind glaubwürdiger als professionelle Helfer
- Emotionale Entlastung
- Relativierung des vermeintlich schweren Einzelschicksals
- Gemeinsames Ziel: Selbst- oder soziale Veränderung.

Zur Klientel

Neben psychosomatisch Erkrankten und depressiven Patienten werden schwerpunktmäßig Kranke mit chronisch verlaufenden endogenen Psychosen aus dem schizophrenen Formenkreis berücksichtigt. Die Begleitforschung des Modellprojekts erfaßt auch die Teilnehmer der Sportgruppen und erlaubt Einblicke in die Besonderheiten der Klientel. Hierzu im Einzelnen: Angaben - Abbildung 2 zur Alters und Geschlechtsverteilung: Knapp die Hälfte der Patienten gehört der Altersgruppe der 30- bis 40-Jährigen an. Etwa ebensoviele Patienten sind älter. Nur wenige Patienten sind jünger als 30. Das Durchschnittsalter der betroffenen Patienten lag bei 42 Jahren, 2/3 Männer und 1/3 Frauen.

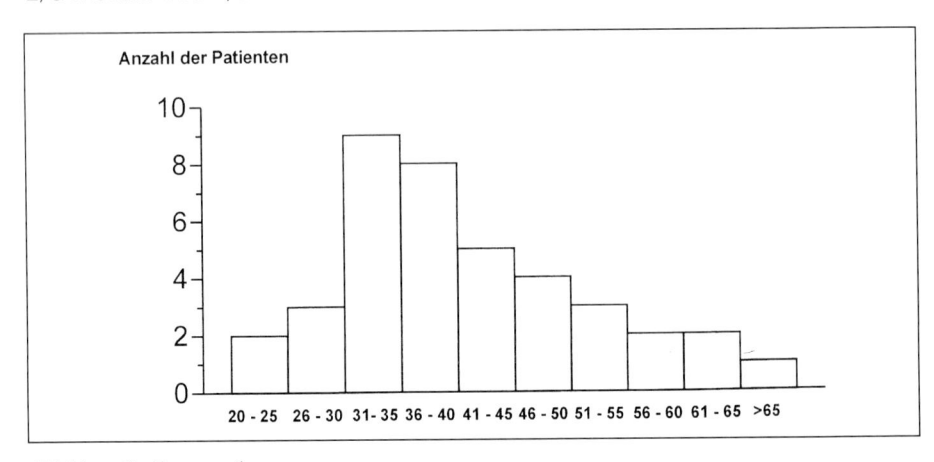

Abbildung 2. Altersverteilung.

Einbindung in das soziale Umfeld: Es zeigte sich vor allem, daß 90% der Untersuchten zuvor aus eigener Kraft kein gemeindepsychiatrisches Angebot genutzt hatten. 20% waren nirgendwo integriert, 70% nur im Bereich der Praxis oder Klinik.

Angaben zu Ausprägung der Erkrankung: Es wurde die Ausprägung des sozialen Funktionsniveaus untersucht an Hand der GAF-Skala (Global Assessment of Functioning Scale). Die Mehrzahl der Patienten (15 von 42) wies ein mittleres Störungsniveau auf, 6 davon waren schwer gestört (Abbildung 3). Alle Patienten haben mindestens Streßfaktor drei. 43% der Patienten haben den Streßmaximalwert von fünf. Jeweils 29% der Patienten Streßfaktor 3 und 4. Bezüglich der psychosozialen Kompetenz ergaben sich ebenfalls massive Einschränkungen. Besonders in den psychischen Grundleistungsfunktionen lagen hochgradige Defizite vor (z.B. Antrieb, Selbstvertrauen). Auch die kognitiven Funktionen und sozialen Grundleistungsfunktionen waren deutlich beeinträchtigt (z.B. lebenspraktisches Training, Körperpflege). Die Beeinträchtigungsstufen waren massiv ausgeprägt, der entsprechende Hilfebedarf hoch.

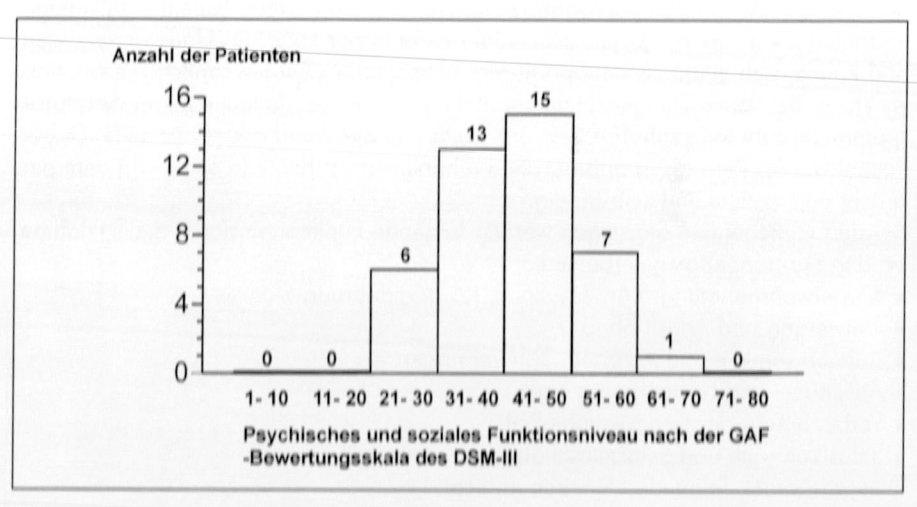

Abbildung 3. Ausprägungsverteilung des DSM-III-Funktionsniveaus.

Nicht alle drei Kompetenzbereiche (kognitive Fähigkeiten, psychische Grundleistungsfunktionen und soziale Grundleistungsfunktionen) waren gleich stark gestört. Der größte Einschränkungsgrad wird signifikant häufiger bei den sozialen und psychischen Grundleistungsfunktionen genannt. Bei den kognitiven Funktionen sind die mittleren Einschränkungsgrade am häufigsten.

Viele unserer Patienten haben eine LKH-Karriere aufzuweisen. Es besteht ein signifikanter Zusammenhang zwischen der Hospitalisierungsdauer und den aktuellen psychischen Grundleistungsfähigkeiten. Der Einschränkungsgrad nimmt mit der Hospitalisierungsdauer zu. Hiermit ist nicht gesagt, ob erhöhte psychische Einschränkungen zu häufigeren und länger dauernden Klinikaufenthalten führt, oder ob der längere Klinikaufenthalt ansich die psychischen Einschränkungen sogar verschuldet (Hospitalisierungseffekt).

Soweit die Ergebnisse der wissenschaftlichen Begleitforschung. Nicht darin aufgeführt ist die subjektive Freude und Begeisterung, die Sport selbst bei diesen schwergestörten Patienten bringt und sie soll hier anhand einiger Beispiel aufgezeigt werden.

Selbst hochgradig gehemmte und angstbesetzte Patienten gewinnen schon nach kurzer Teilnahme am Sportprogramm an Freude und Selbstvertrauen. So z.B. heute unser Auftritt mit der Tanzgruppe. Ein Patient mit schwer endogener Depression gerade erst aus dem Krankenhaus entlassen und erst zweimal beim Training dabei, hat dennoch am Auftritt im Sportforum teilgenommen. Ein anderer Patient mit Zwangserkrankung war bis vor einen halben Jahr nicht in der Lage das Haus zu verlassen und konnte sich ebenfalls am Sportforum beteiligen. Außergewöhnlich war die Entwicklung bei einem jungen Hebephrenen, der vor der Teilnahme am Sportprogramm ein Jahr lang zuhause gesessen hatte und die Wand angestarrt hatte. Dieser Patient wurde über das Sportprogramm rehabilitiert, ist heute in einer WfB untergebracht und weitgehend selbständig.

Bei den vorliegenden Störungen werden folgende Funktionen durch die Teilnahme an den Sportangeboten verbessert:
- Körperwahrnehmung, Körperhaltung, Körpererfahrung
- Aktivierung und Angstabbau
- Aufmerksamkeit und Konzentrationsvermögen
- Ausdauer- und Leistungsvermögen
- Verbesserung der Gruppenfähigkeit
- Selbstkontrolle und Selbsteinschätzung, Kritikvermögen.

Dies wird durch folgende Elemente erreicht:
a) Atemübungen
b) Körperwahrnehmungsübungen z.B. Tennisball oder Fremdmassage, Jacobson Therapie, Gymnastik, Tanz
c) Spiele (Auseinandersetzung mit verschiedenen Medien und Geräten wie z.B. Trampolin, Schwungtuch, Reifen, Schwimmen, Radfahren
d) moderates Ausdauertraining 3 bis 5 min.

Erfahrungen mit Sportangeboten

Sportspezifische Maßnahmen dienen zur Wiederherstellung der kognitiven, psychischen und sozialen Grunsleistungsfunktionen des Erkrankten.

Ergebnisse

Durch die Sportangebote wird ohne größeren Aufwand die psychosoziale Kompetenz gestärkt (d.h. kognitive Fähigkeiten, psychische und soziale Grundleistungsfunktionen) und die Hauptbewegungsformen verbessert.
Es werden im Einzelnen:
- spielerisch gute Fortschritte erreicht
- Angst abgebaut
- das Selbstwertgefühl gehoben, Kommunikation und Interaktion verbessert
- Depressivität gemindert
- Ausdauer-, Konzentrationsfähigkeit und Wahrnehmungsfähigkeit verbessert.

Sport stellt somit ein Sprungbrett für weiter soziale und medizinische Rehabilitationsmaßnahmen dar und spielt darüber hinaus eine wichtige Rolle auf dem Weg zur Normalität.
Durch die Teilnahme von Betroffenen und Nichtbetroffenen an den Sportangeboten kommt es zu einer Verflechtung unterschiedlicher Gruppen, zu persönlichen Kontakten untereinander und Einbindung in die Gruppe. Das soziale Netzwerk wird verbessert und die Lebensqualität wird angehoben.
Das seit dem 01.01.1995 bestehende Modellprojekt der Krankenkassenverbände, „Ambulante Rehabilitation psychisch Kranker" hat sich hier als zusätzliche Hilfe erwiesen. Durch die persönliche Begleitung der Mitarbeiterin konnten Schwellenängste in Bezug auf Gruppenaktivitäten beseitigt werden.
Alle Faktoren zusammen helfen die Empfehlung der Expertenkommission der Bundesregierung zur Reform im Psychiatriebereich anzugehen und umzusetzen und zwar besonders bei
- Behandlung, Pflege, Rehabilitation (Rehasport über ärztliche Verordnung)
- Sport zur Teilnahme am Leben in der Gesellschaft (Sport und Tanz in Freizeitbereich).

Sport ist somit für uns ein wichtiger Faktor, die Quadratur des Kreises zu bewältigen, d.h. ein wichtiges Bindeglied und Bestandteil medizinisch-sozialer und beruflicher Rehabilitationsmaßnahmen. D.h. Sport läßt sich sehr spezifisch für bestimmte Störungen einsetzen, darüber hinaus jedoch durch seinen kommunikationsfördernden Charakter auch übergreifend im psychosozialen Bereich zur „Rückkehr in die

Normalität". Gerade der psychisch Kranke ist darauf angewiesen, daß alle seine Defizite, d.h. Krankheitssymptome (impairment), funktionelle Einschränkungen (disability) und soziale Beeinträchtigung (handicap) gemeinsam erarbeitet und behandelt werden.

Wie unsere Erfahrung zeigt, kann Sport und Spiel im ambulanten Bereich vieles bewirken, nicht nur eine Verbesserung der Körperfunktion sondern weitaus wichtiger auch ein Training der psychischen und sozialen Grundleistungsfunktionen. Hierdurch wird eine bessere Krankheitsbewältigung und Wiederherstellung der psychosozialen Kompetenz mit Einbindung in das soziale Umfeld erreicht wie unsere Beispiele beweisen.

Die hierfür erforderlichen Mittel sind geradezu erschreckend gering gemessen an dem Aufwand von stationären Rehamaßnahmen. Es soll jedoch nicht verheimlicht werden, daß andererseits hierfür ein erheblicher persönlicher Einsatz aller Fachkräfte und Laienhelfer erforderlich ist.

Literatur

1 Deimel H: Sporttherapie bei psychotischen Erkrankungen, Entwicklung, Methodik und Ergebnisse. Berlin: Marhold, 1983.
2 Deimel H: Zur Rolle des Sports in psychiatrischen Patienten Clubs. Inh Motorik 7 (1984) 2.
3 Deimel H, Brosius C: Sport und Selbsthilfe Teil 1. Sporttherapie in Theorie und Praxis 1 (1985) 2, 9-10.
4 Deimel H, Brosius C: Sport und Selbsthilfe Teil 2. Sporttherapie in Theorie und Praxis 2 (1986) 1, 1-2.
5 Haase H J: Bürgernahe Psychiatrie. Psycho 9 (1983), 193.
6 Modellprojekt „Ambulante Rehabilitation psychisch Kranker": Unterlagen der wissenschaftlichen Begleitforschung des Instituts für Entwicklungsplanung und Strukturforschung an der Universität Hannover.
7 Dokumentation zur Informationstagung der Aktion Psychisch Kranke 27.-28.04.94 Bonn Bad Godesberg.

Die Verfasserin:
Dr. med. Sibylle Schreckling
Luxemburgerstr. 313
50354 Hürth

Osteoporose

Einführung in das Schwerpunktthema

H. Rieder

Einführung

- Welchen Beitrag kann der Behindertensportverband in der Rehabilitation von Osteoporose-Patienten leisten?
- Welche Verknüpfungen von medizinischem, psychologischem und sport/bewegungswissenschaftlichem Wissen sind dazu nötig und welche Bearbeitungen von Fragestellungen helfen uns weiter?

Diesen Kernfragen nachzugehen war das Ziel, wobei eine auch für die Übungsleiter und Betroffenen verständliche Darstellung dominieren sollte.
In Deutschland sind etwa 6 Mio Menschen durch Osteoporose bedroht. Osteoporose ist eine quantitativ in der Bevölkerung zunehmende Skeletterkrankung, deren Bekämpfung gleichzeitig durch medikamentöse Behandlung, ausreichende Bewegung und entsprechendes Ernährungsverhalten am erfolgversprechendsten ist. Sowohl stationäre als auch ambulante Interventionen zeigen den Trend und Wunsch, aus den Erfahrungen der Akutphasen und der Rehabilitation präventive, sekundär- und tertiärpräventive Versorgemaßnahmen zu entwickeln. Wege dazu zeigen die Selbsthilfegruppen und die Sportvereine, positive Forschungsergebnisse weisen die Effektivität dieser Wege überzeugend nach.

Grundsatzvorträge

Die Vorträge zum Thema „Osteoporose" konzentrierten sich zunächst auf Grundsatzbeiträge aus der Medizin (Leidig-Bruckner), aus der physikalischen Therapie (Senn) und der Pädagogik/Sportpädagogik (Werle). *Leidig-Bruckner* geht kurz auf die Definition ein und die Typen Wirbelsäulenosteoporose und Altersosteoporose. Da 90% der Schenkelhalsfrakturen in Deutschland als Folge von Stürzen auftreten, konzentriert sie ihre Aussagen auf die Ursachen von Stürzen, die Sturzabläufe sowie die Sturzprophylaxe. In fast allen Vorträgen wurden diese Themen aufgegriffen. Es entwickelt sich zu einem Forschungsthema, zu dem Mediziner, Psychologen, Neurologen und insbesondere die Sportwissenschaftler neue Beiträge vorlegen. Begriffe wie Stolperfallen, Überraschung, ungeschicktes Fallen, Reaktionsfähigkeiten, Bewegungsstörungen, Schuhwerk, Gehhilfen, Gleichgewicht und Muskelkraft zeigen die Vielfalt (Spirduso 1995, Werle 1995, Literatur bei Leidig-Bruckner).

Senn stellt das Spannungsfeld zwischen physikalischer Therapie und Sport dar. Die Praxis bei Osteoporosegruppen und die Ausbildung von Kursleitern für Osteoporosesport und Selbsthilfegruppen zeigen, daß die Fachkompetenz beider Richtungen notwendig ist, da die physikalische Medizin die Diagnostik, also die strukturellen und funktionellen Ursachen der Funktionseinbußen im Detail zeigen muß. Daraus wird ein umfassender Rehabilitationsplan entwickelt. Die Sportlichen Aktivitäten, darauf weisen eine Reihe von Referenten hin, führen von der Bewegungstherapie zum Sport, der weniger durch Behandlung als durch Erlebnis, Emotion, Eigenaktivität, Spaß geprägt wird. Somit ergibt sich in der bewegungs/sporttherapeutischen Betreuung eine Polarität von funktioneller Gymnastik und spielerisch attraktiven Formen (Kleine Spiele). Somatisch-funktionelle Verbesserungen sind das primäre Ziel, freilich von Anfang an und im Laufe fortschreitender Betätigung verbunden mit psychosozialen Effekten, die auf Bewegungssicherheit, verbesserte Koordination, auf Erfolgserlebnissen und den damit verbundenen Motivationsschüben aufbauen, Selbstsicherheit vermitteln. *Senn* erklärt die Funktionsdefizite mit verminderter knöcherner Belastbarkeit, Belastungsschmerz, zusammengefallener Haltung und stoffwechselbedingter Muskelschwäche. Der Sportfachmann kann seinen sportlichen Therapiefaktoren nur zustimmen: z.B. Kraftausdauerentwicklung, in individuellen Dosen verpackt, ohne Überforderung und mit kleinen Aneignungsschritten. Strukturtraining der Wirbelsäule und Ganzkörperaktivität zur Hebung der Schmerzquelle sind seine zentralen Begriffe, die zum Aufbau von Körperleistungen führen (Fitneß und Kondition sind für Patienten nur schwer akzeptable Begriffe). Verdienstvoll ist u.a. Senns Hinweis auf die Tertiär-Prävention, die z.B. mit tiefem Atmen und durch Heimprogramme von den Teilnehmern selbst gestaltet werden kann. Mit dem Thema Schmerz und Schmerzbekämpfung greift er ein auch von den meisten Referenten angesprochenes Thema auf (Werle, Seelbach) und weist auf die Chance hin, durch Gruppensport.

Werle charakterisiert Bewegung und Haltung als ganzheitliche Aufgabe bei Alltagshandlungen, spiel/sportlicher Freizeitbeschäftigung und Bewegungsbehandlung/Therapie. Er akzentuiert den Bewegungsmangel als Risikofaktor (siehe Kugler), der bei massivem Calcium- und Knochenverlust Abbauprozesse beschleunigt. Er verweist auf die Intensität der Belastung im Trainingsprozeß hin, die wichtiger sei als der Umfang. Seiner Meinung nach stehen im Mittelpunkt von Interventionsprogrammen die eklatante Bewegungsunsicherheit der Teilnehmer, die Wirbelsäulenverformung und der Schmerz.

Die zukünftige Praxis freilich wird psychologisch auf die Einbeziehung weiterer Personen zielen müssen, da die bisherigen Teilnehmer eher eine Positivauswahl darstellen.

Psychologie

Immer deutlicher treten pädagogisch-psychologische Faktoren einer erfolgversprechenden Rehabilitation in den Vordergrund, die Praxisdurchführungen ergänzen. *Asche* und *Polewka* stellen dazu folgende Fakten dar:
1. Bei gebeugter Körperhaltung ist soziale Kontaktaufnahme mit einem Aufblicken verbunden. Dies und die sich daraus ergebenen Negativa kann man simulieren durch Nachahmung über einige Zeit.
2. Ein mehrdimensionaler Gesundheitsbegriff ist für die Aufrechterhaltung von Lebensqualität nötig. Salutogenese und Krankheitsverarbeitungsstrategien sind gefragt.
3. Belastungssituationen haben Auswirkungen auf die Psychosomatik des Stoffwechsels. Streßreaktionen arbeiten sich in den Organismus! Hier muß künftige Forschung ansetzen, denn zur Beurteilung der Krankheit müssen zusätzlich das individuelle Beschwerdebild und die Lebensqualität verstärkt herangezogen werden.
4. Kurze Fallanalysen zeigen, daß Osteoporose Bedrohung der sozialen und inneren Integrität ist, das Selbstkonzept stört und zerstören kann. Schwere Lebenskrisen und psychosoziale Faktoren können Auslösefunktion für Osteoporose haben.
5. Psychotherapeutische Begleitung ist hilfreich. Streß-, Schmerz- und Entspannungsmanuale können einen positiven Beitrag leisten.

Forschungsergebnisse

Sechs Forschungsberichte signalisieren vielfältig Einzelfragen. *Riedel/Kemmler* referieren effiziente Therapiekonzepte für die Prävention und Therapie. An 108 Frauen wurde eine überschwellige Trainingsbelastung (mehr als 70%) über 12 Monate gemessen und eine positive Veränderung des Mineralgehaltes der Lendenwirbelknochen nachgewiesen. Signifikante Zuwächse, z.B. von Kraft, konnten auch bei älteren Teilnehmern nachgewiesen werden. Die individualisierte Sporttherapie bei der gleichen Gruppe wirkte sich auf die isometrische Muskelkraft aus, während die Kontrollgruppe die bekannten Kraftverluste zeigte. Die medizinische Trainingstherapie verspricht gerade für inaktive Personen hohe Zuwächse durch den Bodeneffekt und erbrachte nach einem regelmäßigen Training von neun Monaten hochsignifikante Veränderungen.

Die Behandlung optimiert sich in der Verbindung von medikamentöser Therapie mit medizinisch kontrollierter Bewegungstherapie und richtiger Ernährung. Das Bewegungstraining/Programm (1-4 mal Training von 90 min pro Woche über 12 Monate) bestand aus Kraftübungen, Beweglichkeit, Koordination, Entspannung, Heimprogramm und zeigte einen engen Zusammenhang zwischen Mineralgehalt der Lendenwirbelsäule und dem Kraftniveau der Rückenstrecker. Prospektive Langzeitstudien sind gefragt. Ungeklärt ist, welches Erhaltungstraining zur Sicherung solcher Erfolge nötig ist.

Dannbeck et al. schildern eine ambulante Sturzvermeidungsschulung, ein sporttherapeutisches Therapiekonzept aus koordinativen Reaktionsübungen (Computergestützter Sway-Test). Gruppen von 6-10 Personen aus Selbsthilfegruppen übten je 8 Stunden innerhalb von 4 Wochen. Deutliche Verbesserungen im Körperbeherrschungstest waren zu erwarten. Der präventive Effekt ist hoch zu bewerten, denn die Teilnehmer akzeptierten die Anforderungen, wurden durch den Spaß dabei zu Heimaktivitäten motiviert.

Seelbach et al. entwickelten einen Fragebogen zu Risikofaktoren der Osteoporose, der europaweit eingesetzt wird. Bei 66 Versuchspersonen einer Selbsthilfegruppe (gleiche Kontrollgruppe, 58 Jahre) wurde dreimal innerhalb eines Jahres die Knochendichte gemessen. Patientinnen, die einer Selbsthilfegruppe angehörten, waren eher zu körperlicher Aktivität bereit und waren schon vor der Diagnoseerstellung die Aktiveren. Ihre besseren Ergebnisse bei relativ geringer Sportausübung und die bessere soziale Anbindung zeigten, daß die Motivierung der Nicht-Teilnehmerinnen das eigentliche Problem ist. Bei der Versuchsgruppe waren auch die Kontrollüberzeugung und die Selbstwirksamkeitserwartung höher.

Bei *Kugler* et al. wird der Risikofaktor Bewegungsmangel in Verbindung mit Ernährung in einer europaweiten Studie (EVOS) untersucht. Auch hier zeigten die Selbsthilfe-/Sportgruppen signifikante Vorzüge. In der Selbsthilfegruppe trieben 8% keinen Sport, bei der repräsentativen Vergleichsgruppe waren es 60%! Ein ähnliches Ergebnis auch beim Milchkonsum (28% gegenüber 46%). Insgesamt nannten die Selbsthilfegruppen weniger Risikofaktoren und waren über tertiäre Prävention besser informiert.

Die Aussagen und Ergebnisse der Referenten/innen zugunsten von gezielten und regelmäßiger Bewegung sind überzeugend, da sie als Mediziner, Psychologen u.a. nicht für Bewegung und Sport sprechen müßten. Sie verstärken aber die Sportpädagogen, die Vertreter der Behindertensportverbände und die Vereine im Bemühen, Osteoporosegruppen aufzubauen. In „Mobiles Leben" wird regelmäßig beschrieben, wie z.B. Heimprogramme aufzubauen sind, welche Weiterbildungen und Hilfen angeboten werden können. Das Erleben schon kleiner Erfolge vermittelt eine Verstärkung psychomotorischer Effekte, die zu aktiverem Verhalten animieren, zu besserem Leben mit einer chronischen Erkrankung und zu erfolgversprechender Tertiärprävention.

Osteoporose – Eine chronische Erkrankung im höheren Lebensalter – Ansätze zur Prävention und Therapie

G. Leidig-Bruckner, R. Ziegler

Abteilung Innere Medizin I, Endokrinologie und Stoffwechsel,
Universität Heidelberg

Osteoporosis - a Chronic Illness of the Elderly - Concepts for Prevention and Therapy

In an overview next to a definition of osteoporosis different forms of the illness are represented and concepts for the prevention and therapy are discussed.
Key words: osteoporosis, prevention, therapy

Einleitung

Die Osteoporose ist eine generalisierte Skeletterkrankung, die durch einen gesteigerten Verlust von Knochenmasse und Änderungen in der Knochenstruktur charakterisiert ist. Die Folge ist eine Abnahme der Knochenstabilität, so daß Knochenbrüche ohne äußere Einwirkungen oder nach nur minimalen Traumata entstehen können. Die Häufigkeit der Osteoporose nimmt mit steigendem Lebensalter zu. Aufgrund der gestiegenen Lebenserwartung wird im Jahr 2030 die zahlenmäßig größte Bevölkerungsgruppe zwischen 60 und 70 Jahre alt sein. Der steigende Anteil der älteren Menschen an der Gesamtbevölkerung wirkt sich auf das Krankheitsspektrum aus: die Osteoporose gewinnt neben Herz- und Kreislauferkrankungen eine zunehmende Bedeutung.

Definition der Osteoporose - Unterschiedliche Stadien und Patientengruppen

Trotz der Häufigkeit der Osteoporose existiert bisher im Gegensatz zu Erkrankungen des Herz-/Kreislaufsystems und zu Tumorleiden keine für den klinischen Alltag befriedigende Systematik oder Stadieneinteilung. Da jedoch je nach Ausprägung der osteoporotischen Veränderungen unterschiedliche therapeutische Maßnahmen erforderlich sind, hat sich eine Unterteilung in Patienten mit erniedrigter Knochenmasse ohne bereits eingetretene Frakturen (Osteopenie) und in Patienten mit Frakturen (manifeste Osteoporose) bewährt. Die manifeste Osteoporose wird nach der Lokalisation der Brüche und dem Lebensalter in zwei weitere Gruppen unterteilt: die Wirbelsäulenosteoporose (Typ I) und die senile oder Altersosteoporose (Typ II). Die Typ I Osteoporose ist durch einen gesteigerten Verlust von trabekulärem Knochen gekennzeichnet und betrifft daher überwiegend die Wirbelsäule. Diese Osteoporose tritt besonders häufig bei Frauen nach Eintritt der Wechseljahre auf. Im Gegensatz dazu führt die Typ II Osteoporose auch zu Verlust an kortikalem Knochen; dieser Knochenmasseverlust beginnt erst im höheren Alter und betrifft vor allem die Extremitätenknochen mit der Folge von Schenkelhalsfrakturen. Die Häufigkeit der Typ II Osteoporose nimmt nach dem 70. Lebensjahr deutlich zu und betrifft neben Frauen auch zunehmend Männer. Die Frakturen an Wirbelkörpern und Oberschenkelhals unterscheiden sich wesentlich in der Art ihrer Entstehung, in den klinischen Folgen und der Art ihrer Therapiemöglichkeiten.

Patienten mit Osteopenie oder Osteoporose im Stadium ohne manifeste Frakturen

In der Vergangenheit wurde eine alleinige Verminderung der Knochenmasse ohne eingetretene Fraktur noch nicht als Osteoporoseerkrankung bezeichnet, sondern als „Osteopenie" oder „präklinische Osteoporose". Mittlerweile wird jedoch bereits dieses frühe Stadium als Osteoporose bezeichnet, da das Auftreten von Frakturen bei manifester Osteoporose lediglich ein anderes Krankheitsstadium kennzeichnet, jedoch die gleichen pathophysiologischen Mechanismen zugrunde liegen. Vom klinischen Beschwerdebild unterscheiden sich die Patienten ohne manifeste Frakturen allerdings von den Patienten mit eingetretenen Frakturen. Eine erniedrigte Knochenmasse verursacht nach dem bisherigen Wissen keine bestimmte Schmerz- oder Beschwerdesymptomatik. Die Diagnosestellung von Osteoporose ohne Frakturen basiert auf der densitometrischen Bestimmung einer erniedrigten Knochenmasse im Vergleich zu einem altersgleichen Normalkollektiv und dem fehlenden Nachweis von Frakturen im Röntgenbild. Auch wenn in diesem Krankheitsstadium keine durch die Osteoporose verursachte Symptomatik besteht, ist die Behandlung und Überwachung dieser Patientengruppe eindeutig indiziert, da ein gesteigerter Verlust von Knochenmasse einer der wichtigsten Risikofaktoren für die Entwicklung von Frakturen darstellt. Das Behandlungsziel besteht in der Stabilisierung bzw. dem Aufbau der Knochenmasse. Neben medikamentösen Therapiemaßnahmen spielt hierbei die Bewegungstherapie eine wesentliche Rolle. Durch Kräftigung der Muskulatur kann eine Stabilisierung der Knochenmasse erreicht werden. Weiterhin verbessert sich durch regelmäßige Bewegung auch das Reaktions- und Koordinationsvermögen, wodurch das Risiko für Stürze mit Frakturfolgen gemindert werden kann. Der Umfang der erforderlichen Therapiemaßnahmen bei Patienten mit Osteoporose ohne Frakturen, insbesondere die Einleitung einer medikamentösen Therapie muß individuell festgelegt werden. Neben den Ergebnissen der Knochendichtemessung hängt die Therapie von anderen Einflußgrößen wie Alter, Geschlecht, Begleiterkrankungen, Dauermedikation und sonstigen Risikofaktoren ab.

Patienten mit manifester Osteoporose

Das Beschwerdebild der Osteoporose ist hauptsächlich durch Frakturen geprägt (6, 7, 11). Frakturen verursachen Schmerzen, Funktionseinschränkungen und dadurch erhebliche Kosten.

Die Wirbelsäulenosteoporose (Typ I Osteoporose)

Die Häufigkeit der Wirbelsäulenosteoporose beträgt vermutlich ein Vielfaches der Schenkelhalsfrakturen. Exakte Zahlen zur Häufigkeit der Wirbelsäulenosteoporose sind bisher erst in Ansätzen für einige Länder (USA, Schweden) vorhanden - danach wird davon ausgegangen, daß ca. jede 5. Frau im Alter von über 60 Jahren bedroht ist, im Laufe ihres weiteren Lebens mindestens eine osteoporotisch bedingte Wirbelfraktur zu erleiden.
Zur Diagnosestellung einer manifesten Osteoporose an der Wirbelsäule gehört die Anamnese zur Vorgeschichte und Entwicklung der Beschwerden, die klinische Untersuchung, die Messung der Knochendichte sowie das Röntgen der Brust- und Lendenwirbelsäule. Laborchemische Untersuchungen erfolgen hauptsächlich zum Ausschluß anderer Knochenstoffwechselerkrankungen. Entscheidendes Kriterium für das Vorliegen einer manifesten Osteoporose an der Wirbelsäule ist der Nachweis einer Wirbelkörperfraktur. Die Feststellung eines durch Osteoporose verursachten Wirbeleinbruches bereitet jedoch oft Schwierigkeiten. Im Gegensatz zu Frakturen der Extremitätenknochen liegt dem Auftreten von Wirbelkörperfrakturen bei Osteoporose kein spezifischer Verletzungsmechanismus (z.B. ein Sturz) zugrunde. Vermutlich spielen jedoch äußere Einwirkungen und minimale Traumata ebenfalls eine auslösende Rolle. Ein Großteil der von uns in einer Studie befragten Patienten mit Wirbelsäulenosteoporose konnte sich an einen akuten Beginn der Rückenschmerzen erinnern, und bei den meisten Patienten war dieser Schmerzbeginn mit einer bestimmten körperlichen Anstrengung (Tragen von Lasten, ruckartige Bewegungen, Stolpern) verbunden. Diese Angaben deuten darauf hin, daß neben den ossären Veränderungen

äußere Auslöser bei der Entstehung von osteoporotischen Wirbelfrakturen entscheidend mitbeteiligt sind.

Die durch Wirbeleinbrüche verursachten Beschwerden wie Rückenschmerzen, Buckelbildung und Abnahme der Körpergröße werden teilweise verkannt, so daß eine weitere Diagnostik oft erst verspätet erfolgt oder ganz unterbleibt. Andererseits wird ein Teil der osteoporotischen Wirbelfrakturen zufällig als Nebenbefund bei Röntgenuntersuchungen aus anderer Indikation diagnostiziert. Die differentialdiagnostische Abgrenzung von osteoporotischen Wirbelkörperfrakturen zu Wirbeldeformierungen anderer Genese oder zu Normvarianten bereitet im Röntgenbild oftmals Schwierigkeiten. Frakturen der Extremitätenknochen sind dagegen im Röntgenbild meistens eindeutig festzustellen.

Auch im Hinblick auf die Therapiemöglichkeiten bestehen Unterschiede zwischen Frakturen an der Wirbelsäule und den Extremitätenknochen. Während bei den letzteren durch operative oder konservative Maßnahmen (Gips) meistens die ursprüngliche Form des Knochens und der Funktionszustand weitgehend erhalten werden können, ist eine solche Wiederherstellung von Knochenform und -funktion bei den osteoporosebedingten Wirbelfrakturen nicht möglich. Eingetretene Wirbeldeformierungen oder -frakturen sind irreversibel. Ziel der Therapie bei Wirbelsäulenosteoporose ist es, ein weiteres Fortschreiten zu verhindern und die verursachten Beschwerden zu lindern bzw. den Funktionszustand zu verbessern.

Nach der Art der Verformung und der Schwere der Wirbelfraktur lassen sich unterschiedliche Bruchformen (Keilfrakturen, Grund- und Deckplattenfrakturen und Kompressionsfrakturen) unterscheiden. Das Vorliegen mehrerer Brüche führt zur Verformung der gesamten Wirbelsäule mit den klinischen Folgen von Buckelbildung, Größenverlust und Rückenschmerzen. Bei der Osteoporose sind vor allem Wirbel an der mittleren und unteren Brustwirbelsäule und an der Lendenwirbelsäule betroffen. Die Halswirbelsäule ist nicht durch Wirbeleinbrüche bei Osteoprose gefährdet. Bei den osteoporotischen Wirbelkörperfrakturen bleibt die Hinterkante stabil, so daß im Gegensatz zu traumatisch bedingten Frakturen an der Wirbelsäule i. a. bei Osteoporose kein Risiko für eine Querschnittslähmung besteht. Durch mehrere Wirbel-frakturen und der damit einhergehenden Größenabnahme kommt es zu einem Ungleichgewicht zwischen Knochen einerseits und Muskulatur und Bändern andererseits. Die Folge sind akute und chronische Rückenschmerzen. Ein Großteil der chronischen Rückenschmerzen bei Patienten mit Osteoporose ist auf diese muskulären Verspannungen und die Fehlhaltung der Wirbelsäule zurückzuführen. Häufig beschreiben die Patienten eine akute Schmerzphase welche in unmittelbarem Zusammenhang mit dem Bruchereignis steht. In einer Untersuchung zum Beschwerdebild bei Patienten mit manifester Wirbelsäulenosteoporose gaben über 70% der Betroffenen an, daß schwere Rückenschmerzen der Anlaß für eine weitere Diagnostik waren und schließlich den Befund einer Osteoporose ergaben (8). Bei genauen Fragen zum Schmerzcharakter, zur Schmerzhäufigkeit, zu Schmerzauslösern, zur tageszeitlichen Abhängigkeit und Nachtschmerzen fand sich kein charakteristisches Schmerzbild für die Wirbelsäulenosteoporose. Insbesondere ergaben sich keine Unterschiede zu Patienten mit chronischen Rückenschmerzen ohne nachweisbare Osteoporose. Eine Untersuchung der Beziehung zwischen Schmerzangaben und dem Ausmaß der Wirbeleinbrüche zeigte einen schwachen Zusammenhang zwischen Stärke der Schmerzen und dem Grad der Wirbelverformung. Rückenschmerzen können zu Einschränkungen bei der Ausführung alltäglicher Funktionen führen. In unserer Befragung gaben Patienten mit Osteoporose Einschränkungen bei den folgenden Aktivitäten des alltäglichen Lebens an : Gehen (47%), Aufstehen vom Liegen (70%), Bücken (71%), Ankleiden (67%), Tragen von Taschen (88%). Die allgemeine häusliche Selbstversorgung war bei 70% der Patienten nur mit mehr Mühe möglich, über 20% waren zumindest teilweise auf fremde Hilfe angewiesen (8). Diese funktionellen Einschränkungen im Alltag führen häufig zur Beeinträchtigung der allgemeinen Befindlichkeit bis hin zu depressiven Verstimmungen.

Es fand sich weiterhin ein schwacher Zusammenhang zwischen den Funktionseinschränkungen im Alltag und dem Ausmaß der Wirbelverformung (1, 3, 4, 8, 9) - je stärker die Deformierung durch Wirbeleinbrüche war, umso ausgeprägter waren auch die Einschränkungen bei Funktionen des alltäglichen Lebens. Dieser Zusammenhang wurde noch deutlicher, wenn als Maß für die Deformierung nicht die radiologisch gemessene Höhenreduktion der Wirbel zugrunde gelegt wurde, sondern klinische Untersuchungsparameter (z.B. Hinterkopf-Wand-Abstand), die sowohl die ossär verursachte Deformierung des Rumpfes erfassen als auch muskulär bedingte Fehlhaltungen beinhalten. Dieser Zusammenhang zwischen Kyphosierung des Rumpfes und Beschwerdeausmaß ist ein wichtiger Ansatzpunkt für Therapie- und Rehabilitationsmaßnahmen, da durch ein gezieltes Training der Muskulatur der Deformierung des Rumpfes entgegengewirkt werden kann. Weiterhin ist die Berücksichtigung des Zusammenhangs zwischen Osteoporoserkrankung und akuten sowie chronischen Rückenschmerzen entscheidend für eine erfolgreiche Behandlung. Eine suffiziente Schmerztherapie ist eine wesentliche Voraussetzung, um die Patienten zu einer regelmäßigen Behandlung über die Dauer von mehreren Jahren zu motivieren.

In einer weiteren Studie wurde bei Patienten mit fortgeschrittener Osteoporose eine Einschränkung der Lungenfunktion nachgewiesen. Das Ausmaß der Lungenfunktionseinschränkung war abhängig von der Schwere der Wirbelsäulenverformung. Eine Vorbeugung bzw. Behandlung so früh wie möglich gewinnt unter Berücksichtigung dieser Folgeschäden eine noch größere Bedeutung.

Neben den Bereichen der Risikoerfassung und Früherkennung sind in Zukunft weitere Untersuchungen zur Charakterisierung der Wirbelsäulenosteoporose und Entwicklung einer klinischen Stadieneinteilung erforderlich, um je nach Schweregrad eine gezielte Therapie einzuleiten.

Die Altersosteoporose (Typ II)

Bei der Typ II Osteoporose bestimmen die Schenkelhalsfrakturen und ihre Folgen das Krankheitsbild. Während der letzten 40 Jahre hat die Gesamtanzahl von Patienten mit Schenkelhalsbrüchen in den westlichen Ländern nahezu um das 10-fache zugenommen. Derzeit wird das Risiko einer 50-jährigen Frau im weiteren Verlauf ihres Lebens eine Schenkelhalsfraktur zu erleiden auf ca. 16% geschätzt. Mehr als 95% aller Schenkelhalsbrüche treten bei Menschen im Alter von über 65 Jahren auf. Die Gesamtkosten, die durch die Behandlung der Schenkelhalsbrüche entstehen, betrugen in USA nahezu 10 Billionen Dollar/Jahr.
Schenkelhalsfrakturen entstehen fast immer als Folge eines Sturzes. Starke Schmerzen sowie Unfähigkeit zum Auftreten nach einem Sturz machen eine umgehende weitere Abklärung und Behandlung erforderlich. Im Röntgenbild ist die Diagnosestellung der Schenkelhalsfraktur in den meisten Fällen eindeutig möglich.
Die Folgen der Schenkelhalsfrakturen lassen sich in drei Hauptpunkte unterteilen: eine erhöhte Sterblichkeit direkt im Zusammenhang mit dem Frakturereignis, bleibende Funktionseinschränkungen und hieraus resultierende steigende Kosten.
Mehrere Studien zeigten, daß ca. 12-20% der Patienten mit Schenkelhalsfrakturen im Vergleich zu einem altersgleichen Kontrollkollektiv von einem vorzeitigen Tod bedroht sind. Diese erhöhte Mortalität besteht ungefähr bis 6 Monate nach dem Frakturereignis und hängt von Alter, Geschlecht, Anzahl weiterer Begleiterkrankungen und dem präoperativen Mobilitäts- und Funktionszustand ab.
Nach Schenkelhalsbrüchen treten häufig bleibende Funktionseinschränkungen mit erheblichen Auswirkungen auf die alltägliche Versorgung auf. Ungefähr die Hälfte der Patienten, die vor einer Fraktur noch gut laufen konnte, ist danach auf fremde Hilfe angewiesen. Im alltäglichen Leben sind nach einer Schenkelhalsfraktur ca. 25-35% auf fremde Hilfe angewiesen. 15-20% sind nach der Fraktur für mindestens 1 Jahr in einem Pflegeheim untergebracht. Soziale Vereinsamung als Folge der Frakturen wird bei ungefähr der Hälfte der Menschen angenommen. Derzeit treten ca. 50% aller Schenkelhalsbrüche bei über 80-jährigen auf. Aufgrund des zunehmenden Anteils der über 80-jährigen in unserer Bevölkerung ist in den nächsten Jahrzehnten mit einer deutlichen Zunahme von Schenkelhalsbrüchen und dadurch bedingten Kosten zu rechnen. Hieraus folgt, daß selbst eine geringe Reduktion der Frakturrate durch vorbeugende Maßnahmen zu einer spürbaren Kostenreduktion beitragen könnte.

Stürze und Frakturrisiko - Ansatz für Präventionsmaßnahmen (2, 10, 12)

Da über 90% der Schenkelhalsfrakturen als Folge eines Sturzes auftreten, kommt der Vorbeugung von Stürzen eine entscheidende Rolle in der Prävention von Schenkelhalsfrakturen zu. Mehrere epidemiologische Studien haben diesen Zusammenhang zwischen Stürzen und Schenkelhalsfrakturen gezeigt. Unter einem Sturz wird in diesen Studien ein Ereignis verstanden, das dazu führt, daß eine Person unfreiwillig aus dem Stehen oder einer anderen erhöhten Position (Sitzen, Bett) zum Liegen auf den Boden kommt.

Während nahezu alle Schenkelhalsfrakturen nach einem Sturz auftreten, führt andererseits nicht jeder Sturz zur Entwicklung einer Fraktur. Vielmehr ist es nur ein kleiner Anteil aller Stürze (ca. 5%-10%), der eine Schenkelhalsfraktur zur Folge hat. Die Häufigkeit von Stürzen steigt mit dem Lebensalter deutlich an. Befragungen zu Sturzereignissen zeigten, daß etwa 30% aller Menschen im Alter von über 65 Jahren mindestens einmal im Jahr stürzen; zwischen 8 und 17% dieser Menschen stürzen mehrmals pro Jahr. Etwa bei 45% dieser Stürze resultieren kleine Verletzungen oder Beeinträchtigungen wie blaue Flecken, Schürfwunden oder vorübergehende Schmerzen, die jedoch keiner weiteren ärztlichen Behandlung bedürfen. Nur ein kleiner Teil der Stürze führt zu Verletzungen mit schwerwiegenden Folgen wie Kopfverletzungen, Gelenkverzerrungen oder Frakturen. Neben dem Sturzereignis selbst ist daher der Sturzablauf ein weiterer wichtiger Faktor, der das Frakturrisiko bestimmt.

Risikofaktoren für Stürze

Bei den Ursachen, die einen Sturz begünstigen, wird zwischen Faktoren unterschieden, die direkt von der Person abhängig sind (innere Risikofaktoren) und zwischen Faktoren, die in der Umgebung begründet sind (äußere Risikofaktoren).
Zu den inneren Risikofaktoren gehören einerseits das Alter, Größe und Gewicht einer Person und andererseits eine Reihe von Erkrankungen, die den allgemeinen Gesundheitszustand und die körperliche Aktivität beeinflussen. Eine besondere Bedeutung kommt dabei den folgenden Erkrankungen zu: Bluthochdruck, Blutdruckschwankungen, Herzrhythmusstörungen und Herzinsuffizienz, Diabetes mellitus, Apoplex, Lungenerkrankungen, Gehbehinderungen, Sehstörungen und Hörstörungen. Die Einnahme von Medikamenten mit Auswirkungen auf das Reaktionsvermögen oder die Kreislaufregulation (z.B. Schlafmittel, Psychopharmaka, Antihypertensiva, Diuretika) ist ebenfalls mit einem erhöhten Sturzrisiko verbunden.
Zu den äußeren Risikofaktoren zählen alle Umstände, die Stolpern oder Ausrutschen

begünstigen, z.B. „unsichere" Schuhe (Pantoffeln, Absätze), die fehlende Verwendung von Gehhilfen trotz Gangunsicherheiten und sogenannte Stolperfallen in der Umgebung (z.B. glatte Fußböden, unebene Fußböden, Türschwellen, Teppiche, Telefonkabel, schlechte Beleuchtung). Die meisten Stürze finden innerhalb der eigenen Wohnung der Betroffenen und nicht im Freien statt. Im Winter ist die Sturzhäufigkeit (insbesondere im Freien) etwas häufiger als in den Sommermonaten.

Sturzablauf und neuromuskuläre Funktion

Während die Risikofaktoren, welche zum Sturz führen, mittlerweile relativ gut bekannt sind, sind die Einflüsse, welche den Sturzablauf bestimmen, bisher nur ansatzweise untersucht. Kenntnisse über die Mechanismen des Sturzablaufes sind jedoch Voraussetzung, um den risikoreichen Stürzen mit Frakturfolgen gezielt vorbeugen zu können.
Die klinischen Folgen eines Sturzes werden durch die Orientierung des Sturzes und die Reaktion während des Sturzes beeinflußt. Beim Stürzen direkt auf den Schenkelhals wird keine Energie abgefangen. Dies betrifft hauptsächlich Stürze, die nicht oder nur gering nach vorne gerichtet sind. Diese Stürze kommen besonders häufig bei Personen mit Gehstörungen oder im Zusammenhang mit Synkopen vor. Weiterhin spielen lokale „Sturzpolster" wie z.B. Muskulatur am Oberschenkel oder Fettgewebe eine wichtige Rolle für den Ausgang des Sturzereignisses. Besonders gefährdet sind daher sehr schlanke Personen, die kaum Weichteilpolster zum Abfangen der „Sturzenergie" besitzen. Zu den Reaktionen, die den Sturzausgang positiv beeinflussen, gehört das rechtzeitige Abstützen mit den Armen oder Festhalten an Gegenständen. Ursache für das Ausbleiben dieser protektiven Reaktionen sind Beeinträchtigungen des neuromuskulären Systems (Muskelkraft, Reaktionsvermögen, Reaktionsdauer, Gleichgewichtsstörungen).
In einer epidemiologischen Studie zu Sturzursachen wurde die Beeinträchtigung dieser neuromuskulären Funktionen durch einfache Tests zu Gang, Gleichgewicht und Muskelkraft bei 9704 Frauen im Alter von über 65 Jahren untersucht. Im Verlauf des ersten Beobachtungsjahres sind 28% der Teilnehmer mindestens einmal gestürzt und 10% zweimal oder häufiger. Es ereigneten sich insgesamt 78 Schenkelhalsbrüche, davon waren 92% durch ein Sturzereignis bedingt. Bei den Patienten mit Schenkelhalsbrüchen fanden sich deutliche Einschränkungen beim Gehen, eine Muskelschwäche im Bereich der Arme und Beine und eine Beeinträchtigung des Körpergleichgewichts. Die Abhängigkeit des Frakturrisikos vom neuromuskulären Funktionszustand bestand unabhängig von Alter und Knochenmineralgehalt.
In einer weiteren bevölkerungsbezogenen Untersuchung wurde der Einfluß der übri-

gen inneren Risikofaktoren auf die Häufigkeit von Sturzereignissen mit Frakturfolgen untersucht. Gehbeschwerden fanden sich bei 54% von 409 Personen, Bluthochdruck bei 40%, Herzerkrankungen bei 30%, Sehstörungen bei 29% und Hörstörungen bei 23% der untersuchten Personen. Insgesamt ereigneten sich bei 29% der untersuchten Personen mindestens ein Sturz im Laufe eines Jahres; Frauen (33%) stürzten häufiger als Männer (22%). Bei 11,5% der befragten Personen fanden sich zwei oder mehr Stürze. 6% der Stürze hatten einen Schenkelhalsbruch zur Folge. Das Risiko für ein Sturzereignis war deutlich von den folgenden Faktoren abhängig: Schwindel, einem allgemein niedrigen körperlichen Aktivitätsniveau, Gehstörungen und Bücken.

Zusammenfassung

Zusammenfassend ist sowohl bei der Wirbelsäulenosteoporose als auch bei der Alterosteoporose das Auftreten der Frakturen eine wesentliche Ursache für Schmerzen, Funktionseinschränkungen, Beeinträchtigung der Lebensqualität und Kostenentstehung. Das Risiko, einen Bruch zu erleiden, hängt vom Funktionszustand des Knochens, von dem Risiko für ein Sturzereignis und von den Faktoren die den Sturzablauf beeinflussen ab.
Wichtigstes Ziel der Osteoporoseprävention ist es daher, das Auftreten von Frakturen zu vermeiden, indem Risikofaktoren, die einen Knochenmasseverlust begünstigen (unzureichende Calciumzufuhr, Medikation mit Steroiden, etc.) vermindert werden und Maßnahmen zur Steigerung bzw. zum Erhalt der Knochenmasse gefördert werden (z.B. ausreichende körperliche Aktivität, Ernährung, Hormonsubstitutionsbehandlung). In ersten Studien konnte gezeigt werden, daß durch regelmäßiges gezieltes Training neben der Kräftigung der Muskulatur eine Zunahme der Knochenmasse zu erreichen ist. Neben dem direkten Effekt der physikalischen Aktivität auf den Knochen ist gerade bei älteren Menschen ein regelmäßiges Training zur Verbesserung der neuromuskulären Funktionen (Koordinationsfähigkeit, Reaktionsfähigkeit, Gleichgewichtstraining) ein wesentlicher Bestandteil, um Stürze zu vermeiden. Die Prophylaxe von Stürzen ist der entscheidende Ansatzpunkt zur Vermeidung von Schenkelhalsfrakturen. Bei manifester Osteoporose sind neben den Maßnahmen zur Beeinflussung des Knochenstoffwechsels vor allem die Schmerzbehandlung und eine gezielte physikalische Therapie und Bewegungstherapie zur Verbesserung bzw. Wiederherstellung der eingeschränkten funktionellen Belastbarkeit im Alltag von Bedeutung (5).
Sowohl im Hinblick auf die Sturzprophylaxe, als auch auf die Verbesserung der funktionellen Einschränkungen bei Patienten mit manifester Wirbelsäulenosteopo-

rose ist eine Bewegungstherapie unter besonderer Berücksichtigung der verminderten Belastbarkeit der Knochen von zentraler Bedeutung. Ein positiver Effekt der Bewegungstherapie ist von der regelmäßigen Durchführung mehrmals in der Woche abhängig. Voraussetzung hierfür ist jedoch eine hohe Motivation der Betroffenen. Diese kann durch die Teilnahme an einem speziell organisierten Bewegungs- und Sportprogramm in einer Gruppe wesentlich besser erreicht werden, als in einer Einzelbehandlung.

Literatur

1   Bergenudd H, Nilsson B, Udén A, Willner S: Bone mineral content, gender, body posture and build in relation to back pain in middle age. Spine 14 (1989), 577-579.
2   Buchner D M, Cress M E, Wagner E H, de Lateur B J: The role of exercise in fall prevention: developing targeting criteria for exercise programs, in Vellas B, Toupet M, Rubenstein L, Albarède J L, Christen Y (eds): Falls, Balance and gait disorders in the elderly. Proceedings of the International Symposium „Falls in the Elderly", Madrid, September 10. Amsterdam-London-Paris-New York-Tokyo: Elsevier, 1991, pp 7-19.
3   Ettinger B, Black D M, Nevitt M C, Rundle A C, Cauley J A, Cummings S R, et al: Contribution of vertebral deformities to chronic back pain and disability. J Bone Miner Res 7 (1992), 449-456.
4   Finsen V: Osteoporosis and back pain among the elderly. Acta Med Scand 223 (1988), 443-449.
5   Gold D T, Lyles K W, Bales C W, Drezner M K: Teaching patients coping behaviors: An essential part of successful management of osteoporosis. J Bone Miner Res 4 (1989), 799-801.
6   Kanis J A, Minne W H, Meunier P J, Ziegler R, Allender E: Quality of life and vertebral osteoporosis (editorial). Osteoporosis Int 2 (1992), 161-163.
7   Kleerekoper M, Nelson D A, Peterson E L, Tilley B C: Outcome variables in osteoporosis trials. Bone 13 (1992) 1, 29-34.
8   Leidig G, Minne H W, Sauer P, Wüster C, Wüster J, Lojen M, Raue F, Ziegler R: A study of complaints and their relation to vertebral destruction in patients with osteoporosis. Bone and Mineral 8 (1990), 217-229.
9   Ross P D, Ettinger B, Davis J W, Melton L J, Wasnich R D: Evaluation of adverse health outcomes associated with vertebral fractures. Osteoporosis Int 1 (1991), 134-140.
10 Rubenstein L Z, Josephson K R: Causes and prevention of falls in elderly people, in Vellas B, Toupet M, Rubenstein L, Albarède J L, Y Christen Y (ed)s: Falls, Balance and gait disorders in the elderly. Proceedings of the International Symposium „Falls in the Elderly", Madrid, September 10. Amsterdam, London, Paris, New York, Tokyo: Elsevier, 1991, pp 22-38.
11 The Osteoporosis Quality of Life Study Group Greendale G A, Silverman S L, Hays R D, Cooper C, Spector T, Kiel D, Reuben D B: Health-related quality of life in osteoporosis clinical trials. Calcif Tissue Int 53 (1993), 75-77.
12 Tinetti M E, Claus E, Liu W L: Risk factors for fall-related injuries among community elderly: methodological issues, in Vellas B, Toupet M, Rubenstein L, Albarède J L, Christen Y (eds): Falls, Balance and gait disorders in the elderly. Proceedings of the International Symposium „Falls in the Elderly", Madrid, September 10. Amsterdam-London-Paris-New York-Tokyo: Elsevier, 1991, pp 7-19.

Für die Verfasser:
G. Leidig-Bruckner, R. Ziegler
Abteilung Innere Medizin I, Endokrinologie und Stoffwechsel,
Universität Heidelberg
Bergheimerstr. 58
69115 Heidelberg

Die Rehabilitation von Patienten mit Osteoporose im Spannungsfeld zwischen Physikalischer Medzin und Sport

E. Senn

Klinikum Großhadern, Klinik für Physikalische Medizin, München

Osteoporosis from the View of the Physical Medicine in the Field of Rehabilitation and Sports

Rehabilitation begins when functional impairments already exist in contrast to primary and secondary prevention. Osteoporosis may cause functional impairments on four different ways. Each cause demands a special rehabilitation concept. Sporting activities represent only one field of the physical rehabilitation possibilities. These exercise activities within rehabilitation concept are described in this paper.
Key words: osteoporosis, exercise, rehabilitation concept

Die Rehabilitation als Auftrag und Ziel zugleich verstanden beginnt im Gegensatz zur Behandlung, aber auch zur Primär- und zum Teil sogar Sekundärprävention, erst dort, wo bereits schwerwiegende und teils irreversible Funktionsdefizite bzw. chronische Schmerzen das Alltagsleben des Patienten samt seiner Umgebung relevant spürbar verändern bzw. belasten.

Im Falle der Osteoporose bestehen diese alltagsrelevanten Funktionsdefizite aus der reduzierten Belastbarkeit des Skeletts, insbesondere der Wirbelsäule, bei der Erfüllung notwendiger Alltagsaufgaben, aus der eingeschränkten Mobilität und aus den teilweise nur mit Hilfsmitteln durchführbaren Transfers. Die Belastungen des Alltags betreffen ihrerseits nicht nur den eingeschränkten Handlungsspielraum, sondern auch das Wohlbefinden und das soziale Leben des Betroffenen und seiner Begleiter.

Neben anderen Disziplinen wie der Psychologie, der Berufsberatung, der Sozialpädagogik, aber auch anderen, klassischen medizinischen Fachgebieten beschäftigen sich die Physikalische Medizin und der Sport in sehr spezieller Weise mit der Rehabilitation. Trotzdem liegen die beiden Begriffe der Physikalischen Medizin einerseits und des Sportes andererseits nicht auf der gleichen Ebene:

Die Physikalische Medizin erfaßt primär mit den diagnostischen Mitteln der Befragung, der klinischen Untersuchung und spezieller apparativer Untersuchungen die strukturellen und funktionellen Ursachen der Funktionseinbußen im Detail, um einen umfassenden Rehabilitationsplan zusammenstellen zu können: Die parallel nebeneinander einzusetzenden und hintereinander sich ablösenden Rehabilitations-Mittel und -Instrumente umfassen neben chirurgisch-orthopädischen Korrekturen, Medikamenten sowie psychologischer Betreuung vor allem zahlreiche Methoden aus der Physikalischen Therapie und dem Sport.

---

4 Primärdefizite der alltagsrelevanten Funktionsdefizite von Osteoporotikern

- reduzierte Belastbarkeit des Knochengewebes
- Belastungs-, seltener Ruhe-Schmerz
- Rundrückenhaltung
- Muskelschwäche

↓

3 alltagsrelevante Funktionsdefizite („disabilities")

- reduzierte Belastbarkeit des Skeletts, insbesondere der Wirbelkörper und des Schenkelhalses
- eingeschränkte Mobilität
- erschwerte Transfers

Abbildung 1. Alltagsrelevante Funktionsdefizite.

Die sportlichen Aktivitäten können als eine spezielle Form der Bewegungstherapie verstanden werden und gehören damit zu den Rehabilitationsmaßnahmen, deren Einsatz eine physikalische Diagnostik vorausgehen muß. Der Sport im Dienste der Rehabilitation wird damit zu einem Teil der physikalischen Medizin. Das Spezielle der sportlichen Aktivitäten unter allen Formen der Bewegungstherapie besteht in den Eigenschaften der eigenverantwortlichen bzw. selbständigen Durchführung, in der regelmäßigen dosierten Leistungserbringung, im Einsatz bzw. Mitschwingen des gesamten Körpers bzw. Menschen und in der Freude, die zum Bedürfnis führt. Neben den rein somatisch-funktionellen werden im Sport die psychosozialen und pädagogischen Ziele besonders betont.

Die Osteoporose führt gleichzeitig auf vier verschiedenen Wegen zu den oben genannten Funktionsdefiziten:
- Die verminderte knöcherne Belastbarkeit, die sich aus einem quantitativen (Knochendichte) und qualitativen Faktor (innere Knochenarchitektur) zusammen setzt.
- Demzufolge droht stets das Auftreten von Frakturen, das Zusammenbrechen oder die Kriechverformungen von Wirbelkörpern und die Entwicklung von Streßfrakturen, meistens an typischen Stellen des Skeletts.
- Der Belastungsschmerz der sich in wechselnder Zusammensetzung aus einer Mischung von osteogenem, spondylogen-ligamentärem und myogenem Schmerz ergibt. Die Differenzierung des Belastungsschmerzes ist für die Wahl der Therapie- und Rehabilitationsmittel von Bedeutung. Die sportlichen Belastungen haben hauptsächlich auf den Nachschmerz und Nachtschmerz zu achten und diesen durch Belastungsreduktion zu vermeiden.
- Die zusammengefallene, nach-vorn-gebeugte Haltung mit dem charakteristischen, nach kranial zunehmenden Rundrücken ist nicht nur eine Folge von Strukturveränderungen der Wirbelkörper im Sinne der Keilwirbelbildung, sondern auch der Muskelschwäche und des Alters an sich mit seiner Neigung zum sogenannten senilen Rundrücken (6, 10). Die nach vorn gebeugte Haltung erhöht die Sturzgefahr und stellt den Motor für die sich weiterentwickelnde Kyphosierung dar.
- Die Osteoporose geht teils auch mit einer mehr oder weniger ausgeprägten, wahrscheinlich direkt stoffwechselbedingten Muskelschwäche einher, die natürlich die Fehlhaltung begünstigt.

Jede Art von Rehabilitation schließt die notwendige Sekundär- und Tertiärprävention mit ein; die möglichen und notwendigen Therapiemöglichkeiten und Zielsetzungen sollen für alle 3 Bereiche der sportlichen Aktivitäten konkretisiert werden.

Die sportlichen Therapiefaktoren in der Rehabilitation

Die Rehabilitation hat immer ganz konkret und unmittelbar das Zurechtkommen im Alltag vor Augen (20). Um sich diesem Ziel zu nähern, sollen die folgenden sportlichen Elemente betont werden:
- Das Kraft-Ausdauer-Training, wobei wahrscheinlich weniger die Rohkraft an sich das Ziel als vielmehr die Häufigkeit der kräftigen Aktivierungen der Muskulatur das entscheidende Wirkelement darstellt (7). Mit zunehmendem Alter tritt an die Stelle der Steigerung der Rohkraft über eine Vermehrung des kontraktilen Substrates die nervös gesteuerte und geregelte Kraftentfaltung sowie die Verhinderung einer zu schnell einsetzenden Ermüdung (14, 16). Die wiederholte kraftvolle Muskelaktivierung belastet diejenigen Skelettanteile, an welchen die trainierende Muskulatur in

seriert. Diese muskulär bedingte Knochenbelastung stellt einen wichtigen trophischen Knochenfaktor dar (1, 2, 7, 21). Die Knochen eines im Sport beanspruchten Armes sind dichter, fester, größer und schwerer (13). Die entscheidenden Skelettabschnitte und damit Muskelgruppen, die primär auf Kraftausdauer trainiert werden müssen, sind die Brust- und Lendenwirbelsäule, der Oberschenkel und der Vorderarm. Die gekräftigte Rumpf- und Oberschenkelmuskulatur dient auch der Stabilisierung der aufrechten Haltung und Fähigkeit, sturzfrei zu gehen.

- Das allgemeine Strukturtraining der Wirbelsäule dient der Verbesserung der Belastbarkeiten aller am Aufbau und an der Funktion des Achsenorgans beteiligten Strukturen wie Wirbelkörper, Facettengelenke, paravertebraler Bandapparat und Diskus. Die fortgesetzt periodische, physiologische Belastung in Form der dynamischen muskulären Stabilisierung der aufrechten, ums Lot schwankenden Wirbelsäule im Sinne von Gleichgewichtsreaktionen stellt die praktische Realisierung dieses Strukturtrainings dar (12, 18). Nach dem Erlernen der Form der aufrechten Haltung wird diese auf zunehmend instabileren Unterlagen wie Matten, Balken, Schaukelbrettern, schmalen Stegen, eventuell sogar Therapiekreiseln oder Minitrampolins trainiert.
- Eine möglichst vielfältige und abwechslungsreiche Ganzkörperaktivität hebt die Schmerzwelle und wirkt damit unabhängig von der vorherrschenden Schmerzart ganz allgemein analgetisch. Diese Aktivitätsanalgesie wird einerseits nervös-propriozeptiv und andererseits hormonell auf Grund der aeroben Stoffwechselbelastung vermittelt. Anzustreben ist immer eine Ganzkörperanstrengung, die zum beginnenden Schwitzen führt.
- Sportliche Aktivitäten, anfangs besonders im Bewegungsbad, vermögen das Vertrauen in die eigenen möglichen Körperleistungen (25), insbesondere auch Halteleistungen zu stärken. Die Vermeidung einer verkrampften, übervorsichtigen aufrechten Haltung ist eine wichtige Voraussetzung, um Stürze zu vermeiden. Der Osteoporose-Patient muß selber erfahren, was bei korrektem Verhalten wieder schmerzfrei möglich ist, und wo die Grenzen der Belastung liegen (19).

Die sportlichen Therapiefaktoren zugunsten der Sekundär-Prävention

Die Sekundärprävention verfolgt das Ziel, einerseits die drohenden primären Struktur- und Funktionsdefizite der Osteoporose (knöcherne Belastbarkeit, Belastungsschmerz, Rundrückenhaltung, Muskelschwäche) in ihrer Weiterentwicklung möglichst zu hemmen und andererseits weitere Strukturdefizite wie das Auftreten von Frakturen, die weitere Krümmungszunahme des Rundrückens, das Fortschreiten der

Kriechverformungen der Wirbelkörper und die Verstärkung der Schmerzzustände strikt und konsequent zu vermeiden.
Dieser Sekundärprävention dienen die folgenden sportlichen Elemente:
- Die sportlichen trophisch-wirksamen Knochenfrakturen, die insgesamt die Knochendichte und -qualität verbessern, wie Training der Kraftausdauer, Strukturtraining der Wirbelsäule und betontes Ganzkörper-Ausdauertraining sollen auch nach dem Erreichen der Rehabilitationsziele weiter eingesetzt werden. (4, 5, 14, 15, 22, 23).
- Im Zentrum der Sekundärprävention steht die Sturzprophylaxe (24), die neben dem Erkennen der Sturzgefahren und einem allgemeinen Gleichgewichtstraining (12, 17) das richtige Verhalten beim drohenden Gleichgewichtsverlust und beim nicht mehr aufzuhaltenden Sturz umfaßt. Kernaufgaben sind dabei das Erlernen von Ausfallschritten, das Drehen während des Sturzes und die bewußte zeitgerechte Aktivierung der Abduktoren im Beckenbereich. Kokontraktion von Ab- und Adduktoren der Hüfte schienen und stabilisieren den Schenkelhals.
- Das dritte Element des Sportes in der Sekundärprävention ist die Steigerung bzw. Erhaltung einer möglichst weiten Gehstrecke pro Woche (3). Das richtige, sichere, aufrechte Gehen sowie das Walken (flottes gehen unter Einsatz des Schultergürtels) sind zu erlernen und zu üben. Die Häufigkeit dieses sportlichen Trainings ist wichtiger als die Länge der einzelnen Gehstrecken. Das Gehen entspricht einem idealen, rhythmischen Strukturtraining der Wirbelsäule und insbesondere der Wirbelkörper (9, 11).

Die sportlichen Therapiefaktoren zugunsten der Tertiär-Prävention

Die Tertiärprävention versucht, sekundäre weitere Symptome als mittelbare Folgen der primären Störungen zu verhüten; dazu gehören die folgenden Elemente sportlicher Aktivitäten:
- Das korrekte, ausreichend tiefe Atmen unter Arbeitsleistung sowie die Erhaltung der inspiratorischen Thoraxbeweglichkeit: Insbesondere der Rundrücken geht mit einer Einschränkung der Vitalkapazität einher (8, 17). Das korrekte, vertiefte Atmen soll in die Sportaktivitäten integriert werden.
- Die Vermeidung der Ausbreitung der Überbelastungsbeschwerden vom Rücken auf beide Extremitätengürtel und schließlich auf Arme und Beine durch frühzeitigen Miteinbezug dieser Regionen des Bewegungsapparates in das sportliche Training.

Die konkreten Realisierungsformen sportlicher Aktivitäten während der Rehabilitation und für die Prävention

Während der Rehabilitation wird man möglichst rasch im Verlaufe von Einzelgymnastik-Lektionen ein gymnastisch orientiertes Heimprogramm erarbeiten, das der Patient bei Musik regelmäßig täglich selber durchführt. Das Hüpfen auf dem großen Hüpfball und das korrekte Gehen stehen als anfängliche sportliche Aktivität im Vordergrund.

Sobald als möglich wird die Instruktion, die Begleitung und der weitere Ausbau der sportlichen Aktivitäten in einer Gruppe vorgenommen. Die Gruppe kann ab und zu auch das Bewegungsbad benutzen, um die korrekte aufrechte Haltung ohne Angst zu üben, in spezieller Form die allgemeine Bewegungsaktivität zu fördern und das Gehen gegen den Widerstand des Wassers zu trainieren. Das Bewegungsbad bleibt indessen lediglich das Mittel der Erarbeitung der aufrechten Haltung, zum Training unter Entlastung und zur Wiedergewinnung des Vertrauens in die aufrechte, mögliche Haltung. Im übrigen sollen in den Gruppentherapien die aufgezählten rehabilitativ, später präventiv wirksamen Sportelemente dominieren.

Die Arbeit in einer Gruppe aus Fortgeschritteneren, die alle am Übergang zur Betonung der Sekundär- und Tertiärprävention stehen, ist der adäquate Ort, um die neuen sekundär- und tertiärpräventiv wirksamen Elemente einzuführen, zu üben und zu kontrollieren. Sehr bald aber ist der Einzelne zur selbständigen Durchführung befähigt. Diese selbstverantwortlich durchgeführte sportliche Tätigkeit wird für viele eine Kombination aus Gymnastikelementen zu Hause und einem Walktraining bestehen. Das Walken in der Natur bei jedem Wetter ist ein unbestrittenes Basistraining, das unentwegt täglich wiederholt werden soll.

Es können auch früher gekonnt betriebene Sportarten wieder aufgenommen werden, wenn man um die Besonderheiten weiß und diese auch beachtet: Das Tanzen in der Gruppe ist etwas Ideales, wenn Stürze vermieden und die Haltung vom aufgerichteten Becken aus kontrolliert wird; das Fahrradfahren tendiert zur Betonung des Rundrückens; beim Bergwandern liegt die Schwierigkeit beim ermüdenden Bergabgehen; beim Joggen muß der weiche Laufstil gesichert sein; beim Golfspiel ist auf eine muskulär gut stabilisierte Rotation zu achten; beim Skifahren sind Erschütterungen auf harten Pisten, unvorhergesehene Ausweichbewegungen und Stürze zu vermeiden; beim Skilanglauf ist das Aufstehen nach einem zumeist harmlosen Sturz gut zu instruieren; das Schwimmen muß wirklich sportlich durchgeführt werden und das Reiten letztlich muß sportmotorisch sehr gut beherrscht werden und bleibt bis zu einem gewissen Grad immer gefährlich.

Insgesamt aber ist die Ängstlichkeit kein guter Ratgeber; falsche und ungeschützt-unphysiologische Belastungen bzw. Stürze treten viel weniger beim Sporttreiben als vielmehr zu hause auf, wenn man gar nicht daran denkt und sich in einer falschen Sicherheit wiegt.

Literatur

1. Abramson A S, Delagi E F: Influence of weight-bearing and muscle contraction on disuse osteoporosis. Arch Phys Med Rehabil 42 (1961), 147-151.
2. Beverly M C, Rider T A, Evans M I, Smith R: Local bone mineral response to brief exercise that stresses the skeleton. Brit Med J 299 (1989), 233-235.
3. Black Sandler R, Cauley I A, Hom D L, sashin D, Kriska A M: The effects of walking on the cross-sectional dimensions of the radius in postmenopausal women. Calcif Tissue Int 41 (1987), 65-69.
4. Bouxsein M L, Marcus R: Overview of erxercise and bone mass. Rheum Dis Clin North America 20 (1994), 787-802.
5. Brewer V, Meyer B M, Keele M S, Upton S J, Hagan R D: Role exercise in prevention of involutional bone loss. Med Sci Sports Exerc 15 (1983), 445-449.
6. Chow R K, Harrison J E: Relationship of kyphosis to physical fitness and bone mass on postmenopausal women. Am J Phys Med 66 (1987), 219-227.
7. Chow R K, Harrison J E, Notarius C: Effect of two randomised exercise programmes on bone mass of healthy postmenopausal women. Brit Med J 295 (1987), 1441-1444.
8. Culham E G, Jimenez H A I, King Ch E: Thoracic kyphosis, rib mobility, and lung volumes in normal women and women with osteoporosis. Spine 19 (1994), 1250-1255.
9. Dalsky G P, Stocke K S, Ehsani A A, Slatopolsky E, Lee W C, Birge St I: Weight-bearing exercise training and lumbar bone mineral content in postmenopausal women. Ann Int Med 108 (1988), 824-828.
10. Itoi E, Sinaki M: Effekt of back-strengthening exercise on posture in healthy women 49 to 65 years of age. Mayo Clin Proc 69 (1994), 1054-1059.
11. Krall E A, Dawson-Hughes B: Walking is related to bone density and rates of bone loss. Am J Med 96 (1994), 20-26.
12. Nguyen T, Sambrook Ph, Kelly P, Jones G, Lord St, Freund I, Eisman I: Prediction of osteoporotic fractures by postural instability and bone density. Brit Med J 307 (1993), 1111-1114.
13. Nilsson B E, Westlin N E: Bone density in athletes. Clin Orthop Rel Res 77 (1971), 179-182.
14. Pocock N A, Eisman I A, Yeates M G, Sambrook P N, Eberl S: Physical fitness is a major determinant of femoral neck and lumbar spine bone mineral density. J Clin Invest 78 (1986) 3, 618-621.
15. Ringe I D, Ibbeken F, Steinhagen-Thiessen E, Meier-Baumgartner H P: Osteoporoseprävention durch Gymnastik im höheren Lebensalter. Z Geriatrie 1 (1988), 86-90.
16. Rockwell I C, Sorensen A M, Baker S, Leahey D, Stock I L, Michaels I, Baran D T: Weight training decreases vertebral bone density in premenopausal women: a prospektive study. J Clin Endocrin Matab 71 (1990) 4, 988-993.
17. Schlumpf U, Senn E, Zindler-Schuler B: Effekt von körperlicher Aktivität und physikalischer Therapie auf den Knochenstoffwechsel, in Seibel M J, Kraenzin M E (Hrsg): Osteoporose; 1. Interdisziplinäres Osteoporose Symposium, Basel, Schweiz, 20. und 21.10.1995. Basel-Freiburg: Karger, 1995.
18. Senn E: Physikalische Therapie der Osteoporose. Boschüre des Kuratoriums für Knochengesundheit e.V. zur Ärztefortbildung am 05.05.1990 in Bonn. Osteoporose 1990, eine Standortbestimmung, 44-46.
19. Senn, E: Osteoporose-Rehabilitation - Erforderliche Maßnahmen. Mobiles Leben 3 (1991) 3, 39-42.
20. Senn, E: Physikalische Therapie bei Osteoporse. Hilfe zur Alltagsbewältigung. Therapiewoche 42 (1992) 17, 1054-1059.

21 Sinaki M: Exercise and osteoporosis. Arch Phys Med Rehabil 70 (1989), 220-229.
22 Smith E L, Smith P E, Ensign C I, Shea M M: Bone involution decrease in exercising middle-aged women. Calcif Tissue Int 36 (1984), 129-138.
23 Stillman R I, Lohman T G, Slaughter M H, Massey B H: Physical activity and bone mineral content in women aged 30 to 85 years. Med Sci Sports Exerc 18 (1986), 576-580.
24 Tinetti M E, Speechley M: Prevention of falls among the elderly. NEJM 320 (1989), 1055-1059.
25 Vaughan C C: Rehabilitation in postmenopausal osteoporosis. Israel J Med Sci 2 (1976), 652-657.

Der Verfasser:
Prof. Dr. E. Senn
Klinikum Großhadern
Klinik für Physikalische Medizin
Marchioninistr. 15
81377 München

Bewegung ist mehr – pädagogische Aspekte in der Prävention und Rehabilitation einer Osteoporose

J. Werle

Institut für Sport und Sportwissenschaft, Universität Heidelberg

Exercise as a Chance - Pedagogical Aspects in the Prevention and Treatment of Osteoporosis

Numerous reports indicate that physical activity, exercise and sports are positively related to bone density and may, therefore, be an important factor in the prevention and treatment of osteoporosis. It appears that certain types of exercise have a significant effect on bone density while others do not. There are some very specific trophical factors, which lead to a quantitative and qualitative improvement of bone density and bone structure. In reference to the actual ecological validity the state of the art is discussed. These outcomes lead to some pedagogical consequences for establishing exercise programs in a home setting.

Key words: osteoporosis, physical activity, exercise, pedagogical aspects

Bewegung als Intervention - eine ganzheitliche Aufgabe

Der Beitrag der Sportwissenschaft bzw. Bewegungswissenschaft versteht sich in dem Gesamtkomplex Prävention und Rehabilitation als interdisziplinärer und integrativer Ansatz (9), der aus natur- und sozialwissenschaftlicher Sicht das Phänomen der menschlichen Motorik, von Haltung und Bewegung in verschiedenen Handlungsfeldern, z.B. im Alltag und im Sport, oder ihren Stellenwert bei Behinderung und chronischer Krankheit, und in Zusammenarbeit mit anderen Disziplinen, zu erklären versucht.

In unserem Verständnis umfassen die Begriffe körperliche Aktivität und Bewegung verschiedene Aspekte und werden verstanden als

- körperliche Aktivität bei Alltagshandlungen und Hobbys (Gartenarbeit, Spaziergang),
- als Spiel und Sport in eigener Freizeitbeschäftigung oder organisierten Gruppen, als unter Umständen ärztlich verordnete Bewegungsbehandlung und/oder Bewegungstherapie wie z. B. Krankengymnastik, als Aktivierungsprogramm oder Sporttherapie.

Dargestellt werden soll v.a. dieser 3. Aspekt sowie einige Überlegungen zur Durchführung bewegungsorientierter Interventionsprogramme.

Zielsetzung unserer Arbeit ist dabei ein eher allgemeines Verständnis von Intervention als dem „Insgesamt der Bemühungen, bei psychophysischem Wohlbefinden ein hohes Lebensalter zu erreichen" (4).

Intervention umfaßt die komplette Skala von geplanten und zielgerichteten Eingriffen zur Veränderung des Erlebens und Verhaltens von Personen, d.h. funktionale, pädagogische und Erlebnisaspekte. Diese Eingrenzung ist wichtig, da ansonsten alle möglichen Formen von Einflußnahmen, die das alltägliche Verhalten beeinflussen, als Intervention bezeichnet werden (3). Mit diesen genannten Rahmenbedingungen möchten wir uns von einer „Allerweltsgymnastik bzw. Allerweltsbalneologie" deutlich abgrenzen.

Körperliche Aktivität, Bewegung, Sport und Osteoporose – Was ist gesichert?

Bewegungsmangel als Risikofaktor

Epidemiologische Studien zeigen, daß Immobilität bzw. der Bewegungsmangel, d.h. die fehlende mechanische Belastung, einer der wesentlichsten Risikofaktoren einer Osteoporose ist. Manche Studien sprechen sogar davon, daß es „der bedeutendste Risikofaktor" sei. Eine eindeutige Bewertung steht jedoch noch aus.

In einigen Veröffentlichungen wird die Bedeutung der mechanischen Belastung als Risikofaktor differenzierter betrachtet. Danach ist die mechanische Belastung v.a. in der Phase des „steady state" des Knochenstoffwechsels von außerordentlicher Bedeutung, d.h. in der Phase nach Erreichen der individuellen Spitzenknochenmasse, also im Erwachsenenalter vom 20. - 40./50. Lebensjahr.

In allen Altersgruppen gleichermaßen gilt jedoch, daß eine fehlende mechanische Belastung, z.B. bei totaler Bettruhe, sehr schnell zu einem massiven Calcium- und Knochenverlust führt, der - zumindest in der Anfangszeit - 1% bis 1,5% pro Woche betragen kann. Dies macht deutlich, daß der Knochen keineswegs nur ein bradytrophes Gewebe ist - der Knochen lebt!

Sport und Knochendichte

Beobachtungs- und Interventionsstudien zeigen, daß das Knochengewebe trainierbar ist. Es gibt ganz bestimmte trophische Faktoren, die den Knochenstoffwechsel

anregen bzw. hemmen. Sehr viele Studien beschäftigen sich mit dem Knochenstoffwechsel von gesunden und sportlich aktiven Menschen bzw. Sportlern.
Beispielsweise zeigt sich, daß Laufsportler eine höhere Knochendichte im Bereich des Oberschenkelhalses aufweisen als leistungsmäßig vergleichbare Schwimmer. Dafür haben Schwimmer eine höhere Knochendichte als Untrainierte. Es gibt aber auch intraindividuelle Unterschiede; z.B. ist der Schlagarm eines Tennisspielers deutlich kräftiger und länger als der Nichtschlagarm.
Eine aktuell veröffentlichte Heidelberger Studie an Hochleistungssportlern (8) zeigt, daß Trainingsprogramme mit hoher axialer Belastung (Gewichtheben, aber auch Boxen) bei jungen Sportlern zu signifikanten Erhöhungen der Knochendichte an Wirbelsäule und Hüfte führen können. Gleichzeitig wird bestätigt, daß Ausdauersportler (in der Studie Radrennfahrer) eine vergleichsweise niedrigere Knochendichte aufweisen.
Dies verdeutlicht, daß das Knochengewebe trainierbar ist und zwar allgemein und lokal. Eine Analyse verdeutlicht, daß bei gesunden Organismen die Intensität der Belastung sehr viel wichtiger ist als der Umfang, also die Dauer und die Häufigkeit des Trainings. In der Prävention ist ein Training mit Gewichten unter funktionellen Gesichtspunkten durchaus empfehlenswert.

Bewegungstherapie und Knochendichte

Häufig werden diese Ergebnisse, die für den gesunden Organismus gelten, auf den kranken Menschen übertragen, um daraus therapeutische Schlüsse zu ziehen. Dies ist in dieser Form jedoch nicht zulässig.
Es gibt viele Studien, die zeigen, daß sich körperliche Aktivität auch beim osteoporotischen Knochen günstig auf den Knochenstoffwechsel auswirken kann und sich in einer Stabilisierung der Knochendichte dokumentieren kann. Allerdings sind hier Interventionszeiträume von Jahren zu nennen. Allen Studien mit einer kürzeren Interventionsspanne wird eine gewisse Seriosität abgesprochen.

Belastungskriterien in der Bewegungstherapie

Im Unterschied zum gesunden Organismus ist hier weniger die Intensität als vielmehr die Häufigkeit das entscheidende Belastungskriterium. Sowohl ausdauerorientierte als auch kraftorientierte Programme können zu positiven Adaptationen führen. Allerdings zeigt sich, daß mit fortschreitendem Alter zunehmend ausdauerorientierte Inhalte im Vordergrund stehen sollten.

Optimale Kriterien eines knochenfreundlichen Trainings können jedoch nicht genannt werden.

Auch für den Knochen gilt: weniger ist oft mehr. Ein einmaliges Training pro Woche ist weniger effektiv als die „tägliche" Bewegungspause. Ein einmaliges Training kann sich im Gegenteil auch negativ auswirken, und zwar dahingehend, daß - vielleicht auch unbewußt - die Intensität zu hoch gewählt ist, um das Angebot möglichst effektiv zu gestalten, und die Belastung die Belastbarkeit übersteigt. Es gibt zumindest eine Studie, die in dieser Hinsicht negative Auswirkungen eines körperlichen Trainings dokumentiert. Dies wird dadurch erklärt, daß es durch das Training nur zu einer lokalen Umverteilung des Knochenmaterials, nicht aber zu einer allgemeinen Aktivierung des Knochenstoffwechsels kommt.

Aus dieser Sicht lassen sich folgende spezifische positiv wirksame trophische Faktoren nennen (7):
- die Gravitation bzw. axiale Belastung,
- die Belastung durch Muskelzug- und -druckbelastung,
- die zentralnervöse Stimulation (vergleichbar der muskulären Innervationen);
- die aerobe Kapazität, d.h. die Fitness.

Diese positiv trophischen Faktoren sollten v.a. in präventiv orientierten Bewegungsprogrammen berücksichtigt werden.

Sturzrate und -verhalten als Risikofaktor

Bisher wurde nur die Knochendichte als Erfolgskriterium bewegungsorientierter Interventionsprogramme berücksichtigt. Die aktuelle Diskussion zeigt, daß die Knochendichte gar nicht das primäre Ziel - zumindest der Therapie bzw. bei älteren Menschen - ist, obwohl dies eine Vielzahl von Studien als Bewertungskriterium heranziehen. Gerade beim älteren Menschen - hier sei nur das Stichwort Multimorbidität erwähnt - sind verschiedenste Problembereiche in ihrer Interaktion zu berücksichtigen.

Studien zeigen, daß mit zunehmendem Alter weniger die Knochendichte als vielmehr die Frakturrate, die Sturzrate und das Sturzverhalten ein sehr viel höheres Risiko darstellen, einen Knochenbruch zu erleiden. Etwa 30% der über 65-jährigen stürzt zumindest 1x im Jahr. Betroffen von Frakturen sind v.a. der Radius und der Oberschenkelhals mit seinen gravierenden Folgen. Stürze, d.h. Ereignisse, die dazu führen, daß Menschen unwillkürlich auf den Boden fallen, sind weniger osteoporosespezifisch als altersspezifisch zu betrachten.

Körperliche Aktivität und Sturzverhalten

Studien, die die Sturzrate und das Sturzverhalten durch körperliches Training und Bewegung günstig beeinflussen, liegen noch nicht vor bzw. können aufgrund der geringen Probandenzahlen oder des Forschungsdesigns nur den Charakter von Pilotstudien haben. Einige Untersuchungen, u.a. eine eigene, zeigen, daß durch Training eine Verbesserung der Koordinations- und Gleichgewichtsfähigkeit, der Reaktionsfähigkeit und der Aufmerksamkeit möglich ist. Insgesamt ist in diesem Bereich der Wissensstand noch sehr gering, offen bleibt vor allem die Frage, ob dadurch längerfristig das Sturzrisiko minimiert werden kann.
Ein spezielles Falltraining für Osteoporosepatienten sollte - wenn überhaupt - auf den Bereich der Primärprävention beschränkt bleiben bzw. generell abgelehnt werden, da aus bewegungswissenschaftlicher Sicht keine überdauernden Effekte zu erwarten sind.

Befindlichkeit als Variable des Krankheitsverlaufs

In der Praxis zeigt sich jedoch, daß auch von der Frakturrate nicht unbedingt auf das subjektive Beschwerdebild der Betroffenen geschlossen werden kann. Die wenigen wissenschaftlichen Studien ergeben kein einheitliches Bild. Das subjektive Beschwerdebild kann nur in begrenztem Maße durch die Wirbelsäulenverformung vorhergesagt werden. Demnach sind weitere beschwerdebestimmende Variablen zu berücksichtigen.
Von anderen chronischen Erkrankungen ist bekannt, daß v.a. Persönlichkeitsfaktoren und psychosoziale Aspekte bei der Krankheitsentstehung und dem Krankheitsverlauf eine Rolle spielen. Inzwischen gibt es eine Reihe von Modellen, die versuchen, diese komplexen Wirkungszusammenhänge von Gesundheit, Belastung und Bewältigung darzustellen und zu erklären. Hier sei insbesondere an das Salutogenese-Modell von Antonovsky erinnert. Für das Krankheitsbild der Osteoporose wurden zu dieser Thematik erste Studien durchgeführt (5, 2, 6), sie ergeben aber ein uneinheitliches Bild.
Gerade die letztgenannten Faktoren sind in der Therapie bzw. Rehabilitation primär zu beachten und stehen im Mittelpunkt von Interventionsprogrammen:
- der Sturz bzw. die Bewegungsunsicherheit,
- die Wirbelsäulenverformung,
- der Schmerz.

Bei chronischen Schmerzpatienten sind hier v.a. der Nachschmerz und der Nachtschmerz zu nennen, die nach einer Belastung auftreten, und Hinweise für eine Überlastung geben können. Auch bei chronischen Schmerzpatienten wird in der interdisziplinären Schmerzforschung inzwischen der Stellenwert von Bewegungsaktivitäten anerkannt (1).

Konsequenzen für die zukünftige Praxis

Aus den genannten Äußerungen können einige eigene Schlußfolgerungen abgeleitet werden:
- Die Bedeutung von körperlicher Aktivität, Bewegung und Sport für den Knochenstoffwechsel und die Knochendichte ist inzwischen ausreichend dokumentiert.
- Dies wird sicherlich in einiger Zeit auch für die Sturz- und Frakturrate der Fall sein.
- Eine Analyse dieser Studien zeigt jedoch, daß diese Verbesserungen unter „Laborbedingungen" erzielt wurden, die nicht ohne weiteres in die Praxis ambulanter Bewegungsangebote für Menschen mit Osteoporose umgesetzt werden können. Die zur Zeit beobachtbaren inhaltlichen und organisatorischen Rahmenbedingungen - maximal 1-2x/Woche 30 bis 45 Minuten (10) - lassen nach den zur Zeit gültigen trainingswissenschaftlichen Prinzipien keine funktionellen Adaptationen erwarten. Trotzdem sollte immer wieder der Versuch unternommen werden, die Rahmenbedingungen dafür zu schaffen.
- Die Akzeptanz von Heimprogrammen ist vergleichsweise gering.
- Trotzdem weisen erste Berichte von Betroffenen auf vielfältige positive Effekte hin, die insbesondere auf einen „erfolgreichen" Umgang mit der Krankheit Osteoporose hinweisen. Sie haben gelernt, mit der Krankheit zu leben.
- Erfahrungen in der Betreuung von Osteoporose-Gruppen lassen den Schluß zu, daß durch ambulante Bewegungsangebote bisher nur eine „Positivauswahl" von Menschen mit Osteoporose erreicht werden kann. Menschen mit einer fortgeschrittenen Osteoporose und im höheren Alter finden kaum den Weg in eine Gruppe. Für die Zukunft liegt in diesem Bereich sicherlich ein Arbeitsschwerpunkt.

Ein Interventionsprogramm muß sicherlich die funktionellen Aspekte des Krankheitsbildes berücksichtigen, im Vordergrund steht aber aus meiner Sicht die psychosomatische und psychosoziale Blickrichtung, d.h. der pädagogische und Erlebnisaspekt. Dies soll zum Abschluß an einem Beispiel verdeutlicht werden.

Praxisbeispiel Bewegungssicherheit und Sturzprophylaxe

Wissenschaftliche Studien zeigen, daß ca. 20-40% der Bevölkerungsgruppe der über 65jährigen zumindest ein Mal im Jahr stürzt. Die Bedeutung und Bedrohung, die von Stürzen ausgeht, liegt weniger in dem Frakturrisiko - in weniger als 10% der Fälle kommt es zur Fraktur. Das Hauptrisiko liegt in der daraus resultierenden, oft auch unbewußten Einschränkung der Aktivität generell. So gesehen sind Stürze möglicherweise ein „Risikofaktor", der die Effekte des Alterns verstärkt und fördert. Ein Charakteristikum älterer Menschen mit einer Osteoporose beispielsweise ist eine erhöhte Ängstlichkeit (gemessen durch das State-Trait-Anxiety-Inventory von Spielberger).

Als wesentliche Risikofaktoren von Stürzen werden genannt:
- Beeinträchtigungen der geistigen Leistungsfähigkeit, z.B. auch als Folge bzw. Nebenwirkung bestimmter Medikamente,
- neurologische Erkrankungen, z.B. das Parkinson-Syndrom,
- frühere Sturzereignisse,
- Bewegungseinschränkungen der unteren Extremitäten, z.B. eine gewisse muskuläre Schwäche, Arthritis oder Fußprobleme,
- eine verringerte Gleichgewichts- und Reaktionsfähigkeit.

Diese sogenannten „inneren" Risikofaktoren bestimmen sicherlich ganz entscheidend das Sturzrisiko. Eine erste Analyse von Sturzereignissen zeigt jedoch, daß die Umstände, die zum eigentlichen Sturz führen, weniger mit den aufgeführten Erkrankungen und Einschränkungen, sondern sehr viel mehr mit dem persönlichen Verhalten der Betroffenen unmittelbar vor dem Sturzereignis bzw. mit den äußeren Begleitumständen zusammenhängen. Der überwiegende Teil der Sturzereignisse passiert in der häuslichen Umgebung. Man spricht deshalb auch von den sogenannten „äußeren" Risikofaktoren. Mit inzwischen populären „Sicherheits-Checklisten" kann man Betroffene über die Krankenkassen bzw. Kursangebote sensibilisieren.

Für ein pädagogisch-verhaltenstherapeutisches Bewegungsprogramm ergeben sich vier Ansätze, die zu berücksichtigen sind:
1. Wahrnehmungs-Aufmerksamkeits-Zyklus
    - Beratung und Information bei sensorischen Störungen
    - Training der sensorischen Analysatoren
    - mentales Training
2. Dekonditionierung
    - Muskel- und Gelenktraining
    - Propriozeption und Koordination
    - Herz-Kreislauf-Training
3. Alltagsverhalten
    - Information und Beratung (Verhältnisprävention)
    - Ergonomie
    - Streßbewältigung und Entspannung

4. Persönlichkeit
- psychische Stabilisierung
- Angstbewältigung
- Information und Beratung (Verhaltensprävention)
- Suchtberatung.

Schlußbemerkungen

In ähnlicher Weise sollte beispielsweise auch das Thema Schmerz behandelt werden. Dieses Beispiel soll verdeutlichen, daß die Rahmenbedingungen einer erfolgversprechenden Intervention aus meiner Sicht sehr viel weiter als bisher zu fassen sind: dazu gehören:
Die Berücksichtigung aller das psychophysische Wohlbefinden beeinflussenden Variablen,
- eine interdisziplinäre Sichtweise,
- eine langfristige Konzeption,
- eine sorgfältige Ist-Analyse, um Effekte und Risiken einer Intervention beschreiben zu können,
- die ethische Verantwortung der Therapeuten,
- eine Verknüpfung von Wissenschaft und Praxis,
- die Eigenverantwortlichkeit der Betroffenen.

Eine umfassende Rehabilitation bei einer chronischen Erkrankung, wie der Osteoporose mit ihren körperlichen, aber auch psychischen und sozialen Folgen sollte immer auch pädagogisch-psychologische Maßnahmen berücksichtigen. Bewegungs- und sportpädagogische Ansätze versuchen, sich diesem Anspruch zu stellen und damit zu einer erfolgversprechende Rehabilitation beizutragen.

Literatur

1. Birbaumer N: Schmerz, in: Miltner W, Birbaumer N, Gerber W (eds): Verhaltensmedizin. Berlin: Springer, 1986.
2. Ettinger J E, Block R, Smith S R, Cummings S T, Harris H K, Genant H K: Contribution of vertebral deformities to chronic back pain and disability. J Bone Mineral Research 7 (1992), 449-455.
3. Filipp S H: Intervention in der Gerontopsychologie, in Oerter R, Montada L (eds): Entwicklungspsychologie. München: Psychologie Verlags-Union, 1987.
4. Lehr U M (ed): Interventionsgerontologie. Darmstadt: Steinkopff, 1979, 1.
5. Leidig G, Minne H W, Sauer P, Wüster C, Wüster J, Raue F, Ziegler R: A study of complaints and their relation to vertebral destruction in patients with osteoporosis. Bone and Mineral 8 (1990), 217-229.
6. Polewka M, Minne H W: Erfahrungen in der Psychotherapie mit Osteoporosepatientinnen und -patienten. Verhaltenstherapie und psychosoziale Praxis 3 (1994), 337-347.

7 Senn E: Grundlagen der Physikalischen Therapie, in Werle J (ed): Osteoporose und Bewegung. Ein integrativer Ansatz der Rehabilitation. Berlin: Springer, 1995, 77-95.
8 Sabo D, Reiter A, Flierl S, Pfeil J, Güßbacher A, Rompe G: Einfluß spezifischer Trainingsprogramme auf die Mineralisationsdichte des Knochens. Zeitschrift für Physikalische Medizin, Rehabilitationsmedizin, Kurortmedizin 5 (1995), 37-41.
9 Werle J (ed): Osteoporose und Bewegung. Ein integrativer Ansatz der Rehabilitation. Berlin: Springer, 1995.
10 Werle J, Klein I: Zur Analyse ambulanter Bewegungsangebote für Osteoporose-Patienten. Mobiles Leben 1 (1994), 23-29.

Der Verfasser:
Jochen Werle
Institut für Sport und Sportwissenschaft
Universität Heidelberg
Im Neuenheimer Feld 700
69120 Heidelberg

Leben mit Osteoporose

B. Asche, A. Kögel

Institut für klinische Osteologie „Gustav Pommer" e.V.,
Klinik der Fürstenhof

Life with Osteoporosis

By describing a case we are trying to show that osteoporosis is more than just a somatic disease.
Osteoporosis causes in addition to that psychological and social problems. It effects the self-confidence, interpersonal relations, plans for the future ect.. There is a strong relation between development in medicine and society on one side and the individual problems caused by this chronical disease on the other side.
Therefore, osteoporosis has to be seen from different points of view.
Key words: chronic disease, osteoporosis, quality of life

Zu den medizinisch/somatischen Aspekten der Osteoporose wird hier wenig gesagt. Sie werden nur als Einstieg für eine Erweiterung des Blickfeldes benutzt.
Zur Erinnerung:
Osteoporose ist eine Demineralisierung der Knochen. Die Knochen verlieren an Festigkeit und Tragfähigkeit. Sie brechen schneller.
Durch Wirbelkörperfrakturen verlieren die Menschen an Größe und es kommt häufig zur Buckelbildung. Die Betroffenen erleiden zunächst einen akuten Schmerz, der aber i.d.R. nach einigen Wochen abklingt. Je nach Anzahl und Ausmaß der WK-Frakturen nähern sich die Rippenbögen dem Beckenkamm, wölbt sich der Bauch vor und bilden sich Hautfalten. Es kommt zu Fehlstellungen der Gelenke und Fehlbeanspruchung der Muskulatur. Dies kann u.a. chronische Schmerzen verursachen bzw. verstärken.
Eine aufrechte Haltung ist immer weniger möglich. Die Patienten/innen nehmen zunehmend eine gebeugte Haltung ein. Sie können nur mit Mühe vorwärts sehen. Die soziale Kontaktaufnahme z.B. durch Blickkontakt ist häufig ein Aufblicken.
Wenn Sie einmal ausprobieren, was eine solche Haltung für Ihre Gesamtbefindlichkeit bedeutet:

- Nehmen Sie eine gebeugte Haltung ein, Schultern und Kopf nach vorne geneigt, eingeschränkte Atmung. Lassen Sie sich ein wenig Zeit, nachzuspüren, welche Gefühle sich in Ihnen mit dieser Körperhaltung verbinden.
- Und nun vergleichen Sie dies einmal mit einer aufrechten Haltung, Kopf hoch,

Brust raus, Schulter nach hinten und kräftig durchatmen können. Überprüfen Sie, wie sich das anfühlt.

Durch eine solche Übung kann deutlich werden, wie eng Körperliches und Seelisches miteinander verbunden ist. Und es ist nachvollziehbar, daß Menschen, die zu solch einer gebeugten Haltung gezwungen sind, oft eine innere demütige Haltung erleben.

Diese Beschreibungen sollen durch eine Falldarstellung ergänzt werden:

Im Rahmen des stationären Heilverfahrens kommt eine attraktive 56-jährige Patientin in die psychologische Sprechstunde. Sie klagt über heftige Schmerzen im Lendenwirbelbereich und Schlafstörungen. Die Klinik sei ihre ganze Hoffnung gewesen, aber auch hier könne ihr keiner helfen. Die Schlafstörungen machen sie ganz marode. Sie sei zu gar nichts mehr aufgelegt. Ihr Mann sei auch mit, aber das nütze ja auch nichts. Die Frau wirkte starr und unbeweglich. Zur Schmerzentlastung und Schlafförderung wurde mit der Patientin ein intensives AT durchgeführt. Unter Anleitung konnte sie sich relativ gut entspannen. Allein gelang es ihr jedoch nicht.

Eine erweiterte Exploration ergab, daß die Patientin vor 5 Monaten gestürzt war. Mit „eisernem Willen" hatte sie die Schmerzen unterdrückt, da sie mit ihrem Mann eine Hochgebirgstour machen wollte. Diese Tour sollte die Krönung langer Vorbereitungen sein. Als die Schmerzen unerträglich wurden, begab sie sich in ärztliche Behandlung. Diagnostiziert wurde Osteoporose mit Wirbelfrakturen bei erheblich verminderter Knochendichte. Von einer Hochgebirgstour konnte jetzt und in Zukunft keine Rede mehr sein. Enttäuscht, aber voller Schuldgefühle, unternahm der Ehemann die Tour alleine. Er lernte dort Leute, unter anderem eine Frau kennen, mit denen er noch andere Touren unternahm. Die Patientin bestätigte ihm, daß ihr das alles nichts ausmache, Hauptsache „er könne noch".

In der Folge entwickelten sich bei der Patientin Ängste und depressives Verhalten bis hin zu suizidalen Gedanken. Sie fühlte sich als lästiges Anhängsel und von der Gesellschaft ausgestoßen, da sie auch ihren Beruf nicht mehr voll ausüben konnte. Da der Patientin direkte Gefühle relativ unzugänglich waren, drückte sie ihre psychischen Probleme über Schmerzen aus.

Anamnestische Daten ergaben, daß die Patientin als Kind und Jugendliche Ballettschülerin war. Wegen ihres schönen Körpers und ihrer Beweglichkeit war sie sehr bewundert worden. Besonders aus dieser körperlichen Makellosigkeit und Fitneß hatte sie ihre Selbstachtung und ihr Selbstwertgefühl gewonnen. Durch Ihre körperlichen Einschränkungen fühlte Sie sich nun so wertlos, daß sie sich zeitweilig nicht einmal mehr vorstellen konnte, daß sich überhaupt noch jemand für sie interessieren könnte. Erfolge im Leben erzielte sie bisher durch Disziplin. Ihre Lebensstrategie hieß: Augen zu und durch. Mit dieser Strategie hatte sie in ihrem Leben viel erreicht. Für die Verarbeitung der Osteoporose reichte diese Strategie jedoch nicht aus. Im

Gegenteil: Sie war z.T. sogar kontraindiziert. Die Patientin mußte neue Dinge lernen. Im Verlauf der Psychotherapiestunden erlebte sie eine Reihe von heftigen Gefühlsausbrüchen, die bisher unter dem Panzer von muskulärer Spannung und eisernem Willen verborgen geblieben waren. Die Frau erlebte heftige Wut über ihren Körper, der nicht mehr funktionierte, wie sie wollte. Unter Tränen verabschiedete sie sich von ihrem „makellosen Körper", auf den sie so sehr stolz gewesen war. Außerdem konnte sie ihre Eifersucht spüren und die dahinterliegende Angst, ihr Mann könne sie wegen dieser anderen „topfiten" Frau verlassen. Durch den Ausdruck von Gefühlen erlebte sich die Patientin wieder als sehr lebendig. Ihr depressiver Ausdruck verringerte sich. Durch diese neu erlebte Lebendigkeit merkte sie, daß das Leben doch noch ganz reichhaltig sein kann, auch wenn „die Knochen nicht mehr so wollen".
In einem Paargespräch wurde deutlich, daß der Ehemann keinerlei Absichten hegte, seine Frau zu verlassen. Er wollte lediglich seinem Hobby weiter nachgehen. Die Patientin erkannte, wie wichtig es für ihre gemeinsame Beziehung ist, daß er nicht verzichtet, daß er ihr sonst möglicherweise später Vorwürfe macht. Die Patientin konnte ihre körperliche Beeinträchtigung mehr und mehr akzeptieren und gleichzeitig wieder Selbstachtung und Selbstwertgefühl gewinnen. Dies ermöglichte ihr, bereits in der Kur wieder soziale Kontakte aufzunehmen. Eine gewisse Nervosität des Ehemannes wegen der Bekanntschaft seiner Frau mit einem attraktiven Kurgast, der ebenfalls körperlich limitiert war, förderte zusätzlich die emotionale Ausgeglichenheit zwischen den beiden.
Die Schlafstörungen der Patientin verminderten sich und obwohl die Schmerzen nur langsam abnahmen, äußerte sie verbal sehr viel weniger Schmerzen. Sie verabschiedete sich mit den Worten: "Meine Schmerzen sind zwar nicht weg, aber ich bin ein bißchen wieder die Alte. Ich kann wieder lachen und mich freuen. Ich glaube, wenn ich so weitergemacht hätte, wäre ich schon zu Lebzeiten gestorben". Nach Rückmeldung der Patientin konnte sie sich trotz ihrer Krankheit zunehmend wohl fühlen. Sie schloß sich einer Selbsthilfegruppe an, erlernte wieder ein gewisses Maß an Beweglichkeit. Ihren Turnschwestern zeigte sie alte Videos und sie erntete viel Bewunderung und Beifall. Mit ihrem Mann unternahm sie nun ausgedehnte Spaziergänge und entdeckte für sich ein neues Hobby: Das Singen
An diesem Beispiel zeigt sich erneut, daß Osteoporose mehr ist als Versehrtheit der Knochen. Osteoporose bedeutet:
- Bedrohung durch Invalidität und Abhängigkeit von Fremdhilfe im Alltag,
- Bedrohung oder Verlust körperlicher, sozialer und innerer Integrität,
- Schmerzen und irreversible Veränderungen,
- Bedrohung oder Verlust des Selbstkonzeptes und Selbstwertgefühls,
- Bedrohung oder Verlust der Zukunftspläne, des emotionalen Gleichgewichts, der Autonomie,

- Bedrohung oder Verlust sozialer Kontakte, vertrauter Rollen und Aktivitäten
- und Bedrohung oder Verlust der Quellen von Lebensfreude.

Osteoporose ist eine von vielen chronischen Erkrankungen des höheren Lebensalters. Durch den medizinischen Fortschritt sind viele Krankheiten heute heilbar. Nicht zuletzt deshalb ist die durchschnittliche Lebenserwartung im Laufe des letzten Jahrhunderts um ca. 1/3 gestiegen. Gleichzeitig aber treten gehäuft Krankheiten auf, denen mit therapeutischen Mitteln nicht kurativ begegnet werden kann. Im Einklang mit dieser Entwicklung steht, daß die Zahl derer, die an akuten Krankheiten gestorben sind, erheblich gesunken ist, und die Zahl derer, die nach bzw. an chronischen Krankheiten sterben erheblich gestiegen ist.

Immer mehr Menschen werden bzw. sind alt.
Immer mehr Menschen werden bzw. sind krank.

Eine Entwicklung die den Werten, Normen und Anforderungen unserer Gesellschaft zuwiderläuft. Alter wird hier i.d.R. nicht geachtet. Alter wird gleichgesetzt mit Gebrechlichkeit, Wertlosigkeit und Kostenverursachung.
In dem Gefühl völliger Wertlosigkeit der Patientin kommt die Verinnerlichung der gesellschaftlichen Normen und Werte von „jung, fit und leistungsfähig" sein müssen zum Ausdruck. Die Frau befindet sich in dem Widerspruch, alt werden zu können, aber fit bleiben zu müssen.
Aus dieser Entwicklung ergeben sich zwei Fragen:
1. Was ist Gesundheit überhaupt, was kann Gesundheit sein?
   Die WHO definierte 1946 Gesundheit als einen Zustand vollkommenen körperlichen, geistigen und sozialen Wohlbefindens. Eine solche Definition bietet zwei Vorteile: Erstens bezieht sie den Menschen mehrdimensional ein und zweitens geht sie vom subjektiven Empfinden aus. Sie berücksichtigt, daß, wie in der Falldarstellung verdeutlicht, Krankheit mehr ist, als körperliche Versehrtheit.
Die Formulierung „vollkommenen Wohlbefindens" führt jedoch unmittelbar zur 2. Frage:
2. Gibt es Gesundheit und Krankheit in der Dichotomie von entweder gesund oder krank?
   Diesbezüglich schließen wir uns *Antonowski* (1) an: „Wir sind alle terminale Fälle. Aber solange wir einen Atemzug Leben in uns haben, sind wir alle bis zu einem gewissen Grad gesund". Zu jedem beliebigen Zeitpunkt befinden wir uns irgendwo auf dem Kontinuum Gesundheit-Krankheit. Für die Patientin galt anfangs: Alles oder Nichts. Für sie war körperliche Unversehrtheit alles. Mit der Osteoporose war alles nichts.
Durch den Anstieg chronischer Erkrankungen und der veränderten Sicht von Ge-

sundheit und Krankheit sind sowohl die Patienten/innen als auch die Medizin i.w.S. vor neue Aufgaben gestellt. Bei akuten Krankheiten stand bzw. steht die Beseitigung der somatischen Erkrankung im Vordergrund. Danach kann das Leben im Großen und Ganzen wie vorher weitergeführt werden. Bei chronischen Krankheiten ist das anders. „Krank sein" ist nicht mehr gleichbedeutend mit „behandelt und geheilt werden", sondern die Zuständigkeit ist z.T. in die Hände der Patienten/in zurückgegeben.

Die Betroffenen müssen sich selbst um ihre Gesundheit im erweiterten Sinne bemühen. Gesundheit ist nicht etwas, was man hat oder nicht hat bzw. bekommt, sondern etwas, um das man sich täglich neu bemühen muß (4). Die Betroffenen müssen Kranksein in ihr Selbstbild integrieren. Sie müssen lernen, mit Krankheit zu leben und sich gleichzeitig über gesellschaftliche Implikationen hinwegsetzten. Der Frau gelang es sich vom Entweder-Oder zu lösen. Sie verabschiedete sich von bisherigen Inhalten des Selbstkonzeptes, leistete sozusagen Trauerarbeit. Sie akzeptierte ihre Einschränkungen, lernte wieder Beweglichkeit, entwickelte neue Lebensinhalte und gewann Selbstachtung und Selbstwertgefühl. Sie verschob ihre Position auf dem Gesundheit-Krankheit-Kontinuum in Richtung Gesundheit.

Im Zeitalter der chronischen Erkrankungen verändert sich außerdem die Blickrichtung: und zwar auf gesunde, gesunderhaltende Anteile des Menschens. In diesem salutogenetischen Trend liegt die Chance, die verschiedenen individuellen Kräfte des Menschens zu nutzen und zu fördern. Dahinter verbirgt sich allerdings auch ein Zwang/eine Verpflichtung und somit möglicherweise eine Belastung (gesellschaftliche Entlastung). Damit meinen wir die Verpflichtung, z.B. nicht zu rauchen, nicht zu trinken, treu zu sein, genug zu schlafen, sich gesund zu ernähren und sich zu bewegen, sich aktiv um die Erhaltung eigener Gesundheit zu bemühen, sich nicht „hängen zu lassen", der Gesellschaft möglichst wenig zur Last zu fallen, wenig Geld zu kosten.

Parallel zu den Anforderungen an die Patienten/innen verändert sich auch das Selbstverständnis der Ärztin und des Arztes. Es läßt sich nicht mehr ausschließlich aus dem Auftrag und der Absicht des Heilens ableiten.

Das Primat medizinisch/therapeutischen Handelns wechselt von Heilung auf Hilfeleistung:

- Begrenzung der Erkrankung, Verlangsamung des Krankheitsverlaufs
- Linderung der Krankheitsfolgen i.w.S.
- Unterstützung für ein Leben mit Krankheit
- Aktualisierung gesundheitsförderlicher Kräfte
- Hilfe zur Selbsthilfe

In diesem Zusammenhang ist Lebensqualität zu einem „geflügelten Wort" geworden. Es geht dabei um die Erweiterung des Blickfeldes in Richtung Ganzheitlichkeit.

Lebensqualität in der Medizin ist zur Formel für einen mehrdimensionalen Gesundheitsbegriff geworden. D.h. auch bei klassisch körperlichen Erkrankungen werden psychische und soziale Aspekte in Betracht gezogen.
Osteoporose ist eine von den chronischen Erkrankungen, bei denen dies getan wird. Man kann es in verschiedene Richtungen tun:
1. hinsichtlich der Pathogenese der Osteoporose
2. hinsichtlich der Symptomatologie und des Krankheitsverlaufs
3. hinsichtlich der therapeutischen Möglichkeiten.
Zu 1: Pathogenese der Osteoporose
In dieser Hinsicht ist die psychosomatische Betrachtungsweise der Osteoporose absolutes Neuland. Hierzu gibt es unseres Wissens weder Untersuchungen noch Befunde. Entsprechend Th. v. Uexküll kann man sagen,
"..., daß psychosoziale Einflüsse auf Entstehung, Verlauf und Endzustände von Krankheiten ebenso wichtige und legitime Probleme für die Heilkunde aufwerfen wie die Einflüsse physikalischer, chemischer oder mikrobiologischer Faktoren" (3).
Bei verschiedenen chronischen Erkrankungen ist der psychische Einfluß bei der Krankheitsentstehung anerkannt. Was die Osteoporose betrifft, ist vorstellbar, daß Veränderungen des Hormon- und Säurehaushaltes aufgrund von Dauerbelastungen und -konflikten sich negativ auf den Knochenstoffwechsel auswirken, daß sie zu einem vermehrten Knochenabbau führen.
Über neurologische, endokrine und immunologische Verbindungen sind psychosoziale Einflüsse jeglicher Art auf die Knochengesundheit denkbar. Mit unseren gegenwärtig angewandten naturwissenschaftlichen Methoden des Messens und Zählens können wir diese Zusammenhänge jedoch nicht nachweisen.
Wenn sie sich vornehmen, z.B. die Qualität eines Kusses zu messen, werden sie merken, wie schwierig gar unmöglich das ist. Von eher berufspraktischer Relevanz ist vielleicht das Anfassen und Berühren. Die Wirkung des Berührens z.B. bei Sport und Spiel ist ebenso schwer erfaßbar. Wir meinen damit nicht die zweifelsohne wichtige Förderung der Motivation und Bewegung, sondern die psychophysischen Vorgänge, die unmittelbare Wirkung des Berührens. Gegenwärtig bleibt uns die Anerkennung solcher Vorgänge ohne Befund, jedoch mit Erfahrung am eigenen Leibe.
zu 2: Symptomatologie und Krankheitsverlauf der Osteoporose:
Ganzheitlichkeit bedeutet hier, bei den Einflußfaktoren und bei der Einschätzung der Krankheitsfolgen neben somatischen Aspekten auch psychische und soziale einzubeziehen. Mit anderen Worten, das, was den Krankheitsverlauf beeinflußt und das, was dabei heraus kommt, wird in seiner Gesamtheit berücksichtigt.
Diesbezüglich hat die Osteoporoseforschung das Neuland bereits betreten. Aufgrund der Erkenntnis, daß somatische Faktoren weder das Ausmaß subjektiven Leidens noch die Progredienz und den Verlauf der Erkrankung hinreichend vorhersa-

Lebensbedingungen	psychische Faktoren	körperl. Faktoren
Partnerschaft	Informationsstand	Wirbelsäulen-
Familie	Kohärenzgefühl	verformung (SDI)
Freunde	Kontrollattributionen	Frakturzahl
Wohnen	Selbstwertgefühl	Knochendichte
Arbeit	Selbstvertrauen	Laborbefunde
Einkommen	Angst	Körperkontur
	Verausgabungsbereitsch.	
	kritische Lebensereignisse	

Leistungsparameter
Lungenfunktion
Muskelkraft
Standsicherheit
Gleichgewicht
Belastbarkeit der WS
körperl. Aktivitäten

subjektive Einschätzung der Belastungssituation
(Lebensbedingungen und Erkrankung)

subjektive Einschätzung der Bewältigungsmöglichkeiten
(soziale Unterstützung)

Verarbeitungsverhalten
emotions-, kognitions-, verhaltensbezogen
frakturvermeidendes Verhalten
Ernährungsgewohnheiten

Ergebnis der Krankheitsverarbeitung
(Lebensqualität und Symptomatologie)
Befindlichkeit, Depressivität
krankheitsspezifische Angst
Beschwerden, Schmerzen
Limitationen im Alltag
Lebenszufriedenheit
globale Lebensqualität

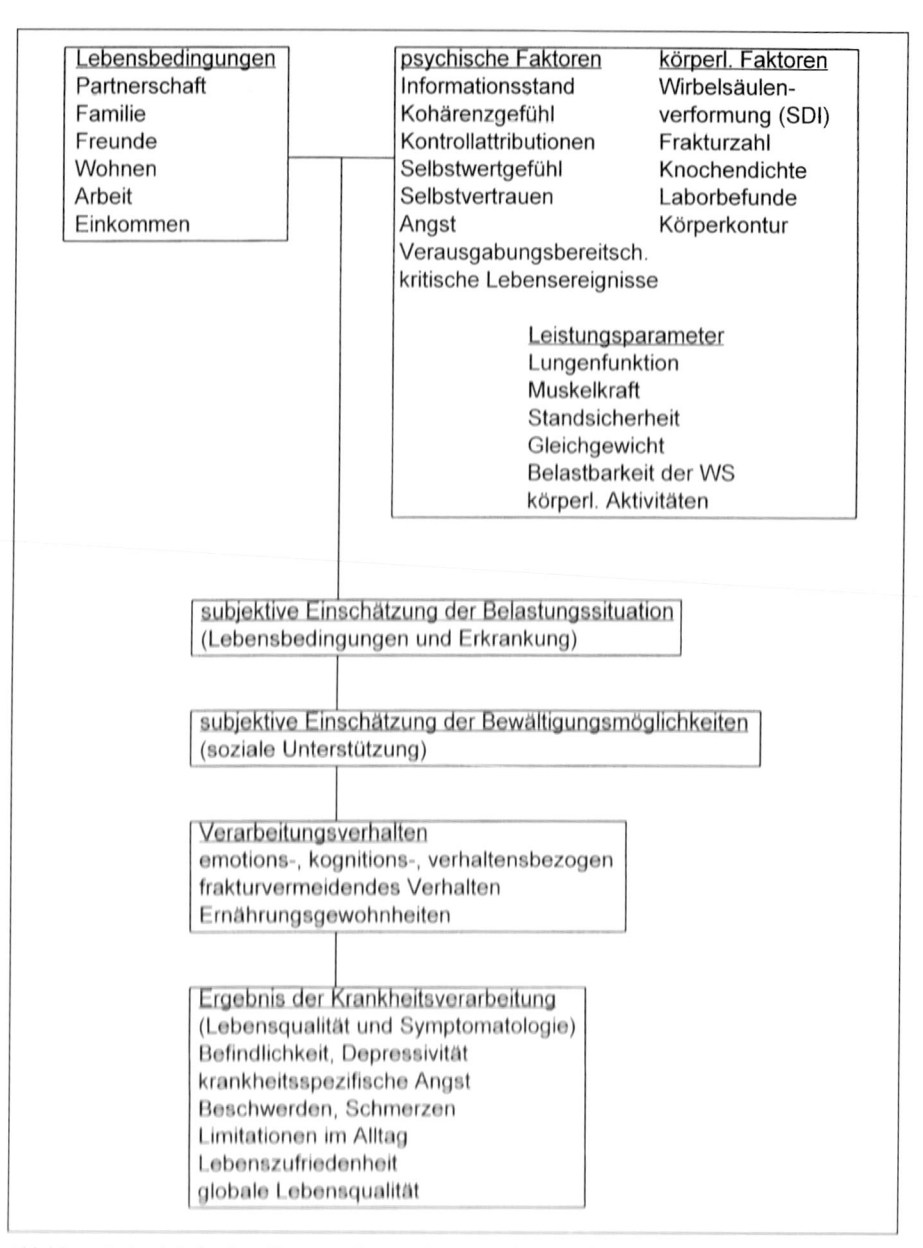

Abbildung 1. Modell der Krankheitsverarbeitung bei Menschen mit Osteoporose.

gen, haben wir in Bad Pyrmont eine Studie zur Evaluation prädiktiver Faktoren bei Frauen mit Osteoporose hinsichtlich Symptomatologie und Lebensqualität entwickelt. Es handelt sich dabei um eine Langzeitstudie an 100 Patientinnen mit postmenopausaler Osteoporose. Sie läuft über drei Jahre mit drei Meßzeitpunkten.

Dem Modell des Krankheitsverarbeitungsprozesses (Abbildung 1) können Sie entnehmen, daß Lebensbedingungen, psychische Faktoren, der somatischen Status, Leistungsparameter, die subjektive Einschätzung der Belastungssituation und der Bewältigungsmöglichkeiten sowie das Ergebnis des Krankheitsverarbeitungsprozesses erhoben werden.

Seit einem Jahr läuft diese Studie und aus den ersten 50 Patientinnendaten vom 1. Meßzeitpunkt soll hier ein vorläufiges Ergebnis, das unsere Vermutung von psychosomatischen Zusammenhängen erhärtet, genannt werden. Es knüpft an die einführende Übung zur inneren und äußeren Haltung an.

Als Kriterium für die äußere Haltung haben wir den Kyphosewinkel gewählt. Er wird mit Videorastergraphie ermittelt. Ein Verfahren, daß von Jenoptik entwickelt wurde und ermöglicht, die Wirbelsäule im Raum abzubilden. Als Kriterium für die innere Haltung wählten wir Depression. Gemessen haben wir Depression mit der Kurzform der Allgemeinen Depressionsskala von *Hautzinger u.a.* (2).

Der Pearson´s Korrelations-Koeffizient zwischen Kyphosewinkel und Depression beträgt 0.2904. Dieses Ergebnis ist auf dem 5%-Niveau signifikant. Diejenigen mit einer stärker gebeugten äußeren Haltung, d.h. einem hohen Kyphosewinkel, zeigen gleichzeitig eine depressivere, innere Haltung.

Wir gehen davon aus, daß wir im Laufe der nächsten 2 Jahre weitere interessante Ergebnisse erhalten, die uns über das Zusammenwirken von Parametern der Medizin, Leistungsdiagnostik und Psychologie sowie der Lebensbedingungen Aufschluß geben. Wir erwarten, daß die so erweiterten Kenntnisse Basis für die Entwicklung neuer ganzheitlicher Behandlungs- und Förderungskonzepte sein können.

Auch wenn sich bereits aus der Falldarstellung oder den Ausführungen, Erweiterungen für eine Behandlungsoptimierung ableiten lassen, ist für die Etablierung solcher Maßnahmen in Gesundheitsinstitutionen eine wissenschaftliche Absicherung nötig. Diese versprechen wir uns, durch die genannte Studie zu erhalten.

Literatur

1 Antonovski A: Die salutogenetische Perspektive: Zu einer neuen Sicht von Gesundheit und Krankheit. MEDUCS 2 (1989) 2, 51-57.
2 Hautzinger M, Bailer M: Allgemeine Depressions Skala. Weinheim: Beltz, 1993.
3 Uexküll Th v: Psychosomatische Medizin, 4. Auflage. München: Urban & Schwarzenberg, 1990.
4 Van der Schoot: Aktiv leben - gesund leben durch Bewegung, Spiel und Sport. Dt Krankenversicherungen AG (Hrsg). Köln: 1991.

Für die Verfasser:
Bärbel Asche
Klinik der Fürstenhof
Klinik für Stoffwechselkrankheiten des Skelettsystems,
Endokrinololgie, Orthopädie und Gynäkologie
Postfach 1660
31798 Bad Pyrmont

Erfahrungen in der Psychotherapie mit Osteoporosepatientinnen und -patienten
Überlegungen zur Psychologie des Knochens, Aspekte der Krankheitsverarbeitung und Prävention

M. Polewka

Paracelsus-Roswitha Klinik II, Bad Gandersheim

Psycho-Social Aspects of Osteoporosis

A holistic therapy concept for the treatment of osteoporosis is introduced. For diagnosis of the illness not only somatic criteria as bone density and number of fractures are relevant but also the individual symptoms and the quality of life. In the course of years it became clear, that psycho-social factors as for e.g. coping strategies, social support, and self-confidence have a decisive influence on the long-term course of the disease. Therefore, psycho-social aspects need to be increasingly integrated into the established and necessary therapeutical measures (movement, diet, medication) of prevention and rehabilitation.

Key words: holistic approach, osteoporosis, psycho-social aspects, prevention, rehabilitation

Einleitung

In Deutschland sind über 5 Millionen Frauen und ca. 1 Millionen Männer, also mehr als 6 Millionen Menschen durch Osteoporose bedroht.
Das sind :
- 1/3 aller postmenopausalen Frauen
- 50% aller Menschen über 75
- 40% aller Frauen über 80, die mindestens eine Fraktur aufweisen
- jährl. ca. 50 000 Schenkelhalsfrakturen, die ca. 800 Millionen DM verursachen, mit folgenden Aufwendungen für das Gesundheitswesen:
  – 50% der PatientenInnen benötigen Gehhilfen,
  – 20% sind ständig pflegebedürftig;
  – die Mortalität ist im Vergleich zu Kontrollpersonen um 15 - 25% gesteigert.

Osteoporose ist also sowohl von der Häufigkeit, als auch aufgrund der hohen Ko-

sten für das Gesundheitssystem äußerst relevant, vor allem, wenn man in Betracht zieht, daß
- die Erkrankung häufig zur Invalidität führt,
- unter Osteoporose vor allem ältere Menschen leiden,
- die Alterspyramide weiter ansteigt.

In den letzten Jahren gewann die Osteoporose vor allem auch aufgrund der schnellen Erhöhung der Lebenserwartung der Bevölkerung von ca. 50 Jahren „um die Jahrhundertwende", auf zur Zeit ca. 74 bzw. 78 Jahre immer mehr an Bedeutung. Durch die Erhöhung der Lebenserwartung wächst natürlich auch die Wahrscheinlichkeit, daß der jährliche Abbau an Knochenmasse zu Frakturen führt.
Folgende Ursachen der Osteoporose werden in der Fachliteratur bisher genannt:
1. ausgegangen wird von einer genetischen Prädestination
2. zum Ausbruch der Erkrankung können folgende Faktoren beitragen
   - nicht genügend Kalziumaufnahme durch die Ernährung
   - Mangel an hormonaktiven Jahren bei der Frau (beim Unterschreiten der hormonaktiven Jahre um mehr als 5 Jahre kann der Östrogenmangel zur Osteoporose führen)
   - Immobilisation-Bewegungsmangel
   - Hochleistungssport bei Sportlerinnen (Östrogenmangel)
   - erhöhter Alkoholkonsum (Leberschädigung, Vitamin D-Mangel, Kalziumaufnahme)
   - erhöhter Nikotinkonsum (führt u.a. zum Östrogendefizit)
3. als sekundäre Folgen von Primärkrankheiten wie:
   - Anorexia Nervosa, Bulimie Nervosa
   - Hypogonadismus, Mastozytose
   - Diabetes mellitus
   - Cushing-Syndrom
4. als Nebenwirkungen von Medikamenten bei Langzeiteinnahme von
   - Kortikoiden
   - Heparin
   - Antiepileptika u.a.

Psychosozialer Ansatz

Die Frage ist nun, können auch psycho-soziale Faktoren die Pathogenese und die Progredienz der Erkrankung beeinflussen?
Im Laufe unserer Arbeit mit OsteoporosepatientInnen sind mir im Rahmen der psychotherapeutischen Arbeit folgende Redewendungen immer wieder begegnet:

"Mein Rückgrat ist gebrochen" oder "daran bin ich zerbrochen", "auf mir liegen schwere Lasten", "das hat mir das Genick gebrochen", "ich habe eine schwere Bürde zu tragen", "das ging mir auf die Knochen", "mein Chef sitzt mir im Nacken", ein schwerer Schlag ins Kreuz", "ich hab' das Gefühl mein Kreuz bricht". (Abbildung 1)

Auffällig war insgesamt: Die Pathogenese und Progredienz der Erkrankung hängt vielfach mit schweren seelischen Einbrüchen zusammen, die längerfristig nicht verarbeitet werden können.

Häufige Beispiele:

- der/die Ehepartner/in ist verstorben
- soziale Isolierung
- gesellschaftlicher Absturz (Intrigen, Haß, Schadenfreude)
- körperliche Mißhandlung und seelische Unterdrückung

einhergehend mit:

- sich "nicht damit abfinden können"
- Gedankenkreisen

und Beschreibungen wie:

- daran bin ich zerbrochen
- das hat mir das Genick gebrochen
- ich habe nun mal schwere Lasten zu tragen
- das ging mir auf die Knochen
- ich habe das Gefühl mein Kreuz bricht

Abbildung 1. Erfahrungen aus der psychologischen Betreuung.

Erfahrungsberichte

Zur Verdeutlichung der Problematik möchte ich jetzt noch kurz einige Fallbeispiele schildern:
Fall 1:
Frau K. (74 Jahre) lebt mit Sohn, Schwiegertochter und zwei Enkelkindern in einem

Haus zusammen. Vor fünf Jahren gab es eine schwere Auseinandersetzung mit der Schwiegertochter. Diese aufgerissene Wunde ist bisher nicht verheilt. Beide gehen sich „aus dem Weg", sprechen nicht miteinander und es herrscht eine „eisige Atmosphäre". Nach Aussagen dieser Frau hat sie seit dieser Zeit Beschwerden im Rücken, fortschreitende Osteoporose und schließlich Wirbelbrüche. „Damals ist das Wesentliche in mir zerbrochen", sagte sie.

Fall 2:
Herr T. (58 Jahre) war im mittleren Management einer größeren Firma tätig, hat sich voll in seine Arbeit hinein gekniet und war dort sehr angesehen. Irgendwann fielen ihm schwerwiegende Dienstvergehen seines Vorgesetzten auf. Als Herr T. dies ansprach, merkte er, daß diese Vergehen von der Leitung stillschweigend geduldet wurden. Von nun an war er beispiellosen Intrigen seines Vorgesetzten ausgesetzt. Termine wurden kurzfristig umdisponiert, so daß er sich nicht vorbereiten konnte. Es wurden Akten vor ihm versteckt und er wurde in ein kleines Außenzimmer verdrängt usw.. Schließlich konnte man ihn zur Kündigung überreden. Ein schwerer Schlag für Herrn T., denn ihm war damals schon klar, daß er in seinem Alter eine adäquate Stellung nicht mehr wiederfinden würde. Zusätzlich bedeutsam war, daß ein hoher Abtrag für sein Haus noch zu zahlen war. Herr T. wurde in eine Nervenklinik überwiesen, weil er dem Druck nicht mehr gewachsen war. Seit dieser Zeit ist bei ihm eine Osteoporose bekannt und er sagt: „Dies hat mir das Genick gebrochen".

Fall 3:
Frau P. (56 Jahre) hat eine sehr dominante Mutter. Als diese gebrechlich wurde, nahm sie ihre Mutter in die Familienwohnung auf. Von nun an mischte sich diese alte Dame in alle Angelegenheiten ein und versuchte, die Familie zu beherrschen. Es kam zu einer schweren Ehekrise und Frau K. hatte von diesem Zeitpunkt an das Gefühl, „mein Kreuz bricht ein", einhergehend mit der Diagnose „Osteoporose".

In diesen und vielen anderen Beispielen zeigen sich erstaunliche Parallelen zwischen schweren Belastungssituationen, die in allen Fällen nicht bewältigt werden konnten und somit zur Daueranspannung führten und dem Beginn sowie dem Fortschreiten der Osteoporose. Ist es also möglich, daß schwere Lebenssituationen über viele Jahre hinaus schließlich und endlich buchstäblich am Knochen nagen können? Können Sorgen und Nöte, die fortwährend das psychische Fundament bedrohen und längerfristig psychisch abgewehrt werden auch das körperliche Fundament, die Knochen bzw. die Wirbelsäule oder das Kreuz brechen?

Dies sind für mich spannende Fragen über Psychosomatik des Knochenstoffwechsels. Da es noch keine adäquate Fachliteratur über diese Problematik gibt, können die praktischen Erfahrungen als Grundlage für eine umfangreiche wissenschaftliche Untersuchung dienen. Dabei sind die Voraussetzungen für eine wissenschaftliche Analyse dieser Fragen an unserer Klinik sehr gut. Es herrscht das Klima einer engen interdisziplinären Kooperation zwischen medizinischen Experten aus den relevanten Bereichen Endokrinologie, Radiologie, Orthopädie und Gynäkologie und dem psychologischen Dienst. Daneben haben wir mit jährlich ca. 1000 OsteoporosepatientInnen eine herausragend hohe Patientenzahl.

Wenn also schwere Dauerbelastungen sich auf die Knochensubstanz auswirken würden, ist die nächste Frage: Auf welchen Wegen können sich die aus den Belastungssituationen resultierenden physiologischen Streßreaktionen auf den Knochenstoffwechsel auswirken?

Psychosomatische Interaktionen

Um den Zusammenhang zwischen dem Stoffwechsel und der Psyche zu verdeutlichen, lassen wir uns vorerst den Transport des Kalziums von der Nahrungsaufnahme bis zum natürlichen Ausscheiden gedanklich vor Augen führen. Hormone, und zwar das Parathormon, das Vitamin D-Hormon und das Kalzitonin, steuern die Kalziumzufuhr im Organismus (Nahrung, Darm, Blutbahn, Knochen, Niere). Es ist bekannt, daß wir zur Not längere Zeit auf die Kalziumaufnahme verzichten können, ohne daß der Kalziumgehalt im Blut nennenswert sinkt, weil die Hormone für einen konstanten Blutspiegel sorgen (3). Aber bei einem dauerhaften, chronischen Angriff auf den Stoffwechsel wird dies irgendwann seine Spuren hinterlassen.

Physiologische Streßreaktionen verlaufen verkürzt ausgedrückt nach den derzeitig relevanten Streßmodellen in etwa so: Wir nehmen die Belastungen über unsere Wahrnehmungskanäle auf, bewerten die Situation, eventuell als bedrohlich oder beängstigend, überprüfen dann ob wir entsprechende Ressourcen haben, um die Situation zu meistern und kommen dann evtl. zu der Bewertung „Ich kann dem nichts geeignetes entgegensetzen". Diese Prozesse der Informationsaufnahme und -verarbeitung geschehen im Großhirn. Im Zwischenhirn erfolgt eine entsprechende Gefühlsreaktion z.B. Angst, Verzweiflung, Wut. Wesentlich ist dann die Weiterleitung zum Hypothalamus, denn das dort produzierte Hormon veranlaßt über ein eigenes Blutgefäßnetz die Hirnanhangsdrüse zur Ausschüttung von ACT-Hormonen. Das ACT-Hormon regt die Nebennierenrinde auf dem Blutweg zur Abgabe des Hormons Kortison an. Daneben wird eine Aktivierung des Sympathikus bewirkt. Dies bedeutet ein vermehrtes Ausschütten von Adrenalin und Noradrenalin.

Insgesamt wird also ein hoher Grad an Aktivierung und Wachsamkeit produziert, insbesondere
- eine Erhöhung der Glukose- und Fettkonzentration im Blut
- Funktionsminderung im Magen-Darm-Kanal
- Minderung der Infektabwehr (Immunschwäche)

- Steigerung der Herzfrequenz
- Steigerung des Blutdrucks.

Aufgrund der Erfahrungen wurden Hypothesen entwickelt, die in einer umfangreichen, interdisziplinären Studie (Längsschnittuntersuchung über 3 Jahre mit drei Meßzeitpunkten) überprüft werden:

Beteiligt sind an dieser Untersuchung Spezialisten der Fachrichtungen Endokrinologie, Radiologie, Orthopädie, Physiologie, Psychologie.

1. Der langfristige Krankheitsverlauf hinsichtlich Symptomatologie, Lebensqualität und somatischer Manifestation von WS-Osteoporose wird wesentlich von psycho-sozialen Faktoren mitbestimmt, wie

   - Schicksalsattribuierungen
   - religiöse Eingebundenheit
   - wahrgenommene Belastung durch die Erkrankung
   - Krankheitskompetenz
   - soziale Unterstützung
   - Selbstwertgefühl/Selbstvertrauen
   - Kohärenzsinn

2. Schwere Dauerbelastungen und fundamentale Lebenskrisen können sich bei maladaptiven Copingstrategien längerfristig auch auf die somatische Manifestation auswirken und finden u. a. Niederschlag in der Knochendichte und den Laborwerten.

(aus Leitbuch der Ergonomie, Schmidtke, 1981 S. 159)

Abbildung 2. Überführung der Erfahrungen in Forschungshypothesen.

Mit diesen Reaktionen versucht der Organismus sich an hohe Belastungen anzupassen. Sinn und Zweck ist eigentlich, sich auf schwere Muskelarbeit vorzubereiten. Haben wir aber anstatt der Muskelarbeit hohe psychische Anforderungen, kann dieses hohe Aktivierungsniveau - vor allem bei psychischem Dauerstreß - zu erheblichen gesundheitlichen Schädigungen führen. Die hohe körperliche Anspannung wird nicht abgearbeitet und die Streßreaktionen fressen sich sozusagen in den Organismus (5).

Solche Streßreaktionen können, wenn sie dauerhaft erfolgen, auch den gewöhnlichen Stoffwechsel nachhaltig beeinträchtigen. Man kann also durchaus mutmaßen, daß der gewöhnliche Transport des Kalziums in den Knochen in Mitleidenschaft gezogen wird. Dabei spielt wahrscheinlich die vermehrte Ausschüttung des Hormons „Kortison" eine wichtige Rolle. Kortison ist aber als sogenannter „Kalziumkiller" bekannt und kann langfristig auch die Knochenstruktur angreifen und zerstören.

Forschungsstand

Für die Mehrzahl der klinischen Therapiestudien gilt die Beeinflussung von Knochenmasse und Frakturraten als Zielkriterium. Dabei stellte sich aber heraus, daß z.B. zwischen der Anzahl der Wirbelfrakturen und dem Ausmaß der Beschwerden keine signifikanten Korrelationen bestehen, - allerdings dann, wenn anstelle der Frakturzahl Parameter der frakturbedingten Wirbelkörperdeformierung vorhergesagt werden (6).
Parameter der Leistungsfähigkeit, wie z.B. Lungenfunktion, haben einen relativ geringen, dafür Parameter der Körperhaltung (Hinterkopf-Wand-Abstand, Rippenbogen-Beckenabstand) einen relativ hohen Zusammenhang. Aber insgesamt erklären die bisher bekannten Verfahren völlig unzureichend das Beschwerdebild der OsteoporosepatientInnen (8). Daraus schließen wir, daß beim Krankheitsverlauf der Osteoporose auch andere, nämlich psycho-soziale Faktoren eine wesentliche Rolle spielen.
Zur Beurteilung der Krankheit sollten daher nicht mehr allein die üblichen rein somatischen Kriterien wie Knochendichte und Frakturraten in Betracht gezogen werden, sondern das individuelle Beschwerdebild und die Lebensqualität.
In einer Vielzahl von Untersuchungen wurde die Bedeutsamkeit psychosozialer Aspekte beim Verlauf chronischer Erkrankungen nachgewiesen, noch nicht im Bereich Osteoporose, so daß auf unsere klinischen Beobachtungen, theoretischen Überlegungen und Forschungsergebnissen aus ähnlichen Krankheitsbildern zurückgegriffen wurde. Nennenswert wäre vor allem die Miltner Studie (7), in der ein deutlicher Zusammenhang zwischen hohem Alltagsstreß und starker Karies sowie dem Immunsystem nachgewiesen wurde. Neben den relevanten sozialen Faktoren (Familie, Partnerschaft, Beruf usw.) und den Aspekten der Person (Einstellungen, Gesundheitszustand etc.) sind vor allem die Prozesse der Belastungsverarbeitung (Coping) relevant. Die Copingforschung wurde vor allem beeinflußt von dem transaktionalen Modell der Person-Umwelt-Beziehung (5). Im Einklang mit neueren kognitiven Verhaltenstheorien geht man davon aus, daß die Krankheitsverarbeitung nicht nur durch objektive Merkmale, sondern vor allem durch subjektive Bewertungsprozesse beeinflußt wird.
Das heißt, daß die Ausprägung der Osteoporose keinen eindeutigen Schluß auf die psychischen und körperlichen Reaktionen der Betroffenen erlauben.

```
┌─────────────────────────────────────────────────────────────────────────┐
│  1. Verhaltensebene                                                     │
│                                                                         │
│      → unregelmäßige Ernährungsaufnahme → Calcium-Mangel                │
│                                                                         │
│                                          → Calciumarme Ernährung         │
│                                                                         │
│      → Rauchen → vorzeitige Menopause    → Hormonmangel                  │
│                                                                         │
│      → Alkoholkonsum → Leberschäden      → Vitamin D Mangel              │
│                                                                         │
│      → Hochleistungssport → Dysmenorrhoe → Hormonmangel                  │
└─────────────────────────────────────────────────────────────────────────┘

┌─────────────────────────────────────────────────────────────────────────┐
│  2. Psychoneuroendokrinologische Ebene                                  │
│                                                                         │
│      →    über psychosomatische Erkrankungen                            │
│                                                                         │
│              wie z.B. Magen/Darmerkrankungen → gestörte Calciumresorption│
│                                                                         │
│  als Arbeitshypotese                                                    │
│                                                                         │
│      →    dauerhaft vermehrte Ausschüttung                              │
│                                                                         │
│              von Katecholaminen und Cortisol → Calciummangel            │
└─────────────────────────────────────────────────────────────────────────┘
```

Abbildung 3. Auswirkungen von Streßreaktionen auf den Knochenstoffwechsel.

Aus dieser neuen Betrachtungsweise des Krankheitsverlaufes ergeben sich neue Forschungshypothesen, die wir in einer Längsschnittuntersuchung über drei Jahre im interdisziplinären Forschungsteam überprüfen.

Relevanz für die psychosoziale Praxis

Wir gehen also davon aus, daß psychosoziale Faktoren den Verlauf der Erkrankung entscheidend mitbestimmen. Dies verdient wissenschaftliche Untermauerung und dürfte erhebliche Auswirkungen auf die Behandlung der OsteoporosepatientInnen haben.
Vielfältige psychologische Maßnahmen zur Prävention und Rehabilitation können dazu beitragen, daß Osteoporoseentstehung verzögert wird bzw. Krankheitsprogre-

Osteoporose

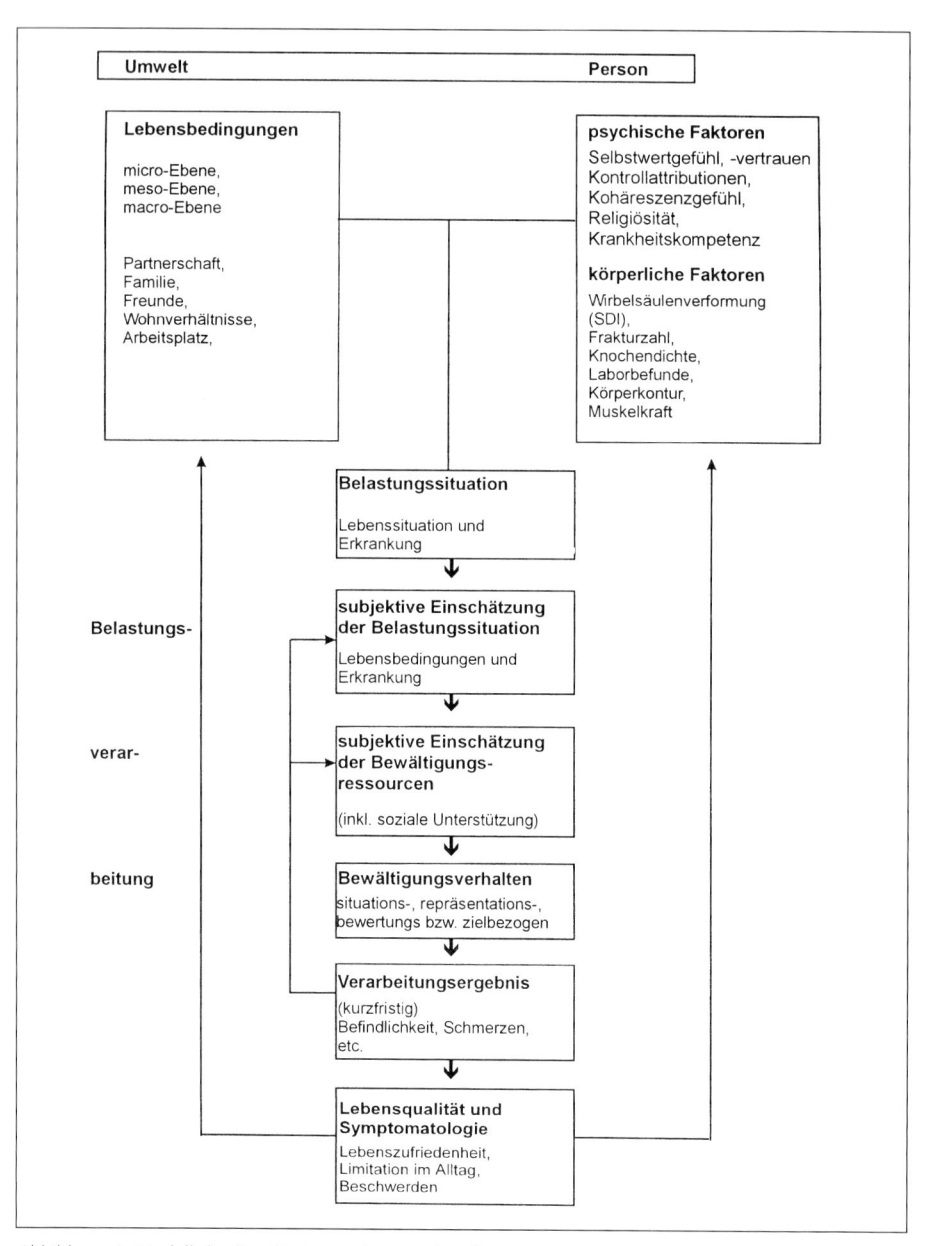

Umwelt | **Person**

Lebensbedingungen
- micro-Ebene,
- meso-Ebene,
- macro-Ebene

Partnerschaft,
Familie,
Freunde,
Wohnverhältnisse,
Arbeitsplatz,

psychische Faktoren
Selbstwertgefühl, -vertrauen
Kontrollattributionen,
Kohäreszenzgefühl,
Religiösität,
Krankheitskompetenz

körperliche Faktoren
Wirbelsäulenverformung (SDI),
Frakturzahl,
Knochendichte,
Laborbefunde,
Körperkontur,
Muskelkraft

Belastungs- → **Belastungssituation**
Lebenssituation und Erkrankung

verar- → **subjektive Einschätzung der Belastungssituation**
Lebensbedingungen und Erkrankung

→ **subjektive Einschätzung der Bewältigungsressourcen**
(inkl. soziale Unterstützung)

beitung → **Bewältigungsverhalten**
situations-, repräsentations-, bewertungs bzw. zielbezogen

Verarbeitungsergebnis
(kurzfristig)
Befindlichkeit, Schmerzen, etc.

Lebensqualität und Symptomatologie
Lebenszufriedenheit,
Limitation im Alltag,
Beschwerden

Abbildung 4. Modell der Krankheitsverarbeitung bei OsteoporosepatientInnen.

dienz aufgehalten und eine Erhöhung der Lebensqualität auf allen Ebenen erzielt wird. Neben der kognitiven Umstrukturierung in Bezug zur Unterstützung beim Aufbau neuer Lebensziele und Erschließung neuer Quellen der Lebensqualität, sind die Arbeit am Selbstbild und der Aufbau von gesundheitsförderlicher Einstellung und Verhalten wesentliche Bestandteile. Bei schweren Krankheitsdepressionen und multiplen Ängsten ist eine längerfristige psychotherapeutische Begleitung hilfreich und auch bewährte Streß-, Schmerz-, Entspannungsmanuale können einen positiven Beitrag in diesem Prozeß leisten.

Schwerpunkt sollte aber auch die Hilfe zur Selbsthilfe, also die Hinführung der PatientInnen zu den Selbsthilfegruppen, Supervision und die Ausbildung von MediatorInnen (OsteoporoseübungsleiterInnen) sein.

Längerfristig können dann diese interdisziplinär gewonnenen Erfahrungen über den Klinikbereich hinaus zum Aufbau interdisziplinärer Ambulanzen vor Ort führen, dessen finanzieller Aufwand aufgrund des erheblichen Bedarfs und der zu erwartenden finanziellen Entlastung des Gesundheitssystems lohnenswert erscheint.

Literatur

1 Aaronson N K: Quality of life assessment in clinical trials: Methodologic issues. Controlled Clinical Trials 10 (1989), 195-208.
2 Abbey A et al: Modeling the psychological determinants of life quality. Soc Indicators Research 16 (1985), 1-34.
3 Lauritzen C, Minne H W: Osteoporose - Wenn Knochen schwinden. Stuttgart: Thieme, 1990.
4 Lauth G W, Polewka M, Strohmeier E: Bewältigungsstrukturen bei HIV-infizierten männlichen Erwachsenen. 37. Kongreß Deutsche Gesellschaft für Psychologie, 23-27 Sept 1990.
5 Lazarus R S, Folkman S: Streß, appraisal and coping. New York: Springer, 1984.
6 Leidig G et al: A study of complaints and their relation to vertrebaral destruction in pations with osteoporosis. Bone and Mineral 8 (1990), 217-229.
7 Miltner W: Psychoimmunologie, in Miltner et al: Verhaltensmedizin Berlin: Springer, 1986, p 99-110.
8 Schlaich C et al: Comparison of clinical signs and symptoms in patients with osteoporosis and chronic low back pain. 22. European Symposium on Cacified Tissues, April 25-29 1993, (Abstract).
9 Schmidtke H: Lehrbuch der Ergonomie. München: Hanser, 1981.

Der Verfasser:
Diplom Psychologe Manfred Polewka
Paracelsus-Roswitha Klinik II
„Psychosomatik"
Hildesheimerstr. 6
37581 Bad Gandersheim

Individualisierte Sporttherapie bei Osteoporosepatientinnen – eine Evaluierung eines 12-monatigen Trainingsprogrammes

W. Kemmler, H. Riedel

Bayreuth, Bad Liebenstein

Individualised Exercise Training Therapy of Osteoporotic Females - an Evaluation of a 12-Month Exercise Training Program

Physical activity is often recommended as a method to prevent or treat osteoporosis. Nevertheless, it is difficult to interpret the research findings upon which the recommendation is made because of problems measuring the physical activity.
In this study the bone mineral density (lumbar spine, femur neck, total body) and the isometric strength (back extensor, abdominal muscles, bending muscles of the hip) were determined in 108 mainly postmenopausal women.
Physical activity varied from sedentary to high activity level; the minimum training volume that is necessary for an increase in bone mineral density and in muscle strength seems to be 120 min per week of moderate, weight bearing exercise. Activities that make the patients use large muscle groups in a continuous manner and that are easily to be controlled concerning it`s intensity are ideal for beginners and elderly people when combined with static stretches, balances and other flexibility exercise programmes.
More research is needed to understand the precise mechanism by which exercise affects bone, and the optimum type and intensity of physical activity for preventing and treating osteoporosis.
Key words: exercise training program, osteoporosis, recommendations, prevention, therapy

Einleitung

Osteoporose ist eine Skeletterkrankung, die sich durch eine reduzierte Knochenmasse, eine veränderte knöcherne Mikroarchitektur und eine erhöhte Knochenfragilität auszeichnet. Insbesondere bei Frauen nach der Menopause sind die osteoporotisch bedingten Frakturen zu einem erheblichen individuellen, aber auch zu einem beträchtlichen sozialökonomischen Problem geworden.

Durch eine Östrogen-/Gestagen-Substitution kann ein überphysiologischer Knochenmasseverlust verhindert werden (4), aber die Akzeptanz der Einnahme ist bedingt durch Nebeneffekte, wie Kopfschmerz, Gewichtszunahme, vaginale Blutungen und erhöhtes Karzinomrisiko, stark eingeschränkt (8).

Eine Reihe von Studien weisen darauf hin, daß ein regelmäßiges körperliches Training positive Effekte am Knochen haben kann (5) und daß damit nicht nur eine wirksame Prävention, sondern auch eine Therapie möglich sein könnte.

Dabei geht es nicht nur darum, die körperliche Belastung individuell und überschwellig zu dosieren, die Regeln der Trainingslehre zu beachten, sondern auch darum, die Effekte, möglichst im Vergleich zu einer Kontrollgruppe, zu evaluieren. Vorrangige Zielgrößen sind dabei, Veränderungen des Mineralgehaltes an ausgewählten Körperregionen und Krafteigenschaften der Muskulatur zu erfassen, daneben aber auch eine Reduzierung der Sturzhäufigkeit, eine bessere Befindlichkeit und eine Reduzierung der Schmerzsymptomatik zu erreichen.

Viele der vorliegenden Studien beschäftigen sich mit den Wirkungen eines einseitig betonten Kraft- oder Ausdauertrainings auf einzelne ausgewählte Parameter. Wir haben daher versucht, einer Gruppe vorwiegend postmenopausaler Frauen mit und ohne Osteoporose ein ganzheitlich orientiertes Übungsprogramm aus gemischten Ausdauer-, Kraft - und Koordinationsanteilen über eine längere Zeit (12 Monate) in Form angeleiteter Übungsstunden und in kontrollierten häuslichen Übungen anzubieten.

Material und Methoden

Einbezogene Patientinnen

Von über 250 Frauen, die sich auf unsere öffentliche Ausschreibung in Zusammenarbeit mit einer überregionalen Krankenkasse meldeten, erklärten sich nach ausführlichen Eingangsuntersuchungen, Aufklärung, Erfüllen der Ein- und Ausschlußkriterien insgesamt 108 Patientinnen mit einem mittleren Alter von 56,1 Jahren bereit, an der über 12 Monate laufenden Studie teilzunehmen.

Ausschlußkriterien:

frische osteoporotische Frakturen, osteologische/hormonelle Therapieumstellungen innerhalb der letzten 2 Jahre, ungenügende körperliche Belastbarkeit (ergometrische Belastbarkeit <75 Watt, inadäquater Blutdruckanstieg, ungenügende Erholung, klinische Abbruchkriterien), akute Erkrankungen.

Einschlußkriterien:

Alle Frauen wurden von ihren behandelnden Ärzten wegen „Osteoporose" behandelt (nicht selten mit einer ineffektiven oder auch 0-Therapie) bzw. glaubten, ein erhöhtes Risiko für die Erkrankung zu haben.

Gemäß WHO-Definition und den klinischen Befunden wurden folgende Gruppen gebildet:

Gruppe mit Osteoporose (=35%): Mineralgehalt an mindestens 1 Meßort mit T-score = <2,5 und entsprechendem klinischen Befund

Gruppe mit Osteopenie (=40%): Mineralgehalt an mindestens 1 Meßort mit T-score = <1,5 und klinischem Befund

Gruppe mit degenerativen Erkrankungen (=25%): normaler oder grenzwertig niedriger Mineralgehalt.

Insgesamt erklärten sich 88 Patientinnen bereit, regelmäßig und über einen längeren Zeitraum nach einem detaillierten Trainingsplan und einer entsprechenden Übungsauswahl an der medizinischen Trainingstherapie teilzunehmen; 27 Frauen ohne Trainingsabsicht bildeten die Kontrollgruppe. Bei einer sehr niedrigen drop out Rate (<6%) konnten nach 12 Monaten die Ergebnisse von 83 Personen mit und 25 Personen ohne medizinische Trainingstherapie ausgewertet werden.

Kriterien der Gruppeneinteilung für die medizinische Trainingstherapie:

Nach einem definierten Summenscore zur Beurteilung der individuellen Belastbarkeit wurden die Patientinnen insgesamt 9 leistungshomogenen Gruppen zu jeweils 8-11 Personen zugeordnet. Im wesentlichen gingen folgende Variablen in den Score und damit in die Gruppenbildung ein:

Belastungsergometrie, isokinetische Messung, Janda-Test, klinische Beschwerden bzw. Befunde, Koordinationstests, Fitnesszustand, Bewegungsanamnese.

In allen Gruppen wurden inhaltlich vergleichbare Trainingsvorgaben realisiert; die Intensität und die Wiederholungszahl wurde nach der Belastbarkeit individualisiert.

Methodik der Trainingstherapie:
- Trainingsdauer: 9 Monate (128 Trainingseinheiten)
- Häufigkeit/Umfang: 4 Wochen einführendes Training: 2x90 min pro Woche, danach 2x90 min pro Woche gemeinsames Training + 2x/Woche „häusliche Programm" ca. 40 min
- Trainingsinhalte: Ausdauertraining: aerobe Geh- bzw. Laufbelastung nach sogenanntem Darmstädter Modell, Dauer: 20-25 min, 70-80% der maximalen Herzfrequenz
- Krafttraining: statisches Krafttraining mit 3-4 Wiederholungen pro Übung und 8-

10 sec maximaler isometrischer Anspannung, 12-15 Übungsstationen im Kreisbetrieb vorwärts isometrische Übungen mit Ganzkörperbelastung bei Betonung der Rumpf- und Oberschenkelmuskulatur, Dauer ca. 30 min dynamisches Krafttraining (mit Hilfe sogenannter Thera-Bänder): 3 Sätze mit 20-25 Wiederholungen pro Übung, Pausen 60-90 sec speziell für Schultergürtel und Rumpfmuskulatur, Dauer: ca. 10 min

- Beweglichkeit: Training verkürzter Muskelgruppen nach der Dauertrainingsmethode, jeweils während und nach den Krafttrainingsprogrammen
- Koordination: Training der Gleichgewichts-, Orientierungs und Reaktionsfähigkeit mit Einzel- und Partnerübungen, Spiele, Hindernisparcour, Dauer ca. 15 min
- Entspannungstherapie: autogenes Training, ca. 10 min
- Heimübungsprogramm: Programm ausgewählter statischer und dynamischer Krafttrainingsübungen, Dauerdehnung, Dauer ca. 40 min

Gruppeneinteilung nach der Trainingshäufigkeit:

Die Probandinnen wurden nach der Trainingshäufigkeit/Woche, die auch von der individuellen Belastbarkeit und dem verfügbaren Zeitrahmen bestimmt wurde, in drei Gruppen eingeteilt und ausgewertet.

Gruppe T (n=63):   3-4 x -iges Training/Woche
Gruppe F (n=20):   1-2 x -iges Training/Woche
Gruppe K (n=25): Kontrollgruppe ohne Training

Hinsichtlich Lebensalter, BMI, gynäkologischem Alter, Ernährungsgewohnheiten, Medikamenteneinnahme, Bewegungsanamnese und aktuellem Fitnesszustand unterschieden sich die Gruppen nichtsignifikant voneinander. Im Untersuchungszeitraum blieben Ernährungsverhalten, Medikation und Freizeitaktivitäten, abgesehen von geringfügigen, nichtsignifikanten Abweichungen konstant.

Eingesetzte Untersuchungsmethoden

Osteodensitometrie: DPX-Gerät Fa. Lunar zur Messung des Mineralgehaltes (BMD) vor und nach 12 Monaten an folgenden Meßorten: 2.-4. LWK a.p., Schenkelhals, Gesamtkörper; Parameter: BMD in g/cm^2 ; Fläche, Gesamt-Calcium, lean body mass, Verteilung

Muskelkraftmessung: Isokinetik, Fa. Kintrex: Messung der isometrischen Muskelkraft der Hüftbeuge-, geraden Bauch- und Rückenmuskulatur

Ausdauerleistung: Stufentest, Stufendauer 2 min, Steigerung 1 km/h, Anfangstempo 7 km/h; Abbruchkriterien: individuelle Belastungsherzfrequenz (210 - Lebensalter), direkte Aufzeichnung mit Polar Sporttester Profi

Muskelfunktionstest: modifizierter Janda-Test: Dehnfähigkeit von M. iliopsoas, M. pectoralis und ischiocruraler Muskulatur
Beweglichkeit: FBA (Finger-Boden-Abstand)
Reaktionsfähigkeit: Fallstabtest
Gleichgewichtsfähigkeit: Gehtest nach Dannbeck (1993)
Befindlichkeit, Lebensqualität: Fragebogen nach Fahrenberg (1986) zur Lebenszufriedenheit, Skala Gesundheit mit 7-stufiger Ratingskala
Schmerzerlebnisse: Schmerzfragebogen

Ergebnisse

Mineralgehalt (BMD)

Der Mineralgehalt verbesserte sich in der Gruppe T mit der größten Trainingshäufigkeit hochsignifikant um +2,9% (1,117±1,142 g/cm^2) am 2.-4. LWK bzw. um +1,1% (0,735 ± 0,741 g/cm^2) am Ward`schen Dreieck; die Gruppe F mit der geringeren Häufigkeit zeigte deutlich geringere, nichtsignifikante Anstiege des BMD um +1,0% (2.-4. LWK) bzw. +0,9% (Ward), während in der Kontrollgruppe ohne Training die erwarteten altersphysiologischen Abfälle um -0,5% (LWK) bzw. -1,1% (Ward) auftraten.

Isometrische Muskelkraft

Auch hier wurden in der Gruppe T hochsignifikante Erhöhungen der isometrischen Maximalkraft von +22,2% (bei Hüftbeugern), +26,2% (bei gerader Bauchmuskulatur) und +25,2% (Rückenstrecker) objektiviert. Während in der Gruppe F noch signifikante Anstiege um +23,0% (Hüftbeuger), +16,1% (Bauchmuskulatur) und +8,3% (Rückenstrecker) beobachtet wurden, zeigten sich in der Kontrollgruppe die altersgangbedingten Kraftverluste.

Konditionelle und koordinative Fähigkeiten, Schmerzempfinden

Bedingt durch das Training mit gemischten Anteilen verschiedener konditioneller Fähigkeiten wurden in dem Leistungstest fast ausschließlich deutliche Verbesserungen gemessen, ohne daß hier die Trainingshäufigkeit einen nachweisbaren Einfluß zu haben scheint (Tabelle 1).

Meßgröße	Gruppe T	Gruppe F	Gruppe K	Signifikanz
Mineralgehalt (%)	+ 2,9 % (**)	+ 1,0 % (n.s.)	- 0,5 %	T / K
Kraft Hüftbeuger	+ 22,2 % (**)	+ 23,0 % (**)	- 7,3 %	T + F / K
Kraft Bauchmuskul.	+ 26,2 % (**)	+ 16,1 % (**)	- 0,6 %	T / K
Kraft Rückenmuskul.	+ 25,2 % (**)	+ 8,3 % (*)	+ 2,5 %	T / K
Dehnfähigkeit	+ 10,1 % (**)	+ 3,8 % (n.s.)	+ 2,8 %	T / K
FBA	+ 40,5 % (**)	+ 25,0 % (*)	- 3,7 %	T / K
Ausdauerfähigkeit	+ 25,5 % (**)	+ 18,9 % (**)	+ 1,5 %	T / K
Gleichgewicht	+ 49,0 % (**)	+ 47,0 % (*)	-------------	
Reaktionsfähigkeit	+ 18,6 % (**)	+ 7,8 % (n.s.)	-------------	
Schmerzindex	3,5 / 2,8 (**)	3,4 / 3,0 (n.s.)	3,9 / 2,5	T / K
Befindlichkeit	3,1 / 2,7 (**)	3,1 / 2,8 (n.s.)	3,3 / 3,1	T / K

Tabelle 1. Veränderungen (in % des AGW/ nach 12 Monaten) wichtiger physiologischer Parameter bei Patientinnen mit hohem Umfang (Gruppe T), niedrigem Umfang (Gruppe F) bzw. einer Kontrollgruppe ohne Training (Gruppe K).

Diskussion

Ein mit gemischten Anteilen von Kraftausdauer, Ausdauer, Koordination und Geschicklichkeit durchgeführtes Bewegungsprogramm führte bei überwiegend postmenopausalen Frauen (mittleres Alter: 56,1 Jahre) zu deutlichen Anstiegen des Mineralgehaltes am 2.-4. LWK, am Schenkelhals (Hals, Ward, Trochanter) und auch des Gesamt-Körpers einschließlich des Gesamtcalciumgehaltes. Dabei zeigten nur die Frauen, die über mindestens 9 Monate ein regelmäßiges Training mit einer Häufigkeit von 3-4x/Woche durchführten, einen signifikanten Zuwachs an den genannten Regionen, während bei einem geringerem Umfang nur geringe, nichtsignifikante Anstiege gemessen wurden.

Da im Untersuchungszeitraum andere den Knochenaufbau beeinflussende Faktoren (Ernährung, Medikamente, Begleiterkrankungen, Körpergewicht) sich praktisch nicht veränderten, sind die Veränderungen vorrangig auf die durch den Belastungsreiz induzierten Adaptationen zurückzuführen. Damit sind die trainingsinduzierten positiven Anstiege des Mineralgehalts vergleichbar mit den Ergebnissen anderer Studien (2, 3, 1) und zeigen die Möglichkeit der Bewegungstherapie im Sinne einer additiven Therapie bei Patientinnen mit einer Osteopenie oder Osteoporose auf. Bei allen Patientinnen konnten als Adaptation an das gemischte Training deutliche Anstiege der mittels isokinetischem Meßplatz objektivierten isometrischen Maximalkraft wichtiger, vorrangig trainierter Muskelgruppen (Hüftbeuger, Bauch- und Rückenmuskulatur) nachgewiesen werden. Obwohl auch hier die Anstiege in der Gruppe mit der größeren Trainingshäufigkeit hochsignifikant und mit ca. 25% der Ausgangswerte am deutlichsten sind, kommt es auch bei allen Probanden mit einem kleineren Umfang (<2x/Woche) zu Verbesserung der Kraftfähigkeiten. Bereits geringe Trainingsaktivitäten, die allerdings für die vorher inaktiven Personen als überschwellige Reize im Sinne der medizinischen Trainingstherapie anzusehen sind, bewirken bei einem Training über längere Zeiträume Verbesserungen der Muskelkraft, der allgemeinen Ausdauer, der Gleichgewichts- und Koordinationsfähigkeit, aber auch eine Verbesserung der Schmerzsymptomatik, der Befindlichkeit und des Selbstwertgefühls.

Besonderer Wert ist auf die richtige Gestaltung des Trainings zu legen, wobei gemischte Elemente konditioneller und koordinativer Fähigkeiten einzuplanen sind und vor allem die Kraftausdauerübungen sehr gezielt auf die Knochenstruktur wirken sollten.

Im Gegensatz zu eher einseitig wirkenden Trainingsprogrammen (Krafttraining, Walking, Ausdauer), über deren Wirkungen auf den Mineralgehalt eine Vielzahl von Autoren berichtet (6, 7), halten wir ein abwechslungsreiches, individuell auf die Belastbarkeit und den Fitneßzustand der Patientinnen abgestimmtes Trainingsprogramm für wirkungsvoller. Die von uns gewählte Form eines systematischen Trainingsprogramms wurde in einem hohem Maß von den Teilnehmerinnen akzeptiert, was nicht zuletzt durch die niedrige drop out rate und die nachfolgende Gründung mehrerer Vereine unterstrichen wird.

Im Hinblick auf die gegenwärtig ausufernden „Sportgruppen bei Osteoporose" scheint es notwendig, mehr über Art, Individualisierung und Wirkrichtung der Trainingsprogramme, aber auch über die notwendige Objektivierung der Wirkungen am Knochen, nachzudenken und verbindliche Anforderungen an Qualität und Quantität der Trainingstherapie zu stellen sowie geeignete Prüfparameter festzulegen.

Literatur

1 Bloomfield S A, Williams N L, Lamb D R et al: Non-weight bearing exercise may increase lumbar spine bone mineral density in healthy postmenopausal women. Am J Physical Med Rehabilitaion 72 (1993), 204-209.
2 Dalsky G P, Birge S J, Kleinheider K S et al: The effect of endurance exercise training on lumbar bone mass in postmenopausal women. Med Scienes Sports and Exercise 18 (1986), 20.
3 Dalsky G P: Weight bearing exercise training and lumbar bone mineral content in postmenopausal women. Ann Inter Med 108 (1988), 824-828.
4 Lindsay R, Aitken J M, Anderson J B et al: Long-term prevention of postmenopausal osteoporosis by oestrogen. Lancet (1976), 1038-1041.
5 Marcus R, Drinkwater G, Dalsky G et al: Osteoporosis and exercise in women. Med Sci Sport Exerc 24 (1992), 301-307.
6 Nelson M E, Fisher E C, Dilmanian F A et al: A 1-year walking program and increased diatary calcium in postmenopausal women: effect on bone. Am J Clin Nutr 53 (1991), 1304-1311.

7 Peterson S E: Muscular strength and bone density with weigth training in middle aged women. Med Science Sports and Exercise 23 (1991), 499-504.
8 Prince R L, Smith M, Dick M et al: Prevention of postmenopausal osteoporosis: A comparative study of exercise, calcium supplemention, and hormon-replacement therapy. New Eng J Med 325 (1991), 1189-1195.

Für die Verfasser:
W. Kemmler
Hundingstr. 44
95445 Bayreuth

Die ambulante Sturzvermeidungsschulung bei Osteoporose ist ein wirksames Konzept

S. Dannbeck, C. Auer, J. Hinzmann

Klinik Bavaria Haus Wolfstein

The Anti Stumble Training with Outpatients is an Effective Concept

Neck of femur fractures are very severe injuries causing much harm and great healthcare expenses. Means to prevent these fractures must be developed. The most important risk factor for these fractures is frequent falls. An 8 hour outpatients sportstherapeutic concept (training coordination and coordinated reaction) for the prevention of falls and thus fractures is described. Before and after therapy the bodycontrol and postural stability of the participants was determined by a multidimensional sportstherapeutic test and a computerised sway-test (D-Sway). Significant improvements in most of the tests and a very good acceptance by the participants were the results. As the test situation was comparable to daily situations the preventive effect of that training is demonstrated.

Key words: osteoporosis, fractures, falls, Sway-test, sports therapy

Hintergrund

Die Bedeutung der Osteoporose ist hinlänglich beschrieben und wird vor allem durch ihre Komplikationen bestimmt. Die gravierendste Komplikation ist die Oberschenkelhalsfraktur, die enormes persönliches Leid und einen deutlichen Einschnitt in das Leben des betroffenen Patienten bedeutet und eine große sozioökonomische Belastung darstellt (3). Entsprechend müssen Strategien zur Vermeidung dieser Frakturen entwickelt und angewendet werden. Als Risikofaktoren für das Eintreten dieser Frakturen müssen vor allem niedrige Knochendichte und häufiges Stürzen angesprochen werden.

In unserer Klinik haben wir zunächst unter stationären Bedingungen im Rahmen unserer interdisziplinären Osteoporosegruppe eine Sturzvermeidungsschulung entwickelt. Der Hintergrund dieser Therapieform ist die Tatsache, daß fast jede Fraktur durch einen Sturz ausgelöst wird. Zum Abfangen eines eintretenden Sturzes ist eine gute Koordination und Körperbeherrschung erforderlich, darüber hinaus kann eine Schulung des Gleichgewichtssinns helfen, Stürze zu vermeiden.

Therapie

Im Rahmen einer interdisziplinären Sturzvermeidungsschulung wurde stationär in unserer Klinik eine 6½-stündige Koordinationsschulung durchgeführt, die die Verbesserung der Körperbeherrschung und der koordinierten Reaktion der Teilnehmer zum Ziel hat. Die übrigen Teile der interdisziplinären Osteoporosegruppe sind eine ergotherapeutische Schulung, in der Stolperfallen wie lose Teppiche, Telefonschnüre und rückengerechtes Verhalten im Alltag erklärt werden sowie eine ernährungstherapeutische Schulung, in der die Calcium- und Phosphatproblematik besprochen wird und beispielhafte Gerichte zubereitet werden.

Da die Therapie in kleinen Gruppen von 6 bis 10 Patienten stattfindet, entstehen wichtige soziale Mechanismen, die durch den Therapeuten positiv genutzt werden können. Auf diese Weise lassen sich Nebenerscheinungen der Osteoporose wie etwa Depression und soziale Isolation mitbehandeln.

Nachdem im stationären Bereich die Wirksamkeit der Sturzvermeidungsschulung mit Hilfe von motorisch-koordinativen Tests dargestellt worden war (2), haben wir das Konzept in den ambulanten Bereich übertragen und mit Mitgliedern der Osteoporoseselbsthilfegruppe Passau durchgeführt. Es wurden 8 Stunden innerhalb von 4 Wochen angeboten. In der ersten und letzten Stunde wurden die Untersuchungen der Studie (vergleiche unten) durchgeführt, was für die Patienten eine zusätzliche Motivation zur lückenlosen Teilnahme und zur „Hausarbeit" darstellte und in dieser Form gut akzeptiert wurde. In der zweiten und dritten Stunde wurde eine kurz zusammengefasste Rückenschule durchgeführt, dann begann die eigentliche Sturzvermeidungsschulung. Die einzelnen Übungen wurden zum Beispiel in Form von kleinen Spielen mit und ohne Partner oder Gerät (Luftballons, Gymnastikstäbe, Seile, Federballschläger, ...) im Stehen oder Laufen durchgeführt zur Verbesserung der motorisch-koordinativen Fähigkeiten der Gangsicherheit und der dynamischen Standsicherheit der Teilnehmer. Der Phantasie des Therapeuten bei der Auswahl der Übungen sind nur durch die Leistungsfähigkeit der Teilnehmer und den Schweregrad der Osteoporose Grenzen gesetzt.

Patienten

Wir haben 45 Teilnehmer in 4 aufeinanderfolgenden Gruppen behandelt. Es waren 41 Frauen und 4 Männer im Alter zwischen 41 und 83 Jahren (Mittelwert: 67,2 Jahre, Std: 7,62). Bei 13 Teilnehmern war die Knochendichte gemessen worden (zwischen 67 und 100%), aber 35 Teilnehmer bekamen eine knochenwirksame Medikation. Nur 7% aller möglichen Therapiestunden wurden versäumt.

Studiendesign

Zur Darstellung des Erfolges der Therapie haben wir einen mehrdimensionalen Körperbeherrschungstest (vergleiche (1)) angewendet, der die motorisch-koordinativen Fähigkeiten der Teilnehmer beschreibt.
Die Tests simulieren alltägliche Situationen, in denen Stürze eintreten könnten. Beim ersten Test „Gehen" wurden dem Probanden die Augen verbunden und er wurde gebeten, 10 Meter geradeaus zu gehen und zwar so schnell wie er sich dies zutraute. Die Zeit für das Zurücklegen der Strecke und die Abweichung von der Mitte wurden festgehalten. Im zweiten Test „Zeigen" wurde die alltägliche Situation des Hantierens im Stand (wie zum Beispiel in der Küche oder im Bad) simuliert: der Proband stand vor einer Wand, auf der in dreieckiger Anordnung drei Kreise aufgemalt waren. Die Kreise waren 20 cm groß und hatten einen Abstand von je 70 cm. Der Proband sollte nacheinander die drei Kreise mit einem Gymnastikstab mit ausgestrecktem Arm berühren, dann die Augen schließen und die Kreise mit geschlossenen Augen noch einmal berühren. Die Zahl der getroffenen Kreise wurde festgehalten. Im dritten Test „Werfen" stand der Proband 5 Meter entfernt vor einem in 4 Meter Höhe aufgemalten Kreis von 1 Meter Durchmesser. Nach einem Probewurf folgten 3 Wertungswürfe, die Zahl der getroffenen und gefangenen Würfe wurde dokumentiert.
Zur Quantifizierung der posturalen Stabilität haben wir bei der dritten und vierten Gruppe (n=20) einen Sway-Test benutzt (4), mit dem die unwillkürlichen, kleinen horizontalen Bewegungen der Beckenebene im Stand aufgezeichnet und ausgewertet werden. Wir haben selbst eine computergestützte Form entwickelt (D-Sway, © bei V. Dannbeck), und sind so auch in der Lage, dynamische Parameter zu erheben. Dem entspannt stehenden Patienten wird hierzu ein Beckengürtel angelegt, an dessen Ende ein Datengeber befestigt ist, der seine absolute Position auf einem horizontal angeordneten Meßbrett (Digitalisiertableau) zum Beispiel 10mal pro Sekunde direkt an den Computer übermittelt. Die Messung dauert beispielsweise eine halbe Minute und nach deren Ende werden die Daten ausgewertet. Die Ausgabe der gezeichneten Figuren und der Ergebnistabelle erfolgt auf einem Drucker oder in einem Datenverarbeitungsprogramm. In der hier besprochenen Studie haben wir mit offenen Augen auf festem Untergrund und mit geschlossenen Augen auf weichem Untergrund jeweils eine halbe Minute gemessen.
Aufnahme- und Abschlußtest wurden als Mittelwertvergleich mit dem gepaarten, einseitigen T-Test bezüglich ihrer Signifikanz untersucht, als Signifikanzniveau wurde $p<0,05$ gewählt.

Ergebnisse

Im Körperbeherrschungstest (n=45) ergaben sich deutliche Verbesserungen in jedem Einzeltest. Signifikante Verbesserungen bestanden bei der Ganggeschwindigkeit, dem Zeigen und dem Werfen. Als Vergleichsgruppe wurden 20 junge, gesunde Probanden (Krankengymnasten, Sportlehrer) einmalig unter den gleichen Bedingungen getestet.

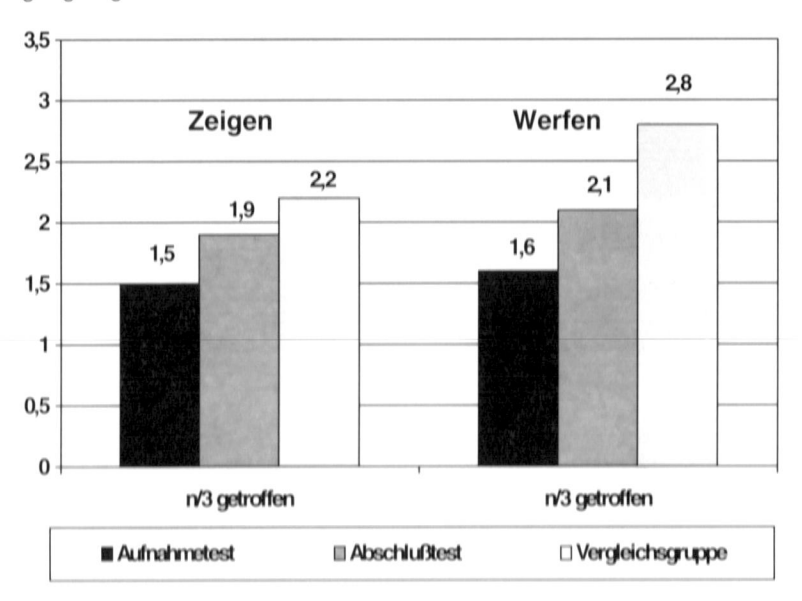

Abbildung 1. Körperbeherrschungstest: Zeigen und Werfen.

Im Test Gehen (Abbildung 2) verringerte sich die Abweichung von der Mitte nicht signifikant ($p = 0,2$). Die Zeit für das Zurücklegen der Strecke war jedoch nach der Therapie deutlich reduziert ($p < 0,001$). Beim Zeigen (Abbildung 1) ergaben sich ebenfalls signifikante Verbesserungen, hier wurde das Niveau der Vergleichsgruppe fast erreicht. Besonders signifikante Verbesserungen ergaben sich beim Werfen (Abbildung 1), der anspruchsvollsten Aufgabe ($p = 0,002$).

Im Sway-Test war die Fläche der Sway-Figur nach der Therapie verkleinert. Diese Veränderung war nicht signifikant. Weitere Sway-Parameter zeigten keine eindeutige Änderungsrichtung.

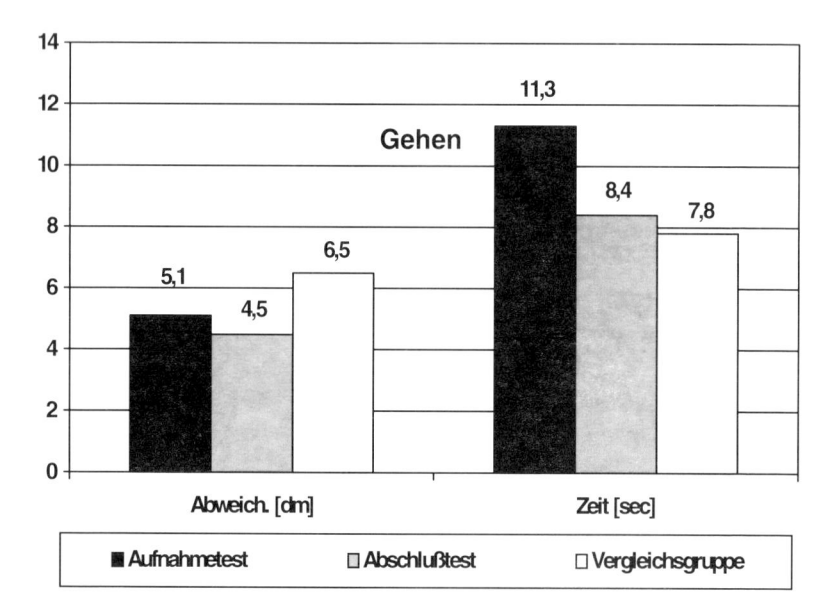

Abbildung 2. Körperbeherrschungstest: Gehen.

In einem Fragebogen wurden den Patienten 6 Aussagen angeboten, die von „trifft nicht zu" (Score=0) bis „trifft voll zu" (Score=3) bewertet werden sollten. Für die Aussage: „Die Therapie hat mir Spaß gemacht!" ergab sich im Mittel ein Score von 2,87; für die Aussage: „Die Übungen waren anstrengend." der Score 0,4.

Diskussion

Die Ergebnisse der Tests belegen, daß die Körperbeherrschung älterer Menschen gut und schnell trainierbar ist. Die realistischen Testsituationen können auf den Alltag der Patienten übertragen werden. Aus diesen Gründen kann man schlußfolgern, daß die Sturzvermeidungsschulung im Sinne des Wortes wirksam ist oder daß eintretende Stürze besser abgefangen und/oder deren Folgen gemindert werden können. Besondere Bedeutung hat hier der Test Werfen (hochsignifikante Verbesserung nach der Therapie), der nur mit schneller, koordinierter Reaktion bei guter dynamischer Standsicherheit gut absolviert werden kann - und gerade dies sind Merkmale, die auch bei einem Stolpern oder einem eintretenden Sturz sehr wichtig sind.
Der Hintergrund für die Anwendung des Sway-Testes ergibt sich aus den Ergebnissen

einer großen epidemiologischen Studie aus Australien (6). In dieser Studie wurde eine große Sway-Fläche als unabhängiger Prädiktor für das Eintreten von Frakturen bei Osteoporose identifiziert. Die Verbesserung der Sway-Fläche in der vorliegenden Studie war nicht signifikant, was sich aber zum Teil durch die kleine Patientenzahl erklärt. Ein weiterer Grund hierfür liegt in den Inhalten der Sturzvermeidungsschulung: überwiegend wurden die dynamische Koordination und adäquate koordinierte Reaktion trainiert und nicht statische Standsicherheit. In anderen longitudinalen Therapiestudien unserer Klinik (5) mit größeren Patientenzahlen waren verschiedene Sway-Parameter durch zielgerichtete Krankengymnastik (Stand- und Gangsicherheitstraining) sehr wohl und signifikant beeinflußbar.

Schlußbemerkung

Die Sturzvermeidungsschulung ist mit geringem Aufwand über Osteoporoseselbsthilfegruppen und Krankenkassen leicht organisierbar und bei fachgerechter Ausführung nebenwirkungsfrei. Der präventive Effekt ist durch die oben dargestellten Ergebnisse erwiesen. Die Therapie wird sehr gut akzeptiert und macht Spaß, was bei der Behandlung eines chronischen Zustandes sehr wesentlich ist für die langfristige Umsetzung. Einer breiten Anwendung - möglichst mit der dargestellten Evaluation im Sinne einer Qualitätssicherungsmaßnahme - steht somit nichts im Wege.

Literatur

1. Bös K, Wydra, G, Karisch, G: Gesundheitsförderung durch Bewegung, Spiel und Sport: Ziele und Methoden des Gesundheitssports in der Klinik. Erlangen: Perimed, 1992, pp 151-168.
2. Dannbeck S: Sporttherapie bei Osteoporose. Der Kassenarzt 34 (1994) 35, 39-41.
3. Kunczik T, Ringe J D: Osteoporose, eine Herausforderung für die Zukunft. Dt Ärzteblatt 91 (1994) 16, A-1126-1129.
4. Lord S R, Clark R D, Webster I W: Postural Stability and Associated Physiological Factors in a Population of Aged Persons. J Gerontol Med Sci 46 (1991), 69-76.
5. Meier R K, Dannbeck S, Auer C: Quantifizierende Verlaufsdiagnostik der posturalen Stabilität nach Hüfttotalendoprothetik. Wien med Wschr, Suppl 110, Jahrgang 144 (1994), 21.
6. Nguyen T et al: Prediction of Osteoporotic Fractures by Postural Instability and Bone Density. BMJ (1993) 307, 1111-1115.

Für die Verfasser:
Dr. med. Stefan Dannbeck
Klinik Bavaria Haus Wolfstein
Abteilung für Orthopädie
Geyersberg 25
94078 Freyung

Medizinische Trainingstherapie als eine tragende Säule der Osteoporose-Therapie Wieviel muß, wieviel darf sein ?

H. Riedel, W. Kemmler
Bayreuth, Bad Liebenstein

Medical Exercise Training Program - an Important Support of the Therapy of Osteoporosis How Much Must be, How Much Should be?

The purpose of this controlled study was to observe potential effects and safety aspects of a reproducible training regime (strength, endurance, balance) in mainly postmenopausal women. Over a 10-month training period 108 women (mean age, 56.1 years) with and without osteoporosis performed a systematic training, group T: 3-4 units/week; group F: 1-2 units/week).

The study proved that bone mineral density of lumbar spine, femoral neck and total body increased significantly only in group T with the high level training (3-4 times/week, 60 min/unit, intensity >65% of the individuell maximum). The muscle strength of the back extensor muscles, the abdominal muscles and the bending muscles of the hip could be improved in the same group undergoing continually adapted training.

A further effect observed in the two training groups was a reduction of the pain level, and an improvement of balance, endurance and wellbeing.

Key words: osteoporosis, exercise training program, muscle strength, exercise regimen

Einleitung

Nebenwirkungsarme, aber effiziente Therapiekonzepte für die Prävention und vor allem die Therapie der Osteoporose bei postmenopausalen Frauen sind angesichts der epidemiologischen Daten der Erkrankung, der Multimorbidität älterer Menschen und der Alterung, vor allem der Muskulatur, dringend notwendig.

Ein körperliches Training könnte ein solches risikoarmes Verfahren darstellen, da eine Vielzahl von Studien (1, 4, 7) auf die Beziehung von Knochenstoffwechsel und Qualität und Quantität einer Belastung hinweisen. Die Beziehung zwischen Dosierung des Trainings und dem Ausmaß der Veränderungen des Mineralgehaltes wurden bisher experimentell ungenügend geklärt, da viele Trainingsprogramme nicht ausreichend definiert wurden und auch erhebliche Vorbehalte gegenüber Kraftbelastungen bei älteren Menschen bestehen.

Auf den Knochen einwirkende Kräfte führen zu einer meßbaren geometrischen Strukturverformung (5) und über belastungsinduzierte Adaptation (Abbildung 1) auch zu Veränderungen der Mineraldichte. Nach *Frost* (5) entspricht eine 0,1%-ige Strukturveränderung 1000 sogenannte „microstrain" (μE), wobei Alltagsaktivitäten gewöhnlich zwischen 100-2500 μE liegen sollen.

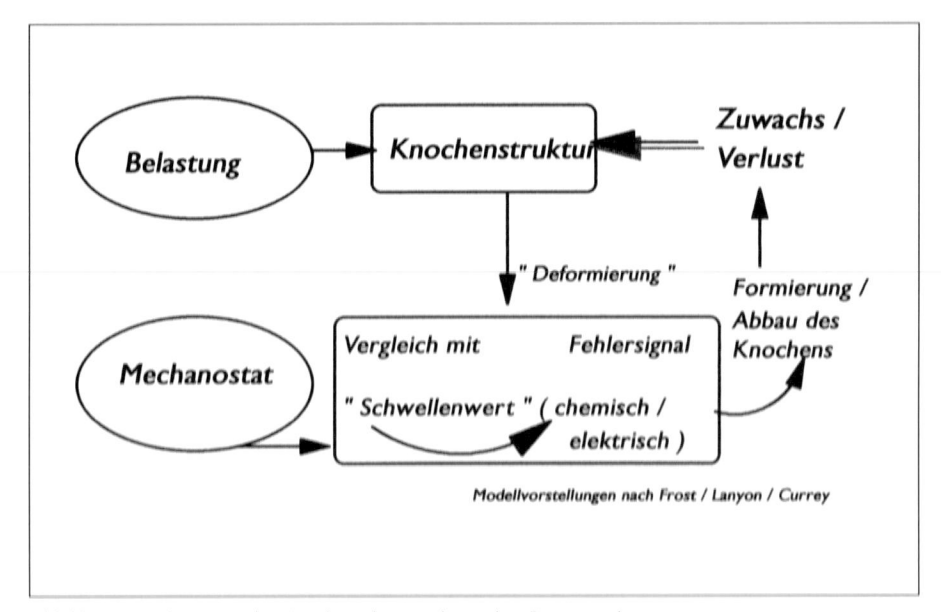

Abbildung 1. Adaptation des Knochens bei mechanischer Beanspruchung.

Erst nach Überschreiten von ca. 1000 μE stellen Belastungen einen reizwirksamen Stimulus für einen forcierten Knochenaufbau dar, während die notwendigen Kräfte für das sogenannte Modeling des Knochens noch deutlich höher liegen dürften. Nach *Frost* (6) liegen erst Belastungen mit einer Intensität >70% der individuellen Maximalkraft über diesem Schwellenwert.

Von diesen und eigenen Erfahrungen in der Anwendung der medizinischen Trainingstherapie bei Patienten mit Osteoporose ausgehend, haben wir bei insgesamt 108 Frauen den Einfluß einer überschwelligen Trainingsbelastung, bestehend aus gemischten Teilen von Ausdauer, Kraft, Geschicklichkeit und Koordination, auf den Mineralgehalt verschiedener Regionen und die isometrische Muskelkraft geprüft. Die Gruppen unterschieden sich nicht in ihren anthropometrischen Ausgangsdaten, aber in der Häufigkeit des wöchentlichen Trainings bei gleicher Gesamtdauer über 12 Monate.

Material und Methoden

Die Angaben zu den Patientinnen, den eingesetzten Meßmethoden und zum Untersuchungsablauf sind an anderer Stelle in diesem Kongreßband beschrieben.
Bei allen Personen wurde ein individuelles Trainingstagebuch geführt und kontrolliert; die Gruppen unterschieden sich nur in der Häufigkeit des Trainings (Gruppe T: 3-4x/Woche; Gruppe F: 1-2x/Woche; Gruppe K: kein Training) nicht aber in der Zusammenstellung der Übungen, der Zeitdauer pro Übungsstunde oder der individuellen Belastbarkeit. Letztere wurde nach entsprechenden Eingangstests bei allen konditionellen Fähigkeiten (Ausdauer/Kraft) und kordinativen Fertigkeiten (Geschicklichkeit, Koordination, Gewandheit) bei >70% der individuellen Leistungsfähigkeit angesetzt.

Ergebnisse

Veränderungen des Mineralgehaltes an ausgewählten Regionen (Abbildung 2a/2b)

In der Gruppe mit der größten Trainingshäufigkeit kommt es zu signifikanten Anstiegen des Mineralgehaltes um +2,9% (2.-4. LWK) und um +1,6% (Ward`sche Dreieck), während in der Gruppe F mit der geringeren Trainingshäufigkeit immerhin noch Erhöhungen +1,0% (2.-4. LWK) und um +1,6% (Ward) nach 12 Monaten gemessen wurden. In der Kontrollgruppe ohne Training wurden physiologische Abbauraten von ca. -1,0% gefunden.
Im Gegensatz zu den Anstiegen des BMD an den gewichtsbelasteten Abschnitten des Skeletts finden sich im mittleren Gesamt-Körper-BMD und auch im Gesamt-Calcium keine gerichteten Veränderungen.
Die Patientinnen mit einer Osteoporose zeigen im Bereich der LWS mit +3,9% und im Bereich des Ward`schen Dreiecks mit +3,7% die deutlichsten, signifikanten Erhöhungen des Mineralgehaltes, während sich dieser bei den Patientinnen mit einer Osteopenie nur um +2,1% bzw. +1,2% und bei denen mit vorwiegend degenerativen Veränderungen um +2,4% bzw. um -0,3% verändert.

Osteoporose

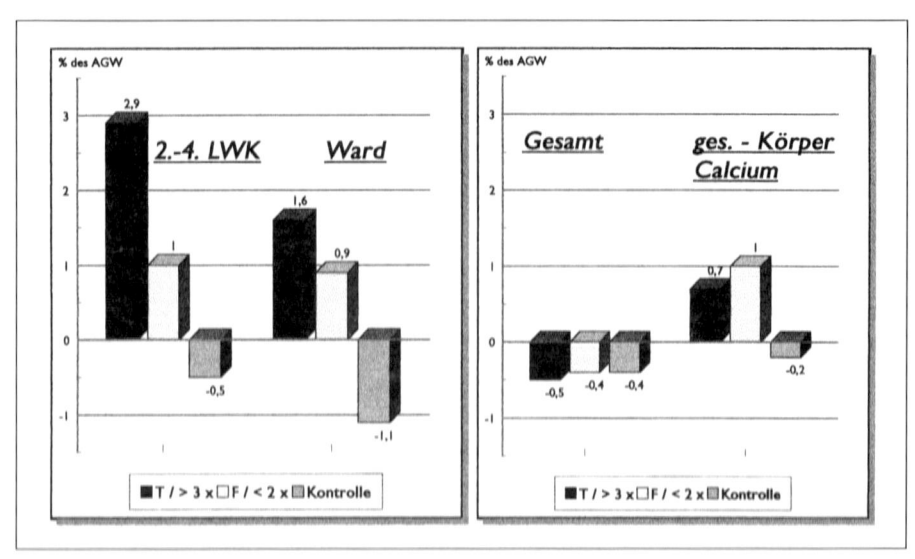

Abbildung 2a. Einfluß der Trainingshäufigkeit auf den regionalen Mineralgehalt nach 12 Monaten Trainingstherapie (n=105).

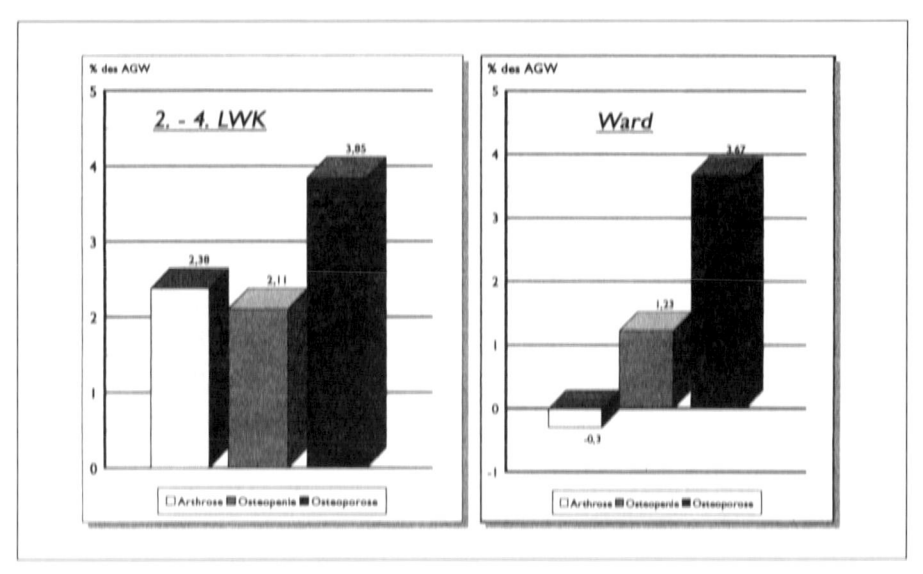

Abbildung 2b. Mineralgehalt (in % des AGW) nach 12 Monaten Training an verschiedenen Regionen bei Frauen mit und ohne Osteoporose (n=63).

Veränderungen der isometrischen Kraft der Bauch-, Rücken- und Hüftbeugemuskulatur (Abbildung 3a/3b)

Vor der Trainingsperiode zeigen die Patientinnen mit einer Osteoporose signifikant niedrigere Meßwerte der mittleren absoluten Kraft mit 63,4 Nm (Bauchmuskulatur), mit 151,1 Nm (Rückenmuskulatur) und mit 63,9 Nm (Hüftbeuger), während die Maximalkraft der anderen Gruppen im zu erwartenden Referenzbereich liegt und ein ausgewogenes Verhältnis von Rücken- und Bauchmuskulatur zu verzeichnen ist.
Alle Patientengruppen profitieren mit hochsignifikanten Anstiegen bei allen getesteten Muskelgruppen zwischen +23,6% bis +48,6%. Das trifft auch für die Patientinnen mit einer Osteoporose zu, die signifikante Erhöhungen der Maximalkraft um +48,6% (Bauchmuskulatur), um +37% (Rückenmuskulatur) und um +24,1% (Hüftbeuger) erreichten.

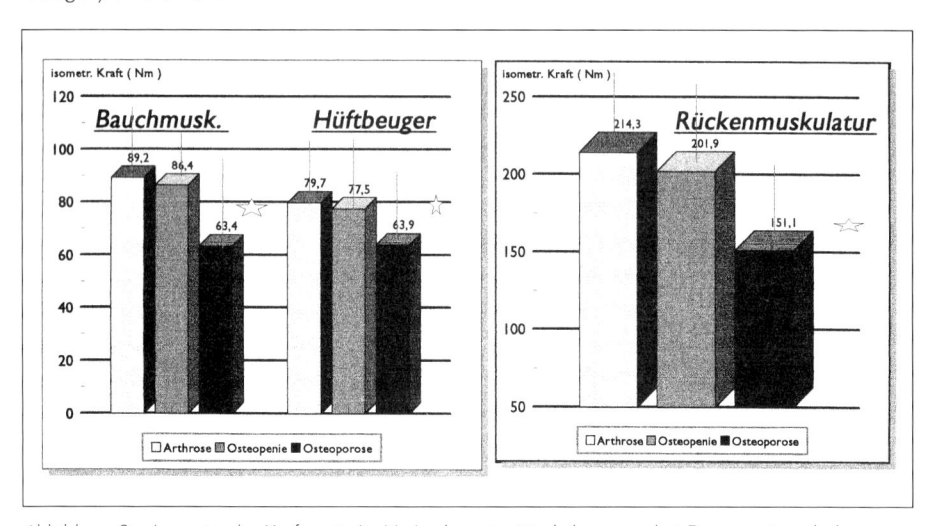

Abbildung 3a. Isometrische Kraftwerte (in Nm) relevanter Muskelgruppen bei Frauen mit und ohne Osteoporose (n=63).

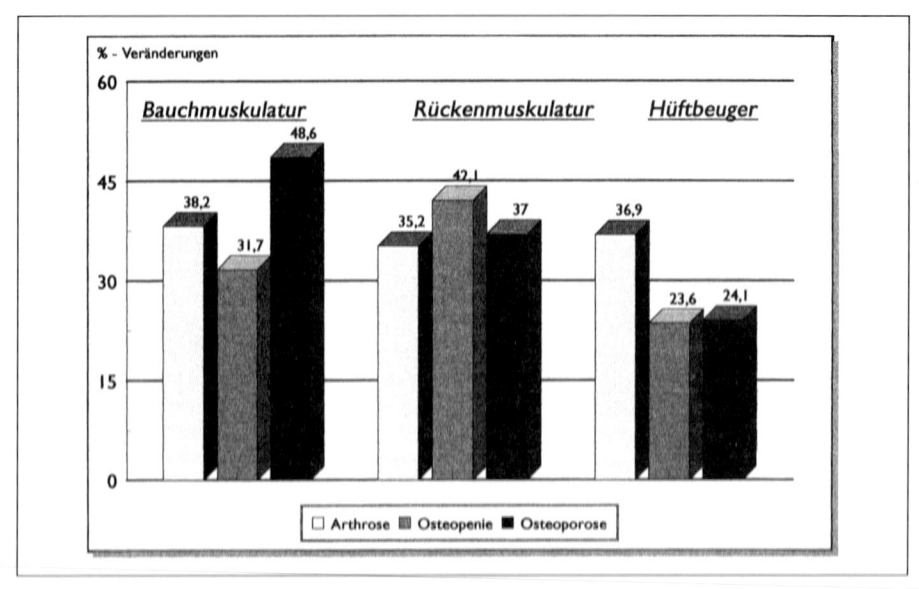

Abbildung 3b. Veränderungen der isometrischen Kraft relevanter Muskelgruppen (in %) bei Frauen mit und ohne Osteoporose (n=63).

*Einfluß der sportlichen Vorerfahrung und der
körperlichen Beanspruchung im Haushalt und Beruf (Abbildung 4a/4b)*

Hinsichtlich des Einflusses auf den Mineralgehalt in den Bereichen LWS und Ward zeigen sich bei unseren Patientinnen keine wesentlichen Unterschiede; nach der 12-monatigen Trainingsperiode wurden bei den Patientinnen mit der größeren sportlichen Vorerfahrung auch die mit +3,5% (2.-4. LWK) bzw. mit +3,6% (Ward) höchsten signifikanten Erhöhungen gemessen.
Wird die körperliche Gesamtbelastung (durch Beruf, Haushalt und Freizeitaktivitäten) zu Grunde gelegt, zeigen sich vor der Trainingsperiode nichtsignifikante, aber deutliche Verminderungen des BMD der hochbelasteten Gruppe im Bereich der LWS (1,09 g/cm^2 gegenüber 1,14 g/cm^2 bzw. 1,15 g/cm^2) und auch des Ward'schen Dreiecks (0,70 g/cm^2 gegenüber 0,76 g/cm^2). Auch hier kommt es in der Gruppe mit der höchsten vorherigen Gesamtaktivität zu hochsignifikanten Erhöhungen des BMD um +4,0% (2.-4. LWK) und um +3,9% (Ward), während die Anstiege in den anderen Gruppen mit +2,1%/+2,0% (2.-4. LWK) und mit +0,5%/+0,4% deutlich niedriger liegen.

Osteoporose

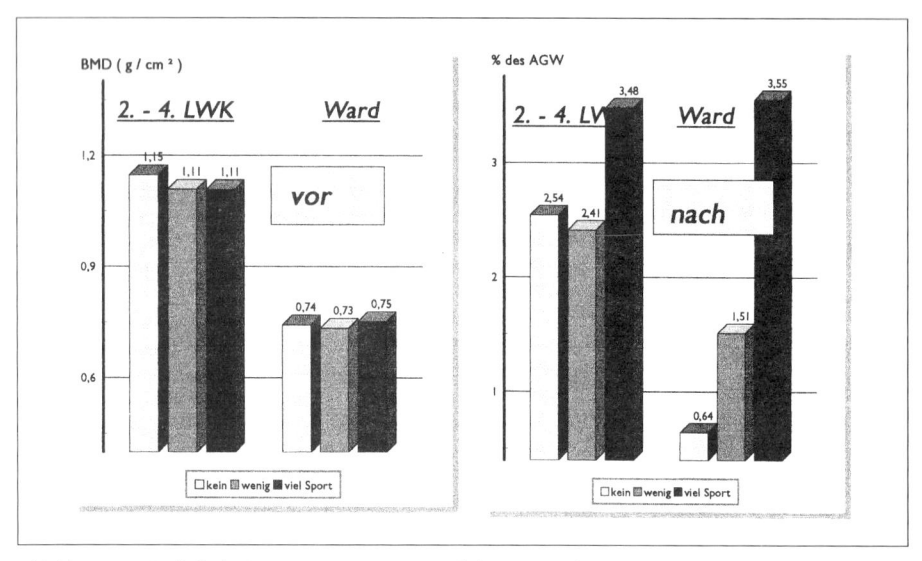

Abbildung 4a. Einfluß der Bewegungsanamnese auf den regionalen Mineralgehalt vor und nach 12 Monaten Trainingstherapie.

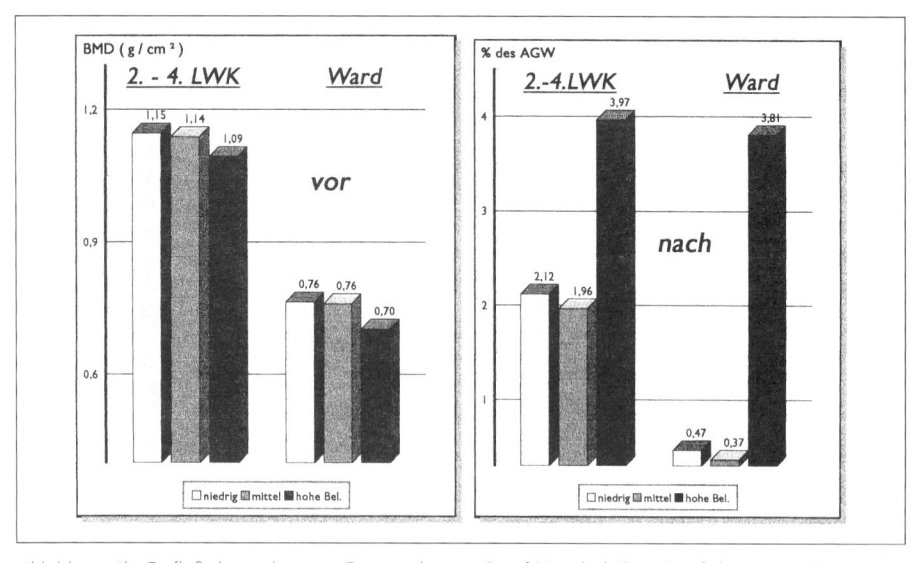

Abbildung 4b. Einfluß der vorherigen Gesamtaktivität (Beruf/Haushalt/Sport) auf den regionalen BMD vor/nach Trainingstherapie (n=105).

Diskussion

Durch ein regelmäßiges über eine Gesamtdauer von 12 Monaten gehendes Trainingsprogramm, welches für den einzelnen Patienten einen Schwellenwert von >70% der individuellen Leistungsfähigkeit überschreitet und gemischte Anteile von konditionellen und koordinativen Anteilen enthält, werden deutliche, überwiegend signifikante Erhöhungen des Mineralgehaltes und der isometrischen Maximalkraft wichtiger Muskelgruppen erreicht.

Im Rahmen eines gleichfalls über 12 Monate durchgeführten Trainingsprogrammes untersuchten Chow et al. (3) den Einfluß von Ausdauer- und Krafttraining auf den Mineralgehalt im Bereich der LWS und des Schenkelhalses bei postmenopausalen Frauen. Sowohl in der Gruppe mit einem reinen Ausdauertraining als auch in der Gruppe mit Ausdauerbelastung und zusätzlichem Krafttraining sahen sie deutliche Anstiege des Mineralgehaltes, vor allem in der Gruppe mit dem gemischten Trainingsprogramm.

In anderen Studien über ähnlich lange Zeiträume (2, 9), wo die Patientinnen ein zügiges Gehtraining (walking) oder ein Laufbandtraining durchführten, zeigten sich hingegen keine Zunahmen der Knochendichte. Während beim Krafttraining wohl eine Intensitätsschwelle von 70-80% der individuellen Maximalkraft notwendig ist, scheinen nur axiale Stoßimpulse durch Laufen, Springen, Tanzen oder ähnliche Ausdaueraktivitäten geeignet zu sein, positive Effekte am Knochen induzieren zu können.

Wichtig ist es, darauf hinzuweisen, daß Training sehr gezielte Effekte an bestimmten Skelettregionen induzieren kann (8, 1). So bewirkte ein vorwiegend axial gerichtetes Training deutliche Anstiege des Mineralgehaltes an der LWS; im Bereich des Handgelenkes wurde bei postmenopausalen Frauen nur an der trainierten Seite, nicht aber an der inaktiven Seite ein Zugewinn an Knochenmasse beobachtet.

Wichtig ist es, die Effekte des Trainings auf den Mineralgehalt und die Muskelkraft gemeinsam zu betrachten. Nur so läßt sich einerseits durch eine Erhöhung des Mineralgehaltes und andererseits durch die verbesserte Muskelkraft, die bessere Koordination und Gewandheit, das Sturzrisiko und die damit verbundene Frakturgefahr reduzieren.

Ein signifikanter Kraftzuwachs durch richtige Trainingsreize, auch bei älteren Menschen, konnte in einer Reihe von Studien nachgewiesen werden, obwohl immer noch die Meinung über eine schlechtere oder gar fehlende Trainierbarkeit im Alter vorherrscht. Auch in unserer Studie konnten außer den beschriebenen Effekten auf die Muskulatur und den Knochen auch eine deutliche Verbesserung von Befindlichkeit, eine Schmerzreduzierung und verbesserte koordinative Fähigkeiten nachgewiesen werden.

Ein richtig dosiertes Training, bestehend aus gemischten Anteilen Kraft, Ausdauer und Koordination, kann sehr wohl positive Effekte auf den belasteten Knochen und die Muskulatur ausüben, die den therapeutischen Wirkungen verschiedene Medikamente gleichzusetzen ist. Notwendig ist die richtige individuelle Dosierung, die nur nach einer vorherigen Testung anhand objektiver Messungen (isometrische und isokinetische Maximalkraft, Herzfrequenz, Lactat) wirklich überschwellig in Bereichen >70% der maximalen Leistungsfähigkeit einzusetzen ist und ca. 3-4x/Woche über 45-60 min durchgeführt werden sollte.

Während mit vielen Medikamenten (z.B. Calcitonin, Vitamin D, Östrogene) allein der Knochenabbau gebremst wird, könnten sich mit einer richtigen körperlichen Belastung auch differenzierte Wirkungen auf den Modeling-Prozeß induzieren lassen. Bei Risikopatienten und bei deutlich verminderter Knochendichte ist die Kombination von effektiver medikamentöser Therapie, „knochenfreundlicher" Ernährung und gezielter Belastung vorzuziehen.

Nicht zuletzt könnten bisher erarbeitete Trainingskonzepte dazu beitragen, die Lebensqualität und den Gemeinschaftssinn der Betroffenen zu verbessern und mit Sicherheit auch die „Kostenlawine" im Gesundheitswesen einzudämmen.

Literatur

1 Beverly M C, Rider T A, Evans M J et al: Local bone mineral response to brief exercise that stresses the skeleton. BMJ 299 (1989), 233-235.
2 Cavanaugh D J, Cann C E: Brisk walking does not stop bone loss in postmenopausal women. Bone 9 (1988), 201-204.
3 Chow R, Harrisson J E, Notarius C: Effect of two randomised exercise programmes on bone mass of healthy postmenopausal women. BMJ 295 (1987), 1441-1444.
4 Dalsky G P: The role of exercise in the prevention of osteoprosis. Comprehensive Ther 15 (1989), 30-37.
5 Frost H M: Transient - steady state phenomenia in microdamage physiology: A proposed algorithm for lamellar bone. Calcif Tissue Int 44 (1989), 367-381.
6 Frost H M: Suggested fundamental concepts in skeletal physiology. Calcif Tissue Int 52 (1993), 1-4.
7 Gleeson P B, Protas E J, Leblanc A D et al: The effects of weight lifting on the mineral density in premenopausal women. J Bone MIneral Res 5 (1990), 153-158.
8 Krolner B, Toft B, Nielson S P et al: Physical exercise as prophylaxis against involutional vertebral bone loss: A controlled trial. Clin Sci 64 (1983), 541-546.
9 Martin D, Notelovitz E: Effects of training on bone mineral density in postmenopausal women. J Bone Mineral Res 8 (1993), 931-936.

Für die Verfasser:
Dr. Dr. med. Hartmut Riedel
Oberarzt der Orthopädischen Klinik
Heinrich Mann Klinik
36448 Bad Liebenstein

Die Behandlung der Osteoporose –
eine Trias aus medikamentöser Therapie / Ernährung / medizinischer Trainingstherapie

H. Riedel, W. Kemmler

Bayreuth, Bad Liebenstein

The Treatment of Osteoporosis -
a Triad of Drug Treatment, Nutrition and Medical Exercise Training

The purpose of this study was to examine the effect of 12 month exercise on bone mineral density (BMD) at different sites of the skeletal system, muscle strength and fitness level without changing medical therapy and diet. 108 mainly postmenopausal women (mean age: 56.1 year) with and without osteoporosis were randomized to two exercise groups (group T and F) and to a control group. The exercise programm consisted mainly of weight training, stretching, endurance training and balance exercises. Exercise was performed for 60 min in group T (3-4 times a week) and in group F (1-2 times a week) for 10 month. The bone mineral density was measured on the lumbar vertebrae, on the femur (neck, Ward triangle and trochanter) and the total body at the beginning of the study and again after 12 months using dual energy X-ray absorptiometry. The BMD level in group T increased significantly by 2.9% (lumbar spine), by +1.1% (Ward) and by + 0.7% (total body), but there was an insignificant increase in group F (+1.0%, + 0.9%, + 1.0%) with the low level training. In the control group without training there was a decrease of BMD (-0.5%, -1.1%, -0.2%).

The isometric strength of the back extensor muscles, the abdominal muscles and the bending muscles of the hip were significantly increased of 25.2%, 26.2%, 22.0% in group T and of 8.3%, 16.1%, 17.6% in group F.

We conclude that postmenopausal bone loss is influenced positively by an intensive exercise programm. There is a positive correlation between the increased muscle strength and the increase of the bone mass. Intensive muscle exercise may be effective in stopping or lowering the decrease of the postmenopausal vertebral bone mass in women with and without osteoporosis.

Key words: osteoporosis, exercise training therapy, postmenopausal women, muscle strength

Einleitung

In zahlreichen Veröffentlichungen wird auf eine Prävention der Osteoporose durch die Kombination von optimaler Calciumzufuhr und körperlicher Belastung hingewiesen, wobei dadurch sogar eine Hormonsubstitution in den postmenopausalen Jahren für überflüssig gehalten wird (1). In der Praxis gestaltet es sich schwierig, die Wirkung einzelner Faktoren auf den Knochenstoffwechsel zu untersuchen, da der Knochen als System auf eine Vielzahl von beeinflussenden Faktoren (Genetik, Ernährung, Hormone, Muskulatur, Durchblutung, Belastung, Medikamente) reagiert.
Offenbar bewirken nur die sogenannten „weight-bearing Aktivitäten" eine positive Anpassung des Knochengewebes; wobei die Auswirkungen eines langfristigen Trainings auf die Veränderungen des Mineralgehaltes (BMD) an ausgewählten Regionen des Skeletts schwierig zu objektivieren sind.
Der Knochen reagiert auf überschwellige Beanspruchungen, aber auch auf Immobilisation oder zu geringer Belastung mit einer Veränderung des Mineralgehaltes und der Architektur. Knochenmasse durch Inaktivität geht viel schneller verloren als sie durch eine mechanische Belastung aufgebaut werden kann. Junge Erwachsene verlieren bei Bettruhe wöchentlich bis zu 1% des BMD im Bereich der LWS, während eine regelmäßige Trainingsbelastung erst nach ca. 12 Monaten einen vergleichbaren Anstieg zur Folge hat (2).
Sportler oder Personen mit intensiven Freizeitaktivitäten zeigen in Querschnittsstudien einen deutlich höheren BMD (+24,1%) verglichen mit inaktiven Personen; während in Längsschnittstudien auch durch ein intensives Training über längere Zeiträume nur geringe Veränderungen (+4,3%) nachgewiesen wurden (3).
Zu klären ist, ob diese Veränderungen durch eine regelmäßige körperliche Belastung, oder nicht vielleicht eher durch eine besondere Eignung bzw. Auswahl für bestimmte Sportarten oder Freizeitaktivität aufgrund genetischer Veranlagung determiniert werden.
In Anbetracht der bekannten Nebenwirkungen einer Hormontherapie mit Östrogenen/Gestagenen zur Therapie der postmenopausalen Osteoporose stellt sich die Frage, ob nicht eine regelmäßige, körperliche Belastung über längere Zeiträume (>9 Monate) auch ohne Umstellung von Ernährung und medikamentöser Therapie zu positiven Veränderungen des BMD strukturbelasteter Körperregionen führen kann.
Bei vorwiegend postmenopausalen Frauen mit und ohne Osteoporose und ohne regelmäßige Trainingserfahrung in den letzten 25 Jahren haben wir nach umfangreichen Eingangsuntersuchungen und einer Randomisierung den Einfluß eines definierten Trainingsprogrammes über 12 Monate auf den Mineralgehalt (BMD) und die Kraftfähigkeiten sowie andere Parameter der körperlichen Leistungsfähigkeit geprüft.

Material und Methoden

Probanden/Patientinnen

Nach ausführlicher Aufklärung erklärten sich 108 Frauen mit einem mittleren Alter von 56,1 Jahren bereit, regelmäßig an einem detailliert geplanten Training über 12 Monate teilzunehmen und dabei ihre vorherigen Ernährungs- und Lebensgewohnheiten einschließlich der medikamentösen Therapie nicht zu verändern.
Die Randomisierung der Teilnehmerinnen erfolgte in drei Gruppen :
Gruppe T (n=63, 3-4-maliges Training/Woche), Gruppe F (n=20, 1-2-maliges Training/Woche) und Gruppe K (n=25, ohne Training).
Hinsichtlich Alter, body mass index, Körperfett, lean body mass, medikamentöser Therapie und Ernährung zeigten sich zwischen den Gruppen keine signifikanten Unterschiede; sie unterschieden sich nur im mittleren Menopausenalter (Tabelle 1).

	Gruppe T	Gruppe F	Gruppe K	Unterschiede
Alter (Jahre)	56,2 ± 10,0	54,8 ± 11,8	56,0 ± 7,9	n. sign.
BMI (kg / m²)	25,7 ± 3,8	24,9 ± 3,7	27,6 ± 5,1	n. sign.
Körperfett (%)	37,8 ± 6,4	36,3 ± 6,8	39,5 ± 6,0	n. sign.
LBM (kg)	39,7 ± 4,1	40,1 ± 4,0	40,6 ± 4,5	n. sign.
Menopause (J.)	48,4 ± 5,1	47,9 ± 5,8	44,2 ± 7,7	* (T / K)
BMD LWS (g / cm²)	1,117 ± 0,197	1,146 ± 0,156	1,134 ± 0,170	n. sign.
Energie (kcal / die)	2285 ± 505	2361 ± 592	2343 ± 517	n. sign.

Tabelle 1. Ausgewählte Merkmale zu den Patientinnen der einzelnen Gruppen (Gruppe T = viel Training, Gruppe F = wenig Training, Gruppe K = Kontrollen).

Untersuchungsmethodik

Osteodensitometrie:
Mit einem DEXA-Gerät (Lunar DPX-L) wurden vor und nach 12 Monaten gemessen:
bone mineral density (BMD) des 2.-4. LWK, Femur (Ward'sche Dreieck, Trochanter, Hals), Gesamtkörper einschließlich Calcium, lean body mass, Fettmasse regional/gesamt/Flächen.

Osteoporose

isokinetische Maximalkraftmessungen:
    mit Isokinetik-Gerät (Fa. Kintrex) vor und nach 12 Monaten:
    Messung der Maximalkraft der Bauch- und Rückenmuskulatur/Hüftbeuger
sportmotorische Tests:
    zur Erfassung von Ausdauer, Beweglichkeit, Geschicklichkeit, Koordination und Kraft vor und nach Trainingstherapie

Statistische Auswertung

Die Gruppenmittelwerte wurden mittels einfaktorieller Varianzanalyse und die Verlaufsparameter mittels gepaarten t-Tests nach Student auf Mittelwertsunterschiede geprüft. Als Signifikanzschwelle wurde ein p-Wert von <5% als signifikant (*) und ein Wert von <1% als hochsignifikant (**) festgelegt. Zur graphischen Darstellung der relativ inhomogenen Meßwerte wurden die individuellen prozentualen Veränderungen der Ausgangswerte als Gruppenmittelwerte berechnet und statistisch ausgewertet.

Ergebnisse

Knochenmineralgehalt (BMD)

Meßort	Meßzeit	Gruppe T BMD (g/cm²)	Gruppe F BMD (g/cm²)	Gruppe K BMD (g/cm²)
2.-4. LWK	vorher	1,117 ± 0,197	1,146 ± 0,156	1,134 ± 0,170
	nach 12 Monaten	1,141 ± 0,20 ***	1,154 ± 0,149	1,130 ± 0,178
SH (Ward)	vorher	0,735 ± 0,177	0,728 ± 0,124	0,768 ± 0,160
	nach 12 Monaten	0,741 ± 0,165	0,727 ± 0,137	0,760 ± 0,130
Gesamt-Körper	vorher	1,099 ± 0,105	1,073 ± 0,177	1,146 ± 0,110
	nach 12 Monaten	1,095 ± 0,104	1,074 ± 0,165	1,142 ± 0,110

Tabelle 2. Veränderungen des Mineralgehaltes an ausgewählten Regionen (in% des AGW/nach 12 Monaten) in den einzelnen Gruppen.

Zu Beginn der Trainingstherapie zeigten sich im Mineralgehalt der gemessenen Regionen zwischen den Gruppen keine signifikanten Unterschiede, während nach 12 Monaten in der häufig trainierenden Gruppe T ein signifikanter Zuwachs von +2,9% am 2.-4. LWK bzw. ein nicht signifikanter Zuwachs im Bereich des Schenkelhalses von +1,1% (Ward), von +1,4% (Trochanter), von +0,6% (Hals) sowie des Gesamtcalciums von +0,7% erreicht wurden. Die wenig trainierende Gruppe zeigte geringere, nicht signifikante Verbesserungen, während in der Kontrollgruppe der übliche Mineralverlust von 1%/Jahr zu beobachten war.

Isometrische Kraftmessung

Muskelgruppe	Meßzeit	Gruppe T isometr. K (Nm)	Gruppe F isometr. K (Nm)	Gruppe K isometr. K (Nm)
ger. Bauchmusk.	vorher	77,8 ± 22,0	86,8 ± 27,9	81,0 ± 21,7
	nach 12 Mon.	98,2 ± 21,3 **	100,8 ± 30,3 **	80,5 ± 19,7
Rückenmuskulat.	vorher	182,2 ± 70,2	216,9 ± 74,4	177,5 ± 67,4
	nach 12 Mon.	228,2 ± 69,3 **	234,9 ± 61,7 *	181,9 ± 64,7
Hüftbeuger	vorher	74,3 ± 17,7	76,6 ± 20,0	69,8 ± 19,3
	nach 12 Mon.	90,8 ± 18,1 **	90,1 ± 18,1 **	64,7 ± 17,5

Tabelle 3. Veränderungen der isometrischen Maximalkraft ausgewählter Muskelgruppen (in% des AGW/nach 12 Monaten) in den 3 Gruppen.

Bei einer großen interindividuellen Streuung zeigten sich zu Beginn keine signifikanten Unterschiede in der isometrischen Maximalkraft der Bauch-, Rücken, und der Hüftbeugemuskulatur zwischen den Gruppen.
Durch ein kraftausdauerbetontes Training kam es zu hochsignifikanten Anstiegen der gemessenen Maximalkraft, wobei die prozentualen Anstiege in der Gruppe mit der größten Trainingshäufigkeit am deutlichsten sind.

Diskussion

Die körperliche Belastung in Form eines regelmäßigem Trainings zur Prävention und vielleicht auch zur Therapie der Osteoporose hat in den letzten Jahren eine zunehmende Bedeutung erlangt. Vor allem in Querschnittsstudien zeigte sich meist eine sehr deutlich Beziehung zwischen Belastung und Mineralgehalt; wobei ein relativ enger Zusammenhang zwischen Mineralgehalt der LWS (2.-4. LWK) und Kraftniveau der Rückenstrecker nachweisbar war (4).

Bei unseren Patientinnen, bei denen sich bei ca. 60% eine Osteoporose ohne oder mit Frakturen bestätigen ließ, konnte nach einen individuellen, überschwelligen und vorwiegend kraftausdauerorientierten Training über 12 Monate ein deutlicher Anstieg des Mineralgehaltes im Bereich der LWS und der isometrischen Maximalkraft der getesteten Muskelgruppen (Bauch-, Rücken- und Hüftbeugemuskulatur) nachgewiesen werden.

Die Effekte im Hinblick auf eine Erhöhung des BMD am Schenkelhals (Ward`sche Dreieck, Hals, Trochanter), den Gesamtmineralgehalt des Körpers und den Calciumgehalt sind in den Gruppen mit einem regelmäßigen Training wesentlich geringer im Vergleich zu der inaktiven Kontrollgruppe.

Mechanische Belastung scheint prinzipiell die Aktivität der Osteoblasten zu stimulieren, die Prozesse des Remodeling zu fördern oder über hormonelle, belastungsinduzierte Mechanismen (z.B. Somatotropin, IGF I) zu wirken (4) . Andererseits nehmen Muskelmasse und Muskelkraft mit dem Alter ab, wobei hierfür vor allem die verminderte körperliche Aktivität und nur bedingt Alterungsprozesse verantwortlich sein dürften.

Die von uns einbezogenen Frauen führten ein relativ inaktives Leben in Bezug auf eine regelmäßige körperliche Betätigung. Damit wirkte die 2-4-malige körperliche Belastung in der Woche, die anfänglich für die Frauen ungewohnt war und als relativ anstrengend empfunden wurde, im Sinne der bekannten Trainingsprinzipien (5) als überschwelliger Adaptationsreiz und führte zu den nachgewiesenen Kraftanstiegen und zu Anpassungen des strukturbelasteten Knochengewebes.

Das komplette Bewegungsprogramm bestand aus einem 2-4-maligen Training über jeweils 60 min/Woche mit gemischten Anteilen aus Ausdauer, Kraftausdauer, Beweglichkeit und Koordination und konnte bei guter Compliance der Teilnehmer (drop out rate: 6%) über längere Zeit beibehalten werden.

Mit einer Zunahme der körperlichen Fitness, der allgemeinen Geschicklichkeit und des Wohlbefindens, vor allem aber einer Verbesserung von Muskelkraft und Mineralgehalt kann nur gerechnet werden, wenn mehr als 2x/Woche, mit einer minimalen Trainingszeit von 60 min, trainiert wird und ein medizinisch ausgewähltes Übungsprogramm mit gemischten Anteilen angeboten wird. Solche Programme scheinen eine positive Wirkung auf den Knochen zu haben und könnten vergleichbar mit den Wirkungen einer Östrogensubstitution oder anderen medikamentösen Therapien (Fluoride, Vitamin D-Analoga, Bisphosphonate u.a.) sein. Nicht zuletzt ist die „Nebenwirkungsrate" einer dosierten Belastung niedriger, die Gruppendynamik trägt zum Erfolg und körperlichen Wohlbefinden bei und auch der materielle Aufwand ist mit Sicherheit geringer.

Trotzdem bleiben natürlich viele Fragen zur Wirkungsdauer, zur kombinierten Wirkung in Verbindungen mit Medikamenten, zum Stoffwechsel und auch zum Verlauf über 3-5 Jahre offen, die in weiteren prospektiven Langzeitstudien zu klären sind.

Literatur

1. Drinkwater B L: Weight-bearing exercise and bone mass, in Physical Medicine and Rehabilitation/Osteoporosis. Philadelphia: Saunders Company, 1995, pp 567-578.
2. Krolner B, Toft B: Vertebral bone loss: An unheeded side effect of therapeutic bed rest. Clin Sci 64 (1983), 537.
3. Parfitt A M: The two faces of growth: Benifits and risks to bone integrity. Osteoporosis Int 4 (1994), 382-398.
4. Sinaki M: Exercise and Osteoporosis. Arch Phys Med Rehabil 70 (1989), 220-227.
5. Skinner J S: Exercise resting and exercise prescription für special cases. Philadelphia: Lea & Febiger, 1987, pp 21-30.

Für die Verfasser:
Dr. Dr. med. Hartmut Riedel
Oberarzt der Orthopädischen Klinik
Heinrich Mann Klinik
36448 Bad Liebenstein

Tertiäre Prävention durch Sport am Beispiel der Osteoporose-Selbsthilfegruppen

H. Seelbach[a], Ch. Heringhaus[a], H. Franck[b], J. Kugler[c]

[a]Abteilung für Allgemeinmedizin, Heinrich-Heine-Universität Düsseldorf
[b]Klinik Mayenbad, Bad Waldsee
[c]Abteilung für Medizinische Psychologie, Ruhr-Universität Bochum

Tertiary Prevention by Sports in Osteoporosis Self-Help-Groups

„It is widely believed that physical activity is beneficial to the skeleton; therefore, exercise has been promoted as a means to preserve skeletal health and prevent age-related fractures. This view that exercise benefits the skeleton is supported primarily by two lines of evidence: longitudinal trials showing dramatic bone loss after immobilization and cross-sectional trials showing greater bone mass in chronic exercisers and elite athletes than in sedentary control subjects." (1)
In a preliminary study to develop the questionnaire for risk factors in osteoporosis for the EVO-Study we examined 132 patients with a primary osteoporosis type I in regard to physical activities. Those patients, who want to enter a self-help-group (SHG) after diagnosis, reported a higher degree of physical activities than the other patients. In a follow-up over one year the members of the SHG showed an increase of physical activities. That is one reason, why we favour SHG's.
Key words: Self-help-groups, tertiary prevention, osteoporosis, rehabilitation, sports

Einleitung

Aus soziodemographischen Gründen wird die primäre Osteoporose Typ I ein zunehmendes medizinisches und damit auch finanzielles Problem. Aus diesem Grund kommt der Prävention eine hohe Bedeutung zu. Primäre Prävention ist u.a. wegen der Diskontierung von Investitionen schwer zu realisieren. Einer der wichtigsten Aspekte im Hinblick auf die Prävention der Osteoporose ist eine ausreichende Kalziumzufuhr und körperliche Aktivität. „The relationship between physical activity and bone mass continues to provoke great interest. The data presently available indicate that regular physical activity may help to maintain skeletal integrity throughout life and possibly reduce the long-term risk for fracture." (1)
Eine Befragung von 1000 postmenopausalen Frauen mit Osteoporose zeigte, daß nur das tägliche Übungsprogramm zu einer Reduktion der Frakturrate führte (2).

Eine ein- bis zweimalige Übungseinheit pro Woche war nach dieser Befragung wirkungslos. Der Sinn der erhöhten körperlichen Aktivität durch Bewegungsabläufe, die das Skelettsystem gleichmäßig belasten, ist die Erhöhung des physiologischen Muskelzugs am Knochen, da dieser der beste Reiz für die Knochenneubildung zu sein scheint.

Im Rahmen der „European Vertebral Osteoporosis Study" (EVOS) entwickelten wir einen Fragebogen zu Risikofaktoren der Osteoporose, der an 38 europäischen Zentren eingesetzt wurde (5, 6). In einer Voruntersuchung zu diesem Fragebogen untersuchten wir 132 Patientinnen, bei denen in der Abteilung für Endokrinologie und Rheumatologie der Heinrich-Heine-Universität Düsseldorf eine postmenopausale Osteoporose diagnostiziert worden war. Die Patienten wurden u.a. nach ihren sportlichen Aktivitäten befragt und zwar auf einer vierstufigen Skala: I keine sportlichen Aktivitäten, II wenig sportliche Aktivitäten, III regelmäßige sportliche Aktivitäten und IV sportliche Aktivitäten mehrmals pro Woche.

Weiterhin wurde allen Patienten die Teilnahme an einer Osteoporose-SHG empfohlen. Von denen, die nicht Mitglied einer Osteoporose-SHG werden wollten, kamen 66 Patienten zu den Kontrolluntersuchungen nach 6 und 12 Monaten. Diesen Patienten parallelisierten wir 66 SHG-Mitglieder hinsichtlich Alter, Schulbildung und Knochendichte. Beide Gruppen wurden zu drei Meßzeitpunkten über ein Jahr auf die Knochendichte (BMD) mit Hilfe von LUNAR DPX untersucht und es wurde nach den sportlichen Aktivitäten gefragt. Alle statistischen Prozeduren wurden mit Hilfe von SPSS durchgeführt.

Material und Methode

Die 132 Patienten, von denen 66 Mitglied einer Osteoporose-SHG waren und 66 Nichtmitglieder, wurden nach Diagnosestellung im Abstand von 6 Monaten hinsichtlich ihrer sportlichen Aktivität befragt und es wurde die Knochendichte mit Hilfe von LUNAR DPX bestimmt. Das Durchschnittsalter der Patienten betrug im Mittel 58,1 Jahr mit einer Standardabweichung von 6,2 Jahren. Hinsichtlich des Alters bestand kein signifikanter Unterschied zwischen Mitgliedern und Nichtmitgliedern einer Osteoporose-SHG. Die antiosteopenische Therapie war in beiden Gruppen mit Östrogenen, Kalzium, Vitamin D und Fluoriden identisch.

Ergebnisse

Tabelle 1 zeigt die Angaben hinsichtlich der sportlichen Aktivitäten zum Zeitpunkt der

Diagnose einer postmenopausalen Osteoporose. Es fällt auf, daß diejenigen, die bereit sind eine Osteoporose-SHG zu besuchen, vermehrt sportliche Aktivitäten angaben als die potentiellen Nichtmitglieder. Mit einer Irrtumswahrscheinlichkeit von Alpha=,05 konnte ein Chi^2-Test dies wahrscheinlich machen.

	keine sportlichen Aktivitäten	wenig sportliche Aktivitäten	regelmäßige sportliche Aktivitäten	mehrmals pro Woche
SHG	8%	29%	48%	15%
NON-SHG	16%	51%	23%	10%

Tabelle 1. Prozentangaben hinsichtlich der sportlichen Aktivität zum ersten Meßzeitpunkt bei potentiellen Mitgliedern (SHG) und Nichtmitgliedern (NON-SHG) einer Osteoporose SHG.

Die Ergebnisse hinsichtlich der Knochendichte zeigt Tabelle 2. Es sind die Mittelwerte und Standardabweichungen der Knochendichte über die drei Meßzeitpunkte angegeben und zwar für die Mitglieder und Nichtmitglieder einer Osteoporose-SHG. Die durchgeführte Varianzanalyse für wiederholte Messungen zeigte einen überzufälli-

Total BMD (gHA)	I	II	III
SHG	39.2 ± 8.7	42.0 ± 8.2	44.1 ± 8.0
NON-SHG	38.9 ± 10.7	39.2 ± 9.7	39.1 ± 10.9

Tabelle 2. Mittelwerte und Standardabweichungen der Knochendichte (BMD) über drei Meßzeitpunkte bei Mitgliedern und Nichtmitgliedern einer Osteoporose-SHG.

gen Effekt über die Zeit (Pillai's Trace: F=1743; p<,001) und einen signifikanten Interaktionseffekt über die Zeit und die Gruppen (Pillai's Trace: F=1374; p<,001). (7) Im Hinblick auf die sportliche Aktivität fand sich bei den Mitgliedern der Osteoporose-SHG über die Zeit eine leichte, nicht signifikante Zunahme.

Diskussion

In unserer Untersuchung konnte wahrscheinlich gemacht werden, daß Patienten mit einer postmenopausalen Osteoporose, die bereit sind in eine SHG zu gehen, schon vor Diagnosestellung mehr sportliche Aktivitäten durchführen, als diejenigen, die - aus welchen Gründen auch immer - nicht Mitglied einer SHG werden wollen. Ähnliche Ergebnisse findet man auch hinsichtlich anderer Parameter, wie Kontrollüberzeugungen und Selbstwirksamkeitserwartungen (7). Das, obwohl sich beide Patientengruppen zum ersten Meßzeitpunkt hinsichtlich Knochendichte und Frakturrate nicht unterscheiden. Es scheint so, als wenn ein psychologischer Parameter wie Selbstwirksamkeitserwartungen einen präventiven Lebensstil verstärken, sowohl im Hinblick auf primäre, wie auch auf tertiäre Prävention.
Zu fragen ist natürlich nach der Validität der Angaben zur sportlichen Aktivität. Interviews und Fragebögen können durch unterschiedliche Beurteilungsmaßstäbe und eingeschränkte Selbstbeobachtungsfähigkeit der Patienten in ihrer Validität eingeschränkt sein. Quasi nichtreaktive Meßverfahren, wie z.B. das Actometer, sind hier Methode der Wahl, was natürlich - wie immer - mit mehr Aufwand erkauft wird (3, 4).
Die Ergebnisse lassen uns die Mitgliedschaft in einer Osteoporose-SHG favorisieren, der Effekt ist sicher nicht mehr umstritten. Bleibt die Frage, wie die anderen Patienten zum Beitritt motiviert werden können. Angstinduzierende Kommunikationen haben keinen Effekt, wie wir seit 30 Jahren wissen. Folglich müßten die Patienten von den Pflegekräften geschult und verstärkt werden, ihre potentiellen Möglichkeiten im Hinblick auf die tertiäre Prävention zu nutzen.

Literatur

1 Bouxsein M L, Marcus R: Overview of exercise and bone mass, in Lane N E (ed): Rheumatic Disease Clinics of North America: Osteoporosis. Philadelphia: Saunders, 1994, pp 787-802.
2 Cronenberg A, Minkus A, Bremer G, Keck E: Frakturinzidenz unter der krankengymnastischen Übungsbehandlung bei Frauen mit einer Postmenopause-Osteoporose. Krankengymnastik, 43 (1991), 971-975.
3 Kugler J, Seelbach H, Bianga R, Krüskemper G M: Körperliche Aktivität und Schmerzerleben bei Osteoporosepatientinnen im Alltag. Osteologie 2 (1993), 31-34.
4 Kugler J, Seelbach H, Bianga R, Krüskemper G M: Prädiktoren der körperlichen Aktivität bei Osteoporosepatientinnen im Alltag, in Liesen H, Weiß M, Baum M (Hrsg): Regulations- und Repairmechanismen. Köln: DÄV, 1994, pp 685-687.
5 O'Neill, T W et al: Design and development of a questionnaire for use in a multicentre study of vertebral osteoporosis in Europe: The European Vertebral Osteoporosis Study (EVOS). Rheumatology in Europe 24 (1995), 75-81.

6   Seelbach H, Kugler J, Birkeland A, Krüskemper G M: Körperliche Aktivität und Knochendichte: Der wichtigste der modifizierbaren Risikofaktoren der Osteoporose, in Liesen H, Weiß M, Baum M (Hrsg): Regulations- und Repairmechanismen. Köln: DÄV, 1994, pp 702-704.
7   Seelbach H, Kugler J: Internal control orientation and bone mineral density increases in osteoporosis patients in self-help groups: A controlled follow-up study. Journal of Psychosomatic Research, in press.

Für die Verfasser:
Dr. med., Dipl.-Psych.
Harald Seelbach
Abteilung für Allgemeinmedizin
Heinrich-Heine-Universität
Moorenstraße 5
40225 Düsseldorf

Risikofaktor Bewegungsmangel bei Patienten in Osteoporoseselbsthilfegruppen

J. Kugler[a], L. von Kobyletzki[a], H. Seelbach[b], G. M. Krüskemper[a]

[a]Abteilung Medizinische Psychologie, Ruhr-Universität Bochum
[b]Abteilung für Allgemeinmedizin, Heinrich-Heine-Universität Düsseldorf

The Risk Factor Physical Inactivity in Patients of Osteoporosis Self Help Groups

Osteoporosis self help groups have been established in the health care system. The purpose of self help groups is to cope with the disease in self organized groups by patients. In this study, we followed the issue whether patients in osteoporosis self help groups differ from a reference group with regard to physical activity and calcium intake. Patients in osteoporosis self help groups (n=91) and the reference group (n=239) randomly drawn from the Public Registration Office were interviewed according to the European Vertebral Study.

The results showed that patients in osteoporosis self help groups reported less risk behavior than the reference groups. This indicates that patients in osteoporosis self help groups are informed about the significance of risk behavior. However, if verbal reports reflect on behavior habits or rather on social desirability remains to be studied.

Key words: osteoporosis, self-help-groups, risk factors, physical activity

Problemstellung

In den letzten Jahren stellen Selbsthilfegruppen chronisch Kranker eine der größten Bürgerinitiativen dar: Etwa 3,7% der amerikanischen Erwachsenen sind Mitglied einer problemspezifischen Selbsthilfegruppe. Für 1987 bedeutet das 6,25 Millionen Mitglieder von Selbsthilfegruppen in den Vereinigten Staaten. Schätzungen aufgrund epidemiologischer Daten erwarten 10 Millionen Mitglieder am Ende dieses Jahrhunderts. Prochaska & Norcross (5) haben vorausgesagt, daß „the self-help group format will become the major method of ... health care during the 1990s".
1987 wurde der Bundesverband Osteoporoseselbsthilfegruppen gegründet, der in diesem Jahr die Schwelle von 10000 Mitgliedern überschreiten wird.
Inwieweit Selbsthilfegruppen die tertiäre Prävention unterstützen, soll am Beispiel des Bundesselbsthilfeverbandes für Osteoporose verdeutlicht werden. Die postmeno-

pausale Osteoporose wird aus soziodemographischen Gründen ein zunehmend medizinisches und damit auch finanzielles Problem.
Die primäre Osteoporose Typ I ist erst seit wenigen Jahren in den Blickpunkt der Öffentlichkeit geraten und auch heute noch gibt es Ärzte, die die Symptomatik dieser Erkrankung als altersgegeben hinnehmen. Dabei ist die primäre Osteoporose Typ I eine der wenigen chronischen Erkrankungen, bei der adäquate Änderung des Risikoverhaltens zu einer wesentlichen Besserung des Gesundheitszustandes führen könnte. Erfolgversprechende Therapieschemata sind vorhanden, die allerdings häufig eine Umstellung der Ernährungs- und Lebensweise verlangen (7). Unglücklicherweise weiß man aus der Compliance-Forschung, daß die Größe der therapeutisch geforderten Veränderungen der Lebensgewohnheiten negativ mit der Patientencompliance korrelieren. Christensen (1) verweist auf Studien, die zeigen, daß die Patientencompliance abnimmt, wenn die Krankheit asymptomatisch ist und keine unmittelbar negativen Konsequenzen durch Non-Compliance zu erwarten sind. Beide für die Compliance negativen Aspekte sind bei der primären Osteoporose Typ I gegeben. Aus diesen Gründen erscheint uns bei diesem Krankheitsbild die Information und soziale Unterstützung in der Gruppe besonders wichtig (2).
In dieser Untersuchung wurde der Frage nachgegangen, inwieweit sich Mitglieder von Osteoroseselbsthilfegruppen hinsichtlich zweier wichtiger Risikoverhaltensweisen für die Osteoporose, nämlich Bewegungsmangel und calciumarmer Ernährung (6, 8), von einer repräsentativen Vergleichsgruppe aus der Normalbevölkerung unterscheiden.

Methodik

91 Mitglieder von Osteoroseselbsthilfegruppen wurden hinsichtlich des Bewegungsverhaltens und der Ernährung mittels des für die European Vertebral Osteoporosis Study (EVOS) entwickelten Interview befragt (4). Betrachtet werden sollen hier nur die Ergebnisse zu der Häufigkeit von Bewegungsübungen, worunter Gymnastik, Fitnesstraining oder spezielle Sportarten gefaßt werden, die die Patientin außer Atem oder ins Schwitzen bringen. Zudem werden die Ergebnisse bezüglich des Milchkonsums als Indikator für die Calziumaufnahme dargestellt.
Zum Vergleich dienen die Ergebnisse einer altersgematchten Bochumer repräsentativen Vergleichsgruppe (n=239), die per Zufall aus dem Melderegister gezogen wurde.

Ergebnisse

Für den Riskofaktor Bewegungsmangel zeigte sich, daß Osteoporoseselbsthilfegruppenmitglieder über signifikant mehr Bewegungsübungen berichten als die repräsentative Vergleichsgruppe (Abbildung 1).

Während 60,3% der repräsentativen Vergleichsgruppe angaben, keinen Sport zu betreiben, waren es bei Osteoporoseselbsthilfegruppenmitglieder nur 8,1%. Umgekehrt verhielt es sich bei der Antwortkategorie „regelmäßig", die 81,2% der Osteoporoseselbsthilfegruppenmitglieder, aber nur 18,8% der repräsentativen Vergleichsgruppe wählten.

Desweiteren zeigte sich, daß der tägliche Milchkonsum bei Osteoporoseselbsthilfegruppenmitgliedern signifikant über der repäsentativen Vergleichsgruppe liegt (Abbildung 2). Während 46,0% der Osteoporoseselbsthilfegruppenmitglieder täglich Milch zu sich nahmen, waren dies bei der repräsentativen Vergleichsgruppe nur 28,9%. Gelegentlichen Milchkonsum gaben 54,0% der repräsentativen Vergleichsgruppe an, jedoch nur 71,1% der Osteoporoseselbsthilfegruppenmitglieder.

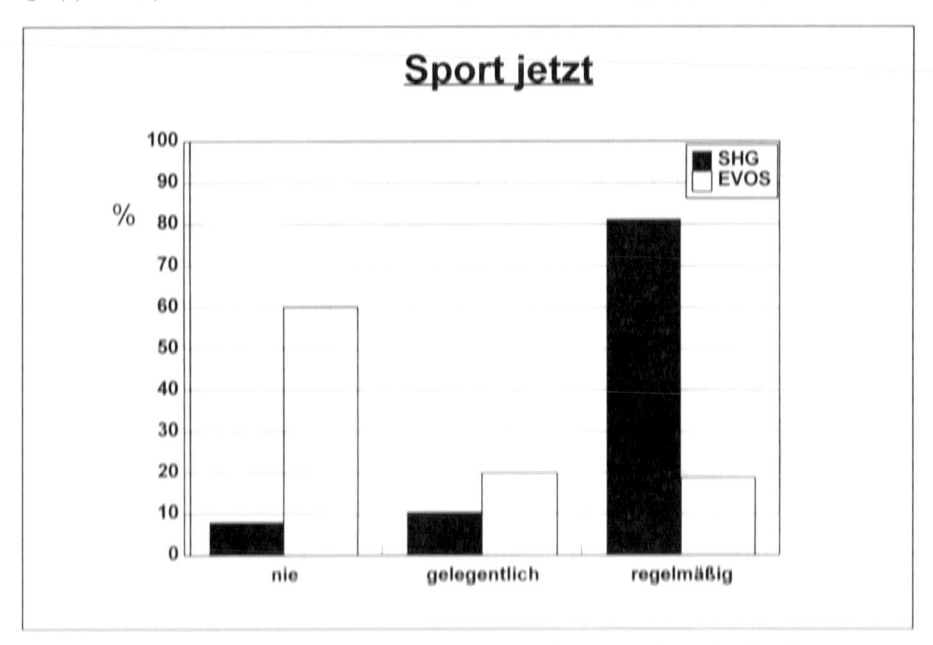

Abbildung 1. Prävalenz des Risikoverhalten Bewegungsmangel operationalisert über Sportfrequenz Mitgliedern von Osteoporoseselbsthilfegruppen (SHG-Mitglieder) und einer repräsentativen Vergleichsgruppe (EVOS-Bochum-Repräsentativbefragung).

Milchkonsum

SHG

46% — 54%

■ täglich
□ gelegentlich

EVOS-Bochum

29% — 71%

■ täglich
□ gelegentlich

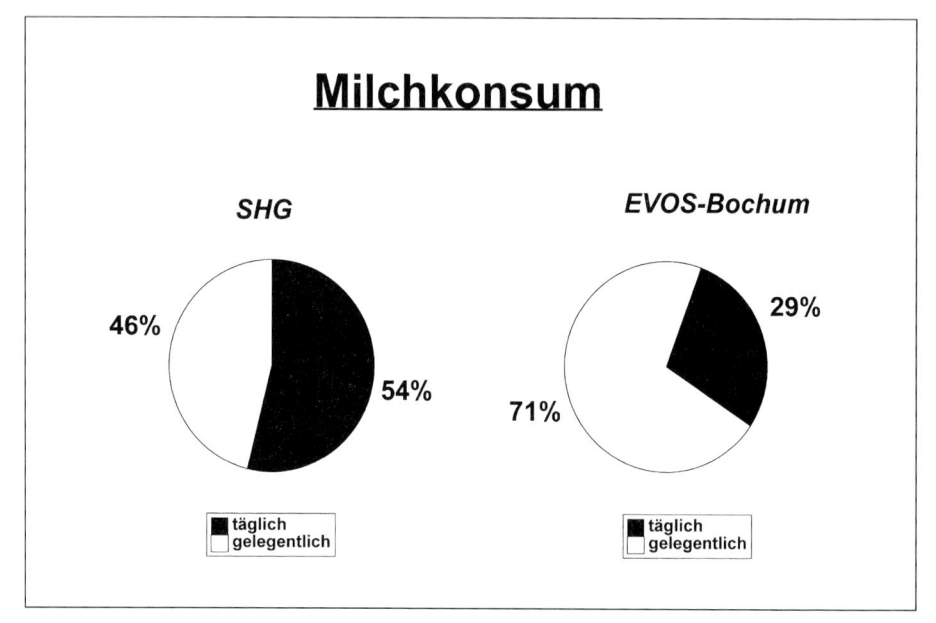

Abbildung 2. Prävalenz des Risikoverhaltens calciumarme Ernährung operationalisiert über Milchkonsum bei Mitgliedern von Osteoporoseselbsthilfegruppen (SHG-Mitglieder) und einer repräsentativen Vergleichgruppe (EVOS-Bochum-Repräsentativbefragung).

Diskussion

Als Ziel des Bundesselbsthilfeverbands für Osteoporose gilt es, die Gesundheit der Osteoporosepatienten zu verbessern und ihre Interessen in unserer Gesellschaft zu vertreten. Dazu sollen insbesondere folgende Aufgaben erfüllt werden: Förderung der aktiven Mitarbeit eines über seine Krankheit informierten Patienten, auch mit dem Ziel, die oft drohende Isolation und die damit verbundene Vereinsamung zu vermeiden; Bereitstellung von Arbeits- und Informationsförderung zur Gruppentherapie, so z.B. zur gemeinsamen Osteoporose-Gymnastik unter qualifizierter Leitung; weiterhin Kontakte zu anderen Verbänden und Informations- und Öffentlichkeitsarbeit.

Die Ergebnisse der Studie belegen, daß Osteoporoseselbsthilfegruppenmitglieder weniger Risikoverhalten angeben als eine repräsentative Vergleichsgruppe. Dies deutet darauf hin, daß Selbsthilfegruppenmitglieder besser über die Bedeutung von Risikoverhalten in der tertiären Prävention der Osteoporse informiert sind. Inwieweit die Angaben zum Risikoverhalten dem tatsächlichen Verhalten entsprechen oder ob sie durch den Faktor soziale Erwünschtheit beeinflußt worden sind, bleibt weiteren verobjektivierenden Untersuchungen vorbehalten (z.B. Ansatz zur Bewegungsregistrierung im Alltag siehe (3).

Zusammenfassend kann gesagt werden, daß eine Mitgliedschaft in Osteoporoseselbsthilfegruppen sich günstig für eine Modifikation von Risikoverhalten auswirkt. Eine Zusammenarbeit mit Ärzten, Therapeuten und Krankengymnasten wird explizit vom Bundesselbsthilfeverband gefordert und erscheint uns für medizinische Selbsthilfegruppen auch besonders bedeutsam zu sein.

Literatur

1. Christensen D B: Drug-taking compliance: A review and synthesis. Health Services Research, 13 (1978), 171-178.
2. Cronenberg A: Selbsthilfegruppen im krankengymnastischen Behandlungskonzept der Spondylitis ankylosans und der Postmenopause-Osteoporose, in Seelbach H, Kugler J, Neumann W (eds): Rheuma - Schmerz - Psyche. Bern: Huber, 1994.
3. Kugler J, Bianga R, Seelbach H, Krüskemper G M: Körperliche Aktivität und Schmerzerleben bei Osteoporosepatientinnen im Alltag. Osteologie 2 (1993),31-34.
4. O'NeillT W, Cooper C, Algra D, Pols H A P, Agnusdei D, Dequeker J, Felsenberg D, Kanis J A, Krüskemper G M, Raspe H, Seelbach H, Silman A J (on behalf of the European Vertebral Osteoporosis Study Group): Design and development of a questionnaire for use in a multi-center study of vertebral osteoporosis in europe: the European Vertebral Osteoporosis Study (EVOS). BONE (in press).
5. Prochaska J D, Norcross J C: The future of psychotherapy: A Delphi poll Professional Psychology 13 (1982), 620 - 627.
6. Riggs B L, Melton L J (eds): Osteoporosis. New York: Raven, 1988.
7. Seelbach H, Kugler J, Krüskemper G M: Die primäre Osteoporose Typ I: Risikofaktoren, Prävention und Rehabilitation in Kuhn W, Büttner T, Heinemann W, Frey C, Schneider K, Zierden E, Przuntek H (eds): Altern, Gehirn und Persönlichkeit. Bern: Verlag Hans Huber, 1994.
8. Seelbach H, Kugler J, Birkeland A, Krüskemper G M: Körperliche Aktivität und Knochendichte: Der wichtigste der modifizierbaren Risikofaktoren der Osteoporose, in Liesen H, Weiß M, Baum M (eds): Regulations- und Repairmechanismen. Köln: Deutscher Ärzte-Verlag, 1994.

Für die Verfasser:
Dr. med., Dipl.-Psych. Joachim Kugler
Abt. Medizinische Psychologie
Ruhr-Universität Bochum
Universitätsstr. 150 (MA-0-145)
44780 Bochum

Schlaganfall

Einführung in das Schwerpunktthema

M. Weiß

Vorwort

Erstmals konnte auf diesem Kongress das bislang weitgehend noch unbekannte Konzept der Integration von Sport in die therapeutisch-rehabilitativen Maßnahmen nach Schlaganfall übersichtsweise dargestellt und der Öffentlichkeit bewußt und bekannt gemacht werden. Viele der bisher mit diesem Gebiet befaßten Fachleute - eine doch unerwartet große Zahl an Ärzten, Physiotherapeuten, Sporttherapeuten - aber auch angehende Übungsleiter und Betroffene nutzten die Gelegenheit, Informationen und Gedanken auszutauschen, sich ein Bild vom momentanen Stand auf wissenschaftlicher und praktischer Ebene zu machen und über die ersten Erfahrungen zu berichten.

Umfassende Forschungsergebnisse oder gar Langzeitstudien lagen bis vor Kurzem wenige vor. Auch mangelt es noch an methodischem Instrumentarium bezüglich der Durchführung von Sport und an validen Methoden der Erfolgskontrollen. Bei der Komplexität und differenzierten Ätiologie und Symptomatik des Krankheitsbildes ist dies auch sicher extrem schwierig. Erste Ansätze konnten dennoch aufgezeigt werden. Ziel der Sektion Schlaganfall auf diesem Kongress war es nicht, hier einen lückenlosen Überblick über Forschungsstand und Gesamtwissen zu geben oder gar fertige Konzepte zu präsentieren, vielmehr war es Anliegen, verschiedene Ansätze aufzuzeigen und für die Zukunft auf bisherigen Einzelaspekten aufzubauen. Das Teamgespräch unter Einbezug von Ärzten, Therapeuten und Betroffenen war hier ein wichtiger Ansatzpunkt und wird es auch in der Zukunft mit der zugesagten Unterstützung der Stiftung Behindertensport und der Beteiligung der Schlaganfallstiftung und der von ihr initiierten Selbsthilfegruppen sein.

Die nachfolgenden Beiträge, ob Übersichten oder erste wissenschaftliche Pilotstudien, ob Erfahrungs- oder Praxisberichte, haben jeweils ihren eigenen Stellenwert in der Gesamtschau. Der wissenschaftliche Leiter erlaubt sich deshalb, jeweils eine Kommentierung unter diesen Gesichtspunkten und wird zum Schluß des Kapitels Schlaganfall auswertend zusammenfassen und Zukunftsaspekte aufwerfen.

Kommentare

Schlaganfall: Epidemiologie, Ätiologie, Klinik, Diagnostik und Akuttherapie
H.C. Diener, Neurologische Universitätsklinik Essen

Einleitendes Übersichtsreferat
Da kein Abstract oder Vortragsmanuskript vorliegt greift der wissenschaftliche Leiter einige Aspekte aus dem Vortrag auf.
Prof. Diener informierte umfassend über den aktuellen Stand der Kenntnisse und der Therapie. Besonderes Augenmerk wurde auf die Risikofaktoren und Prävention durch Senkung der Risikofaktoren gelegt. Das geschätzte Gesamtrisiko, eine zerebrale Ischämie unterschiedlichster Ätiologien - worunter immer noch die extra- und intracraniellen Gefäßkrankheiten die wichtigste Rolle spielen - zu erleiden, beträgt 400 und mehr pro 100000 EW. Geschätzt für die BRD erkranken mindestens 200000 Menschen pro Jahr neu. Ein diastolischer Blutdruck von über 105 mmHg bedeutet einen Risikofaktor 4, durch antihypertensive Therapie kann das Risiko um 42% gesenkt werden. Bei Cholesterin von 240-280 beträgt der Risikofaktor 2, Nikotinabusus ergibt bezüglich Blutungen den Faktor 1, Thrombosen den Faktor 2, Subarachnoidalblutungen Faktor 4. Bei Kombination der Risikofaktoren ergibt sich eine Potenzierung bis auf den Faktor 13.
Nachweisbar erfolgreiche therapeutische Interventionen sind als wirksam bisher lediglich für die Hypertonie eindeutig bewiesen. Bei bereits durchgemachten kurzfristigen Durchblutungsstörungen (transitorische ischämische Attacke-TIA) steigt das Risiko für einen nachfolgenden Schlaganfall besonders stark an. Hierbei ist die Wirksamkeit einer Operation an den Hirngefäßen besonders bedeutsam, vor allem wenn der Einengungsgrad über 75% liegt. Dann kann das Risiko um 60-75% gesenkt werden, bei kleineren Verschlüssen ist die präventive OP weniger wirksam. Bei bestehenden Herzrhythmusstörungen wird bei Patienten bis zum 75. Lebensjahr eine gerinnungshemmende Therapie mit Vitamin-K-Antagonisten (Marcumar) bevorzugt, bei Patienten über 75 Jahren Acetylsalyzilsäure allein oder in Kombination mit Dipyridamol ansonsten Ticlopidin. Bei veränderten Blutgefäßen, Emboliegefahr oder Thrombosegefahr wirkt Acetylsalyzilsäure allein schon vorbeugend.
Bezüglich der Akuttherapie wird darauf hingewiesen, daß mehr Bedarf an spezialisierten Schlaganfalleinheiten in Zentralkrankenhäusern eingerichtet werden müssen. Der Einsatz von modernen bildgebenden Verfahren ermöglicht es nun viel besser, Ursache und Ausmaß der Schädigung zu erfassen und damit eine frühzeitig einsetzende differenzierte Behandlung einzuleiten. Die möglichst kurze Zeitdauer zwischen dem eintretenden Ereignis bzw. auch kleiner oligosymptomatischer Vorzeichen wie kurzfristige Sprech- und Wortfindungsstörungen, Schwächen der Extremitäten o.ä.,

und der raschen Einleitung der Therapie ist besonders bedeutsam für das spätere Schicksal des Patienten.

Neue Ansätze in der Therapie hemiparetischer Gangstörungen
S. Hesse, Abteilung für Neurologische Rehabilitation, Klinik Berlin

Zwar liegen bisher nur kleine Untersuchungszahlen vor, die Erfolge der Lokomotionstherapie auf dem Laufband mit anfänglicher Gewichtsentlastung lassen sich jedoch mit objektivierbaren Parametern wie erreichbare Ganggeschwindigkeit, Zyklusparameter, verbessertes Gangbild und Bodenreaktionskräfte belegen. Diese von Tierversuchen ausgehend zunächst auf querschnittsgelähmte Patienten übertragene Methode stellt somit mit Sicherheit einen deutlichen Fortschritt in der Wiederherstellung der Mobilität von Patienten mit Schlaganfall dar. Die Methode ist jedoch nach wie vor kosten- und personalintensiv (es werden 1-2 Hilfspersonen zur Korrektur des Gangbildes, Becken- und Oberkörperaufrichtung benötigt, um zu verhindern, daß sich abweichende Gangmuster entwickeln). Interessant war die Mitteilung in der Diskussion, daß das Entstehen von Spastik und Kloni bei dieser Therapieform selten oder gar nicht auftritt, und sich bereits nach nur 25 ÜE auch Auswirkungen auf andere motorische Funktionen gezeigt haben, gemessen an der Rivermead Skala, auch bei Patienten, die trotz vorangegangener Basistherapie das Laufen nicht erlernt hatten und deren ZNS-Läsion länger als 3 Monate zurück lag. Angesichts des großen Aufwandes wird diese Therapie mit Sicherheit vorläufig nur wenigen Zentren vorbehalten sein, und dann auch nur, wenn weitere Erfahrungen mit Erstellung von Ein- und Ausschlußkriterien vorliegen.
Ähnliches dürfte auch für den therapeutischen Ansatz der Botolinumtoxinbehandlung beim spastischen Spitzfuß gelten. Entscheidend ist bei dieser Therapie zunächst, daß in Kombination mit der Lokomotionstherapie auf dem Laufband das Einschleifen eines korrekteren Gangbildes erleichtert werden kann. Weiterer Forschungsbedarf ist sicherlich noch notwendig.

Die Möglichkeiten des Sports in der motorischen
und psychischen Rehabilitation der Schlaganfallbetroffenen
E. Conradi und M.-L. Conradi, Universitätsklinik und
Poliklinik für physikalische Medizin und Rehabilitation, Charité-Berlin

Der Beitrag baut auf langjährige Erfahrung und läßt außer Zweifel, daß Sport seinen Stellenwert in der Rehabilitation und Nachbehandlung nach zerebraler Ischämie

hat. Sport in Gruppen muß basieren auf krankengymnastischer und ergotherapeutischer Vorbehandlung und hat eine differenziertere und andersgeartete Zielsetzung auf der Grundlage von sensomotorischen Lernprozessen. Wichtig sind aus diesem Beitrag zwei weitere Gesichtspunkte:
1. Das Wiedergewinnen von Vertrauen in die eigene Körperlichkeit und die Wiedererlangung einer lebensbejahenden Einstellung.
2. Die Notwendigkeit einer gezielten Planung und der Integration in ein erweitertes Rehabilitationsprogramm.

Die differenzierte und kritische Betrachtung basierend auf langjähriger Erfahrung der Autoren dürfte geeignet sein, die von vielen Seiten bestehende Skepsis gegenüber Sport in der Schlaganfallnachsorge abzubauen. Nicht vergessen werden sollte, daß sämtliche angebotenen Sportarten einen hohen Motivationscharakter aufweisen sollten und viel Freiraum für Kreativität und Anpassung an das individuelle Leistungsvermögen bieten müssen.

Bewegungs- und Verhaltenstraining für Schlaganfallpatienten
Erfahrungen aus 5 Jahren ambulanter Sporttherapie
F. Merten, Klinik für Geriatrie und Rehabilitation Berlin Buch

Wichtig ist hier, hervorzuheben, daß ein Einstieg im stationären Bereich und eine Verzahnung zu ambulanten Therapieangeboten erforderlich sind zur Konsolidierung von Rehabilitationsergebnissen und zur längerfristigen Weiterführung in einem aktiven Körper- und Verhaltenstraining. Daß hierzu qualifizierte fachlich kompetente Kursleiter und somit eine Kursleiterausbildung dringlich notwendig ist, steht außer Zweifel, ebenso die Dringlichkeit der Kooperation des therapeutischen Teams, damit eine methodische und inhaltliche Planung in systematischen Reihen und mit differenzierten speziellen Übungsaufgaben möglich ist.

Trainings- und sporttherapeutisches Programm für Schlaganfallpatienten
B. Frank, O. Herhaus, Rhein-Sieg-Klinik Nümbrecht

(Kommentar auf der Basis des Abstracts und Erinnerung)
Dieser Beitrag machte deutlich, daß die Einbindung von therapeutischem Sport in Form von Übungsparcouren und aerobem Ausdauertraining in das Gesamtkonzept der Einzelbehandlung nach Bobath sowie Ergotherapie und Neuropsychologie eine schnellere Wiedererlangung von Selbständigkeit im alltäglichen Leben (gemessen am Barthel-Index) ermöglicht und damit einen deutlichen Fortschritt in der gesamt-

heitlichen stationären Nachsorge in der postakuten sowie chronischen Phase darstellt. Aufgrund dieser Ergebnisse und der Aussagen der Autoren sind für die Zukunft neben Selbsthilfegruppen auch ambulante Reha-Sportgruppen eine dringliche Forderung.

Die Stabilisierung und Verbesserung koordinativer Fähigkeiten und Fertigkeiten bei Apoplexpatienten in der motorisch-koordinativen Bewegungstherapie
F. Lehmann, Fachklinik Bad Liebenstein

Mit einfachen und wenig zeit- und personalintensiven Testmethoden basierend auf den Übungsinhalten werden auch in kurzer Zeit erreichbare Fortschritte durch diese Programme dokumentiert. Die Problematik solcher Testverfahren bzw. des testorientierten Beübens wird an den großen Streubreiten bezüglich der Erfolge deutlich. Dennoch haben solche Testverfahren ihren wichtigen Stellenwert bei der Planung und späteren Differenzierung von Übungsprogrammen anhand der Semiquantifizierung von Erfolg und Mißerfolg. Auch wenn die Testübungen keinen direkten Bezug zur Alltagsmotorik haben mögen, sind die grundsätzlichen abgetesteten Fähigkeiten und Fertigkeiten (Gleichgewicht, Rhythmus, Differenzierung) die Basis für Bewegungssicherheit und Bewegungskompetenz und damit für sichereres Bewegen im Alltag und unterstützend für die Entwicklung eines wieder steigenden Vertrauens in die eigenen Fähigkeiten und Möglichkeiten.

Objektivierung der Bewegungstherapie nach Apoplexie
J. Hübscher et al., Friedrich-Schiller Universität Jena

Die hier vorgestellte Methode zur Erfassung von motorischen Regelfunktionen als Mittel zur Quantifizierung von Rehabilitationsprogrammen ist ein interessanter methodischer Ansatz und durchaus als ausbaufähig anzusehen. Hier können anhand des Mechanogrammes motorische Dysfunktionen (aber auch motorische Restfunktionen) deutlich dargestellt werden, und die Veränderungen im Rahmen eines Rehabilitationsprogrammes lassen deutliche Rückschlüsse über wiedergewonnene Funktionen zu und sind letztlich Effekte von plastischen neuronalen Veränderungen mit der Bildung von neuen Rückkopplungsschleifen und Bahnen neuer Verbindungen im Sinne eines Lernprozesses, auch wenn hier nur auf der Basis von Einzelbeobachtungen demonstriert wird. Dieser interessante Untersuchungsansatz sollte erweitert werden durch systematische Untersuchungsreihen mit Kontrollgruppe, um eindeutige Beweiskraft herzustellen. Leider wurde auf den Einsatz der Testbaterie

„Memobil" wenig eingegangen. Der interessierte Leser hat jedoch die Möglichkeit, sich anhand der Literaturliste hier weiter zu informieren.

Möglichkeiten des Einsatzes eines Hand- und
Fingerdynamometers in der Rehabilitation
M. Lippert-Grüner, Ch. Mucha, Rehabilitationszentrum Universität Köln

Ähnlich wie im vorangegangenen Beitrag wird versucht, den Übungserfolg zu quantifizieren mittels eines in diesem Fall isometrischen Dynamometers. Die sehr starke Einengung auf die Krafkomponente einer isolierten Bewegung erlaubt jedoch wenig Rückschlüsse auf die zugrunde liegenden Mechanismen. Bei dem untersuchten Patientenkollektiv muß es sich um Betroffene mit noch erheblichen Restfunktionen und ohne Spastik gehandelt haben, die auch noch keine Induktion von Kloni oder abweichenden Bewegungsmustern aufweisen. Im Falle einer Restinnervation von Muskelpartien ist davon auszugehen, daß mit einem spezifischen Training in jedem Falle eine Kraftentwicklung möglich sein muß, vor allem dann, wenn die Restfunktionen eine korrekte Innervierung erlauben und das Kraftdefizit aus Inaktivierung herrührt. Die nachgewiesenen Erfolge des spezifischen Trainings dürften in erster Linie auf einer Verbesserung der intra- und intermuskulären Koordination beruhen, da innerhalb von 10 ÜE kaum mit einer wesentlichen Hypertrophisierung der vormals atrophischen Muskulatur gerechnet werden darf. Somit erlauben die vorgelegten Ergebnisse keine Generalisierung der Aussagen auf weitere Patientenkollektive. Bei solchen Trainingsprogrammen sollte außerdem darauf geachtet werden, daß ein vernünftiges Anbahnungsmuster entsteht, keine Erhöhung der Tendenz zur Spastik nachfolgt und keine konträren Effekte zur krankengymnastischen und ergotherapeutischen Therapie entstehen. Wünschenswert zur weiteren Beurteilung der Effekte wäre für spätere Untersuchungen außerdem eine Kontrolle über EMG-Ableitungen über den Synergisten und Antagonisten und eine Überprüfung auf der nicht betroffenen Seite zur Kontrolle. Außerdem sollten Ausschlußkriterien solcher Übungsprogramme erstellt werden.

Praxisdemonstration - Sport in der Rehabilitation nach Schlaganfall
M. Weiß, L. Düchting, U. Rehm,
Sportmedizinisches Institut der Universität-GH Paderborn

Ein kurzer Videofilm gab anhand von Ausschnitten aus Übungs- und Testprogrammen Einblick, in welchem Ausmaß Hemiplegiker verloren geglaubte Fähigkeiten sich zu bewegen wieder entwickeln können. Der Einsatz von Geräten und die Gruppe wirken motivierend, Spaß muß dabei sein, komplexe Anforderungen sind auch bei komplexen Störungen möglich und wirken fördernd.

Wünschenswert, fast Forderung, ist, daß die Übungsleiter ein Praktikum bzw. eine Hospitation von mindestens 4 Wochen in einer Reha-Institution für Hemiplegiker absolvieren und dort den Umgang mit diesen Patienten und die Grundzüge des Bobath-Konzeptes kennenlernen.

Die angeregte Diskussion nach der Praxisvorstellung wurde kritisch geführt und warf einige offen stehende Probleme auf: Unter anderem die Interaktion zwischen funktionaler Therapie und Spiel und Sport zu steuern (konträre oder synergistische Effekte bei der Entwicklung von Bewegungsmustern), die Quantifizierung von Therapieerfolgen aber auch eventueller Fehlentwicklungen mit validen Methoden, eine fundierte Übungsleiterausbildung. Die Bildung eines wissenschaftlich begleitenden Gremium mit Experten aus der Schlaganfallstifung und der Deutschen Gesellschaft für neurologische Rehabilitation muß als Nahziel gefordert werden.

Teamgespräch

Unter der Gesprächsleitung von Busse/Minden, der sein therapeutisches Team mitbrachte, sowie unter Beteiligung von Zippel und Merten/Berlin und Ringelstein/Münster (in Vertretung von Freund) kamen die in der akuten medizinischen Versorgung und in der Nachsorge und Rehabilitation von schlaganfallbetroffenen Patienten beteiligten Therapiegruppen zu der Möglichkeit, ihre Rolle in der Frühphase und Nachphase nach Schlaganfall zu präsentieren. Als Quintessenz aus der lebendig geführten wie auch wissenschaftlich fundierten Meinungsäußerung innerhalb des Roundtables wie auch mit der Auseinandersetzung mit dem Auditorium sollten folgende Kernpunkte hervorgehoben werden:

Die Rehabilitation von Schlaganfallpatienten erfordert ein gutes Funktionieren und Interagieren von Pharmakologie, Ernährung, Psychoneurologie, Ergotherapie, bishin zur Gruppentherapie mit zusätzlichem Bewegungsangebot. Im Idealfall entsteht ein Team, das kooperativ wirkt.

Der schnellen Erstversorgung muß auch eine früh einsetzende Nachbehandlungsmaßnahme folgen. Eine Anbahnung zum aktiveren Lebensstil durch Bewegung, Spiel und Sport sollte schon im klinischen Bereich erfolgen (oben genanntes Modell Oberhausen-Sterkrade, vorgetragene Erfahrungen z.B. von den Kongressteilnehmern Zippel und Merten). Ein Bewußtsein für solche Maßnahmen muß nicht nur bei den Betroffenen sondern auch den nachbehandelnden Ärzten und Therapeuten entwickelt werden. Nur seriöse und gut geplante Konzepte haben Aussicht auf Erfolg, deshalb sind entsprechende Ausbildungen für Übungsleiter zunächst vorrangig vor einer schnellen flächendeckenden Ausbreitung von ambulanten Sportgruppen.

Zusammenfassung, Standortbestimmung und Ausblicke

Mehrheitlich liegen bisher zum Thema Sport in der Schlaganfallrehabilitation kleinere Pilotuntersuchungen, Erfahrungs- und Praxisberichte vor. Deutlich wird die Suche nach methodischem Arsenal und standardisierten Prüfverfahren für die Validierung und Normentwicklung von geeigneten Übungs- und Sportprogrammen für differenzierte Ansätze bei unterschiedlichen Schweregraden und Befallsmustern, auch wenn einheitlich ein integratives Programm für unterschiedlich Betroffene angestrebt wird. Ansätze für qualitative und quantitative Verfahren sind jedoch in fast allen Beiträgen erkennbar. So wurden bisher die Erfolge bezüglich der Alltagsbewältigung und Verbesserung der Alltagsmotorik überprüft mittels des Barthel-Index, der Rivermead-Skala sowie mit spezifischerer Überprüfung spezieller motorischer Fähigkeiten und Fertigkeiten anhand von sportmotorischen Tests und Dynamometern. Aufgrund der kleinen Untersuchungskollektive mit unterschiedlicher Zusammensetzung kann nicht von wissenschaftlicher Beweiskraft gesprochen werden, insgesamt wird jedoch der Stellenwert von Sport im Anschluß an eine und zur Ergänzung einer Basistherapie anhand dieser ersten Untersuchungen als möglich, unterstützend und akzeptierbar eingeschätzt und sein Einsatz in der Weiterführung der Therapie-Straße in der postakuten und chronischen Phase forciert gefordert. In allen Beiträgen und vor allem in den anschließenden Diskussionen, insbesondere im Teamgespräch und in der Praxisdemonstration wurde Übereinstimmung erzielt, daß „Bewegung, Spiel und Sport in der Gruppe" nicht isoliert dastehen darf sondern eingebettet sein muß in ein übergeordnetes Gesamtkonzept durch ein therapeutisches Team.

Die vorgestellten Beiträge - sofern sie nicht in ausführlicher Form vorliegen die Kurzreferate bzw. die Auszüge des wissenschaftlichen Leiters - zeigen auf, daß über die Ausnutzung von Kompensationsmöglichkeiten und Erhaltung/Wiederherstellung von Funktionen bzw. die Vorbeugung von Folgeschäden durch Krankengymnastik, Ergotherapie, Logopädie, psycho-soziale Begleitung hinaus komplexe Anforderungen bei Spiel und Sport zur weiteren Mobilität führen und unter den Aspekten „Training" und „aktiver Lebensstil" ein Beitrag zur Sekundärprävention geleistet werden kann. Die Plastizität des Nervensystems ermöglicht es, durch Sprouting und neue Rückkopplungsschleifen neue Erregungsmuster zu liefern (s. auch Beiträge Diener/Essen, Conradi u. Conradi/Berlin und Hübscher/Jena), sofern durch gezielte Reizsetzungen das Sprouting nicht ungerichtet verläuft und dadurch das Leiden verschlimmert wird.

Komplexe, parallel laufende Inputs und allmählich steigernde Anforderungen sollten diese Prozesse möglichst früh (innerhalb von 60 Tagen nach dem Akutereignis) anregen, sobald die funktionelle Basis gebahnt ist und die therapeutische Gesamtheit nicht gestört wird. Hierin sollte der therapeutische Nutzen von Spiel und Sport liegen, aber dies darf die angebahnten Muster der Basistherapie nicht stören. Dann ist Sport fester Bestandteil in der Rehabilitation nach Schlaganfall und bekommt seinen Standort im therapeutischen Team. Außerdem laufen positive Effekte auf kognitiver, emotionaler und psycho-sozialer Ebene bei „Bewegung, Spiel und Sport" quasi parallel zur senso- und psychomotorischen Förderung.

Abbildung 1 versucht, den Ansatzpunkt zur Minderung der Rezidivgefahr und Bewältigung der Folgen des zerebralen ischämischen Insultes durch die Sport- und Bewegungstherapie zu schematisieren. Die Auswirkungen des Insultes mit Hemiplegie, Spastik, Agnosien und Apraxien wie auch Störungen des Körperschemas und der Koordination haben sich verstärkende Folgen auf Alltagsmotorik und Affektverhalten, wodurch Unsicherheit, Isolierung und Depression entsteht und damit eine Steigerung der Gefahr. Durch das Ausnutzen von Restfunktionen und Kompensationsmöglichkeiten sowie Anbahnung neuer Schleifen unter Ausnutzung der Plastizität des neuronalen Systems kann sich Bewegungssicherheit und Bewegungskompetenz entwickeln, wodurch der Bewegungsspielraum erweitert werden kann, um über Gewinn an Lebensqualität der Unsicherheit, der Isolierung und der Depression vorzubeugen, so daß der Circulus vitiosus aufeinanderfolgender weiterer Einschränkungen zu unterbrechen sein sollte. Unabdingbar für einen schädigungsfreien und risikoarmen Einsatz des therapeutischen Sportes ist eine qualifizierte Ausbildung von Betreuern und Übungsleitern. Für die Zukunft ist es erforderlich, Übungsprogramme und Evaluationsmethoden zu standardisieren, systematisieren mit validierten quantitativen und qualitativen Verfahren wissenschaftliche Beweiskraft zu erzielen, möglichst in einem multidisziplinären und überregionalen Ansatz unter Beachtung von Kofaktoren wie Ernährung, Lebensstil, Begleiterkrankungen, psycho-physische Interaktionen. Ansätze für stationär-ambulante Übergänge, wie sie an verschiedenen Orten bereits praktiziert werden (z.B. Oberhausen-Sterkrade, Klinik Berlin, Klinik Liebenstein, Klinik Nümbrecht um nur einige zu nennen) scheinen erfolgsversprechend zu sein, denn hier können Wege vorgezeigt werden durch klinisch in der Akut- und Nachsorge tätige Ärzte und Therapeuten. Die langfristige Nachbetreuung könnte denkbar sein durch Kooperation der Behindertensportverbände mit den Selbsthilfegruppen, wodurch administrative und finanzielle Probleme einheitlich geregelt sind. Denkbar ist auch eine wissenschaftliche Begleitung durch die wissenschaftlichen Leitungen der Stiftung Schlaganfall und der Deutschen Gesellschaft für neurologische Rehabilitation unter Einbezug von Sportärzten und Sportwissenschaftlern, um die Bewegung „Rehabilitation durch Bewegung" auf sicheren Fundamenten aufzubauen.

Schlaganfall

Cerebraler ischämischer Insult

Hemiplegie u. sonst. Folgen → Spastik, Koordination → Alltagsmotorik, Affektverhalten → Inaktivität, Unsicherheit → Isolierung → Depression → **Steigerung der Gefahr von**

BEWÄLTIGUNGSSTRATEGIE

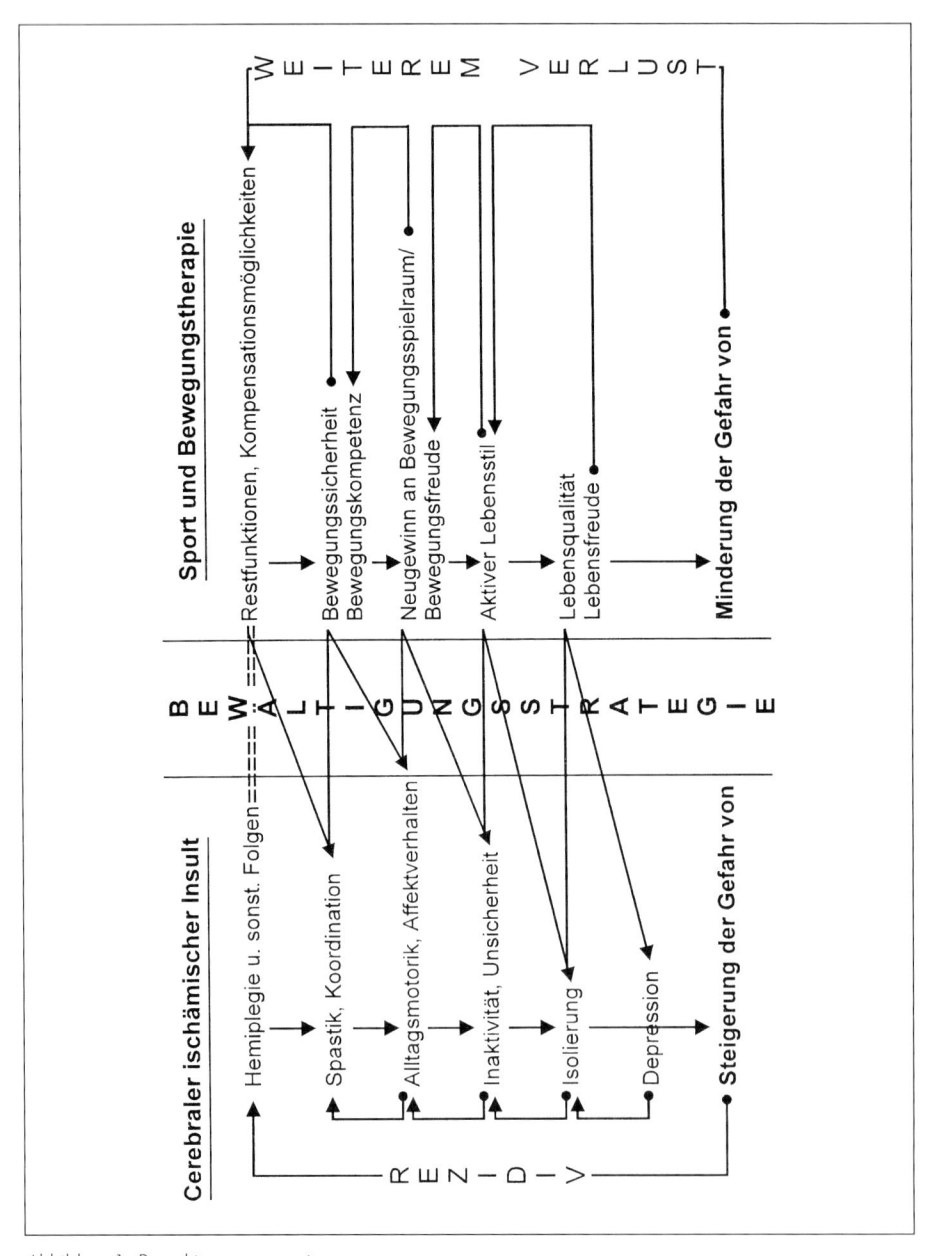

Sport und Bewegungstherapie

Restfunktionen, Kompensationsmöglichkeiten → Bewegungssicherheit, Bewegungskompetenz → Neugewinn an Bewegungsspielraum/ Bewegungsfreude → Aktiver Lebensstil → Lebensqualität, Lebensfreude → **Minderung der Gefahr von** WEITER MER VERLUST

RE-INDIV-

Abbildung 1. Bewältigungsstrategie.

Neue Ansätze in der Therapie hemiparetischer Gangstörungen

S. Hesse

Abteilung für neurologische Rehabilitation,
Klinik Berlin, Freie Universität Berlin

New Treatment Approaches in the Restoration of Gait in Hemiparetic Patients

Treadmill training with partial body weight support was introduced in the restoration of gait in non-ambulatory hemiparetic patients. Secured in modified parachute harness the patient can train walking repetitively on the treadmill. Therapists correct posssible gait deviations. The paper presents a baseline treatment and a single-case design study which both demonstrate the capacity of the new treatment approach for restoration of gait. Further, our experiment with local injections of botulinum toxin A in the treatment of spastic drop feet are presented. After the injection of 400 units of BTX-A chronic hemiparetic patients walked faster with a longer stride and muscle tone was reduced, as assessed by the modified Ashworth Score.

Key words: hemiparesis, treadmill training, spastics, botulinum toxin A

Teil I: Laufbandtraining mit partieller Entlastung des Körpergewichts

Einleitung

Die Therapie von Gangstörungen ist zentraler Bestandteil der neurologischen Rehabilitation. In der Gruppe der hemiparetischen Patienten unterschiedlicher Ätiologie z.B. ist ein Viertel der Patienten dauerhaft auf den Rollstuhl angewiesen, in 50% der Fälle bleibt das Gehvermögen mehr oder wenig beeinträchtigt und lediglich 25% erreichen wieder die volle Gehfähigkeit (9). Für Deutschland bedeuten diese Zahlen, daß ca. 4500 Menschen jedes Jahr dauerhaft auf den Rollstuhl angewiesen bleiben. Bisherige Therapieverfahren zur Wiederherstellung der Gehfähigkeit sind nur bedingt erfolgreich und verlangen einen hohen körperlichen Einsatz der Therapeuten. Sie müssen dem Patienten helfen, das Körpergewicht zu tragen und das Gleichgewicht zu halten.

Deshalb wurde das Laufband mit partieller Entlastung des Körpergewichts zur Wiederherstellung bzw. Verbesserung der Gehfähigkeit des Patienten eingeführt. In Anlehnung an moderne Konzepte des motorischen Lernens ermöglicht diese Technik dem Patienten das repetitive Üben eines korrigierten Gangmusters zum frühest möglichen Zeitpunkt. Tierexperimentell ließ sich für die spinalisierte Katze und Primaten mit inkompletter Rückenmarksschädigung zeigen, daß durch ein Laufbandtraining mit Gewichtsentlastung Schreitbewegungen rascher initiiert werden konnten (7). Die Methode erwies sich auch in der Behandlung von inkompletten Querschnittspatienten, die nach einer 1,5 bis 6-monatigen Behandlung 100-200 m mit Hilfe gehen konnten, als effektiv (10). Für bereits gehfähige Hemiparese-Patienten lagen lediglich Einzelfallbeschreibungen vor (8).

Material und Methode

Bei dem von uns verwandten System sind Patienten in einem modifizierten Fallschirmgurt gesichert, über einen Flaschenzug kann das Körpergewicht partiell entlastet werden, das Ausmaß der Entlastung wird an einer mechanischen Waage abgelesen. Die Geschwindigkeit des Laufbandes ist stufenlos verstellbar, in Notfällen kann das Gerät durch Knopfdruck direkt ausgeschaltet werden. Die Geschwindigkeit des Bandes und die Trainingsdauer werden den Wünschen der Patienten angepaßt. Ein oder zwei Therapeuten helfen, ein pathologisches Gangmuster zu korrigieren: In Analogie zur Krankengymnastik erwiesen sich eine Rumpfaufrichtung, ausreichende Hüftextension, symmetrische Schrittlänge und Standdauer sowie der initiale Fersenkontakt als kritische Punkte. Korrekturen können durch einen erfahrenen Therapeuten leichter vorgenommen werden, da der Patient in den Gurten gesichert ist und somit nicht unter Anstrengung vom Therapeuten gesichert werden muß.

Ergebnisse

In einer ersten Studie wurden p nicht gehfähige hemiparetische Patienten während eines Laufbandtrainings mit partieller Entlastung des Körpergewichts untersucht (3). Sie hatten sich während der krankengymnastischen Therapie im Vorkrankenhaus, einschließlich einer 3-wöchigen „Baseline"-Behandlung in der Klinik Berlin hinsichtlich ihrer Gehfähigkeit nicht entscheidend verbessert. Nach einer zusätzlichen 25-maligen Laufbandbehandlung zeigten sich die Gehfähigkeit, die Zyklusparameter und die Werte der allgemeine motorische Funktionen erfassenden Rivermead-Skala signifikant gebessert. Der Tonus und die reine Muskelkraft der paretischen Extremitäten waren unverändert. Die anfängliche Gewichtsentlastung von 30% des Körpergewichts wurde so schnell als möglich reduziert, im Mittel war sie nach 10 Tagen nicht mehr erforderlich. Wir führten die Verbesserung u.a. darauf zurück, daß der Patient im Vergleich zur regulären krankengymnastischen Therapie den komplexen Vorgang des Gehens zu einem früheren Zeitpunkt häufiger üben kann. Das repetitive Moment bezieht sich dabei nicht nur auf die reine Anzahl der Schritte, vielmehr erlaubt die Gurtsicherung auch das Üben eines korrekten Gangmusters. Ganguntersuchungen während des Laufbandtrainings und einer krankengymnastischen Therapie belegten dies: auf dem Laufband ging der Patient symmetrischer, und die Bodenreaktionskräfte zeigten eine geringere Variabilität, beides Kriterien eines physiologischen Gangmusters.

Die Aussagekraft der vorangehenden Studie wurde dadurch eingeschränkt, daß das Laufbandtraining zusätzlich zur Krankengymnastik durchgeführt wurde. Um die Wertigkeit des Laufbandtrainings an sich zu untersuchen, wurde deshalb in einer weiteren Arbeit eine Studie mit „singlecase" Design durchgeführt (6). Die Patienten erhielten im Wechsel reguläre Krankengymnastik bzw. Laufbandtraining. Ein Behandlungszyklus dauerte drei Wochen. An der Studie nahmen 7 nicht gehfähige hemiparetische Patienten teil, deren ZNS-Läsion mindestens 3 Monate zurücklag. Da die Patienten trotz intensiver Krankengymnastik in diesem Zeitraum nicht wieder gehen gelernt hatten, wurde mit dem Laufbandtraining begonnen.

Nach Abschluß der Studie konnten alle Patienten zumindest mit verbaler Unterstützung wieder gehen. Im Effizienzvergleich hatte sich das Laufbandtraining in Bezug auf die Wiedererlangung der Gehfähigkeit und der Ganggeschwindigkeit der physiotherapeutischen Maßnahme gegenüber als überlegen erwiesen. Andere motorische Funktionen wie das Drehen im Liegen, Aufstehen usw. hatten sich stetig verbessert. Die willkürliche Muskelkraft und der Muskeltonus zeigten genauso wie die Gangsymmetrie keine wesentlichen Veränderungen.

Diskussion

Zusammenfassend belegen beide Untersuchungen die Wertigkeit des Laufbandtrainings zur Wiederherstellung bzw. Verbesserung der Gehfähigkeit hemiparetischer Patienten. Angesichts der jedoch noch geringen Fallzahlen sind Rückschlüsse auf generelle Behandlungskonzepte in der Rehabilitation nur vorsichtig zu ziehen; u. E. stellt das Laufbandtraining eine sinnvolle Ergänzung zur regulären Krankengymnastik dar, insbesondere bei schwerstbetroffenen Patienten, die sonst nur unter größter Kraftanstrengung therapiert werden können.

Teil II: Botulinum Toxin in der Behandlung des spastischen Spitzfuß

Liegt ein hochgradiger spastischer Spitzfuß vor, führen alle bisher aufgeführten therapeutischen Verfahren einschließlich oraler Antispastika und serieller Gipsbehandlung nur bedingt zum Erfolg. Der Patient tritt mit dem Vorfuß auf, knickt leicht um, kann kein Gewicht auf das betroffene Bein übernehmen und bleibt während der Schwungphase hängen. Es resultiert ein langsames und unsicheres Gangbild, geprägt durch die klassische Circumduktion.

Aufgrund erster positiver Berichte einschließlich eigener Vorarbeiten über einen positiven Effekt von Botulinum-Toxin-A(BTX) auf die Spastik (1, 2) wurde der therapeutische Nutzen von BTX bei 12 hemiparetischen Patienten mit einem therapiefraktären spastischen Spitzfuß untersucht (5). Das experimentelle Design beinhaltete neben der Bestimmung des Muskeltonus und motorischer Funktionen eine quantitative Ganganalyse vor und nach lokaler Therapie mit BTX.

Zwei Wochen nach der EMG-gesteuerten Injektion von insgesamt 400 units in vier Muskeln des Unterschenkels (M. soleus, tibialis posterior, MM. gastrocnemius caput mediale und laterale) hatte sich der Muskeltonus vermindert. Die Patienten hatten einen längeren Schritt und gingen mit höherer Geschwindigkeit. Die Ganganalyse zeigte, daß die Patienten mit voller Sohle statt nur mit dem Vorfuß auftraten und besser abrollten. Acht Wochen nach der Injektion waren die Effekt allerdings nicht mehr nachweisbar. Komplikationen waren zu keinem Zeitpunkt aufgetreten. Zusammenfassend erwies sich BTX als erfolgversprechende therapeutische Analyse in der Behandlung des spastischen Spitzfußes. Nachteile sind die hohen Kosten und das bisher nicht untersuchte allergene Risiko bei wiederholten Injektionen.

Literatur

1 Dengler R, Neyer U, Wolfarth K, Bettig U, Janzig H H: Local botulinum toxin in the treatment of spastic drop foot. J Neurol 239 (1992), 375-378.
2 Hesse S, Friedrich H, Domasch C, Mauritz K H: Butolinum toxin therapy for upper limb flexor spasticity: preliminary results. J Rehabil Sci 5 (1992), 98-101.
3 Hesse S, Bertelt C, Schaffrin A, Malezik M, Mauritz K H: Restoration of gait in non-ambulatory hemiparetic patients by treadmill training with partial body weight support. Arch Phys Med Rehabil 75 (1994), 1087-1093.
4 Hesse S, Jahnke M T, Bertelt C, Schreiner C, Lücke D, Mauritz K H: Gait outcome in ambulatory paretic patients after a 4-week comprehensive rehabilitation program and prognostic factors. Stroke 25 (1994), 1999-2004.
5 Hesse S, Lücke D, Malezic M, Bertelt C, Friedrich H, Gregoric M, Mauritz K H: Butolinum toxin treatment for lower limb extensor spasticity in chronic hemiparetic patients. J Neurol Neurosurg & Psychiatry 57 (1994), 1321-1324.
6 Hesse S, Jahnke M T, Bertelt C, Schaffrin A, Baake P, Malezic M, Mauritz K H: Treadmill training with partial body weight support as compared to physiotherapy in nonambulatory hemiparetic patients. Stroke 26 (1995), 976-981.

7   Lovelly R G, Gregor R J, Roy R R: Effects of training on the recovery of full-weight-bearing stepping in the spinal addult cat. Exp Neurol 92 (1986), 421-435.
8   Waagfjörd J, Levangle P K, Certo C M E: Effects of treadmill training on gait in a hemiparetic patient. Phys Ther 70 (1990), 549-560.
9   Wade D T, Wood V A, Heller A, Maggs J, Hewer R L: Walking after stroke. Scand J Rehab Med 19 (1987), 25-30.
10 Werning A, Müller S: Laufband locomotion with body weight support improved walking in persons with severe spinal cord injuries. Paraplegia 30 (1992), 229-238.

Der Verfasser:
Dr. med. Stefan Hesse
Klinik Berlin
Kladower Damm 223
14089 Berlin

Möglichkeiten des Sportes in der motorischen und psychischen Rehabilitation des Schlaganfallbetroffenen

E. Conradi, M.-L. Conradi

Universitätsklinik und Poliklinik für Physikalische Medizin und Rehabilitation (Charité) Berlin

Sportstherapy - a Chance for Patients with Hemiplegy

The introduction of sports in the rehabilitation of hemiplegie patients is a remarkable development in the last years. There is to notice that we had an increasing number of younger patients with cerebral deficits.

Therapy with sports is located at the end of a rehabilitation chain after physiotherapy and ergotherapy. Target of rehabilitation by sports is the improvement of physical condition as well as influencing the sensomotoric deficits.

The fundamental idea is that sport is a sensomotoric learning process. The patients achieve physical condition, muscle energy and coordination and get experience of an increasing self-esteem.

Key words: sports therapy, rehabilitation, hemiplegie

Obwohl schon durch ältere Medizinalstatistiken ausgewiesen ist, daß zerebrale Durchblutungsstörungen nach den Herz-Kreislauf-Erkrankungen und Tumoren an dritter Stelle rangieren und wir in Deutschland heute mit einer Inzidenz von 250- bis 350000 Neuerkrankungen zu rechnen haben, ist die Gesamtproblematik des Schlaganfallkranken erst in jüngster Zeit mit all ihren medizinischen und sozialen Folgen erfaßt worden. Während die Rehabilitationsforschung auf dem Gebiet der Herz-Kreislauf-Erkrankungen schon vor Jahrzehnten Wege aufgezeichnet hat, wie der Verlauf dieser Erkrankungen in der Praxis durch aktivierende Maßnahmen zu beeinflussen ist, wird in der Medizin vieler moderner Industrieländer erst jetzt die Bedeutung einer aktiven Einstellung im Rehabilitationsprozeß auch beim Hemiplegiekranken erkannt. Dennoch ist der Zustand unbefriedigend; sicher wird in einzelnen Zentren, die sich mit der Rehabilitation von Schlaganfallbetroffenen befassen, die Einführung der Sporttherapie offensiv betrieben. Der Gedanke jedoch, daß auch diese Patienten ihrem Vermögen nach an der Sporttherapie teilnehmen sollten, ist noch nicht voll in das ärztliche Denken eingegangen.

Vor allem muß man daran denken, daß die Zahl der überlebenden Schlaganfallpatienten im jüngeren Lebensalter dank intensiver Primärversorgung größer geworden ist. Dies verlangt ohne Zweifel Überlegungen anzustellen über aktive Lebensgestaltung, wenn man nicht von vornherein als Behandlungsziel den Pflegefall sieht. Man muß berücksichtigen, daß wir heute in einer aktiven Gesellschaft leben und daher auch über sportliche Möglichkeiten für diese Patienten nachdenken müssen (7).

Eine wesentliche Erkenntnis aus den neurophysiologischen Forschungen der letzten Jahre war, daß die Regenerationsfähigkeit des Gehirns anders beurteilt werden muß. Daß das ärztliche Denken beherrschende Dogma von *Cajal* (8), welches eine Regeneration des zentralen Nervensystems für ausgeschlossen hielt, durch den wissenschaftlichen Nachweis der Plastizität des Gehirns seine Gültigkeit verloren hat, hat sicher den Umdenkungsprozeß in der Rehabilitation zerebral Geschädigter ganz wesentlich beeinflußt (1).

Ein Mißverständnis in der Diskussion um die Sporttherapie beim Schlaganfallgeschädigten ist die mangelhafte Beschreibung der Patienten, für die der Therapiesport in Frage kommt. Bekanntlich ist das klinische Bild der Schlaganfallbetroffenen vielgestaltig und nicht nur von motorischen Ausfällen, sondern nahezu immer auch von sensiblen und neuropsychologischen Defiziten in unterschiedlichen Schweregraden, und damit mit entsprechender Behinderung gekennzeichnet. Auch wenn für die Rehabilitation ein aktives Konzept Grundforderung ist, so kommen für eine Sporttherapie letztendlich nur 35% der Patienten in der Rehabilitation in Frage. Hauptkriterium ist die weitgehende Unabhängigkeit von fremder Hilfe. Man kann generell zwei Verlaufsformen unterscheiden. So gibt es Patienten, die mit einer guten Prognose die Rehabilitationsklinik verlassen und bei denen im Laufe des nachfolgenden Jahres die Chance besteht, daß sich die Defizite, insbesondere in den Teilbewegungen, noch weitgehend zurückbilden. Eine andere Gruppe bilden die Patienten mit deutlichen Defekten und Behinderungen, die nur kompensatorisch bewältigt werden können, zum Teil noch auf den Rollstuhl angewiesen sind, aber bei denen Teilbereiche durchaus zur Sportausübung funktionsfähig sind. Auch bei dieser Gruppe kann in der Phase III im Rahmen eines Behindertensportes die Möglichkeit zu aktiver Lebensgestaltung nützlich sein. Sicher werden Störungen im Gangbild oder beim Greifen und Werfen erhebliche Rücksichtnahme verlangen, jedoch dürfte gerade hier die Wiedererlangung eines „Spielraums" im eigentlichen Wortsinn für ihr Menschsein wesentlich sein.

Daraus abzuleiten sind zwei unterschiedliche Zielstellungen. Während bei Patienten der ersten Gruppe durchaus sportlicher Ehrgeiz entwickelt werden kann, um die Kondition dieser Patienten und damit deren sportliche Leistung im weitesten Sinne zu verbessern, dürfte die Zielrichtung bei Patienten mit zurückgebliebenen Schäden eher im Bereich des sportlichen Spielens sein (3).

Sporttherapie hat dabei primär die Aufgabe, die bisherige Bewegungs- und Ergotherapie fortzusetzen oder gar zu ersetzen. Sie ist auch auf die Überwindung von pathogenetischen Entwicklungen bzw. von Schäden und Behinderungen ausgerichtet. Dabei kann Therapiesport, das heißt die Anwendung sportlicher Übungselemente, sehr gezielt eingesetzt werden, um Restschäden auf dem Wege des sportlichen Übungsprozesses zu überwinden bzw. zu kompensieren.

Die nachfolgende Aufstellung gibt die allgemeinen und speziellen Ziele für den Therapiesport mit Hemiplegiepatienten wieder. Sie leiten sich aus den Wirkungen ab, die bei jeder sportlichen Betätigung eintreten und die nichtspezifisch für den Schlaganfallbetroffenen sind. Darüber hinaus gibt es Ziele, die sich im Sinne einer Optimierung sensomotorischen Lernens auswirken:

Allgemeine Ziele:
- Konditionierung von Herz-Kreislauf-Atemsystem sowie des Wärmehaushaltes
- Ganzheitliche sensomotorische Konditionierung mit Schwerpunkt einer Stabilisierung der Halte- und Stützmotorik sowie der Geschicklichkeit
- Psychoemotionale Entspannung
- Überwindung der sogenannten gelernten Hilflosigkeit nach langzeitig überzogener Pflege.

Spezielle Ziele im Rahmen des sensomotorischen Lernens:
- Verbesserung und Stabilisierung der Gleichgewichtsreaktionen im Sitzen und Stehen
- Verbesserung und Stabilisierung des Gehens und Laufens
- Verbesserung und Stabilisierung der Schulter- und Armfunktion.

In diesem Zusammenhang können durch Lösung von speziellen Bewegungsaufgaben unmittelbar therapeutische Anliegen erfüllt werden. Dennoch sollte dies nicht dazu führen, daß das eigentliche Anliegen des Sportes, nämlich der Freude an Bewegung und Spiel, durch ausschließliche Ausrichtung auf Sportziele verloren geht. Sporttherapie sollte hier als Instrument vermittelt werden, damit lebenslang eine, wenn auch eingeschränkte, Teilnahme am Sport möglich ist.

Beide Anliegen in der Sporttherapie setzen eine qualifizierte Ausbildung der Sporttherapeuten voraus. Nicht nur die krankengymnastische Arbeit, sondern auch der Therapiesport muß in seinem Charakter als sensomotorischer Lernprozeß erkannt werden. Daraus ist für den Sport mit Schlaganfallbetroffenen die Schlußfolgerung zu ziehen, eine besonders sorgfältige Auswahl des sporttherapeutischen Vorgehens durchzuführen (3). Matwejew und Mitarbeiter (6) haben für diesen Lehr- und Lernprozeß Prinzipien aufgestellt, die in diesem Zusammenhang zu erwähnen, wichtig sind.

So wird an erster Stelle das Prinzip der Bewußtheit genannt. Wir haben bereits zu früherer Zeit hervorgehoben, daß auch der sensomotorisch Geschädigte noch über

Reste an Bewegungserfahrung verfügt, die er bewußt und schöpferisch aktiv einsetzen kann. Gerade bei Patienten nach Schlaganfall sollte man die Frage des bewußten Mitdenkens nicht vernachlässigen und somit dem Patienten Ziel und Aufgaben auch verstandesmäßig klarmachen.

Ein weiteres Prinzip ist das der Selbstkontrolle. Obwohl es hier Begrenzungen gibt durch den krankheitsbedingten Ausfall an sensibler Kontrolle, sollte das Prinzip auf dem Wege des Rückerinnerns, Ausprobierens, Vergleichens und des Mitdenkens als Formen der Selbstkontrolle nicht vernachlässigt werden.

Die sehr unterschiedliche Ausprägung der Schäden und Behinderung beim zerebral Geschädigten verlangt ein individuelles Eingehen auf diese Defizite. Es ist dies aber auch ein Prinzip des sportlichen Lernens; auch die Trainierung des Gesunden verlangt, wenn man Leistung erbringen will, ein individuelles Vorgehen. Vom Sporttherapeuten sind hier besondere Kenntnisse zu erwarten, da es nicht selten vorkommt, daß diese Defizite unerkannt bleiben.

Schließlich verlangt der sensomotorische Lernprozeß möglichst von Anfang an eine prognostische Einschätzung, an der sich auch die Betroffenen orientieren sollten. Es ist also eine realistische Einschätzung gefragt, um den Patienten vor Enttäuschungen zu bewahren und andererseits Überforderungen zu vermeiden.

Die psychischen Auswirkungen des Sportes beim Gesunden wie Kranken sind seit langem bekannt und reflektiert worden. Bewegung ist eine essentielle Seite des Menschseins mit unmittelbaren Rückwirkungen auf Befindlichkeit, Emotionalität und auch auf Denkprozesse. Aus der Antike ist die Sentenz überliefert „Mens sana in sana corpore". Bezüglich der Sporttherapie beim Zerebralgeschädigten müssen wir jedoch davon ausgehen, daß die Mehrzahl dieser Patienten, wenn sie in die Rehabilitation kommen, seit vielen Jahren am sportlichen Leben nicht mehr aktiv teilgenommen haben, und damit auch verlernt haben, wie stark ihre Emotionalität in der Kindheit und eventuell auch später von einem ungezwungenen Bewegungsverhalten gespeist wurde, und die das Gefühl der Befreiung vergessen haben, welches jeder Sportstunde folgt. Die weitverbreitete Ansicht, daß körperliche Anstrengungen grundsätzlich durch Maschinen zu ersetzen sind, und daß immer wieder nach neuen Wegen für eine sogenannte Erleichterung gesucht wird, mag im industriellen Bereich seine Notwendigkeit haben. Für das Privatleben muß man dazu jedoch Einschränkungen machen, denn der Geschädigte würde durch übertriebene Schonung in zunehmendem Maße seiner Bewegungsmöglichkeiten beraubt.

Ein weiterer wichtiger psychophysischer Aspekt bei der Sporttherapie ist, daß durch sie die Körperwahrnehmung als Bestandteil einer ganzheitlich aufzufassenden Körperschule stärker herausgebildet wird. Für den Schlaganfallbetroffenen ist dieser Aspekt von besonderer Bedeutung. Es erwächst daraus Vertrauen in die Fähigkeiten des eigenen Körpers und trägt damit sehr zur Wiedererlangung einer lebensbejahenden Einstellung bei. Natürlich schwebt beim Sport auch der Stolz auf die eigene Leistung mit, unabhängig davon, daß Sporttherapie nicht von vornherein leistungsbetont ist.

Gefragt nach typischen Sportarten für Patienten nach Schlaganfall, muß man an erster Stelle die sportliche Gymnastik nennen. Dabei kommt es darauf an, bestimmte Elemente zu betonen, die die koordinativen Fähigkeiten bevorzugt beanspruchen. In gewisser Weise erfüllen diese Forderungen ausgewählte sportliche Spiele, sowie Bogenschießen, Kegeln unter erleichterten Bedingungen, Golfspielen usw.. Etwas anderes ist, wenn man allgemeine konditionelle Verbesserung anstrebt, wobei Schwimmen, evtl. Reiten und Wandern sowie im Ausnahmefall Skiwandern, an erster Stelle stehen.

Für viele Geschädigte und Behinderte ist es wichtig den Sport in der Gruppe durchzuführen. Für Schlaganfallbetroffene ist es eine Möglichkeit der gesellschaftlichen Integration und ebenso der krankheitsbedingten Isolation zu begegnen (2). Eine wichtige Position im Problemfeld der Sporttherapie nach Schlaganfall hat sowohl der Rehabilitationsarzt, als auch der Arzt in der Niederlassung. In der Anfangsphase der Rehabilitation hat der Arzt die volle Kompetenz zur Führung des Rehabilitationsplanes und damit auch zur Verordnung der Sporttherapie. Aber diese Kompetenz geht in zunehmender Selbständigkeit an den Patienten über. Schließlich ist der Arzt nur noch der Berater, wie der Patient mit seiner Behinderung und Restleistung besser umgehen kann. Abgesehen von den medizinischen Gegebenheiten, verlangt dies ein Gespür für das Mögliche in der Praxis.

Sport beim Schlaganfallbetroffenen hat aber neben dem medizinischen und psychoemotionalen Hintergrund immer auch einen anthropologischen Aspekt, auf den wir durch Ausführungen von *Röthig* und *Prohl* (10) gestoßen sind, und die uns in unserer Skepsis gegenüber einem übertriebenen Patientensport bestätigt haben. Sport als Therapie in dieser linearen Aussage darf nicht alles sein. Aus der anthropologisch orientierten bionomen Schule von *Paul Vogler* (4) und *Herbert Krauß* in Berlin kommend, war uns klar, daß sportliche Leistung der Relativierung bedarf. *Rittner* (9) hat dies 1987 folgendermaßen formuliert: „Sport darf jedoch nicht vordergründig als präventives/therapeutisches Mittel eingesetzt werden, denn eine Instrumentalisierung beraubt ihn gerade derjenigen glücksspendenden Merkmale, um derentwillen er überhaupt als ein solches Mittel in Betracht gekommen ist."

Wir sollten uns, so ist *Hecker* (5) zu zitieren, „...in einer Zeit, die den sogenannten sportiven Lebensstil huldigt, davor hüten, sportliche Gesundheit und Fitneß als unverzichtbar für ein sinnvolles Leben ansehen". Es kann nicht unser Auftrag sein, trotz des unverkennbaren medizinischen Nutzens, den Patienten mittels Sport zu manipulieren. Was wir brauchen ist ein Pendent zur Therapie, welches Spielraum läßt, aber nicht um jeden Preis zweckgerichtet ist. So gesehen gehört Sport als Angebot in die

Rehabilitation auch beim Schlaganfallbetroffenen. Ohne Zweifel sollte der Patient nicht nur während der Rehabilitation, sondern auch später in seiner Selbsthilfegruppe oder im Behindertensport aktiviert und geführt werden. Wir sind realistisch genug, um nicht zu verkennen, daß diese Gruppe von Patienten klare Informationen, reale Leistungseinschätzung und realistische Vorstellungen über die sportlichen Möglichkeiten des einzelnen Patienten und immer wieder ein hoffnungsvolles Führen erfordert. Nur dann werden wir auch dem anthropologischen Anliegen des Sportes in der Medizin gerecht.

Literatur

1. Bach-y-Rita P, Lazarus J A C, Boyeson M G, Balliet R, Myers T A: Neural aspects of motor function as a basis of earey and post-acute rehabilitation, in DeLisa I A (ed): Rehabilitation Medicine, Principies and practica. Philadelphia: Lippincott I B, 1988, pp 175-195.
2. Conradi E: Krankengymnastische Behandlung in der Gruppe - ein Fortschritt? Arch Phys Ther 22 (1970), 59-64.
3. Conradi M L, Conradi E: Methodische Vorgaben zur Rehabilitation - Patienten mit zerebrovaskulärem Insult. Krankengymnastik 43 (1991), 805-812.
4. Gadamer H G, Vogler P: Biologische Anthropologie 1. Stuttgart: G Thieme, 1972.
5. Hecker G: Sport und Gesundheit. Reflexionen zu gesundem Sporttreiben. Brennpunkte der Sportwissenschaft 1, 1987, 67-81.
6. Matwejew L P, Kolokolowa W M: Allgemeine Grundlagen der Körpererziehung, in Sporterfahrungen des Auslandes 6. Berlin: Sportverlag, 1962.
7. Merten F, Conradi E: Grundlagen und Möglichkeiten sporttherapeutischer Intervention in der Schlaganfallrehabilitation. Krankengymnastik 43 (1991), 813-818.
8. Ramon y Cajal S: Degeneration and regeneration of the nervous system. London Oxford: University Press, 1928, Vol 1.
9. Rittner V: Soziale und psychische Aspekte von Gesundheitssicherung und Gesundheitserziehung. Brennpunkte der Sportwissenschaft 1, 1987, 37-55.
10. Röthig P, Prohl, R: Pädagogische Überlegungen zur Prävention durch Sport, in Banzer W, Hoffmann G (ed): Perimed Fachbuch: Präventive Sportmedizin. Erlangen, 1990, 22-29.

Für die Verfasser:
Prof. Dr. med. Eberhard Conradi
Universitätsklinik und Poliklinik für Physikalische Medizin
Medizinische Fakultät Charité
Humboldt-Universität zu Berlin
Schumannstraße 20/21
10098 Berlin

Erfassung koordinativ-motorischer Leistungs- dispositionen bei Schlaganfallpatienten

F. Merten

Kleeblattklinik - Klinik für Geriatrie und Rehabilitation, Berlin

Recording of the Coordinative Motor Performance in Stroke Patients

A model is represented in the context of the after-care and the self-help for patients after stroke. Main emphasis of this strategy lies in the consolidation of results in the rehabilitation over time period as long as possible. The strategy shall further help to complete the chain of the measures for the rehabilitation in individual cases up to the professional integration. The basic methodic attempt lies in the conceptional dovetailing of stationary and out-patient offers for the therapy and is based on the basics of modern sport therapeutical concepts in combination with newer scientific cognitions and experiences of the clinical sports therapy.

Key words: stroke, rehabilitation, sports therapy

Einleitung

Ausgehend von den Erfahrungen eines Nachsorgemodelles für Patienten nach Schlaganfall (1) werden Ergebnisse aus dem Bereich der Sporttherapie vorgestellt. Wie bereits vielfach konstatiert, besteht im gesamten Bundesgebiet ein erheblicher Mangel an Nachsorgemöglichkeiten in Form von spezialisierten Einrichtungen und ambulanten Rehabilitationsmöglichkeiten für Schlaganfallpatienten. Patienten nach Schlaganfall, die erfolgreich stationär betreut werden und aktiv an ihrer Rehabilitation mitarbeiten, bedürfen einer erweiterten ambulanten Nachsorge im Sinne der Phase E der neurologischen Rehabilitation (5). Der Schwerpunkt unseres Nachsorgekonzeptes liegt in der Konsolidierung von Rehabilitationsergebnissen über einen möglichst langen Zeitraum und soll die Rehabilitationskette in Einzelfällen bis zur beruflichen Wiedereingliederung schließen helfen. Eine Beratung der Angehörigen ist integraler Bestandteil des Programms.

Der grundlegende methodische Ansatz liegt in der konzeptionellen Verzahnung stationärer und ambulanter Therapieangebote. Die Fortführung einer Kombination spezifisch übender Therapieelemente ist für Patienten mit komplexen Funktionsstörungen über einen langen Zeitraum erforderlich. In einem aktiven Bewegungs- und Verhaltenstraining stehen neben der Förderung der motorischen Handlungsfähigkeit, die intensive Beeinflussung der Risikofaktoren (tertiäre Prävention) in Kombination mit aktiver Bewegung unter sporttherapeutischen Aspekten. „Bei fortgeschrittenem Rehabilitationsverlauf und bei Patienten, deren motorische Behinderung zu einem großen Teil bereits zurückgebildet ist, bietet sich auch ein sportpädagogischer Therapieansatz an (1). Dessen Schwerpunkt liegt dabei in der Koordinationsschulung, die eingepaßt in Teil- und Ganzkörperbewegungen gerade auch in alltagsrelevanten Übungssituationen eine sinnvolle Ergänzung und Erweiterung des übrigen therapeutischen Repertoires" darstellt (4).

Die methodischen Ansätze beruhen auf der Grundlage moderner bewegungstherapeutischer Konzeptionen in Kombination mit neueren bewegungswissenschaftlichen Erkenntnissen und Erfahrungen der klinischen Sporttherapie.

Konzeptionelle Erweiterungen erfordern ergänzende Methoden in allen Bereichen zu sichernder Qualität. In der Anwendung bekannter klinischer Indizes ergab sich für die Beurteilung der Motorik bei Patienten mit Restsymptomatik (Patienten in fortgeschrittenem Rehabilitationsstadium) die Notwendigkeit der Ergänzung bestehender Kontrollmethoden.

In Ergänzung zum Bartel-Index kamen Kontrollübungen für grundlegende koordinative Fähigkeiten zum Einsatz.

Patienten und Methodik

Untersucht wurden elf Patienten (3 weibliche, 8 männliche) mit einem Durchschnittsalter von 59 Jahren (49-70 Jahre), die nach einem zerebrovaskulärem Insult zur weiteren Nachsorgebehandlung aus verschiedenen Teilen Berlins an unsere Klinik übernommen wurden (Tabelle 1).

Der Bartel-Index (BI) gilt nach wie vor, als „goldener Standard" in der Bewertung grundlegender Alltagsaktivitäten. Zur Anwendung kam in dieser Erhebung die modifizierte Version nach *Granger* (2). Er enthält 10 unterschiedlich gewichtete Items mit einer maximalen Punktzahl von 100.

Für die Erfassung der koordinativ-motorischen Leistungen der Patienten wurden Kontrollübungen ausgewählt (Tabelle 2), die sich in der Charakteristik der erfaßten Merkmale an der Struktur der koordinativen Fähigkeiten nach *Hirtz* (3) orientieren. Die Kontrollübungen repräsentieren in ihrer Merkmalsstruktur akzentuiert jeweils eine koordinative Fähigkeit.

Alter	Geschlecht	Zeit (Monate) zwischen dem Akutereignis und Kursusbeginn	Art der Parese
58	weibl.	18	inkompl. Hemipar. links
64	weibl.	26	inkompl. Hemipar. links
46	männl.	15	inkompl. Hemipar. rechts
60	männl.	35	inkompl. Hemipar. links
66	männl.	12	inkompl. Hemipar. links
70	männl.	64	inkomlp. Hemipar. links
54	männl.	21	inkompl. Hemipar. links
61	männl.	38	inkompl. Hemipar. rechts
59	männl.	15	inkompl. Hemipar. rechts
49	weibl.	9	inkompl. Hemipar. links
63	männl.	20	inkompl. Hemipar. links

Globale Aphasie, schwere hirnorganische Psychosyndrome sowie mangelnde Gehfähigkeit und starke assoziierte Reaktionen galten für diese Arbeit als Ausschlußkriterium.

Tabelle 1. Ausgewählte anamnestische Daten der Patienten.

Kontrollübung	vorrangig erfaßtes Merkmal
Fallstab-Reaktion	Reaktionsfähigkeit (RF)
Zielwerfen	Differenzierungsfähigkeit (DF)
Keulen umstellen	Orientierungsfähigkeit (OF)
Einbeinstand	Gleichgewichtsfähigkeit (GF)
Gehen und Prellen	Rhythmusfähigkeit (RhF)

Tabelle 2. Kontrollübungen zur Erfassung koordinativ-motorischer Leistungsdispositionen.

Die dargestellten Kontrollübungen stellen eine Vorstufe für die Ergänzung eines motorischen Assessments für Schlaganfallpatienten dar und wurden nach inhaltlich/logischen Gesichtspunkten überprüft.

Der Zeitraum dem die Erhebung zugrunde liegt erstreckte sich von April bis Juni 1995. Alle Probanden hatten mindestens 12 Monate vor Kursbeginn keine Verordnung von Krankengymnastik.

Die Kontrollübungen zur Erfassung von Parametern der Bewegungskoordination wurden vor Beginn des Kurses und am Ende (nach zwölf Wochen) bei allen 11 Kursteilnehmern durchgeführt und vom gleichen Versuchsleiter bewertet (Beschreibung der Übungen im Anhang). Die im Rahmen dieser Studie erfaßten Patienten nahmen an allen Kursusstunden regelmäßig teil.

Ergebnisse

Bei nur noch wenig beeinträchtigten Patienten erweist sich der BI als nicht brauchbar in der Beurteilung und Differenzierung der Mobilität und Motorik bzw. für das Ausmaß der funktionellen Verbesserung. In den Ergebnissen des Bartel-Index lassen sich bei dieser Stichprobe keine statistisch gesicherten Veränderungen darstellen (Abbildung 1).

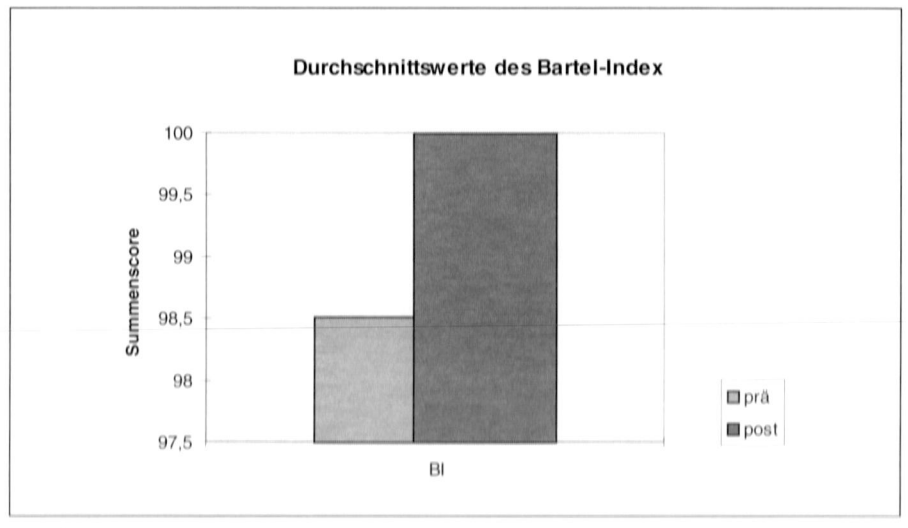

Abbildung 1. Durchschnittswerte des Bartels-Index.

In den Kontrollübungen der fünf koordinativen Fähigkeiten können in den drei Bereichen Orientierungsfähigkeit, Gleichgewichtsfähigkeit und Rhythmusfähigkeit signifikante Verbesserungen ermittelt werden (Abbildung 2)! In den Fähigkeitsbereichen Reaktionsfähigkeit und Differenzierungsfähigkeit ist ein Trend zu verbesserten Ergebnissen nach Beendigung des Kurses zu erkennen.

Die Tätigkeiten des BI werden nach dem Grad der selbständigen Ausübung bewertet. Die Auswertung der Kontrollübungen bezieht sich auf die Veränderungen innerhalb der Fähigkeitsbereiche in Bezug zum motorisch-koordinativen Ausgangsniveau. Die Kontrollübungen beinhalten situationsgerechte Lösungen und die Bewältigung von Bewegungshandlungen, der aktuelle Bewegungsvollzug ist hierbei das zentrale Charakteristikum.

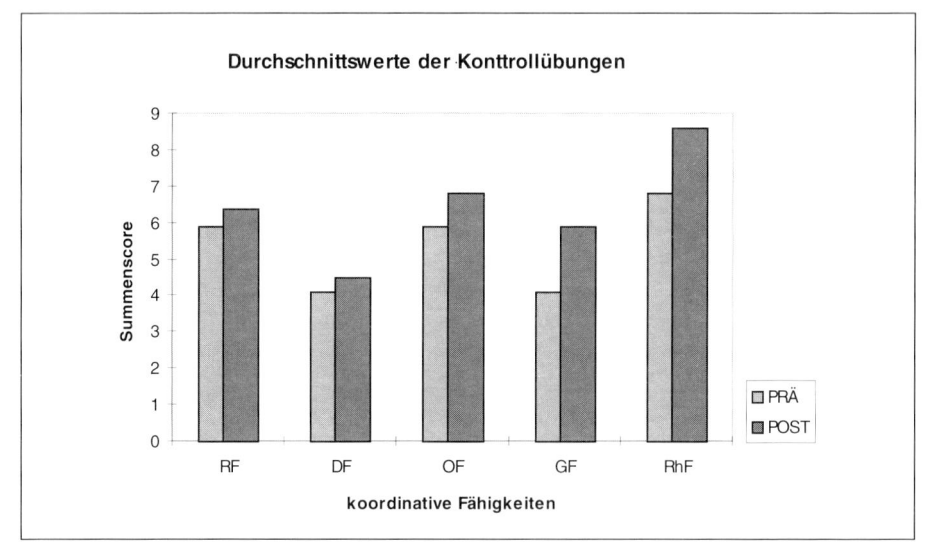

Abbildung 2. Durchschnittswerte der Kontrollübungen.

Es ist zudem ein sehr „therapienahes" Mittel der Erfolgskontrolle und Therapieplanung, welches den methodischen Ansätzen der Sporttherapie im Bereich der neurologischen Indikationen unmittelbar entspringt.

Diskussion

Für den Einsatz von Koordinationstests in der neurologischen Rehabilitation bedeuten diese Ergebnisse einen hoffnungsvollen Einstieg.
Die Einbettung von Kontrollübungen der Bewegungskoordination in die Gestaltung und Entwicklung von Evaluationsinstrumenten und Assessments zur Qualitätssicherung von bewegungstherapeutischen Interventionen ist fester Bestandteil sporttherapeutischer Arbeit.
Desweiteren bestätigen die Ergebnisse, die aus unserer ambulanten Sporttherapiekonzeption heraus ermittelt wurden, die Möglichkeit, auch nach langer Therapieabstinenz nach dem Akutereignis positive Veränderungen im Bereich der motorischen Handlungskompetenz und Disponibilität anzustreben und zu erreichen. Die Einheit von Handeln und Erleben, von Information und Verhalten und von Bewußtsein und Tätigkeit bildet hier die methodische Basis.

Aufgrund der unterschiedlichen Dynamik in der Ausprägung einzelner koordinativer Fähigkeiten können sich aus sporttherapeutischer Sicht individuelle und gruppenbezogene methodische Konsequenzen ableiten lassen. Das bedeutet, daß eine zu entwickelnde koordinative Fähigkeit über individuell beherrschbare Übungen und Übungsfolgen (Fertigkeiten), die dominant auf die auszuprägende Fähigkeit gerichtet sind, gezielt gefördert werden kann.

Die Ergebnisse unterstützen die eingangs postulierte Notwendigkeit der Ergänzung bestehender Qulitätssicherungsvorstellungen durch den Einsatz einer differenzierenden, aussagefähigen und praktikablen Diagnostik noch bestehender motorischer Defizite und deren Verlaufskontrolle.

Literatur

1. Conradi M L, Merten F: Body and behaviour training program for post-stroke patients. XI.World Congress of the International Federation of Physical Medicine and Rehabilitation. Dresden, 1992, 234.
2. Hesse S: Assessment, Outcome und prognostische Kriterien von Rehabilitationsverläufen, in Mauritz K H: Rehabilitation nach Schlaganfall. Stuttgart: Kohlhammer, 1994, 33.
3. Hirtz P: Koordinative Fähigkeiten-Kennzeichnung, Altersgang und Beeinflussungsmöglichkeiten. Medizin und Sport 21 (1981) 11, 348-351.
4. Hummelsheim H: Mechanismen gestörter Motorik, in Mauritz K H: Rehabilitation nach Schlaganfall. Stuttgart: Kohlhammer, 1994, 82.
5. Verband Deutscher Rentenversicherungsträger (VDR) Phaseneinteilung in der neurologischen Rehabilitation. Rehabilitation 34, 1995, 119-127.

Der Verfasser:
Frank Merten
Kleeblattklinik
Klinik für Geriatrie und Rehabilitation
Zeperniker Str. 1
13125 Berlin

Die Stabilisierung und Verbesserung der koordinativen Fähigkeiten und Fertigkeiten bei Apoplexpatienten in der motorisch-koordinativen Bewegungstherapie

F. Lehmann

Fachklinik Bad Liebenstein, Rehaklinik für innere Medizin, Kardiologie und Orthopädie

The Stabilization and Improvement in the Coordination Capabilities and Skills of the Apoplexy Patient Treated with Motor-Coordination Movement Therapy

Apoplexy patients are treated with the „motor-coordination movement therapy" during their 4-week stay in our rehabilitation clinic. These patients are in the chronic stage of their illness in which they are unable to activate the „sleeping neurosis" where by the damage becomes established. The motor-coordination movement therapy helps the patients to improve by an average of 5-10%.
In certain individuals the improvement reached 30% and, for unknown reasons, every 10th patients showed no improvement.
My assessment of the personal characteristics of apoplexy patients will continue.
Key words: motor-coordination movement therapy, chronic stage, sleeping neurosis, apoplexy patient, established damage

Einleitung

Dieser Beitrag beschäftigt sich mit bewegungstherapeutischen Mitteln und Methoden zur Stabilisierung und Verbesserung psycho- und sensomotorischer Fähigkeiten und Fertigkeiten bei Apoplexiepatienten in der chronischen Phase während eines 4-wöchigen Aufenthaltes in einer Fachklinik und mit der Quantifizierung der Erfolge. Letzteres ist notwendig zur Differenzierung und Weiterentwicklung zielgerichteter Übungs- und Testprogramme.
Die Stabilisierung und Verbesserung der Gleichgewichtsfähigkeit nimmt hier einen besonderen Stellenwert ein, da meist Unsicherheiten im Gleichgewichtsverhalten im Alltag bestehen, die einerseits auf direkte zerebrale Schädigungen zurückzuführen sind und andererseits auf indirekte Schädigungen, wie Spastik, sensible oder motorische Ausfälle. Eine Verbesserung dieser Fähigkeit ist für den Patienten besonders

wichtig, um ihm Sicherheit zu geben und damit psychologisch das Bewußtsein aufzubauen noch Fähigkeiten zu besitzen, die ihnen nach dem Apoplex als verloren erschienen sind. Hierbei soll vorallem die kinästhetische und taktile Wahrnehmung beübt und getestet werden, wobei die optische Wahrnehmung aus Sicherheitsgründen nicht negiert werden kann.

Die Übungen und Tests zur Verbesserung der Differenzierungsfähigkeit sind nicht direkt auf die Alltagsmotorik zu transferieren, aber eignen sich besonders für die Optimierung und Beurteilung der visio-motorischen Koordination (2). Auch können Rückschlüsse auf die motorische Lernfähigkeit gezogen werden.

Die gestörte Rhythmusfähigkeit ist erkennbar an arhythmischen Bewegungsabläufen, besonders im Alltagsgangbild, und an der dynamischen Gleichgewichtsfähigkeit.

Anhand von selektivierten Fähigkeitstests, insbesondere zur Gleichgewichtsfähigkeit, zur Differenzierungsfähigkeit und zur Rhythmusfähigkeit (1), zu Beginn und zum Ende des Aufenthaltes wird die Stabilisierung und Verbesserung der o.g. Fähigkeiten und Fertigkeiten dargestellt.

Material und Methoden

Die Tests wurden zu Beginn und zum Ende des 4-wöchigen Aufenthaltes in der Rehaklinik durchgeführt. Zwischen den Tests wurden die koordinativen Fähigkeiten mit Testübungen, aber auch mit verschiedenartigen Übungen selektiviert in einer Übungseinheit geübt.

Als Kontrollgruppen dienten durchschnittliche Alterspatienten mit leichten Herz-Kreislaufproblemen, sowie Herzinfarktgruppen ohne zerebrale Schäden bzw. Ischämien, mit denen die Test äquivalent durchgeführt wurden.

Die Übungen in den Testserien sind so ausgewählt, daß sie mit den Mitteln einer Rehaklinik und einem geringen Zeitaufwand möglich sind und keine Gefahr der Überforderung oder der Bewegungsausführung besteht.

Test zur Gleichgewichtsfähigkeit

Der Test besteht aus 10 Übungen, wovon immer zwei Übungen zusammen gehören, eine einfache und eine mit erhöhten Schwierigkeitsgrad, wobei sich wiederum die Übungspaare untereinander im Schwierigkeitsgrad unterscheiden. Die 1. und 2. Übung sind statische Gleichgewichtsübungen und zwar Einbeinstand auf festem Untergrund und Einbeinstand auf zwei übereinander liegenden Airexmatten. Diese Übungen werden mit beiden Beinen durchgeführt und sollen 7 Sekunden gehalten werden.

Übung 3 und 4 ist gehen auf der Linie und gehen auf der Linie mit Sandsäckchen auf dem Kopf, um den Blick von den Füßen zu nehmen und damit vorrangig die kinästhetische und taktile Wahrnehmung anzusprechen und den Gang aufrecht zu gestalten. Übung 5 und 6 sind gehen über zwei Airexmatten ohne und mit Sandsäckchen. Bei den Übungen 7 und 8 müssen die Patienten über das Wippbrett ohne und mit Sandsäckchen gehen und bei den Übungen 9 und 10 wird erst über die Gymnastikbank und danach über den Gymnastikbalken gegangen. Die letzten zwei Übungen besitzen eine besonders hohe psychische Komponente, da die Patienten die Angst vor der Höhe von Bank und Balken überwinden müssen.
Es sind folgende motoskopische Bewertungskriterien festgelegt: 0 Punkte heißt, daß die Übung nicht ausgeführt bzw. nicht geschafft wurde; 1 Punkt heißt, daß die Übung mit koordinativen Schwächen bewältigt wurde; 2 Punkte heißt, das die Übung ohne Probleme sicher bewältigt wurde.

Test zur Rhythmusfähigkeit

Der Test besteht ebenfalls aus 10 Übungen, wobei die Patienten auf dem Gymnastikball sitzen und folgende Übungen nacheinander durchführen:
- vorgegebenen Rhythmus mit der rechten Hand mitschlagen
- mit der linken Hand mitschlagen
- im Wechsel mit der rechten und der linken Hand mitschlagen
- mit dem rechte Fuß mittippen
- mit dem linken Fuß mittippen
- im Wechsel mit dem rechten und dem linken Fuß mittippen
- mit der rechten Hand und dem rechten Fuß mitschlagen
- mit der linken Hand und dem linken Fuß mitschlagen
- im Wechsel mit rechter Hand/Fuß und linker Hand/Fuß mitschlagen
- im Wechsel diagonal mit rechter Hand/linkem Fuß und linker Hand/rechtem Fuß mitschlagen

Die Bewertungskriterien entsprechen denen der Test zur Gleichgewichtsfähigkeit.

Test zur Differenzierungsfähigkeit

Bei den Test wird mit einem Basketball auf fünf in verschiedener Höhe angebrachte Basketballkörbe geworfen. Es wird auf jeden Korb ein Wurf abgegeben und nach jeder Wurfreihe die Treffer notiert. Dabei werden zwei Wurfreihen von 2,00 m Entfernung, zwei Wurfreihen von 2,80 m Entfernung und zwei Wurfreihen von min-

destens 2,50 m Entfernung bei nach rechts bzw. links verschobenen Abwurfmarkierungen durchgeführt. Die Patienten haben freie Wahl mit welcher Wurftechnik sie werfen, jedoch muß diese Technik beibehalten werden. Die Reihenfolge auf die zu werfenden Körbe ist festgelegt.
Die genauen Testanweisungen sind beim Autor erhältlich.

Ergebnisse

Bei den Apoplexiepatienten, die sich in der chronischen Phase ihres Krankheitsbildes befinden, also wo keine „sleeping neuroses" (3) mehr aktiviert werden können und die Patienten manifestierte Schädigungen aufweisen, konnte eine über die 3 Testanforderungen gemittelte durchschnittliche Steigerung von 5-10% ermittelt werden. Diese Steigerungsrate ist der Kontrollgruppe ähnlich und kann auf die Aktivierung der noch vorhandenen motorischen Bewegungsschleifen zurückgeführt werden. Insgesamt jedoch liegt das koordinative Fähigkeits- und Fertigkeitsniveau im Test und im Retest 10-20% unter den ermittelten Ergebnissen der Kontrollgruppe. Die Streuung der Testergebnisse um den Gruppendurchschnitt lag bis zu 33% bei der Differenzierungsfähigkeit bei Apoplexiepatienten und 27% bei der Kontrollgruppe sind nicht als signifikante Abweichung zu bezeichnen. Diese nicht signifikant abweichenden Streuungen sind darauf zurückzuführen, daß alle Apoplexiepatienten als gruppenfähig eingestuft wurden, d.h. sie sind existentiell selbständig und nicht von externer Hilfe, wie Personen oder Rollstühlen, abhängig.
Besonders hohe Steigerungsraten sind beim Test zur Differenzierungsfähigkeit ermittelt worden (vereinzelt bis zu 30%), da es sich um alltagsfremde Bewegungs- und Handlungsabläufe handelt, die jedoch nicht unbekannt sind und damit keine neuen Bewegungsschleifen gelegt werden müssen. Auch bei anderen Testübungen, die nicht der Alltagsmotorik zuzuordnen sind, kam es zu besonderen Verbesserungen, wie auf dem Wippbrett von durchschnittlich 20%, oder der Rhythmusübung rechte Hand/Fuß im Wechsel mit linke Hand/Fuß von 25%. Bei einzelnen Patienten kam es beim Gleichgewichtstest zu einer Steigerung von 15%.
Aber auch bei einem von zehn Patienten sind keine bzw. leichte Verschlechterungen bei den verschiedenen Test ermittelt worden. Die 10. Übung im Rhythmustest wurde lediglich bei einem von 25 Apoplexpatienten mit 1 Punkt im Retest bewertet. Selbst in der Kontrollgruppe konnten nur zwei Personen von zehn im Retest diese Übung mit 2 Punkten bewältigen, was darauf zurückzuführen ist, daß es sich um keine zu transferierende Alltagsbewegung handelt, sondern um eine neu zu erlernende Bewegung. Hier sollte überlegt werden, ob diese Testübung als ungeeignet aus der Testreihe genommen werden sollte.

Diskussion

Diese Tests sollten vor allem Anregung sein für Therapeuten, die nach quantifizierbaren Ergebnissen bei der Therapie mit Apoplexiepatienten suchen, um ihre Methodik und ihre Inhalte auf die Erfordernisse eines Apoplexpatienten im Alltag so optimal wie möglich, mit den vorhandenen Mitteln, einzustellen.
Bei solchen Testreihen sollten vor allem individuelle Ergebnisse und Entwicklungen maßgebend sein und nicht der Vergleich zwischen zerebral Geschädigten selbst und zu Nichtgeschädigten, da der Grad und die Lokalisation der zerebralen Schädigung der Apoplexiepatienten äußerst different zu betrachten ist.
In jedem Fall sollten die Patienten an die Grenze ihrer koordinativen Fähigkeit herangeführt werden, um noch vorhandene Funktionen in der Motorik zu stabilisieren und zu verbessern.

Literatur

1 Harre D: Trainingslehre. Berlin: Sportverlag, 1985.
2 Frostig M: Arbeitsblatt zu sensorischen Funktionstraining. UNI Leipzig, 1993.
3 Smith T: The complete guide to family health. London: Dorling Kindersley Ltd, 1982.

Der Verfasser:
Frank Lehmann
Dipl.-Sportlehrer
für Rehabilitationssport
Th.-Neubauer Str. 91
36433 Bad Salzungen

Objektivierung der Bewegungstherapie nach Apoplexie

J. Hübscher[a], M. Zahn[a], St. Haschke[a], H.-Ch. Scholle[b], U. Bradel[b], Ch. Anders[b]

[a]Institut für Sportwissenschaft, Bereich Sportmedizin,
Friedrich-Schiller-Universität Jena
[b]Institut für Pathologische Physiologie, AG Motorik,
Friedrich-Schiller-Universität Jena

Objectivation of the Movement Therapy After Apoplexy

In ambulatory rehabilitation of stroke patients sports therapy plays an important role. After a stroke there are plastic qualities in the brain which make therapeutic effects through exercise possible. The effectivity of sports therapy is controlled by objective tests like:
- „postural finger motor control"
- „MEMOBIL" = a memory test

Key words: stroke, sports therapy, objective test, „postural finger motor control", memory test

Einleitung und Zielstellung

Die aus den Statistiken veröffentlichen Zahlen (ca. 300000 bis 500000 Schlaganfälle jährlich in Deutschland, Mortalitätsraten den ersten 4 Wochen von 20%, 30% Todesfälle als Folge des Krankheitsbildes, 30% Behinderung durch Restsymptomatik) sowie die ständig steigende Zahl der Patienten, die bereits im jüngeren Alter erkranken (5, 6, 9) erfordern eine intensivere Aktivität aller im Rehabilitätsprozeß Beteiligten.
Die „Therapiestraße"-Akutphase, Mobilisationsphase und Langzeitrehabilitation muß ermöglicht werden (hier bestehen z.Z. vielerorts noch erhebliche Defizite) und gleitend funktionieren. Das Ziel dabei ist es vorrangig, Sekundärschäden zu vermeiden, Funktionsstörungen auszugleichen oder diese zu beheben. Da Letzteres hauptsächlich durch „übende Verfahren" realisiert wird, kommt der ambulanten Bewegungstherapie eine besondere Rolle zu. Sie nutzt die plastischen Eigenschaften des Zentralnervensystems. Es ist davon auszugehen, daß noch Jahre nach dem eigentlichen Schlaganfall mit therapeutischen Effekten gerechnet werden kann (6)!
Eine Langzeitrehabilitation ist somit nicht nur wünschenswert sondern erforderlich und auf Lebenszeit fortzuführen. Für ihre Umsetzung gilt es einerseits, bei der heute

noch defizitären Nachsorge im ambulanten Bereich Wege und Organisationsformen aufzubauen, die eine effiziente Betreuung des Patienten gewährleisten. Andererseits sind bestehende Therapiekonzepte (1, 2, 7, 10) aufzunehmen, neue zu entwickeln sowie die Inhalte dieser Bewegungstherapien zu optimieren, um beim Patienten in entsprechender Zeit eine möglichst hohe Selbständigkeit in der Bewältigung seiner Alltagsanforderungen zu erreichen. Die Kontrollen der Rehabilitationsverläufe sind zu objektivieren, um eine Optimierung derselben erreichen zu können.

Material und Methode

Seit 1991 betreut der Bereich Sportmedizin der Friedrich-Schiller-Universität Jena ambulant Patientengruppen nach einem zerobrovaskulären Insult bewegungstherapeutisch. Um die Effektivität der Bewegungstherapie qualitativ und quantitativ fixieren zu können, wurden bisher Testverfahren zur Erfassung der Grob- und Feinkoordination, der Gleichgewichts-, Rhythmisierungs- und Reaktionsfähigkeit sowie der Kraftfähigkeit eingesetzt (4).
Objektiver ist die Analyse der Halteregulation der Finger mit Hilfe eines Fingerbelastungsgerätes (entwickelt von der AG Motorik des Institutes für Pathologische Physiologie der FSU Jena). Ausgehend von einem systemanalytischen Modellansatz hat der Patient dabei die Aufgabe, den 2. bis 4. Finger der zu untersuchenden Hand entgegen einem konstanten Vorlast-Drehmoment in einem Sollwinkel von 30° in Pronationsstellung zu halten. Mittels visuellen Feedback ist eine notwendige Korrektur durch entsprechende Flexion oder Extension der betreffenden Extremität möglich. Die Erfüllung dieser Regelungsaufgabe wird während der Untersuchung durch die Applikation zusätzlicher Drehmoment-Offsets in Form von Sprüngen oder Stößen gestört. Die motorische Reaktion wird über ein Mechanogramm gemessen. Es werden als Systemausgangssignale der Flexionswinkel der Finger und das resultierende Drehmoment aufgezeichnet. Drei verschiedene Lastkombinationen zwischen Vorlast und Störamplitude wirken sich auf den Verlauf und die Amplitude des Einschwingungsvorganges der gemessenen Flexionswinkel aus und ermöglichen Rückschlüsse auf qualitative Unterschiede motorischer Dysfunktionen (3).
Zur Objektivierung verschiedener Gedächtnisleistungen
- „kognitives Tempo"
- „Merkfähigkeit"
- „Lernfähigkeit"

kommt das „Memobil" zum Einsatz. Es ist eine Möglichkeit der „altersfairen" Dokumentation der subjektiven und objektiven kognitiven Leistungsfähigkeit. Es ist eine standardisierte computergestützte Gedächtnistestbatterie, die von *Leonhard*,

Beringer und *Ahlstich* entwickelt wurde und den Grad der psychischen Rehabilitation gut kontrollierbar macht (8). Die Testbatterie setzt sich aus drei Haupttestprogrammen zusammen:
1. Farbige Wortliste
2. Sternberg-Paradigma
3. Wort-Bild-Vergleichstest,

mit denen Störungen des Gedächtnisses (Konzentration, Merkfähigkeit, Denkvermögen und Aufmerksamkeit) beurteilbar sind (8).

Ergebnisse

Die Abbildungen 1 und 2 zeigen die Reaktionszeit-Kurven des Mechanogramms zweier Patienten nach zerebrovaskulären Insult.
Es wird die motorische Dysfunktion der in beiden Fällen betroffenen rechten Extremität deutlich. Die Auslenkungen im Mechanogramm sind durch applizierte Störung (Stoß) während der Halteregulationsarbeit auf der erkrankten Seite größer im Vergleich zur gesunden Seite.
Weiterhin wird die Vorlast auf der betroffenen Seite (rechts) nach der Störung der Halteregulationsarbeit auf Dauer weniger exakt im Gleichgewicht konstant gehalten als es bei gesunder motorischer Funktion (links) der Fall ist.
Die quantitativen Unterschiede der Kurven ergeben sich aus dem Schweregrad der motorischen Dysfunktion der rechten Extremität. Im Beispiel, das in Abbildung 1 dargestellt wird, handelt es sich um einen „Schwer-Betroffenen". Der Patient, dessen Mechanogramm in Abbildung 2 gezeigt wird, ist bereits besser rehabilitiert. Somit können durch quantitative Systemausgangssignale Rückschlüsse auf qualitative Unterschiede der motorischen Funktionen gezogen werden.

Diskussion und Zusammenfassung

Die beiden hier vorgestellten Testverfahren erweitern die Möglichkeit, die Effizienz der Sporttherapie nach Schlaganfall auf dem Gebiet der Feinmotorik und der Gedächtnisleistung objektiver einschätzen zu können. Anhand dieser und weiterer noch einzusetzender objektiver Testverfahren soll die Notwendigkeit und Sinnhaftigkeit der ambulanten Langzeitrehabilitation nach Schlaganfall unterstrichen werden mit dem Ziel, diese lebenslange erforderliche Rehabilitation für die Betroffenen in das Finanzierungsmodell der Krankenkassen aufzunehmen.

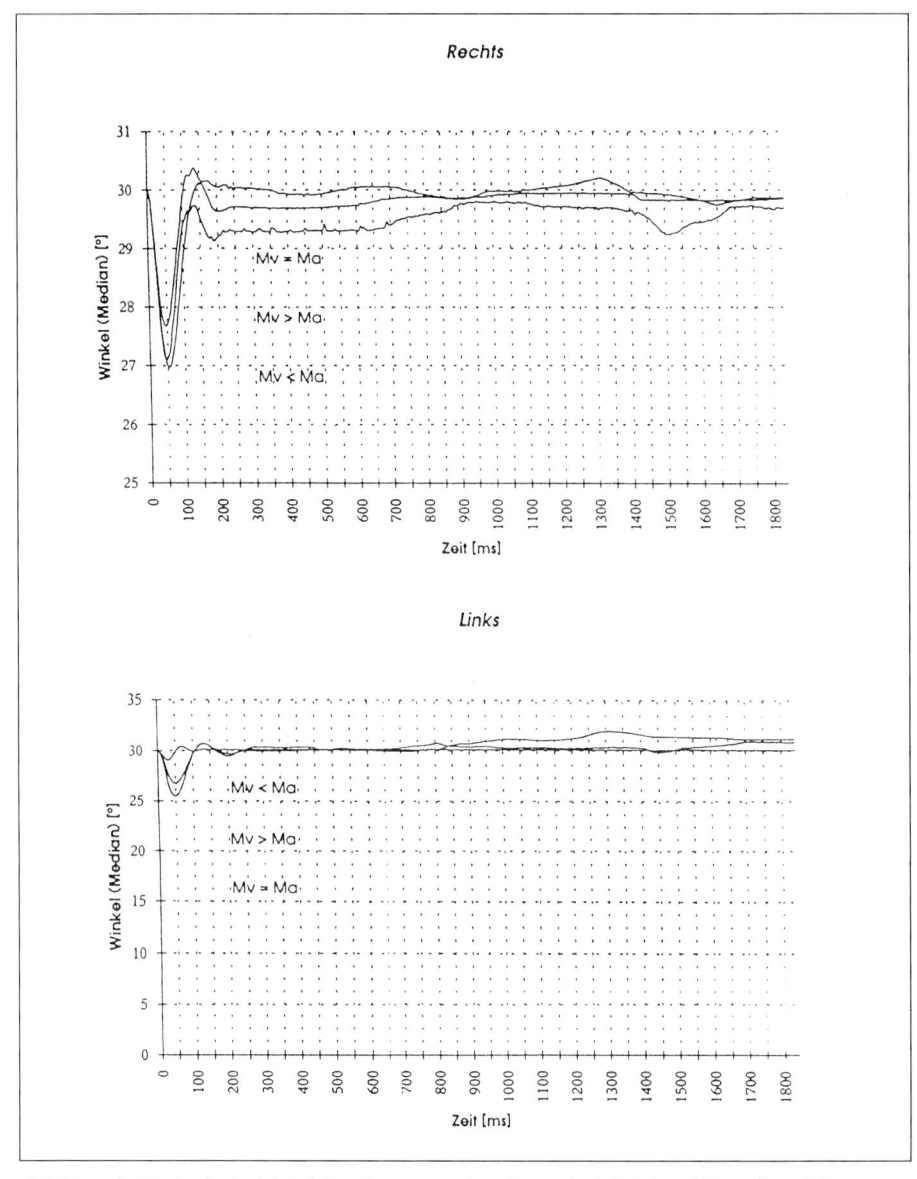

Abbildung 1. Vergleich der Winkel-Zeit-Kurven zwischen "gesunder" (links) und "betroffener" Extremität (rechts) mit unterschiedlichen Störapplikationen (Ma) und gleicher Vorlast (Mv) bei einem nicht rehabilitierten Patienten nach zerebrovaskulärem Insult.

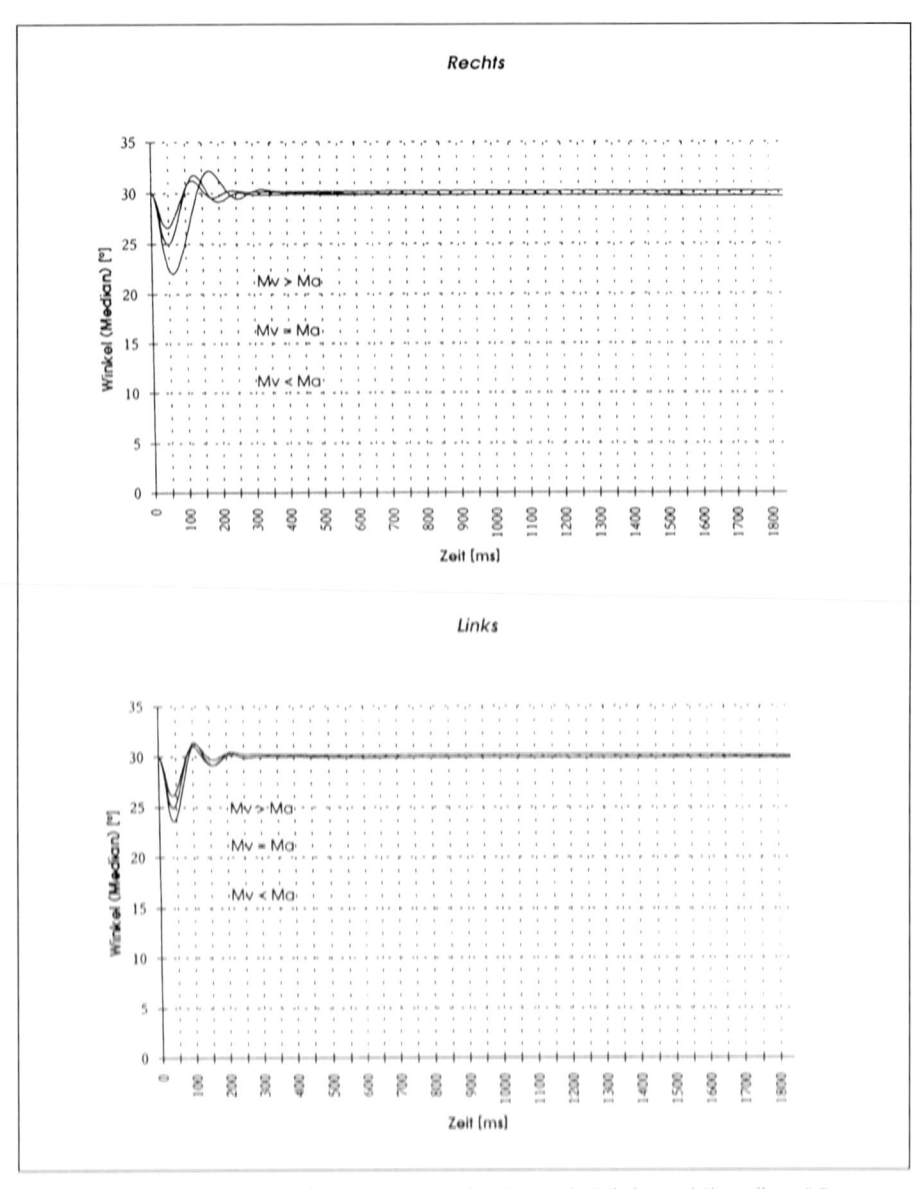

Abbildung 2. Vergleich der Winkel-Zeit-Kurven zwischen "gesunder" (links) und "betroffener" Extremität (rechts) mit unterschiedlichen Störapplikationen (Ma) und gleicher Vorlast (Mv) bei einem bereits gut rehabilitierten Patienten nach zerebrovaskulärem Insult.

Literatur

1. Beckers D, Buck M: PNF in der Praxis. Eine Anleitung in Bildern. Berlin u a: Springer, 1988.
2. Bobath B: Die Hemiplegie Erwachsener. Stuttgart: Georg Thieme Verlag.
3. Bradl U, Scholle Chr, Hefter H, Dohle Chr, Freund H J: Systemanalytische Techniken zur Bewertung motorischer Funktionen. Arbeitsgruppe Motorik, Institut für Pathologische Physiologie der FSU Jena; Neurologische Klinik der Heinrich-Heine-Universität Düsseldorf (1995 im Druck).
4. Hübscher J, Wick Chr, Nestler S: Veränderungen der psycho-physischen Leistungsfähigkeit bei Apoplektikern nach Sporttherapie (1. Mitteilung). J Ambrosius Barth, Sportmedizin. Schriftenreihe 28 (1993), 278-283.
5. Krämer G: Dem Schlaganfall vorbeugen. Stuttgart: Georg Thieme Verlag, 1993.
6. Mauritz K H: Rehabilitation nach Schlaganfall. Stuttgart-Berlin-Köln: Kohlkammer 1994.
7. May G: Balance und Bewegung. Anregungen für die Therapie von Haltungs- und Bewegungsstörungen nach Nowotny. München-Wien-Baltimore: Urban und Schwarzenberg, 1979.
8. Puta Chr, Zahn M, Haschke St, Hübscher J, Ahlstich S, Leonard J P, Beringer J: Einsatzmöglichkeiten des Memobils in der Sporttherapie bei Schlaganfallpatienten. Abstractband zum 1. Symposium Bewegungstherapie nach Schlaganfall, Weimar 22. - 23.09.1995, S 28.
9. Völler H, Dißmann R, Schröder K, Dinger Kus H: Zerebraler ischämischer Insult. Deutsche medizin Wochenschrift 119 (1994), 1585-1588.
10. Vojta V, Perters A: Das Vojta-Prinzip. Berlin-Heidelberg-New York u a: Springer Verlag, 1992.

Der Verfasser:
Doz.Dr.med.habil.Johanna Hübscher
Institut für Sportwissenschaft der Friedrich-
Schiller-Universität Jena
- Sportmedizin -
Wöllnitzer Str. 42
07749 Jena

Möglichkeiten des Einsatzes eines Hand- und Fingerdynamometers in der Rehabilitation

M. Lippert-Grüner, Ch. Mucha

Rehabilitationszentrum, Universität zu Köln

Application of a Hand- and Fingerdynamometer in Rehabilitation

Isometric muscle training is a good prophylactic and rehabilitative effort for increasing of muscular power.
The results of isometric training of handflexion in a hemiparetic patients with the hand- and fingerdynamometer HDF 200, were examined. A hemiparesisgroup without this special training served as a control group. Both groups were treated basically with our normal therapy porgram. Improvements in maximal power were found in both groups, however with better results in the special training group. Furthermore, there was a high acceptance based on the possibility of visual biofeedback.

Key words: rehabilitation, isometric muscle training, hand- and fingerdynamometer, hemiparetic patients

Einleitung

Die Muskelkraftmessung mittels eines Dynamometers zählt zu den am häufigsten angewandten semiobjektven Methoden. Unabhängig von der Exaktheit der Messvorrichtung ist die vom Probanden ausgeübte Muskelkraft seinem Willen unterworfen und läßt sich daher nicht mit letzter Sicherheit objektivieren. Bei Patienten mit lokalen motorischen Defiziten ist es im Hinblick auf die Charakterisierung von beeinträchtigten Muskelfunktionen in der Diagnostik und Therapie von entscheidender Bedeutung, diese auch exakt quantifizieren zu können. Das isometrische Muskeltraining ist aufgrund der geringen Kreislaufbelastung insbesondere im Rahmen prophylaktischer und rehabilitativer Maßnahmen zur Steigerung bzw. Erhaltung der Muskelkraft geeignet.

Material und Methode

Das Hand- und Fingerdynamometer (HDF200) ist zur Messung der isometrischen

Beuge- und Streckkräfte der Hand und der einzelnen Finger sowie zur Trainings- und Verlaufsdokumentation einer Behandlung eingerichtet. Das Trainingsverhalten unterschiedlicher Muskelfunktionen an neun Patienten mit zentralbedingten Halbseitensyndromen unterschiedlicher Ausprägung wurde unter der Fragestellung untersucht, ob zur Behandlung isolierter Muskeldefizite ein isometrisches Muskeltraining geeignet ist. Die Kontrollgruppe bildete ein gleich großes Patientenkollektiv mit Hemiparese, welches kein spezifisches Zusatztraining erhielt. Eine Voraussetzung für die Aufnahme in das Untersuchungskollektiv war, daß zum Untersuchungszeitpunkt keiner der Probanden einer besonderen manuellen Belastung ausgesetzt sein durfte, da diese als zusätzlicher Trainingseffekt mit den Ergebnissen interagieren könnte. Während der Leistungsdiagnostik und der Trainingsbehandlung mit dem HDF 200 lag der Unterarm der Probanden in einer Unterarmformschale, die Hand nahm stets eine Mittelstellung zwischen Pronation und Supination ein. Die stufenlose Einstellbarkeit der Kraftaufnahmeelemente sorgte für eine optimale individuelle Anpassbarkeit und somit die Standarisierbarkeit der biomechanischen Messbedingungen sowie eine exakte Reproduzierbarkeit. Die Meßparameter beschränkten wir auf die Messung der innerhalb eines Versuchsdurchgangs erreichten Maximalkräfte (F max). Die Messungen wurden täglich durch dieselbe Untersuchungsperson vorgenommen, um die Reproduzierbarkeit der Untersuchung zu optimieren. Die Trainingseinheiten wurden täglich über zehn Tage durchgeführt, mit jeweils zweitägiger Pause nach fünf Trainingseinheiten. Die Übungfrequenz lag bei sechs/min (fünf sek Anspannungsphase, fünf sek Pause). Innerhalb der fünf sek. Anspannungsphase sollten die Probanden die für sie mögliche Maximalkraft aufbringen. Am Versuchstag wurde somit insgesamt fünf Minuten isometrisch trainiert. Zu Beginn und am Ende der Versuchsserie wurde die Maximalkraft der definierten Mukelfunktionen durch dreimalige Testung bestimmt und in einem Meßprotokoll dokumentiert.

Ergebnisse

Die gemessenen Maximalkraftwerte für die Handbeugung lagen bei der Anfangsmessung in der Trainingsgruppe im Mittel bei 83,7 N. Bei der Endtestung lagen die Maximalkraftwerte im Mittel bei 147,3 N. Die gemessenen Maximalkraftwerte für die Handbeugung lagen bei der Anfangsmessung in der Kontrollgruppe im Mittel bei 81,6 N. Bei der Endtestung lagen die durchschnittlichen Maximalkrafttwerte im Mittel bei 96,7 N.

Diskussion

Zweifelsohne stellt die Objektivierung der Kraftentwicklung insbesondere in der Rehabilitation ein großes Problem dar, da neben den individuell unterschiedlichen Funktionsstadien auch zahlreiche unkalkulierbare Faktoren in den Rehabilitationsverlauf eingehen und somit auch die Trainingszuwachsraten beeinflussen können. Eine quantitative Beurteilung der Kraftzuwachsraten ist jedoch gerade für die Therapiekontrolle und weitere Therapieplanung von entscheidender Bedeutung. Die Integrierung des isometrischen Muskelkrafttrainings im Rahmen eines komplexen rehabilitativen Therapieplanes erschien uns als sehr gut durchführbar, da nach einer einleitenden Erklärung die Probanden in der Lage waren, das tägliche Training selbständig durchzuführen. Der Motivationsgrad zu diesem zusätzlichen Therapieangebot war durch die Möglichkeit zur Selbstüberprüfung der erreichten Trainingsergebnisse als hoch anzusehen. Durch die unmittelbare Möglichkeit, die erreichten Meßwerte auf dem Bildschirm nach und vor allem während jeder Muskelanspannung zu verfolgen, war es auch gerade Patienten mit einer Wahrnehmungsstörung der paretischen Hand möglich, ein feedback ihrer aktuellen Kraftleistung zu erhalten.

Bei lokalen Defiziten einzelner Muskelfunktionen könnte deshalb der Einsatz eines isolierten Trainings der motorischen Defizite zur Optimierung der notwendigen Kraftzuwachsraten und zur Effizienzsteigerung der Therapie führen. Um dieses Ergebnis jedoch zu sichern, ist es erforderlich, in einem weiteren Versuchsansatz eine größere Probandenanzahl und eine längere Trainingsperiode zu verfolgen. Neben der Feststellung des Trainingsergebnisses war es wichtig zu eruieren, wie diese Therapieform bei zerebralgeschädigten Patienten angenommen wird, bei denen nur in Ausnahmefällen eine isolierte Muskelschwäche vorliegt. Meist werden hier die motorischen Defizite auch von zahlreichen sensiblen und neuropsychologischen Ausfallserscheinungen begleitet.

Durch die vorliegenden Ergebnisse konnte gezeigt werden, daß sich das isometrische Muskeltraining am HDF 200 als Ergänzung zu den laufenden Therapieverfahren günstig auswirkt. Ob dieses Therapieverfahren zukünftig in der klinischen Routine eingesetzt werden kann, müssen weitere Verlaufsuntersuchungen mit einer größeren Patientenanzahl über einen längeren Trainingszeitraum belegen.

Für die Verfasser:
Dr. med. M. Lippert-Grüner
Rehabilitationszentrum der Universität Köln
Lindenburger Allee 44
50931 Köln

Praxisdemonstration –
Sport in der Rehabilitation nach Schlaganfall

M. Weiß, U. Rehm, L. Düchting

Sportmedizinisches Institut, Universität-GH Paderborn
mit Unterstützung der Stiftung Behindertensport

Practice of Sports in the Rehabilitation of Stroke Patients

Since sports therapy seemed to be suitable for the mobilisation of stroke patients a group specific sports program was developed and evaluated by specific tests. The program included a walking parcours, gymnastic derived from the concept of Bobath, balance exercise both in standing and sitting and games like hockey and badminton. Tests in walking, balance and abilities of movement (short form of Bobath testing program) were done before and after 6 weeks with and without training. In 9 out of 11 patients with different degrees of severity and age in the chronic phase improvements could be shown mainly in the lower extremities. These were stable even after 6 weeks without training. Further effects were seen in bodyperception and scheme, cognition and vigilance. We suppose that complex parallel sensomotoric inputs support and accelerate the sprouting of nerve endings and the development of excititing circles in the brain. Overall sports therapy combined with the other usual forms of functional therapy will be helpful in the rehabilitation of stroke patients.

Key words: stroke, rehabilitation, sports therapy, evaluation, benefit

Einleitung

1992 fand im Josefskrankenhaus Oberhausen-Sterkrade erstmals ein Workshop zum Thema „Gruppentherapie und Sport nach Schlaganfall" statt. Anlaß war die Vorstellung der dortigen modellhaften Initiative des stationär-ambulanten Überganges von Bewegungsangeboten und die Mitteilungen von Erfahrungen aus weiteren Modellversuchen und Projekten (u.a. Unna, MTG Köln). Die Schlußfolgerung dieses Workshops war, daß es ein Benefit für die Patienten ist, in ein Bewegungs-, Spiel- und Sportprogramm nach der stationären Phase aufgenommen werden zu können und daß weitere Projekte erforderlich sind zwecks Erarbeitung von Übungs- und Spielprogrammen und deren Evaluation. Weiterhin wurde festgehalten, daß ÜL-Ausbildungen entwickelt werden müssen. Diese Aufgaben wurden von der Stiftung

Behindertensport an die Universität-GH Paderborn übertragen, die seit 1994 eine Sportgruppe betreut. Nachfolgend wird aus dem noch laufenden Projekt unter dem Aspekt „aus der Praxis - für die Praxis" berichtet unter den Zielsetzungen: Hilfe für den Aufbau einer Gruppe, Zielsetzungen und erste Ergebnisse für und aus geeigneten Sportprogrammen und Evaluationsmethoden.

Methoden

Handzettel mit der Erläuterung der Zielsetzungen und der Ansprechpartner wurden in Arzt- und Krankengymnastikpraxen und in Apotheken ausgelegt. Ein Gehparcours wurde selbst entwickelt: Gehen zwischen eng zusammengelegten Schnüren in Schlangenlinien, Überqueren einer Schräge, Übersteigen einer Bank, Seitwärtsgehen rechts und links, Rückwärtsgehen nach vorangegangenem Beüben der Becken- und Rumpfaufrichtung gegebenenfalls mit Stütze durch betreuende Personen von hinten. Ein für Gruppenübungen geeignetes Gymnastikprogramm mit Übungen im Stand, im Sitzen und im Liegen wurde von Bobath abgeleitet. Das Testprogramm wurde ebenfalls von Bobath abgeleitet mit den von ihm beschriebenen Stufen 1-3. Als Spielformen wurden Hockey mit der Scheibe mit modifizierten Regeln und Badminton gewählt, die Zuordnung zur Spielposition erfolgte je nach Steh- und Laufvermögen, gegebenenfalls mit Führungshilfe durch einen Betreuer. Der Übungszeitraum betrug 6 Wochen je 1 Std., als Kontrollzeitraum anschließend 6 Wochen ohne Beübung (Ferien). Die Testauswertung erfolgte auf Beobachtungskriterien nach Bobath ohne zahlenmäßige Festlegung, deswegen und aufgrund der kleinen Zahl wurde auf statistische Berechnung verzichtet. Die Ergebnisdarstellung erfolgt global und in zusammengefaßter Form.

Ergebnisse

Der Aufbau einer Gruppe erwies sich als zeitintensiv und erforderte neben dem Auslegen von Handzetteln auch Werbemaßnahmen über lokale Presse und Rundfunk sowie Aufklärungsmaßnahmen. Zu den Teilnehmern mußten Infos von der Akut- und Rehabilitationsklinik und von den betreuenden Ärzten und Therapeuten eingeholt werden.
Der Parcours und das vom Bobath-Konzept abgeleitete Gymnastikprogramm verbesserte Körperwahrnehmung, Körperschema, Körpergleichgewicht, Gangbild, Koordination. Der Einbau von Spastik-vermeidenden Maßnahmen während der Programme erwies sich als unerläßlich. Geschulte Beobachter bestätigten, daß Grup-

pendynamik und Spiele förderlich waren für Aufmerksamkeitsniveau, Kognition, Kommunikationfähigkeit und Selbstvertrauen.
Die Testergebnisse sind in Tabelle 1 zusammengefaßt. 5 Teilnehmer konnten zu allen 3 Meßzeitpunkten erfaßt werden, 10 Teilnehmer vor dem Programm und nach der Sommerpause. Es geht daraus hervor, daß die überwiegenden Verbesserungen im Bereich Becken, Bein, Fuß auf der Teststufe 1 nach Bobath liegen, bei 3 Teilnehmern (TN) auch im Bereich Schulter und Arme plus Schulter. Diese Ergebnisse blieben bei 3 TN über die Sommerpause hinweg stabil, 2 TN zeigten während der Pause einen Rücklauf, 4 TN über die Pause hinweg sogar weitere Verbesserungen, bei einem TN weitere Verbesserungen in Einzelbereichen, aber gleichzeitig Verschlechterung bzw. Spastikentwicklung.

Teilnehmer	nach dem Programm	nach der Sommerpause	Fazit
A		O	Programm trifft auf „chronische Phase", keine im Test erkennbaren Veränderungen
B	BBF: + (1) S: + (1)	O	stabilisierte Verbesserung bei BBF und S
C	BBF: + (1)	AS: -(1)	stabilisierte Verbesserung bei BBF, „negative" Wirkung der Sommerpause bei AS
D	BBF: + (1) S: + (1)	BBF: + (1)	stabilisierte und fortschreitende Verbesserungen und Effekte bei BBF und S durch allgemeine Aktivierung, auch während der Pause bei BBF
E	AS: + (1)	O	stabilisierte Verbesserung bei AS
F	BBF: + (2)	O	stabilisierte Verbesserung bei BBF
G		O	keine Verschlechterung nach Sommerpause
H		AS: + (3) BBF: + (1)	stabilisierte und/oder fortschreitende Verbesserung bei AS und BBF
J		BBF: + (3) S: + (1)	stabilisierte und/oder fortschreitende Verbesserungen bei BBF und S
K		BBF: + (3) S: + (2)	stabilisierte und/oder fortschreitende Verbesserungen bei BBF und S
L		BBF: - (1)	stabilisierte und/oder fortschreitende

Tabelle 1. Darstellung der Testergebnisse: 0: keine Veränderungen, + Verbesserungen, - Verschlechterungen (in Klammern ist die Anzahl der Übungen vermerkt) bei den AS: Tests für Arme und Schultergürtel, BBF: Test für Becken, Bein und Fuß und S: Tests im Stand.

Diskussion

Aus einer Gruppe von 16 Betroffenen gingen 11 in die Auswertung mit ein. Sowohl Altersverteilung (35-75 Jahre) sowie Geschlechtsverteilung, Befallsmuster und Schweregrade waren sehr uneinheitlich (von fast freier Beweglichkeit bis Rollstuhlfahrer, der mit nur geringer Steh- und Gehfähigkeit). Tabelle 1 weist trotzdem aus, daß selbst nach 6 ÜE mit Ausnahme eines TN in Teilbereichen Verbesserungen bis zur Stufe 3 nach dem Testverfahren von Bobath zu erzielen waren, und daß diese auch über eine 6-wöchige Übungspause stabil bleiben. Auf eine Diskussion, welche Teile der Übungsstunden (Gehparcours, Gymnastik, Spiele, Stand- und Gleichgewichtsübungen) dies zurückzuführen ist, kann an dieser Stelle verzichtet werden, da ein komplexes ganzheitliches Programm die Grundüberlegung von Rehasport ist und davon auszugehen sei, daß eine vielfältige Reizsetzung bzw. Kombinationen von Reizsetzungen weitere Vorteile gegenüber der Funktionsgymnastik bringen und diese ergänzen und nicht ersetzen. Nach diesem Prinzip sollen parallellaufende oder in zeitlichen kurzen Abständen aufeinanderfolgende verschiedene sensomotorische Inputs das Sprouting und die Bildung von neuen Regelkreisen im ZNS verstärken und unterstützen. Der Betroffene soll erfahren, daß er mehr kann, als er glaubt und mit diesem Vertrauen in den Alltag gehen. Damit wird er auch im Alltag aktiver und fördert somit den weiteren Prozess der Entstehung neuer Ansteuerungsmechanismen und verhindert die Entwicklung von muskulären Atrophien und Kontrakturen.

Im Vorfeld der vorgestellten Ergebnisse und Überlegungen wurde die Erfahrung gemacht, daß eine zu großzügige Auslegung allgemeiner gymnastischer Übungen ungeeignet ist. Auch der Umgang mit verschiedenen Handgeräten wie Keulen und Stäbe erfordert Vorsicht, da nach unseren Erfahrungen dies teilweise zu Streßsituationen führt, teilweise Hineinarbeiten in die Spastik bedeutet und ein erhöhter Geräuschpegel die Konzentrationsfähigkeit mindert. Das Betasten des Körpers mit Handgeräten fördert zwar die Entwicklung eines neuen Körperschemas, die Aufgaben müssen auf jeden Fall dem Schweregrad und dem Vermögen angepaßt sein. Das Gerät Ball hingegen kann auch von Hemiplegikern beidseits gefaßt und gefangen werden, eignet sich außerdem zur Schulung der räumlich-zeitlichen Orientierungsfähigkeit, sowie zur Schulung Auge-Hand-Koordination und der Aufmerksamkeit und Konzentration. Weitere Aspekte und Ansätze in einem ganzheitlichen Prinzip können sein: Statt Gehstock einen Hockeyschläger; statt Behandlungskabine ein größerer Raum mit sich bewegenden Spielobjekten (Anforderung an die und Förderung der räumlich-zeitlichen Orientierungsfähigkeit); heraus aus der Isolation und hinein in die Gruppe. Krankengymnastik, Ergotherapie und weitere Behandlungsformen können dadurch ergänzt aber nicht ersetzt werden.

Schlaganfall

Der Verfasser:
Prof. Dr. med. Michael Weiß
Sportmedizinisches Institut
Universität-GH Paderborn
Warburgerstr. 100
33098 Paderborn

Kardiologie

Einführung in das Schwerpunktthema

M. Weiß

Vorwort

Der standardisierte Ablauf der kardialen Rehabilitation ist in unserem Gesundheitssystem fest verankert, aber auch in einen „Starrezustand" geraten. Deshalb ist es gerechtfertigt, neu zu analysieren, auch nach erweiterten Gesichtspunkten zu suchen. Unter diesem Aspekt sind im Anschluß an die Darstellungen des heutigen Standes die nachfolgenden Beiträge zu sehen im Sinne einer Standortbestimmung, einer Analyse und der Suche nach Erweiterung. Die wissenschaftliche Leitung erlaubt sich aus diesem Grund im Anschluß an die Beiträge eine Kommentierung und eine Zusammenfassung mit Ausblick.

Kommentare

Sport - Hilfe für das kranke Herz
Benesch, Essen

In diesem Übersichtsreferat werden alle wichtigen Aspekte des stationären und ambulanten Herzsports angesprochen, insbesondere die psychophysischen Interaktionen. Es wird auch ein warnender Zeigefinger erhoben: Keine Überforderung! Ein zusätzlicher Aspekt darf hier erwähnt werden. Auch wenn die Bewegungstherapie mit niedriger Reizsetzung und Intensität erfolgt, kann damit ein Streßabbau und eine Entlastung des Herzens im Sinne der Ökonomisierung erreicht werden.

Klinische Anschlußheilverfahren
Blümchen, Leichlingen

Der Autor zeigt den Weg des Reha-Ablaufes unter sozialmedizinischen Aspekten mit nachvollziehbaren Daten auf. Nicht zuletzt besteht aber im Sport in den Gruppen auch ein erzieherischer Effekt. Andererseits sollte der schon vielfach therapierte Patient den Sport in der Gruppe nicht auch noch als „noch eine Therapie" empfinden.

*Die Heilgymnastik als Element der Kinäsietherapie bei
Herzinfarktpatienten während einer klinischen Rehabilitation*
Ivanov, Sofia/Bankja, Bulgarien

Dieser Beitrag erlaubt einen Blick über die Grenzen, die uns früher verschlossen waren. Auch dort erfolgt die Zuordnung zu verschiedenen Gruppen aufgrund von Belastungsuntersuchungen. Der überwiegende Einsatz standardisierter Gymnastikprogramme mit unterschiedlichen Belastungsgraden wirkt sich sicherlich komplexer aus, als das Laufen im Kreis und führt - wie der Autor zeigt - zur gleichen Leistungsverbesserung. Ein Ansatz, der weiter verfolgt werden sollte.

*Dosieren der Trainingsintensität bei
Herzinfarktpatienten unter den Bedingungen der klinischen Rehabilitation*
Ivanov, Sofia/Bankaj, Bulgarien

Wie im vorangegangenen Beitrag wird auch hier ein Versuch unternommen, Trainingssteuerung über Belastungsintensitäten zu gestalten; in diesem Fall basiert die Einteilung in Gruppen auf mathematischer Modellierung und Variation der Belastung im Terrain durch das ausgesuchte Gelände. Die Formeln können eine Bereicherung für die kardiale Rehabilitation darstellen. Allerdings ist schwer nachzuvollziehen, wie sie entstanden sind, und ob und wie sie validiert sind. Dies wäre aber ein interessanter Forschungsansatz.

*Veränderungen der regionalen Myokardperfusion bei
Patienten mit Myokardinfarkt in der frühen Phase der Rehabilitation*
Goranov et al., Sofia/Bankja, Bulgarien

Auch mit objektiven Verfahren läßt sich der Benefit von komplexen Bewegungsprogrammen, wie sie in Bankja durchgeführt werden, objektivieren. Leider wurde bei dem SPECT-Ergebnissen nicht nach Schweregraden oder Zahl der befallenen Koronargefäße klassifiziert, so daß schwer abzuschätzen ist, ob es sich um Konsolidierung der Infarktrandbezirke handelt oder z.B. um Verminderung der Nachlast des Herzens bei trainingsbedingter Minderung des muskulären Gefäßwiederstandes oder Reduktion des Symphatikotonus oder ähnliche Effekte. Der letztliche Nachweis, daß durch Training die Koronarreserve gesteigert werden kann, muß weiterhin Gegenstand zukünftiger Forschung bleiben.

*Kardiovaskuläre und traumatologische
Limitationenen der ambulanten kardiologischen Rehabilitation
Unverdorben et al., Rotenburg/Bamberg*

(Kommentar auf der Basis des Abstracts)
Die Zahlen über die Häufigkeit verschiedener Symptome der kardialen Überbelastung und/oder Ischämie liegen auf den ersten Blick recht hoch und über denen, die sonst bekannt gegeben werden. Sie dürften sich aber relativieren, wenn man sie auf die Zahl der Übungsstunden bezieht und mit dem Alltagsleben vergleicht. Ähnliches gilt auch für die Verletzungshäufigkeit. Beide Faktoren sind somit kein Grund, an der Nützlichkeit des ambulanten Herzsports einschränkende Überlegungen anzustellen, sondern den Empfehlungen des Autors zu folgen: Bestimmte Risikofaktoren besser zu beachten und angepaßter zu dosieren.

*Ist die reduzierte Koordinationsfähigkeit bei
Kindern mit angeborenen Herzfehlern nicht ausschließlich kardial bedingt?
Unverdorben et al., Rotenburg/Bamberg/Darmstad*

(Kommentar auf der Basis des Abstracts)
Wenn auch schon Kinder mit unkomplizierten Herzfehlern in einem Koordinationstest schlechtere Ergebnisse erreichen als gesunde Kinder (die heutzutage auch nicht besonders gut koordinieren können), so kann man den Autoren folgen, daß „overprotection" eine Teilursache darstellt. Die noch schlechteren Werte bei gravierenderen kardialen Defekten dürften dabei eher krankheitsbedingt und imobilisierungsbedingt sein. Aber auch bei diesen Kindern sollte ein koordinatives Training möglich sein. Die nachgewiesenen Defizite zu beheben, hat nicht nur rehabilitativen sondern auch präventiven Charakter, denn die gleiche Alltagsbelastung wird um so schwerer, je schlechter die Bewegungsausführung ist, und damit wird das kranke Herz um so mehr belastet. Erste Erfahrungen im Sport mit Kindern mit angeborenen Herzfehlern existieren. In Zusammenarbeit mit Kinderkardiologen müßten hier weitere Modellversuche initiiert werden.

Zusammenfassung und Ausblick

Die kardiologische Rehabilitation läuft heute nach einem festgelegten Schema ab, in dem Sport ein Fixpunkt der Rehabilitation und Sekundärprävention ist. Im Beitrag Benesch wird dies von der historisch- und klinisch-medizinischen Seite her ausgeführt und der Beitrag Blümchen betont die mehr sozialmedizinischen Aspekte. Seit sich dieses Rehabilitationssystem - das Modell für viele andere Krankheitsgruppen war - fest etabliert hat, gab es kaum noch Bewegungen außer der massiven Expansion. Die Beiträge von Ivanov und Goranov et al. erlauben einen Blick über die Grenzen: Auch dort wird in Gruppen unterschiedlicher Belastbarkeit eingeteilt und es wird aufgezeigt, wie Intensitäten in einem speziellen Gymnastikprogramm und in der Terrainkur gesteuert werden können - ein Ansatz, der durchaus genau verfolgt werden sollte, denn immerhin sind die Erfolge nicht nur an der Klassifizierung nach NYHA objektivierbar sondern auch mit bildgebenden Verfahren quantifiziert. In den Kontext der Bedeutung von richtiger Gruppenzuordnung passen die wichtigen Hinweise auf die individuell richtige Dosierung der Belastungsintensität und auf die Beachtung der Personengruppen (Frauen, Übergewichtige, metabolisches Syndrom) bei denen Überlastungssyndrome (Dyspnoe, Palpitation, Angina pectoris, Schwindel) häufiger auftreten im Beitrag von Unverdorben et al.. Dort wird in einer statistischen Auswertung einer großen Zahl von Herzgruppenteilnehmern doch eine erstaunlich große Zahl von Teilnehmern dokumentiert, die symptomatisch werden oder sich beim Herzsport verletzen. Als Konsequenz muß abgeleitet werden, daß die Übungsleiterausbildung auf sehr hohem Niveau ablaufen muß, und für die Zukunft auch neue Elemente einzubeziehen sind (z.B. solche aus den Modellen der Bulgarischen Kollegen), denn die Bedeutung des ambulanten Herzsport liegt nicht nur in der Verbesserung der Leistungsfähigkeit, sondern auch darin, daß unter Aufsicht des Arztes und in der Gruppe unter sachgemäßer Anleitung der Patient sich sicher fühlen kann und wieder Zutrauen zu sich selbst finden kann. Dies hilft ihm auch, seine Belastbarkeit im Alter richtig einzuschätzen (erzieherischer Effekt).

Sport – eine Hilfe für das kranke Herz

L. Benesch

Abteilung für Innere Medizin und Kardiologie, Fachklinik Rhein-Ruhr

Exercise - Support for Heart Patients

Physical exercises particularly in the form of endurance training can be carried out at right dosage at all heart illnesses. The mining of fear, the improvement of the general condition, the strengthening of the self-confidence, the adaptation to the everyday stress and the increase of the stress tolerance are predominant. Endurance training also influences the body composition as well as the sugar and fat metabolism. Some studies could show an improved blood supply for the cardiac muscle and a slower progression of atherosclerosis of the coronary arteries independently of diet rearrangements. Also at illnesses of the cardiac valves and the cardiac muscle endurance training is possible, whereby the improvement in the quality of life is predominant. The load intensity must, however, be adapted to the degree of illness. The patient studies this best in the movement programs in the rehabilitation clinic together with information about different kinds of sport and after a preliminary examination about the cardiac and general capacity.

Key words: physical training, coronary heart condition, cardiac valve illness, myocarditis, consequences, capacity, quality of life

Während die Zeiten noch nicht lange zurückliegen, in denen körperliche Belastungen bei Vorliegen von Herzerkrankungen verboten wurden, hat es sich heute doch weitgehend in ärztlichen Kreisen herumgesprochen, daß körperliche Aktivitäten durchaus das Befinden von Herzkranken verbessern können.
Herzerkrankungen können grob in drei Gruppen unterteilt werden. Die weitaus häufigste Erkrankung ist die sogenannte koronare Herzerkrankung, die als Folge der Arteriosklerose der Herzkranzarterien auftritt. Also ist die Erkrankung der Arterien primär und sekundär die Erkrankung des Herzens. Eine deutlich kleinere Gruppe umfaßt die Erkrankungen der Herzklappen, wobei die Erkrankung der Mitral- und Aortenklappen wieder im Vordergrund stehen. Hier handelt es sich in der Regel entweder um eine Verengung der Klappen, oder um eine Schließunfähigkeit bzw. um eine Mischform zwischen Einengung und Schließunfähigkeit. Die kleinste Gruppe umfaßt die Erkrankungen, die sich aus einer Schädigung oder Minderfunktion des Herzmuskels ergeben.
Körperliche Übungsprogramme, überwiegend im Sinne von Ausdauertraining, kön-

nen im Prinzip bei Vorliegen aller der o.g. Erkrankungen die körperliche Belastbarkeit der Betroffenen steigern, ohne das Herz bzw. die Herzfunktion zu beeinträchtigen. Voraussetzung ist immer, daß die Intensität und Dauer der körperlichen Belastung sich an die Art und das Ausmaß der Schädigung des Herzens anpaßt. Was ist also mit „Sport als therapeutisches Konzept" bei Herzerkrankungen zu erreichen? Grundsätzlich sollte jede Therapie die Lebensqualität von Erkrankten verbessern und möglichst den Krankheitsverlauf günstig beeinflussen. Gilt dies auch für den Sport? Bei allen Herzerkrankungen, insbesondere der koronaren Herzerkrankung steht der Abbau von Angst bei der Bewältigung der Erkrankung durch den Betroffenen im Vordergrund. Die Betroffenen haben zum einen Angst, daß sie ihr krankes Herz durch Belastungen überfordern könnten, und sie haben Angst, daß das Akutereignis z.B. der Herzinfarkt irgendwann wieder auftreten und ihr Leben beenden könnte. Hier kann angepaßtes körperliches Training zu einem Abbau der Angst führen. Der Erkrankte verspürt im Rahmen einer sich langsam steigernden, an seine individuelle Herzsituation sich ausrichtende Belastung, daß er ohne Auftreten von Beschwerden seinen Alltag wie vor der Erkrankung bewältigen kann, ja, daß er sogar belastbarer ist und auch sportliche Freizeitaktivitäten ausüben kann. Insgesamt wird sein Selbstvertrauen gestärkt, sein Allgemeinbefinden verbessert und, wie auch bekannt ist, seine Streßtoleranz, d.h. das Umgehen mit psychischen Überforderungen günstiger gestaltet.

Aus vielen, jetzt auch an Herzkranken durchgeführten Studien wissen wir, daß regelmäßige körperliche Bewegung praktisch alle Stoffwechselvorgänge aktiviert, die Zucker- und Fettstoffwechselsituation günstig beeinflußt, Fettgewebe ab- und Muskulatur aufbaut. Zusätzlich nimmt regelmäßiges Ausdauertraining auch Einfluß auf die Blutgerinnung, z.B. wird Fibrinogen gesenkt, das Lysepotential wird aktiviert und Fließeigenschaften des Blutes werden verbessert.

In einigen Studien wurde auch nachgewiesen, was früher abgelehnt wurde, daß der Ausdauersport auch eine verbesserte Blutversorgung der Organe, auch des Herzmuskels bewirkt. Der Mechanismus, ob die verbesserte Durchblutung bedingt ist durch eine Verbesserung der Fließeigenschaften oder/und durch eine verbesserte Kapillarisierung oder/und durch eine Rückbildung der Arteriosklerose, ist allerdings unklar.

In einer Studie über regelmäßiges körperliches Ausdauertraining in Verbindung mit einer deutlich fettreduzierten Ernährung und koronarer Herzerkrankung konnte man in mehreren Publikationen nachweisen, daß durch Ausdauertraining das Fortschreiten der Arteriosklerose von Herzkranzarterien zumindest deutlich verlangsamt, wenn nicht sogar unter bestimmten Bedingungen angehalten werden kann. Dabei spielt eine Rolle, daß der Effekt der fettreduzierten Ernährung ausgeklammert werden konnte, da die Auswertung der Ernährungsprotokolle zeigte, daß die Studienteilnehmer trotz entsprechender ausgiebiger Information ihre Ernährung im Vergleich zu der Zeit vor der kardialen Erkrankung kaum verändert hatten. Die Untersuchungsergebnisse in der Interventionsgruppe im Vergleich zur Kontrollgruppe mußten deshalb als reine Folge des Ausdauertrainings angesehen werden.

Aufgrund dieser und anderer Studien kann daher angenommen werden, daß durch ein regelmäßiges Ausdauertraining von mehr als 1/2 Stunde täglich die Arteriosklerose der Koronaraterien in ihrem Fortschreiten deutlich verlangsamt werden kann. Das bedeutet, daß Ausdauersport bei Vorliegen einer koronaren Herzerkrankung nicht nur die Lebensqualität verbessert, sondern auch den Verlauf der Erkrankung günstig beeinflußen kann. Dies gilt in diesem Ausmaß nicht für die beiden anderen Herzerkrankungen, nämlich die Herzklappen- bzw. Herzmuskelerkrankungen. Hier kann der Sport nur die Lebensqualität und die Belastbarkeit der Betroffenen verbessern, wobei allerdings anzumerken ist, daß die Verbesserung der Belastbarkeit durch ein angepaßtes Ausdauertraining eher zu erreichen ist als durch eine reine medikamentöse Intervention. Diese Aussage gilt sogar für fortgeschrittene Erkrankungszustände, wie beim Vorliegen einer Pumpschwäche oder einer Herzinsuffizienz. Auch hier kann ein leichtes Ausdauertraining auf sehr niedrigem Belastungsniveau die Belastbarkeit der Erkrankten verbessern, ohne das Herz zu schädigen. Eine engmaschige ärztliche Kontrolle ist allerdings bei diesen Patienten zu fordern.

In Deutschland gibt es nach Auftreten einer akuten Komplikation einer Herzerkrankung wie einem Herzinfarkt oder einer Bypassoperation die Möglichkeit einer sogenannten Anschlußheilbehandlung. Im Rahmen dieser Anschlußheilbehandlung soll der Patient seine Erkrankung und seine individuelle Belastbarkeit ebenso kennenlernen wie sein individuelles Risikoprofil. Er soll lernen, für sich selbst Strategien zu entwickeln, durch die er seine Erkrankung mittels eigener Anstrengungen erfolgreich behandeln kann. Zu den wesentlichen Bausteinen der Therapie gehört deshalb das Erlernen eines individuellen Bewegungsprogramms, das auf die allgemeine und kardiale Belastbarkeit des Betroffenen zugeschnitten ist wie auch auf seine Sporterfahrung. Es geht also in dieser Anschlußheilbehandlung nicht nur darum, die Folgen der Immobilität durch die Akuterkrankung abzubauen, sondern es geht noch mehr darum, dem Betroffenen so viel Spaß an der Bewegung zu vermitteln, daß er nach der Entlassung zu Hause entweder in ambulanten Herzgruppen mit anderen oder auch allein möglichst täglich ein Aktivitätsprogramm durchführt, daß in der Lage ist, nicht nur sein Befinden zu verbessern, sondern auch Einfluß zu nehmen auf seine Arteriosklerose.

Zur Erreichung dieser Ziele wird in einer Rehabilitationsklinik ein Bewegungsprogramm angeboten, das einmal aus einem Ausdauertraining, z.B. in Form von Ergometertraining besteht, und aus einer Gymnastik zur Verbesserung von Kraft, Flexibilität und Koordination, ein Terraintraining oder ein Spaziergang als alltagsnahe

Belastungsarten, Schwimmen oder Bewegungsbad und weitere Zusatztherapie, die sich nach den zusätzlichen, sogenannten Zweiterkrankungen wie Lungenerkrankungen usw. richten. Zusätzlich erhält der Patient Informationen über unterschiedliche Sportarten und ihre Bedeutung für das Herz-Kreislaufsystem sowie Informationen über die ambulanten Herzgruppen und wie man dort nach der Entlassung Eingang finden kann.

Vor Durchführung der Bewegungstherapie muß allerdings eine Diagnostik vorgenommen werden, die Klarheit verschafft über das Ausmaß und die Ursache der Herzschädigung und über die kardiale wie allgemeine Belastbarkeit. In mehreren Studien, die sich mit Ausdauertraining und koronarer Herzerkrankung beschäftigten, verstarb in den Versuchsgruppen jeweils ein Patient, der sich im Rahmen des Bewegungsprogramms unkontrolliert überforderte. Übertriebener Sport gefährdet das Leben.

Zusammenfassend kann durch an die Erkrankung angepaßten Sport die Lebensqualität von Herzkranken deutlich gesteigert werden. Bei der weitaus größten Gruppe der Herzerkrankungen, nämlich der koronaren Herzerkrankung, kann sogar Einfluß genommen werden auf die Prognose der Erkrankung, d.h. der Verlauf dieser chronischen Erkrankung kann in seiner Geschwindigkeit deutlich vermindert, eventuell sogar angehalten werden. Vergleicht man dies mit den mechanischen Interventionen wie Ballondilatation und Bypassoperation, die lediglich palliativ wirken, ist der Sport bzw. regelmäßiges Ausdauertraining eine deutlich kostengünstigere, fast kausal wirksame und auch langfristig effektive Therapie.

Der Verfasser:
Dr. med. Lothar Benesch
Abteilung für Innere Medizin und Kardiologie
Fachklinik Rhein/Ruhr
Auf der Rötsch 2
45219 Essen-Kettwig

Klinische Anschlußheilverfahren

G. Blümchen

Klinik für Herz- und Kreislauferkrankungen,
Klinik Roderbirken, Leichlingen

Clinical Follow-Up Treatment

In the sixties patients after heart attack became still considerably immobilisied. After it could be shown that physical activation has positive effects, the social insurance institutions finally introduced follow-up medical treatment. Thereby, the number of the pensioniers could be reduced. Invasive examination methods are carried out in 9 of 10 cases already before the follow-up treatment. Therefore, the main emphases have shifted in the rehabilitation clinics to therapeutic exercises. After uncomplicated heart attacks patients are already mobilised after 2 or 3 days, after a 2-3-weeks stay in an acute-clinic transfer into a rehabilitation center for 3-4 weeks. There, the patient is introduced to therapeutic exercise as well as health training, relaxation techniques and strategies for the prevention of risks and stress. After heart surgery or catheter intervention patients are directly transfered from the acute-clinic 7-10 days. In future, the out-patient rehabilitation near the place of residence will become increasingly common.

Key words: heart attack, rehabilitation, therapeutic exercise, rehabilitation clinic, out-patient rehabilitation

Klinische Anschlußheilverfahren für Herzpatienten, insbesondere für Herzinfarktpatienten werden seit Anfang der 70er Jahre durchgeführt. In den Jahrzehnten davor hatte man insbesondere in der Freiburger Kardiologischen Schule herausgefunden, daß eine frühzeitige Mobilisierung von Herzinfarktpatienten keinen Nachteil, sondern große Vorteile für Patienten erbringt. Bis dahin hatte man Herzinfarktpatienten für vier bis acht Wochen bettlägerig gehalten, was zur Rückbildung der Muskulatur, insbesondere aber zu thromboembolischen Komplikationen führte. In den 60er Jahren wurden 80-90% der Herzinfarktpatienten direkt nach der Erkrankung berentet. Man ging nämlich davon aus, daß die Erkrankung aggressiv und die Prognose schlecht sei. Insbesondere war man der Meinung, daß körperliche Aktivität, d.h. also auch während des Arbeitsprozesses, negative Auswirkungen habe.

Nachdem man die Frühmobilisation des Herzinfarktpatienten untersucht und ausgebaut hatte, wurden die Rentenversicherungsträger überzeugt, sogenannte Anschlußheilverfahren zu institutionalisieren. Die Definition dieser speziellen Heilverfahren war so, daß die Patienten spätestens 14 Tage nach Entlassung aus dem Akutkrankenhaus in eine dafür speziell ausgerüstete Rehabilitationsklinik eingewiesen wurden. Ein solches Verfahren der Rentenversicherungsträger war für herzoperierte Patienten schon früher geschaffen (3). Nach Einführung der Anschlußheilverfahren bei Herzinfarktpatienten konnte im Laufe der 70er Jahre gezeigt werden, daß die Berentungsquote drastisch zu erniedrigen war. Nach Durchführung von Anschlußheilverfahren werden seit der Zeit durchschnittlich bei Arbeiterrentenversicherten nur noch 40%, bei Angestellten etwa 30% und bei Selbstversicherten ca. 20% berentet. Dazu trug sowohl die Entdeckung, daß die Mobilisierung und körperliche Aktivität frühzeitig nach Eintritt des Herzinfarktes möglich ist bei, aber auch die Einführung einer besonderen kardiologischen Stufendiagnostik mit Belastungstest (Belastungs-EKG, Einschwemmkatheteruntersuchungen u.a.) waren ausschlaggebend für die risikolose Wiedereingliederung dieser Patientengruppen in das Berufsleben.

Für die Rentenversicherungsträger erbrachte das erhebliche Gewinne (1): Geht man z.B. davon aus, daß in einer Schwerpunktklinik einer Landesversicherungsanstalt seit 20 Jahren ca. 3000 Patienten mit Herzinfarkt pro Jahr behandelt werden und nimmt man an, daß etwa 1/3 dieser Patienten (also 1000 Patienten pro Jahr) mit einem Durchschnittsalter von 50 Jahren bei Eintritt des Herzinfarktes berentet werden und daß bei 2000 Patienten pro Jahr ein Rentenaufschub für nur ein Jahr erzielt wird, so kann folgende Rechnung aufgestellt werden: 40000 Patienten in 20 Jahren und 1500 DM Rente/Pt/Monat (18000 DM/Pt/Jahr) ergeben einen Betrag von 30000 X 18000 DM = 72000000 DM für die eingesparten Renten. Der Klinik-Etat in den letzten 20 Jahren betrug durchschnittlich 20000000 DM/Jahr, also 400000000 DM für 20 Jahre. Ein Rentenaufschub für ein Jahr bei 40.000 Patienten würde also in 20 Jahren einen Gewinn von 320000000 DM für die Rentenversicherungsträger erbringen. Bei einer Rentenhöhe von 1200 DM/Pt/Monat würde man durch einen Rentenaufschub von nur 1 Jahr in 20 Jahren 576000000 DM an Rente einsparen. Dies würde bei einem Etat von 400000000 DM in 20 Jahren ein Gewinn von 176000000 DM bedeuten.

Neben den finanziellen Vorteilen für die Versicherungsträger muß aber auch darauf hingewiesen werden, daß ein erheblicher Gewinn an Lebensqualität für viele Patienten durch die Einführung einer gezielten Bewegungstherapie erzielt wird. Die Bewegungstherapie wird als wesentliches „Fahrzeug" zur Behandlung der Risikofaktoren (Cholesterin, Bluthochdruck, Rauchen, Adipositas, Diabetes mellitus, Streß) benutzt. Deshalb wird der fachgerechten, dosierten und stufenweise zu steigernden Bewegungstherapie während eines Anschlußheilverfahrens besondere Bedeutung beigemessen. Dieser wichtige Therapieast während der Anschlußheilverfahren gewinnt immer mehr an Bedeutung. Insbesondere auch deswegen, weil die invasiven Untersuchungsverfahren (Coronarangiographie/Lävokardiographie) bei den meisten Patienten schon vor Beginn des Anschlußheilverfahrens durchgeführt wurden (in der Klinik Roderbirken sind 9 von 10 eingewiesenen Anschlußheilverfahren schon coronarangiographiert), während vor etwa 10 Jahren das Verhältnis noch umgekehrt war. Das führt automatisch dazu, daß die Schwerpunkte in einer Anschlußheilverfahrens-Klinik von invasiven diagnostischen Verfahren auf z.B. bewegungstherapeutische verlagert werden (1).

Der wünschenswerte Ablauf einer Rehabilitation im Anschlußheilverfahren sollte folgendermaßen sein (2):

1. Nach unkompliziertem Herzinfarkt:
   - 2-3 Wochen Aufenthalt in der Akutklinik mit Beginn der Frühmobilisation durch Krankengymnastik nach 2-3 Tagen,
   - Übernahme innerhalb 1 Woche zur Anschlußheilbehandlung in ein überregionales Rehabilitationszentrum,
   - 3-4 Wochen Aufenthalt im Rehabilitationszentrum mit Durchführung einer dosierten und überwachten Bewegungstherapie, eines Gesundheitstrainings und Erlernung psychologischer Entspannungstechniken, Risiko- und Streßbewältigungsstrategien,
   - Wiederaufnahme der Berufstätigkeit 3-5 Tage nach Entlassung aus der Anschlußheilbehandlung.

2. Nach Herzoperationen und Katheterintervention:
   Nach unkomplizierten Herzoperationen (ACVB) kann der Patient innerhalb von 7-10 Tagen aus dem herzchirurgischen Zentrum zur Anschlußheilbehandlung in das Rehabilitationszentrum übernommen werden, in direkter Verlegung. Die Anschlußheilbehandlung kann sich auf einen 2-4 wöchigen Aufenthalt beschränken. Nach Katheterintervention (PTCA) kann der Patient schon nach 2-3 Tagen verlegt werden.

In der Zukunft wird man einen kleinen Teil (um 10%) der unkomplizierten Herzinfarkte wohnortnah ambulant während der Phase II rehabilitieren, und damit zur Kostenersparnis beitragen. Auch wird zunehmend für etwa weitere 10% der Herzinfarktpatienten eine teilstationäre Rehabilitation möglich sein. Ob sich dadurch ähnlich gute sozialmedizinische Ergebnisse erreichen lassen, müssen zukünftige Untersuchungsserien zeigen. Nach Phase II der Herz-Rehabilitation wird dann die Phase III in ambulanten Herzgruppen durchgeführt. Davon gibt es in der Bundesrepublik mehr als 3000. Zahlreiche Untersuchungen haben ergeben, daß diese Einrichtung sich sowohl auf das Wohbefinden der Patienten, als auch auf deren soziale Wiedereingliederung günstig auswirken (2).

Literatur

1 Blümchen G: Neuere sozialmedizinische Entwicklungen in der Kardiologie. Gesundheitspolitik 1/95.
2 Buchwalsky R, Blümchen G: Rehabilitaion in Kardiologie und Angiologie. Springer-Verlag, 1994.
3 Wackerbauer A: Ein Beitrag zur postoperativen Behandlung Herzoperierter. Zbl Chir 25 (1969), 826-832.

Der Verfasser:
Prof. Dr. med. Gerhard Blümchen
Klinik für Herz- und Kreislauferkrankungen
Klinik Roderbirken
42799 Leichlingen

Die Heilgymnastik als Element der Kinäsitherapie bei Herzinfarktpatienten während einer klinischen Rehabilitation

N. Ivanov

Militärsanatorium, Bankja/Bulgarien

Remedial Training as an Element of Kinetic Treatment of Patients After Myocardial Infarction During Their Clinical Rehabilitation

Remedial training (RT) is an essential element of the kinetic treatment program for patients after myocardial infarction (IM) during their clinical treatment. The aim of the program is to work out sets of RT exercises which suits the individual physical abilities of the patients with a low risk for the heart during training.
Examinations were done on 200 male patients at an average age of 49.5 ± 5.2. The positive results of the overall rehabilitation program are given in the paper. The prevailing part of the patients, 74%, had improved clinical indices at the end of the rehabilitation period. Negative results concerning the indices for physical activity was found in 2% of the examined patients, while in 24% of them no significant changes have been observed.
The sets of remedial training exercises applied in the method described lead to a lower risk for the heart during training of patients after myocardial infarction.
Key words: cardiology, rehabilitation, heart diseases, myocardial infarction

Einleitung

Die Kinäsitherapie ist ein wichtiger Teil des komplexen Rehabilitationsprogramms bei Herzinfarktpatienten, die zwecks einer klinischen Rehabilitation in das Sanatorium aufgenommen werden. Eine Reihe körperlicher Tätigkeiten, die die Lebens- und Sozialtätigkeit der Patienten modellieren, und zwar teilweise in verschiedenem Grade, stellen die Elemente des Programms für eine Bewegungsaktivität und körperliches Training dar.
Die Heilgymnastik ist ein wesentliches Element des Trainingsprogramms der Herzinfarktpatienten in der Zeit ihrer klinischen Rehabilitation. Der Nutzen ihrer Anwendung schon in der frühesten Periode und auch später wird an der Unterstützung und der Wiederherstellung des zirkulatoren Gleichgewichts und des Atmens, an Gleich-

gewichttests, an der Kräftigung des Muskels und an der Zunahme des Umfangs der Körpermuskulatur gemessen.

Ziel

Wir haben uns das Ziel gesetzt, Übungskomplexe für die Heilgymnastik zusammenzustellen, die in der Kompliziertheit ihrer Ausführung und in der Schwierigkeit der körperlichen Belastung den konkreten körperlichen Möglichkeiten der einzelnen Patienten und der Reduzierung des Herzrisikos beim Training entsprechen.

Materialien und Methoden

Es wurden 200 Patienten männlichen Geschlechts mit einem Herzinfarkt im durchschnittlichen Alter von 49,5 Jahren (Sd 5,2) untersucht, die ins Militärsanatorium - Bankja zur klinischen Rehabilitation aufgenommen wurden. Alle Patienten wurden nach einer gründlichen klinischen Untersuchung nach der New Yorkschen Klassifizierung eingeteilt; es wurde ein Veloergometrischer Test zu Beginn und am Schluß der Periode auf der Grundlage der medikamentösen Behandlung durchgeführt. Aufgrund der Ergebnisse der Veloergometrie sind die Patienten in 4 Gruppen unterteilt und mit der Klassifizierung nach der New Yorkschen Klassifikation verglichen worden.
Auf dieser Grundlage wurden 4 selbständige Gruppen zusammengestellt, die nach dem Grad der Belastung den von uns in Folge des Velo-Testes bestimmten Gruppen entsprechen. Folgende Kriterien für die Zusammenstellung der Gruppen und für die Bestimmung der Effektivität bei ihrer Ausführung können erwähnt werden: subjektive Einschätzung des Patienten; klinische Merkmale einer Müdigkeit und (oder) gestörte Funktion; eine besondere Aufmerksamkeit wurde dem Entstehen eines Herzkranzschmerzes, der Pulsbeschleunigung, dem Herzrhythmus, der Atmungsfrequenz und dem Blutdruck geschenkt.
Die Bestimmung des Heilgymnastikkomplexes zu Beginn des Programms für alle Patienten und während der ganzen Periode für die Risikoguppen und für Patienten einer niedrigen Funktionsklasse erfolgte unter einer telemetrischen Kontrolle.

Eigene Erforschungen

Die Klassifizierung der Patienten in Abhängigkeit von den Ergebnissen der Veloergometrie wurde mit Hilfe der Dispersionsanalyse durchgeführt. Die Einteilung erfolgte nach der jeweiligen höchsten überwundenen Belastung. Die Ergebnisse zu Beginn und am Schluß der durchgeführten komplexen Rehabilitation, einschließlich der ausgeführten Heilgymnastikkomplexe sind in der Tabelle 1 und der Tabelle 2 dargestellt. Die Trainingskomplexe 0-II sind detailliert beim Verfasser erhältlich.

Patienten-gruppe	Überwundene Grenzleistung (W)	Geleistete Arbeit (kg. m)	Doppeltes Werk	NYHA-Klasse	Alter (Jahre)	Zahl der Patienten	Übungs-gruppe
A_1	bis 25	426,9 ±56,33	189,69 ±36,53	IV	56,62 ±3,88	35	Oa
B_1	26 - 50	1271,05 ±135,72	228,44 ±17,53	IV - III	51,79 ±5,31	55	Ob
C_1	51 - 75	2475,0 ±273,14	236,86 ±23,92	III	48,75 ±5,23	59	IA - IB
D_1	76 - 100	3733,3 ±451,14	269,84 ±29,74	III - II	41,0 ±6,49	51	IB
G_1	101 - 125	-	-	-	-	-	-

Tabelle 1. Unterteilung der Patienten mit einem Herzinfarkt gemäss der überwundenen Grenzleistung zu Beginn der klinischen Rehabilitation (n=200).

Patienten-gruppe	Überwundene Grenzleistung (W)	Geleistete Arbeit (kg. m)	Doppeltes Werk	NYHA-Klasse	Alter (Jahre)	Zahl der Patienten	Übungs-gruppe
A_2	bis 25	-	-	-	-	-	Oa
B_2	26 - 50	1237,5 ± 150,0	180,82 ± 35,90	IV - III	56,80 ± 3,5	46	Ob
C_2	51 - 75	2340,0 ± 277,0	207,84 ±23,93	III	50,20 ± 5,2	57	IA - IB
D_2	76 - 100	3708,0 ± 334,0	232,86 ± 27,97	III - II	46,24 ± 5,45	71	IB
G_2	101 - 125	5500,0 ± 530,0	251,33 ± 49,90	II - I	40,44 ± 9,22	26	II

Tabelle 2. Unterteilung der Patienten mit einem Herzinfarkt gemäss der überwundenen Grenzleistung am Schluss der klinischen Rehabilitation (n=200).

	A_2	B_2	C_2	D_2	G_2	Zahl der Patienten in den Gruppen vor der Rehabilitation	n=200
A_1	-	35 100%	-	-	-	35	17,5%
B_1	-	11 (20%)	44 (80%)			55	27,5%
C_1	-		13 (22%)	43 (73%)	3 (5%)	59	29,5%
D_1	-			28 (55%)	23 (45%)	51	25,5%
G_1	-	-	-	-	-	-	-
Zahl der Patienten in den Gruppen nach der Rehabilitation	-	46	57	71	26	200	100%
n=200	-	23%	28,5%	35,5%	13%	100%	-

Tabelle 3. Häufigkeit der Wechsel innerhalb der Rehabilitationsgruppen während der klinischen Rehabilitation.

Wie aus den Tabellen ersichtlich wird, ist die Toleranz der Patienten gegenüber körperlicher Belastungen infolge der Durchführung des komplexen Rehabilitationsprogramms, einschließlich Heilgymnastikkomplex, am Anfang und am Ende der Periode wesentlich verändert. Aus der Tabelle 2 wird deutlich, daß 74% der Patienten aller Gruppen in eine Rehabilitationsgruppe mit einer höheren Belastbarkeit übergehen. Eine Verschlechterung der beobachteten Ergebnisse haben wir nur bei 2% der Kranken festgestellt. Bei 24% von ihnen kommen keine statistisch bedeutenden Unterschiede in der Toleranz gegenüber körperlicher Austrengungen zum Vorschein. Es sei betont, daß klinische Erscheinungen einer Verschlechterung des Zustandes der Patienten ausbleiben. Es gibt keine Mißstände, wie ein erhöhtes Herzrisiko oder andere klinische Mißerfolge, die während der Zeit der Ausführung der Heilgymnastikkomplexe entstanden sind.

Besprechung

Unsere Einsicht über die erläuterte Frage äußert sich in der Notwendigkeit, die Arbeit für die Individualisierung der Heilgymnastikkomplexe aufgrund der Methoden der Biomechanik fortzusetzen und eine genauere Einschätzung des Energieverbrauchs bei den einzelnen Elementen durch die Anwendung einer entsprechenden Technik zu machen, über die wir zur Zeit leider nicht verfügen.

Schlußfolgerungen

1. Die von uns zusammengestellten Heilgymnastikkomplexe schaffen günstige Möglichkeiten zur Bestimmung der Intensität der Belastung bei Patienten mit einem Herzinfarkt während einer klinischen Rehabilitation.
2. Die von uns eingesetzte Methode und die Kriterien zur Erzielung hoher Effektivität der durchgeführten Heilgymnastik bei Patienten mit einem Herzinfarkt während einer klinischen Rehabilitation schafft beste Bedingungen für die Sicherheit der Trainierenden.
3. Vorhanden sind positive Ergebnisse der durchgeführten Heilgymnastik als Element der Komplexbehandlung bei Kranken mit einem Herzinfarkt unter den Bedingungen einer klinischen Rehabilitation.
4. Die Anwendung der nach der beschriebenen Methode zusammengestellten Komplexe trägt zur Reduzierung des Herzrisikos bei den Patienten mit einem Herzinfarkt während einer klinischen Rehabilitation bei.

Literatur

1. Denollet J, Brutsaert D L: Enhancing emotional well-being by comprehensive rehabilitation in patients with coronary heart disease. Eur Heart J 16 (1995), 1070-1078.
2. Ivanov N: Dosieren der Trainingsintensität bei Herzinfarktpatienten unter den Bedingungen der klinischen Rehabilitation. 1 Internationaler Kongreß, Rehabilitation durch Sport 25-28 October, 1995.
3. Ivanov N: Task force of the Working Group on Cardiac Rehabilitation of the European Society of Cardiology. Long-term comprehensive care of cardiac patients - recommendations by the Working Group on Rehabilitation of the ESC, Cardiac Rehabilitation Definition and Goals. Gur Heart J 13 (1992) Supl C, 1-2.
4. Iwanow N, Mladenow D: Awtomatizirana informacionna sistema na klinika za rehabilitacija na IBS, Fizikalna, kurortna i rehabilitacionna medicina. Tom XXXI, Sofija, 1992, N1, 5-10.
5. Iwanow N: Wyzmovnosti za ranno otkriwane, funkcionalna ocenka i woenno lekarska ekspertiza na stabilna stenokardija i bezbolkoa forma na koronarna nedostatychnost, Disertacija. Sofija, 1986.
6. Kostadinow D: Prakticheko rykowodstwo po lechebna fizkultura. Medicina i fizkultura (1985), 203-210.
7. Olderiolge N, Furloug W, Feeny D, et al: Economic eraluation of cardiac rehabilitation soon after myocardial infarction Am J Cardial 72 (1993), 154-161.
8. Popiliew I: Powtoren infarkt na miokarda. Medicina i fizkultura (1990), 108-110.
9. Slynchew P, Bonew L: St. Brankow i kolektiw, Rykowodstwo po kineziterapija. Medicina i hizkultura (1986), 276-284.

10 Worcester M C, Hare D L, Oliver R G, Reid M A, Goble A J: Early programmes of high and low intensity exercise and quality of life after acute myocardial infarction. Br Med J 307 (1993), 1244-1247.

Der Verfasser:
Prof. Dr. med. Nikolaj Ivanov
Klinisches Zentrum für Rehabilitation
Ivan Wazov Str. No. 5
1320 Sofia
Bankja/Bulgarien

Dosieren der Trainingsintensität bei Herzinfarktpatienten unter den Bedingungen der klinischen Rehabilitation

N. Ivanov

Militärsanatorium, Bankja/Bulgarien

Adjustment of Training Intensity in the Clinical Rehabilitation of Patients After Myocardial Infarction

The author shares his experience and the results of the clinical rehabilitation with 200 patients after myocardial infarction, at the age: 49.5 ± 5.2 years.
The criteria of a dosed physical workload in kg.m/min are determined when working out the kinetic treatment programs for a field treatment. Nomogrammes are worked out based on mathematical analysis and modelling. The nomogrammes are worked out for a field treatment at levelled and sloped ground, as well as for climbing steps. The speed of movement, the weight of the patient and the limit burdening are read during the field treatment.
The authors study on the effectiveness of the clinical rehabilitation shows that the suggested approach for a dosed field treatment leads to positive rehabilitation results for 74% of patients and significantly lowers the negative rehabilitation results, 2% only.

Key words: cardiology, rehabilitation, heart diseases, myocardial infarction

Einleitung

Die optimale Beeinflussung der Toleranz gegenüber körperlicher Belastung und dadurch auch die Erhöhung der Lebensqualität bei Patienten mit Herzinfarkt ist nur möglich nach Zusammenstellung und Durchführung eines individuellen kinesitherapeutischen Programms, das die konkreten körperlichen Konditionen und Möglichkeiten eines jeden Patienten berücksichtigt und das Herzrisiko streng befolgt. Die Anforderungen an die therapeutischen Rehabilitationsprogramme umfassen praktisch die Bestimmung der optimalen Intensität, sowie Charakter, Dauer, Periodität der körperlichen Übungen und des Trainings, Gewährleistung einer effektiven und sich auf festgelegten Kriterien gründenden Kontrolle ihrer Ungefährlichkeit.
Die Terrainbehandlung (oder auch Geländetherapie) wird in unserer Praxis zur Be-

wegungsrehabilitation von Infarktkranken eingesetzt. Die stetige Erhöhung der körperlichen Belastung beim Geländetraining wird durch Erhöhung der Laufstrecke, Senkung der Anzahl und der Dauer der Ruhepausen, Forcierung des Lauftempos, Änderungen im Winkel der Geländeneigung, Überwindung von Treppen etc. verwirklicht.

Ziel

Unser Ziel war es, unter den Bedingungen der klinischen Rehabilitation eine Möglichkeit zur optimalen Erhöhung der Effektivität von eingesetzten individuellen kinesitherapeutischen Programmen bei Herzinfarktpatienten auszuarbeiten.

Materialien und Methoden

Untersucht wurden 200 Herzinfarktpatienten während der klinischen Rehabilitation. Sämtliche Patienten waren Männer im Alter von 49,5 ± 5,2 Jahren. Nach einer eingehenden und umfassenden klinischen Untersuchung und nach erfolgten funktionalen Begutachtungen und entsprechender Medikamentenbehandlung wurde bei allen Patienten der Veloergometer-Test (Fahrradtest) zwecks Bestimmung der Reaktion des Kreislaufs auf körperliche Belastung und Festlegung der physischen Arbeitsleistung (Kapazität) eines jeden Patienten durchgeführt. Für die gesamte Zeit der klinischen Rehabilitation (22 ± 1,8 Tage) wurden die Patienten zweifach getestet. Die Kranken wurden gemäß dem Veloergometer-Test in Gruppen eingeteilt zur Ausarbeitung und Durchführung von individuell gestalteten kinesitherapeutischen Programmen und zum Errechnen ihrer Effektivität. Zur dosierten Bestimmung des Geländetrainings haben wir folgende Unterlagen erarbeitet: Marschroutenkarte (Karte der Laufstrecken), in der Länge der Strecke und Neigung (Steilheit) eines jeden Teils der Laufwege (Terrainwege) angegeben werden; Diagramme zur Bestimmung der geleisteten Arbeit in Abhängigkeit von der Bewegungsgeschwindigkeit; Körpergewicht des Patienten; Art des durchgeführten Trainings (flaches Gelände, steiles/geneigtes/Gelände oder Treppen). Die Koronarographie erfolgte in der Militärmedizinischen Akademie.

Eigene Erforschungen und Besprechung

Der Veloergometer-Test ermöglicht das Klassifizieren der Patienten mit Herzinfarkt, die zur klinischen Rehabilitation aufgenommen wurden. Dies wiederum ermöglicht ihre Unterteilung in Gruppen zur richtigen Dosierung der kinesitherapeutischen Programme sowie zwecks Beurteilung der erzielten Ergebnisse.

Das Klassfizieren haben wir mit Hilfe der Dispersionsanalyse in Abhängigkeit von der überwundenen Grenzleistung und der geleisteten Arbeit während der Belastung vorgenommen. Die Dispersionsanalyse ermöglicht die Beurteilung und Bewertung aller oder eines Teils, der von uns beobachteten bzw. begutachteten Kennziffern: überwundene Grenzleistung, geleistete Arbeit, doppeltes Werk, Alter, Gewicht, Körpergröße. Die Durchführung dieser Analyse beantwortet die Frage, ob die Änderung der Kennziffer und die unter ihnen beobachteten Differenzen durch den Einfluß zufälliger Faktoren verursacht werden oder ob sie statistisch herausgebildet sind und die Differenzen als Ergebnis von wesentlichen Ursachen erscheinen.

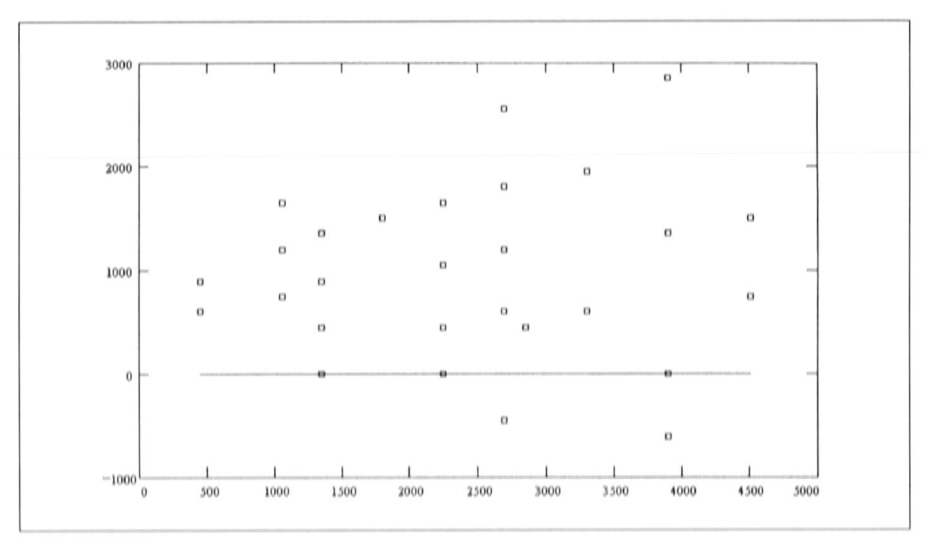

Abbildung 1. Das Resultat der klinischen Rehabilitation: Veränderung der geleisteten Arbeit (kg*m) am Ende der Rehabilitation (y-Achse) bei unterschiedlichen Ausgangswerten zu Beginn (x-Achse).

Durch die von uns vorgenommene Ein-Faktor-Dispersionsanalyse kann bewiesen werden, daß die Unterteilung der Patienten in 5 Gruppen gemäß dem Umfang der von ihnen geleisteten Arbeit beim Velo-Test vor und nach der Rehabilitation wahrheitsgetreu und korrekt erfolgte. Der Vergleich der Dispersion zwischen den einzelnen Gruppen mit der Dispersion innerhalb jeder Gruppe zeigt, daß sogar bei einem

Niveau der Bedeutsamkeit p=0,01 die beobachteten Differenzen im Umfang der geleisteten Arbeit nicht durch zufällige Faktoren, sondern durch die Erkrankung eingetretenen Veränderungen verursacht worden sind. Der Vergleich der Berechnungen und der Tabellenwert des Fischer-Kriteriums zeigen, daß die Hypothese über die statistische Wahrheit, der gemäß geleisteter Arbeit gebildeten Gruppen, akzeptiert wird (Tabelle 1, Tabelle 2). Die Tabellen 1, 2 und 3 befinden sich im vorangegangenen Artikel bzw. im Literaturhinweis 1.

Die Ergebnisse der durchgeführten klinischen Rehabilitation und des dosierten Geländetrainings, die durch die Angaben des Velo-Tests bewertet worden sind, zeigen eine bedeutsame Verbesserung der Toleranz bzw. Ausdauer gegenüber körperlichen Belastungen bei einem Hauptteil der Patienten. Wie aus der Tabelle 3 ersichtlich, gehen 74% der Patienten in der Periode der klinischen Rehabilitation in eine Rehabilitationsgruppe mit höherer Belastbarkeit über. Verschlechterung der Kennziffer wird lediglich bei 2% der Kranken festgestellt. Bei 24% treten keine bedeutenden Änderungen in den Kennziffern der Toleranz gegenüber körperlichen Belastungen ein.

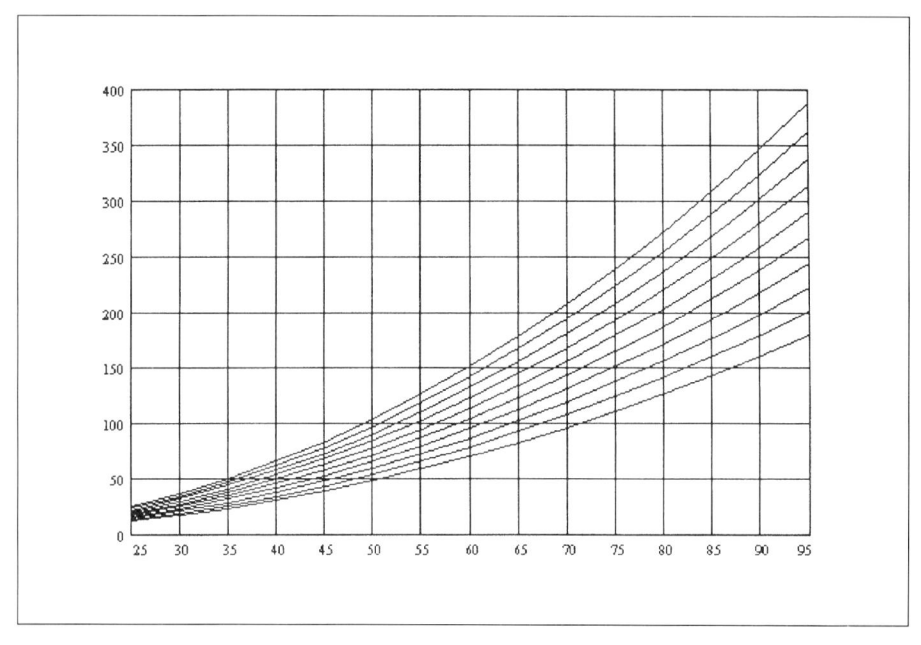

Abbildung 2. Belastung im horizontalen Gelände. y-Achse: Belastung (kg*m); x-Achse: Bewegungsfrequenz (Schritte/min) bei unterschiedlichem Körpergewicht.

Abbildung 1 zeigt die Veränderung der Toleranz gegenüber körperlichen Belastungen der Patienten zu Beginn und am Schluß der Rehabilitation. Unterschieden wird zwischen Anzahl der betroffenen Herzkranzgefäße und zwischen transmuralen und nicht transmuralen Herzinfarkten. Die besten erzielten Ergebnisse werden bei Kranken mit nicht trasmuralem Herzinfarkt beobachtet, danach folgen die Patienten mit nur einem betroffenen Herzkranzgefäß.

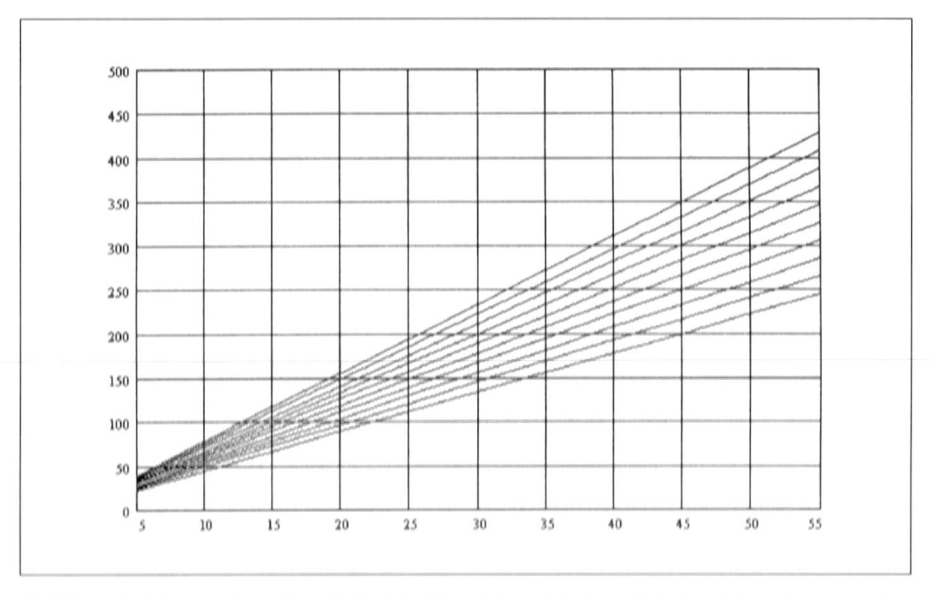

Abbildung 3. Belastung in steilem Gelände(+5°). y-Achse: Belastung (kg*m); x-Achse: Bewegungsfrequenz (Schritte/min) bei unterschiedlichem Körpergewicht.

Die durchgeführte Geländetherapie (Terrainbehandlung) erfolgte nach individuell zusammengestellten Trainingsplänen unter Berücksichtigung der Art des Trainings. Die Patienten - verteilt in Gruppen wie bereits aufgeführt durch die Ergebnisse des Velo-Tests - führten einmal täglich selbständig oder in Gruppen unter Kontrolle des Kinesitherapeuten das Geländetraining (Geländelaufen) durch. Die Dosis der körperlichen Belastung wurd gemäß der angeführten speziell von uns erarbeiteten Nomogramme festgelegt. Aus den Nomogrammen wurden bei entsprechenden Grenzbelastungsaufgaben in Kg*m/min die Geschwindigkeit und die Zeit der Bewegung auf dem entsprechenden Gelände (Terrain) festgelegt (Abbildungen 2, 3, 4) - Schritte pro Minute, Anzahl Treppen pro Minute, sowie das Körpergewicht des

Kardiologie

Patienten. Die Nomogramme wurden nach folgenden Formeln zusammengestellt:
- für horizontales (flaches) Gelände - $= a\, P^n\, v^m\, i$
- für steiles (geneigtes) Gelände - $= P\, \Delta l_{Schr.}\, \sin(\varphi)\, v\, i$
- für Treppen - $= P\, \Delta H\, v\, i$

wobei die Zeichen folgende Bedeutungen haben:
- W - geleistete Arbeit pro Minute, Kg*m/min
- P - Köpergewicht des Patienten, Kg
- v - Geschwindigkeit der Bewegung, Schritte/min
- $\Delta l_{Schr.}$ - durchschnittliche Länge der Schritte, m
- φ - Winkel der Neigung des Geländes, Grad (°)
- i - Koeffizient für die Richtung der Bewegung
    i = 1 beim Steigen nach oben (aufwärts)
    i = 1/3 beim Steigen nach unten (abwärts)
- a,m,n - Koeffizienten aus der mathematischen Bearbeitung der experimentellen Angaben

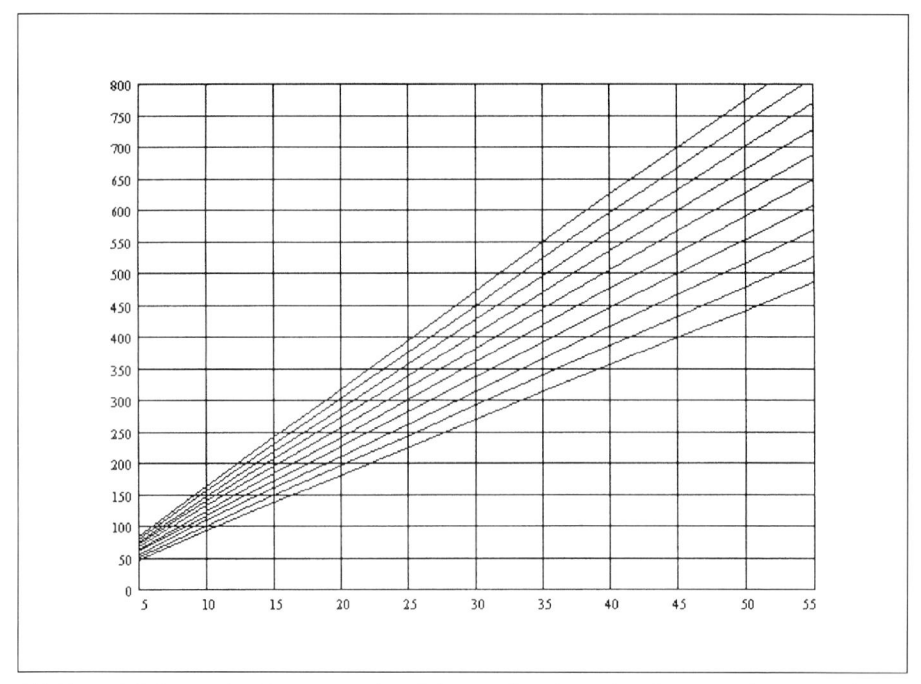

Abbildung 4. Belastung bei Treppen. y-Achse: Belastung (kg*m); x-Achse: Bewegungsfrequenz (Schritte/min) bei unterschiedlichem Körpergewicht.

Schlußfolgerungen

1. Die geleistete Menge Arbeit in Kg*m/min ist ein gutes Kriterium für die Dosierung der Terrainbehandlung (Geländetherapie) während der klinischen Rehabilitation bei Herzinfarktpatienten.
2. Die geleistete Menge Arbeit in Kg*m/min ist ein gutes Kriterium für die Einschätzung des Effekts der durchgeführten Terrainbehandlung (Geländetherapie) bei Herzinfarktpatienten während der klinischen Rehabilitation.
3. Die von uns erarbeiteten Nomogramme tragen zur richtigen Dosierung der Geländebehandlung von Herzinfarktpatienten während der klinischen Rehabilitation bei, wobei die Behandlung und die Dosierung die Angaben vom Velo-Test berücksichtigen.
4. Die durchgeführte Therapie, dosiert gemäß den von uns erarbeiteten Nomogrammen, trägt zu den guten Ergebnissen der Behandlung und zur Senkung des Herzrisikos während ihrer Durchführung bei.

Literatur

1. Ivanov N: Die Heilgymnastik als Element der Kinäsitherapie bei Herzinfarktpatienten in der Zeit einer klinischen Rehabilitation. 1. Internationaler Kongreß, Rehabilitation durch Sport 25-28 October, 1995.
2. Iwanow N, Panajotowa L, Aleksiew M: Uspeshno lechenie na sluchai s ostyr miokarden infarkt, pro tekyl s tevki ritymni i prowodni narushenija i wnezapna syrdechna smyrt. Woenno medizinsko delo 1 (1988), 54-55.
3. Kellermann J J: Loug-term comprehensire cardiac care: the perspectives and tasks of cardiac rehabilitation (editorial) Eur Heart J 14 (1993), 1441-1444.
4. Kostadinow D: Praktichesko rykowodstwo po lechebna fizkultura. Medicina i fizkultura (1985), 203-210.
5. Lipkin D P: Is cardiac rehabilitation necessery. Br Heart J 65 (1991) 5, 237-238.
6. Meerson F Z: Adaptacija, dezadaptacija i nedostatochnost serdca. Medicina (1978), 268-297.
7. Mulcahy R: Twenty years of cordiac rehabilitation in Europe: a reappraisol. Eur Heart J 12 (1991), 92-93.
8. Popiliew I: Powtoren infarkt na miokarda. Medicina i fizkultura (1990), 108-110.
9. Slynchew P, Bonew L: St. Brankow i kolektiw, Rykowodstwo po kineziterapija. Medicina i fizkultura (1986), 276-284.
10. Worcester M C, Hare D L, Oliver R G, Reid M A, Goble A J: Early programmes of high and low intensity exercise and quality of life after acute myocardial infarction. Br Med J 307 (1993), 1244-1247.

Der Verfasser:
Prof. Dr. med. Nikolaj Ivanov
Klinisches Zentrum für Rehabilitation
Ivan Wazov Str. No. 5
1320 Sofia
Bankja/Bulgarien

Veränderungen der regionalen Myokardperfusion bei Patienten mit Myokardinfarkt in der frühen Phase der Rehabilitation

K. Goranov[a], N. Ivanov[b], E. Arnaudov[b], H. Hadjiolov[b]

[a]Militärmedizinische Akademie,
Zentrales Laboratorium für nukleare Medizin
[b]Klinisches Zentrum für Rehabilitation bei
Herz-Kreislauf-Erkrankungen, Bankja

Changes in the Regional Myocardial Perfusion Among Patients in the Early Rehabilitation Phase After Myocardial Infarction

The aim of the present study was to evaluate the changes which occurred in the regional myocardial perfusion (rMP) among patients undergoing a complex (medicaments + physical activity) program in the early rehabilitation phase after myocardial infarction.

Eighty-six patients (men, mean age 492.6 years) participated in the study. 15-20 days after infarction the patients were integrated in a complex rehabilitation program, which included physical activities (gymnastics, stair climbing, walking etc.) combined with relevant medication. A group of patients (men, mean age 464.1 years) were treated with medicaments only.

A single-photon emission computed tomography using 99 Tc methoxyisobutylnitrile (MIBI SPECT) was performed 15-20 days after myocardial infarction (test) and 2 months later (retest).

A reduction of the rMP of different degree in all patients studied was found during the test. An improvement of the rMP was established in 67 to 74% of the patients of both groups during the retest, the positive changes being more expressed in the group integrated in the complex rehabilitation program. The 99 Tc MIBI SPECT could be assessed as a relevant procedure for evaluation of the effects of different rehabilitation programs after myocardial infarction.

Key words: myocardial infarction, 99 Tc MIBI SPECT, myocardial perfusion, rehabilitation programs

Einleitung

Die nuklearmedizinischen Untersuchungen des Herzens bieten die Möglichkeit nützliche Information über die regionale Myokardperfusion während der verschiedenen Phasen der Entwicklung des Myokardinfarkts zu erhalten (1). Diese Verfahren liefern objektive Daten über die Veränderungen der Myokarddurchblutung unter verschiedenen therapeutischen Einwirkungen. Sie haben eine wesentliche Bedeutung auch während der frühen Phase der Rehabilitation der Patienten, die einen Myokardinfarkt erlitten haben, zur Objektivierung der positiven klinischen Ergebnisse verschiedener Therapiemethoden und Rehabilitationsprogramme, die mit dem Ziel durchgeführt wurden, die Lebensqualität der Patienten zu erhöhen (2). Die Anwendung neuer Radionuklide und neuer nuklearmedizinischer Verfahren hat zu einer Verbesserung der Qualität der erhaltenen Bilder geführt und hat wesentliche Informationen über funktionellen und strukturelle Veränderungen des Myokards, sogar im Bereich des zellulären Metabolismus des Myokards geliefert (3). Ziel unserer Studie war, die Veränderungen in der regionalen Myokardperfusion bei Patienten, die einen Myokardinfarkt erlitten haben, in der frühen Phase der Rehabilitation zu untersuchen, um die Ergebnisse einer kombinierten medikamentösen Therapie und eines Mobilisationsprogramms zu objektivieren.

Patienten und Methodik

Es wurden 86 Männer (durchschnittliches Alter $49 \pm 2,6$ Jahre) mit einem gesicherten (klinisch und elektrokardiographisch) Myokardinfarkt untersucht. Die Patienten wurden in der ersten Zeit des akuten Myokardinfarkts in einer Klinik für intensive Therapie behandelt. Die Therapie der Patienten wurde nach den allgemeinen Richtlinien der Behandlung des akuten Myokardinfarkts, sowie in Abhängigkeit der jeweiligen Komplikation (Arhythmien, Herzinsuffizienz, Überleitungsstörungen etc.) durchgeführt. Die Patienten erielten abhängig von ihrem Zustand Ca-Antagonisten, Betablocker, Vasodilatatoren etc.. Die Behandlung in der Intensivstation dauerte ungefähr $12 \pm 2,8$ Tage und nach einer Stabilisation des funktionellen Zustands des Herz-Kreislauf-Systems wurden die Patienten entlassen und für eine frühe Rehabilitation in das klinische Zentrum für Rehabilitation eingeliefert.

Die Leistungsfähigkeit des Herz Kreislauf-Systems der Patienten wurde vor der Anwendung des Rehabilitationsprogramm unter Belastung auf einem Fahrradergometer getestet. Entsprechend der erreichten Belastungsstufen (25, 50, 75 und 100 W) wurden die Patienten nach der NY Heart Association Classification in vier Gruppen eingeteilt. Die Ergebnisse sind in Tabelle 1 dargestellt.

Maximal erreichte Stufe während der ergometrischen Belastung (in W)	Anzahl der Probanden	Funktionelle Stufe
25	5	4
50	23	3
75	51	2
100	7	1

Tabelle 1. Funktionelle Klassifizierung der Patienten gemäß den Richtlinien der New York Heart Association.

Es wurden folgende Kriterien für ein Abbrechen der Belastung verwendet:
1. Starke Zunahme oder Abnahme der Herzfrequenz während des Belastungsgrades um mehr als 25 Schläge.
2. Zunahme oder Abnahme des Blutdruckes um mehr als 15 mmHg.
3. Subjektive Beschwerden-Ermüdung, Dyspnoe, Palpitationen, etc..
4. Erscheinung von Arhythmien.
5. Senkung/Hebung der ST-Strecke um mehr als 1,5 m.

Vor der Entlassung aus dem Zentrum für Rehabilitation wurde die Herz-Kreislauf-Leistungsfähigkeit nochmals nach derselben Methode getestet.
Die Richtlinien des individualisierten Rehabilitationsprogramm sind in Tabelle 2 dargestellt.

Funktionelle Stufe (nach NYHA Klassifikation)	Komplexe von Gymnastikübungen (Grad der Belastung)*	Treppensteigen/ Stockwerk (1 Stockwerk = 22 Stufen)	Terrainkur / m v = 2,5 km/h
4	0a	1 / 2	bis 300
3	0b - 1a	1 - 2	bis 500
2	1a - 1b	2 - 3	bis 1000
1	2	3 - 4	bis 1500

* Der Grad der Belastung steigt von Stufe 0a bis Stufe 2 an und entspricht der erreichten Belastung am Fahrradergometer.

Tabelle 2. Individualisiertes Rehabilitationsprogramm in Abhängigkeit von der funktionellen Klassifizierung der Patienten (4 Stufen).

Es wurde auch eine Gruppe von 12 Männern (durchschnittliches Alter 46±4,1 Jahre) untersucht, die nur mit Medikamenten während der frühen Phase nach dem vorangegangenen Myokardinfarkt behandelt wurden, die als Kontrollgruppe für die szintigraphischen Bestimmungen diente.

Die Veränderungen der regionalen Myokardsperfusion wurden zweimal getestet, nämlich 15-20 Tage nach dem akuten Myokardinfarkt und 2 Monate später. Die Bestimmungen wurden mit Hilfe einer Gammakamera (Gamma Diagnost c. Philips, 64x64 Lehr) nach einer i. V. Injektion 500 Bq 99 Tc MIBI (methoxyisobutilisonitrile) durchgeführt (MIBI SPECT - Single-photon emission computed tomography). Der Grad der Perfusionsverminderung und die Zahl der betroffenen Segmente des linken Ventrikels wurden mit "Index-Schnitt"-Analyse und einer Polar Karte, Typ „Pan-Cake" bestimmt.

Ergebnisse

Bei der ersten Perfusionsszintigraphie (15-20 Tage nach dem akuten Myokardinfarkt) wurde bei allen Patienten eine Verminderung der Perfusionskapazität des Myokards entdeckt. Die infarzierten Zonen zeigten eine signifikante Abnahme um durchschnittlich 35% der maximalen Aktivität der untersuchten Schnitte. Mit der Analyse vom Typ „Polar Karte" wurde das Ausmaß der infarzierten Areale beschrieben, das ungefähr 22 bis 38% der Fläche des linken Ventrikels umfaßt. Die Mittelwerte der Größe der infarzierten Areale bei den untersuchten Gruppen unterschieden sich nicht signifikant.

Bei der zweiten Untersuchung wurde bei 67 bis 74% der Patienten eine Verbesserung der rMP nachgewiesen. Die Zahl der Patienten ohne Veränderung in rMP liegt zwischen 23 und 25% der Untersuchten. Nur in einzelnen Fällen wurde eine Verschlechterung der rMP bestimmt. Diese Ergebnisse sind in Tabelle 3 dargestellt.

Veränderungen in rMP	ART DER BEHANDLUNG	
	Rehabilitationsprogramm und Medikamente	Medikamente
Verbesserung	74,4	66,7
ohne Veränderung	22,9	25,0
Verschlechterung	3,5	8,3

Tabelle 3. Prozentuale Verteilung der untersuchten Patienten in Abhängigkeit von der Art der Veränderungen der regionalen Perfusion des Myokards (rMP) nach der Behandlung.

Bessere Ergebnisse wurden bei der Patientengruppe erreicht, bei der die medikamentöse Behandlung mit einem individualisierten Mobilisationsprogramm kombiniert wurde.

Diskussion

Es ist bekannt, daß die Veränderungen der regionalen Perfusion in der periinfarzierten und infarzierten Zone des Myokards während der Rehabilitationsphase nach einem vorangegangenem Infarkt eine beeinflussende Rolle für die Verbesserung des allgemeinen Zustands der Patienten spielt (4). Die Perfusionsreserven des linken Ventrikels sind in diesem Zusamenhang von großer Bedeutung (5). Unsere Ergebnisse haben gezeigt, daß ein komplexes individuell dosiertes Rehabilitationsprogramm, das in Abhängigkeit von der Herz-Kreislauf-Leistungsfähigkeit der einzelnen Patienten durchgeführt wurde, eine positive Rolle für die Verbesserung der rMP spielen kann.

Die dargestellten Ergebnisse stimmen mit unseren früheren Untersuchungen überein, daß ein Zusammenhang zwischen der Verbesserung der Mikrozirkulation des Herzens und der Steigerung der Leistungsfähigkeit der Patienten bei der Durchführung verschiedener Rehabilitationsverfahren, wie Übungsgymnastik, Treppensteigen, Terrainkur usw. besteht (6).

Unsere Resultate beweisen, daß individualisierte, sorgfältig überwachte Rehabilitationsprogramme kombiniert mit einer relevanten medikamentösen Therapie die rMP meßbar beeinflussen. Die Anwendung des 99 Tc MIBI SPECT bietet wertvolle, leicht erreichbare objektive Kriterien für die Beurteilung verschiedener Rehabilitationsprogramme. Weitere vergleichende Untersuchungen werden von großem Interesse sein.

Literatur

1 Antar M: Radiopharmaceuticals for studying cardiac metabolism. Nucl Med Biol 17 (1990), 103-108.
2 Ivanov N: Möglichkeiten für die frühe Entdeckung, funktionelle Beurteilung und militärmedizinische Expertise der stabilen Stenokardie und der schmerzlosen Formen der Koronarinsuffizienz. Dissertation, 1986 (in bulgarisch).
3 Ivanov N, Mladenov D: Automatisiertes Informationssystem der Klinik für Rehabilitation der Patienten mit koronaren Herzkrankheiten. Physikale- und Rehabilitationsmedizin 21 (1992), 1-5.
4 Kuikka J, Mussalo H, Hietakorpi S, Vanninen E, Länsimies E: Evaluation of myocardial viability with technetium - 99m hexakis - 2 - methoxyisobutyl isonitrile and iodine - 123 phenylpentadecanoic acid and single photon emission tomography. Eur J Nucl Med 19 (1992), 882-889.
5 Sharpe N: Ventricular remodeling following myocardial infarction. Am J Cardiol 70: 20C - 26C (1992).
6 Stöckling G: Tracers for metabolic imaging of brain and heart. Radiochemistry and radiopharmacology. Eur J Nucl Med 19, 1992, 527-551.

Für die Verfasser:
Dr. med. K. Goranov
Militärmedizinische Akademie, Zentrales Laboratorium für nukleare Medizin
G. Sofiiski Strasse 3
1606 Sofia
Bulgarien

Immunologie

Einführung in das Schwerpunktthema

M. Weiß

Vorwort

Lange Zeit galt die Immunologie eher als Randgebiet in der Medizin. Zwei wesentliche Ereignisse haben jedoch dieses Fachgebiet in Anwendung und Forschung in den Mittelpunkt gerückt: Die Entwicklung der Transplantationsmedizin und die Immunschwächekrankheit AIDS. Dadurch intensivierte Forschungsarbeiten haben zu einem explosionsartigen Vermehren der Erkenntnisse geführt, die letztlich Eingang in die Sportmedizin gefunden haben. Die Suche nach Gründen für die Abwehrschwäche/die Krankheitsanfälligkeit bei Hochleistungssportlern und für die Infektresistenz bei moderat Sporttreibenden waren die ersten Ansatzpunkte. Dabei wurden Zusammenhänge mit dem Streßsystem, anderen hormonellen Regulationen, mit Neurotransmittern und mit der Psyche aufgedeckt. Es entstand das Forschungsgebiet Psychoneuroendokrinoimmunologie. Diese Zusammenhänge werden im Folgenden ausführlich von Uhlenbruck dargestellt.

Naheliegend war es nun, die Erkenntnisse in den Interaktionen zwischen Eustreß/Distreß, Bewegung/Sport und Immunsystem auch auf die Rehabilitationsmedizin bzw. die Bedeutung von Bewegung, Spiel und Sport in der Rehabilitation zu übertragen. Exemplarisch hierfür mag der Beitrag von Peters et al. sein.

Die wissenschaftliche Leitung versucht, am Ende dieses Kapitels zusammenzufassen und Ausblicke zu geben.

Kommentare

Die Rolle des Immunsystems in der Rehabilitation durch Sport
Uhlenbruck, Köln

Der Autor schafft mit diesem grundlegenden Einblick ein Verständnis, wie eng verzahnt psychische und physische Gesundheit mit Immunsystem und Sport sind und welche Zusammenhänge mit Krankheit, Psyche und Immunsystem bestehen. Daraus läßt sich die Rolle des Einflusses von Bewegung und Sport auf das Immunsystem in der Bewältigung von Streß und Krankheit ableiten. Hierin liegen die Ansätze für ein

Verstehen der positiven Auswirkung von Sport in der Rehabilitation bei verschiedenen Krankheiten, bei denen das Immunsystem und die Abwehrfunktion eine Rolle spielen.

Immunologische Aspekte eines Ausdauertrainings mit Krebspatientinnen
Peters et al., Köln

Dieser Beitrag vermittelt zwei wichtige Botschaften, die nicht textlich erwähnt sind: Sport in der Nachsorge von Krebspatientinnen findet Akzeptanz; die Befürchtungen von negativen Auswirkungen körperlicher Aktivität können ausgeräumt werden. Somit ergibt sich ein weiterer Grund zur Legitimation der vielerorts schon existierenden Krebssportgruppen, die derzeit immernoch einen relativ geringen Zulauf haben.

Zusammenfassung und Ausblick

Psyche, Immunsystem, Streß und Bewegung interagieren eng und schon geringfügige Veränderungen in diesem Gefüge spielen eine Rolle im engen Übergang zwischen Gesundheit und Krankheit, wie Uhlenbruck aufzeigt. Auf der Basis der von ihm vorgestellten Zusammenhänge aber könnte nicht nur ein krankheitsauslösender Faktor begründbar sein, sondern auch ein Rückweg aus Krankheitsgefahr in Gesundheit. Hier liegt der Schlüssel zum Verständnis der Rolle des durch Sport beeinflußten Immunsystems in der Rehabilitation durch Sport, auch wenn es sich um nicht oder nur bedingt heilbare Krankheiten handelt (Krebs, s. Beitrag Peters et al., HIV-Infizierte, Asthma und autoimmunologische Krankheiten wie Kollagenosen und chronisch rheumatische Erkrankungen). Wie bei jedem Medikament kommt es auch hier auf die Dosierung an und es bedarf gut ausgebildeter Übungsleiter, wie schon in anderen Kapiteln dieses Bandes betont wurde.
Im Zusammenhang mit Immunologie und rehabilitativem Sport, z.B. bei Krebs und HIV-Infizierten, aber auch den anderen genannten Krankheiten, besteht für die Praxis Handlungsbedarf (Gruppengründungen, Übungsleiter-Ausbildungen, Qualitätskontrollen) und für das Hinterfragen der Auswirkungen und Mechanismen Forschungsbedarf (Multi-Center-Studien mit größeren Kollektiven, Langzeituntersuchungen, Nachfolgestudien, die Suche nach neuen Parametern und von Standardisierungsverfahren, etc.). Die Gründung eines entsprechenden Arbeitskreises wäre durchaus wünschenswert.

Die Rolle des Immunsystems in der Rehabilitation durch Sport

G. Uhlenbruck, I. Ledvina

Institut für Immunologie, Universität Köln

The Role of the Immune System in the Rehabilitation by Sports

In the rehabilitation by sports with temporary or long-term handicapped man the physical and psychic defense system plays an important roll.
1. Emotional stabilization by feelings of success in which psycho-neuro-immological effects come into effect.
2. Strenghtening of the physiological body defense system, through which secondary loads, e.g. by infections, can be avoided.
3. Training of inflammation and repair mechanisms which can be of use for the overcoming of hindrances.

Exercise training doesn't mean only an improvement of the physical fitness by a progressively gained adaptation. Exercise training means a mental stimulation and mobilisation of mental abilities as well as an increased possibility of adaption to new situations. Often the quite individual improved performance leads the way out of the personal depression, whereby the public recognition isn't without meaning for the stabilisation of the immune defense system. In this context a newer definition of the health concept is discussed.

Key words: immune system, exercise, rehabilitation, psycho-neuro-immunology

Der Philosoph Arthur Schopenhauer, der sich in seinen „Aphorismen zur Lebensweisheit" mehrmals sehr gescheit über die Gesundheit ausgelassen hat, formulierte auch den oft zitierten Spruch: „Neun Zehntel unseres Glücks beruhen allein auf der Gesundheit". Vom Standpunkt der heutigen Psychoneuroimmunologie her könnte man es auch umgekehrt ausdrücken: Neun Zehntel unserer Gesundheit beruhen allein auf Glück". Das Wort Glück leitet sich aus der Zimmermannssprache ab und zwar von „Gelükke", d.h. das lukenlose und lückenlose Passen zweier aufeinanderzugeschnittener Bretter: Wenn dies der Fall war, hatte man „Gelükke", d.h. Glück.

Mentales Glück wirkt auf das Immunsystem

In der Tat paßt der Ausdruck „Glück" am besten, um das durch Zufall Gefundene und zu uns Passende zu definieren: Man hat Glück gehabt, die richtigen Eltern gehabt zu haben, den passenden Beruf gefunden zu haben oder dem zu uns komplementären Partner schicksalhaft in die Arme gelaufen zu sein. Das Passende garantiert auch etwas miteinander Harmonisierendes, welches uns stabilisiert und stimuliert. Der glückliche Mensch besitzt somit eine der wichtigsten seelischen Voraussetzungen für eine gute Gesundheit. Das hängt nicht zuletzt damit zusammen, daß unser Immunsystem dabei eine bedeutende Rolle spielt. Es kann definiert werden als die Summe aller physiologischen und psychologischen Abwehrmechanismen, denn wir wissen heute, daß sich unser Immunsystem aus dem Gehirn bzw. Zentralnervensystem heraus entwickelt hat, so daß engste Verbindungen zwischen Psyche und Immunsystem bestehen. Man kann sogar sagen, daß die Sprachmoleküle des Nervensystems, die sogenannten Neurotransmitter, Rezeptoren, d.h. „Ohren" an den Zellen des Immunsystems haben von denen sie verstanden werden, während die Verständigungsmoleküle des Immunsystems, die Interleukine oder Zytokine, auch vom Zentralnervensystem als Signale wahrgenommen werden können. Auf diese Weise kommt eine enge und intensive Kommunikation zwischen Kopf und Körper, zwischen Psyche und Immunsystem zustande, woraus sich dann der oben erwähnte Begriff „Psychoneuroimmunologie" abgeleitet hat.

Wir wissen alle, daß der erwähnte Glücksbegriff eng mit dem Begriff des Schicksals assoziert ist: Beiden ist das Zufällige und Unvorhersehbare gemeinsam. Glück ist Talent für das Schicksal, heißt es bei Novalis. Einmal kann dabei das Schicksal seine Hand im Spiel haben, andererseits können wir auch unser Schicksal selbst in die Hand nehmen. Im ersten Fall müssen wir passiv einen Streß erdulden, im zweiten provozieren wir den Streß. Während der erstere meist einen Distreß (z.B. Krankheit, Unglück) bedeutet, wollen wir im zweiten einen Eustreß, der uns Freude bringt, provozieren, beispielsweise durch Reisen und Begegnungen oder durch Sport und Bewegung. Sport kann man auch als aktiv provozierten Eustreß des Körpers bezeichnen, der gegenüber dem psychischen passiv zu erduldenden Distreß resistent macht oder ihn sozusagen „neutralisiert". Das ist für die Prävention von Krankheiten, aber auch für die Rehabilitation nach Erkrankung von eminenter Bedeutung. Hierbei spielt das Immunsystem eine zentrale Rolle, wie das in der Abbildung 1 zum Ausdruck gebracht wird. Schon Oscar Wilde hat es so ausgedrückt, wie man es heute kaum besser formulierten könnte: „Es kommt darauf an, den Körper mit der Seele und die Seele durch den Körper zu heilen." Goethe war da noch ganz anderer Meinung, was aufgrund seiner naturwissenschaftlichen Schriften geradezu erstaunt: „Gesunde Menschen sind die, in deren Leibes- und Geistesorganisation jeder Teil eine vita propria hat."

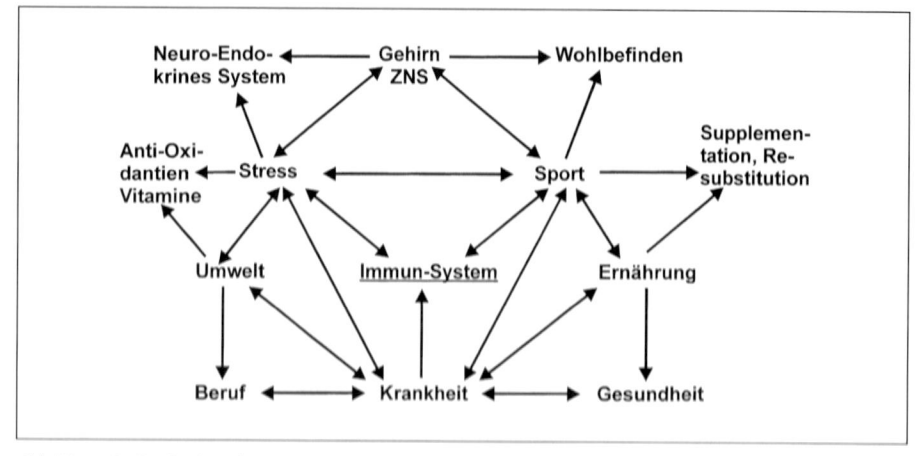

Abbildung 1. Streß als Teil eines psycho-neuro-endokrinen Netzwerk.

„Anpassung unter Anspannung macht nicht glücklich"

Unglück ist, wenn wir durch unvorhergesehene schicksalhafte Ereignisse (sogenannten „life events", auch Superstreß genannt) in das Chaos des nicht zu uns Passenden hineingeworfen und zwar zu unpassender Zeit (Infektionskrankheiten, Krebs, Verkehrsunfälle, Tod eines geliebten Menschen usw.), so daß wir das bereits geplante Leben verpassen. Auch das Alter paßt uns nicht immer, denn oft fühlen wir uns noch fit genug, d.h. gut angepaßt, um unsere beruflichen Lebensaufgaben bewältigen zu können, aber Pensionierung, Rationalisierung und Arbeitsstellenverlust hindern uns unglücklicherweise an dieser Art der Selbstverwirklichung, was ich mit „fitlife crisis" bezeichnet habe: Man ist trainiert und ausgebildet, aber es gibt keine Startmöglichkeit mehr - man ist gesund, aber man fühlt sich nicht wohl.
Absolut ungesund ist es auch, sich zwanghaft mit Gewalt gegen das eigene Wohlbefinden anzupassen, denn durch eine solche Deformation entstehen Spannungen, die sich bei entsprechender Gelegenheit bzw. in überspannten Situationen eruptivaggressiv entladen können. Anpassung unter Anspannung macht nicht glücklich: Es paßt nur vorübergehend - unter Spannung. Unter diesen Aspekten kann Urlaub eine sinnvolle Entspannung sein: Der Eingespannte darf ausspannen. Unglück ist also immer ein Distreß, und sportliches Training bzw. körperliches Trainiertsein sorgt dafür, daß wir demgegenüber resistent werden, ihn verkraften, damit er uns nicht schwächt. Der Entspannte, körperlich und mental relaxierte Mensch, kann diesen Streß besser auffangen als einer, der unter Spannung steht und zu leicht die Nerven verliert.

Der Sport gibt uns sogar die Möglichkeit, „hausgemachtes Glück" zu provozieren, indem wir uns aufgrund einer körperlichen Hochleistung ein seelisches Hoch leisten können: „Runner´s high" nennt man das bei den Marathonläufern. Er bietet uns also die Möglichkeit, selbst unser Glück zu schmieden. Wenn Paul Valery, der Dichter, behauptet: „Es gibt keine Regel für das Glück, denn Glück ist Zufall, weiter nichts", so stimmt dieser Satz nur für das zufällig uns treffende Glück, aber nicht für das Glück, welches wir durch sportliche Leistung suchen und welches sich durch einen Anstieg endogener Opioide in Form von Endorphinen sogar in gewisser Weise messen läßt. Wir wissen heute, daß auch diese Neurotransmitter auf Zellen des Immunsystems einwirken können. Ausdauerndes Bewegungstraining wirkt sich auf diese Weise sowohl auf unser seelisches Wohlbefinden, als auch auf unsere körperliche Gesundheit aus. „Das Glück beruht oft nur auf dem Entschluß, glücklich zu sein", sinniert der englische Dichter Lawrence Durrel, und hat damit nicht ganz unrecht.

„Wer sich eine Aufgabe gibt, gibt nicht auf"

Den Sport kann man somit als eine Form der Immunstimulation bezeichnen, welche primär in Form einer „sterilen" Entzündung und sekundär über das Zentralnervensystem bzw. Gehirn auf unser Immunsystem Einfluß nimmt, direkt oder indirekt zur Stabilisierung unserer Gesundheit beitragen kann, wie das in Abbildung 1 veranschaulicht ist. Aus diesen Zusammenhängen ergibt sich aber auch, daß für eine optimale Leistung Körper und Geist selbst in einer glücklichen, d.h. zueinander passenden Beziehung stehen müssen: Die mentale Gesundheit ist ebenso von Bedeutung wie die physische, um sportliche Hochleistungen vollbringen zu können. Wichtig ist heute auch der Begriff der Fitness, d.h. das a priori oder durch Training erreichte Angepaßtsein, um die Aufgaben in Zusammenhang mit der eigenen Selbstverwirklichung bewältigen zu können. Auch hier ist wieder die Vorstellung des lückenlos zu einem Passenden von Bedeutung. Das Ganze ist in Abbildung 2 skizziert, wobei Familie und uns entsprechender Beruf wesentlich zu unserem Glück beitragen.
Der zu uns passende und nicht krank machende (Mobbing!) Beruf, der uns Freude bereitet, stimuliert unsere Kreativität. Im übrigen: Wer sich eine Aufgabe gibt, gibt sich nicht auf! Doch wenn man das zu einem Passende nicht gefunden hat, fühlt man sich „unpäßlich" wenn einem etwas nicht paßt. Damit gerät der Mensch allerdings in eine Stress-Reaktion, die das Immunsystem belasten kann. Demgegenüber wirkt der Sport nicht nur Stress-abbauend, sondern er bewirkt eine äußerst wirksame Stress-Resistenz (siehe Abbildung 1).
In diesem Zusammenhang ist es wichtig, Gesundheit, Krankheit und den Begriff des

Immunologie

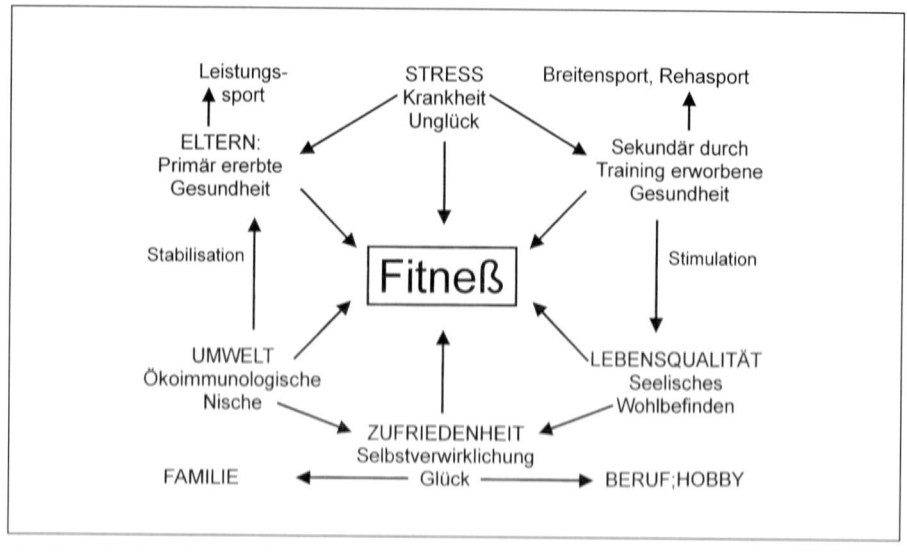

```
        Leistungs-          STRESS        Breitensport, Rehasport
        ↑ sport             Krankheit              ↑
        ELTERN:              Unglück        Sekundär durch
      Primär ererbte                       Training erworbene
        Gesundheit                            Gesundheit

  Stabilisation                                      Stimulation
                        ┌─────────┐
                        │ Fitneß  │
                        └─────────┘
         UMWELT                              LEBENSQUALITÄT
      Ökoimmunologische                        Seelisches
         Nische                               Wohlbefinden
                          ZUFRIEDENHEIT
                          Selbstverwirklichung
        FAMILIE     ←─────── Glück ───────→  BERUF;HOBBY
```

Abbildung 2. Verschiedene Faktoren und Situationen, die zu uns passen oder an die wir uns anpassen müssen.

Sports zu definieren, was für den Umgang und für des Verständnis von kranken Menschen im Hinblick auf therapeutische Aspekte von Nutzen sein kann:
Gesundheit bedeutet körperliches und seelisches Wohlbefinden durch das Vorhandensein aller biologischen und ökologischen Voraussetzungen, um sich in freier Entfaltung der genetisch bedingten Anlagen unter den gegebenen Umständen selbstverwirklichen zu können. Krankheit bedeutet eingeschränktes körperliches und seelisches Wohlbefinden durch reduzierte biologische und ökologische Voraussetzungen, so daß die Selbstverwirklichung durch freie Entfaltung der genetisch bedingten Anlagen innerhalb von Grenzen, aber auch im Rahmen ganz neuer Möglichkeiten, unter den gegebenen Umständen möglich ist. Sport beinhaltet lustbetontes Training muskulärer, mentaler und immunologischer Abwehrkräfte im Hinblick auf eine erfolgsorientierte Leistungssteigerung in der Auseinandersetzung mit krankmachenden Mitmenschen, Krebszellen, Bakterien, Viren und anderen Parasiten.
Der allgemein zur Gesunderhaltung empfohlene moderate Ausdauersport beinhaltet ein aerobes Training in einer Freude-machenden, Erfolg-versprechenden und für einen selbst geeigneten Sportart von täglich 30 min Dauer (oder 3x1 Std/W), bei Pulskontrolle (180 minus Lebensalter), bei Abwesenheit von Infektionen und nach einem sportmedizinischen Check-up (EKG, RR etc.). Optimal wäre ein Kalo-

Immunologie

rienverbrauch durch Bewegungsübungen (auch Treppensteigen!) von 2000 kal/W (1 min Joggen entspricht dem Verbrauch von 10 kal).

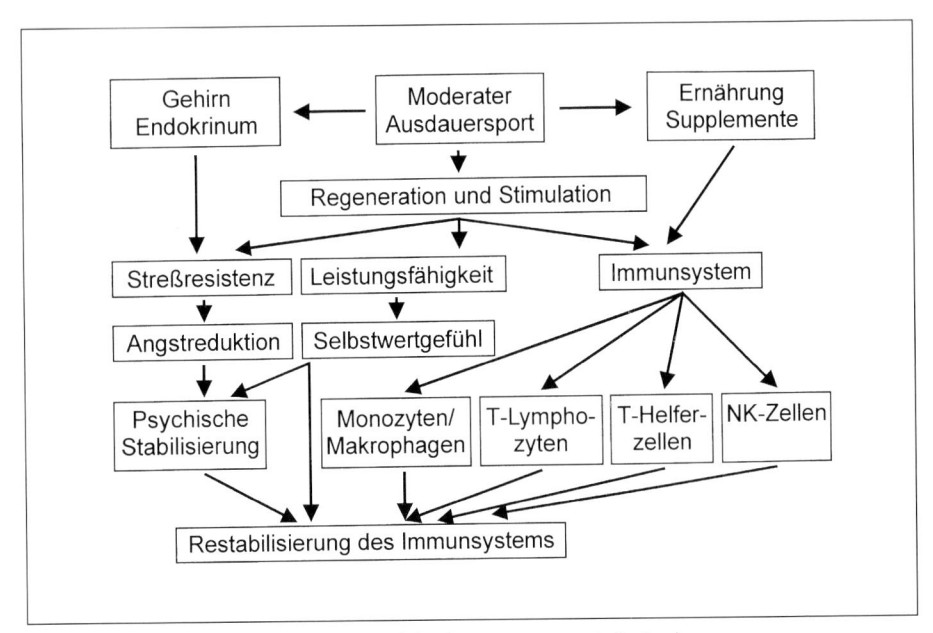

Abbildung 3. Einfluß von Ausdauersport auf das Immunsystem und die Psyche.

In Abbildung 3 sind einmal schematisch die Auswirkungen dieses Trainings auf Psyche und Immunabwehr veranschaulicht. Vor allem beim Sport in der Krebsnachsorge, aber auch bei der Vorsorge gegen bösartige Erkrankungen, was bei der Frau beispielsweise in einer Osteoporose-Sportgruppe als positive Nebeneffekte zu beachten ist, sind diese Einflüsse beobachtet und wissenschaftlich dokumentiert worden. Die positven Aspekte einer sportlich orientierten Reha-Maßnahme sind in der Abbildung 4 zu den negativen Ereignissen bei Betroffenen in Beziehung gesetzt.
Psychischer und physischer Stress im Rahmen einer schicksalhaften Erkrankung oder Behinderung schwächen das Immunsystem, moderater Ausdauersport stabilisiert unsere Abwehr wieder, während „zuviel des Guten" in bezug auf den Sport sich gerade in einer solchen Situation negativ auswirken muß. In Abbildung 5 sind einmal die Faktoren zusammengestellt, die für (Hoch)Leistungssportler in Betracht gezogen werden müssen. An erster Stelle resultieren daraus Erkrankungen der oberen Atemwege (durch verminderte IgA Antikörperproduktion), mangelnde Regeneration

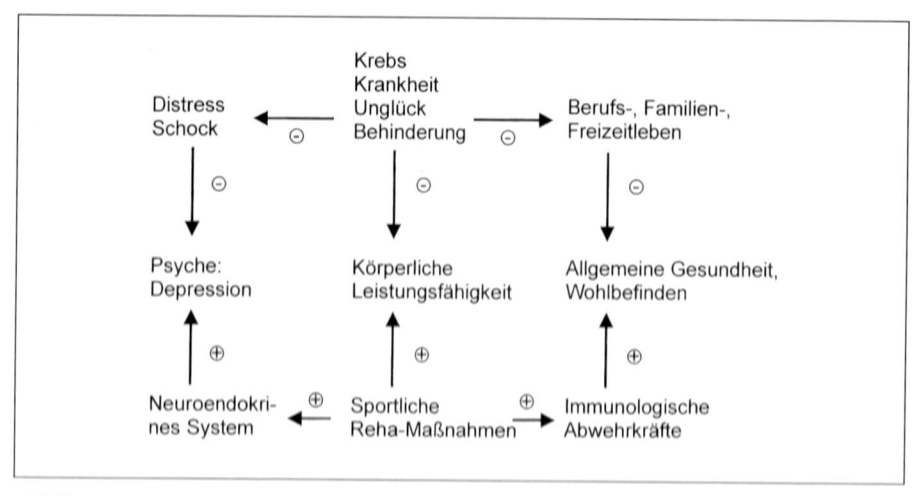

Abbildung 4. Positive Aspekte sportlicher Reha-Maßnahmen.

(fehlende Supplementation von Vitaminen, Radikalfängern, Antioxidanzien und Spurenelementen), wie Leistungsdruck und Cortisol-Effekte, immunsupprimierende Rückkoppelungsmechanismen und eine bessere Haftmöglichkeit für verschiedene Erreger, weil die Zellen unter Belastung ein optimales „outfit" ihrer Membranen aufweist. Schließlich kann sich die Organvorliebe von Krankheitskeimen ändern, beispielsweise durch eine besondere Affinität zum Sportherzen.

Abschließend kann man sagen, daß zwar der Sport zu unserem Leben gehört, aber nicht unser Leben dem Sport gehört, denn auf einem Bein kann der Mensch auf Dauer nicht stehen: Die Selbstverwirklichung im geistigseelischem Bereich gehört, ebenso wie unser Leben im Bereich der Gefühle, dazu. Die Rückkehr zu einer salutogenetischen Ganzheitsmedizin setzt voraus, daß auch der gesunde Mensch sein Wohlbefinden und Glück in einer konzertierten Aktion von Leib und Seele, von Geist und Körper und im Gleichgewicht mit seiner Umwelt genießen lernt. „Der Tod geht zwei Schritte hinter dir. Nutze den Vorsprung und lebe!", diesen Spruch von Werner Mitsch sollten wir in jeder Hinsicht beherzigen!

Bewegungstraining ist sowohl vorbeugend im Hinblick auf das Krebserkrankungsrisiko, als auch in der Nachsorge hinsichtlich der Überlebensdauer und Rezidivhäufigkeit als effektiv zu bewerten. Denn schließlich wird gerade durch ein Krankheitsgeschehen ein vorübergehender Bewegungsmangel zwangsläufig oktroyiert, der zu Trainingsverlust, Leistungseinbuße, Verminderung des IQ und Depressionen führen kann, wie es Abbildung 7 darstellt.

Immunologie

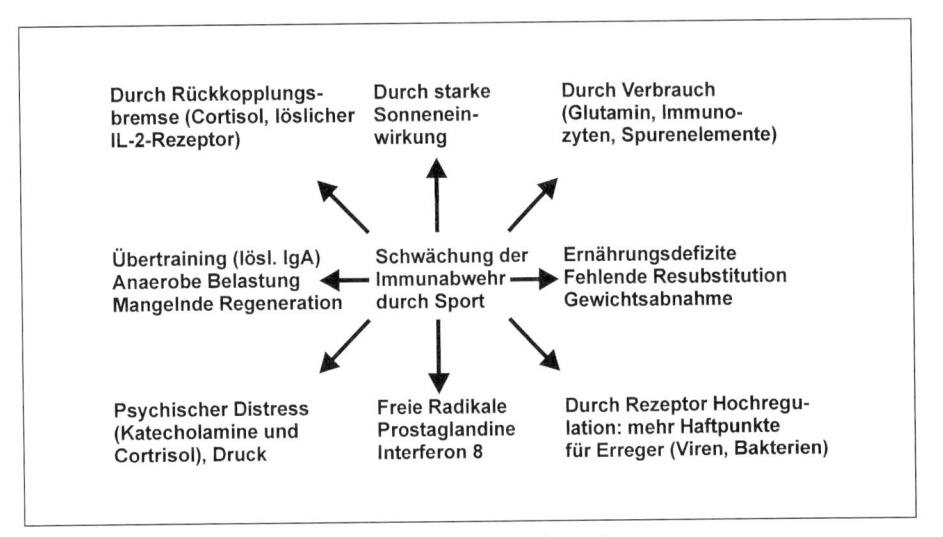

```
Durch Rückkopplungs-        Durch starke           Durch Verbrauch
bremse (Cortisol, löslicher  Sonnenein-            (Glutamin, Immuno-
IL-2-Rezeptor)              wirkung                zyten, Spurenelemente)

Übertraining (lösl. IgA)     Schwächung der        Ernährungsdefizite
Anaerobe Belastung     ←→   Immunabwehr       ←→  Fehlende Resubstitution
Mangelnde Regeneration      durch Sport            Gewichtsabnahme

Psychischer Distress        Freie Radikale         Durch Rezeptor Hochregu-
(Katecholamine und          Prostaglandine         lation: mehr Haftpunkte
Cortrisol), Druck           Interferon 8           für Erreger (Viren, Bakterien)
```

Abbildung 5. Schwächung des Immunsystems durch übertriebenen Sport.

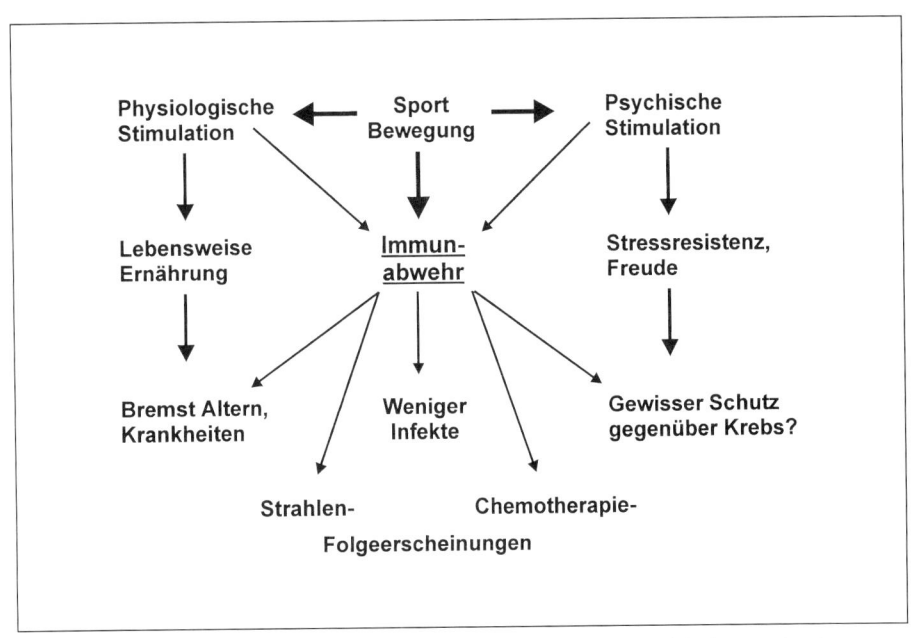

```
Physiologische    ←  Sport    →  Psychische
Stimulation          Bewegung     Stimulation
    ↓                   ↓             ↓
Lebensweise          Immun-       Stressresistenz,
Ernährung            abwehr       Freude
    ↓                   ↓             ↓
Bremst Altern,      Weniger       Gewisser Schutz
Krankheiten         Infekte       gegenüber Krebs?
                       ↓
              Strahlen-    Chemotherapie-
                    Folgeerscheinungen
```

Abbildung 6. Sport im Rahmen der Krebsnachsorge: Einflüsse des Sports auf die Immunabwehr.

Immunologie

```
                    → Krankheit ←
Psychische Verstimmung        Bewegungsmangel
Depressive Haltung            Trainingsverlust
            ⇄ Leistungs- ⇄
              einbuße
           Selbstwertgefühl ↓
         ↙                    ↘
(Auto-) Agressionen     (Über-, De-) Kompensationen
```

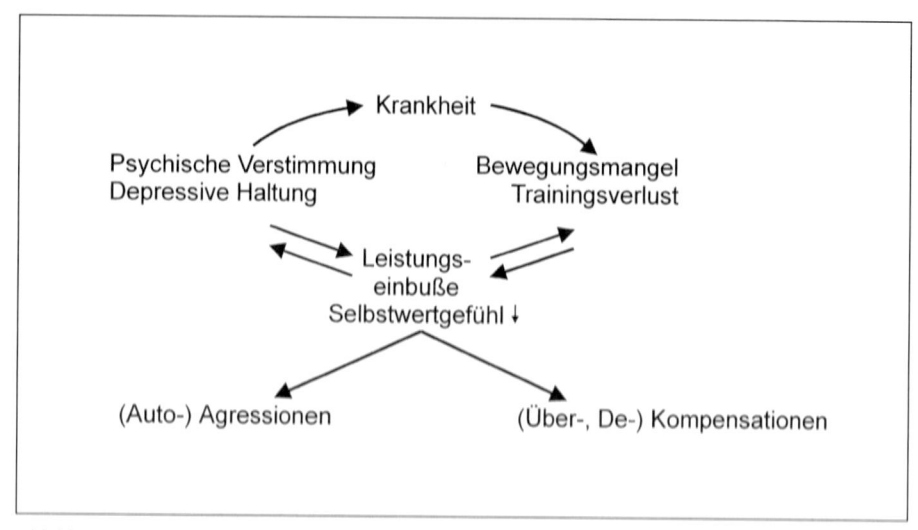

Abbildung 7. Trainings- und Stimulationsverlust durch das Ereignen von Krankheitsprozessen.

Insofern kann die Bedeutung von Sport und Bewegungstraining im Rahmen rehabilitativer Maßnahmen nicht hoch genug eingeschätzt werden. Abbildung 8 faßt das noch einmal zusammen.

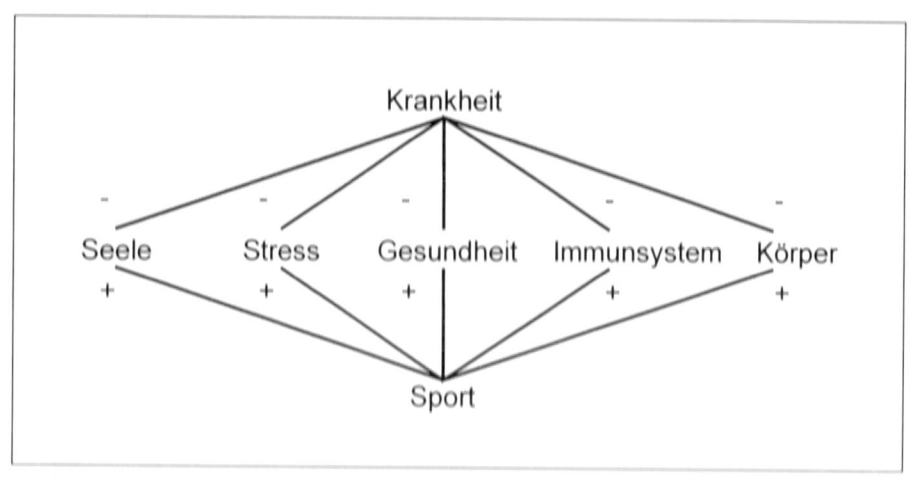

```
                    Krankheit
        −      −       −      −       −
     Seele  Stress  Gesundheit  Immunsystem  Körper
        +      +       +      +       +
                      Sport
```

Abbildung 8. Sport oder Bewegungstraining moderater Art als „Antidot" in der Rehabilitation nach Krankheit.

Literatur

1. Hoffman-Goetz I, Pedersen B K: Exercise and the immune system: a model of the stress response? Immunology Today 15 (1994) 8, 382-387.
2. Kambartel K, Lötzerich H, Peters Ch, Uhlenbruck G: Psychoneuroimmunologische und bewegungstheraqeutische Aspekte in der Rehabilitation Krebserkrankter. Der Kassenarzt 18 (1994), 36-43.
3. Lötzerich H, Uhlenbruck G: Präventive Wirkung von Sport im Hinblick auf die Entstehung maligner Tumore? Dtsch Z Sportmed Bd 46 (1995), 86-94.
4. Peters Ch, Schüle K, Lötzerich H, Uhlenbruck G: Bewegung und Sport als Therapiemöglichkeit in der Krebsnachsorge. Geburtsh u Frauenheilk Bd 56 (1996), 19-23.
5. Uhlenbruck G: Sport, Stress und Immunsystem: Psychoonkologische Aspekte für Prävention und Nachsorge. Jahrb Psychoonkol (1992), 7-22.

Für die Verfasser:
Prof. Dr. Gerhard Uhlenbruck
Institut für Immunologie
Universität Köln
Kerpener Str. 15
50937 Köln

Immunologische Aspekte eines Ausdauertrainings mit Krebspatientinnen

C. Peters[a], H. Lötzerich[b], K. Schüle[a], B. Niemeier[c], G. Uhlenbruck[d]

[a]Institut für Rehabilitation und Behindertensport,
Deutsche Sporthochschule Köln
[b]Institut für Experimentelle Morphologie, Deutsche Sporthochschule Köln
[c]Klinik Porta Westfalica, Bad Oeynhausen
[d]Institut für Immunbiologie, Universität zu Köln

Immunological Aspects of Exercise Training in Cancer Patients

We investigated the influence of a moderate bicycle training program on the number of leucocytes and the composition of leucocyte and lymphocyte subpopulations in 49 breast cancer patients (stages I and II). They were devided into training (TR) and control group (KG). Women of the training group cycled moderately 2.2 times a week for 7 months. At the beginning of the study, after 5 weeks and 7 months (end of the study) venous blood samples were drawn. There were only slight changes in the number of leucocytes and in the composition of leucocyte and lymphocyte subpopulation during the study. These changes were generally in the normal range and without importance for the health.
Key words: cancer patients, leucocyte subpopulations, lymphocyte subpopulations, exercise training

Einleitung

Eine große Anzahl von Studien beschäftigt sich mit dem Einfluß von körperlichen Belastungen auf das Immunsystem (3). Meistens werden jedoch Gesunde aus dem Breiten- und Hochleistungssport untersucht. Im Gegensatz dazu ist die Anzahl von Studien, die sich mit der Thematik Sport und Immunsystem bei Patienten mit verschiedenen Erkrankungen befassen, nur sehr gering (1, 6, 7). Dabei gibt es sehr ermutigende Studien aus den USA über die positiven Einflußmöglichkeiten eines moderaten Ausdauertrainings auf die Verteilung und die Funktion verschiedener Zellen des Immunsystems. So konnten beispielsweise Laperriere et al. (1) bei HIV-Infizierten nach einem moderaten Ausdauertraining einen verlangsamten Abfall bzw. einen Anstieg der hauptsächlich betroffenen T4-Helferzellen sowie der natürlichen Killerzellen beobachten. Bei Krebspatienten liegt nach der Operation und Therapie ebenfalls häufig eine geschwächte Abwehrlage vor (2). Eine Aktivierung des Immunsystems durch Ausdauersport scheint daher auch in dieser Patientengruppe wünschenswert.

Material und Methode

49 Mammacarcinom-Patientinnen (im Mittel ca. 49 Jahre) mit einem Tumorstadium von T1-2, N0-1 und M0 wurden in eine Trainings- (n=25) und Kontrollgruppe (n=24) aufgeteilt. Die Operation, Chemo- und Strahlentherapie waren bei Studienbeginn bereits abgeschlossen. Die Trainingsgruppe führte, über einen Zeitraum von insgesamt 7 Monaten (6 Wochen stationär in der Klinik Porta Westfalica, 6 Monate ambulant an der Deutschen Sporthochschule Köln), ein individuell dosiertes, moderates Fahrradergometertraining durch, bei dem eine Unterhaltung jederzeit möglich sein sollte. Am Anfang und am Ende der Kur und ½ Jahr nach Kurende wurden Blutproben (EDTA) entnommen zur Bestimmung der Leukozytenzellzahlen, sowie der Leukozyten- und Lymphozytensubpopulationen (CD 3, CD 19, CD 4, CD 8, CD 56). Die Lymphozytensubpopulationen wurden mit Hilfe der Durchflußzytometrie (Epics Profile II, Coulter Electronics, Krefeld) bestimmt.

Ergebnisse

Die Frauen der Trainingsgruppe trainierten im Mittel 2,2x/Woche. Nach einer kurzen Eingewöhnungsphase steigerte sich der Belastungsumfang im Mittel auf 33 min mit einem durchschnittlichen Belastungspuls von 124 Schlägen/min.
In der Kontrollgruppe zeigte sich bei den Leukozyten ein signifikanter Anstieg im Verlauf des Untersuchungszeitraumes, dem jedoch keine gesundheitliche Relevanz zugemessen werden kann, da sich die Werte zwischen 5000 und 6000 Zellen/µl, und damit im Mittel des Normbereiches befanden. Ebenfalls im mittleren Normbereich befanden sich die Werte der Granulozyten, Lymphozyten und Monozyten in beiden Gruppen (siehe Abbildung 1). Während ein signifikanter Anstieg der Granulozyten in der Kontrollgruppe den Anstieg der Leukozyten erklärt, trat in der Trainingsgruppe nur ein ganz leichter Anstieg der Granulozyten auf. Bei den Lymphozyten zeigte sich in der Trainingsgruppe ein leichter, jedoch nicht signifikanter Abfall. Ein ähnliches Bild zeigte sich bei Monozyten, die in der Trainingsgruppe tendenziell abfielen, in der Kontrollgruppe jedoch annähernd auf dem Ausgangsniveau blieben.

Immunologie

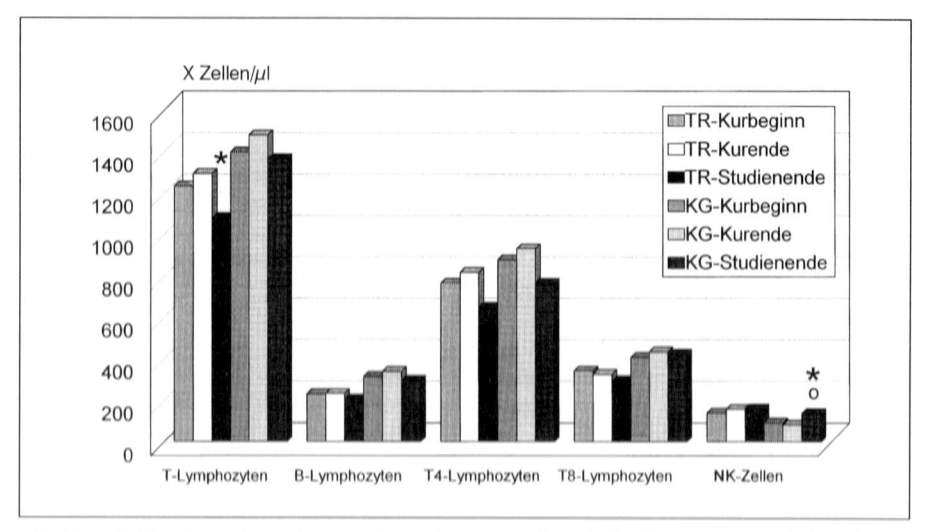

Abbildung 1. Verteilung der Leukozytensubpopulationen (Zellen/μl) der Trainingsgruppe (TR) und Kontrollgruppe (KG) an den drei Meßzeitpunkten Kurbeginn, Kurende und Studienende. */o: $p<0,05$ vs. Kurbeginn/Kurende.

Bei den B-Zellen konnte in beiden Gruppen keine deutliche Entwicklung der Zellzahlen festgestellt werden. Auffallend ist nur, daß sie sich am oberen Rand des Normbereiches befanden. Bei den T-Lymphozyten wurde deutlich, daß der tendenzielle Abfall der Lymphozyten in der Trainingsgruppe hauptsächlich auf eine Verminderung der T-Lymphozyten zurückzuführen ist, die hier signifikant abnahmen (siehe Abbildung 2). Eine Aufschlüsselung der T-Zellen in T4-Zellen und T8-Zellen zeigt, daß bei allen Patienten beider Gruppen ein leichter Abfall der T4-Zellen zu beobachten ist. Die Werte befinden sich dabei im Normbereich. Das Verhalten der T-Suppressor-cytotoxischen Zellen (CD 8) ist in den beiden Gruppen jedoch unterschiedlich. Während sie in der Trainingsgruppe geringfügig abfielen, stieg ihre Zellzahl in der Kontrollgruppe leicht an. Daraus ergibt sich als Resultat eine Veränderung im T4/T8-Quotient, der sich die Trainingsgruppe wieder auf dem Ausgangsniveau einpendelt, bei der Kontrollgruppe jedoch kontinuierlich abfällt. Entsprechend der ganz natürlichen altersbedingten Erhöhung der T4/T8-Ratio liegen die Werte bei den untersuchten Frauen auch hier im oberen Normbereich. Bei den NK-Zellen zeigt sich in der Kontrollgruppe eine signifikanter Anstieg dieser Population im Verlauf dieser Untersuchung, während die Trainingsgruppe auf dem Ausgangsniveau verbleibt (siehe Abbildung 2).

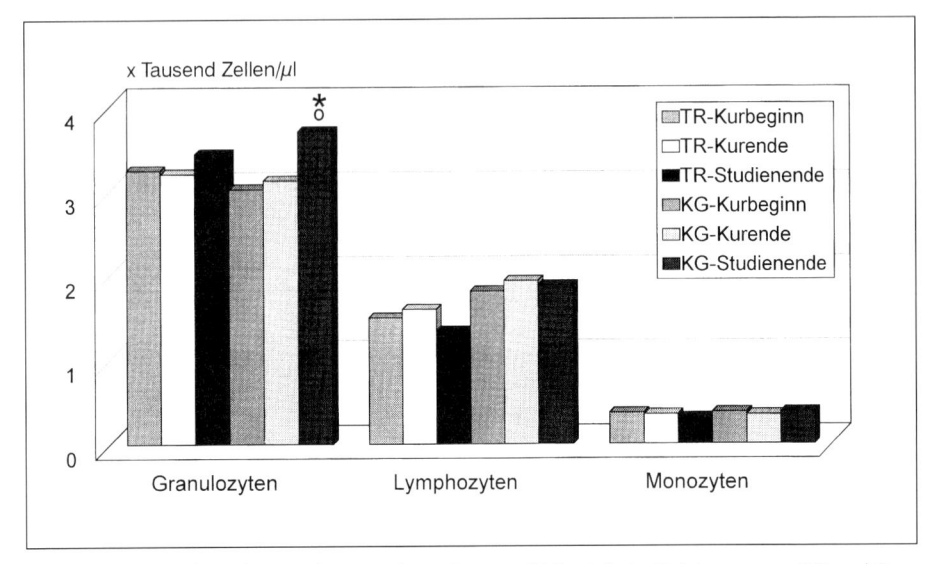

Abbildung 2. Verteilung der Lymphozytensubpopulationen (Zellen/μl) der Trainingsgruppe (TR) und Kontrollgruppe (KG) an den drei Meßzeitpunkten Kurbeginn, Kurende und Studienende. */o: p<0,05 vs. Kurbeginn/Kurende.

Diskussion

In der vorliegenden Studie wurde der Einfluß eines 7-monatigen moderaten Ausdauertrainings auf die zelluläre Zusammensetzung der Abwehrzellen erstmalig bei Krebspatientinnen untersucht.
Obwohl in der Kontrollgruppe der untersuchten Brustkrebspatientinnen ein signifikanter Anstieg in der Anzahl der Leukozyten im Verlauf der Untersuchung festgestellt werden konnte, lag ihre Zahl, ebenso wie in der Trainingsgruppe, an allen drei Meßtagen im Mittel zwischen 5000 und 6000 Zellen pro μl. Dem signifikanten Anstieg der Leukozyten kann daher keine gesundheitliche Relevanz zugemessen werden. Die in der Literatur vielfach beschriebene Reduktion der Leukozytenzahl bei Trainierten (3) konnte bei den untersuchten Krebspatientinnen nicht festgestellt werden.
Eine Differenzierung der Leukozyten in Granulozyten, Lymphozyten und Monozyten macht deutlich, daß Verschiebungen innerhalb der Leukozytensubpopulationen auftraten (Abbildung 1). So ist der Anstieg der Leukozytenzellzahl in der Kontrollgruppe im Wesentlichen auf einen Anstieg der Granulozyten zurückzuführen, der in der Trainingsgruppe vergleichsweise geringer ausfiel. Unterschiedlich war das Verhalten der

Lymphozyten. In der Trainingsgruppe konnte ein leichter (n.s.) Abfall der Lymphozyten beobachtet werden, der als Folge eines Ausdauertrainings beschrieben wird (4). Die Werte der Kontrollgruppe veränderten sich dagegen nicht. Ähnlich verhielten sich auch die Monozyten. Während ihre Zellzahl in der Kontrollgruppe annähern konstant blieb, fiel sie in der Trainingsgruppe tendenziell ab.

Ein Betrachtung der Lymphozytensubpopulationen (Abbildung 2) zeigte, daß der Abfall der Lymphozyten in der Trainingsgruppe auf einer signifikante Abnahme der T-Zellen beruhte. Die B-Zellzahlen veränderten sich in beiden Gruppen kaum, lagen jedoch am oberen Rand des Normbereiches. Aus Sicht der Literatur wäre hier eine Erhöhung der B-Lymphozytenzellzahlen auf Kosten der T-Zellen in Verbindung mit einem längerfristigen Ausdauertraining zu erwarten gewesen (5, 8). Eine Aufschlüsselung der T-Zellen in T-Helferzellen (CD 4+) und T-Suppressor-cytotoxische Zellen (CD 8+) zeigte, daß in beiden Gruppen ein leichter Abfall (n.s.) der CD 4+-Zellen erfolgte. Dagegen war das Verhalten der CD 8+-Zellen in der Trainings- und Kontrollgruppe unterschiedlich. Während die Zellzahlen der Trainingsgruppe leicht abfiel, stiegen sie in der Kontrollgruppe tendenziell an. Daraus resultierend veränderte sich der T4/T8-Quotient in der Trainingsgruppe nicht, fiel jedoch in der Kontrollgruppe ab. Entsprechend der natürlichen altersbedingten Erhöhung der T4/T8-Ratio liegen die Werte der untersuchten Frauen auch hier am oberen Rand des Normbereiches (9). In der Kontrollgruppe konnte ein signifikanter Anstieg der natürlichen Killerzellen beobachtet werden. Im Vergleich zur Trainingsgruppe, bei der keine Veränderungen der NK-Zellzahlen auftraten, werten wir dieses Ergebnis nicht als negativ im Hinblick auf das Training. Wir führen dieses Ergebnis auf den deutlich sichtbaren signifikanten Unterschied im Ausgangsniveau der Patientinnen zurück. So weist die Literatur darauf hin, daß bei Krebspatienten gerade diese Population zahlenmäßig sehr gering ist und häufig auch unter dem Normbereich liegt, was wir mit dieser Untersuchung bestätigen können.

Es kann zusammengefaßt werden, daß ein moderates Ausdauertraining bei Mammacarcinompatienten in der Rehabilitation zwar leichte, jedoch keine gesundheitlich relevanten Verschiebungen innerhalb der Leukozyten- und Lymphozyten-Subpopulationen bewirkt. Wenn auch kein positiver Effekt auf die Verteilung der Abwehrzellen nachgewiesen werden konnte, kann aber eine negative Wirkung durch das moderate Ausdauertraining ausgeschlossen werden.

Literatur

1. Laperriere A, Schneiderman N, Antoni M H, Fletcher M A: Aerobic exercise training and psychoneuroimmunology in AIDS research, in Baum A, Temoshok L (eds): Psychological perspectives on AIDS. Hillsdale: Erlbaum, 1990, pp 259-286.
2. Lötzerich H, Peters C, Ledvina I, Appell H J, Uhlenbruck G: Ausdauersport als natürliche Immunstimulans in der Krebsnachsorge. Ärztezeitschr f Naturheilverf 32 (1991), 571-576.

3   Lötzerich H: Hochleistungssport und Immunsystem. Schriften der Deutschen Sporthochschule Köln-Sankt Augustin: Academia 1995.
4   Nehlsen-Cannarella S L, Nieman D C, Balk-Lamberton A J, Markoff P A, Chritton D B W, Gusewich G, Lee J W: The effects of moderate exercise training on the immune response. Med Sci Sports Exerc 23 (1991), 64-70.
5   Nieman D C, Berk L S, Simpson-Westerberg M, Arabatzis K, Youngberg S, Tan S A, Lee J W, Eby W C: Effects of long-endurance running on the immune system parameters and lymphocyte function in experienced marathoners. Int J Sport Med 10 (1989), 317-323.
6   Peters C, Lötzerich H, Niemeier B, Schüle K, Uhlenbruck G: Exercise, cancer and the immune response of monocytes. Anticancer Res 11 (1995), 175-180.
7   Peters C, Lötzerich H, Niemeier B, Schüle K, Uhlenbruck G: Influence of a moderate exercise training on natural killer cytotoxicity and personality traits in cancer patients. Anticancer Res 14 (1994), 1033-1036.
8   Ricken K H, Rieder T, Hauck G, Kindermann W: Changes in lymphocyte subpopulations after prolonged exercise. Int J Sports Med 11 (1990), 132-135.
9   Rodeck U, Kuwert E, Keinecje H O: Alters- und geschlechtsabhängige Veränderungen humaner T-Lymphozyten-Subpopulationen. Dt med Wschr 108 (1983), 1880-1883.

Für die Verfasser:
Dr. Christiane Peters
DSHS Köln
Institut für Rehabilitation und Behindertensport
50927 Köln

Blinde und Sehbehinderte
Einführung in das Schwerpunktthema
M. Weiß

Vorwort

Die Einschränkung oder der Ausfall der optischen Kontrolle hat Konsequenzen für viele Ebenen des menschlichen Handelns: Beschränkungen der Bewegungsfreiheit, der Handlungskompetenz und der sozialen Integration, Einengung der freien Wahl des Berufs, Reduzierung der Möglichkeiten der Selbstverwirklichung und negative Beeinflussung der psycho-physischen Interaktionen. Andererseits werden im Rahmen von Kompensationsprozessen Fähigkeiten entwickelt, über die Sehende nicht verfügen. Dennoch bleibt der Sehbehinderte meist isoliert (eigene Schulen, Blindenheime, eingeschränkte Teilnahme am öffentlichen Leben) und er ist auf Hilfsmittel und Hilfs-Personen oder -Tiere angewiesen. Die folgenden Beiträge sollen exemplarisch Einblicke geben, wie auf verschiedenen Ebenen Einfluß genommen werden kann: Durch Sport (Handlungskompetenz, soziale Integration, Prävention) und durch technische Hilfsmittel (Bewegungsfreiraum, soziale Integration, Kommunikation, Erweiterung der Berufsfelder). Tijmes zeigt die Entwicklung, den momentanen Stand, die Problematik der Klassifikation im Wettkampfsport und Zukunftsaspekte für Breiten-, Freizeit- und Leistungssport auf, die weiteren Beiträge geben Einblick in den Entwicklungsstand technologischer Verfahren zur Orientierungsmöglichkeit (Mobic) und zur Pc-Benutzung.

Kommentare

Blinde, Sehbehinderte und Sportaktivitäten
Tijmes, Amsterdam/Niederlande

In diesem Übersichtsreferat lernt der nicht eingeweihte Leser die Entwicklungsgeschichte von Sport mit Behinderten und Sehbehinderten und die Problematik der Klassifikation im Wettkampfsport kennen. Hier besteht offenbar Handlungs- und Reformbedarf. Handlungs- und Aufklärungsbedarf besteht auch in den Bereichen Breiten- und Freizeitsport, zumal der Blinde und Sehbehinderte über vielfältige Fähigkeiten zu sportlichen Aktivitäten verfügt, die wenig genutzt werden. Dies hat zwei Gründe: Die Zahl der Angebote ist klein (die Vereine müssen sich öffnen, vor allem mit integrativen Angeboten, die Sehende und Sehbeeinträchtigte zusammenführen); die Aufklärungsarbeit wurde vernachlässigt (bei Augenärzten, Vereinen, Betroffenen und in der breiten Öffentlichkeit). Leistungsfähigkeit und Trainierbarkeit brauchen sich nicht zu Unterscheiden von Sehenden und die physischen-organischen Auswirkungen von Aktivitäten und Sport bedeuten nicht nur eine Steigerung des Wohlbefindens, sondern auch eine Erleichterung in der Bewältigung des Alltags (angefangen von ökonomischerer Bewegungsausführung über größere Bewegungssicherheit bis hin zur besseren Streßbewältigung), sie haben auch präventiven Charakter (Herzkreislauferkrankungen, degenerative Skeletterkrankungen, Immobilisationsosteoporose, etc.). Die Hinweise des Autors auf die Notwendigkeit von integrativem Sport, von der Dringlichkeit von Untersuchungen zu und Entwicklungen von Trainingsmethoden und von verstärkter Aufklärungsarbeit müssen an dieser Stelle unterstrichen werden.

MoBIC - Ein satellitengestütztes Mobilitätssystem für Blinde
Bornschein, Schwerte

Man kann nur hoffen, daß dieses satellitengestützte Orientierungs- und Navigationssystem bald zur Serienreife weiterentwickelt wird. Was in der Luft- und Seefahrt und bald auch im Straßenverkehr nutzbar ist, kann natürlich auch für Blinde und Sehbehinderte hilfreich sein. Es verschafft ihnen Unabhängigkeit und Freiräume auch außerhalb der gewohnten Umgebung und damit mehr Lebensqualität und Teilnahmefähigkeit am öffentlichen Leben. Wahrscheinlich kommt allerdings dieses System nur für einen beschränkten Kreis von Blinden und stärker beeinträchtigten Sehbehinderten mit entsprechenden Vorkenntnissen in Frage und entsprechende Schulungsprogramme müssen noch entwickelt werden.

Zugang zu graphischen Benutzeroberflächen im TIDE-Projekt GUIB
Weber, Stuttgart

Auch dem nicht mit Computertechnologie vertrauten Leser dürfte anhand dieses Beitrags klar werden, welch revolutionierende Perspektiven sich den Blinden mit der Entwicklung der geschilderten Verfahren eröffnen: Arbeitsfähigkeit (eventuell auch von zu Hause aus), Kommunikation (e-mail), Informations- und Datenaustausch (Internet, WWW) und vieles mehr. Gegebenenfalls wäre mit dergestalteten Technologien auch die zunehmende Integration blinder Kinder und Jugendlicher in Regelschulen möglich. Die Fragen nach Finanzierung/Finanzierbarkeit und nach Schulung sollten möglichst bald geklärt werden.

Zusammenfassung und Ausblick

Die Rehabilitation Blinder und Sehbehinderter darf nicht still stehen und sie steht auch nicht still. Die Beiträge hierzu sind gekennzeichnet durch das Bemühen um Weiterentwicklungen auf sportlichen und technologischen Sektoren. Wie im Vorwort zu diesem Kapitel erwähnt, umfaßt die Rehabilitation mit sportlichen und technologischen Methoden verschiedene Ebenen des menschlichen Daseins, die alle in der Gesamtschau über die 3 Beiträge hinweg erfaßt werden. Die wichtigsten Aspekte seien hier nochmals erwähnt: Prävention, Selbstverwirklichung, Selbstachtung, soziale Integration und Anerkennung, Freiräume, Arbeitsfähigkeit. Damit ist der feste Standort im derzeitigen Rehabilitationsverfahren fixiert und gleichzeitig werden Wege aufgezeigt, wo für die Zukunft Forschungsansätze bestehen: Evaluierung und Anpassung der Verfahren für breitere Zielgruppen. Des Weiteren müssen Schulungs- und Aufklärungsprogramme entwickelt werden.

Blinde und Sehbehinderte und Sportaktivitäten

N. T. Tijmes

The Dutch Ophthalmic Research Institute,
ophthalmogenetic department

Visually Handicapped and Sports Activities

From studies it is clear that the visually handicapped people are less active then people without such a handicap. Nevertheless there were several possibilities developed in the past years for the visually handicapped to be physical active. Organisations are founded on national and international level. Next to this most of the sports activities are possible, with some modifications, possible for the visually handicapped. Some sports activities are even special developed for the visually handicapped. Research is done to characterize the personal and psychological characteristics of visually handicapped people an to find out what their motivation and attitude is towards sports activities. Also attention is given to training programs in this special group.

Key words: sports, visually handicaps, training, classification

Einleitung

Aus Untersuchungen ergibt sich, daß Sehbehinderte physisch weniger aktiv sind als Valide. Dennoch sind im Verlauf der Jahre genug Möglichkeiten für sie entwickelt worden, um physisch aktiv zu sein. So gibt es in verschiedenen Ländern nationale und internationale Organisationen für Behindertensport, die sowohl für Freizeitsport wie auch für Verbandsspiele Aktivitäten veranstalten. Außerdem sind nahezu alle Sportarten, oft mit Anpassungen, für Sehbehinderte möglich. Eine Anzahl von Sportaktivitäten ist sogar speziell für visuell Behinderte entwickelt worden.

Es existieren zu diesem Thema Untersuchungen unter verschiedensten Gesichtspunkten. Unter anderem wurde untersucht, welches die persönlichen und psychologische Kennzeichen von sehbehinderten Sportlern und welches ihre Beweggründe und das Benehmen sind. Weitere Aufmerksamkeit galt Training und Verletzungen bei diesen Sportlern.

Wenn der Sehbehinderte einmal Trainingsaktivitäten entwickelt, dann ergibt sich daraus in vielen Fällen eine positive Wirkung. Unter anderem sind Verbesserungen in der maximalen Sauerstoffaufnahme, der Herzfrequenz, der Erholungszeit, des

Fettanteils, im Muskeltonus und in der Selbstachtung festzustellen. Eine visuelle Behinderung braucht nicht unvermeidlich eine schlechte Leistungsfähigkeit nach sich zu ziehen. Notwendig ist ein gut aufgebautes Trainingsprogramm für diese Gruppe.

Ergebnisse

Blindheit und Sehbehinderung werden in Zusammenhang gebracht mit abnehmendem mechanischem Wirkungsgrad und höherem Anstrengungsgrad bei allen Bewegungen, weil das visuelle Feedback fehlt. Dies hat zur Folge, daß Sehbehinderte mehr Energie brauchen und schneller ermüden als Sehende. Diese Ermüdung vermindert die mechanische und physische Effektivität noch mehr. Weil sich diese Ermüdung umgekehrt proportional zur Kapazität der Person verhält, sollten Sehbehinderte regelmäßig trainieren.
Warum vermeidet der visuell Behinderte die physische Aktivität? Es kann sein, daß die Personen von ihrer Familie nicht ermutigt werden. Die Familie ist zuweilen der Ansicht, daß Sportaktivitäten gefährlich sind. Außerdem gibt es noch viel Unkenntnis über visuelle Einschränkungen und über die Möglichkeiten, die Personen mit diesen Einschränkungen haben. Regelmäßiges Training ist wichtig, um die physiologische Kapazität zu entwickeln. Diese physiologischen Kapazitäten sind wieder Anlaß für eine gute Leistungsfähigkeit, eine optimale Gesundheit, Mobilität und soziale Integration. Es müssen Initiativen entwickelt werden, die dafür sorgen, daß Familie, Patient, Trainer und Therapeuten wissen, was eine visuelle Einschränkung bedeutet.
Die Entwicklung von Sport für Blinde und Sehbehinderte erfolgte während und kurz nach dem zweiten Weltkrieg. Sport wurde als Rehabilitationsmöglichkeit für die Kriegsopfer betrachtet. Im Jahre 1964 wurde ISOD gegründet. ISOD wurde im Jahre 1967 eine unabhängige Organisation für Personen mit Amputationen, für Sehbehinderte und Personen mit Paralysen. In 1967 entstand eine Zusammenwirkung zwischen ISMGF und ISOD und es fanden zum ersten Mal die Paralympischen Spiele in Toronto statt. 1981 war das Jahr der Grundlegung von IBSA, einer autonomen Organisation für sportliche Aktivitäten für Blinde. Beim Gründungskongress in Paris waren „the World Counsil for the Welfare of the Blind" (WCWB), the International Counsil for the Education of the Visually Handicapped" (ICEVH) und „the International Federation of the Blind" (IFB) anwesend. IBSA hat als Zielsetzung: Förderung von Sportausübung für Sehbehinderte im umfassenden Rahmen, sowohl Wettkampfsport, Spitzensport wie auch Freizeitsport.
Auch in den Niederlanden fand nach dem zweiten Weltkrieg eine Entwicklung statt. Man wollte nach einigen Jahren eine nationale Sportorganisation gründen. Im Jahre 1961 wurde dazu die NIS gegründet. Das Ziel von NIS war: Die Förderung von

Sportausübung und Körperentwicklung sowohl passiv als auch aktiv. Anfang der Siebziger Jahre fingen auch die Sehbehinderten an, sich der NIS anzuschliessen. Gleichzeitig mit der Entwicklung einer internationalen Sportorganisation für Sehbehinderte im Jahre 1981 wurde der Anfang mit einer nationalen Organisation gemacht. Diese Organisation heißt SVGN. Die SVGN fördert und koordiniert die Freizeit- und die Wettkampf-Sportmöglichkeiten für die Sehbehinderten. Später haben sich die NIS und andere Sportorganisationen zusammengeschlossen. Der Name der Organisation ist NEBAS.

Einerseits gibt es eine große Anzahl allgemeiner Sportaktivitäten, welche mit den notwendigen Anpassungen (zum Beispiel Bälle mit Farben, Bälle und Tore mit Schall) von den Sehbehinderten betrieben werden können. Als Beispiel sind zu nennen: Athletik, Basketball, Schießen, Reiten, Schwimmen und Ringen. Das Ringen und andere Kontaktsporte sind übrigens auch geeignet für taube/blinde Sportler. Andererseits wurden neben den üblichen Sportaktivitäten auch Sportarten entworfen, die insbesondere für Sehbehinderte geeignet sind. Zum Beispiel Showdown, Beep Base-Ball, Torball und Goalball. In Goalball spielen Sehende und Nicht-Sehende miteinander. Alle Athleten bekommen eine Augenbinde vor die Augen. Das bedeutet, daß alle gleiche Chancen haben. Meiner Meinung nach sollte man dieses nochmal überdenken.

In den Sportarten für die Sehbehinderten wird eine Klassifikation vorgenommen, die bis heute ihre Grundlage in der Restfunktion der Sehleistung hat. Im Behindertensport basiert Klassifikation auf einer Untersuchung über die Art und den Umfang der physischen Beeinträchtigungen, so daß der behinderte Sportler in eine Klasse eingeteilt werden kann, die es ermöglicht einen Wettkampf mit Mitsportlern auf gleicher Ebene zu betreiben. Es ist für den internationalen Wettkampfsport eine wichtige Angelegenheit ein Klassifikationssystem zu entwickeln, welches einen Sieg über bessere Leistungen und nicht über die geringere Einschränkung hervorhebt. Im Anfang des Sehbehindertensports gab es zwei Klassen: Eine für die Blinden und eine für die Sehbehinderten. Es stellte sich aber heraus, daß es mindestens 60 Klassifikationen für Blindheit gibt, dadurch war diese Einteilung nicht zu handhaben. Während der Olympischen Spiele im Jahre 1980 wurden zwei Klassen formiert:

Klasse A: Voll Blind oder das Vermögen Licht und Dunkel zu unterscheiden aber nicht das Vermögen Konturen wahrzunehmen.

Klasse B: Das Vermögen Konturen wahrzunehmen bis zu einer Sehschärfe von 3/60. Das bedeutet das Vermögen Finger auf eine Distanz von drei Metern zu zählen. Es gab viel Kritik an dieser Klassifizierung, insbesondere seitens der Sportler aus den USA, welche sich in drei Klassen klassifizierten. Die Grenze liegt dort bei 6/60 und auch das Sehfeld wurde in die Beurteilung miteinbezogen.

Die Klassifikation nach IBSA ist seit 1985 folgende:

Blinde und Sehbehinderte

B1: Ganz blind bis zum Vermögen zwischen Licht und Dunkel zu unterscheiden, aber nicht das Vermögen die Form einer Hand auf Distanz zu beobachten.

B2: Das Vermögen Konturen (z.B. einer Hand) wahrzunehmen bis zu einer Sehschärfe von 2/60 oder/und ein Sehfeld von 5 Grad höchstens, mit besten täglichen Korrektionen.

B3: Eine Sehschärfe von 3/60 bis 6/60, und/oder ein Sehfeld von mehr als 5 Grad und weniger als 20 Grad, auch mit besten täglichen Korrektionen.

Die Sehschärfe wurde mit einer Snellenkarte gemessen, oder mit anderen Standardoptotypen. Die Messung der Sehschärfe ist ein subjektiver Test. Viele Athleten, Trainer und andere Begleiter sind besorgt, ob diese Sehschärfemessung wohl gültig sein kann. Selbstverständlich habe ich einige Athleten gesehen, die eine schlimmere Beschränkung der Sehschärfe angeben, als sie in Wirklichkeit haben. Aber nach meiner 10-jährigen Erfahrung muß ich feststellen, daß der größere Teil der Athleten sehr kooperativ war. Hinzu kommt folgendes:

Die Klassifikationen werden von Augenärzten und Optometristen ausgeführt. Diese Fachleute fragen den Athleten welche Augenkrankheit er hat und untersuchen die Augen. Der Augenarzt weiß, daß bei einer bestimmten Augenkrankheit normalerweise eine bestimmte Sehschärfe zu erwarten ist. Zum Beispiel:

Albino´s	1/10-1/3
Retinitis Pigmentosa	1/10-10/10, aber Sehfeld von 10 Grad oder weniger
Glaucoom	1/10-10/10, aber Sehfeld von 10 Grad oder weniger

Auch das äußere Bild des Auges kann Information über die zu erwartende Sehschärfe geben. Es ist sehr wichtig Informationen über das Sehfeld zu bekommen. Ein Athlet mit einem Sehfeld von 10 Grad oder weniger ist sehr behindert, sogar wenn er eine relativ gute Sehschärfe hat. Dieser Athlet sieht die Welt durch ein Schlüsselloch. Wir baten oft um einen Abdruck der Sehfelduntersuchung. Wenn diese Abdrücke nicht vorhanden waren, machten wir selber eine Sehfelduntersuchung. Der Sehbehinderte, der Wettkampfsport betreibt wird jedes Mal wieder klassifiziert. Wir tun das, weil Operationen Verbesserungen bringen können, und sich der Zustand bei bestimmten Athleten verschlechtern könnte. Oft war es auch so, daß Athleten in einer besseren Klasse als in der eigenen Klassifikation, antreten wollten. Wir haben dann immer eingewilligt. Aber die Philosophie ist, daß die Athleten mit Athleten der gleichen Klassifizierung kämpfen sollen.

Ein Problem ist weiterhin die Festlegung der Anzahl von Klassen. Wenn es zu wenig Klassen gibt, besteht die Gefahr der Unehrlichkeit, wenn es zu viel Klassen gibt, geht das Element Wettkampf verloren. Manchmal wurde die Frage gestellt ob ein Unterschied zu machen ist zwischen angeborener und erworbener Blindheit. Ich glaube, daß diese Frage nicht eindeutig zu beantworten ist. Viele Leute ziehen eine funktionelle Klassifikation vor. Aber es ist nicht einfach hierfür Parameter zu finden. Auch

die Lichtintensität spielt eine wichtige Rolle. Nichtsehbehinderte brauchen eine Lichtstärke von 200-800 Lux bei normaler täglicher Aktivität. Es gibt aber Sehbehinderte die nur funktionieren können wenn die Lichtstärke weniger als 50 Lux ist und andere brauchen mehr als 10000 Lux.
Bei der Klassifikation werden nur die Sehschärfe und das Sehfeld gemessen. Die Kontrastempfindlichkeit, das Farbensehen, das Maß des Streuungslichts, binoculaires Sehen, Fixation und Lesefähigkeit werden nicht gemessen. Ich meine, dies alles würde zu viel Zeit beanspruchen und diese Untersuchungen werden nicht in allen Ländern angewendet. In Rehabilitationszentren werden diese Untersuchungen wohl ausgeführt.
Obwohl es viele Möglichkeiten für den Wettkampfsport gibt, ziehen die meisten Sehbehinderten den Freizeitsport vor. Dennoch gibt es noch viele Sehbehinderte die physisch nicht aktiv sind. Aus Erwägung der Gesundheit ist es wichtig, auch diese zu Aktivitäten zu ermutigen.
Nach der „social learning approach" von Kenyon und McPherson gibt es drei allgemeine Variabeln, die die Wichtigkeit des Erlernens von Sport bestimmen:
- persönliche Eigenschaften
- sozialisierende Zwischenpersonen, damit meine ich Personen und Gruppen, die Einfluß auf eine Person ausüben
- sozialisierende Situationen, damit meine ich Umgebungen und Gelegenheiten, in denen das Erlernen der Bedeutung von Sport stattfindet.

Persönliche Eigenschaften

Rainbolt und Sherill(1987) untersuchten eine Anzahl von 100 Sportler aus einer Stichprobe von 207 Sehbehinderten. Es ergaben sich folgende Merkmale:
Der übergroße Teil des visuell Behinderten war ziemlich jung. 32% jünger als 20 Jahre. Das Alter war zwischen 17 und 60 Jahren, durchschnittlich 21,3 Jahre. Die Mehrheit der Athleten war männlich (62%). Die Verteilung über die Klassen war etwa gleichmäßig: B1 32%, B2 30%, B3 38%. Bei 61% der Untersuchten war die Krankheit angeboren. Die anderen 39% waren später krank geworden. Die Ursachen der Behinderung waren: Glaucoma 13%, Krankheit des Sehnerves 11%, Retinopathia bei Prematuren 10%. 28% der Behinderten hatten auch ein Familienmitglied mit derselben Krankheit. Die meisten Athleten betreiben Leichtathletiek, Goalball, Schwimmen oder Ringen.
Wie ist die Verteilung von Augenkrankheiten in den verschiedenen Klassen?
B1 Prothesen (Retinoblastoma, glaucoma, trauma)
    Nach ernstlichen Infektionen

Nach Hirntumoren
Retinopathie bei Prematuren
Glaucoma
Retinitis Pigmentosa
B2 Retinitis Pigmentosa
   Glaucoma
B3 Retinitis Pigmentosa
   Albinismus
   Macula Degeneration

Sozialisierende Zwischenpersonen

Es stellte sich heraus, daß die Eltern keine wichtige Rolle spielen bei der Sportsozialisation. Vielleicht sind die Eltern zu besorgt.
Wer sind die Menschen, welche einen Einfluß haben?
- Die Sportlehrer
- Verwandte
- Freunde
- Verbände von Sehbehinderten
- Sportorganisationen von visuell Behinderten
- visuell Behinderte selber.

Sozialisierende Umgebung

- Internatschulen
- Umgebung
- Körpererziehung in der Schule
- besonders angepasste Klassen in der Schule
- Freizeit
- Sportklub für Behinderte
- allgemeine Sportklubs.

Nach meiner Meinung ist auffallend, daß in den Untersuchungen von Sherill nicht die Rehabilitationszentren genannt werden.

Diskussion

Mit diesem Referat sollte klar gelegt werden, daß Sport eine positive Auswirkung auf die Funktionsmöglichkeiten von Sehbehinderten hat. Schließlich können im Gegensatz zu gängigen Meinungen die Sehbehinderten eine ebenso gute Leistungsfähigkeit haben wie Valide. Unterschiede hierin sind nicht unmittelbar die Folge einer Seheinschränkung. Die Differenzen entstehen vielmehr durch die Kombination von Sehbehinderung und fehlender Aktivität. Die Konsequenz ist deshalb, die Sehbehinderten zu Sportaktivitäten zu veranlassen.

Eine Zahl von Faktoren bestimmen die Sportteilnahme von Sehbehinderten:
- Aufklärung bei Sehbehinderten, wie auch bei Validen, über die Sportmöglichkeiten für die Sehbehinderten. Weil es so ist, daß visuell behinderte Sportler sehende Begleiter brauchen, wäre eine Integration zwischen den Verbänden für Behinderte und Valide anzustreben.
- Sehbehinderte sollten selbst dazu veranlaßt werden, aktiv im Sport zu sein. Dazu sollte Überschützung und ein entmutigendes Benehmen von Eltern und Lehrern abgewandt werden. Auch hierfür braucht man mehr Kenntnis über die Sehbehinderung.

Weiterhin möchte ich auf die Bedeutung von Untersuchungen über die Effekte von Trainingsmethoden auf die Leistungen von Sehbehinderten aufmerksam machen, um Trainingsmethoden zur Verbesserung der Resultate entwickeln zu können und um die Anzahl der Verletzungen einzuschränken. Nicht nur der Freizeitsport und die Trainingsweise für die Sehbehinderten verdienen Aufmerksamkeit, es sind auch im Wettkampfsport Änderungen notwendig. Vielleicht ist eine funktionelle Klassifizierung besser als ein Klassifikationssystem, das sich auf Behinderung stützt. Ich meine ein Klassifikationssystem, bei dem gemessen wird, was der Athlet kann und nicht was dem Athlet fehlt. Um so weit zu kommen, müssen wir zusammenarbeiten: Sportler, Trainer, und Augenfachleute.

Abschließend müssen wir versuchen, die Möglichkeiten und Unmöglichkeiten zu verstehen!

Literatur

1. IBSA handboek: IBSA (1989).
2. Lindström H: Sports classification for locomotor disabilities: integrated versus diagnostic systems, in Sherill C (ed): The 1984 olympic scientific congress proceedings. Sport and disabled athletes, Champaign, IL: Human Kinetics 9 (1986), 131-136.
3. Rainbolt J W, Sherill C: Characteristics of adult blind athletes, competition experience, and training practices, in Berridge M E, Ward G R (eds): Internationalperspectives on adaptedphysical activity. Champaign, IL: Human Kinetics (1987), 165-171.
4. Sherill C, Rainbolt W, Ervin S: Attitudes of blind persons toward physical education and recreation. Adapted Physical Activity Quarterly, I (1984), 3-11.

5   Veenhof C, Vermeer A: Visueel gehandicapten en sport, in bewegen en hulpverlening 4 (1994), 280-297.

Der Verfasser:
Dr N. T. Tijmes, ophthalmologist
The Dutch Ophthalmic Research Institute,
ophthalmogenetic department.
P.O. Box 12141
NL-1100 AK Amsterdam Z.O.

MoBIC - ein satellitengestütztes Mobilitätssystem für Blinde

J. Bornschein
F. H. Papenmeier, Schwerte

MoBIC, Mobility for Blind and Elderly People Interacting with Computer

Similar to car navigation equipment this electronic travel aid combines maps with the Global Positioning System (GPS). MoBIC provides blind people independent mobility in unknown environment. This travel aid is devided into a prejourney (MoPS) and an outdoor system (MoODS).
Key words: travel aid, mobility, blind and elderly

Mobilität für Blinde durch die Interaktion mit einem Computer

Unter der Abkürzung MoBIC wird im Rahmen der EU-Initiative TIDE an einem Mobilitätssystem für Blinde gearbeitet. Mit Hilfe von elektronisch gespeicherten Landkarten und dem satellitengestützten Positionserkennungssystem GPS (Global Positioning System) der entsprechenden Hardware und Software kann ein Blinder durch Interaktion mit einem Computer außerhalb von Gebäuden in ihm unbekannter Umgebung und unabhängig von fremder Hilfe die aktuelle Position, an der er sich befindet, erkennen und von dieser Position zu einem von ihm gewünschten Ziel geleitet werden.

Dieses System greift auf die gleichen Komponenten zurück, wie sie für die Fahrzeugnavigation (traffic guide) verwendet werden. Bekannte in der Einführung befindliche Systeme für Autos sind: das Navigationssystem bei BMW und der Autopilot von Mercedes. Die Informationsvermittlung erfolgt für den blinden Nutzer, bedingt durch seine Behinderung, nicht über einen Monitor, sondern vorwiegend über Sprache, akustische und taktile Signale.

Die vom Blinden getragene Elektronik ermittelt bei seinem Weg ständig seine Position in Längen- und Breitengraden. Dies geschieht über Signale, die von Satelliten ausgesendet und über eine kleine Antenne empfangen werden. Um die Genauigkeit der Positionsbestimmung zu erhöhen, werden Korrekturdaten, die über RDS (Radio Data System) oder über ein tragbares Telefon (GSM) empfangen werden, verwendet. Die auf wenige Meter genau ermittelte Position wird in die elektronische Karte (Stadtplan) eingetragen und in für den Nutzer verständliche z.B. in Straßennamen übersetzt. Gibt der Nutzer dem System eine Zielposition vor, so wird ein Weg von der aktuellen Position zum Ziel ermittelt. Auf seinem Weg werden dem Nutzer Angaben zur Entfernung, Richtung und zum Richtungswechsel, z.B. an Straßenkreuzungen, gemacht.

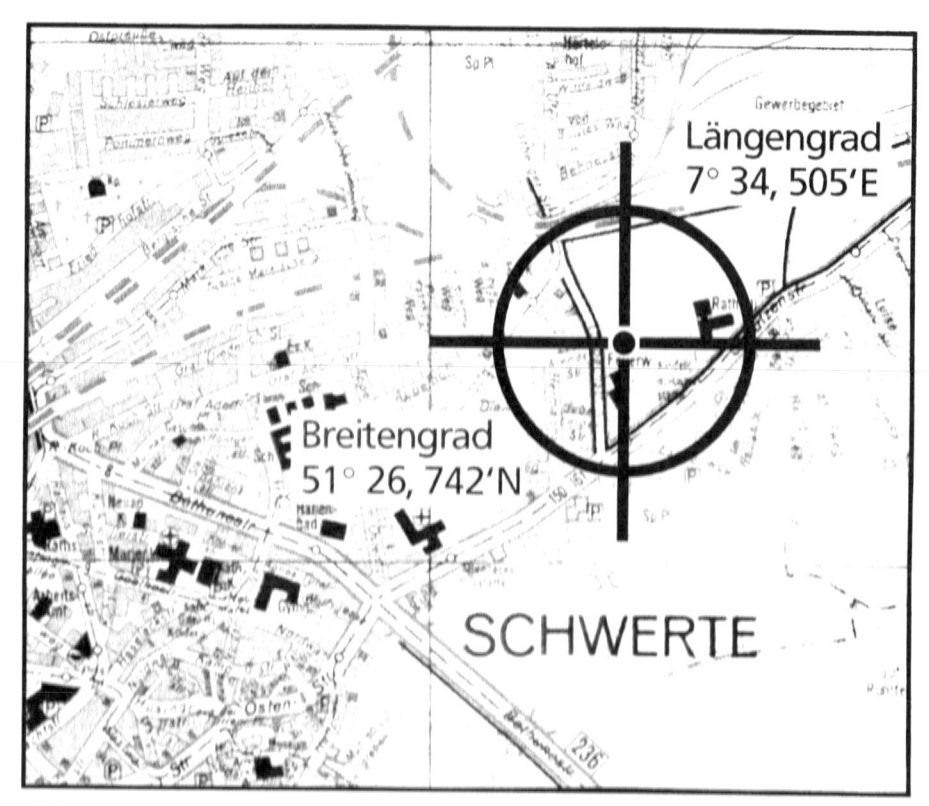

Abbildung 1. Position in Längen- und Breitengraden.

(Falls die Ziele nicht fußläufig zu erreichen sind, werden z.B. Bushaltestellen und Bahnhöfe als Unterziel angesteuert. Über das tragbare Telefon hat der Nutzer Zugriff auf Datenbanken öffentlicher Verkehrssysteme. Ein sogenanntes „teach in System" ermöglicht dem Nutzer, gegangene Wege abzuspeichern (rückzuverfolgen) und Daten in seine elektronische Karte hinzuzufügen.

Probleme des Systems sind die Genauigkeit der Positionserkennung und die Genauigkeit und die Vollständigkeit der elektronischen Karten. Die gewünschte Genauigkeit sollte so sein, daß erkannte Objekte im Tastbereich des Langstockes liegen. Elektronische Karten sollten alle Objekte beinhalten, die ein blinder Nutzer benötigt, wie z.B. Eingänge zu öffentlichen und nicht öffentlichen Gebäuden, Haltestellen von Bussen, herunter bis zur einzelnen Buslinie auf Busbahnhöfen und Information zu Verkaufsflächen in Fußgängerzonen. Ein weiteres Problem ist die Verfügbarkeit der Satellitendaten, z.B. in engen Straßen und unter Bäumen.

Das System gliedert sich in den Wegplaner und den Wegbegleiter. In den Wegplaner gibt der Nutzer mittels einer Tastatur Start und Ziel ein. Eine Sprachausgabe vermittelt ihm den Weg.

Beispiel:
   Gehe 100 m geradeaus und biege an der Straßenkreuzung nach rechts ab, weiter 50 m geradeaus.

Die Daten werden in das tragbare System, den Wegbegleiter, übernommen. Über eine Tastatur kann er jetzt abrufen, wo er sich befindet und wie er sich auf seinem Weg zu bewegen hat.

Beispiel:
   Position Technopark
   weiter Richtung 12^{00} 50 m Schützenstraße
   beep beep beep (Richtungswechselmarkierung)
   weiter Richtung 3^{00} 100 m Talweg

Ein Prototyp ist verfügbar. Erste Ergebnisse eines Feldtestes in Berlin liegen vor. Ein weiterer Feldtest ist in Birmingham für Anfang 96 geplant. Frei verkäufliche Geräte sind vermutlich ab 1997 verfügbar.

Zu Preisen kann noch keine konkrete Aussage gemacht werden. Es werden jedoch Komponenten assembliert, die im Nichtbehindertenbereich im Serieneinsatz sind und somit keiner speziellen - sprich teuren Spezialentwicklungen erfordern.

Die am Projekt beteiligten Partner sind:

Universität Magdeburg,	D	Herr Strothotte
Freie Universität Berlin,	D	Herr Reichert
F.H. Papenmeier GmbH,	D	Herr Bornschein
Royal National Institute for the Blind,	GB	Herr Dr. Gill
University of Hertfordshire,	GB	Frau Dr. Petrie
University of Uppsala,	S	Herr Jansson
British Telecom	GB	Herr Furner
University of Birmingham,	GB	Herr Tobin

Blinde und Sehbehinderte

Abbildung 2. Tragbares System als Wegplaner und Wegbegleiter.

Literatur
1　Bericht vom RNIB London über die MoBIC-Conference London Feb 95.

Der Verfasser:
Jürgen Bornschein
F.H. Papenmeier GmbH & Co. KG
P.O.B. 1620
58211 Schwerte

Zugang zu graphischen Benutzungsoberflächen im TIDE Projekt GUIB

G. Weber

Institut für Informatik und
F.H. Papenmeier GmbH & Co. KG, Universität Stuttgart

Access to Graphical User Interfaces in TIDE Project GUIB

Graphical User Interface can be made accessible to blind users either through synthetic speech output or through braille displays. TIDE project has investigated two approaches for access systems and has implemented several differing protoypes for the MS Windows and the X Windows environment.
For a nonvisual user interface either a spatial layout is suitable for large braille displays or a hierarchical structure is most suitable for speech output and for small braille displays. Through an integration of the acoustic media and tactile media several disadvantages can be overcome. Automatic selection of these two modalities for interaction objects gives various types of blind users a choice in their model of the pixel based presentation.
Key words: Graphical User Interfaces, nonvisual HCI, braille, speech

Einleitung

Der Zugang zu graphischen Benutzungsoberflächen wurde bei der Vorstellung des XeroxStar Computers im Jahre 1978 noch nicht für blinde Benutzer in Erwägung gezogen. Erst mit dem zunehmenden Einsatz der Macintosh Computer in der Ausbildung an amerikanischen Universitäten und am Arbeitsplatz verhinderte der mangelnde Zugang zu graphischen Benutzungsoberflächen (GUI) eine weitergehende Integration. Während die Entwicklung noch unterschiedlich beurteilt wurde (1) verdeutlichten Umfrageergebnisse einen bevorstehenden Wandel beim Erstellen neuer Anwendungsprogramme. An Word für Windows ist durch die Version 7.0 eine Erweiterung dieses Programms erst kürzlich vorgenommen worden, die entsprechende text-basierte Version ist evtl. noch im Entstehen, hat aber sicherlich nicht mehr den gleichen Funktionsumfang wie das Pendant mit einer graphischen Benutzungsoberfläche.

Blinde und Sehbehinderte

Das TIDE Projekt GUIB

Innerhalb der Pilotphase des Forschungsprogramms Technology Initiative for the Integration of Disabled and Elderly (TIDE) untersuchten seit 1991 die zwei Konsortien GUIB und VISA die Zugangsmöglichkeiten zu GUIs.

Überwinden der Pixel-Barriere

Das allgemeine Konzept nach dem alle Zugangsmöglichkeiten vorgehen, besteht darin, die Anwendungsprogramme von der eigentlichen Benutzungsoberfläche zu trennen. Wenn diese Trennung erreicht werden kann, dann kann neben der graphischen Darstellung auf dem Bildschirm eine nicht-visuelle Darstellung erzeugt werden. Dabei kann sowohl Sprachausgabe als auch Brailledarstellung eingesetzt werden.

Off-Screen Modell

Um den Mangel an Überblick eines blinden Benutzers auszugleichen werden alle graphischen Darstellungen noch einmal in abstrakter Darstellung für einen blinden

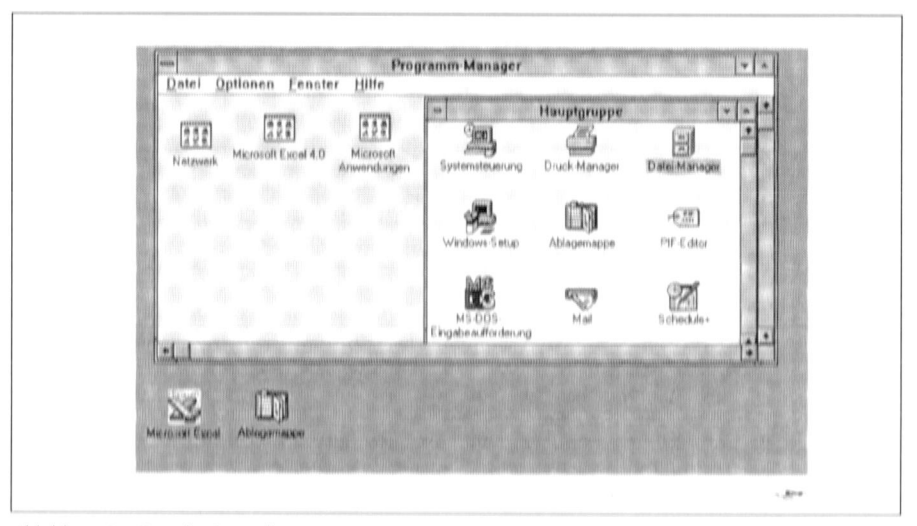

Abbildung 1a. Visuelle Darstellung.

Benutzer aufbereitet. Diese nur intern vorhandene Repräsentation wird Off-Screen Model genannt (6). Ein blinder Benutzer kann sich somit entweder unmittelbar mit den sich ändernden Darstellungen vertraut machen oder den Inhalt des Bildschirms erkunden ohne die eigentliche Anwendung zu beeinflussen. Abbildung 1a) stellt die visuelle Darstellung und ihre interne hierarchische Struktur dar. Im Projekt GUIB wurde ein derartiges OSM sowohl für MS Windows als auch für X Windows verwirklicht.

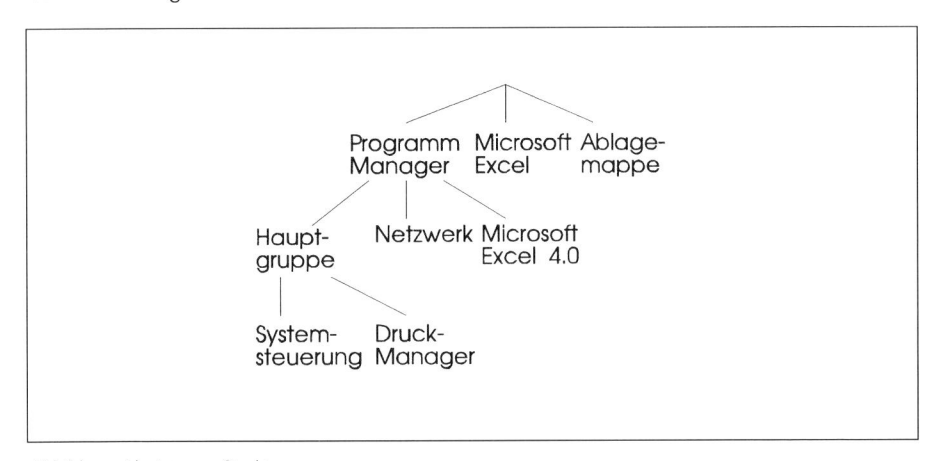

```
              Programm  Microsoft  Ablage-
              Manager   Excel      mappe

      Haupt-        Netzwerk  Microsoft
      gruppe                  Excel 4.0

      System-   Druck-
      steuerung Manager
```

Abbildung 1b. Interne Struktur.

Methoden der Erzeugung des OSM

Das OSM kann durch drei verschiedene Methoden erzeugt werden: a) durch Verarbeitung des optischen Abbildes (ähnlich wie Schrifterkennung mit einem Scanner), b) durch Filtern von internen Daten bevor sie dargestellt werden oder c) durch Bereitstellung zweier Benutzungsoberflächen beim Entwickeln eines Anwendungsprogramms.
In einer Pilotstudie zum Projekt GUIB konnte bereits bei einem Workshop (Bremen, 1992) das erste Verfahren demonstriert werden. Die systematischen Unsicherheiten beim Erkennen der vielfältigen Schriftzeichen lassen jedoch derzeit das zweite und das dritte Verfahren günstiger erscheinen. Beide Ansätze werden in GUIB verfolgt (4, Stephanidis, 1995). Mit dem dritten Ansatz können mittelfristig leichter Anwendungen mit Benutzungsoberflächen entwickelt werden, die als besonders geeignet für blinde Benutzer erscheinen. Mit WinDOTS ist eine Lösung für Braillezeilen aus GUIB hervorgegangen, die den zweiten Ansatz verfolgt, um den Zugang zu existierenden Anwendungsprogrammen kurzfristig zu realisieren.

Braille-basierter Zugang

Eine erste Lösung für den Zugang zu MS Windows basiert auf der neu entwickelten Brailleanzeige GUIDE. In dieses Gerät sind sowohl Brailleanzeige, Sprachausgabe, Geräuschwiedergabe (mit Raumklang) als auch Eingabe per Routingtaste, per Maustaste und per berührempfindlichem Tablett integriert.

Die Gestaltung der Benutzungsoberfläche orientiert sich am Entwurfskriterium Erlernbarkeit. Die flächenhafte Darstellung eines GUI wird auch in Braille bzw. möglichst akustisch beibehalten (Abbildung 2). Damit können sehende wie blinde Benutzer die gleichen Konzepte verwenden, wenn MS Windows in den Unterricht bzw. am Arbeitsplatz eingeführt wird. Lehrer wie Schüler oder Kollegen am Arbeitsplatz arbeiten mit den gleichen Metaphern, um beispielsweise die Konzepte der Direkten Manipulation, der Selektion per kaskadiertem Menü, oder überlappender Fenster interaktiv zu erfahren.

Die Maus kann auf jedes Zeichen der in Abbildung 2 markierten Zeile durch Betätigen der Routingtasten bewegt werden. Dabei wird die Bewegung durch den Rechner vorgenommen und die tastsächliche Position objektspezifisch berechnet.

```
+SYS========Programm-Manager==================MinMax=+
| D|Datei O|Optionen    F|Fenster    H|Hilfe                        |
|                                    +--------Hauptgruppe--------MinMax  |
| (Icon) (Icon) (Icon)               |                                   |
| Netz-  Micro-                      | System-   Druck-      Datei-   |
| werk   soft                        | steuerung Manager     Manager  |
|        Excel                       |                                |
|        4.0                         | Windows   Ablage-     PIF-     |
|                                    | Setup     mappe       Editor   |
|                                    |                                |
|                                    | MS-DOS    Mail        Schedule+|
|                                    | Eingabe                        |
+====================================================================+

  (Icon)                     (Icon)
  Micorsoft Excel            Ablagemappe
```

Abbildung 2. Eine flächenhafte Umsetzung.

Eine in GUIB vorgenommene Evaluation dieser Benutzungsoberfläche (mehr als 15 Teilnehmer) bestätigt die höhere Arbeitsgenauigkeit bei Braille bzw. die höhere Arbeitsgeschwindigkeit bei Verwendung von akustischen Ausgaben. Darüber hinaus wird durch eine Integration beider Darstellungsweisen ein Ausgleich der Nachteile erreicht und die Akzeptanz erhöht.

Gestalten der Benutzungsoberfläche

Neben dem flächenhaften Ansatz wie er im ersten Teil von GUIB verfolgt wird (1991 bis Mitte 1993) werden im zweiten Teil von GUIB (bis Ende 1994) andere Gestaltungsmöglichkeiten auf der Basis von kleinen Brailleanzeigen (für portable Geräte) bzw. auf der Basis von Sprachsynthese entwickelt.

Lösungen für kleine Brailleanzeigen

Eine Lösung für kleine Brailleanzeigen muß von der flächenhaften Darstellungsweise abweichen. Stattdessen wird die interne Struktur des OSM Grundlage der Erkundungsmöglichkeiten. Diese Struktur ist hierarchisch aufgebaut, d.h. ausgehend vom Bildschirmhintergrund in MS Windows verzweigen die einzelnen Anwendungsprogramme, innerhalb derer verschiedene Dokumente bzw. Bedienelemente eingeordnet sind. Diese Struktur ist eigentlich bei der Programmentwicklung benutzt worden und bei der graphischen Gestaltung nicht erkennbar. Die in GUIB entwickelte Lösung stellt für die einzelnen Knoten im Baum den Typ des Elements, und den Inhalt dar (zusammen mit verschiedenen Zustandsinformationen). Abbildung 3 zeigt die Darstellung für ein Element aus der internen Struktur. Anders als im flächenhaften Ansatz werden Suchmöglichkeiten (Suchen im OSM) angeboten. Die Routingtasten bilden wie im flächenhaften Ansatz die Mausfunktionen nach.

Anwendung: Programm-Manager [Min,Max]

Abbildung 3. Inhalt einer kleinen Brailleanzeige.

Sprachbasierte Zugangsmöglichkeiten

Analog zu Lösungen für kleine Brailleanzeigen sind sprach-basierte Lösungen ebenfalls auf die hierarchische Struktur des OSM angewiesen. Darüberhinaus wird angestrebt, die einzelnen Knoten der Hierarchie kurz und prägnant zu verbalisieren (z.B. „Anwendung Programm Manager"). Die in GUIB entwickelte Lösung für Sprachausgabegeräte bietet mehr als 80 Kommandos, um die Zeit für die Erkundung möglichst zu reduzieren (2).

Entwurfskriterien

Die folgenden Entwurfskriterien gelten allgemein bei der Gestaltung von Zugangssystemen für graphische Benutzungsoberflächen (4): Kohärenz zwischen visueller und nicht-visueller Benutzungsoberfläche, Erkundungsmöglichkeiten, Zugang zu graphischen Symbolen, Erlernbarkeit, und Anpassbarkeit.
Das zur Präsentation verwendete Verfahren (flächenhaft bzw. hierarchisch) läßt jeweils andere Erkundungsmöglichkeiten zu. Während beim hierarchischen Ansatz der Finger an der gleichen Stelle auf der Braillezeile weitgehend liegen bleibt, muß im anderen Fall die Hand zum Lesen der ganzen Zeile bewegt werden.
Von Nachteil im hierarchischen Ansatz ist jedoch, daß die logischen Zusammenhänge der Elemente auf dem Bildschirm oft nicht den durch die Darstellung vermittelten Zusammenhängen entspricht. Der blinde Benutzer muß somit die eher künstlichen Zusammenhänge erst erlernen.
Es werden neben diesen Entwurfskriterien derzeit verschiedene Kriterienkataloge bei der Beurteilung von Zugangssystemen verwendet (3, 5). Die nach ISO Entwurf 9241(CD) geforderten ergonomischen Eigenschaften Effektivität, Effizienz und Zufriedenheit zur Bewertung der Benutzbarkeit eines Dialogsystems werden von diesen Katalogen unterschiedlich abgedeckt.

Darstellungselement	Fläche	Struktur
Dialogfeld	bei unregelmäßiger Anordnung	bei regelmäßiger Anordnung
Menü	bei horizontalen Menüs	bei aufgeklappten Menüs
Dokumentenfenster	bevorzugt bei Formatierungen	zum schnellen Durchlesen
Suchergebnis	ja (Maus)	ja (Element)
Markierungsziel	ja (Maus)	ja (Element)

Tabelle 1. Modalitäten vs. Darstellungen.

Insbesondere ist die Effizienz der einzelnen Arbeitsschritte kaum faßbar (und in den Katalogen kaum berücksichtigt), da die vielen verschiedenen Möglichkeiten zum Erreichen des gleichen Dialogfortschritts sich unterschiedlich auswirken und deren Beherrschung von der Erfahrung des Benutzers abhängen. Darüber hinaus ist bei einer Mischung von flächenhaften und hierarchischen Zugangssystemen die Spezialisierung des Darstellungsmodus auf bestimmte Darstellungselemente sinnvoll (Tabelle 1).

Danksagung

Das GUIB Projekt wurde unterstützt durch die Pilot- und Übergangsphase des TIDE Programmes (Technology Initiative for Disabled and Elderly People) des Direktorats XIII der Europäischen Kommission.

Literatur

1. Boldt W: Mit Windows - trotz Windows - ohne Windows? in Horus: Marburger Beiträge zur Integration Blinder und Sehbehinderter. 55 (1993), 60-61.
2. Emilani P L: Textual and and Graphical User Interfaces for Blind People - The GUIB Project, The GUIB Consortium, ISBN 1 86048 005 5.
3. Leidner R: Blinde und Sehbehinderte nutzen graphische Benutzeroberflächen - Einige Beurteilungskriterien für den Erwerb des geeigneten Produkts. Sozialrecht und Praxis 11 (1994), 1707-712.
4. Mynatt E D, Weber G: Nonvisual preentation of Graphical User Interfaces: Contrasting two Approaches, in Adelson, Beth u a (eds): CHI' 94 - Conference Proceedings. Boston, Massachusetts, USA.
5. Schulz, B: Vorstellung von Bewertungskriterien für blindenspezifische Zugänge zu MS-Windows. 6 Berufsbildungswerk Soest, Workshop (Soest, 8.-10.Oktober, 1995), unveröff..
6. Schwerdtfeger R: Making the GUI talk. BYTE 16 (13), 118-128.

Der Verfasser:
Dr. G. Weber
Universität Stuttgart
Institut für Informatik
Breitwiesenstr. 20-22
70565 Stuttgart

Organisation und Recht
Einführung in das Schwerpunktthema
M. Weiß

Vorwort

Der Begriff Behinderung schließt den Menschen als Ganzes und sein soziales Umfeld ein, also sein Leben in der gegenseitigen Auseinandersetzung mit der Umwelt. Der Schaden, der durch Funktionseinschränkung zur Behinderung führt, ist dagegen ein mehr oder weniger lokalisiertes, isoliertes Geschehen mit komplexen Folgen. Therapie setzt zunächst am Schaden an, versucht dann Funktionen wieder herzustellen, ist also begrenzt auf das lokale, isolierte, selbst wenn sie zum Ziel hat, Handlungsfähigkeit wieder herzustellen. Erst die Erweiterung der Handlungsfähigkeit im sozialen Umfeld bedeutet Rehabilitation. Beim Sport handelt der ganze Mensch in seinem Umfeld, sportliches Handeln ist Teil des gesellschaftlichen Handelns. Die Möglichkeiten des Sports sind genauso vielfältig wie die Erscheinungsformen von Einschränkungen in der selbstverwirklichenden Teilnahme am öffentlichen Leben, deshalb werden sie auch als Möglichkeiten eingesetzt, trotz Einschränkungen am sozialen Geschehen partizipieren zu können. Sport, Behinderung und Rehabilitation sind also Begriffe, die leicht zusammenführbar sind, mit sich ergänzenden Inhalten. Wo Therapie begrenzt und Rehabilitation limitiert ist, öffnet Sport weitere Wege. Er ergänzt und flankiert die Therapie- und Rehabilitationsmaßnahmen, er macht sie wirksamer. Bewegungskompetenz bedeutet Handlungskompetenz und ist eine psychosoziale Komponente in der Rehabilitation, ohne die diese unvollständig wäre. Die nachfolgenden Beiträge zeigen, daß dies politisch erkannt und rechtlich umgesetzt ist.

Kommentare

Die Förderung des Leistungssports der Behinderten durch die Bundesregierung
W. Weyer, Bonn

Wie W. Weyer ausführt, fällt auf Bundesebene die Sportförderung in die Zuständigkeit des Innenministeriums zunächst im Bereich des Spitzen- und Leistungssports mit den Institutionen Bundesinstitut für Sportwissenschaft und Deutscher Sportbund, die steigende Anteile und Aufmerksamkeit dem Sport Behinderter zuwenden und Rehabilitation keineswegs aus dem Blickwinkel ihres Gesichtsfeldes verloren haben. Dies gilt auch für die Stiftung Deutsche Sporthilfe und Förderer des Sports aus der freien Wirtschaft. Hierzu kommt noch in überlappender Weise für Rehabilitation und Breitensport Behinderter die Zuständigkeit des Bundesministeriums für Arbeit und Sozialordnung, sowie entsprechende Institutionen auf Landes- und Kommunal- ebene.

Rehabilitationssport - Organisation und Recht
H. Grigoleit, Siegburg

Die rechtlichen Grundlagen und Regelungen durch die Sozialversicherungsträger werden von H. Grigoleit erläutert. Anscheinend wird Rehabilitationsport trotz gegebener Indikation und Möglichkeiten nur von jedem dritten Rehabilitanten in Anspruch genommen. H. Grigoleit führt dies u.a. darauf zurück, daß über die Wirkungen bei Betroffenen, Ärzten und Klinikärzten noch zu wenig bekannt ist. Wenn er deshalb intensivierte Aufklärung durch Behindertensportverband, Rehabilitationsträger sowie in der Aus-, Weiter- und Fortbildung der Ärzte fordert, liegt er deckungsgleich in der Zielrichtung mit den Intentionen der Veranstalter und Ausrichter des Kongresses und der Herausgabe des vorliegenden Buches, das den Wissensstand zu verbreiten und zu vertiefen helfen will. Therapien sind symptom- und schadensbezogen, stationäre und teilweise auch ambulante Rehabilitation sind zeitlimitiert, Sport am Wohnort der Betroffenen aber ist unlimitiert. Durch Vereine und Gruppen, übergeordnet durch die Verbände sind in der Regel die infrastrukturellen Voraussetzungen gegeben. Die auf bewährte Zusammenarbeit basierende von H. Grigoleit angesprochene Weiterentwicklung des Rehabilitationssports unter Qualitätssicherungsaspekten und Systematisierung sind gemeinsame Aufgaben für die Zukunft.

Die Förderung des Leistungssports der Behinderten durch die Bundesregierung

W. Weyer

Bundesministerium des Innern, Bonn

Support of the Competitive Sport of Handicapped Persons by the Federal Government

According to the legal constiution the support of sports by the Federal Government is limited to top level sports for the non handicapped as well as for the handicapped persons. Sports, its financial support and rehabilitation are a unit at this. Since 1982 the financial support has risen about fivefold for the top sports of handicapped person. The support includes the participation in the Paralympics and the integration of handicapped athletes in Olympiastützpunkten as it has been practised in two pilot tests till now. In the sports school Duisburg-Wedau and in the German Blindenstudienanstalt in Marburg necessary equipment was provided with money from the federal government. Further supports includes approximately 300 male and female cadres athletes. Further support is provided by the Deutsche Sporthilfe. Moreover, the financial sources are used to the minimization of the risks of the sports hustle and bustle, prevention of sports injuries and prophylaxis. Besides leaflets about how to prevent accidents in sports more programs have been initiated in cooperation with wider institutions. The federal institute for sports science supports scientific research about paraplegic and tetraplegic athletes with topics like body temperature behavior, cool down, metabolic and cardio-circulatory adaptation, evaluation of the injuries at the Paralympics 1992. In cooperation with industrial firms projects as e.g. development of a sports artificial limb are carried out. The federal department for work and social order supports the sports of disabled/handicapped persons and in cooperation with the countries and communes the rehabilitation sports.

Key words: sports, top sports, support, Federal Government, rehabilitation, research

Moderne Rehabilitation ist ohne Sport und Sport ist ohne Regeneration und Rehabilitation nicht denkbar. Die Bundesregierung sieht einen wichtigen Beitrag ihrer Förderung für den Spitzensport darin, einen humanen Leistungssport zu verwirklichen. Es verwundert deshalb nicht, daß das Bundesministerium des Innern mit einem großen Block die medizinische Betreuung, die Regeneration, aber auch Rehabilitation der

Spitzensportlerinnen und -sportler unterstützt. Sport, Sportförderung und Rehabilitation betrachte ich deshalb als eine untrennbare Einheit.

Damit habe ich eine Brücke geschlagen zu dem mir gestellten Thema: Die Förderung des Leistungssports der Behinderten durch die Bundesregierung. Die positive Wirkung des Sports für den Einzelnen und die Gesellschaft insgesamt muß ich hier nicht begründen. Für den Behinderten bedeutet Sport noch weit mehr. Sport weist den Weg in die Gemeinschaft, erhält und steigert die Leistungsfähigkeit, fördert Eigeninitiative, überbrückt Hemmungen. Die Unterstützung des Sports Behinderter wird deshalb von allen Ebenen des Staates als eine bedeutende gesellschaftspolitische Aufgabe behandelt.

Die verfassungsrechtliche Zuständigkeit des Bundes für den Sport ist im Kern auf den Hochleistungssport beschränkt. Deshalb kann die Bundesregierung im wesentlichen nur den Spitzensport fördern, und zwar sowohl den Spitzensport der Nichtbehinderten wie auch der Behinderten. Die Förderung des Sports in den übrigen Feldern des Leistungssports sowie im Breitensport, Schulsport und Sportstättenbau liegt in der Zuständigkeit der Länder und Kommunen.

Seit Jahren gehört die Bundesregierung beim Spitzensport der Behinderten zu den führenden Nationen in der Welt. Bei der Leichtathletik-Weltmeisterschaft der Behinderten im letzten Jahr in Berlin konnte die Bundesrepublik Deutschland den ersten Platz der Nationenwertung erreichen. Dabei ist der Behindertensport in Deutschland Amateursport im reinsten Sinne. Die Erfolge sind deshalb ohne staatliche Förderung in dieser Form überhaupt nicht denkbar.

Die Förderung des Behinderten-Spitzensports nahm in den letzten 15 Jahren einen stetigen, fast enormen Aufschwung. Von knapp 1 Mio DM in 1982, 1,3 Mio DM in 1986 stieg die Unterstützung auf 3,8 Mio DM im letzten Jahr. Im Olympiajahr 1996 werden es 5,1 Mio DM sein. Darin sind rund 2 Mio DM Entsendungskosten zu den Paralympics in Atlanta und zur Schacholympiade der Blinden in den USA enthalten. Die Zuwachsraten der Förderung stehen dafür, wie wichtig dem Parlament und der Bundesregierung der Sport von Behinderten ist, welche herausragende gesamtgesellschaftliche Bedeutung ihm beigemessen wird. In einem gewissen Umfang sind sie aber auch Spiegelbild der stürmischen Entwicklung und des Ansehensgewinns des Spitzensports Behinderter weltweit. Daß die Paralympics seit 1988 am selben Ort und in denselben Sportstätten wie die Olympiade stattfinden, halte ich für mehr als nur ein Symbol.

Das Bundesministerium des Innern fördert den Behinderten-Leistungssport nach denselben Kriterien wie den Leistungssport der „Fußgänger". Kleines Beispiel: Die Paralympics-Teilnehmer von Atlanta 1996 werden dieselbe Einmarschkleidung tragen, wie die Olympioniken.

In zwei Pilotversuchen wird mit finanzieller Unterstützung durch unser Haus die Betreuung von Behindertensportlern in Olympiastützpunkten erprobt. In der Praxis von Olympiastützpunkten und Leistungszentren wird darüber hinaus noch vieles für Behindertensportler getan. Nun liegt es an den Verbänden, an den Athletinnen und Athleten, diese Olympiastützpunkte, wie von ihnen heftig gefordert, auch zu nutzen. Auf jeden Fall werden wir das Geschehen aufmerksam verfolgen und auch eingreifen, wenn es für eine sinnvolle Mitbenutzung der Olympiastützpunkte notwendig werden sollte.

Die erfolgreichen Spitzensportler der Behinderten-Weltmeisterschaften und der Paralympics werden seit dem letzten Jahr, wie die Sportstars, mit dem Silbernen Lorbeerblatt ausgezeichnet, der höchsten Ehrung für sportliche Leistungen in der Bundesrepublik Deutschland.

In der neuen Sportschule Duisburg-Wedau wurde für den Behindertensport mit erheblicher Förderung des Bundes eine zentrale Schulungs- und Ausbildungsstätte geschaffen. Hierfür gilt ebenso, daß die wirtschaftliche Verwendung von Steuergeldern eine bestmögliche Ausnutzung erfordert. Auch die Sporthalle, die Reitsporthalle und das Bootshaus der Deutschen Blinden-Studienanstalt in Marburg wurden mit erheblichen Bundesmitteln gefördert.

Besonders herausheben und anerkennen möchte ich die Förderung behinderter Spitzensportler durch die Stiftung Deutsche Sporthilfe. Wohlgemerkt: Keine Bundesförderung, sondern Unterstützung durch die bedeutende Selbsthilfeeinrichtung für den Sport. Knapp 100 Sportlerinnen und Sportler des Deutschen Behinderten-Sportverbandes werden individuell gefördert. Dazu kommen die des Gehörlosenverbandes. Etwa 300 A-Kader-Athletinnen und -Athleten erhalten Tagegelder für zentrale Maßnahmen. Rund 500000 DM läßt sich die Deutsche Sporthilfe den Spitzensport Behinderter kosten. Eine stolze Leistungsbilanz, die meines Erachtens noch gar nicht genügend öffentlich bekannt ist.

Sport birgt - wie jede menschliche Betätigung - gewisse Risiken. Diesen Aspekt sollten wir nicht verschweigen, sondern offensiv angehen. Ich halte pauschale Schuldzuweisungen, auch Forderungen zum generellen Ausschluß von Sportverletzungen aus der Krankenversicherung, für einen schlimmen Irrweg. Natürlich ist jede Sportverletzung eine zu viel. Zu Bedenken ist aber die herausragende Rolle sportlicher Betätigung als Prophylaxe, um Krankheiten, insbesondere unsere Wohlstandsprobleme Herz-, Kreislauf-, Stütz- und Bewegungsapparat-Beschwerden, zu verhindern. Auch wenn der Nutzen schwer zu quantifizieren ist: Sport ist und bleibt für die Volksgesundheit unverzichtbar. Der richtige Weg liegt darin, Risiken des Sporttreibens zu minimieren, damit Rehabilitation so weit möglich nicht erforderlich wird. Hierin besteht eines der Hauptanliegen der Bundesregierung zur Förderung eines humanen Leistungssports. Erhebliche Mittel werden für die Forschung eines humanen Leistungssports der Behinderten ausgegeben.

Dabei geht es weniger um Leistungssteigerung, sondern vielmehr um die Gesundheit behinderter Sportlerinnen und Sportler. In der Forschungsförderung des Bundesinstituts für Sportwissenschaft, das einen eigenen Fachausschuß „Behindertensport" eingesetzt hat, wird dieses Anliegen nachhaltig verfolgt.

- Körpertemperaturverhalten bei para- und tetraplektischen Athleten während des Trainings und deren Beziehung zu Entzündungen des Urogenitaltraktes
- Metabolische und kardiozirkulatorische Adaptation bei leistungssporttreibenden Rollstuhlfahrern
- Auswertung der Verletzungen bei den Paralympics 1992 in Barcelona
- Auskühlung und gesundheitliche Folgen bei querschnittsgelähmten Wintersportlern

sind beispielhaft einige der behandelten Themen. Die Forschung im Behindertensport wird ein Schwerpunkt bleiben.

Zur Risikominimierung im Sport wurde unter Federführung des Bundesinstituts für Sportwissenschaft eine Arbeitsgruppe „Sicherheit im Sport" eingerichtet, in der neben Sportmedizinern und anderen Experten auch Berufsgenossenschaften, Versicherung und Krankenkasse vertreten sind. Sichtbare Erfolge dieser Arbeit sind die wohl vielen von Ihnen bekannten Faltblätter „Unfallverhütung" für die Sportarten Fußball, Handball, Volleyball und alpiner Skisport. In Vorbereitung ist ein Faltblatt „Unfallverhütung im Reitsport". Das Faltblatt wendet sich an Sportler vor allem auch im Jugend- und Nachwuchsbereich, an Trainer, Betreuer und Lehrer und gibt sportartbezogene Vorschläge zur Unfallverhütung. Erlauben Sie, daß diese Darstellung nicht darauf verzichten kann, auf die Sponsorenschaft der ARAG-Versicherung hinzuweisen. Sie finanziert dankenswerterweise die für die Sportpraxis so wichtigen Faltblätter. Auch bei der Forschungsförderung, einem Projekt zur Entwicklung einer Sportprothese, bahnen sich Partnerschaften an. Nachahmer sind herzlich willkommen. Es gilt, die Kräfte zu bündeln, um die Gesundheit unserer Athletinnen und Athleten zu stärken.

Die Förderung des Spitzensports durch den Bund ist nur ein kleiner Ausschnitt aus der vielfältigen Sportförderung. Auf Bundesebene finanziert noch das Bundesministerium für Arbeit und Sozialordnung die Versehrtenleibesübungen nach dem Bundesversorgungsgesetz mit jährlich rund 7 Mio DM.

Eine besondere Rolle nimmt der Rehabilitationssport ein. Er wird vom Bundesminister des Innern als eine ergänzende medizinische Behandlung angesehen. Deshalb tritt unser Haus dafür ein, daß die Aufwendungen für den Rehabilitationssport als beihilfefähig anerkannt wird. Ich hoffe, daß die notwendige und eingeleitete Abstimmung mit den Bundesländern die erwünschten Fortschritte bringen wird.

Neben dem Bund fördern die Länder und Kommunen den Sport im großen Stil. Das gilt in besonderer Weise auch für den Behinderten- und den Rehabilitationssport. Es ist mir ein Bedürfnis, an dieser Stelle die für den Sport so wichtige Funktion der Länder und Gemeinden herauszuheben. Wir hoffen zusammen, daß die für alle Ebenen des Staates notwendigen Sparmaßnahmen diese Förderung nicht im Kern beschneiden werden.

Der Bundesminister des Innern, der Sportminister auf Bundesebene, wird häufig als größter Sponsor des Spitzensports bezeichnet. In ganz besonderer Weise trifft diese Charakterisierung für den Leistungssport Behinderter zu. Dabei wird es bleiben. Bundesminister Kanther liegt dieser Bereich der Sportförderung besonders am Herzen. Der Bundesminister des Innern ist und bleibt ein zuverlässiger Partner für den Leistungssport in Deutschland.

Der Verfasser:
Regierungsdirektor
Wolfgang Weyer
Ministerialrat im Bundesministerium
des Innern/ Referat SM5
Graurheindorferstr. 198
53117 Bonn

Rehabilitationssport – Organisation und Recht

H. Grigoleit

Verband der Angestellten-Krankenkassen e.V.,
AEV-Arbeiter-Ersatzkassen-Verband e.V., Siegburg

Rehabilitation Sports - Organization and Law

Rehabilitation sports accompanies as after-care measure the rehabilitation and safeguards the longer-term successes. He contributes to improve the physical performance capacity, mobilize rest functions and increase the ability to take stress, and helps to cope with an illness or hindrance psychologically. Rehabilitation sports has medical aspects, but also psycho-social aspects for the reintegration and offers help to the self-help. The legal basis is § 43 no. 1 SGB V according to which health insurance companies can support rehabilitation sports. In accordance with § 5 para. 6 RehaAnlG settles the agreement between the institutions of health insurance, accident insurance, social insurance and war pension under participation of the „Kassenärztliche Bundesvereinigung" prerequisites, contents, aims and responsibilties. Skeleton agreements between the private health insurances and the institutions of the rehabilitation sports detail the execution and reimbursement. At present 0.02% of the complete expenditures of the health insurance cover the expenditure for rehabilitation sports although less than every third patient takes part in rehabilitation sports despite medical indication. Here, deficits in the education and post graduate medical education of the doctors must be eliminated. The overall agreement intends to include help to cope with the illness, stress and advice on diet as well as the use of more technical equipment. Common aims of the cooperation between private health insurance companies, their accociations and the German association for handicapped sports is to further develop rehabilitation sports and to promote his importance.

Key words: rehabilitation sports, social legislation, skeleton agreement, insurance institutions, costs, further development

Der Rehabilitationssport ist heutzutage auch und insbesondere aus der Sicht der Reha-Träger ein wichtiger und nicht mehr wegzudenkender fester Bestandteil der Rehabilitation. Als Nachsorgemaßnahme sichert und flankiert der Rehabilitationssport die Hauptmaßnahme der Rehabilitation, z.B. die ambulante oder die stationäre Rehabilitation. Er trägt wesentlich dazu bei, die körperliche Leistungsfähigkeit zu verbessern, Restfunktionen zu mobilisieren, die Ausdauer und Belastungsfähigkeit zu erhöhen und dem Betroffenen bei der psychischen Bewältigung seiner Krankheit und Behinderung sowie den Folgewirkungen zu helfen. Hierbei spielt insbesondere der Gruppeneffekt, d.h. die gemeinsame Durchführung der Übungen im Kreise Gleichbetroffener, eine wichtige Rolle. Rehabilitationssport dient nicht nur medizinischen, sondern auch psychosozialen Zielen der Wiedereingliederung und der Hilfe zur Selbsthilfe.

Bereits seit vielen Jahren machen die Krankenkassen von der Möglichkeit des Gesetzes Gebrauch, den Rehabilitationssport finanziell zu fördern. Der Rehabilitationssport ist - dies gilt auch für andere Trägerbereiche der Rehabilitation - ein fester Bestandteil im Leistungsrecht geworden. Die finanzielle Förderung hat nicht zuletzt wesentlich dazu beigetragen, daß inzwischen eine große Zahl von Rehabilitationssportgruppen geschaffen wurden.

Nach den Vorschriften des § 43 Nr. 1 SGB V können die Krankenkassen den Rehabilitationssport als ergänzende Leistung zur Rehabilitation fördern, der Versicherten ärztlich verordnet und der in Gruppen unter ärztlicher Betreuung ausgeübt wird. Hierbei handelt es sich von der Rechtsnatur her um eine Ermessensleistung. Ob die Krankenkasse Rehabilitationssport fördert, steht damit in ihrem pflichtgemäßen Ermessen. In der täglichen Arbeitspraxis der Krankenkassen hat sich diese Ermessensleistung faktisch zu einer Pflichtleistung entwickelt.

Voraussetzung der Förderung ist, daß die Krankenkasse zuletzt Krankenbehandlung geleistet hat oder leistet. Somit scheidet Rehabilitationssport zu Lasten der Krankenkasse aus, wenn dieser zur Ergänzung einer Maßnahme eines anderen Sozialversicherungsträgers erbracht wird, z.B. dann, wenn der Rentenversicherungsträger eine stationäre Rehabilitationsmaßnahme gewährt hat.

Um sicherzustellen, daß Rehabilitationssport im Rahmen der für die einzelnen Sozialleistungsbereiche geltenden Vorschriften nach möglichst einheitlichen Grundsätzen gewährt wird, haben die Träger der Krankenversicherung, Unfallversicherung, Rentenversicherung und der Kriegsopferversorgung unter Beteiligung der Kassenärztlichen Bundesvereinigung gemäß § 5 Abs. 6 RehaAnglG zum 01.01.1994 eine Gesamtvereinbarung Rehabilitationssport und Funktionstraining geschlossen. Mit dieser Vereinbarung werden die Voraussetzungen, Inhalte, Ziele und Zuständigkeiten geregelt. Voraussetzung für die Förderung des Rehabilitationssports ist eine qualifizierte ärztliche Verordnung, die Angaben zur Diagnose, zu den Belastungseinschränkungen, bei Koronarkranken zur Belastbarkeit, zum Trainingspuls, zur Medikation, sowie zur empfohlenen Sportart und zur Häufigkeit der wöchentlichen Übungen enthält. Hierfür wurde eine bundeseinheitlicher Verordnungsvordruck (Muster 56) geschaffen, der mit allen Beteiligten inhaltlich abgestimmt wurde.

Rehabilitationssport ist nicht nur angezeigt bei Einzelschäden an Bewegungsorganen, sondern auch bei Mehrfachschäden, bei Störungen innerer Organe, bei neurologischen und geistig-seelischen Schädigungen. Die Krankenversicherung ist bereit, bei Nachweis medizinischer Notwendigkeit die Anwendung des Rehabilitationssports auf weitere Krankheits- bzw. Behinderungsbilder auszudehnen. Die Dauer der Förderung erstreckt sich in der Regel auf sechs bis zwölf Monate, ggf. auch länger. Eine generelle unbegrenzte Dauerförderung ist jedoch mit den Zielen dieser Leistung nicht in Einklang zu bringen. Wir sollten nicht aus dem Auge verlieren, daß Rehabilitationssport auch eine Hilfe zur Selbsthilfe darstellt. Der Betroffene soll die erlernten Übungen später auch zu Hause oder im Verein selbst weiterführen, wenn er der gezielten Betreuung durch Arzt und Übungsleiter nicht mehr bedarf. Auf der Ebene der Bundesarbeitsgemeinschaft für Rehabilitation wird z.Zt. der Versuch unternommen, Anhaltspunkte zur Förderungsdauer zu entwickeln, die für die Träger eine Leitlinie, aber kein starres Schema darstellen sollen. Mit diesen Anhaltspunkten sollen evtl. noch bestehende Auseinandersetzungen über die Dauer der Förderung möglichst beseitigt werden.

Um den Rehabilitationssport noch stärker in das Geschehen der Rehabilitation einzubinden, d.h. mit der Hauptleistung zu verzahnen, und um qualitätsorientierte Strukturen auf- und auszubauen, haben die Ersatzkassen und ihre Verbände mit den Trägerverbänden des Rehabilitationssports, das sind der Deutsche Behinderten-Sportverband, der Deutsche Sportbund und die Deutsche Gesellschaft für Prävention und Rehabilitation von Herz- und Kreislauferkrankungen, eine Rahmenvereinbarung getroffen. Die Rahmenvereinbarung ist eine sichere Leistungsgrundlage für alle Ersatzkassen und ihre Versicherten, aber auch für die Rehabilitationssportgemeinschaften. Gleichzeitig gewährleisten die Trägerorganisationen, daß qualifizierte Versorgungsstrukturen, d.h. qualifizierte, ausgebildete Ärzte und Übungsleiter und bedarfsgerechte Räumlichkeiten vorgehalten werden. Die Entwicklung zusätzlicher Qualitätsstandards wurde abgesprochen.

Die Einzelheiten der Durchführung des Rehabilitationssports einschließlich der Vergütungen werden auf Landesebene zwischen den Ersatzkassenverbänden und den Trägern des Rehabilitationssports geregelt. Dementsprechend bestehen Vereinbarungen mit allen Landesbehindertensportverbänden. Im Zusammenhang mit der Rahmenvereinbarung wurden die Förderungsbeträge angehoben und neu gestaffelt. Insbesondere durch die Anhebung des Betrages zur Förderung des Rehabilitationssports von schwer chronisch Herzkranken in Herzgruppen wurde dem erhöhten Betreuungsaufwand Rechnung getragen. Aus meiner Sicht sollte das Verfahren zur Anerkennung von Rehabilitationssportgruppen aller Anbieter (nicht nur in Behindertensportverbänden) unter Qualitätssicherungsgesichtspunkten weiter systematisiert werden, durch die Bildung gemeinsamer Ausschüsse von Krankenkassen, Rentenversicherungsträgern und den Trägerorganisationen des Rehabilitationssports auch durch Entwicklung gemeinsamer Vorgaben.

Die Ausgaben für Rehabilitationssport stellen im Vergleich zu der rehabilitativen Bedeutung dieser Leistung einen relativ geringen Kostenanteil an den Gesamtausgaben der Krankenversicherung dar. Es handelt sich hierbei um 0,02% der Gesamtausgaben, genau gesagt, die Ausgaben für Rehabilitationssport betragen im Bereich der Ersatzkassen rd. 11,8 Mio DM. (Gesamtausgaben der Krankenversicherung 250 Milliarden DM jährlich).

Gerade weil der Rehabilitationssport eine wichtige Rehabilitationsleistung darstellt, halte ich es für wichtig, diese Leistung auch im Rahmen der 3. Stufe der Reform der gesetzlichen Krankenversicherung beizubehalten und nicht aus dem Leistungskatalog auszugliedern. Der Sachverständigenrat für die konzertierte Aktion im Gesundheitswesen kommt in seinem Sondergutachten 1995 zur Gesundheitsversorgung und Krankenversicherung 2000 zu der Überlegung, ggf. neben anderen Leistungen den Rehabilitationssport als krankenversicherungsfremde Leistung auszugliedern. M.E. sollte die Gesundheitspolitik dieser Überlegung nicht folgen.

Sind mit der Gesamtvereinbarung über den Reha-Sport, der Rahmenvereinbarung der Ersatzkassen und den geplanten Kriterien für die Dauer des Reha-Sports alle Probleme gelöst? M.E. keineswegs! Es ist immer noch eine viel zu geringe Inanspruchnahme dieser so wichtigen Nachsorgemaßnahme zu beklagen. Noch nicht einmal jeder dritte Rehabilitand nimmt den Rehabilitationssport in Anspruch, obwohl er medizinisch indiziert wäre. Die Bedeutung und Wirkung des Rehabilitationssports als Mittel der Rehabilitation und Selbsthilfe ist bei den Betroffenen, bei Ärzten und Klinikärzten immer noch zu wenig bekannt. Ursache hierfür ist u.a. der nicht ausreichende Wissensstand von Ärzten auf rehabilitativem Gebiet. Dies hängt mit Defiziten in der Aus-, Fort- und Weiterbildung zusammen. Es ist bereits wiederholt auf die Notwendigkeit hingewiesen worden, die entsprechenden Richtlinien für die Aus-, Fort- und Weiterbildung der Ärzte auch um den Bereich der Rehabilitation zu erweitern.

Unabhängig davon sollte die Aufklärung über Möglichkeiten und Chancen des Reha-Sports intensiviert werden, zum einen durch die Reha-Träger, zum anderen auch durch den Behinderten-Sportverband und seine Sportvereine. Im Einzelfall sollte verstärkt der Versicherte im Rahmen einer gezielten Rehabilitationsberatung durch die Krankenkasse auf die positiven Effekte dieser Rehabilitationsmaßnahme hingewiesen werden.

Im Zusammenhang mit der weiteren Qualifizierung des Rehabilitationssports erscheint es sinnvoll, bei Bedarf auch Hilfen zur Bewältigung der Krankheit, Hilfen zum Abbau von Risikofaktoren, z.B. durch Streßbewältigung und Ernährungsberatung, sowie eine Beratung über Ausstattung und Einübung im Gebrauch technischer Hilfen miteinzubeziehen. Entsprechende Vorgaben sind bereits in der Gesamtvereinbarung über den Rehabilitationssport und das Funktionstraining enthalten. Eine Wei-

terentwicklung des Rehabilitationssports könnte dazu dienen, die Nachsorge im Sinne der Rehabilitation noch umfassender und wirksamer zu sichern.
Die Ersatzkassen und ihre Verbände können auf eine lange und bewährte Zusammenarbeit mit dem Deutschen Behinderten-Sportverband zurückblicken. Wir wollen im Rahmen dieser bewährten Zusammenarbeit mit Ihnen gemeinsam den Rehabilitationssport weiterentwickeln und seine Bedeutung fördern.

Der Verfasser:
Hanspeter Grigoleit
Verband der Angestellten-Krankenkassen e.V.
Frankfurterstr. 84
53719 Siegburg

Verschiedenes

Einführung in das Schwerpunktthema

M. Weiß

Vorwort

In diesem Kapitel kommen weitere Aspekte und Formen von Bewegungstherapie zur Sprache, die über die Hauptthemen hinaus das Gesamtbild des heutigen Standes von rehabilitativem Sport ergänzen und erweitern. Bewegungsförderung und Abbau von Defiziten in der Bewegungsentwicklung von Kindern mit Bronchialerkrankungen, eine neue Therapieform für Querschnittsgelähmte zur (teilweisen) Wiedererlangung der Gehfähigkeit und der Aufbau von Organisationsformen und Infrastrukturen von Reha- und Behindertensport im Übergang stationär - ambulant sind die nachfolgenden Themen. Die Standortbestimmung und die sich ergebenden Ausblicke erfolgen im Anschluß an die Beiträge in Form von Einzelkommentaren und einer Zusammenfassung.

Kommentare

Untersuchungen zur Effektivität ambulanter
Sportangebote für Kinder mit Atemwegserkrankungen
Schaar, Leipzig/Köln

Auch wenn das pathophysiologische Geschehen obstruktiver Bronchialerkrankungen durch Sport - auch nicht durch Schwimmen - kaum bis gar nicht beeinflußbar ist, so können doch Leistungsdefizite behoben werden und durch das Erlernen von Strategien im Umgang mit der Erkrankung Ängste und Unsicherheiten abgebaut werden. Die Autorin zeigt mit ihrer Studie deutlich, daß Schwimmprogramme hierzu gut geeignet sind und bei entsprechend adaptiertem Aufbau der Übungsstunden beschwerdefrei Sport getrieben werden kann. Ein ängstliches „Überbehüten" ist nicht erforderlich. Die allergenarme angefeuchtete Luft über der Wasseroberfläche und die Verschiebung der Atemmittellage zur Ausatmungsseite wirken sich günstig aus auf die Atemarbeit, Ausatmen unter Wasser verhindert einen Bronchialkollaps und Aus- und Einatmung gegen Wasserdruck kräftigen die Atemmuskulatur. Koordination und schwimmtechnische Verbesserungen wirken sich im Zusammenhang mit

Vorgenanntem positiv auf die Atemtechik aus und dürften ein wesentlicher Grund für die in den Kursangeboten in der Schweiz nachgewiesenen Verbesserung in der Schwimmleistung und in den Lungenfunktionsparametern nach Belastung im Prä-Post-Vergleich sein. Somit hat Schwimmen nicht nur rehabilitativen sondern auch präventiven Charakter. In Australien werden asthmakranke Kinder schon seit langem konsequent zu Schwimmgruppen geschickt. Aus solchen Gruppen sind zahlreiche Spitzenathleten entwachsen: 2/3 der Olympiamannschaft Schwimmen 1976 in Montreal und Dawn Frazier, die einzige Schwimmerin, die in 3 aufeinanderfolgenden olympischen Spielen Goldmedaillen errang, entstammen solchen Gruppen.

Die Lokomotionstherapie am Laufband bei
Querschnittgelähmten - Ergebnisse einer 5-jährigen Studie
Wernig und Müller, Bonn/Karlsbad-Langensteinbach

(Kommentar auf der Basis des Abstracts und Erinnerung)
Lokomotionstherapie bedeutet Gehschulung auf dem Laufband mit teilweiser Entlastung des Körpergewichtes und basiert auf Versuchen mit Katzen. Der Beitrag zeigt deutliche Erfolge dieser Therapie bei Patienten in der akuten, postakuten und chronischen Phase mit unterschiedlich hoch gelegenen Läsionen, auch bei Patienten, die trotz Restfunktionen nach konventioneller Therapie noch an den Rollstuhl gebunden waren und allenfalls mit Hilfe stehen oder einige Schritte gehen konnten. Die Wiedererlangung von Stehfähigkeit und je nach Ausgangslage Gehfähigkeit mit und ohne Gehhilfen beruht anscheinend weniger auf Zugewinn an Muskelkraft oder Erholung der Willkürinnervation, sondern mehr auf der Entstehung von Regelkreisen im neuronalen Binnensystem auf Rückenmarksebene. Die Plastizität des Nervensystems braucht aber anscheinend sehr spezifische sensomotorische Reize, hier die Aktivierung der Verarbeitung senomotorischer Eingänge aus den motorischen Kontrollsystemen und den taktilen Reizen unter Einbezug von Gleichgewicht und optischer Kontrolle. Die spezifische Reizsetzung des tatsächlichen Gehens (erleichtert durch die Gewichtsentlastung) mit ihren komplexeren Beanspruchungen gegenüber der rein funktionellen Therapie scheint hier ausschlaggebend zu sein und bietet erhebliche Vorteile gegenüber den konventionellen Verfahren.

Sportstimulation von Behinderten:
Resultate eines 4-jährigen Modellversuches in den Niederlanden
Van Harten, Enschede, Niederlande

Es ist interessant, nachzuvollziehen, wie in unserem Nachbarland in nur 4 Jahren eine Infrastruktur für Behinderten- und Rehabilitationssport aufgebaut wurde und wie diese Struktur im ambulant-stationären Übergang verzahnt wurde in eine konzertierte Aktion zwischen Reha-Klinik und Vereinen. Es wird auch nicht verhehlt, wie mühsam das Etablieren selbst eines sorgfältig geplanten Systems ist. Hervorzuheben sind aus diesem Beitrag folgende planerischen und organisatorischen Notwendigkeiten: Medienarbeit, Kontakte, Informationssysteme, Datenbanken, Entwicklung geeigneter allgemeiner und gruppenspezifischer Programme, ein funktionierendes Überweisungssystem, Motivierung der Betroffenen und letztlich Erhöhung des Kenntnisstandes in den Vereinen (u.a. z.B. Übungsleiterausbildung). Auch wenn vieles davon in der BRD schon realisiert ist, so gibt dieser Beitrag doch wertvolle neuere und weitere Hinweise.

Zusammenfassung und Ausblick

Als gemeinsame Quintessenz ergibt sich aus allen 3 vorliegenden Beiträgen die zwischen den Zeilen lesbare Forderung nach Verbesserung der Situation mit deutlichen Vorschlägen zu deren Realisation. Eine weitere Gemeinsamkeit liegt in neuen methodischen und organisatorischen Ansätzen mit beispielhaftem Modellcharakter.
Asthma und chronische Bronchitis bei Kindern sind so häufig geworden, daß sich - grob abgeschätzt - fast in jeder Schulklasse ein solches Kind befindet, das oft - leider - vom Schulsport ausgegrenzt wird. Dabei wäre gerade im adaptierten Sport eine gute Möglichkeit gegeben, den Umgang mit der Krankheit zu erlernen und Ängste bei Eltern und Kindern abzubauen und für mehr Selbstvertrauen im Alltag zu sorgen. Auch ist der präventive Aspekt von Sport für diese Kinder nicht zu vernachlässigen. Der Beitrag von Frau Schaar zeigt, daß Überbehütung keinesfalls notwendig ist. Zur Verbesserung der Situation sind mindestens 3 Forderungen aufzustellen: mehr Aufklärungsarbeit; Weiterverbreitung von spezifischen Sportgruppen, die den Kindern den Übergang zum Vereinssport und zum Schulsport vorbereiten; Ausbildung der Sportlehrer in Theorie und Praxis.
Die Forderung nach Situationsverbesserung wird konkret an dem Modell aus den Niederlanden. Die dort gewonnenen Erfahrungen dürften wertvoll sein für alle, die ebenfalls eine entsprechende Infrastruktur für ein funktionierendes flächendeckendes System aufbauen wollen. Allerdings wird zurecht das Problem der Qualitätssiche-

rung angesprochen, woraus sich als Grundbedingung eine gute Übungsleiterausbildung ergibt.

Erfahrungen und entsprechende Aus- bzw. Weiterbildung ist auch für die Sicherung des Erfolges auch bei der Lokomotionstherapie für Querschnittsgelähmte erforderlich. Es ist zwar wünschenswert, daß sich diese erfolgversprechende Therapie ausbreitet. Sie gehört aber vorläufig in die Hände von Fachleuten. Es handelt sich um ein bezüglich Personal und apparativen Einsatz aufwendiges Verfahren, das der stationären Rehabilitation vorbehalten bleibt und allenfalls in späterer Zukunft in ambulanten Rehazentren Verbreitung finden könnte. Als Nahziel kann aber festgehalten werden, diese Therapieform an möglichst vielen spezialisierten Reha-Kliniken zu etablieren und durch einen Expertenkreis weiter zu evaluieren. Dann können Ein- und Ausschlußkriterien formuliert werden und danach kann erst ein Curriculum zur Ausbildung von Fachkräften erstellt werden.

Alle in diesem Kapitel vorgestellten Beiträge zeichnen sich durch einen festen Standort im weiten Gefüge der Sport- und Bewegungstherapie aus und geben Ansätze für Weiterentwicklungen, die möglichst früh in die Praxis Eingang finden sollten. Dabei ist insbesondere qualifizierte Ausbildung und Aufklärungsarbeit gefragt.

Untersuchung zur Effektivität ambulanter Sportangebote bei Kindern mit Atemwegserkrankungen

B. Schaar

Institut für Rehabilitation und Behindertensport,
Deutsche Sporthochschule Köln

A study on Ambulatory Sports in Children with Bronchial Disease

70 children on the average aged 9,5 years (81,7% asthma, 13,2% chronic obstructive bronchitis) underwent swimming courses once a week either with longer or shorter duration (whole year /G, few months single or double / K1 and K2). Swimming was chosen because it is known to be the discipline with the lowest risk for exercise induced bronchospasm. A 6 min. submaximal interval swimtest with measurements by FLOWSCREEN 1.2 (Jaeger, Würzburg) and PULSOXIMETER (504 US, Criticare Systems) before and after the test was carried out in G 4 times and in K1 and K2 at the beginning and the end of the course programs. Based on PEF $[l \times s^{-1}]$ and FEV1 $[l]$ being in or below the normal range a dichotomic analyzes was done. By questionnaire and interviews with childrens and parents we ranged severity of disease; it was not on a high degree. 65% of children were on regular therapy with medicaments. After the course programs dichotomic analyzes before test showed no changes but improvements after the test, especially in K1. Swimming distance in 6 min increased in K1 and K2 with unchanged HF. Oxygen saturation was not decreased after the test in any of the children. It can be concluded, that swimming programs are well tolerated if they were done in an adapted manner. Few physiological training effects can be seen but significant effects on economy of motions and adaption to exercise behaviour. This will be very helpfull for daily life.

Key words: bronchial diseases, children, sports, effectivity, methodological concepts

Einleitung

Sportliche Aktivitäten bei vorliegendem anstrengungsinduziertem Asthma bronchiale galten lange Zeit als kontraindizierend. Aufgrund vorhandener Studien konnten für die sportliche Betätigung spezielle methodisch-didaktische Aspekte erarbeitet werden. Inhaltlich wurde gezeigt, daß Grad und Ausmaß anstrengungsinduzierter Reaktionen im Zusammenhang mit der Belastungsdauer und -intensität stehen. Eine

Belastungsdauer von 6-8 Minuten bei einer Herzfrequenz von 160-180 S/min hat den größten asthmaauslösenden Effekt bei Kindern (2). Sportartenspezifische Betrachtungen zeigen, daß freies Laufen eher eine Bronchokonstriktion hervorruft als Radfahren oder Schwimmen (1, 3, 7, 6). Subjektiv werden von asthmakranken Kindern Laufbelastungen eher als bronchokonstriktive Stimulation empfunden, als Radfahren oder Schwimmen (13). Im allgemeinen setzt die asthmatische Reaktion etwa 2-4 Minuten nach der körperlichen Belastungsphase ein. Bei Kindern erreicht die Bronchokonstriktion etwa 4-8 Minuten nach der Belastungsphase ihren Höhepunkt und bildet sich nach ca. 20-40 Minuten wieder zurück (2).

Grundsätzlich zeigen Ergebnisse von bereits vorliegenden Untersuchungen, daß bei gezielten sportlichen Aktivitäten ein durchaus positiver Einfluß auf die bronchiale Symptomatik zu erwarten ist. Die Studien beschäftigten sich primär mit grundlegenden Anpassungserscheinungen, Durchführungen von Feldtestexperimenten waren eher sekundär. In der vorliegenden Untersuchung sollten die individuellen, krankheitsspezifischen Situationen betroffener Kinder in ambulanten Sportangeboten alltagsnah betrachtet werden. Aus den bereits vorhandenen Studien und Kenntissen wurden Veränderungen der Ausdauer, Veränderungen im Bereich der subjektiven Bewältigung der Belastungsstrecke und Unterschiede bei Kursangeboten (geschlossene Gruppenstrukturen) und ganzjährigen Angeboten (offene Gruppenstrukturen) als Fragestellungen berücksichtigt. Die Sportart Schwimmen wurde aus o.g. Gründen gewählt.

Methode

Die Untersuchung bezog zwei unterschiedlich organisierte Schwimmprogramme ein, ganzjährige Angebote mit offenen Gruppenstrukturen und vier Testzeitpunkten im Raum Heidelberg (Träger: Verein für Gesundheitssport und Sporttherapie, Heidelberg e.V.) sowie Kursangebote in der Schweiz mit geschlossenen Gruppenstrukturen und zwei Testzeitpunkten (Träger: Vereinigung DAS BAND, Bern). Die Kursdauer der Schweizer Schwimmangebote war unterschiedlich. Deshalb wurden die Kursangebote in (K 1) und (K 2) differenziert. Somit reichte die Dauer der Angebote und der Treatments von einfachen bis zu doppelten Kursangeboten bis zu ganzjährigen Angeboten, die sich an der zeitlichen Planung des jeweiligen Schuljahres 1990/1991 der einzelnen Regionen orientierten.

Die quasi experimentelle Untersuchung ist ein Feldexperiment und hat explorativen, deskriptiven und Hypothesen prüfenden Charakter in Form eines Mehrgruppenexperiments mit drei Gruppen im Prae-/Posttest-Design. Alle Schwimmangebote fanden einmal pro Woche mit einer Dauer von 45 bis 60 Minuten statt. Die Einwilligungen der Eltern zur Untersuchungsteilnahme lagen vor. Aufgrund der Gesamtdauer der ganzjährigen Angebote (G) von 33 Wochen und der Dauer der Treatmentphase von 25 Wochen erfolgte die Festlegung zweier weiterer Testzeitpunkte. Zu Beginn der Untersuchung wurden aufgrund der Schwimmgruppenorganisation als offenes Angebot neue Gruppenstrukturen erwartet. Der Zu- und Abgang von Teilnehmern erforderte eine Eingewöhnungszeit zur Kompensation krankheitsbedingter Defizite, gruppendynamischer Prozesse und organisatorischer Aspekte. Bei den ganzjährigen Angeboten konnte eine Eingewöhnungsphase von vier Stunden wahrgenommen werden. Die Praetests der Kursangebote wurden während des zweiten oder dritten Schwimmkurstages durchgeführt, die Posttests zwischen dem zweit- bis drittletzten Kurstag. Die Kursangebote und ganzjährigen Angebote hatten eine Stabilisationsphase von mindestens einer Trainingsstunde.

Die Untersuchungsstichprobe setzte sich aus insgesamt 70 Kindern zusammen. Davon waren 30 Jungen zwischen 7 und 13 Jahren und 40 Mädchen zwischen 6 und 13 Jahren. Das Durchschnittsalter der Versuchspersonen im Raum Heidelberg betrug 9,5 Jahre und in ausgewählten Städten der Schweiz der Teilstichproben (K 1) 10,2 Jahre und (K 2) 8,7 Jahre. 81,7% wiesen Formen des Asthma bronchiale und 13,2% Formen der Bronchitis auf. Die Schweregrade können eher leicht eingestuft werden, die Symptomatiken traten vorwiegend saisonal auf. 1/3 der Versuchspersonen wurden allerdings mindestens einmal und maximal dreimal aufgrund eines asthmabedingten Notfalls stationär behandelt.

Untersuchungsinstrumentarien

Der 6 Minuten Schwimmtest „mit selbstgesteuerten Intervallbelastungen" orientierte sich an der praktischen Situation des sportlichen Übens und Trainierens der Versuchspersonen. Bekannt ist, daß intervallartige Belastungen bronchial besser toleriert werden als Dauerbelastungen. Deshalb beinhaltete der Test einen Wechsel zwischen Belastungsphasen von jeweils einer zu schwimmenden Bahnlänge und Erholungsphasen, indem die geschwommene Bahn am Beckenrand zurückgegangen wird. Der Schwimmtest wurde auf 6 Minuten begrenzt und die Belastungsintensität individuell offen gestaltet, da Belastungsdauer und -intensität auf die Auslösung und Schwere eines Anstrengungsasthmas Einfluß nehmen. Einzelstarts, mit einer Zeitdifferenz von mindestens zwei Minuten, verhinderten einen direkten Wettkampfcharakter innerhalb der Gruppe. Beim Auftreten von Atembeschwerden konnte der Test sofort abgebrochen werden. Die praktische Durchführung des Schwimmens fand in erreichbarer Nähe des Schwimmbadrandes und unter Aufsicht statt. Alle Versuchspersonen absolvierten den Test in tiefen Gewässern mit Startsprung und

Ausstieg direkt über den Schwimmbeckenrand ohne Einsatz von Hilfsmitteln wie Leitern und Treppen. Als Testparameter wurden die tatsächlich geschwommenen Meter innerhalb 6 Minuten gemessen. Anhand des Pulsoximeters (504 US, Criticare Systems) wurde die relative Sauerstoffsättigung und die Pulsfrequenz vor und nach dem Schwimmtest festgestellt. Die Prüfung der Lungenfunktion wurde vor und nach dem Schwimmtest mit dem Spirometer FLOWSCREEN (Version 1.2) der Firma JAEGER durchgeführt. Drei Meßwiederholungen bei Messungen der Fluß-Volumen-Kurve fanden Anwendung, wobei der beste Versuch berücksichtigt wurde. Zur weiteren Einschätzung der Mitarbeit wurden bei obstruktiven Reaktionen folgende Kriterien zur individuellen Prüfung eingesetzt: die inspiratorische Vitalkapazität (IVC) oder die exspiratorische Vitalkapazität (FVC) mußten 70% der entsprechenden Sollwerte betragen. Desweiteren bestand eine visuelle Prüfung der graphischen Auswertung der Fluß-Volumen-Kurve durch den Testleiter. Grenzwerte der dynamischen Lungenfunktionsparameter wurden mit einem Abfall der Einsekundenkapazität (FEV_1) um mehr als 15% und/oder des exspiratorischen Spitzenflusses (PEF) um mehr als 25% vom Ausgangswert angegeben. Die Ausgangswerte wurden anhand der Sollwerte beurteilt. Die Befragungen der Kinder wurden direkt mündlich in Form

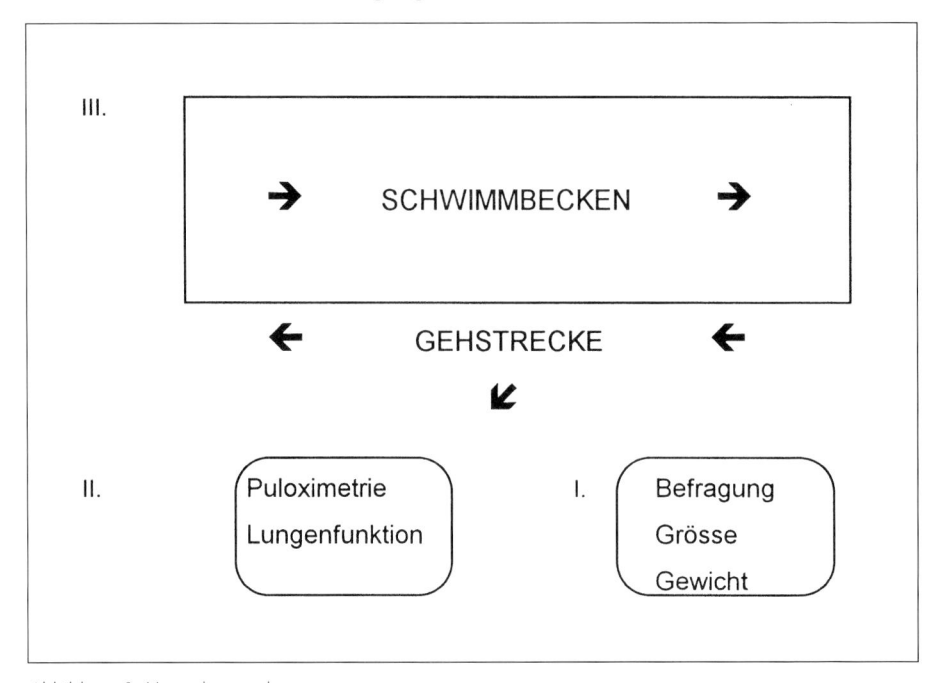

Abbildung 1. Versuchsanordnung.

geführter Einzelinterviews durchgeführt. Ziel war es, die Versuchspersonen altersgemäß zu ihrer Erkrankung und Therapie, zu Belastungsreaktionen von Atemnotsituationen sowie zur subjektiven Befindlichkeit zu befragen. Die Antwortkategorien waren strukturiert gestaltet und hatten ein ermittelndes Format. Befragungen der Eltern anhand eines Fragebogens ergaben Hinweise auf die Erkrankungssituationen, die Therapieverfahren, bewegungstherapeutische Erfahrungen und schulsportliche Aktivitäten der Versuchspersonen. Die Fragestellungen waren strukturiert organisiert, hatten ermittelnden Charakter und sind ergänzend anzusehen.

Zur Auswertung der vorliegenden Datensätze wurden deskriptive und nichtparametrische (verteilungsfreie) statistische Verfahren angewendet (4).

Die Abbildung 1 stellt die Versuchsanordnung dar.

Ergebnisse und Diskussion

Die Rücklaufquote der Fragebögen an die Eltern betrug 85,7%. Die Versäumnisquoten der Versuchspersonen während der Treatmentphasen waren nicht größer als 25%. Es mußten keine Selektionen der Untersuchungsstichprobe vorgenommen werden. Die Betrachtung der ermittelten Lungenfunktionswerte konnte einerseits in Absolutwerten, andererseits in gebildeten Dichotomien vorgenommen werden. Folgende Kriterien für die Bildung der lungenfunktionsanalytisch erhobenen Ausgangswerte und Belastungswerte fanden Berücksichtigung:

Die Ergebnisse der Fragebögen an die Eltern zeigten, daß der Erkrankungsschweregrad der Versuchspersonen eher gering erscheint. Neben den Angaben zu Anamnese und Diagnose sowie dem Schweregrad der Symptome bestätigen dies auch die geringen Schulsportbefreiungen. Nach Angaben der Eltern und Kinder wurden die Angebote sehr gerne wahrgenommen und positiv eingeschätzt. Die geforderten medizinisch-diagnostischen Maßnahmen zu Indikations- bzw. Kontraindikationsstellungen für eine Sportteilnahme fanden nicht konsequent Anwendung. Nach ärztlicher Indikation mußten 65% der Versuchspersonen regelmäßig Medikamente einnehmen. Atemtherapeutische Vorerfahrungen lagen nur wenig vor, obwohl die Atemtherapie die Grundlage für sportliche Aktivitäten bildet (Goldmann/Linse, 1987, 5, 23). Nach den Treatmentphasen gaben die Versuchspersonen an, vermehrt atemtherapeutische Elemente zur Bewältigung von Atemnotsituationen einzusetzen.

Die vorliegende Untersuchung prüfte einerseits kurzfristige Veränderungen der physiologischen Parameter (Lungenfunktion, Pulsoximetrie) vor und nach dem 6 Minuten Schwimmtest, andererseits mittelfristige Veränderungen vor und nach den Treatmentphasen anhand der ermittelten Ausgangs- und Belastungswerte. Die Über-

Lungenfunktionsparameter	Ausgangswerte "gut"	Ausgangswerte "weniger gut"
PEF (l/s)	75% des Sollwertes ↑	75 % des Sollwertes ↓
	und / oder	und / oder
FEV_1 (l)	80% des Sollwertes ↑	80% des Sollwertes ↓

PEF (l/s) - exspiratorischer Spitzenfluß in Liter pro Sekunde
FEV_1 (l) - Einsekundenkapazität in Liter

Abbildung 2. Kriterien für die Bildung der Dichotomien Ausgangswerte „gut"/"weniger gut".

Lungenfunktionsparameter	Belastungswerte "optimal"	Belastungswerte "nicht optimal"
PEF (l/s)	75% des Ausgangswertes ↑	75 % des Ausgangswertes ↓
	und / oder	und / oder
FEV_1 (l)	85% des Ausgangswertes ↑	85% des Ausgangswertes ↓

PEF (l/s) - exspiratorischer Spitzenfluß in Liter pro Sekunde
FEV_1 (l) - Einsekundenkapazität in Liter

Abbildung 3. Kriterien für die Bildung der Dichotomien Belastungswerte „optimal"/"nicht optimal".

schreitung der EIA-Schwelle (Exercise-Induced Asthma) wurde mit den Dichotomien Belastungswerten „optimal"/"nicht optimal" beurteilt. Die Ausgangswerte wurden mit „gut"/"weniger gut" kategorisiert. Nach den Treatmentphasen waren bei allen Teilstichproben bessere Belastungswerte als vor den Treatmentphasen aufgetreten, was die gewünschten Trainingseffekte aufzeigt. Die Versuchspersonen der Kursangebote (K 1) bewältigten die Belastungen ausschließlich „optimal". Der Einfluß der lungenfunktionsanalytischen Ausgangssituationen auf die ermittelten Belastungswerte unterstützt die Annahme, daß auch bei wenig „guten" Ausgangswerten „optimale" Belastungswerte erreicht werden können. Denn eine Überprüfung des Zusammenhangs zwischen den Dichotomien Ausgangswerte und Belastungswerte ergab keine Verbindungen. Die Ergebnisse bestätigen den positiven Einfluß des Schwimmens. Grundsätzlich konnte keine Zunahme der ermittelten dynamischen Lungenfunktionsparameter nachgewiesen werden. Anhand der Pulsfrequenzen kann gezeigt werden, daß die Kinder annähernd submaximale Belastungsintensitäten wählten. Einflüsse klimatischer Bedingungen und des Wassers (hydrostatischer Druck) auf die Amplituden der Pulsfrequenzen müssen berücksichtigt werden. Trainingsanpassungen anhand von Veränderungen der Pulsfrequenzen sind nur eingeschränkt zu postulieren. Die Werte der relativen Sauerstoffsättigung zeigten keine nennenswerten Veränderungen. Die zurückgelegten Wegstrecken nahmen innerhalb der Teilstichproben Kursangebote (K 1 und K 2) signifikant zu, wogegen die Versuchspersonen der ganzjährigen Angebote konstante Ergebnisse aufwiesen. Die Zunahmen der zurückgelegten Wegstrecken und die verbesserten bzw. konstanten Erholungspulsfrequenzen weisen innerhalb der Teilstichproben Kursangebote (K 1) und (K 2) Trainingseffekte nach. Die Ursachen der Verbesserungen können einerseits physiologisch orientiert sein, andererseits müssen ökonomischere Bewegungsausführungen berücksichtigt werden. Bei einer vergleichenden Betrachtung hatten die Versuchspersonen der Teilstichprobe Kursangebote (K 1) die höchste Ausdauer, wobei die Teilnehmer der Teilstichprobe Kursangebote (K 2) die meisten Effekte zeigten. Die ganzjährigen Angebote waren eher konstant einzustufen.

Die Ergebnisse dieser Untersuchung zeigen, daß während der Trainingspraxis in ambulanten Schwimmangeboten weniger die physiologischen Ziele im Vordergrund stehen sollten, sondern vielmehr die Vermittlungen spezieller Techniken zur Verhinderung und Bewältigung von asthmogenen Reaktionen primär anzustreben sind. Nicht nur Veränderungen der Bewegungsquantitäten sollten betrachtet werden, sondern die Bewegungsqualitäten müssen Berücksichtigung finden, um asthmatypischen Bewegungsausführungen entgegenzuwirken. Der positive Einfluß des Schwimmens wird anhand dynamischer Lungenfunktionsparameter bestätigt. Für die Zukunft ist die Integration von Patientenschulungsmaßnahmen zu fordern. Ziel ist es, selbstkontrolliertes Handeln in Alltagssituationen optimal einzusetzen, um die Integration in vereinsgebundene oder sonstige Sportangebote zu gewährleisten. Insgesamt kann aus den Ergebnissen geschlossen werden, daß „ambulante Schwimmangebote für Kinder mit Atemwegserkrankungen" eine effektive Ergänzung zur ambulanten Therapie atemwegskranker Kinder darstellen können. Voraussetzung ist, daß die Teilnehmer medizinisch-diagnostisch untersucht und individuell medikamentös eingestellt sind, um die Gestaltung der Sportangebote fordernd, aber ohne zu überfordern, zu gestalten.

Literatur

1 Anderson S D, Connolly N M, Godfrey S: Comparison of bronchoconstriction induced by cycling and running. Thorax 26 (1971), 396-400.
2 Bar-Or O: Die Praxis der Sportmedizin in der Kinderheilkunde. Berlin-Heidelberg-New York: Springer, 1986.
3 Bar-Yishay E, Gur I, Inbar O, Neuman I, Godfrey S: Differences between swimming and running as stimuli for exercise-induced asthma. European Journal Applied Physiology 48 (1982), 387-397.

4 Bortz J, Lienert G, Boehnke K: Verteilungsfreie Methoden in der Biostatistik. Berlin-Heidelberg-New York: Springer, 1990.
5 Ehrenberg H: Krankengymnastische Atemtherapie beim Asthma bronchiale im Kindes- und Jugendalter. Atemwegs- und Lungenkrankheiten 1 (1987), 18-22.
6 Fitch K D, Godfrey S: Asthma and athletic performance. The Journal of the American Medical Association 2, 236 (1976), 152-157.
7 Fitch, K D, Morton A R: Specificity of Exercise in Exercise-induced Asthma. British Medical Journal 4 (1971), 577-581.
8 Hollmann W, Hettinger T: Sportmedizin, Arbeits- und Trainingsgrundlagen. Stuttgart: Schattauer, 1993.
9 Innenmoser J: Erfahrungen mit ambulanten Asthma-Sportgruppen. Atemwegs- und Lungenkrankheiten 1 (1987), 32-42.
10 Innenmoser J: Die Bedeutung von Bewegung, Spiel und Sporttherapie für Kinder während stationärer Rehabilitationsmaßnahmen in Fachkliniken. Krankengymnastik 3 (1992), 302-320.
11 Könning J, Szczepanski R, v. Schlippe A: Betreuung asthmakranker Kinder im sozialen Kontext. Stuttgart: Enke, 1994.
12 Martin D, Carl K, Lehnertz K: Handbuch Trainingslehre. Schorndorf: Hofmann, 1991.
13 Noeker M: Subjektive Beschwerden und Belastungen bei Asthma bronchiale im Kindes- und Jugendalter. Frankfurt/Main: Lang, 1991.
14 Paul K: Athma bei Kindern. Berlin-Heidelberg-New York: Springer, 1991.
15 Petermann F, Lecheler J: Asthma bronchiale im Kindes- und Jugendalter. München: Quintessenz, 1991.
16 Petermann F (ed): Asthma und Allergie. Göttingen: Hogrefe, 1995.
17 Rieder H, Schaar B, Nowak W, Linse P: Luft für langen Atem. Bewegungstherapie für Kinder und Jugendliche mit Atemwegserkrankungen. Video-Film mit Begleitheft. Biberach: THOMAE, Eigendruck, 1989.
18 Schaar B: Ambulante Sporttherapie für Kinder und Erwachsene mit Asthma bronchiale und anderen Atemwegserkrankungen, Modell Heidelberg/Mannheim. Prävention und Rehabilitation 4 (1990), 158-161.
19 Schaar B, Paul K, Wolff P: Leitfaden zur Gründung ambulanter Sportgruppen für Kinder mit Atemwegserkrankungen. Broschüre, Biberach: THOMAE, Eigendruck, 1991.
20 Schaar B, Baumann-Hanke A, Müller B, Gimber M: Leitfaden zur praktischen Durchführung ambulanter Sportgruppen für Kinder mit Atemwegserkrankungen. Broschüre, Biberach: THOMAE, Eigendruck, 1994.
21 Schaar B: Untersuchung zur Effektivität ambulanter Sportangebote bei Kindern mit Atemwegserkrankungen. Frankfurt/Main: Harri Deutsch, 1995.
22 Schmidt W: Angewandte Lungenfunktionsprüfung. München-Deisenhofen: Dustri, 1994.
23 Siemon G, Ehrenberg H: Leichter atmen - besser bewegen. Erlangen: Perimed, 1985.

Die Verfasserin:
Dr. phil. Bettina Schaar
Deutsche Sporthochschule Köln
Institut für Rehabilitation und Behindertensport
Carl-Diem Weg 6
50933 Köln

Sportstimulation von Behinderten: Resultate eines 4-jährigen Modellversuches in den Niederlanden

W. H. van Harten, J. de Vries

Het Roessingh, centrum voor revalidatie, Enschede

Sports Stimulation of Handicapped Persons: Results of a 4-Year Test in The Netherlands

Rehabilitation is provided by the health insurances in The Netherlands. There is a specialist for rehabilitation for about 30 years. Sports is however by way of exception part of the insurance performances. In the middle of the eighties this deficit became recognized. A 4-year lasting project was started with subsidies of the national department and the province government in 1990 with the aim to motivate to participate in sports activities after rehabilitation, to develop organizations and to create transfer possibilities. In cooperation with sports clubs patients can be assissted in finding sports activities near their place of residence. Special programs and an information system were developed. The number of the sports advices has doubled, 3400 former patients have taken part in one or several sport programs within 4 years, the transfer rate has climbed within 4 years around 50% and the number of sport activities after rehabilitation has increased to 50%. The education of coaches has despite the good results shown as problem as well as the motivation and the organization interests. Early contact after the stay in hospital is important. Scientific essays still must be done for the future. Such a program at national level is in preparation.

Key words: sports, rehabilitation, information, organization, The Netherlands

Einführung

Für ein besseres Verständnis der Möglichkeiten und Bedingungen für die Organisation von Behinderten-Sport werden die wichtigsten Kennzeichen von Rehabilitation und Sport für Behinderte beschrieben. In den Niederlanden wird Rehabilitation von der Krankenversicherung bezahlt. Es gibt keinen Unterschied zwischen Akutmedizin und Rehabilitation. Seit etwa 30 Jahren ist der Facharzt für Rehabilitation anerkannt. Dieser Spezialist befaßt sich mit der Behandlung von Beeinträchtigungen und Handicaps, die vor allem mit dem Bewegungsvermögen zusammenhängen; er behandelt Kinder und Erwachsene. Ein Behandlungsplan wird im Bereich somatischer, ADL, sozialer, psychischer und kommunikativer Behinderungen aufgestellt. Der Rehabilitationsarzt wird im allgemeinen vorwiegend eingeschaltet, wenn eine intensive, multidisziplinarische Behandlung notwendig ist; er kann aber auch konsiliarisch im Akutkrankenhaus tätig sein.

Sporttherapie für Behinderte oder Chronisch Kranke ist keine eigenständige Krankenversicherungsleistung. Ausnahmsweise haben private Zusatzversicherungen z.B. Gruppenaktivitäten für Bechterewpatienten oder Schwimmen für Asthmavereine in ihren Katalog aufgenommen. Auf Grund von sich entwickelnden Behandlungseinsichten haben einige Rehabilitationszentren Ende der siebziger Jahre angefangen Sportorientierung und -stimulierung in ihr Behandlungskonzept aufzunehmen, vorerst als Teil der Physiotherapie, später als Sporttherapieabteilung (NL Bewegungsagogie). Von hier aus wurden zunehmend Patienten in Sportvereine überwiesen. Es gibt Sportvereine, die eine Abteilung für behinderte Sportler haben, aber es gibt auch selbständige Behinderten-Sportvereine. Beide können Mitglied des niederländischen Bundes für Angepaßten Sport (NEBAS) sein, der national die Interessen von behinderten Sportlern und dessen Sportvereinen vertritt. Der NEBAS ist immer in einer finanziellen Notlage und diese Organisation ist bis jetzt auch nicht sehr stark entwickelt.

Ausgangssituation

Mitte der achtziger Jahre wurde konstatiert, daß es immerhin eine insuffiziente Struktur und fehlende Kompetenz im Bereich Behinderten-Sport in den Rehakliniken gab. Daneben gab es zu wenig organisierte Behinderten-Sportvereine, oft mit schwacher Managementstruktur. Trotz der langsam verbesserten Sportstimulierungsstruktur war es also sehr schwierig, größere Zahlen interessierter Rehabilitanden in geeignete Sportvereine zu überweisen. Auch gab es einen Mangel an Möglichkeiten für Bewegungsprogramme für bestimmte Diagnosegruppen.

Auch im Rehabilitationszentrum „Het Roessingh" in Enschede wurden diese Tatsachen als Problem empfunden, gerade weil man in voranliegenden Jahren Erfahrungen mit Sportorientierung und -stimulierung gemacht hatte.

Im Rahmen der Interpretation der W.H.O. Definition von „Rehabilitation" wurde aber auch Reintegrierung in Sportaktivitäten als Ziel der Institution aufgenommen, obwohl es nicht zum Leistungskatalog der Krankenversicherung gehörte. Die Erhöhung der Sportteilnahme von Exrehabilitanden wurde als ein explizites Ziel des Zentrums formuliert. Anläßlich Anregungen vom Provinz- und Nationalministerium wurde entschieden, einen Modellversuch im Bereich Sportstimulierung von Behinderten durchzuführen.

Projekt Stimulierung zur Sportteilnahme „Het Roessingh"

Anfang 1990 startete ein Projekt Stimulierung zur Sportteilnahme. Dies wurde 4 Jahre lang aus Subventionen vom Nationalministerium und der Provinz Overijssel finanziert; weitere finanzielle Abdeckung kam vom Rehabilitationszentrum und aus Teilnahmegebühren. Weil es sich um Aktivitäten außerhalb der gesetzlichen Krankenversicherung handelte, ist eine Stiftung „Beweging en Gezondheid" gegründet worden, um Handlungsfreiheit zu gewährleisten und Mischung von Fonds vorzubeugen.
Zielsetzungen dieses Projektes waren:
- Stimulierung zur Sportteilnahme nach der Rehabilitation in Leistungssportvereinen, Behinderten-Sportvereinen und in Bewegungsprogrammen für bestimmte Diagnosegruppen
- Entwicklung einer Organisation für Sportstimulierung
- Kadertraining
- Informationsmöglichkeit
- Verbesserung von Überweisungsmöglichkeiten
- die Entwicklung von Sportprogrammen und Bewegungsmöglichkeiten für diejenigen Gruppen, für die es außerhalb des Zentrums keine Möglichkeiten gab
- die prozentuale Erhöhung der Zahl von Überweisungen zu Sportaktivitäten nach der Rehabilitation.

Ergebnisse

Das Projekt hat insgesamt 4 Jahre gedauert. Es hat sehr viel Mühe gekostet mit oft ehrenamtlich tätigen Mitarbeitern von Sportvereinen Kontakte aufzubauen, eine Datenbank zu erstellen, Informationsblätter zu produzieren und Bewegungsprogramme darzustellen und zu organisieren.
Vor allem eine intensive Einbeziehung von Mitarbeitern des Rehabilitationszentrums hat sich als wichtig gezeigt; wenn der Patient nicht schon im Behandlungsprogramm Kenntnis von Sportmöglichkeiten nimmt und sofort im Anschluß an die Behandlung damit anfängt, ist es sehr schwierig nach einer „sportlosen" Periode mit Aktivitäten wieder anzufangen.
Die Ergebnisse vom Projekt lassen sich folgendermaßen beschreiben. Von der Stif-

tung und in Zusammenarbeit mit Sportvereinen ist ein Angebot aufgebaut worden, über das alle Rehabilitanden die Möglichkeit haben sich mit Sportaktivitäten bekannt zu machen und daran - nach Beratung - teilzunehmen.
Es ist ein Informationssystem für Patienten, Patientenvereine, in der Rehabilitation tätige Professionals und für Sportvereine erstellt worden. Durch Publikationen in Zeitungen und sogar Fernsehbeteiligung wurde maximale Publizität an diesen Aktivitäten angestrebt. Zur Entwicklung von wohnortsnahen Sportmöglichkeiten ist auch die Unterstützung und das Kadertraining für verschiedene Sportvereine organisiert worden. Es sind Bewegungs- und Sportprogramme für Kinder mit Cerebraler Encephalopathie und für Multiple Sklerose Patienten entwickelt worden; Programme im Bereich von medical Fitness, Konditionserhöhung, Schwimmen, Quadrugby und Whiplashbewegungsprogramme.
Pro Jahr hat sich die Zahl von Sportberatungen von 557 auf 1040 gesteigert. Insgesamt haben 3400 Exrehabilitanden in diesen 4 Jahren an einem oder mehreren Bewegungsprogrammen teilgenommen. 1993 haben an der Stiftung „Beweging en Gezondheid" 453 Teilnehmer teilgenommen. Die Überweisungsquote von Patienten, die anschließend mit Erfolg an eine Rehabilitationsbehandlung, an einen Sportverein oder eine Sportaktivität überwiesen worden sind, ist in diesen 4 Jahre auf 50% gestiegen.

Diskussion

Obwohl die Resultate auch nach niederländischen Bedingungen als sehr günstig bezeichnet werden können, ist klar geworden, daß dies nur mit sehr großer Mühe zu erreichen ist. Die Leitung von „normalen" und „behinderten" Sportvereinen hat im allgemeinen keinen hohen Ausbildungsstand und braucht Unterstützung, um die Bedingungen für eine Aufnahme von vielen behinderten Sportlern zu schaffen. Viele Behinderte bevorzugen eine sachverständige Aktivität in der am Rehazentrum ansässigen Stiftung, vor einer unsicheren Qualität der Sportbedingungen im lokalen Sportverein. Das Realisieren eines funktionierenden Überweisungssystems kostet den sachverständigen Kader sehr viel Mühe und verlangt eine starke Motivation vom betroffenen behinderten Sportler. Obwohl die Sportler im allgemeinen bereit sind einen finanziellen Beitrag zu liefern (so wie jeder Sportler) betrifft dies eine Gruppe, die finanziell im allgemeinen nicht sehr leistungsfähig ist, manchmal von bestimmten Bedingungen wie Transportmöglichkeiten abhängig ist und auch ausgebildetes Personal innerhalb des Vereins benötigt. Das heißt, daß erstmal in die Infrastruktur investiert werden muß, da die Organisation von Aktivitäten und Personal finanziell sehr aufwendig ist und deswegen diese Aktivitäten selten selbständig und ohne

Subvention zu organisieren sind. Die Erfolge von Modellversuchen, wie beschrieben, sind eine Anregung für Zusatzversicherungen von Krankenversicherungen, Leistungen in der Richtung von Sportaktivitäten in ihrem Katalog aufzunehmen. Behandlungszentren denken oft in Anzahl der Behandlungstage oder Leistungen, Sportvereine in Anzahl der Sportler oder Erfolgen, sogar Behinderten-Sportvereine stellen oft die Vereinsinteressen in den Vordergrund. Selten steht die individuelle Frage der behinderten Sportler im Mittelpunkt und auch in diesem Projekt war es eine Aufgabe, die Bedürfnisse der individuellen behinderten Sportler immer wieder in den Mittelpunkt zu stellen.

Zusammenfassung und Empfehlungen

Es hat sich gezeigt, daß es möglich ist, ein System von Sportstimulierung und Überweisung von behinderten Sportlern in Sportvereine und Sportaktivitäten zu realisieren. Dies geht am Besten, wenn noch während der Behandlung den Rehabilitanden die Möglichkeiten erläutert werden und eine Empfehlung für bestimmte Aktivitäten mitgegeben wird. Auf diese Weise ist ein Anfang für ein Überweisungssystem gemacht worden und ist die Überweisungsquote sehr stark gestiegen. Weil die Finanzierung immer ein großes Problem ist, ist es sehr wichtig eine kontinuierliche Finanzierung zu realisieren. Dies wird einerseits durch Beiträge von Krankenversicherungen versucht, vor allem wenn in nächster Zeit auch in wissenschaftlichen Untersuchungen gezeigt werden kann, daß dies einen positiven Effekt auf Lebensqualität und Benutzung vom Gesundheitssystem hat. Weiter soll die Zusammenarbeit mit Organisationen von behinderten Sportlern national verbessert werden, um national Subventionsmöglichkeiten für diese Aktivitäten zu initiieren. Bis jetzt ist nur die Population, die ein Rehabilitationszentrum besucht in Kontakt mit diesen Möglichkeiten gebracht worden. Wenn schon nach Krankenhausaufenthalt und -behandlung ein Kontakt mit dieser Zielgruppe hergestellt werden kann, wird eine viel höhere Quote von Behinderten und chronisch Kranken in der Lage sein an Sportaktivitäten teilzunehmen. Letztendlich ist es sehr wichtig, daß wissenschaftlich begründete „outcome studies" unternommen werden, um die Resultate von solchen Programme zu überprüfen. Als Nachfolge des beschriebenen Projektes ist von „Het Roessingh" beides unternommen und auf nationaler Ebene angeregt worden.

Literatur
1 Projektverslag Stimulering Sportdeelname (1990-1993). Het Roessingh: Enschede, 1994.

Verschiedenes

Für die Verfasser:
drs. W. H. van Harten
Direktor Patientenfürsorge
HetRoessingh
centrum voor revalidatie
Roessinghbleekweg 33
7522 AH Enschede

Filmwettbewerb „Sport mit Behinderten"

H. Rieder

Idee

Der Deutsche Behindertensportverband hat den Vorschlag eines Videofilm-Wettbewerbs auf internationaler Basis als zusätzliche Attraktion seines Kongresses „Rehabilitation durch Sport" schnell aufgegriffen und zusammen mit der Forschungsgruppe Unterrichtsmedien im Sport (FUS) verwirklicht. Ausschreibungsergebnis und Erfolg rechtfertigen die zusätzliche Organisationsarbeit.
Daß selbst Medienexperten keinen Überblick haben können über die Fülle an Produktionen durch die Fernsehsender, durch die Verbände, Institutionen, Institute und Privatpersonen, zeigte sich schon bei vergleichbaren Wettbewerben. In Magglingen 1987 gab es zum Gesamtkomplex „Sport" 70 Einsendungen, beim AIESEP-Kongreß in Berlin 1989 zum Thema „Sport für Behinderte und ältere Menschen" 89 Einsendungen, in Berlin 1993 wiederum zu einem allgemeinen Thema Sportlehrfilme 40 Einsendungen. In den jeweiligen Kongreßberichten wurden diese Wettbewerbe dokumentiert und gewürdigt.
Das Bundesinstitut für Sportwissenschaft in Köln hat an die FUS einen Forschungsauftrag vergeben (1994) mit dem Ziel, audiovisuelle Medien, Bereich Sportlehrfilme, zu dokumentieren. Dies ist keine rein historische Arbeit, denn von dem Standpunkt der jeweiligen Filme aus handelt es sich über eine Bilanz hinaus um Vorstöße in neue Bereiche von Methodik. Die Analyse der Videofilme ist inhaltlich und technisch ein komplexes Thema und wichtige Erkenntnisse daraus werden auch durch Preisvergaben über internationale Zensoren festgeschrieben. Die ausgewählten Filme zeigen wesentliche Richtungen auf, z.B. spezielle Wege der Darstellungskunst, aber auch Lücken und Mängel. Lernprozesse der semiprofessionellen und privaten Filmhersteller und der Amateurfilmer sind ein wesentliches Ergebnis.
Mit einigen tausend D-Mark können Amateurfilmer die professionellen Produktionen filmtechnisch niemals erreichen, denn dort geht es um sechsstelligen Summen. Ihre Ideen aber sind zukunftsweisend, denn der Ist-Zustand eines Fachthemas, z.B. Trampolinspringen mit Lernbehinderten, wird im Herstellungsprozeß methodisch mindestens um eine fachliche Stufe vorangebracht und präsentiert damit nicht nur Gegenwärtiges, sondern Fortschritt und Modernität. Auch unser Filmwettbewerb bestätigt deutlich diese etwas generalisierten Erfahrungen. Wir, die Nutznießer des Wettbe-

Filmwettbewerb

„Surfen im Dunkeln"	(VHS-Color), Carsten Flügel, c/o NDR, Gazellenkamp 57, 22504 Hamburg
„Ik ben niet gehandicapt"	(VHS-Color, PAL; 22 Min), Ives Josan, Dutselstraat 7, B-3220 Kortrijk-Dutsel
„Selbstverteidigung im Rollstuhl"	(S-VHS, 2:50 Min), RSC Köln, Frauke Rossdeutscher, Dünnwalder Mauspfad 309, 51059 Köln
Integration „Tanzen" - 5 Jahre Rollstuhl-Behinderten-Tanzen	(VHS-Color, 60 Min), TC Seidenstadt Krefeld, Abt. Rollstuhl- und Behindertentanz, Cesche Stuhlweißenburg, Campendonkstr. 11, 47800 Krefeld
„Auf dem Pferd"	(VHS-Color, 34 Min), Petra Valentin, Kinderhilfe, Alte Straße 1, 67071 Ludwigshafen
„Aufrecht ins Alter"	(U-matic, 28 Min), Robert Knickenberg/Gerhard Knipping, 2 K AV-Produktionen GmbH, Paul-Ehrlicher-Str. 57, 60596 Frankfurt
„Gymnastik für Parkinsonbetroffene"	(U-matic, 45 Min), Robert Knickenberg/Gerhard Knipping, 2 K AV-Produktionen GmbH, Paul-Ehrlicher-Str. 57, 60596 Frankfurt
„Zweikämpfe"	(VHS-Color, 24 Min), Aldo Gugolz, Arge Behinderte in den Medien, Bonner Platz 1, 80803 München
„Miteinanders - Auch andere spielen mit"	(VHS-Color, PAL, 25 Min), Mag. Maria Dinold, Schwarzspanierstr. 5/9, A-1090 Wien
„Methodik des Rollstuhlfahrens - Kippen und Balancieren"	(VHS-Color, PAL, 15 Min), Dr. H. Stronk, Universität Köln, Fangenheimstr. 4, 50931 Köln
„Aktiv leben durch Rollstuhlsport"	(VHS-Color, PAL, 11:50 Min), Dr. H. Stronk, Universität Köln, Fangenheimstr. 4, 50931 Köln
„Rollstuhlhandballturnier"	(U-matic Color, 25 Min), Hermann Hoebel, Hildeboldstr. 14, 80797 München
„A sporting chance - Sport in spite of epilepsy"	(U-matic, Pal Color, 21 Min), Robert Knickenberg/Gerhard Knipping, 2 K AV-Produktionen GmbH, Paul-Ehrlicher-Str. 57, 60596 Frankfurt
„Basale Stimulation - Ganzheitliche Förderung schwerstbehinderter Kinder und Jugendlicher"	(VHS, PAL Color, 40 Min), Manfred Müller, Fasanenweg 27, 53557 Bad Hönnigen
„Basale Stimulation in der Pflege"	(VHS, PAL Color, 30 Min), Manfred Müller, Fasanenweg 27, 53557 Bad Hönnigen
„Wheelchair Rhythmic sportive gymnastics"	(VHS, 16:30 Min), Technische Universität München, Conollystraße 32, 80809 München
„Aquatics for all - Video for adapted swimming"	(VHS-HIFI Color, 30 Min), Palstatie 4 B 14, 40520 Jyväskylä/Finland
„Sport ohne Grenzen"	(VHS Color/schwarz-weiß, 32:30 Min), Christian Burmeister, Bindfeldweg 6, 22459 Hamburg
„Sport in Wien für behinderte Menschen"	(VHS-Color, 17:50 Min), Dr. Ernst Berger & Margit Straka, Londoner Str. 40A, A-1140 Wien
„Springen und mehr" - Psychomotorische Förderansätze auf dem Trampolin	(VHS-Color, 30 Min), Fachhochschule Braunschweig, Prof. K. Prenner/M. Marnecke, Ludwig-Winter-Str. 2, 38129 Braunschweig
„Sport und Rheuma"	(VHS-PAL), W. Reeh, TELEVISION SKYLINE, Jakob-Schick-Str. 17, 55252 Mainz-Kastel
„Freudensprünge"	(S-VHS-Color, Randspur, 20 Min), Winfried Fuhrmann, Sport und Kultur, Eckardtsheim (Spuk Film), Eckardtsheimer Str. 21, 33689 Bielefeld
„Seniorenalter" - 1. Teil (4teilige Filmserie)	(S-VHS-Color, PAL-Mono, 13 Min), Prof. Dr. E. Kornexl, Institut für Sportwissenschaft der Universität, Innsbruck, Fürstenweg 185, A-6020 Innsbruck
„Erfahrung mit der schiefen Ebene"	(VHS-Color), Bonno Sonnen, Breite Straße 5/22B, 14467 Potsdam
„Paralimpic '92"	(VHS, Kanal 1+2, 25 Min), Otto Bock GmbH, Industriestraße, 37115 Duderstadt
„IPC Leichtathletik WM Berlin"	(VHS, 35 Min), Otto Bock GmbH, Industriestraße, 37115 Duderstadt
„BEWEGUNG, SPIEL UND SPORT für geistig behinderte Schüler"	(VHS-Color, 27 Min), Prof. Dr. Heinz Hahmann, Christian-Lechleitner-Str. 24, 55128 Mainz
„Solidarität überwindet Grenzen"	(VHS-Color, 10 Min), Schweizerischer Blinden- und Sehbehindertenverband, Maulbeerstr. 14, CH-3011 Bern
„FIREWORK, zur 10. World Gymnaestrada 1995 in Berlin"	(VHS-Color, PAL, 15 Min), Technische Universität München, Conollystr. 32, 80809 München
„Naß gemacht - Blinde im Kajak"	(S-VHS-PAL-Color, 15 Min), Technische Universität München, Conollystr. 32, 80809 München
„Gemeinsam spielen und bewegen"	(VHS-Color, 33 Min), Uwe Rhecker, Borkumer Weg 8, 33102 Paderborn
„Trekkingwoche 1993"	(VHS-PAL-Color, 25 Min), T. Wyss-Hurni, Bahnhofstr. 5, CH-6210 Sursee
„ACTION"	(VHS-PAL-Color, 11 Min), T. Wyss-Hurni, Bahnhofstr. 5, CH-6210 Sursee
„Rollstuhl-Rugby WM"	(VHS-PAL-Color, 6 Min), T. Wyss-Hurni, Bahnhofstr. 5, CH-6210 Sursee

Tabelle 1. Liste der eingesandten Filme.

werbs, die angesprochenen Sportler, die Übungsleiter, die Verbandsverantwortlichen, die FUS-Mitglieder haben wieder dazugelernt.
Die meisten Filme sind gegen geringe Gebühr zu erwerben oder werden von Sponsoren verliehen, zur Verfügung gestellt. Die Ansprechadresse für die Filme des Wettbewerbs ist:
Deutscher Behindertensportverband e.V.
Geschäftsführer Keuther
Friedrich-Alfred-Str. 10
47055 Duisburg

Ausschreibung und Ergebnis

Die Ausschreibung erfolgte europaweit in deutsch und englisch. Zugelassen wurden Filme in allen Sprachen, als Forschungsfilme, Lehrfilme, Methodikfilme, Motivationsfilme. Die eingereichten Produktionen sollten nicht älter als vier Jahre sein (1989), eine Länge von 25 Minuten möglichst nicht überschreiten, auf VHS, SVHS oder U-matic vorgelegt werden. Die drei besten Filme sollten mit Prämien von DM 4.000,-, DM 3.000,-, DM 2.000,- ausgezeichnet werden, weitere Ehrungen waren vorgesehen. Wir erhielten insgesamt 37 Einsendungen aus 5 Nationen, mit einer äußerst großen Streubreite.

a) Bezugsgruppen:
   Blinde, Sehbehinderte; Rollstuhlfahrer; Osteoporose- und Parkinson-Betroffene; Erziehungsschwierige; Epileptiker; körperbehinderte Kinder; Behinderte - Nichtbehinderte; Ältere; geistig Behinderte.

b) Sportarten, Sportformen:
   Schwimmen und Wasseraktivitäten, Leichtathletik, Surfen, Selbstverteidigung; Tanzen, Reiten, allgemeine Sportstunden, Rollstuhl-Technik, Rollstuhl-Handball, -Rugby, -Gymnastik, -Tanz; Psychomotorik, Trekking, Kajak, basale Bewegungsstimulation und Inhalte von Paralympics.

Die Variationsbreite spricht für sich. Der Sieben-Minuten-Film „Surfen im Dunkeln" (C. Flügel, NDR) ist mit dem finnischen Film „Adapted Swimming" (17 Min.) ebensowenig zu vergleichen wie der Film „Sport in spite of Epilepsie" (Knickenberg, 21 Min.) mit der Dokumentation „ICP-Leichtathletik-Weltmeisterschaft Berlin 1994" (O. Bock, 35 Min.). Alle diese Filme wollen eine Idee übermitteln, insbesondere aber auch jene, die sich nicht innerhalb der fünfzehn beim Kongreß gezeigten Filme plazierten. Die FUS diskutiert, ob beim nächsten Kongreß im Mai 1996 in Augsburg nicht darüber gesprochen werden müßte, welche Grundfehler bei Amateuren immer wieder gemacht werden:

- viel zu lange Filme
- inhaltliche Längen und Wiederholungen
- Fehler im Schneiden der Filme
- Kommentare sind meist zu lang, zu lehrhaft. Sie decken die schönsten Szenen zu. Der Sprecher sollte Profi sein.
- Vermeidbare technische Mängel in Kameraführung, Beleuchtung und Ton.

Dennoch, Behindertensportverband und FUS ermutigen alle Nicht-Preisträger, beharrlich mit dem Filmen weiter zu machen, von den Preisträgern zu lernen.
Eine nationale Expertengruppe legte die fünfzehn ausgewählten, später vorgeführten Filme einer internationalen Jury vor (Knapp, DBS; Ranshaw, London; Wüthrich, Magglingen; Röthig, Frankfurt, Vorsitzender), die ihre Auswahl wie folgt begründete. Die Jury fand sich mit der Aufgabe konfrontiert, unter vielen ähnlich guten Filmen drei zu prämieren und diese drei damit deutlich von den anderen abzuheben. Nach eingehender Durchsicht und Diskussion war diese Entscheidung schließlich leichter, als ursprünglich erwartet. Es stellte sich heraus, daß eine deutliche Übereinstimmung in der Rangfolge der erstplazierten Filme erzielt werden konnte. Möglicherweise war dies auch das mehr oder weniger zufällige Ergebnis einer gelungenen Zusammenstellung der Expertenjury.
In ihren Entscheidungen orientierte sich die Jury primär am filmischen Gesamteindruck, insbesondere daran, inwieweit es der Filmgestaltung gelungen war, beim Betrachter Interesse, Betroffenheit, Spannung und Aufklärung zu erzeugen. Desweiteren war auch zu berücksichtigen, ob die vorhandenen neu und genutzten filmtechnischen Möglichkeiten und Mittel im Sinne der Zielsetzung und Aussage der Produktionen eingesetzt wurden und kein bloßer Selbstzweck waren. Insgesamt ließ sich beobachten, daß ein Großteil der eingereichten Filme zu lang geraten war. Eine Reduktion der Länge würde sowohl dem Ablaufrhythmus des Dargestellten als auch den geduldigen Aufmerksamkeitsbemühungen der Betrachter äußerst förderlich sein können.
Basierend auf solchen Vorüberlegungen und Grundbetrachtungen der Jury konnten reine Technik- und Dokumentationsfilme weniger Bewertungspunkte erzielen und somit nicht auf den Rangplätzen landen. Unter Berücksichtigung solcher Ausgangsüberlegungen kam die Jury schließlich zu folgendem Ergebnis: von den aus fünf Ländern eingereichten Filmen erreichte den dritten Platz:

3. Preis/ 2000 DM
- Aktiv leben durch Rollstuhlsport -
Produzenten sind Peter Butterly und Lutz Rulling

Der Film vermittelt dem Betrachter in eindrucksvoller Weise, wie Behinderte im Roll-

stuhl über den Sport neue Möglichkeiten der Beherrschung und Erweiterung des Bewegungsraumes erschliessen können. Anhand der Nachzeichnung eines Rollstuhlfahrers wird verdeutlicht, daß selbst Schwerstbehinderte eine Vielzahl von Möglichkeiten im Sport finden für die Verbesserung der Lebensqualität und der Überwindung der Isolation.
Die Jury würdigte den mit vielen technischen Details versehenen Film mit dem dritten Preis.

2. Platz / 2000 DM
- Surfen im Dunklen -
Produzent ist Carsten Flügel.

Durch hervorragende photographische Bilder wird am Beispiel eines erblindeten Menschen gezeigt, wie sportliche Betätigungen helfen können, Aktivitäten zu entwickeln und zu erweitern und damit die veränderte Lebenssituation meistern zu können. Der Film konzentriert sich auf das Wesentliche, er verzichtet auf Länge und ist informativ kommentiert. Er vermittelt einen vertieften und Mut machenden Einblick in eine nicht alltägliche Sportart des Blindensports und verdeutlicht einen Zugewinn an neuen Wahrnehmungs- und Sinneseindrücken.
Die Jury würdigt die Komplexität und Motivationskraft des Filmes mit dem 2. Platz.

1. Platz / 4000 DM
- I'm not disabled -
Produzent ist Ives Jossa

Mit Hilfe biographischer Notizen und geschickter filmischer Montage setzt der Film Auseinandersetzungen und Überwindung individueller Formen schicksalhafter Behinderungen in Szene. Die Verdeutlichung der veränderten Lebenssituation vermittelt dem Betrachter nicht nur ein vertieftes Verstehen der zum Teil erheblich eingeschränkten Lebensqualität, sondern auch einen Einblick, wie behinderte Menschen über sportliche Aktivitäten neuen Lebensmut fördern und dadurch Leistungsbereitschaft entwickeln können.
Die Jury war mit hoher Übereinstimmung der Meinung, daß der Film eine positive lebensbejahende Botschaft und Grundstimmung vermittelt und auch künftigen Produktionen Anregung sein kann.
Die Bewertung der Jury überzeugt. Nicht die sehr guten Lehrfilme über Osteoporose oder Epilepsie wurden ausgewählt, sondern Bezugsgruppen Behinderter berücksichtigt, deren Sport und Bewegungstraining eine Lebenshilfe bedeutete. Sie waren gleichzeitig Modelle und Motivation für weitere Behindertengruppen.

Bemerkungen

„Wer sagt was warum zu wem mit welchem Effekt?"
Dieser berühmte Ausspruch markiert die Fragestellungen der Medienforschung. Am schwierigsten zu beantworten ist jene nach den Effekten, also die Wirkungsforschung. Jeder Produzent hofft auf Langzeitwirkungen. Er will seine Gedanken, Ideen und Emotionen übersetzen und sich selbst bestätigen. Die Rückmeldung möglichst vieler Nutzer seiner Botschaft ist ihm wichtig.
Wie sollte sich deshalb dieser Wettbewerb auswirken?
- Als Motivation für einzelne Behinderte und Gruppen, die mit Videos eine öffentliche Aufmerksamkeit erfahren.
- Als Hilfe für Übungsleiter und Funktionäre, solche Beispiele von Aktivität mit attraktiven Sportformen nachzuahmen.
- Als Ausbildungshilfe für Übungsleiter mit der generellen Lizenz Behindertensport und den Differenzierungen als Rheuma, Osteoporose u.a.-Lizenz.
- Als Lehrfilme für die Sportlehrerausbildung und als Informationsfilme für die breite Öffentlichkeit.
- Als Aufklärung und Werbung für mehr Verständnis der Situation und der Leistungen von Behinderten.

Die Wiederholung diese Wettbewerb in einigen Jahren ist als Aufforderung gedacht, alle im Sport möglichen Disziplinen, Formen, Aktivitäten für Behinderte aufzubereiten, ihre große Vielfalt zu nutzen. Sport ist eine immer noch zu wenig genutzte Chance zur Verbesserung der Lebensqualität von Behinderten. Und die gilt für den Freizeitsport ebenso wie für den Leistungssport und den therapeutisch orientierten Sport.

Literatur

1. Dannenmann F: Zur Beurteilung von Sport-Lehrfilmen, in Scheid V (Red): Sport und Medien in Bildung und Forschung. Erlensee: SFT-Verlag, 1990, 203-207.
2. Kirsch A: Medien im Sportunterricht und Training. Schorndorf, 1984.
3. Scheid V: Medien, in Rieder H, Huber G, Werle J (Hrsg): Handbuch Sport mit Sondergruppen. Schorndorf: Hofmann (im Druck).
4. Schilling G, Bauer W (Hrsg): Audiovisuelle Medien im Sport. Basel, 1979.

Sachwortverzeichnis

99 T c MIBI SPECT 398

A
activity 201
- physical 258, 321
addiction 173, 215
alcohol dependancy 180
anthropologic-pedagogic aspects 40
apoplexy patient 354

B
basal pedagogic 40
basal stimulation 130
blind and elderly 434
body awareness 218
body-coordination 121
botulinum toxin A 337
braille 438
bronchial diseases 461

C
cancer patients 417
cardiac valve illness 377
cardiology 385, 391
children 461
chronic disease 267
chronic stage 354
classification 426
clinical rehabilitation 206
coronary heart condition 377
costs 452

D
definition 40, 51
diagnostics
- motor 74

disability 81, 96, 158
disturbed functions 51
diving
- scuba 158
drug
- female drug abusers 190
dynamometer
- hand- and finger 365

E
effectivity 51, 461
elite sport 81
epilepsy 59, 121
established damage 354
evaluation 368
exercise 250, 258, 407
- methods 180
- regimen 300
- therapeutic 86, 381
- training 417
- training program 286, 300
- training therapy 309
- treatment 154
experience 158

F
fractures 294
further development 452

G
game - and movement festivals 165
Graphical User Interfaces 438

H
handicapped 130
- mentally 29

- multiple 19, 29, 51, 67, 86, 90, 111, 115, 126, 144, 154
- non 130
- seriously 144, 165
- visually 426
health 19
heart attack 381
heart diseases 385, 391
hemiparesis 337
hemiparetic patients 365
hemiplegie 342
hierarchy 51
holistic approach 276
horsebackriding for the disabled 106

I
immune system 407
independence 96, 158
insurance institutions 452

J
judo 121, 126

L
learning by moving 40
leucocyte subpopulations 417
lymphocyte subpopulations 417

M
maintained functions 51
mental retardation 121
methodological concepts 461
mobility 96, 434
motion pattern
- diagnosis of 67
motivation 126, 201

MOVE 96
movement 180
myocardial
- infarction 385, 391, 398
- perfusion 398
myocarditis 377

N
neurological disease 59
neurosis
- sleeping 354
new kinds of sport 115
nonvisual HCI 438

O
observation procedure 67
organization 165, 469
osteoporosis 239, 250, 258, 267, 276, 286, 294, 300, 309, 316, 321
out-patient
- net system 227
- rehabilitation 381

P
pedagogical aspects 258
perception disorders 90
postmenopausal women 309
postural finger motor control 359
posturography 121
prerequisites 165
prevention 239, 276, 286
- tertiary 316
psychiatry 218, 227
psycho-neuro-immunology 407
psycho-social
- aspects 276

- competence 227
psychotherapeutical principles 180

Q
quality of life 267, 377
quota of relapses 206

R
readiness 201
rehabilitation 144, 180, 276, 316, 342, 348, 365, 368, 381, 385, 391, 407, 447, 469
- aims of r. sports 106
- clinic 381
- concept 250
- programs 398
- sports 452
relaxation 130
- technics 218
riding
- physiological and psychological effects of 106
- therapeutic 190
risk factors 321

S
Self-help-groups 316, 321
sensory integration treatment 90
single case experimental design 81
skeleton agreement 452
snoezelen 130
social
- functionality 218
- legislation 452
spastic syndrome 74
spastics 115, 337

special education 96
speech 438
sports 19, 29, 51, 59, 111, 137, 201, 316, 426, 447, 461, 469
- for the disabled 447
- motivation 106
strength
- muscle 300, 309
- psychophysical 206
stroke 348, 359, 368
support 447
Sway-test 294
swimming 81

T
test
- objective 359
- memory 359
the alcohol sick 206
therapeutic
- efficiency of t. programs 74
therapy 173, 227, 239, 286
- motor-coordination movement therapy 354
- of behavior 130
- sports 180, 195, 215, 218, 294, 342, 348, 359, 368
time-series analysis 81
Top Down Motor Milestone Test 86
top sports 447
toxicomanic patients 195
training 426
- adaptation 126
- isometric muscle 365
- motor 74
- physical 377
- treadmill 337

travel aid 434
treatment of alcoholism 201

V
visual deficits 154

W
water 144
well being 218

Y
youth games 137

Autorenverzeichnis

A
Anders Ch. 74, 359
Aring R. 121, 126
Arnaudov E. 398
Asche B. 267
Auer C. 294

B
Baumann C. 121, 126
Benesch L. 377
Bidabe D. L. 96
Blümchen G. 381
Böcker F. 218
Bornscheid J. 434
Brach M. 86
Bradel U. 359
Brehmer Ch. 130
Brückner L. 74

C
Conradi E. 342
Conradi M.-L. 342

D
Dannbeck S. 294
Deimel H. 180
Dierbach O. 86
Düchting L. 368

E
Edelmeyer B. 215
Erler K. 74, 137

F
Fehst N. 165
Flehmig I. 90

Franck H. 316

G
Goranov K. 398
Grigoleit H. 452

H
Hadjiolov H. 398
Harten W. H. van 469
Haschke St. 359
Heck H. 86
Heipertz-Hengst C. 106
Heringhaus Ch. 316
Hesse S. 337
Hinzmann J. 294
Holzgraefe M. 59
Hübscher J. 359

I
Innenmoser J. 51
Ivanov N. 385, 391, 398

J
Jochheim K. A. 171

K
Kaluza B. 218
Kapustin P. 40
Kemmler W. 286, 300, 309
Kobyletzki L. von 321
Koch M. 201
Kögel A. 267
Koring W. 121, 126
Krebs H. 19
Krüskemper G. M. 321

Kuckuck R. 67
Kugler J. 316, 321

L
Ledvina I. 407
Lehmann F. 354
Leidig-Bruckner G. 239
Lipinski C. G. 115
Lippert-Grüner M. 365
Lötzerich H. 417

M
May T. 121
Mayr R. 144
Merten F. 348
Michalke-Haffke M. 111
Mucha Ch. 365

N
Niemeier B. 417

P
Peters C. 417
Polewka M. 276

R
Rehm U. 368
Riedel H. 286, 300, 309
Rieder H. 235, 475

S
Schaar B. 461
Scheid V. 15, 67, 195
Schmitt H.-J. 115
Scholle H.-Ch. 74, 359
Schreckling S. 227

Schuerman G. 158
Schüle K. 417
Schulz H. 86
Schumann N. P. 74
Seelbach H. 316, 321
Seidel E. J. 206
Senn E. 250
Simen J. 195
Strausfeld P. 190

T
Täschner K.-L. 173
Theunissen G. 29
Tijmes N. T. 426

U
Uhlenbruck G. 407, 417

V
Viereck Th. 154
Vries J. de 469

W
Weber G. 438
Wegner M. 81
Weiß M. 327, 368, 373, 405, 423, 445, 457
Werle J. 258
Weyer W. 447
Wick Ch. 206
Wissemann A. 86
Worms L. 15, 121, 126

Z
Zahn M. 359
Ziegler R. 239